중국인 문제

중국인 문제

19세기 골드러시, 이주와 노동과 배제

메이 나이 지음 | 안효상 옮김

책과함께

이질적인 것이 뭐가 문제인가?

― 토니 모리슨

일러두기

- 이 책은 Mae Ngai의 *The Chinese Question: The Gold Rushes and Global Politics* (W. W. Norton & Company, 2021)를 우리말로 옮긴 것이다.
- 〔 〕는 옮긴이의 내용이다.
- 외국 인명·지명 등의 한글 표기는 주로 국립국어원의 외래어표기법을 따르되 일부는 통용되는 표기를 따르기도 했다.

옮긴이의 말

"중국인 문제", 현대 인종주의와 전 지구적 자본주의의 동학을 이해하는 하나의 창

"19세기 골드러시, 이주와 노동과 배제"라는 부제를 단《중국인 문제》는 아주 명료한 이론적·담론적·정치적·개인적 문제의식과 목표가 있는 역사연구다. 그것은 우선 "쿨리 신화coolie myth", 즉 19세기 해외 이주 중국인 노동자들이 "개별 인격이나 의지가 없는 노예"라는 신화를 없애는 것이다. 이를 위해 쿨리 신화의 바탕이 된 인종주의가 어떤 역사적 뿌리가 있고, 또 어떻게 재생산되어 왔는지를 "정치적 이해관계에 따른 전략"으로 밝히고자 한다.《중국인 문제》는 이 과정에서 쿨리라고 폄하된 해외 이주 중국인, 특히 금 채굴노동자들이 현지 사회에서 인종주의racism와 배제 exclusion에 맞서 어떻게 저항했는지 그리고 어떻게 일하고 살아갔는지를 드러낸다. 이를 통해 책은 중국인 이주노동자들이 말 그대로 평범한 인간이라는 점을 말하고자 하며, 더 나아가 이들이 전 지구적 자본주의의 형성에서 중요한 역할을 한 행위자였음을 드러내고자 한다.

저자 메이 나이가 이런 연구를 할 수 있었던 것은 저자가 그 자신의 말처럼 "중국인인 것과 미국인인 것이 긴장 속에 있지만 모순은 아닌" 환경에서 자라고 활동하고 연구한 중국계 미국인이기 때문일 것이다. 여기에 더해 노동자 교육 활동가로 일한 경험이 '아래로부터의 역사'를 서술할 수 있는 동력을 저자에게 제공했을 것이다. 또한 미국 내 중국인의 경험에 관한 연구에 머물지 않고, 오스트레일리아와 남아프리카까지를 연구 범위로 넣고 이를 수행한 저자의 학문적 호기심과 성실함이 이 방대한 연구를 가능케 했을 것이다. 그만큼 아니 그 이상으로 중요한 것은 통계와 문서 그리고 전해진 이야기 속에서 중국인 이주노동자들의 인간적 차원까지 드러내고자 한 저자의 인간적 따뜻함이다.

다섯 대륙을 넘나들며, 세 지역에서 벌어진 골드러시gold rush를 아우르는 역사연구를 바탕으로 공감에 기초한 세밀한 서술을 펼치고 있는《중국인 문제》에 〈옮긴이의 말〉을 덧붙이는 것은 섬세한 요리를 맛본 후 무미건조한 후식을 내놓는 일처럼 보인다. 그럼에도《중국인 문제》가 방대한 연구이기에 독자들이 전체를 한눈에 바라볼 수 있도록 내용을 간추려 일종의 메뉴 설명으로 제시하는 일이 독자들에게 도움이 된다면 변명은 될 것 같다.

우선《중국인 문제》가 다루는 시기는 1848년 캘리포니아 골드러시부터 20세기 전환기 남아프리카에서 중국인 노동력 수입 프로그램이 종식될 때까지다. 다루는 지역적 범위는 앞서 말한 것처럼 다섯 대륙이 다 포함되지만, 직접적으로는 미국의 캘리포니아, 오스트레일리아, 남아프리카 세 지역이다. 이렇게 여러 지역을 골드러시 및 여기에 참여한 사람들, 특히 중국인 이주노동자들의 경험이라는 측면에서 다룬다는 점에서 이책은 보통 지구사global history라 불리는 분야에 포함시킬 수 있다.

지구사는 '현실 사회주의real socialism'의 몰락 이후인 이른바 세계화 혹은 지구화globalization 시대의 도래를 역사적으로 이해하기 위한 역사학계의 시도이자 한 분야다. 또한 지구사는 근대 역사학의 기본 단위인 국민국가 nation-state를 뛰어넘어 지구적 규모의 역사를 분석하고 서술하고자 한다.

이것은 세계 전체를 나눌 수 없는 '하나의 세계One World'로 바라보고, 하나의 세계를 역사적으로 추동한 전 지구적 네트워크나 유형으로 규명하고자 하는 시도다. 다시 말해, 각 지역과 여러 행위자가 어떻게 서로 연결되고 작용하고 영향을 끼치면서 지구 전체의 역사를 만들어왔는가를 살펴보는 것이다.

상호연결, 상호작용, 상호영향 등에 주목하는 것은 불가피하게 역사서술에서 유럽중심주의Eurocentrism를 비판하고, 새로운 주체의 관점에서 역사를 다시 서술하는 것이 된다. 왜냐하면 지구사 이전의 세계사world history는 (서)유럽의 역사 및 그 역사에서 발현된 가치와 제도를 모든 인류가 따라야 할 보편적 역사 경로를 보여주는 '보편사universal history'로 정당화하는 유럽중심주의에 근거해 서술되었기 때문이다. 이는 주체의 경우도 마찬가지인데 유럽중심주의의 역사서술이 주로 위인과 영웅 혹은 엘리트를 주인공으로 내세웠기 때문이다. 20세기 전환기 이래 사회주의와 노동운동의 진전, 1945년 이후 탈식민주의와 포스트식민주의적 관점의 등장, 여성을 비롯한 소수자들의 목소리가 커지면서 이른바 '아래로부터의 역사서술'이 발전하기 시작했다. 지구사는 이런 흐름을 흡수하거나 여기에 공명하면서 등장했다.

《중국인 문제》는 서론, 4부 13개 장, 에필로그로 구성되어 있다. 제1부 〈두 개의 금산〉은 미국 캘리포니아와 오스트레일리아의 골드러시 및 여기에 참여한 중국인들의 여러 모습을 다룬다. 제1부와 같은 제목의 제1장은 캘리포니아에서 금이 발견되었다는 소식이 중국인들을 캘리포니아로 끌어모으기 시작한 것 그리고 캘리포니아 골드러시가 영국 식민지인 오스트레일리아의 골드러시를 자극한 이야기로 시작한다. 정착민식민지

settler colony라는 공통점이 있는 두 지역의 골드러시는 원주민에 대한 몰아내기와 대규모 유입 이민을 가속화했다. 중국인들이 이 두 지역으로 이주한 것은 이런 맥락 속에서였다.

초기에 캘리포니아와 오스트레일리아로 이주한 중국인 대다수는 중국 남부의 쓰이四邑라는 4개 현 출신이었다. 이 지역의 빈곤 및 정치적 불안정이 해외 이주의 주된 요인이라 볼 수 있다는 점에서 이 지역 출신 중국인들의 골드러시 참가는 근대 해외 이주의 전형적 모습 가운데 하나라 할 수 있다. 이것은 또한 해외 이주민들의 성공(과 실패)의 이야기를 고향에 전해 다른 사람들의 해외 이주를 자극하고, 새로운 이주민들이 정착지에 왔을 때 도움을 주는 등 이른바 연쇄이주chain migration의 전형을 확립했다.

물론 경제적 어려움과 정치적 불안정으로 인해 골드러시 이전에도 많은 중국인이 해외로 이주했다. 1830년대에서 1870년대 사이에 거의 25만 명의 중국인 계약노동자가 영국령 가이아나, 영국령 서인도제도, 쿠바, 페루 등지의 플랜테이션에서 일하기 위해 해외로 나갔다. 이른바 쿨리 무역coolie trade이라고 불리는 것이었다. 캘리포니아와 오스트레일리아로 간 중국인들은 여러 면에서 금을 찾으러 온 전 세계의 다른 사람들과 똑같았다. 이들은 농민, 시골노동자, 장인, 기계공, 상인 등 다양한 계층 출신이었으며, 플랜테이션 계약노동자만큼 가난하지도 절망적 상태에 놓여 있지도 않았다. 대략 32만 5000명의 이런 이주 중국인이 1850년에서 1900년 사이에 골드러시에 참여했다.

제2장 〈채굴지에서〉는 말 그대로 채굴지들에 간 중국인들의 여러 모습을 보여준다. 채굴지들에서 중국인들이 살던 차이니스캠프Chinese Camp에서부터, 중국인 사업체, 중국인 상점과 주택, 동향 결사인 회관會館(후이관)의 건물과 사원에 이르기까지 이주 중국인들이 어떤 환경에서 살았는지

를 묘사한다. 다음으로 중국인 채굴노동자들이 어떤 방식으로 금을 채취했는지를 보여준다. 여러 사진에서 흔히 볼 수 있듯이 개울에서 벌이는 사금 채취부터 퍼들링puddling 기계로 진흙을 덩어리로 만들어 금을 채취하거나 세광용洗鑛用 홈통sluice을 이용해 금을 채취하는 방법까지 여러 모습을 볼 수 있다. 금을 채취할 때의 조직 방식으로는 동업에 기초한 협업, 채굴회사, 협동조합, 임금노동 등이 있었다.

　중국인들이 채굴지에만 있었던 것은 아니었다. 채굴로 성공한 중국인들은 상업으로 진출했고, 일부는 큰 규모의 태평양 교역상이 되기도 했다. 성공한 중국인 상인들은 중국인들 사이에서만이 아니라 미국과 오스트레일리아 현지 사회 자체에서도 영향력을 발휘할 수 있었다. 이들이 힘을 발휘할 수 있었던 기반이 "회관"이라 불리는 에스닉 공동체 조직이다. 대大 상인들이 지도적 위치에 있던 회관은 연대와 사회적 통제의 두 가지 기능을 동시에 수행하는 조직으로, 중국인 이주민들이 자신이 이주한 사회에 적응하고 정착하는 데 결정적 역할을 했으며, 이는 지금도 마찬가지다.

　제3장 〈백인들과 대화하기〉는 그 제목에서 알 수 있듯이 서로 다른 언어를 쓰는 중국인과 백인이 만났을 때의 의사소통의 (불)가능성에 관해 분석한다. 사례는 살인죄로 기소된 아제이크Ah Jake라는 인물의 재판, 캘리포니아와 오스트레일리아에서 출판된 중국어–영어 상용회화집 등이다. 캘리포니아의 중국인들은 백인들과 만날 때 접촉언어contact language인 피진의 일종인 차이니스피진잉글리시〔중국피진영어〕Chinese Pidgin English를 주로 사용했다. 그런데 이 피진은 다른 지역의 피진과 달리 사회의 가장 주변부에서 쓰는 접촉언어였으며, 이는 캘리포니아에서 중국인들의 주변부적 위치를 반영했다.

　제4장 〈비글러의 수手〉는 1850년 미연방에 31번째로 가입한 캘리포니

아주의 초대 주지사 존 비글러John Bigler가 자신의 정치적 성공을 위해 중국인들을 "쿨리인종"이라 낙인찍고 이들의 주州 유입에 반대하는 반쿨리주의anticoolieism를 어떻게 구성하고 유포했는지를 중심으로 캘리포니아에서 인종주의의 대두를 다룬다. 당시 캘리포니아는 골드러시만이 아니라 농업과 산업, 태평양 교역 등 전반적 경제 발전의 길을 모색하고 있었고, 이때 쟁점 가운데 하나가 중국인 이주민을 어떻게 바라보고 대우할 것인가였다. 여기에는 중국인 노동력에는 무관심하고 흑인 노예와 하와이 출신 노예를 주로 고려하는 사람들, 중국인 노동자들을 정상적인 보통의 노동자로 바라보고 활용하자는 사람들, 계약노동indentured labor을 지지하는 사람들 등 다양한 입장이 있었다. 이 과정에서 중국인들을 배제하자는 견해를 가진 사람들이 등장했고, 그 선두에 선 게 비글러였다. 그는 현지 사회의 중국인 인구 증가에 대해 불안해하는 백인들의 심리에 기대 "중국인 문제Chinese Question"에서 정치적 가능성을 발견했다. 저자의 말을 빌리면, "존 비글러는 모든 중국인 광부에게 '쿨리'라는 낙인을 찍음으로써 중국인을 자유노동free labor의 대척점에 있는 흑인노예들과 비교하는 인종주의적 비유를 발견했고, 이를 통해 중국인들을 백인 광부들의 독립성을 위협하는 존재"로 주조해낼 수 있었다.

인종주의적 낙인에 대해 이주 중국인들은 물론 항의했다. 위안성袁生, Yuan Sheng과 통 K. 아칙Tong K. Achick(탕팅구이唐廷桂) 같은 사업가이자 정치 지도자들은 주지사에게 보내는 편지 형식의 글을 써서 캘리포니아로 온 중국인들이 노예나 쿨리가 아니라 독립적인 사람들이라는 점을 강조했고, 중국인 이민자를 배척하는 것은 미국의 (건국) 이념에 반하는 일이라고 반박했다. 또한 백인들 가운데에서도 중국인들을 옹호하는 사람들이 있었다.

인종 간 충돌 그리고 1850년대 후반과 1860년대 사금 광산의 소멸과 금 채굴의 자본화 속에서 많은 백인과 중국인이 금광지들을 떠났고, 중국인들은 농부나 농업노동자, 미국 대륙횡단철도 건설노동자, 이런저런 공장노동자가 되었다. 그럼에도 여전히 이주 중국인의 많은 수가 금 채굴일을 했으며, 1872년 라바베즈Lava Beds(캘리포니아)라 알려진 채굴지가 개발되면서 많은 중국인이 이곳으로 오기도 했다. 아직 중국인 배제가 확립된 것은 아니었다.

제5장 〈보호의 한계〉는 태평양 건너편의 오스트레일리아로 무대를 옮긴다. 1850년대 초반의 골드러시 이전에도 오스트레일리아에는 중국인들이 주로 목양장에서 일하는 계약노동자로 들어와 있었다. 그러나 골드러시로 새로이 중국인들이 들어오면서 "중국인 문제"는 지금까지와는 다른 양상을 보였다. 그것은 중국인들이 쿨리라서가 아니라 자유로운 노동자로 오스트레일리아를 침입해 백인들을 압도할 수 있다는 우려였다. 오스트레일리아 내의 여러 식민지는 거주세와 정착료 같은 불평등한 인종세를 중국인들에게 부과했고, 당연히 중국인들은 여기에 항의했다. 또한 식민지 당국은 인종주의적 분리주의 정책이라 할 수 있는 중국인보호지Chinese protectorate를 고안했다. 그 명분은 유럽인들과 중국인들 사이의 갈등을 완화하면서 중국인들의 안전을 보장하고, "인종적 질서"를 촉진한다는 것이었다. 보호지 정책은, 식민지 당국은 중국인보호지를 운영하기 위한 자원을 제대로 투여하지 않았고, 중국인들은 중국인들대로 분리된 보호지에서 살기를 원하지 않았기 때문에 실패할 운명이었다. 게다가 "보호"라는 명분에도 불구하고 백인들의 중국인들에 대한 폭력은 더 늘어났다. 1857년에 일어난 버클랜드강폭동Buckland River Riot이 그 절정으로, 750개 이상의 천막, 30곳의 가게, 사원 등이 파괴되고 중국인 여러 명이 사망했다.

제2부 〈백인들의 나라 만들기〉를 이루는 2개 장인 제6장 〈빈터의 고함질〉과 제7장 〈황색 고통〉은 각각 미국 캘리포니아와 오스트레일리아에서 인종주의가 강화되고, 중국인 배제가 절정으로 치달으면서 중국인 배제법들로 이어지는 과정을 서술한다.

캘리포니아에서는 1870년 중반에 반중국인 운동이 다시 절정에 이르렀다. 이 시기는 대불황이었고, 이 속에서 경제적 어려움에 처한 백인 노동자들과 소생산자들이 중국인들을 불만의 목표로 삼았다. 이는 백인 노동자들이 자신들의 계급적 이익을 위해 다른 인종을 배제하는 인종주의적 운동을 추동했다는 점에서 진보적 노동운동의 불명예의 시작이었을 뿐만 아니라 자본주의와 인종주의가 어떻게 서로 얽힐 수 있는지를 보여주는 단면을 드러내는 일이기도 했다. 캘리포니아의 반중국인 운동은 1875년 첫 번째 중국인 배제법인 페이지법Page Act으로 성공을 거두었으며, 1882년 중국인배제법Chinese Exclusion Act으로 절정에 이르렀다. 1882년 법은 모든 중국인 노동자의 미국 이주를 10년간 금지했으며, 1892년 기어리법Geary Act로 갱신되었다가 1902년에 영구화된다.

오스트레일리아에서도 1870년대 후반 반중국인 운동이 거세졌다. 중국인들이 침입해 백인들을 압도할 것이라는 정서 위에, 오스트레일리아가 자유노동과 민주주의를 바탕으로 발전해야 하는데 중국인들은 이러한 가치를 이해하지 못하는 인종이라는 것이었다. 이 속에서 오스트레일리아의 정치인들은 새로운 국민국가를 건설하는 이때 중국인들에게서 민족주의적 전망을 구성할 수 있는 인종적 "타자"를 발견했다. 이런 점은 오스트레일리아연방이 성립한 1901년에 중국인을 비롯한 비유럽인 이주민들을 겨냥해서 문해력 시험을 포함한 이민제한법Immigration Restriction Act이 통과된 것에서 잘 알 수 있다.

제3부 〈식민지들에서 아시아인의 위협〉의 4개 장인 제8장 〈지구상에서 가장 부유한 곳〉, 제9장 〈란트 지역의 쿨리〉, 제10장 〈황금의 대가〉, 제11장 〈식민지들에서 아시아인의 위협〉은 전체가 남아프리카의 골드러시를 다룬다. 1904년 6월 1000여 명의 중국인 남성이 더반에 도착한 것에서 시작해서 1910년 중국인 노동력 프로그램의 종료 시기까지 중국인 문제가 남아프리카연방이라는 나라의 구성에서 어떤 역할을 했는지를 분석한다.

19세기 후반 남아프리카 지역은 이미 이곳에 정착한 네덜란드계 사람들인 보어인과 이곳을 전략적으로 식민화하려는 영국 사이의 갈등이 고조되는 한편 다이아몬드와 금의 발견으로 경제 발전과 인구 증가가 급속하게 일어나고 있었다. 두 차례의 보어전쟁(1880~1881, 1899~1902)을 거치면서 이 지역은 영국의 지배하에 들어가긴 했으나 영국은 보어인들을 통합해 이 지역을 자치령으로 만들고자 했다. 이 지역의 중국인 문제는 이런 흐름 속에서 남아프리카연방이라는 지구상에서 가장 극악한 인종분리주의 국가가 탄생하는 데 커다란 역할을 했다.

캘리포니아 및 오스트레일리아에 관한 서술과 마찬가지로, 제3부의 4개 장은 어떤 중국인들이 어떤 이유로 남아프리카로 왔으며, 어떤 노동조건하에서 일을 했으며, 어떤 환경에서 살아갔는지를 보여준다. 중국인들은 중국인 노동력 프로그램하에서 계약을 맺고 남아프리카 금광에서 일하러 왔다. 이들은 모두 수용소compound(울타리 쳐진 노동자 주택지구)에서 거주했고, 노동조건은 나빴으며, 노동강도는 매우 높았다. 남아프리카 금광의 조건이 노동비용을 절약하지 않으면 국제적으로 경쟁력을 가질 수 없었기 때문이다. 이에 맞서 중국인 노동자들은 태업, 파업, 탈주 등 다양한 방식으로 저항했다. 이러한 저항은 큰 성과를 낳지는 못했지만 중국인 노동자들이 독립적 노동자이자 인간으로서 어떻게 부당함에 맞섰는지를 잘 예시해준다.

중국인들이 이주한 사회에서 부딪힌 또 다른 현실은 인종주의적 배제였다. 다른 곳과 마찬가지로 남아프리카에서도 반중국인 이데올로기는 중국인들이 백인 및 현지민들의 일자리를 빼앗을 뿐만 아니라 이들이 상업에 종사하게 되면 더 많은 중국인과 이러저러한 유색인종이 남아프리카에 몰려들 것이라는 우려를 표명한다. 이 이데올로기는 필요에 따라 노예제 반대론에 근거해 중국인 노동자들이 노예노동slave labor에 종사하고 있다는 식의 비판을 하기도 하지만 근본적으로는 백인들만의 나라를 구성하겠다는 유색인종 배제를 바탕으로 한다.

1907년 남아프리카의 트란스발식민지Transvaal Colony에 책임정부 혹은 자치를 수립하는 과정에서 이전까지 갈등 관계에 있던 영국인과 아프리카너(보어인)의 구분이 뒷전으로 밀리고 그 대신에 백인의 "국가적" 이해관계가 전면에 등장하게 된다. 그 결과가 중국인 문제의 해결, 즉 중국인을 배제한다는 목표를 가진 국민당, 노동당, 헤트폴크가 선거에서 공동행동을 하고 다수 의석을 차지한 것이다. 그리고 이렇게 수립된 책임정부의 첫 번째 조치 가운데 하나가 1907년의 트란스발이민법Transvaal Immigration Act of 1907이다. 이 법은 예비 트란스발 이민자들에게 유럽 언어로 된 문해력 시험을 통과하도록 요구했다. 그리고 1910년 트란스발, 나탈, 케이프, 오렌지자유국 등 4개 식민지 연합체가 구성한 남아프리카연방Union of South Africa은 중국인만이 아니라 모든 아시아인에 대한 제한 조치를 취했다. 나아가 다수를 차지하는 아프리카인들을 배제하기 위해 체계적 인종분리 정책을 실시했으며, 그 가운데 가장 중요한 것이 1913년의 토착민토지법Native Land Act of 1913이다. 이 법은 "보호지들reserves"로 지정된 7퍼센트의 토지를 제외한 모든 토지에 대해 토착민의 소유 및 임차를 불법화했다.

제4부 〈서양의 중국인 디아스포라〉의 2개 장인 제12장 〈배제와 문호개방〉과 제13장 〈중국인 되기, 중국 되기〉는 중국인 배제가 어떤 결과를 가져왔는지를 탐구한다. 우선 서양에서 중국인 상인 및 자본가의 경제적 기회가 축소되었고, 중국인 노동이민 및 상업이민이 북아메리카와 유럽 등에서 동남아시아와 북아시아로 집중되게 되었다. 이는 향후 전 지구적 자본주의 내의 노동분업 및 자본의 흐름에 일정한 규정력을 가지게 된다. 다음으로 중국인 배제는 중국과 앵글로-아메리카 세계의 교역에 다양하게 영향을 끼쳤다. 대표적으로 19세기 후반 중국의 최대 수출품목인 차茶 수출을 보면 영국, 오스트레일리아, 미국으로 가는 수출량이 극적으로 감소했다.

그럼에도 해외 이주 중국인들이 본국으로 보내는 돈은 상당했다. 몇몇 분석가는 송금이 중국의 교역의 균형을 유지하는 데 기여했다고 본다. 그러나 송금만이 해외 중국인들을 고향땅과 연결하는 실은 아니었다. 정치가 또 다른 실이었다.

제13장 〈중국인 되기, 중국 되기〉는 해외 중국인들의 처지가 20세기 전환기에 중국의 정치 담론에서 주요한 주제로 부상했고, 이것이 현대 중국과 중국민족주의를 형성하는 데 어떤 역할을 했는지를 분석한다. 당시 대다수의 중국 개혁가는 해외 중국인들에 대한 현지 사회의 부당한 대우가 청의 허약함과 연관이 있다고 보고, 개혁이나 혁명을 통한 정치적·사회적 변화를 모색했다. 또한 중국인 배제에 대한 항의로 불붙은 미국산 상품에 대한 보이콧은 중국민족주의Chinese nationalism로 대중을 동원하는 계기가 되었다.

현대 중국은 제1차 아편전쟁(1840~1842)에서 시작되어 1949년 중화인민공화국의 수립으로 끝나는 "치욕의 세기century of humiliation"를 경험하면서 만들어졌다. 당연하게도 이 과정에는 다양한 행위자가 참여했다. 《중국인 문제》는 청 말 역사에서 앵글로-아메리카 세계에 거주하는 중국인 이민자들이 주변적 행위자가 아니었다는 점을 보여준다. 골드러시에 참여한 이들 이주민은 서양을 직접 경험한 최초의 중국인들이었으며, 영국제국과 미국의 전 지구적 금융 헤게모니에 한몫한 경제 행위자였다. 물론이것이 중국에 불리하게도 작용했고, 해외 이주 중국인들 또한 배제당하는 아이러니한 결과를 낳기도 했다. 그럼에도 해외 이주 중국인들은 지식과 자원을 중국으로 들여오고, 태평양 전역에 촘촘한 해외 중국인 네트워크를 구축해 중국민족주의가 부상하는 데 한몫했다.

오늘날 "중국(인) 문제"는 19세기 골드러시 시기의 인종주의적 스테레오타입과 사뭇 다른 양상을 보인다. 그것은 중국이 부상하면서 중국의 새로운 침입에 대한 두려움으로 나타나고 있으며, 나아가 중국이 미국을 대신할 패권국가로 부상할 수 있다는 우려다. 하지만 그 두려움과 우려에는 서양과는 다른 가치와 체제를 지닌 중국이 부상해 패권국가가 되는 것은 받아들일 수 없다는 신념 혹은 이데올로기가 깔려 있다는 점에서 "중국(인) 문제"는 지금도 여전하다고 할 수 있다. 그렇다면 "중국(인) 문제"를 제대로 이해하기 위해서는 "중국몽中國夢, Chinese dream"이라는 표어를 가진 중국민족주의에 동의하지 않으면서도 중국 및 중국인 문제의 역사적 윤곽을 이해하는 일이 필요하다. 《중국인 문제》는 이런 이해로 가는 중요한 이정표다.

옮긴이도 이런 이해를 위해《중국인 문제》를 번역하겠다는 마음을 먹었던 것 같다. 물론 전 지구적 규모에서 복잡한 그리고 섬세한 인간의 삶을 이해하는 일은 그 자체로 쉽지 않은 일이었다. 미국사의 일부를 공부한 옮긴이가 다섯 대륙과 세 지역에서 벌어진 일을 이해하기에는 언어 해독 능력과 지식 모두 턱없이 부족했다는 점을 말하지 않을 수 없다. 그나마 이만큼의 번역이 나온 것은 전적으로 편집자 좌세훈 님 덕분이다. 그가 얼마나 공을 들이고 고생했는지는 이 책을 사실상 옮긴이와 편집자의 공역이라고 본다는 말로 대신한다.

덧붙여 이 책을 번역하면서 지구사라는 문제의식과 분야에 대해 약간이나마 공부할 수 있는 기회를 가졌다. 조지형·김용우(편)의《지구사의 도전》(2010)과 박혜정의《하나의 지구 복수의 지구사》(2022)에서 큰 도움을 받았다. 아무쪼록《중국인 문제》한국어판이 지구사 분야 연구에 도움이 되기를 바란다.

안효상

저자의 말

《중국인 문제》는 19세기 캘리포니아 정치에 관해 논문을 쓰고 있는 학생과 나눈 대화 속에서 시작되었다. 나는 중국인 노동자들이 계약노동자 곧 쿨리였다고 여기는 그 학생의 오해를 바로잡아주려고 했다. 이 학생이 그 잘못으로 비난받을 수는 없을 텐데, 근거 없는 주장이 현재의 역사 문헌에서 우세하기 때문이다. 이와 반대되는 증거는 흩어져 있거나 역사학자들이 쉽게 무시해왔다. 역사학자들은 중국인 노동자들이 개별 인격이나 의지가 없는 노예 같았고 불쌍하게도 억압받았다고 하는 견해를 영속화하는 데 전념하는 것처럼 보였다. 나는 쿨리 신화라는 것을 없애버리겠다고 결심했다.

골드러시 시기 중국인들의 경험에 관한 실증조사를 완료하는 데 그리고 미국뿐만 아니라 영어권 전체에서 쿨리에 대한 인종주의적 스테레오타입을 자리 잡게 한 정치적 동학을 숙고하는 데 10년이 넘게 걸렸다. 처음에는 지구사를 쓸 작정이 아니었지만, 2005년에 오스트레일리아 벤디고에서 열린 세계해외화인연구학회ISSCO 학술대회에 참가했을 때 오스트레일리아 빅토리아주 내륙의 풍경이 미국 캘리포니아주 북부의 풍경과 닮아 있는 것에 놀랐다. 후일 나는 역사학자들이 1851년 오스트레일리아에서 금을 발견한 사람으로 인정한 에드워드 해먼드 하그레이브스가 캘리포니아 골드러시에 참여했고, 그가 나와 같은 생각을 했음을 알게 되었다. 1년 뒤 나는 남아프리카공화국 프리토리아에서 열린 ISSCO 학술대회에 참가했고, 비트바테르스란트의 심부深部 광산들에서 계약노동자로 일한 중국인들의 경험에 관심을 가지게 되었다. 이런 방문을 통해 비교연구를 해야 한다는 생각이 떠올랐다. 그러나 비교가 무엇을 드러내 보일지는 전혀 예상하지 못했다.

19세기 전 지구적 경제와 정치 관계 속에서 인종과 돈의 연금술을 통해 중국인 문제가 어떤 방식으로 커졌는지를 이해하는 데는 오랜 시간이 들었지만 매혹적인 여행이었다. 내 연구는 천천히 통찰력과 이해력의 덩어리를 만들어내는 사금을 채취하는 일―때로는 힘들고 때로는 운이 필요한―과 크게 다르지 않았다. 이 책은 5개 대륙에서 수행한 연구를 다루고 있으며, 내가 가진 지식의 한계, 언어 능력, 안일함에 도전하는 일이었다. 이 과정에서 나를 지원해주고, 격려해주고, 지도해주고, 교정해준 많은 기관과 개인에게 감사한다. 〈감사의 말〉에 이들의 이름을 거론함으로써 감사를 표시했다.

나는 《중국인 문제》를 2020년의 코로나바이러스감염증-19 팬데믹 동안 집에 머물면서 완성했다. 이 어려운 시기에 미국과 중국의 관계는 악화되었다. 미국 정치인들과 전문가들은 중국에 책임을 전가했고, 미국의 중국인들은 ―오스트레일리아, 영국, 유럽의 중국인들과 마찬가지로― 인종주의적 모욕과 공격에 시달렸으며, 여기에는 닳아빠진 욕설인 "니네가 있던 곳으로 꺼져라go back to where you came from"도 있었다. 중국인들은 미국 및 그 밖의 서양 나라들에 속하지 않으며 또 결코 속할 수 없다는 생각은 19세기 골드러시에서 비롯하는 오랜 역사를 가지고 있다. 《중국인 문제》는 이 깊은 역사로 향하는 창을 연다. 나의 의도는 인종주의의

역사적 기원 및 재생산을 정치적 이해관계에 따른 전략으로 밝혀내는 것
이다. 이것이 우리 시대에 인종주의와 싸우고 이를 근절할 수 있는 잠재
력을 우리가 이해하는 데 도움이 되기를 바란다.

메이 나이

아코키크, 메릴랜드주

2020년 8월

차례

세계 금 생산과 발견지

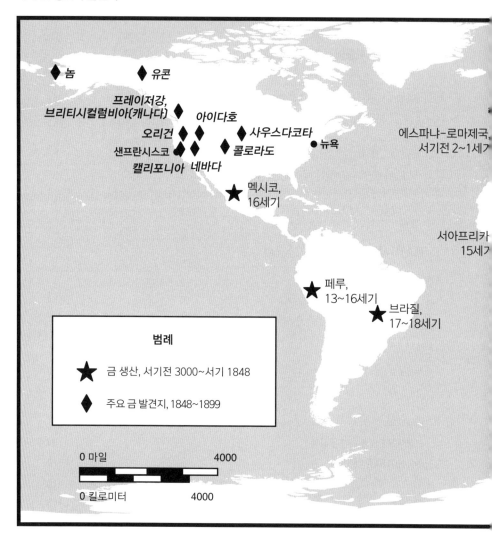

놈

유콘

프레이저강,
브리티시컬럼비아(캐나다)

아이다호

오리건

사우스다코타

샌프란시스코

콜로라도

뉴욕

캘리포니아 네바다

에스파냐-로마제국,
서기전 2~1세기

멕시코,
16세기

서아프리카
15세기

페루,
13~16세기

브라질,
17~18세기

범례

★ 금 생산, 서기전 3000~서기 1848

◆ 주요 금 발견지, 1848~1899

0 마일   4000

0 킬로미터   4000

러시아(우랄산맥),
18~20세기

시베리아,
19세기

불가리아, 슬로바키아,
서기전 5세기

● 베이징

이집트,
서기전 3~2세기

● 광저우

콜라르, 인도,
3~16세기

서칼리만탄,
18~19세기

● 다윈

노던테리토리 ◆   ◆ 퀸즐랜드

웨스턴오스트레일리아 ◆   ◆ 뉴사우스웨일스

◆ 트란스발
● 요하네스버그

빅토리아 ◆   ● 시드니

멜버른

오타고 ◆

지도: Cailin Hong

아시아·태평양 지역

베이징 • 톈진
한국
일본
중국
• 상하이
광저우 • 샤먼
마카오 • 홍콩
남중국해
태평양
타이
베트남
• 페낭
필리핀
말레이시아
싱가포르
• 서칼리만탄
• 마카산
파푸아뉴기니
인도네시아
• 멜라네시아
토레스해협
• 다윈
노던
테리토리
• 케언스
뉴칼레도니아
웨스턴
오스트레일리아
오스트레일리아
퀸즐랜드
사우스
오스트레일리아
• 브리즈번
퍼스
• 캘굴리
뉴사우스웨일스
• 시드니
빅토리아
벤디고
뉴질랜드
포트로브
• 멜버른
밸러랫
태즈메이니아
• 오타고

0 마일   2000

0 킬로미터   2000

지도: Cailin Hong

중국의 이민 송출 지역, 1850~1910

북부

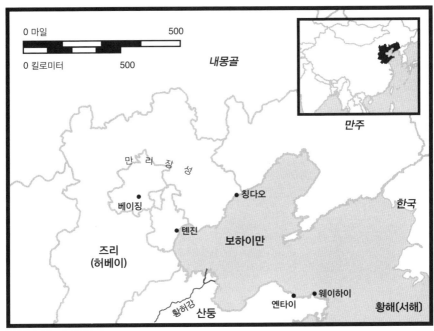

지도: Cailin Hong

남부

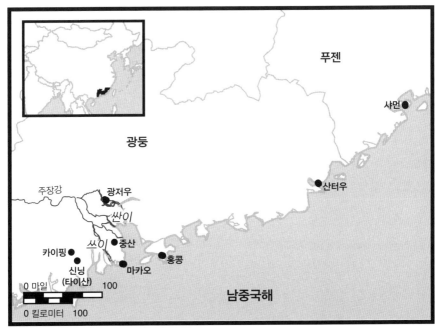

지도: Cailin Hong

서론

✻

황인과 황금

금산이 높이 솟았다.
남자들은 양손으로 황금을 긁어모을 수 있었다.
유레카! 이들은 황금을 가득 채우고 돌아왔으며,
모두가 이 땅이 낙원이라고 떠벌렸다.

금을 찾으려 전 세계에서 몰려든 사람들은 19세기 골드러시gold rush의 이야기를 썼는데, 이들의 부와 영광에 대한 형상화는 운문으로 표현될 때 훨씬 더 웅장하다. 위의 독특한 시구는 중국의 학자이자 외교관 황쭌셴黃遵憲이 쓴 한문 장시의 일부다. 황쭌셴은 1880년대 초반 미국 샌프란시스코 주재 청淸 정부 총영사로 일했는데, 미국에서 극도의 반反중국인 소요가 일고 중국인배제법Chinese Exclusion Act(1882)이 통과된 시기였다. 그는 미국이 가장 선진적인 국가로 중국의 근대화에 많은 교훈이 된다고 믿은 개혁 성향의 관리였다. 그러나 미국에 있는 동안 황쭌셴은 중국인들에게 가해지는 억압과 폭력을 믿을 수 없었다. 그는 중국인 이민자들을 위해 지칠 줄 모르고 일했고, 자신을 찾아오는 사람들에게 편의를 제공했고, 미국 관리들에게 정의와 공정을 호소했다. 환멸에 빠지고 지친 황쭌셴은 3년 뒤에 미국을 떠났다. 황쭌셴의 시 〈이민자들의 추방〉은 자신들 국가의 창건자들이 규정한 원칙을 미국인들이 배신한 데 대한 실망을 표현한 것으로, 미국은 "모든 외국인과 이민자사/ 이 새로운 땅에 정착하는 것이 허용된다."[1]

청 총영사가 캘리포니아에서 가지게 된 관점은 골드러시의 전 지구적 결과를 이해하는 것으로 확장되었다.

하늘과 땅이 갑자기 좁아지고, 줄어들었다.
인간과 악마가 서로를 물어뜯고 집어삼킨다.
위대한 중국과 한족이
이제는 다른 인종들의 우스갯거리가 되었다.

황쭌셴은 다른 나라들도 중국인들을 배제하는 미국의 사례를 따를지 궁금했다. "육방六方(동·서·남·북·상·하) 속에서/ 우리 민족은 어디서 피난처를 찾을 수 있는가?"

《중국인 문제》는 앵글로-아메리카 세계 중국인 공동체들의 기원을 탐색하며, 그 출발점을 19세기의 3대 금 생산지인 캘리포니아·오스트레일리아·남아프리카에 둔다. 책은 중국인 이민자들의 꿈, 노동, 공동체뿐 아니라 자기가 자기 머리에 성유를 부은 자칭 "백인들의 나라들white men's countries"로부터 중국인 이민자들이 겪은 실망과 고통, 숙명적 주변부화와 배제에 관한 이야기다. 책은 세계사의 격동기에 앵글로-아메리카 세계에서의 중국인 디아스포라 형성에 관한 이야기로, 금광열gold fever과 인종주의 정치racial politics가 미국과 영국제국에서 개척지frontier들의 폐쇄를 의미하고, 영국과 미국의 금융권력이 지배적이고 중국이 세계의 "국가들의 가족family of nations"에 포함되었으나 불평등하고 주변부적 행위자였던 시기를 다룬다. 이를 통해 책은 중국인들에 대한 배제가 당시 막 등장하던 전 지구적 자본주의 경제에서 외재적인 것이 아니라 그 구성 부분이었음을 드러낸다. 《중국인 문제》는 서양의 중국인 공동체들이 어떻게 19세기 세계에서 인종과 돈의 강력한 연금술 ― 유색인 노동력colored labor과 자본주의, 식민주의colonialism와 금융권력financial power ― 속에서 탄생했는지에 관한 이야기다.

골드러시에 뛰어든 중국인들은 19세기에 점점 팽창한 해외 중국인 인구의 일부였다. 최소한 13세기 이래 중국 동남부 해안 성省, province 출신들은 인도네시아, 필리핀, 베트남, 말레이반도, 타이에 이르기까지 동남아시아에서 교역을 해왔다. 그러나 19세기에 이들은 필요와 기회 둘 다에 자극받아 고향에서 더 멀리 이동했다. 25만 명의 중국인이 계약노동자indentured laborer로 카리브해의 유럽 플랜테이션식민지plantation colony들로 갔으며, 이는 노예제 폐지 이후 중국인 노동자들과 인도인 노동자들을 착취한 악명 높은 쿨리무역coolie trade의 일부였다.[2]

30만 명이 훨씬 넘는 더 많은 중국인이 19세기에 미국과 영국의 정착민식민지settler colony들로 자발적으로 이민한바, 처음에는 골드러시에 이끌렸다. 물론 금을 찾는 중국인들이 태평양을 건넌 첫 번째 사람들은 아니었다―그 영예는 서기전 1000년 이상에 걸쳐 해상 이주를 시작한 폴리네시아인들에게 돌아간다. 16세기와 17세기에 에스파냐인들은 아카풀코와 마닐라 사이에서 연중으로 갤리언무역galleon trade을 진행했으며, 이는 신세계New World(신대륙. 곧 남북아메리카대륙)의 은을 중국의 비단, 자기, 이런저런 사치품과 교환해 이 물품들을 유럽과 거래한 여정의 긴 중간 다리였다("갤리언" 또는 "갈레온"은 16~17세기 유럽에서 군함이나 상선으로 쓰인 전형저인 외항용外航用 대형 범선을 말한다〕. 19세기 초반이 되면, 북시 아메리카의 모피와 가죽과 하와이 백단유白檀油, sandalwood를 취급하는 미중 교역이 싹트면서 새 항로가 생겨났다.[3]

그러나 골드러시는 또 다른 질서였다. 골드러시는 근대 초기 태평양해상 세계를 폭발시켰다. 활기찬 교역과 이주의 새 경로 및 네트워크가 처음에는 캘리포니아에서 그다음에는 오스트레일리아에서 금에 의해 자양분을 공급받아 구축되었다. 3개의 새롭고 지속적인 환태평양의 노드node〔결절점〕가 두각을 나타냈으니 곧 홍콩·샌프란시스코·시드니다.

금광지goldfield는 앵글로-아메리카 정착민식민지 사회들의 개척지들에 있는 국제적 접촉지대contact zone였다. 골드러시는 전 세계에서 금을 찾는 사람들을 끌어들였다―미국의 동부와 남부에서, 영국제도와 유럽에서, 멕시코와 칠레와 하와이에서, 오스트레일리아와 중국에서. 백인 정착지들의 개척지들에 도착한 금 찾는 사람들은 어느 정도는 선주민indigenous peoples의 제거와 새 공동체 및 국가nation의 형성에 참여했다. 이 새 정치체polity들은 금광지 주민들의 다양한 성격을 어떻게 고려할까? 새 정치체들에 누가 포함되고 누가 배제될까? 그리고 누가, 어떤 수단을 통해 그것들을 결정할까?

골드러시는 중국인들과 유럽-미국인Euro-American들은 사이에 첫 대규모 접촉contact을 불러일으켰다. 아시아 항구도시 및 카리브해 플랜테이션에서의 만남encounter과 달리 이들은 금광지들에서 대규모로 그리고 상대적으로 평등한 조건에서, 즉 자발적 이민자이자 독립적 탐광자探鑛者로서 서로 만났다met〔"encounter"에는 "예상 밖의 만남" "폭력적인 만남"이라는 뜻이 있다〕. 인종 관계가 언제나 갈등적인 것은 아니었으나 경쟁의식이 "중국인 문제Chinese Question"라고 표현된 인종주의 정치를 낳았다.

19세기에 미국인들과 유럽인들은 자주 까다로운 사회 문제problem를 "문제Question"라고 표현했으니 곧 "니그로 문제Negro Question" "유대인 문제 Jewish Question" "여성 문제Woman Question" 같은 식이다. "문제Question"는 대개 당시 막 등장하고 있던 근대 국민국가nation-state에서 소수자 혹은 종속 집단의 정치적 지위와 관련되었다. 이러한 긴급하고 난해한 문제들은 엄청난 논쟁을 낳았다. 이 문제들은 또한 복잡했으니, 그것들은 다층적 모순과 경합하는 이해관계(예를 들어 "우리는 그들의 노동을 이용할 수 있지만 그들은 [우리 사회의] 시민이 되기에는 적합하지 않다")가 걸려 있었으며, 유독 문제가 되는 사회집단들이 제기하는 계속된 주장에 직면했기 때문이다. 논쟁에는 항상 폭력이 수반되었다(린치, 포그롬pogrom [인종이나 종교를 이유로 자행하는 조직적 집단학살], 폭동). 19세기의 커다란 문제Question들은 모두 자본주의 및 근대 국민국가의 발전과 연결되어 있었다. 이 문제들은 민주주의의 도전이었다―누가 속할 수 있고, 누가 시민일 수 있으며, 누가 투표할수 있는가를 규정하는 것이었다.[4]

　　중국인 문제는 간단하게 말하면 다음과 같다. 중국인들은 백인 앵글로-아메리카 나라들에 인종주의적 위협이 되는가, 중국인들은 이 나라들에 들어오지 못하게 해야 하는가? 중국인 배제는 당시 급진적 발상이었으니, 그것은 평등equality이라는 자유주의적 원칙에 도전했거니와 자유무역free trade과 자유이주free-migration로 규정된 세계에서 예외를 설정하려 했기 때문이다.

　　중국인 문제는 각기 다른 장소들에서 각기 다르게 등장했고, 각기 다른 현지 조건들에 의해 발생했다. 따라서 어떤 의미에서는 다층적인 중국인 문제들이 있었다. 그러나 현지의 정치적 논쟁은, 미국이건 오스트레일리아건 남아프리카건 또는 식민 본국 영국이건 간에, 명시적으로 "중국인 문제"로 틀지어졌으며, 이는 앵글로-아메리카 세계 전역에서 공유된 친연성親緣性, affinity이 있음을 의미했다. 그리고 분명히, 현지 정치는 상호 교류하고 차용했다. 20세기 전환기가 되면, 중국인 이민의 위험성에 대한 전 지구적 인종이론이 등장했다.

미국과 영국령 정착민식민지들(오스트레일리아, 뉴질랜드, 캐나다, 남아프리카)은 결국 중국인들을 이민과 시민권에서 배제하는 입법으로 중국인 문제에 답했다. 미국에서 중국인 배제법들(1875~1943)은 배제할 집단을 명시적으로 거명한 최초의 (그리고 오늘날까지 유일한) 법이었다. 오스트레일리아에서는 중국인, 남아시아인, 이런저런 비유럽인을 겨냥한 이민 제한이 뻔뻔한 백호주의 정책白濠主義政策, White Australia policy(1901~1973)의 주춧돌이 되었다. 남아프리카에서는 중국인 배제(1880년대~1980년대)가 급진적 백인우월주의white supremacy와 인종분리racial segregation라는 의제의 일부였다. 각각의 경우에 중국인 문제는 백인 정착민 정체성과 근대 국민국가, 이와 같은 성격의 원주민 몰아내기dispossession와 인종주의적 분리가 생겨나는 데서 중심 역할을 했다. 이러한 법들은 당시 막 등장하고 있던 국가정체성national identy에 영향을 끼쳤을 뿐만 아니라 세계를 상상하고, 조직하고, 통치하는 새로운 방식의 출발을 알렸다.

《중국인 문제》는 대개 별개로 연구해온 주제들에 관한 역사적 연구를 기반으로 한다. 골드러시의 역사는 중국인에 대한 인종주의racism를 언급하지만 대개는 그것을 주변적 이야기로 언급한다. 골드러시와 금의 역사는 한편으로는 사회사 및 정치사와 나뉘어 있고 다른 한편으로는 경제 연구 및 화폐 연구로 나뉘어 있다. 이 역사는 밤중에 서로 지나가는 배처럼 서로에 대해 거의 말을 걸지 않는다. 중국인 이민, 배제의 정치, 중국 경제

발전의 역사는 골드러시를 슬쩍만 다루고 지나간다. 이 책은 이와 같은 다양한 질문을 하나의 커다란 역사적 틀, 즉 전 지구적 자본주의의 발전에서 앵글로-아메리카 정착민 인종주의Anglo-American settler racism가 차지하는 위치 속에서 다룬다. 이 틀은 기존의 학문 분야 사이에 새로운 연관을 만들 수 있게 해줄뿐더러 골드러시가 어떻게 세계를 확장했고, 세계의 부분들을 더 가깝게 만들었는지를 고려한다. "하늘과 땅이 갑자기 좁아지고, 줄어들었다"라고 황쭌셴이 쓴 것처럼 말이다.[5]

《중국인 문제》는 또한 19세기에 인종과 돈에 관한 생각과 관행이 어떻게 진화했는지를 사고하는 데 새로운 지평을 열어준다. 인종과 돈은 오랫동안 공생 관계를 유지해왔지만, 그 관계는 고정적인 것도 지속적인 것도 아니었다. 도리어 그것은 역사와 정치에 의해 만들어졌다. 이와 같은 인종과 돈 사이 관계의 본질은 역사학자들 사이에서 수많은 연구와 논쟁의 주제였다. 일례로, 노예제와 자본주의 사이의 관계는 무엇이었나? 식민주의, 제국, 전 지구적 금융과 교역 사이의 관계는? 자본주의는 내재적으로 인종주의적인가? 이 책은 19세기 후반의 중국인 문제에서 보이는 그 구체적 표출의 하나를 살펴봄으로써 인종과 돈을 이해하는 데 한몫하고자 한다.

금은 어디에나 있다.

금은 5대륙 모두에서 발견할 수 있는 몇 안 되는 금속의 하나다. 전형적으로, 금은 산맥의 작은 언덕에서 발견된다—평원이나 산이 아니라 그 사이에 있는 지역 말이다. 금은 자연에서 순수한 금속 형태로, 즉 다른 것이 섞이지 않은 형태로 존재하는 유일한 금속이다. 금은 공기에 노출되어도 산화되지 않는 몇 안 되는 금속의 하나다―즉 금은 녹슬지 않는다. 금은 파괴되지 않으며〔불괴성不壞性, indestructibility〕두들겨 펼 수 있다〔가단성可鍛性, malleability〕. 역사적으로 금은 수천 년 동안 산의 침식으로 씻겨 내려와 개울의 바닥에 있게 되었고, 그 반짝임으로 쉽게 알아볼 수 있으며, 손으로 집거나 체로 흙과 자갈을 걸러내어 얻는다. 태곳적부터 인간은 아름다움, 순도, 희소성 때문에 금을 귀하게 여겼다. 전근대 사회―고대 이집트와 청동기시대 중국에서부터 메소아메리카와 중세 유럽에 이르기까지―에서 금은 주로 장신구, 특히 높은 사회 신분의 징표로 이용되었다.

　서로마제국의 해체 이후, 금은 종종 가치 저장 수단이었으나 근대 초기까지 유럽에서 교환수단(화폐로 사용하기 위한 주조)으로는 거의 사용되지 않았다. 하지만 15세기가 되면, 유럽이 파멸적이었던 가래톳페스트bubonic plague에서 벗어나게 되면서 금은, 아마, 그 어느 때보다 높은 가치를 가지게 되었을 것이다. 16세기 초반 에스파냐의 아메리카대륙 정복은 금의 사회적 가치의 불일치를 두드러지게 했다. 잉카제국은 태양신의 화신으로 믿은 왕에게 바치기 위해 금으로 멋진 공예품을 만들었다. 콩키스타도르conquistador〔에스파냐인 정복자〕들은 16세기 초반에 잉카제국의 황제 아타우알파Atahualpa의 몸값으로 아메리카의 금을 얻었는데, 이들은 잉카의 공예품들을 녹여 괴塊로 만든바 22캐럿 금 1만 3000파운드와 은 2만 5000파운드였다. 아메리카 금은의 약탈은 지속되었다. 은은 에스파냐령 아메리카에서 채굴되고, 유럽을 통해서나 태평양을 가로질러 운송되어, 중국에서 유럽의 2배 가격으로 팔리면서 엄청난 전 지구적 은 교역을 낳은 한층 더 중요한 보물로 입증되었다.[6]

　18세기 중반이 되면, 포르투갈령 브라질은 아메리카 금의 80퍼센트를 생산했고 전 세계 금 공급의 절반 이상을 담당했다. 브라질 골드러시는 40만 명의 포르투갈 이민자를 브라질로 유입시켰고, 이 포르투갈 이민자들은 자신들 수만큼의 아프리카 노예들을 함께 데려왔다. 포르투갈은 브라질 금을 영국 상품 대금으로 지급했고, 이를 통해 영국은 사실상 금본위 화폐로 이행할 수 있었으며, 18세기 초반에 국제 채권국으로 부상할 수 있었다. 여전히 대부분의 유럽 나라는 금 화폐와 은 화폐 둘 다 사용하고 있었으며, 은이 더 일반적이고 더 중요했다. 금이 희귀한 때문만은 아니었다. 은은 근대 초반 세계 교역의 엔진인 아시아에서 더 선호하는 교환수단이기도 했다.[7]

골드러시의 다음 물결은, 이 책의 초점으로, 그 범위와 결과 면에서 진정으로 놀라웠다. 1848년 캘리포니아 골드러시부터 1896년 캐나다 유콘Yukon에서 금이 발견될 때까지 금광부〔채금자〕와 금광회사는 땅에서 4억 3500만 온스의 금을 채굴했다. 당시 근래의 브라질 골드러시를 포함해 이전 3000년 동안 채굴한 금의 총량보다 더 많은 양이었다. 전 세계 금 생산량의 급증은 앵글로-아메리카 정착민 식민주의settler colonialism 및 자본주의 발전의 결과였다. 금은 전 세계 어디에나 있긴 했어도 어디에서나 **수익이 나지는** 않았다. 금은 수익성 있는 방법으로 채굴할 수 있는 게 아니었다. 미국과 오스트레일리아의 정착민식민지 개척지settler-colonial frontier들의 선주민들은 자신들이 사는 한복판에 사금 퇴적물이 있음을 알고 있었으나 이들은 금을 화폐-상품money-commodity으로서 가치 있게 생각하지 않았다.[8]

이윤을 내기 위한 지속적인 금 탐사와 채굴에는 동기—곧 화폐-상품으로서 금에 비교할 다른 것이 없는 팽창 일로의 제국권 내에서 부에 대한 열망—뿐만 아니라 사유재산권, 자본 투자, 심부深部채굴 기술, 대규모 노동이주labor migration, 장거리 수송 또한 필요했다. 골드러시는 앵글로-

아메리카의 개척지들을 변화시켜 선주민 대상의 몰아내기와 비토착민 nonnative peoples 대상의 유입 이민을 가속화했다. 금 채굴은 또한 환경에 심각한 손상을 입힌 바 땅에 깊은 구멍, 폐기물 더미, 벌목한 숲, 침전물 및 유독 폐기물로 가득한 강을 남겨놓았다. 기업들과 금융 투자가 금을 찾는 개인들을 뒤따르면서 토지, 재산, 국가 영토 및 식민 영토 통제를 둘러싼 판이 커졌다.

1850년대 후반 영국의 경제학자 윌리엄 뉴마치William Newmarch와 토머스 투크Thomas Tooke는 캘리포니아와 오스트레일리아의 골드러시가 불과 10년 내에 "상업세계Commercial World 주요 부분의 금속 유통"을 30퍼센트 증가시킬 것이라고 말했다. 열광자들은 새로운 금의 발견이 자연의 선물로, 아마도 이에 더해 신의 섭리Providence의 선물로, "국가들 사이의 교류"를 증진하고 "인간의 사회적 조건"을 향상시킬 것이라고 주장했다. 경제사가 장-자크 반 헬턴Jean-Jacques Van Helten은 열광적 수사학을 사용하진 않지만, 19세기 전 지구적 금의 공급 증대는 팽창하는 세계 교역에 필요한 화폐 수요를 충족시킨 행운의 결합이었다고 유사한 주장을 했다. 그러나 우리는 또한 그것을 **자극제**stimulus로, 특정하게는 그레이트브리튼과 미국이 세계의 선두적 투자국이자 채권국으로 부상하는 것을 가능케 한 자본 축적의 새로운 단계로 생각할 수도 있다("그레이트브리튼Great Britain"은 잉글랜드, 스코틀랜드, 웨일스를 총칭하는 정치적 호칭이다). 투자와 교역을 증진시키는 것에 더해, 금 공급의 증대는 더 많은 나라가 금본위제를 채택할 수 있게 했다.[9]

1904년에 미국과 그레이트브리튼은 전 세계 금 산출의 88퍼센트를 통제했는데, 당시가 금 산출이 사상 최대를 기록한 때로, 그것은 약 715억 달러의 가치가 있었다. 영국이 혼자서 전 세계 금 산출의 3분의 2를 책임졌다. 식민지 영토에서 금이 발견된 것 때문에 영국제국이 만들어진 것은 아니었다. 그러나 오스트레일리아와 남아프리카에서 발견된 금 소재지는 영국제국 내에서 이들 식민지의 전략적 중요성을 증대했으며, 19세기 후반과 20세기 초반 영국이 전 지구적 금융 대국으로서의 위상을 공고히 하는 데 한몫했다. 20세기 전환기에 전 세계의 금광을 조사한 영국 광산 기술자 J. H. 컬J. H. Curle은 과장하지 않고, "금 채굴은 실제로 정신적으로나 물질적으로나 우리의 가장 큰 국가 자산 중 하나"라고 썼다.[10]

　미국에서 금이 발견된 일은 미국의 발전 및 미국의 대외 경제적 영향력 증대에 직접적으로 영향을 끼쳤다. 남북전쟁Civil War이 국내시장의 강화를 가져왔다면, 금은 다양한 수준에서 이 국가의 부를 증대했다―개인의 수준에서, 캘리포니아와 미국 서부의 발전에서, 철도·산업·금융 자본에서, 해외투자에서 그러했다. 미국은 또한 은의 주요 생산국이어서 네바다주와 이런저런 서부 주들에서 은 채굴업 붐이 일었다. 미국은 연방의회가 은의 본위화폐本位貨幣 자격을 폐지한 1873년까지 복본위제複本位制, bimetallic monetary system를 시행했다. 금본위제gold standard는 기업가, 은행가, 이런저런 채권자에게 유리했으며, 신용이 더 낮은 사람들에게, 특히 농민들에게 불리했다. 1890년대 미국 정치를 뒤흔든 화폐 문제―"은화 자유주조free silver" 요구―는 산업적, 금융적 독점의 발흥에서 소생산자들의 점증하는 소외를 표현했다.[11]

⁜

골드러시 시기에 중국은 이미 유럽 식민주의의 지배하에 있었다. 중국은 서양 열강에 의해 직접적으로 식민화된 적은 없었다. 실제로 18세기 중반까지 청 왕조(1644~1911)는 고유의 제국을 건설했고, 중국의 경세를 서쪽으로 넓혔으니 티베트와 신장을 병합한 것이 가장 주목할 만하다. 그러나 19세기 중반에 중국은 유럽의 공격을 여러 차례 받았는데, 아편무역, 포함외교砲艦外交, gunboat diplomacy, 서양 교역 및 선교사에 대한 강압적 문호 개방 등이 그것이다. 중국의 치욕humiliation은 한때 중국이 누렸던 지위, 특히나 상대적으로 최근에 누렸던 지위와 극명하게 대비되었다.

1550년에서 1750년까지 200년 동안 중국은 거의 틀림없이 세계에서 가장 중요한 경제 행위자였다. 중국은 최대 규모의 단일 국내시장을 가지고 있었거니와, 전 지구적 교역의 중심에 있었고, 동아시아와 동남아시아에 걸쳐 있는 중국 중심의 조공 및 교역 네트워크를 구축하고 있었으며, 에스파냐령 아메리카와 일본에서 생산된 은의 제1의 최종 시장이었다. 유럽인들은 은을 화폐로서가 아니라 재정거래裁定去來, arbitrage로서 실어 날랐는데, 명 왕조(1368~1644)는 재정적·상업적 목적에서 은 수요가 있었고 이 때문에 중국에서 은 가격은 세계에서 가장 높아서 유럽의 두 배에 달했다("재정거래" 또는 "차익거래"는 어떤 상품을 가격이 싼 시장에서 매입해 가격이 비싼 시장에 매도함으로써 그 차익을 얻는 거래를 말한다). 중국은 은을 빨아들일 뿐만 아니라 신세계에서 은의 생산을 자극한 세계의 거대한 "은 싱크silver sink"였다.[12]

17세기 내내 유럽인들은 은으로 금을 포함해 사치품과 교역했다. 일례로 영국동인도회사British East India Company는 1637년에 중국과 처음으로 직거래할 때 6만 에스파냐달러를 중국의 설탕, 비단, 향신료, 자기, "성긴 금loose gould"과 교환했다. 중국인 교역업자들은 또한 상품을 싸게 매입해 비싸게 매도함으로써 상당한 이윤을 보았으니, 유럽인들에게 비단과 견직물을 판매하면서 100~150퍼센트의 총이윤을 올렸다. 경제사가 데니스 플린Dennis Flynn과 아르투로 힐라데스Arturo Giläldez는 16세기 후반 전 지구적 교역의 이러한 동학動學, dynamics을 "다중 재정거래(차익거래)multiple arbitrage"라고 부른다.[13]

　유럽인들은 18세기 초반에 은과 차茶를 대규모로 거래하기 시작했다. 차는 비단과 마찬가지로 유럽에서 사치품이었어도 대량소비를 위한 더 큰 잠재력이 있었다. 유럽에서 차 대중시장의 형성은 17세기 후반 카리브해 노예제 플랜테이션식민지들로부터 설탕의 소비 증가와 동시에 일어났다. 실제로 차와 설탕은, 담배와 함께, 한편으로는 식민주의와 노예제의 공생에 기초한 각성제―"식약food drugs"―의 전 지구적 교역과, 다른 한편으로는 유럽의 식민 본국 사회, 특히 영국에서 새 대중소비 경제를 뒷받침했다.[14]

　1800년 무렵 중국에서 은의 재정거래는 끝이 났다. 영국은 차에 푹 빠져서 다른 교환수단을 찾았다. 영국동인도회사는 이미 인도에서 상당량의 은을 뽑아내 중국에 팔았고, 이제 회사는 인도를 중국에 수출하는 아편을 대량으로 생산하는 곳으로 변화시켰다.

　19세기 초반에 아편은 인도와 중국 모두를 황폐화시켰다―인도는 아편 생산자였고, 중국은 아편 소비자였다.

　인도 벵골의 농민들은 전통적으로 밀, 채소, 마수르 달masoor dal 등 겨울작물 경작지 사이에 양귀비를 몇 송이 키웠다. 이들은 양귀비 씨를 압착해 기름을 얻었고, 양귀비 꼬투리에서 추출한 수액을 정제하고 햇빛에 건조해 ―마약성 알칼로이드의 원료인― 검고 딱딱한 아브카리abkari로 만들어 병중이나 혼인잔치에서 먹거나 상류층에 팔았다. 영국동인도회사는 벵골 농민들에게 양귀비만 재배하도록 몰아붙였고, 그들에게 현금을 선지급하고 양귀비 꼬투리에서 뽑아낸 대량의 생이편을 자사에 공급하게끔 하는 계약을 강요했다. 영국동인도회사는 벵골의 자급 농업을 파괴했을뿐더러 큰 공장에서 아편을 대량으로 생산함으로써 인도인 노동자들의 생명도 빨아먹었다. 아편 연기는 공장에 퍼져 그곳에서 일하는 모든 사람에게 영향을 끼쳤는데, 가장 비참한 사람들은 액체 상태의 생아편 탱크에 들어가 허리까지 잠긴 채 자신의 몸과 발로 걸쭉한 액체를 휘젓고 밟는 일을 한 이들이었다.[15]

인도와 마찬가지로 중국도 오랫동안 아편 ― 우샹〔오향〕烏香 즉 "검은 향신료black spice"라고 불렸다― 을 약초와 최음제로 사용했다. 중국에서 아편의 내부교역은 남서부 성省들과 서부 변경에서 일어났다. 그러나 19세기 초반에 영국동인도회사가 대량으로 아편을 수입하면서 중국에서 아편의 대중적 소비와 중독이 생겨났다. 미국인들 또한 이 돈 되는 사업에 뛰어들어 터키〔튀르키예〕에서 재배한 아편을 중국으로 수입했다. 중국으로 수입되는 아편은 그 양이 1729년 약 200상자에서 1767년에 1000상자로 늘어났으며, 1820년에서 1830년 사이에는 매년 1만 상자로 늘어났다. 청 정부는 반복해서 아편 밀수를 금지했으며, 일례로 1810년에는 "아편은 해롭다. 아편은 독약이며, 우리의 미풍양속을 좀먹는다. 아편 사용은 법으로 금지한다"라는 칙령을 발표했다. 영국동인도회사는 중국의 법률을 무시하고 중국인 밀수업자, 불법 상인, 부패 관리의 네트워크를 구축했다. 1838년에 영국동인도회사는 매년 아편 4만 상자를 중국으로 수입해 중국과 영국의 국제수지를 역전시켰고 중국 내에 약 1200만 명의 아편 사용자에게 아편을 공급했다.[16]

아편 중독의 확산과 은의 유출에 놀란 청 조정은 1838년에 아편 밀수 단속에 공세적으로 나섰다. 청 조정은 사대부 린쩌쉬林則徐를 광둥성廣東省

광저우廣州로 파견해 이 문제를 처리하도록 했다. 신설 관직 흠차대신欽差 大臣, Imperial Commissioner에 임명된 린쩌쉬는 영국 왕에게 외교문서를 보내는 것으로 일을 시작했다. 그는 영국의 빅토리아 여왕에게 외국 교역업자들이 "극도의 이익을 탐하며 […] 다른 사람들에게 입히는 해는 생각하지 않는다. 묻노니, 당신들의 양심은 어디에 있는가? 당신네 나라에서는 아편 흡연이 엄격하게 금지되어 있다고 들었다. 아편이 가져오는 해악을 분명하게 이해해서다. 당신네 나라에 해를 입히는 것이 허용되지 않는다면, 다른 나라들에 해를 입히게끔 내버려두는 것은 더더욱 안 된다—중국은 말할 것도 없다"라는 내용의 유명한 서한을 보냈다.[17]

빅토리아 여왕이 린쩌쉬의 서한을 받았다는 기록은 없다. 그러나 아무런 답장을 받지 못한 린쩌쉬는 중국인 아편상 1700명을 체포하고 아편 파이프 7만 개를 압수했다. 그는 외국 상인들의 아편을 차와 교환하자고 제안했으나 아무 소용이 없었다. 그러자 그는 광저우의 외국인 구역에서 아편 260만 파운드를 압수해서는 그것을 석회·소금과 섞어 바다에 폐기해버렸다(아편은 석회 및 소금과 섞이면 아편 성분이 분리된다고 한다). 그런 다음 린쩌쉬는 주장강珠江을 봉쇄해 광저우의 서양인들을 이동하지 못하게 했다. 양측 사이 일련의 실효성 없는 외교 노력과 군사적 거짓 위협은 결국 전쟁으로 이어졌으니, 영국은 재산권 및 자유무역을 주장했고 청은 자국의 영토 수호를 주장했다.

제1차 아편전쟁First Opium War(1839~1842)은 무례한 방식으로 중국을 서양 강대국에 대면시켰다. 청은 병사 1만 명과 정크선 함대를 전개해 항구·강·도시들을 지키려 했다. 그러나 청은 철로 만들어졌고, 증기로 움직였으며, 중국의 것보다 훨씬 강력한 함포를 장착한 영국의 포함에 근본적으로 맞설 수 없었다. 중국인들은 영국의 포함을 "악마의 배devil ships"라 불렀다. 중국은 난징조약南京條約, Treaty of Nanjing(1842)을 통해 치욕적 양보를 했으니 홍콩 섬 할양, 은화silver dollar〔은원銀圓〕 2100만 달러의 배상금, 5개 대외교역 항구 개방, 영국 시민들에게 중국 법을 면제해주는 치외법권 조항 등이 조약에 들어 있었다. 프랑스와 미국도 재빨리 자국을 조약항 〔개항장〕treaty port과 치외법권에 대한 동일한 접근권이 있는 "최혜국most favored nation"으로 인정하는 유사한 조약을 중국에 요구했다.

제2차 아편전쟁(1856~1860)은 영국과 프랑스에 의해 일어났고 톈진조약天津條約, Treaty of Tianjin(1858)으로 끝났으며, 실제로는 영국·프랑스·러시아·미국과 동시에 4개의 조약이 맺어졌다. 이 조약으로 외국 열강은 베이징에 공사관을 설치할 수 있는 권리를 얻었고, 청 조정에 10개 대외교역 항구를 개방하게 할 수 있었으며, 외국 상인들과 선교사들이 중국 내륙으로 들어갈 수 있었고, 중국에서 아편무역이 합법화되었으며, 영국과 프랑스는 800만 은화의 배상금을 중국에 부과했다.

골드러시 시기가 되면 유럽 열강은, 특히 그레이트브리튼은, 이미 동아시아와 동남아시아 지역경제에 진입했는데, 오랫동안 중국과 동남아시아를 연결해온 외교 루트와 무역 루트에 자국들을 배치한 것이다. 아편전쟁과 불평등조약으로 유럽인들은 중국에 직접적으로 무역 및 선교 활동을 강요할 수 있게 되었다. 중국은 국가의 평등equality of nations, 영토보전territorial integrity, 불간섭noninterference 원칙의 베스트팔렌 주권Westphalian sovereignty〔주권평등원칙〕에 기초한 새로운 국제 관계 체제에 끌려들어갔다. 이러한 상위의 평등 원칙에도 불구하고 교환수단의 변화—서양에서는 은에서 금으로, 중국에서는 은에서 아편으로—는 중국이 극도로 약하고 불리한 위치에서 당시 발전하는 전 지구적 경제와 국제 관계에 들어가게 되었음을 말한다. 청 조정은 서양과의 외교 조약을, 더 넓게는 서양의 지

식과 근대 산업 발전을 거부할지 수용할지를 둘러싸고 이후 수십 년 동안 논쟁하게 될 터였다.[18]

제2차 아편전쟁 이후 청은 첫 대외기관 총리아문總理衙門(정식 명칭 "총리각국사무아문總理各國事務衙門", 1861)을 설치했다. 서양의 중국 침입에 따른 실제적 비상사태에 대응하기 위한 임시기관으로 출발하긴 했으나, 총리아문은 청의 주요한 제도적 개혁이었고, 청 관료제 내 개혁적 인물들 사이에서 권력의 중심으로 성장했다. 총리아문은 조약항에서 외교 업무와 조약 집행을 담당했다. 총리아문은 공식 사절단을 해외에 보내 서양을 직접 배우게도 했다.[19]

청 외교관은 대부분 문인 계층 출신으로서 과거에 합격해 사회적 지위, 부, 권력의 중심인 정부 관료제에 진입한 남성들이었다. 황쭌셴은 그런 청 외교관의 한 사람이었다. 황쭌셴(1848~1905)은 광둥성 북부 출신으로 집안에서 처음으로 사대부가 된 아버지의 아들이었다. 황쭌셴은 과거에 합격한 이후 외무 부처의 하급 자리로 발령을 받았고 이에 그의 부모는 실망했다. 그러나 황쭌셴은 자신의 해외 경험을 통해 중국이 단지 국가들의 가족으로 뿐만 아니라 불균등 및 강자의 탐욕이 속성인 세계로 휘청거리며 들어갔음을 알 수 있었다. 그는 다음과 같이 썼다. "폴란드를 보라. 불쌍한 인도를 보라./ 우리 장래에 어떤 재난이 닥칠지 누가 알겠는가?"[20]

청 외교관들은 자신들의 부임지에 따라 현지의 해외 중국인 공동체와 접촉하기도 했다. 이는 해외 중국인과 청 정부 사이에 새로운 관계가 형성될 수 있는 전조가 되었고, 청 정부는, 명 대에 처음 공포된, 귀국자들은 사형에 처한다는 조건으로 이민을 금지했다. 청은 자국의 영토를 떠나는 사람들을 반역자 혹은 자국과 무관한 사람이라고 오랫동안 치부해왔었다. 이제 해외에 청 영사가 주재하면서 중국 이민 상인들과 노동자들은 본국 정부와 전례 없는 접촉을 하게 되었고, 이들은 중앙정부와의 직통 라인과 아울러 중앙정부가 자신들을 보호해줄 것이라는 희망과 기대를 갖게 되었다. 총리아문은 중국인 이민자들의 고역과 고통을 이해하게 되었고, 황쭌셴은 자신의 장시長時에 이것을 서양에 의해 강요된 불평등조약과 함께 중국이 겪은 가장 심한 국제적 치욕의 하나로 기록했다.

총리아문은 자국 외교관들에게 일지 작성을 지시했고, 이에 외교관들은 매달 일지와 함께 개인의 논평과 경험을 제출했는데 여기에는 "외국에서 실제는 어떤 것이고 허세는 어떤 것인지"가 포함되었다. 이 일지—다수는 즉시 발간되었다—는 세계에서 중국의 위치에 대해 중국인들이 10년 넘게 고민하는 동적 과정, 즉 필연적으로 중국 국가 및 사회의 성격에 관한 근본적 질문을 둘러싼 논쟁을 생겨나게 했다. 중국에서 19세기에 유교적 교리 혹은 제국적 통치를 포기할 준비가 되어 있거나 그럴 의사가 있는 사람은 거의 없었으나, 많은 중국 사상가는 서양의 과학과 기술을 중국의 원칙에 대한 고수와 어떻게 조화시킬지를 고심했다. 외교관 쉐푸청薛福成(1838~1894) 같은 일부 인사는 인쇄술, 우편제도, 화약 같은 서양의 발명품이 실제로는 중국에 기원을 두고 있다고 주장했다. 유력 총독總督 장즈둥張之洞(1837~1909)은 개혁을 촉진하기도 하고 제약하기도 하는 "중학위체, 서학위용中學爲體, 西學爲用"이라는 문구로 유명세를 탔다("중학위체, 서학위용"은 장즈둥이 《권학편勸學篇》에서 주장한 내용으로 "중국의 학문을 본체로 삼고 서양의 학문을 쓰임으로 삼자"라는 의미이며 "중체서용"으로 줄여 말하기도 한다). 황쭌셴은 서양의 기술과 행정에 감탄했지만 처음에는 민주주의 정부를 의심했다. 황쭌셴의 생각은 진화해서 1890년대가 되면 중국의 지도적 급진개혁파 캉유웨이康有爲(1858~1927) 및 량치차오梁啓超

(1873~1929)와 가까운 사이가 되었으니 이들은 평등이 진보에 핵심이라고 믿었다. 캉유웨이와 량치차오는 1898년 자희태후慈禧太后(서태후西太后, 1835~1908) 때문에 망명을 해야 했으며, 이 둘도 해외에 거주하는 중국인들과 유대 관계를 구축했다.[21]

꽃

금 채굴은 리스크가 크고 판돈이 높다는 것이 잘 알려져 있으며, 종종 도박에 견주어지기도 한다. 부에 대한 욕망에 이끌린 금 찾는 사람들은 큰 리스크를 감수하며, 이를 설명할 수 있는 것은 보상 가능성뿐이다. 금광열은 인간과 환경에 대한 폭력뿐만 아니라 위험, 고된 노동, 기술 혁신, 정치적 실험 등을 몰아댔다. 냉철한 사업적 계산, 은행업, 지정학적 이해관계 등이 이윤과 이득을 보려는 금광열을 활용했다. 회사와 국민국가의 경우, 금에 대한 열망은 점점 더 깊이 채굴하고 점점 더 심부의 광산을 운영하는 데 대한 막대한 자본 지출로 이어졌다. 그러나 광석은 심부 광산으로 들어갈수록 희소해지고 등급이 낮아져서 귀금속의 산출량이 점점 더 떨어지는 만큼 점점 더 많은 암석을 파헤쳐야 했다. 남아프리카의 비트바테르스란트 금광들의 경우, 20.67달러 상당의 금 1온스를 생산하는 데 평균 2.3톤의 광석이 필요했다. 이런 이유로 금 채굴이 수익이 나기 위해서는 끈질기게 값싼 노동력을 쫓아야 했다.[22]

따라서 20세기 전환기에 남아프리카는 6만 명의 중국인 계약노동자를 모집해 이들을 고도로 자본화되고 산업화된 심부 지하광산에서 일하게 했다. 이들의 계약조건은 북아메리카 및 오스트랄라시아Australasia(오스트레일리아, 태즈메이니아, 뉴질랜드 및 그 부근의 남태평양 섬들을 통틀어 이르는 말)

로 간 독립적 탐광자들의 계약조건과는 중요한 경험의 차이를 낳았다. 그러나 중국인 노동자들의 문화 및 저항의 유형 측면에는 광범위한 유사성도 있다. 《중국인 문제》는 캘리포니아, 오스트레일리아의 빅토리아 식민지, 비트바테르스란트의 심부 광산으로 간 중국인 금 찾는 사람들의 이주과정을 추적한다. 책은 이들 중국인의 경험과 수용이 "중국인"으로서 이들의 개인적 정체성의 진화에, 국가로서 중국의 정체성에, 서양에서 이들 중국인이 전 지구적인 인종주의적 위협으로 인식된 것에 어떻게 영향을 끼쳤는지를 탐구한다.

단 1온스의 금을 얻는 데 투입된 자본의 규모 및 인간의 노력에 관해서는 확실히 환상적인 어떤 것이 있다. 그러나 개인, 회사, 국가가 환상적 방식으로 행동한 것은 정확히는 화폐-로서-금gold-as-money에 주어진 가치 때문이다. 거의 종교에 가까운 믿음이 환상적인 것처럼, 20세기 초반 경제학자들이 구축한 바는 금이 이상적 화폐 체계라는 것이었다. 이 경제학자들의 믿음은 긴축적 통화 공급이 경제 성장과 안정 둘 다를 일으키고 금을 기반으로 하는 국제 통화 시스템이 세계 무역수지의 균형을 촉진한다는 이론─현실보다 더 이상적인 견해─에 근거했다. 금본위제는 금본위제에 채무자(농민과 노동자, 소비자, 가난한 국가)보다 채권자(은행가, 기업가, 부유한 국가)가 유리하다는 내재적 편향inherent bias이 없는 것처럼 착각하게 했다. 진정한 금본위제 신봉자는 경제침체기에 통화수축 정책deflationary policy을 실시했는데, 이는 높은 이자율, 임금 삭감, 실업 등의 형태로 나타나는 "너무 강력한 약물harsh medicine"이었다. 이런 정책들은 대공황Great Depression을 가속화하는 데서는 특히나 파멸을 초래하는 것으로 판명 났다.[23]

따라서 1930년대에 존 메이너드 케인스John Maynard Keynes(1883~1946)는 금본위제 교리를 거부하고, 화폐 공급을 확대하고 경제를 부양하는 정부 적자지출deficit spending을 주장했다. 케인스는 다음과 같은 유명한 말을 남겼다. "재무부가 낡은 병에 은행권을 채워 폐탄광에 적당한 깊이로 묻고, 그런 다음 도시에서 나온 쓰레기로 지면을 덮고 나서, 충분한 검증을 거친 자유방임주의laissez-faire의 원리에 따라 사기업〔민영기업〕private enterprise이 그 은행권을 다시 파내게 한다면 […] 더는 실업이 있을 이유가 없을 것이다." 그는 이어서 덧붙였다. "사실, 주택이나 그 비슷한 것을 짓는 편이 더 합리적인 일일 터다. 이렇게 하는 데 정치적·실제적 어려움이 있다고 하더라도, 위에서 말한 것처럼 하는 편이 아무것도 하지 않는 것보다 나을 터다."[24]

존 메이너드 케인스는 더 나아가 "전쟁이 정치인들이 정당하다고 생각한 대규모 차입 지출의 유일한 형태였던 것처럼 금 채굴은 땅에 구멍을 파는 유일한 구실인데, 은행가들은 이를 건전한 금융이라고 환영했다"라고 했는데, 이 언급은 재정 정책의 자의성을 가리키는 것이자 화폐와 금을 연결하는 것이다. 실제로 금은 그 실행가능성이 신뢰—추상적 교환수단이 어떤 것의 "실제" 물질적 가치를 대변한다는 공유된 믿음—를 기반으로 한다는 점에서 모든 화폐와 마찬가지다. 독일 사회학자 게오르크 짐멜Georg Simmel(1858~1918)은 화폐에 대한 신뢰를 "사회에 대한 지급위탁a claim upon society"이라고 말했다. 그리고 신뢰는 권력, 특히 화폐를 발행하고 유통을 규제하는 주권정부의 권력에 기초해서 만들어진다.[25]

19세기 후반의 골드러시, 금 채굴, 금본위체제 등의 동학은 중국인 이민과 세계경제에서 중국의 불평등한 지위에 영향을 끼쳤다. 중국인 이민자들은 주변화, 폭력, 차별로 고통받았으나 이들은 또한 그것들에 적응하고 그것들을 인내했다. 중국인 이민자들은 세계 속에서, 자신들의 귀화국〔제2의 조국〕adopted country에서, 그리고 중국의 일부로서 자신들의 지위를 주장하기 위해 투쟁했다.《중국인 문제》는 서양의 중국인 디아스포라가 금과 막 탄생하던 새로운 세계, 인종과 화폐의 힘에 의해 새롭게 상상되고, 조직되고, 통치된 세계가 짠 그물망—환상적이면서도 잔인한—을 어떻게 통과했는지를 다룬다.

제1부

두 개의 금산

중국인들이 처음으로 대양을 건넜을 때,

이들은 개척자나 마찬가지였다.

이들은 달팽이 껍데기처럼 작은 초가집에서 살았다.

집을 지키기 위해 점차 대나무 울타리를 쳤다.

이들은 누더기를 입고 산의 숲을 정리했다.

황무지와 불모지가 타운과 마을로 바뀌었다.

금산이 높이 솟았다.

남자들은 양손으로 황금을 긁어모을 수 있었다.

유레카! 이들은 황금을 가득 채우고 돌아왔으며,

모두가 이 땅이 낙원이라고 떠벌렸다.

이들은 가족들에게 오라고 연락했다.

행렬이 이어졌다.

짧은 외투를 입은 이들이 줄지어 섰다.

남자들은 대나무 우모를 쓰고, 짚신을 신었다.

양조공釀造工들이 요리사들의 뒤를 따랐다.

일부는 재단사의 바늘을 들었고, 일부는 일꾼의 도끼를 들었다.

이들은 해외로 나가면서 흥분해서 박수를 쳤다.

모두가 왕씨여서 혼동이 생겼다.

— 황쭌셴, 〈이민자들의 추방〉

제1장

✳

두 개의 금산金山

캘리포니아 금이 1848년 크리스마스에 홍콩에 도착했다.

이 금은 허드슨스베이컴퍼니Hudson's Bay Company 샌프란시스코 대리상 조지 앨런George Allan이 보낸 소화물로 온 것이었다. 봉투에는 앨런이 상품 선적 대금으로 지불한 것에서 떼어낸 소량의 사금 샘플이 담겨 있었으며, 하와이에 있는 회사가 샌프란시스코로 보낸 지불금―6720달러―으로 전액이 사금砂金, gold dust으로 치러졌고 약 420온스(2.5컵의 분량)였다. 앨런은 호놀룰루 대리상에게 "여기 있는 누구도 금가루Gold Dust의 순도에 대해 전혀 의심하지 않는 것 같습니다"라고 편지를 썼으나, 그는 사금 샘플을 중국에 있는 영국인 전문가에게 "지급至急으로 보내" 감정을 해달라고 요청했다.[1]

홍콩으로 사금을 운반한 그 배는 호놀룰루 신문《폴리네시안Polynesian》의 최근 호들도 싣고 왔다. 홍콩의 영어 주간 신문《프렌드 오브 차이나Friend of China》는 종종《폴리네시안》의 기사를 발췌인쇄 해서 지역 독자가 볼 수 있게 했다(신문의 정식 명칭은 "The Friend of China and Hong Kong Gazette"다).《프렌드 오브 차이나》1849년 1월 6일 자를 통해 홍콩 독자들은 캘리포니아에서 금이 발견되고 나서 6개월 만에 6000명이 땅에서 400만 달러 상당의 금을 채취했음을 알게 되었다. 기사는 내년에는 최소한 2만 명이 캘리포니아에 더 도착할 것이고, 1849년에는 6200만 달러 상당의 금이 생산될 것이라고 예측했는데 이는 1846년 전 세계 금 생산량의 3분의 1과 은 생산량의 2분의 1이었다. 이런 숫자들이 충분히 흥분되는 일이 아니라 할지라도(실제로는 예측일 뿐이니까), 신문은 금을 캐는 게 어려운 일이 아니라고 보도했다. 그 일은 단지 개울의 바닥에서 자갈을 모으고 중력과 소량의 수은을 이용해 진흙에서 금을 분리하는 것과 관련되는 작업이었다. 최신 뉴스와 금의 도착 자체가 영국령 식민지 항구 전역을 흥분에 휩싸이게 했다. 그다음 주에 영국 쌍돛대범선brig 리처드앤드윌리엄Richard and William호는 첫 번째 금 찾는 사람들을 홍콩에서 캘리포니아로 실어 날랐다. 이들은 중국인들이 아닌 미국인들로, 여기에는 전직 아편 밀수업자, 선술집 주인, 세마차집 관리인 등이 포함되었다.[2]

중국인 금 탐사자들도 그다지 늦지 않았다. 위안성袁生, Yuan Sheng은 사업가로 1849년 5월 6일, 다른 두 승객 및 중국 상품 화물과 함께, 세대박이 범선bark 스왈로Swallow호를 타고 홍콩을 떠나왔다. 위안성은 광둥성 중산현中山縣(1983년 이후 중산시) 출신이었다. 그는 마카오 근처 해안의 작은 섬의 하나인 싼짜오三竈에서 태어났다. 위안성은 사실은 그 이전에 미국에 가본 적이 있었다. 그는 1820년에 뉴욕을 여행했는데 십중팔구 초기 중국 쾌속범선clipper ship의 하나를 탔을 것이고, 뉴욕에서 사우스캐롤라이나주 찰스턴으로 가서 상인이 되었다. 미국에 있는 동안, 위안성은 기독교인이 되었고 귀화해 미국 시민이 되었다. 위안성이 언제 중국으로 돌아왔는지는 알려져 있지 않으나, 1849년에 그는 미국으로 돌아가기로 결정했고 이번에는 캘리포니아였으며 필시 금을 캐는 것이 아니라 샌프란시스코에서 또 다른 종류의 금의 행운인 사업 기회를 찾기 위해서였을 것이다. 위안성은, 뉴욕·사우스캐롤라이나와 캘리포니아 사이에 차이가 있었음에도, 이미 영어와 얼마간의 미국식 생활방식을 알고 있었다.[3]

위안성은 노먼 아싱Norman Assing이라는 영어식 이름으로 통했다. 그가 이 이름을 고른 것은 흥미롭다. 그의 성은 칭기스칸의 아들 쿠빌라이칸이 세운 원元(1271~1368)과 동음자同音字다(袁과 元 모두 "위안"으로 발음된다). 그는 동시대에 원과 비교할 만한 중세 유럽인들의 이름을 따서 노먼을 골랐을 수도 있다. 노르만Norman족과 몽골족은 그들 시대의 가공할 정복세력이었다. 위안성의 이름인 "성生"은 "탄생"을 의미한다. 아싱Assing은 "Ah-Sing"의 번역으로 그의 광둥어 이름의 애칭이다. 위안성은 "원元 태생의"라는 의미이며, 노먼 아싱은 "노르만 태생의"를 암시한다. 그가 이 이름을 선택한 것은, 그의 미국인 지인들은 알기 힘들었을지라도, 자신의 자부심을 나타내는 기발한 방법이었다.[4]

영어를 구사하는 상인 위안성은 배 탑승 명단에 이름을 올리고 캘리포니아로 향한 몇 안 되는 중국인 중 한 명이었다. 우리는 위안성 이전에 누가 이런 모험을 감행했는지 확실히 알지 못한다. 고작 7명의 중국인이 1848년에 샌프란시스코에 도착했다. 위안성이 1849년 7월에 도착했을 당시, 캘리포니아에는 중국인이 50명밖에 없었다. 1849년에 샌프란시스코 거리에서 여러 언어가 들리는 흥미로운 광경에 대해 쓴 유럽계 미국인들은 자신들이 만난 중국인들을 예외 없이 언급하는바, 미끈하게 늘어진 비단옷 차림의 고등교육을 받은 부류와 밀짚모자와 커다란 목 긴 신발 차림의 연장을 매단 대나무 장대를 들고 이동하고 있는 광부들 부류였다.[5]

1849년에 도착한 첫 번째 대규모 중국인 집단은 상하이上海에 있는 진취적인 영국 상인과의 계약하에 온 경우였다. 그해 여름 영국 상인은 중국 회사 샹성〔상성〕祥胜과 계약을 맺었고, 이 회사는 배를 한 척 전세 내고, 아마도 남성 50~60명의, 중국인 기술자와 노동자를 고용한 터였다. 이들 각각은 두 개의 언어로 된 계약서에 서명했고, "각자는 자의에 따라 출항해서 카라포네아Ka-la-fo-ne-a로 간다"라고 명시되어 있었다. 영국 상인은 중국인들에게 도착하는 즉시 일자리를 찾아주겠다고 약속했다. 샹성은 여객운임조로 125달러를 〔"남성 50~60명의, 중국인 기술자와 노동자"에게〕 선지급해주었으며 이는 나중에 이들의 임금에서 공제될 것이었다.[6]

이 일단一團은 1849년 10월 중순에 샌프란시스코에 도착했다. 이들은 동쪽으로 캘리포니아 스톡턴으로 간 다음 샌와킨강을 따라 내려갔는데, 시에라네바다산맥에서 내려오는 이 강의 수많은 지류는 이미 활기로 떠들썩했다. 회사는 스톡턴에서 50마일〔약 80킬로미터〕 정도 떨어진 스태니슬로스강 남쪽 우즈크리크Woods Creek 개울에 있는 장소를 선택했다. 이들은 개울creek 위의 나무가 우거진 비탈의 고지대에 합숙소를 설치했다. 소노라Sonora(멕시코)에서 온 멕시코인들이 살바도Salvado라 부르는 그들의 합숙소 근처였다. 금 채굴에 대해 아무것도 몰랐기 때문에 영국계 중국인 회사는 소노라 출신 한 명을 고용해 중국인 일꾼들을 가르치고 감독했다. 다른 중국인들이 비슷한 시기에 크고 작은 집단을 이루어 도착했다. 특히 캘리포니아주 캘러베러스카운티Calaveras County와 투올러미카운티Tuolumne County에서 온 사람들이었다. 금세 캘리포니아에는 500명의 중국인이 있게 되었으며, 광부가 전체 인구의 3분의 2를 차지했다. 중국인들은 카라포네아를 진산金山, Jinshan(광둥어로 감산Gam Saan) 혹은 금산Gold Mountain이라고 불렀다(사진 1).[7]

사진 1 한 세광회사가 미국 캘리포니아주 새크라멘토 북부의 오번라빈Auburn Ravine에서 중국인과 백인 둘 다를 고용했다. 1852년.

우리는 보통 캘리포니아 골드러시를 태평양지향적Pacific-oriented 사건이라고 생각하지 않는다. 그러나 그 초기에, 즉 캘리포니아 골드러시가 "국가적national"(곧 미국적)이고 "국제적international"인(곧 유럽인들을 포함하는) 일이 되기 이전에 그것은 매우 태평양적인 일이었다. 존 서터John Sutter(1848년 1월 아메리칸강 유역에 있는 그의 제재소에서 금이 발견되었다)는 1839년에 허드슨스베이컴퍼니와 러시아계 미국 회사가 전세 낸 화물 쾌속범선에 몸을 실어 포트밴쿠버·호놀룰루·싯카를 경유해 알타캘리포니아Alta California(당시 멕시코 영토. 알타칼리포르니아)에 도착했다. 서터는 멕시코 정부로부터 4만 8000에이커의 무상 불하 토지를 얻었고 그 대신 멕시코 시민으로 귀화했다. 그는 요새를 짓고, 자신의 고향 스위스의 이름을 따 헬베티아Helvetia(스위스의 라틴어명)라고 명명한, 정착민들의 집단거주지(정착민촌)를 지은바 한편으로는 자발적이고 다른 한편으로는 강압적인 현지 선주민들과 하와이 원주민들의 노동을 이용했다. 서터는 당시 얼마 전의 미국-멕시코전쟁U.S.-Mexico war(아메리카(미국)-멕시코전쟁, 멕시코-아메리카전쟁(1846~1848)) 참전군인 존 마셜John Marshall을 고용해 아메리칸강에 수력제재소를 지었다. 마셜은 자신이 물레방아 도랑에서 금덩이를 꺼낼 때 혼자였다고 주장했으나, 다른 이야기에 따르면 인디언 짐Indian Jim이라는 노동자가 금을 발견했다고 한다.[8]

존 서터(1803~1880)의 제재소에서 금이 발견되었다는 소식이 퍼지자 사람들이 시에라네바다산맥의 강과 개울로 몰려들었다. 골드러시는 거의 1년 동안 지역에 한정된 것이긴 했어도 흥분되고 활기찬 일이었다. 최초의 금 채굴자는 선주민이 15만 명에 당시 현재 인구existing population가 약 16만 5000명인 알타캘리포니아 출신이었으며, 이들은 최초의 에스파니아계 캘리포니아 정착민의 후손인 칼리포르니오Californio와 백인계 미국인 및 유럽인 사이에 대략 균형을 이루고 있었다. 미국-멕시코전쟁은 골드러시 시기에 겨우 끝났다. 과달루페이달고조약Treaty of Guadalupe Hidalgo은 1848년 2월에 조인되었으며 캘리포니아를 미국에 양도하는 내용이었다. 수백 명의 미국인 병사와 선원이 미군정하의 캘리포니아에 주둔하고 있었지만, 이들이 금을 찾아 무단이탈 하는 것을 막을 수 있는 방법은 거의 없었다.[9]

여름이 되면 금광과 은광에서 일한 경험이 있는 멕시코인들이 소노라에서 알타캘리포니아까지 오래전에 자리 잡은 루트를 따라 갔다. 그런 다음 오리건·하와이·칠레 출신의 금 찾는 사람들이 1830년대에 만들어진 태평양 연안의 교역로를 통해 캘리포니아에 도착했다. 캘리포니아 골드러시 첫해에 캘리포니아에서 금 찾는 사람의 절반은 아메리카원주민native American Indian들로 특히 북부의 마이두Maidu족과 미웍Miwok족이었다. 많은 인디언—아마 금광지에 있던 인디언들의 절반 정도—이 사광砂鑛, placer에서 자기 돈을 들여, 때로는 가족 단위로, 채굴했으며 금을 백인들과 교환해 연장이나 담요를 얻었다("사광"은 풍화나 침식 따위로 모래 알갱이처럼 된 암석이나 광물이 강 또는 바다에서 퇴적해 생긴 광상을 일컫는다). 그러나 다른 많은 인디언은 존 서터 같은 캘리포르니오들 및 백인계의 유럽계 미국인들에게 저임금이나 생계비 수준의 임금을 받고 고용되었는데, 이는 에스파냐 가톨릭 미션Spanish-mission[포교시설] 목장 인디언들의 노예상태 체제를 복제한 것이었다.[10]

1848년 중반이 되면, 금에 대한 소식이 미국 동부로 흘러들어가긴 했지만 미시시피강 동쪽의 미국인들이 금광열에 휩싸인 것은 12월에 제임스 K. 포크James K. Polk 미국 대통령이 그 금 관련 보고서들을 확인하고 필라델피아의 미국 조폐국이 금 샘플이 "진짜"임을 선언하고 나서였다. 그 이듬해 9만 명이 캘리포니아로 향했다. 칠레인과 멕시코인이 많았고 유럽인·오스트레일리아인·중국인도 들어오기 시작했으나, 백인계 미국인이 단연 가장 큰 집단이었다. 유럽인과 미국인의 절반은 육로로 왔고 절반은 케이프혼이나 파나마를 거치는 해로로 왔다. 후자는, 거리는 상당히 짧았어도, 대서양과 태평양 연안의 범선을 연결하는 정글을 통과해 노새와 카누로 1주일에 걸쳐 파나마지협을 가로질러야 하는 여정을 포함했다. 1854년이 되면, 30만 명의 금 찾는 사람이 이 야산hill들에 있었다.[11]

1849년에 캘리포니아에 도착한 수만 명의 유럽계 미국인은 스스로를 포티나이너스fortyniners라 불렀고, 이들은 캘리포니아의 개척자적인 금 찾는 사람들로서의 지위가 공고해지면서 역사와 전설에도 그렇게 남았다. 분명 이들은 미국 동부에서 온 첫 번째 백인의 물결이었다. 이들이 촉진한 캘리포니아의 발전 및 1850년 31번째 주로서 캘리포니아의 미연방 가입으로 캘리포니아 골드러시는 국가적 — 그리고 국가건설nation-building 적 — 현상이 되었다. 그러나 포티나이너스라는 형태로 체현體現된 미국의 국가정체성은 캘리포니아 골드러시의 시작 해인 1848년을 덮어 가리는 바, 이 시기는 여전히 토착민들과 칼리포르니오 목장주들이 캘리포니아의 주主 인구고, 캘리포니아가 멕시코와 태평양을 통해 전 세계와 연결되어 있으며 멕시코·칠레·하와이에서 온 최초의 "외국인" 광부들을 받아들인 때였다.

포티나이너스가 미국 동부에서 쏟아져 들어오는 바로 그때, 캘리포니아의 태평양과의 연결은 커졌다. 누가 대규모의 금 찾는 사람을 먹여 살리고 이들에게 생필품을 공급할까? 포티나이너스 중에는 펜실베이니아에서 가져온 바지와 못 같은 것을 파는 로버트 르모Robert LeMott 같은 사업가들이 있었다. 그러나 동양에서 온 이민자들은 소량의 물품만 가져올 수 있었고, 아울러 캘리포니아는 포티나이너스를 먹여 살릴 농사가 없는 터였고 특히 금 찾는 사람들이 모여 있는 야산들에서 가장 그러했다. 캘리포니아 골드러시 시기에 생필품과 편의품을 판매한 미국 상인들은 호놀룰루산産, 발파라이소〔칠레〕산, 오리건산, 홍콩산, 시드니산 수입품—어포와 육포, 캔버스 천canvas〔텐트 등을 만드는 데 쓰이는 질긴 천〕과 의류, 연장, 판재板材, 양초, 커피, 가축, 여기에다 조립식 주택까지—을 거래했다. 여기저기에 투기를 한 르모는 의류, 특히 "튼튼하고, 잘 만들어지고, 어두운 색상"의 의류에 그러했다. 르모는 상인들이 그들이 파는 모든 것에서 각각 50퍼센트의 이윤을 본다고 썼다. 혹은 이윤은 그 이상이었으니, 1851년에 30만 배럴 이상의 외국산 밀가루—대부분 칠레산—가 샌프란시스코에 들어왔는데 그 배럴당 가격이 뉴잉글랜드에서는 1달러였던 데 비해 13달러였다.[12]

스쿠너schooner〔돛대가 두 개 이상인 범선〕 줄리아Julia호는 당대의 변화하는 태평양 교역을 전형적으로 예시해준다. 줄리아호는 멕시코전쟁〔미국-멕시코전쟁〕 시기에 나포된 배로, 1847년 12월 한 미국인이 경매를 통해 구입해 호놀룰루에 등록했다. 하와이 항구들에 기항하는 태평양 포경선의 수가 감소하면서 1848년 봄에 이 지역은 경기 침체를 맞았으나 골드러시는, 《폴리네시안》에 따르면 "우리 제품의 거대한 시장"이라는, 전에 없는 기회를 열었다. 1848년 6월부터 10월까지 거의 30척의 배가 온갖 종류의 상품과 필수품을 싣고 호놀룰루를 떠나 샌프란시스코로 향했다. 그해 여름 줄리아호는 이 배를 전세 낸 스키너앤드컴퍼니Skinner & Company의 호놀룰루 상사에 화물 선적비로 3만 달러를 지불할 것과, 스타키재니언앤드컴퍼니Starkey Janion & Company에 5만 달러와 허드슨스베이컴퍼니에 6700달러 등 수하인受荷人, consignee들에 고액을 지불할 것을 명했다—모두 금으로

지불되었다. 이세 곧 줄리아호는 태평양 횡단 여정에 호놀룰루-광저우 구간을 추가할 것이었다.[13]

줄리아호의 태평양 횡단 항해는 캘리포니아를 영국과 미국의 중국에서의 이권利權이라는 더 오랜 역사에 결합함으로써 구세계 교역과 신세계 교역을 서로 연결했다. 그 품질을 확인하려 금 샘플을 홍콩에 보낸 허드슨스베이컴퍼니의 샌프란스시코 대리상 조지 앨런은 샘플을 샌프란시스코에서 런던보다 홍콩으로 보내는 편이 훨씬 더 빠르다는 것을 알고 있었다. 샌프란시스코-호놀룰루-홍콩 연결 편은 홍콩인들과 캘리포니아인들이 서로의 소식을 주고받는 주된 통로의 하나이기도 했다. 홍콩의 《프렌드 오브 차이나》가 호놀룰루의 《폴리네시안》에 보도된 캘리포니아의 뉴스를 발췌인쇄 했듯, 샌프란시스코의 《캘리포니언Californian》은 호놀룰루를 거쳐온 《프렌드 오브 차이나》의 뉴스를 발췌인쇄 했다.[14]

골드러시는 미국-중국 교역의 성격을 극적으로 바꾸었다. 광저우와 홍콩에 있는 양키Yankee(미국 북부, 특히 뉴잉글랜드 지방 사람) 상인들은 인도양과 대서양을 거쳐 보스턴과 뉴욕으로 가는 종래의 미국-중국 교역에 기반을 두고 있었으며, 이미 1830년대와 1840년대에 태평양 횡단 루트를 만들기 시작했다. 이들은 중국과 하와이에 이어 캘리포니아를 연결했는데, 이곳은 최종 목적지가 아니라 아카풀코·발파라이소로 가거나 케이프혼을 거쳐 뉴욕으로 가는 상품의 환적지였다. 골드러시는 홍콩에 있는 상인들―유럽-미국인과 중국인 모두―이 캘리포니아로 다양한 상품을 수출할 수 있는 전에 없는 기회의 전형이 되었다.[15]

홍콩은 영국 식민지이자 자유항free port―어떤 장소에서 수입한 상품을 다른 곳으로 수출하기 위해 하역하거나 재선적할 때 관세를 내지 않아도 되는 항구―이었으며, 이런 이유로 홍콩은 금산gold mountain들로 향하는 상품과 이민자에게 제1의 아시아 화물집산지entrepôt가 되었다. 1849년 한 해에만, 23척의 배가 거의 5000톤의 상품을 홍콩에서 샌프란시스코로 수출했고, 여기에는 설탕, 쌀, 차, 맥주, 커피, 시가, 초콜릿, 모자와 의류, 세간과 캔버스 천, 연장과 설비, 목재와 널빤지, 창틀, 벽돌, 대리석 바닥 등이 포함되었다. 1849년에 중국인들은 사전에 제작된 프레임들을 이용한 모듈러 설계modular design 방식의 건물 약 75~100채를 들여와 지은바 서로 맞물린 녹나무 패널을 사용해 조합하는 방식이었다. 이 건물 대부분은 샌프란시스코에 건설되었지만—미국 육군 장교이자 탐험가 존 C. 프리몬트John C. Frémont의 집을 포함해서— 일부는 내륙에 세워졌다. 캘러베러스카운티 더블스프링에 지어진 이와 같은 "중국인 주택Chinese house"하나는 카운티 법원청사로, 그다음에는 우체국으로, 나중에는 계사鷄舍로 사용되었다. 1850년대 초반 홍콩 상인들은, 중국인 노동자들과 함께, 샌프란시스코의 신흥 최상류계층의 주택과 회사를 건설하는 데 사용될 화강암 석재 수천 개를 실어 보냈다.[16]

홍콩의 중국인 인구 자체는 1850년에 거의 8000명이 홍콩에 도착하면서 증가했으며, 이 중 다수는 캘리포니아 시판용 상품을 생산하거나, 해운업에 종사하거나 아니면 다른 방식으로 경기가 좋은 항구에서 일할 작정이었다. 홍콩에 있는 중국인 회사들은 유서 깊은 영국 회사 자딘매시선Jardine Matheson〔중국명 이허양싱〔이화양행〕怡和洋行〕이나 미국 회사 러셀앤드컴퍼니Russell & Company〔중국명 치창양싱〔기창양행〕旗昌洋行〕만큼 크거나 영향력이 있지는 않았으나 그럼에도 캘리포니아 교역과 디아스포라 경제에서 주요 참여자가 되었다. 이들 회사는 선주로서 그리고 화물 및 여객 중개업자broker로서 교역에 뛰어들어 포티나이너스들에게서 이국적 기념품으로 인기 있는 "화려한 중국 상품"(비단·어깨걸이·칠기·부채)들과 증가하는

해외 중국인 금광부들을 위한 쌀·식료품·한약재·의류·아편 등을 배로
실어 날랐다.[17]

⁜

《폴리네시안》은 태평양의 포경선들을 통해 오스트레일리아 시드니에도
배포되면서 캘리포니아 금 관련 뉴스를 그 지구 반대편인 대척지對蹠地,
antipode에까지 전했다. 1849년 4월과 1850년 5월 사이에 대략 1만 1000명
이 오스트레일리아를 떠나 캘리포니아로 향했다. 그 대부분은 시드니 출
신으로 한몫 잡으려는 사람들과 전과자들이었다. 금광지들의 백인계 미
국인들은 오스트레일리아인들을 싫어해서는 이들을 거칠고 비도덕적
immoral 성격의 범죄자, 불하된 광구의 선취 특권 횡령자claim jumper, "상습
절도범들이자 강도들"로 간주했다. 이러한 스테레오타입은 기결수 때에
수년간 족쇄를 차서 휜 다리와 특유의 걸음걸이로 인해 일명 시드니 덕
스Sydney Ducks라 불린 샌프란시스코의 길거리 패거리의 강탈행위를 보면
얼마간 사실이었다. 그러나 오스트레일리아인 금 찾는 사람들은 대부분
전과자가 아닌바, 1852년의 인구조사는 시드니 남성들이 미국인들보다
좀 더 기혼에다 아이가 있고, 일자리가 있으며, 비非범죄자일 수 있음을
보여준다.[18]

　캘리포니아에 온 그러한 오스트레일리아인 금 찾는 사람들 중 하나가
모험심과 꽤 장사꾼 기질이 있는 에드워드 해먼드 하그레이브스Edward
Hammond Hargraves(1816~1891)였다. 하그레이브스는, 잉글랜드 출생으로,
1831년에 오스트레일리아로 가 토러스해협에서 해삼을 따기도 했고, 뉴
사우스웨일스New South Wales의 배서스트와 울런공에서 농사를 짓기도 했

으며, 매닝강에서 가게를 운영하기도 했다. 그는 결혼을 했지만 아내를 남겨두고 자신이 가진 모든 것을 팔아 1849년에 캘리포니아로 떠났다. 하그레이브스는 캘리포니아에서 떼돈을 벌지는 못했고 2년 뒤 오스트레일리아로 돌아왔다. 그러나 그는 캘리포니아와 뉴사우스웨일스의 지형이 서로 유사하다는 점에서 자신이 오스트레일리아에서 금을 발견할 것이라고 확신했다. 그가 오스트레일리아로 돌아온 것은 운때가 맞는 일이었다. 뉴사우스웨일스 식민지 총독 찰스 피츠로이 경Sir Charles FitzRoy이 이익이 나는 금에 대해 제일 먼저 알려주는 사람에게 1만 파운드의 포상을 하겠다고 막 제안했던 것이다.[19]

뉴사우스웨일스의 식민자들은 뉴사우스웨일스에 최소한 1840년대부터 금이 있다는 것을 언급했으나, 식민지 당국은 금 찾는 일을 장려하지 않았다. 1844년 총독 찰스 피츠로이는 뉴사우스웨일스 시드니 서부의 블루마운틴스Blue Mountains에서 금이 발견되었다는 소식을 가라앉히려 했다. 그 소식이 죄수들과 전과자들 사이에서 반란과 무질서를 부채질할 수 있다고 믿었기 때문이다. 1849년에 뉴사우스웨일스 식민지 포트필립Port Phillip 지구의 감독관superintendent 찰스 라트로브Charles LaTrobe는 왕령지王領地를 침해했다는 이유로 멜버른 근처에 금을 찾아 모여든 소규모의 사람들을 해산시켰다. 그러나 캘리포니아 금 소식은 식민지 지도자들에게 오스트레일리아의 장래 번영이, 특히 광부와 노동자의 "건강한 이민"을 촉진해 범죄자와 빈민의 세력을 줄여줄, 금에 달려 있을 수도 있음을 확신시켜주었다. 피츠로이는 1850년에 지질조사관을 임명했고 금 발견자에 대한 포상 제안을 공고했다.[20]

에드워드 하그레이브스는 금 찾는 일에 착수했다. "나는 내가 70마일에 걸친 금나라gold country에 있음을 알았다." 그가 1851년 2월 배서스트

근처 오로야고용Auroya Goyong에서 토양을 씻을 물을 찾기에 앞서 쓴 글이다. 그는 자신을 도와줄 세 명의 젊은 남성을 모집해 자신이 캘리포니아에서 배운 기술인 (광석을 분류·분리해내는) 선광選鑛냄비pan 사용법, 선광기rocker 제작법을 그들에게 가르쳤다. 하그레이브스는 포상금(세 명의 조수는 제외하고)을 달라고 요구했고, 그 장소의 이름을 오퍼Ophir로 바꿨으며, 자신의 발견을 널리 홍보했다("오퍼" 또는 "오빌" "오피르"는 솔로몬 왕이 보석을 얻었다는 지방이다(열왕기상 10:11)). 몇 달 만에 시골 출신의 농부 및 목동과 시드니 출신의 사무원 및 기계공 등 수백 명이 채굴지들로 모여들었다.[21]

오스트레일리아 골드러시가 시작되었다. 목격자들은 목수들은 연장을 손에서 내려놓고, 상인들은 가게 문을 닫고, 하인들은 주인집을 도망쳐 나오면서 시드니가 사실상 텅 비었다고 진술했다. 적지 않은 수가 포트필립(멜버른)에서 베서스트까지 북쪽을 향해 힘들게 이동했으나, 금 탐사는 서쪽을 향해 본격적으로 확산했다. 1851년 7월 뉴사우스웨일스의 포트필립 지구가 분리되어 새 식민지 빅토리아Victoria가 만들어졌다. 한 달 후 금 탐사자들이 질롱Geelong 북쪽에서 노다지를 발견했다. 10월 중순까지 1만 명이 넘게 빅토리아 중부 내륙으로 향했다. 많은 광부가 하루에 1온스의 금(3파운드)을 캤다. 아마도 가장 중요한 점은 에드워드 하그레이브스가 "캘리포니아 선광기California rocker"를 도입해 주석 냄비와 접시보다 효율적인 세척을 가능케 한 일일 것이다. 이후 10년에 걸쳐 식민지 정착민 17만 명(비원주민 인구 전체의 거의 절반)이 금광지로 이주했으며, 또 다른 금 찾는 57만 3000명이 해외에서 도착했다. 중국인들은 빅토리아(멜버른)를 신진산新金山 즉 신금산New Gold Mountain이라 불렀고, 캘리포니아California를 주진산舊金山 즉 구금산Old Gold Mountain이라 바꿔 불렀다. 오늘날에도 중국인들은 샌프란시스코를 주진산으로 부른다(사진 2).[22]

사진 2 마차를 타고 오스트레일리아 빅토리아 캐슬메인Castlemaine으로 향하는 금 찾는 중국인들. 1853년.

1852년 가을의 멜버른Melbourne은 무자비할 정도의 바가지 가격, 속임수, 절도, 혼돈의 현장이었다. 여관과 하숙집이 미어터져서 새로 도착한 수많은 사람은 부두에서 자거나, 바닷가와 마을 사이 관목숲에 만들어진 임시 숙소에서 잤다. 식민지 정부가 판자촌 "이민자 숙소immigrants' home"와 천막촌 부지를 세우기까지 수개월이 걸렸고, 후자는 1853년에 폐쇄되기 전까지 습지대 땅에 천막tent을 세우는 특전에 주週당 5실링을 지불하는 7000명을 수용했다.

그들은 채굴지들까지 힘들게 걸어서 이동했다. 말이나 마차 비용을 댈 여력이 있는 사람은 거의 없던 터라 계절에 따라 무릎까지 빠지는 진흙이나 먼지로 덮인 비포장도로를 가로질러 갔다. 역사학자 제프리 설Geoffrey Serle은 다음과 같이 묘사했다. "자리를 잡은 금광지의 첫 인상은 매혹적이었다—사방에 자갈갱坑, gravel-pit 같은 구멍과 천막, 격정적인 일이 벌어지는 개밋둑 같은 분주함, 수백 개의 요동선광기搖動選鑛機, cradle로 이루어진 하나의 거대한 공장처럼 계속해서 들리는 요란한 소리." 이러한 풍경은 49년의 캘리포니아도 다르지 않았다. 그러나 캘리포니아에는 골드러시 초기에 정부가 없었다고 할 수 있지만, 빅토리아의 식민지 당국은 급히 판무관辦務官, commissioner, 경찰, 치안판사 등을 금광지들에 파견했다. 이들은 자신이 맡은 지구들을 엄격하게 통치했다—면허증을 발급하고, 규정을 집행하고, 불하청구지拂下請求地, claim들을 접수하고, 멜버른까지 금을 보낼 때 경호하고(이때 정부가 자기 몫을 떼어갔다), 분쟁을 조정하고 질서 전반을 유지했다.[23]

캘리포니아에서와 마찬가지로, 빅토리아에서 골드러시는 상업과 교역을 부양浮揚했다. 다른 영국령 식민지 본국 출신 주민들과 마찬가지로 오스트레일리아인들은 대부분의 수입품을 잉글랜드에서 들여왔지만, 오스트레일리아·인도와 중국 사이에는 아시아 역내 교역intra-Asia trade이 확립되어 있었다. 18세기 후반과 19세기 초반, 기결수 수송선들은 중국을 경유하면서 차茶를 싣거나, 봄베이를 경유해 동인도회사용 면화를 싣고 잉글랜드로 돌아왔다. 19세기 초반, 식민지〔오스트레일리아〕최상류계층은 가구와 비단을 벵골과 광저우에서 수입했다. 골드러시 시기에 잉글랜드의 대對빅토리아 수출은 엄청나게 늘어나 1852년 300만 파운드의 가치에서 1853년 700만 파운드의 가치가 되었다. 1857년이 되면 오스트레일리아는 영국의 전체 수출에서 7분의 1을 차지했다. 홍콩과 샤먼廈門에서 빅토리아로 가는 선편船便 교통량도 증가했다. 특히 중국인 금 찾는 사람들과 상인들이 최근에 생긴 금산으로 향했기 때문이다. 1850년대에 오스트레일리아는 네 번째로 큰 중국 차 수입국이 되었고, 중국인 이민자들만 아니라 영국령 식민지 본국 출신 주민들도 차를 소비했다. 미국인들은 뉴욕과 캘리포니아에서 투기성의 화물을 운송하면서 이 경쟁에 합류했다. 1853년에 미국 기업가 조지 프랜시스 트레인George Francis Train은 뉴욕을 떠나 멜버른으로 향하는 30~40척의 선박을 묘사했는데, 선박들이 도착했을 때 만灣〔멜버른 앞의 포트필립만〕은 600~700척의 선박으로 가득한 "문자 그대로 돛대 숲"을 이루고 있었다. 오스트레일리아의 수출도 극적으로 늘어나 1851년에 900만 파운드에서 1852년에 2900만 파운드가, 1857년에는 거의 4500만 파운드가 되었다.[24]

빅토리아와 캘리포니아 모두 정착민식민지의 특색을 가지고 있었고, 메트로폴리스 중심지의 개척지에 위치하고 있었고, 영토 팽창의 야심 속에서 해당 지역에 대한 권리를 주장하고 정착했으며, 이를 토착민 몰아내기를 통해 손에 넣었다. 유럽인들과의 접촉 이전 오스트레일리아 선주민 인구는, 500개 이상의 언어집단에, 최대 75만 명으로 추정되었다. 빅토리아에서는, 1850년이 되면, 오스트레일리아 원주민 애버리지니Aboriginal peoples 인구가 90퍼센트까지 감소한바 유럽 질병(특히 천연두smallpox)으로 인한 사망, 폭력, 목양업자pastoralist들에 의한 토지 침식 및 토착민 몰아내기, 그리고 해당 프로젝트가 애버리지니들을 수용하고 동화시키는 데 실패해서 포기되긴 했으나, 영국인들이 비꼼이 없이 "보호지protectorate"라 부른 지정구역으로의 애버리지니의 이주 등에 따른 결과였다.[25]

골드러시의 초기에 애버리지니, 특히 자자우룽Djadjawurrung과 와타우룽Wathawrrung은 길잡이 및 사냥감·어류·수피樹皮(오두막을 짓기 위한) 등의 공급자로서 그리고 문화 교류를 통해 유럽인들과 소통했다. 이들은 또한 "독립적이고 간헐적으로" 금을 탐사했으며, 종종 꽤 성공적이었다. 일부 유럽인은 애버리지니들의 지식과 교역에서 이득을 얻었으나 다른 일부 유럽인은 이들을 무시하고, 불신하고, 폭력적으로 공격했다. 좀 더 일반적으로 보자면, 10년 동안 센트럴빅토리아Central Victoria에 약 수십만 명의 비非선주민 이주민이 도착해 벌어진 일은 엄청난 애버리지니 몰아내기였다. 곧 금 찾는 사람들은 애버리지니들의 토지를 침략하고, 광물 채석장을 파고, 사냥터와 어장을 파괴하고, 삼림을 벌목했다. 당대 비평가 R. L. 밀R. L. Milne은 이렇게 썼다. "천부의 권리를 가지고 있는 애버리지니 거주민들은 […] 약탈당하고, 내쫓기고, 살해당했다. […] 당신들 대다수가 결백하다고 말하지 말라, 당신들이 당신들 자신의 손으로 그 일[정착]을 이루었다고 해서 말이다. 사회적 연계에 의한 접근자accessor 및 약탈품에의 참여는 실제 가해자이자 살인자다"(사진 3).[26]

후일 1870년대에 오스트레일리아 퀸즐랜드 북부에서 금광이 열렸을 때 유럽인 및 중국인 탐광자들은 내륙에서 더 많은 수의 선주민과 직면

사진 3 자자우룽 토지에서 선주민들은 금을 탐사하고, 길잡이이자 필수품 공급자로서 유럽인 금 탐사자들과 교류했다. 그러나 골드러시는 원주민 몰아내기를 가속화했다. 오스트레일리아 빅토리아 소핏걸리 Saw-pit Gully에서 바라본 마운트알렉산더Mount Alexander 산. 1856년.

하게 될 것이다. 미개간지의 애버리지니들은 마을을 불태우고, 가축을 훔치고, 정착민들을 창으로 공격하면서 유럽인들의 침입에 저항했으나, 애버리지니의 창은 유럽인의 라이플총을 당해낼 수 없었다. 공식적 경계선 "정리dispersal"를 수행하는 식민지 순찰대와, 사적 정착민들의 폭력은 19세기 후반기에 6만 명이 넘는 애버리지니들을 살해한바 이것은 유럽인들의 정착을 가능케 한 폭력의 충격적인 지표다. 일부 유럽인은 "번성하여" 땅에 "충만하라""multiply, and replenish" the earth〔창세기 9:1〕라는 기독교의 명령이 자신들에게 "야만인들savages이 거주하는 나라를 강제로 소유할 도덕적 권리"를 부여했는지 여부에 대해 걱정했다. 그러나 대부분의 유럽인은 "그

깃이 강제 점유를 할 것인가 아니면 아무것도 하지 않을 것인가의 문제" 라고 확신했다.[27]

캘리포니아에서 토착민들은 골드러시의 첫 해 동안 금광지들에서 일했다. 그러나 오리건에서 온 미국인 금 찾는 사람들은 곧 토착민들을 표적으로 삼았다. 금광열이 인종주의적 의구심을 악화시키면서 이 오리건 출신들은 채굴지들에서 인디언들을 공격해 여성들은 강간하고 남성들은 살해했다. 인디언들은 오리건 사람들과, 그다음에는 전통적인 사냥터와 어장을 침략해온 포티나이너스들과 싸웠다. 폭력이 산악지대에 만연했다. 1849년과 1850년에 새크라멘토의 북쪽을 탐사한 오거스틴 헤일Augustin Hale은 자신의 일기장을 인디언들과의 접촉 및 소규모 접전에 대한 이야기로 채웠다. 비버밸리Beaver Valley에서 그는 이렇게 썼다. "인디언들은 높은 산들의 최적의 관측지들에 보초를 세웠고, 백인들이 접근할 때 고함을 지르고 봉화를 올려 서로에게 알렸다." 그는 "화염에 휩싸인 몇몇 인디언 목장 [마을]을" 지나간 것을 묘사하는데, 그 불은 "노새를 도둑맞은 앞서 지나간 일당과 "밤중에 일부는 총을 그리고 다수는 화살을 쏘고 이어 곤봉을 들고 돌진해온 많은 수의 인디언에게 공격받은" 백인들이 지른 것이었다. 일군의 남자가 3개월 후에 산에서 내려와서는 자신들은 "채굴하고, 인디언들과 싸우는 데 보상이 될 만한 금을 찾지 못했다"라고 전했다.[28]

정착민들의 폭력은 무자비했으며, 1850년이 되면, 미국 연방군이 그다음에는 주 민병대와 지역 민병대가 합류해 훨씬 더 큰 학살을 저질렀다. 미윅족, 마이두족, 포모Pomo족, 와포Wappo족, 이런저런 선주민 부족은 채굴지에서 산으로 후퇴했고, 이후에는 산의 더 높은 곳으로 후퇴해 겨우 생존했다. 주 및 연방의 입법자들은 또한 캘리포니아 인디언들과 조약을 맺는 것을 거부했으니, 이는 인디언 땅들의 작은 부분에 대해 주권을 인정하는 조약이었을 것이다. 캘리포니아 준주準州, territory의 초대 지사 피터 버넷Peter Burnett이 단언했듯이, "인디언 종족이 멸종할 때까지" 완전한 "절멸 전쟁war of extermination"이나 다름없는 것만 있을 터였다.[29]

점점 더 오스트레일리아 식민지들의 백인들 및 캘리포니아의 백인들 둘 다 선주민들의 절멸이 백인 정착의 필요조건이라고 믿게 되었고, 이는 토착민 주권을 사적 소유 및 시장의 법칙에 따라 유럽-미국인들의 소유, 토지의 재편, 경제적 관계 등으로 대체한다는 것을 의미했다. 빅토리아와 캘리포니아는 또한 자유노동free labor의 원칙에 근거했다. 빅토리아는 1851년에 기결수 수송 및 이에 근거한 도급노동contract labor을 불법화했고 이해에 뉴사우스웨일스가 빅토리아에서 분리되었다.[30]

캘리포니아 골드러시의 처음 몇 년 동안, 부자유노동unfree labor이 금광지들에 점재했다―미국 남부 백인들이 데려온 노예화된 아프리카계 미국인들, 칼리포르니오들과 유럽계 미국인들에 의해 노예상태가 된 캘리포니아 인디언들, 칠레 및 멕시코 소노라의 광산회사들이 데려온 페온peon(라틴아메리카의 날품팔이 노동자 또는 농장 일꾼)들, 우즈크리크에서 일한 사람들처럼 계약하에 들어온 중국인들이 그러했다.[31]

그러나 금광지 계약을 강제하기란 사실상 불가능했다. 사람들은 간단히 자신의 주인들에게서 벗어나 야산들에서 자신의 부를 찾을 수 있었기 때문이다. 한 잉글랜드인 선장은 1849년에 이렇게 썼다. "중국에서 [샌프란시스코로] 내가 데려왔으며, 그들을 고용한 당사자들에게 2년간 계약이 된 쿨리 15명은 상륙하자마자 자신의 계약을 무시하고 각자 자기 길을 갔다." 칠레에서 한 일단을 인솔해온 라몬 힐 나바로Ramón Gil Navarro는 샌프란시스코에 도착한 지 며칠이 되지 않아 노동자 절반과 관리인까지 잃어버렸다. 탈주는 널리 퍼져 있었고, 투자자들은 곧 도급노동의 관

행을 포기했다.[32]

탈주는 19세기에 또 다른 부자유노동 방식의 선원들 사이에서도 일반적인 일이었다. 일찍이 1848년 3월에 샌프란시스코 상인들은 선원들의 탈주가 번영의 가능성을 위협한다고 불만을 터뜨렸다. 문제는 더 악화되었다. 허드슨스베이컴퍼니 대리상은 호놀룰루로 운행하는 단기 노선에 300달러의 임금을 약속해도 선원 구인에 어려움을 겪었고, 한 스코틀랜드인 관찰자 J. D. 보스윅J. D. Borthwick은 1851년에 선원이 부족해 수백 척의 배가 샌프란시스코만에 하릴없이 정박해 있다고 썼다. 마찬가지로 멜버른 포트필립만의 선원들이 떼를 지어 배를 떠났다. 1852년에는 외국 선박 35척 중 3척만이 최저 인원의 선원을 모을 수 있었다(작업원의 최저 인원수에 관한 최저요원 규정full-crew rule을 지킬 수 있었다는 얘기다). 어떤 선장들은 출항 준비를 마치기 전까지 선원들을 모두 감금했고, 어떤 선장들은 선원들을 몇 주 동안 채굴지들로 데리고 간바 이곳의 고된 조건과 불확실한 수익이 그들 대부분에게서 금광열을 없애주었다.[33]

따라서 빅토리아와 캘리포니아는 정착민식민지 사회로서 서로 유사한 점이 많았다. 두 지역 모두 골드러시가 원주민 몰아내기와 대규모 유입 이민을 가속화했고, 재정적 손실과 일확천금을 낳았으며, 자본주의적 채굴 기술을 도입했다. 그러나 두 지역은 중요한 측면에서 서로 달랐다. 오스트레일리아는 이미 수십 년간 식민 지배를 받았으니 처음에는 유형流刑식민지penal colony에 대한 통치였고, 그다음에는 기결수·전과자·자유이민자free immigrant의 혼합 인구에 대한 통치였다. 증가하는 자유인구free population는 거대한 양 목장을 만들고 양모무역을 발전시킨 부유한 목양업자에서부터 하녀로 고용된 많은 여성을 포함해 지원받은 이주민assisted migrant들인 아일랜드 빈민들에 이르기까지 다양했다("지원받은 이주"

란 자발적으로 지원 없이 이루어진 이주와는 달리 정부 등의 도움을 통한 이주를 말한다). 1850년대의 식민지 오스트레일리아는 1848년에 막 미국의 영토가 된 캘리포니아의 경우보다 국가권력이 더 강했다. 빅토리아는 영국제국의 아시아 세력권 내에 자리 잡고 있었고 영국제국의 법률에 종속되어 있었던 반면, 미국은 여러 면에서 제국처럼 행동한 주권공화국sovereign republic이었다. 두 지역 모두 골드러시가 정부가 소유한 토지에서 일어났지만, 빅토리아에서만 정부가 조세에서부터 위생에 이르기까지 수많은 규제를 포함해 치안력을 행사함으로써 금광지들을 실제로 통제했다. 이러한 차이는 중국인-백인 관계를 포함해 빅토리아와 캘리포니아 두 사회의 발전에 중요한 영향을 끼칠 것이다.

※

캘리포니아와 빅토리아에 있던 중국인 금 채굴자 대다수는 상하이가 아니라 중국 남부, 특히 쓰이四邑라 불리는 광둥성 주장강삼각주珠江三角洲, Pearl River Delta 서쪽의 4개 현縣 출신이었다. 눈에 띄는 것은 이 중에서도 대다수가 신닝新寧[지금의 광둥성 타이산시臺山市]이라는 1개 현에서 왔다는 점이다. 신닝은 땅에 바위가 많은 구릉지대고, 가뭄과 홍수가 반복되고, 시장으로부터 상대적으로 고립되어 있어서 가난한 지역이었다. 이 땅에서는 현지민들이 반 년 먹을 쌀밖에 생산하지 못한 터라 농민들은 구릉지대에서 고구마와 땅콩을 길러 곡물을 보충했다. 영국의 경제적 침투와 현지의 정치적 폭력으로 인한 불안정은 상황을 더욱 악화시켰다. 가정에서는 아들과 형제를 가까운 도시로 보내 인부, 행상, 공장노동자로서 계절노동seasonal work을 하게 했다. 신닝에서 과감히 캘리포니아로 온 최초의 중국인

이 누구인지는 아무도 모르지만, 이들은 십중팔구 이미 고향 마을을 떠나 광저우나 인근 지역으로 이주했었을 것이다. 분명한 것은 이들이 캘리포니아와 빅토리아로, 그리고 이후에 캐나다와 뉴질랜드의 금광지들로 가는 연쇄이주chain migration의 전형적 유형을 확립했다는 점이다. 쓰이 출신의 금 찾는 사람들은 북아메리카와 오스트랄라시아에 중국인 디아스포라의 기초를 세웠다.[34]

이 쓰이 출신의 금 찾는 사람들이 바다를 건너 이주한 최초의 중국인은 아니었다. 중국 남동부 해안 지역 사람들은 최소한 13세기부터 타이에서부터 참파와 자바에 이르기까지 난양南洋(남해 또는 동남아시아)에서 교역을 하고 정착을 해왔다. 그러나 19세기에 중국인들의 대규모 이민은 난양 훨씬 너머까지에 닿은바, 국내 사정이 어려워지면서 더 많은 수가 일자리를 찾아 해외로 떠났기 때문이다. 중국 남부는 가뭄과 홍수가 반복되면서 어려움을 겪었는데, 여기에 서양의 중국 시장 침투 및 청 왕조를 무너뜨리려는 국내의 메시아적 농민운동으로 장기간 지속된 태평천국의 난太平天國之亂, Taiping Rebellion(1850~1864) 동안의 격심한 변동으로 경제적 퇴거displacement가 더해졌다. 19세기 중반의 두 새로운 중국인 장거리 이주의 흐름은 두 서로 다른 유형의 유럽아메리카 식민주의에서 비롯했다. 하나는 카리브해 및 남아메리카에 있는 플랜테이션식민지들로의 계약노동을 포함했고 다른 하나는 북아메리카 및 오스트랄라시아에 있는 앵글로-아메리카 정착민식민지들의 개척지 지역으로의 자발적 이주를 포함했다.[35]

거의 25만 명의 중국인 계약노동자가 1830년대에서 1870년대 사이에 영국령 가이아나, 영국령 서인도제도, 쿠바, 페루 등지의 플랜테이션들로 갔다. 이들 대부분은 쿠바 사탕수수 농장에서 아프리카 출신 노예들과 함께 일했고, 페루 연안의 구아노guano 섬들에서 일했다〔"구아노 섬"은 구아노 즉 '바닷새의 배설물이 바위 위에 쌓여 굳어진 덩어리'가 퇴적되어 형성된 섬을 지칭한다〕. 집합적으로 이들은 이른바 쿨리무역을 구성했으니, 곧 신세계 식민지의 노동에 아시아의 가장 궁핍하고 땅에서 내몰린 사람들을 꾀어들인 구속노동bound labor의 악명 높은 거래다. 중국인들은 이 불행한 영혼들을 거래한 쿨리무역을 "마이 주짜이賣猪仔"("새끼돼지 판매selling of piglets")라고 불렀다.[36]

두 번째 중국인 이민의 흐름은 북아메리카와 오스트랄라시아의 앵글로-아메리카 정착민식민지들로 금을 찾아 나선 골드러시와 함께 시작되었으며, 1850년에서 1900년 사이에 약 32만 5000명에 이르렀다. 이들은 처음에는 캘리포니아로 갔고, 1850년대 중반에 캘리포니아가 지내기에 어려워지자 점점 더 많은 수가 그 지구 반대편인 대척지들로 갔다. 1853년에 홍콩에서 출발한 중국인 1만 5000명 중 겨우 3000명이 캘리포니아로 향한 반면 1만 명 이상이 빅토리아로 갔다.[37]

두 금산 곧 주진산舊金山 캘리포니아와 신진산新金山 빅토리아〔멜버른〕로 간 중국인들은 플랜테이션 계약노동자들만큼 가난하지도 절망적이지도 않았다. 이들은 농민·시골노동자·장인·기계공·상인 출신이었으며, 여러 면에서 금을 찾으러 온 전 세계의 다른 사람들과 똑같았다. 홍콩의 당대 관찰자는 캘리포니아와 오스트레일리아로 간 중국인 이민자들은 플랜테이션식민지들로 간 도급노동과 달리 "일률적이고 실제적으로 자유이민"이었다고 썼다. 또한 유럽-미국인 금 찾는 사람들과 마찬가지로 중국인 금 찾는 사람들도 남성이 압도적으로 많았다. 미국인이건, 칠레인이건, 프랑스인이건, 중국인이건 금광지들에 있는 소수의 여성은 상인의 부인, 예인藝人, entertainer, 술집여급barmaid, 성性노동자였다. 시간이 흐르면서 유럽-미국인의 성비性比는 개선되었다. 그러나 중국인 인구는 여전히 남성이 압도적으로 많았으며, 이는 부분적으로 아내는 남편의 부모 가구에 머물러 있어야 한다는 중국의 관습 때문이었다.[38]

대부분의 중국인 금 찾는 사람은 여객운임을 가계 자금이나 친족 혹은 지구district 결사체에서 차용해 충당했다. 리처李澈, Lee Chew는 자신의 부친이 자기에게 100달러를 주었고 그중 절반은 샌프란시스코로 가는 여객운임에 썼다고 회상했다. 리처의 부친은 광저우 근처에서 10에이커의 토지를 가진 중농이었고, 쌀·고구마·콩·사탕수수·바나나를 키웠다. 리처는 열여섯 살 때까지 부친의 토지에서 일했으며, 이때 캘리포니아에서 돌아온 이민자들의 부에 경외감을 느꼈다. 부친의 도움으로 리처와 그 마을 출신 소년 5명은 함께 홍콩으로 간 다음 샌프란시스코로 떠났다.[39]

자원이 덜한 가정은 한두 명의 어린 남자에게 자원을 몰아주었다. 토지나 저축이 별로 없는 사람들은 돈을 차용했다. 대부貸付, loan와 청부請負, contract는 시골 지역을 포함해 청 도처에 일반적이었으며 종종 지역 및 지방의 시장 네트워크와 연결되어 있었다. 특히 골드러시 첫 몇 년 동안에는 신용조건[대부조건]credit term이 나빴다. 1856년에 광둥성 시룽西隆의 황씨黃氏 가정은 아들 황관이Huang Guanyi를 금산에 보내는 데 시룽 결사체로부터 연 이자율 50퍼센트로 빌린 18량兩(약 20파운드)에 대해 보증인이 되었다. 대부금을 지정된 날짜까지 변제하지 못할 경우 연체 이자 150퍼센트가 더해질 것이다. 청부의 경우에도 채무 변제가 늦어지거나 이행되지 못할 경우 황관이가 가족에게 보낸 송금을 압류할 권리를 대부자에게 주었다. 이렇게 터무니없는 조건은 "그의 항해 중 혹은 금산에서 예기치 않은 상황"이 발생하면 계약을 무효화한다는 조건으로 약간 완화되었다.

높은 대부비용은 수요시장의 실재와, 금산에서 일확천금을 얻을 것이라는 이민자들의 기대 둘 다를 시사한다.[40]

이와 같은 기대는 이민자의 첫 번째 물결〔의 사람들의〕 편지나 귀성, 신문 보도, 광고 등에 의해 뒷받침되었다. 홍콩 주재 영국 이민 담당 관리는 1853년에 다음과 같이 썼다. "800명 이상의 중국인이 캘리포니아에서 돌아왔다. […] 그들은 모두가 많은 돈을 가지고 온 것처럼 보였고, 캘리포니아로 돌아갈 것이라고 말했다. […] 이렇게 유리한 상황에서의 귀국은 틀림없이 자연스럽게 그 지역으로의 이주를 자극할 것이다." 홍콩 최초의 중국어신문《하이관진遐邇貫珍, Chinese Serial》(선교사가 발행)은 일찍이 1853년에 이민에 관한 기사, 해외로 나가려는 사람들에게 유용한 정보, 세계 여러 곳으로 퍼져나간 중국인들에 대한 친절한 해설을 게재했다〔"하이관진" 또는 "샤얼관전"은 "원근遠近의 보물꾸러미" 정도의 뜻이다). 이민은 금산의 부를 자랑하는 광고를 유통한 해운회사들에 의해 더욱 자극받았다. 이민 산업은 성장해 광둥, 홍콩, 캘리포니아, 오스트레일리아의 타운과 마을에서 작동하면서 승선권에 대해 신용대출을 해주었고, 해외에서 중국으로 보내온 편지와 송금을 마을에 전달해주었다.[41]

✣

골드러시는 수많은 중국인과 유럽-미국인이 전례 없는 규모로 서로 접촉할 수 있게 했고, 이는 18세기 후반과 19세기 초반에 중국 항구도시들에 있던 유럽의 식민 엔클레이브enclave 혹은 미국과 잉글랜드를 때때로 방문한 중국인들의 제한된 경험을 훨씬 넘어서는 것이었다〔"엔클레이브"는 "소수민족 거주지" "소수의 이문화집단 거주지"의 의미다. 여기서는 조계지, 조약항(개항장) 등 중국 항구노시들의 유럽 식민국 주민 거주지를 말한다). 샌프란시스코 세관 당국은 중국에서 1849년에 325명이, 1850년에 450명이 도착했다고 기록했다. 1850년에 중국인들은 캘리포니아 채굴 인구의 1퍼센트에 불과했다. 그러나 1851년에 2700명의 중국인이, 1852년에 2만 명의 중국인이 캘리포니아에 도착했다. 1850년대 후반이 되면, 중국인들은 캘리포니아 전체 인구의 약 10퍼센트를, 광산 지구들에서는 25퍼센트 이상을 차지했다. 비슷한 유형이 오스트레일리아에서도 있었다. 1859년이 되면, 빅토리아에 4만~5만 명의 중국인이 있었으며 이 수치는 빅토리아 채굴 인구의 20~25퍼센트에 해당했다. 오스트레일리아 골드러시를 연구한 역사학자들은 수많은 영국인이 "그렇게 자유롭게 외국인들, 특히 중국인들과 섞인 적이 없었다"라고 언급했다.[42]

영국인, 중국인, 소노라인으로 구성된 채굴 일단은 우즈크리크에 오래 머물지 않았다. 이들의 시도는 성공적이었다는 게 알려졌고, 따라서 백인 집단이 이들을 이들의 불하청구지에서 쫓아내도록 한 것은 경쟁에 따른 질투심이었을 수 있다. 폭력과 폭력의 위협이 채굴지들에 만연한바 이는 부분적으로 극심한 경쟁적 환경 때문으로, 온갖 에스닉적 배경ethnic background의 광부들이 불하청구지들을 놓고 다투고 싸웠다. 백인계 미국인들은 특히 외국인들에게 공격적이었으니 이들 외국인의 출신지 국가에 상관이 없었다.

우즈크리크의 중국인 금 채굴자들은 산비탈 반대편의 캠프워싱턴Camp Washington이라 부르는 소규모 채굴 야영지로 갔다. 이내 다른 중국인들이 이곳을 찾았으나, 백인들은 채굴지들이 "건조"해서 그 지역을 지나치는 경향이 있었다—곧 흙은 씻기 위해 수원水源으로 운반되어야 했다. 이 부지는 차이니Chinee, 차이니디깅스Chinee Diggings, 나중에는 차이니스캠프

Chinese Camp로 알려지게 되었다("Chinee"는 "Chinese"의 속어 또는 경멸적 표현으로 쓰이기도 한다). 후자의 명칭은 1854년 4월 캘리포니아 차이니스캠프의 우체국이 한 잡화점에 문을 열면서 공식적으로 되었다.

제2장

✤

채굴지에서

1856년이 되면 중국인 1000명이 미국 캘리포니아주 차이니스캠프에 살았고, 수백 명 이상이 북쪽의 사광층砂鑛層, placer flat에 살았다. 한창 때 차이니스캠프와 그 주변 지역은 중국인 5000명을 부양했다. 차이니스캠프는 번성하는 타운이 되었는데 스톡턴에서 오는 주요 역마차 길이 동쪽으로 꺾여 요세미티로 가는 지점에 자리 잡고 있어서 여행객들이 필요한 물품을 공급받고, 휴식을 취하며, 정보를 얻기 좋은 장소였기 때문이다. 상당한 규모의 백인 사업 부문은 중국인과 백인 둘 다에게 서비스를 제공했으며, 여기에는 금융서비스회사 웰스파고앤드컴퍼니Wells Fargo and Company 종업원, 대장장이, 시금자試金者가 포함되어 있었으나, 중국인들이 해당 인구의 다수를 차지했다. 중국인 사업체들도 백인들에게 서비스를 제공했으며, 특히 세탁장과 카페가 있었다. 아치Ah Chi는 워싱턴스트리트Washington Street에서 값이 싼 식당을 운영했는데, 철판 한 장으로 덮인, 샛강의 돌들로 만든 난로가 있는 판잣집 형태였다. 구전에 따르면, 그는 야생

비둘기파이, 곰고기스테이크, 애플파이 등을 포티나이너스들에게 제공했다.[1]

중국인 상점과 주택은, 소박한 목재 주택으로, 타운 서쪽에 집중된 거리를 따라 밀집해 있었다. 차이니스캠프와 그 주변에 사는 중국인들의 대다수는 금광부였지만, 타운에는 그 상업적·사회적 허브에 어울리게 다양한 주민이 있었다. 상인, 세탁업자, 매춘부, 재봉사, 약초상, 제빵사, 푸주한, 노름판 운영자, 악사樂士 등. 중국인 채소밭과 양어장이 타운 경계선에 있었는데, 이는 중국인들이 중국인들의 식단에서 둘 다 특히 소중한 요소인 신선한 채소와 생선에, 그리고 진미眞味인 수프용 거북고기까지 손에 넣을 수 있었음을 의미한다. 아삼Ah Sam과 핀룽Fin Lung이라는 두 상인은 각기 500달러의 부동산 자산과 2000달러의 동산 자산이 있었다. 1860년대 중반이 되면, 중국인 상가商家들은 매년 5만 달러에서 10만 달러 사이를 벌어들인다고 알려졌다. 차이니스캠프에는 회관會館(〔후이관〕 문자 그대로 "미팅 홀meeting hall")이라 불리는 동향회同鄕會 네 곳과 화려한 금박 무늬와 이미지가 있는 커다란 건축물들인 "사원temple" 세 곳이 있었다. 커다란 홀들은 불교 사원이거나 혼합 종교 사원, 혹은 중국 남부의 천지회天地會에 뿌리를 둔 비밀결사체인 치공당致公黨(〔치콩통Chee Kong Tong)의 회관이었을 수 있다. 타운에는 몇 개의 도박장도 있었으며 인기 있던 도박인 번탄〔판탄, 팬탠〕番攤, fan-tan을 주로 했다. 차이니스캠프 거주민들은 자신들의 주변 환경을 아름답게 꾸미는 데 애썼다. 이들은 자신들이 좋아하는 과일을 맺는 감나무를 심었다. 음력설에는 이름 초봄에 피는 수선화 구근球根을 심었다. 그리고 이들은 중국 원산인 옻나무의 끝이 뾰족한 변종인 "하늘의 나무들trees of heaven"〔소태나뭇과의 가죽나무〕을 심었는데, 나무는 그 껍질과 잎이 약재로 사용되어 가치가 있었다. 어떤 사람들은 키 큰 그늘나무

shade tree(곧 정자亭子나무)가 중국인들에게 이들의 고향을 떠올리게 한다고 말했다.[2]

차이니스캠프에는 여성이 거의 없었다—재봉사, 매춘부, 광부와 상인의 아내 정도가 있었다. 그리고 일부만이 가족을 꾸렸다. 백인계 미국인들은 가금류를 키우는 중국인 여성을 "덕 메리Duck Mary"라고 불렀고, 중국인 여성 텃밭 농민을 "차이나 레나China Lena"라고 불렀다. 드물게 남아있는 결혼증명서marriage certificate를 보면 25세의 아삼과 20세의 요섭Yo Sup이 1860년 1월 24일에 차이니스캠프의 치안판사 J. 콜링웨지J. Collingwedge 앞에서 결혼했다. 이 젊은 부부는 어떤 사람들인가? 기록이 거의 없다. 아삼이라는 이름의 광부 9명은 1860년 캘리포니아주 투올러미카운티 센서스 기록에 등재되어 있으며, 여성 1명은 차이니스캠프에서 "아요Ah Yow"(요섭은 쓰이 방언으로 "결혼 전 성은 요Yo"라는 뜻이다)로 등재되어 있다. 그녀는 아소Ah Sow가 운영하는 술집saloon에 사는 7명의 여성 중 하나였다. 그러나 이들은 나중의 투올러미카운티나 캘리포니아주의 다른 지역 센서스 기록에는 나타나지 않는다. 아마도 아삼은 자신의 금 수입과 함께 아내를 중국으로 돌려보냈을 것이다.[3]

캘리포니아 내륙에서 이 정도로 중국인들이 집중된 타운은 몇 군데뿐이었다. 메리즈빌Marysville은 북부의 시에라 금광지들로 가는 관문으로 유바강Yuba River 바로 위쪽의 퍼스트스트리트First Street를 따라 대규모 중국인 지구를 포함하고 있었다. 메리즈빌은 캘리포니아 중국인들에게 삼포Sam Fow(싼부三埠) 즉 제3의 도시number-three city로 알려진바, 샌프란시스코San Francisco(다이포Dai Fow, 다부大埠, "큰 도시big city"라는 의미)와 새크라멘토Sacramento(이포Yi Fow, 얼부二埠, "제2의 도시number-two city"라는 의미) 다음이었다(중국어 "부埠"는 "부두가 있는 큰 도시"를 뜻한다). 메리즈빌의 중국인들은 인근의 중국인들에게 상점과 서비스를 제공했다. 이들은 1854년에 사원을 세웠으며, 사원은 유바강의 북쪽에 위치해서 "개울 북쪽의 사원" 곧 "복카이무이Bok Kai Mui(베이시먀오北溪庙)"로 불렸다. 이 사원은 오늘날까지 남아 있다. 원래는 도교 사원이었으나 불교와 유교의 신령들도 모시게 되었다. 이 사원에서 가장 숭상받는 신령은 도교의 현무玄武(신비한 전사 mysterious warrior)다. 현무는 물을 관리했으며, 금 채굴자들의 가장 좋은 친구였다("현무"는 도교에서 북방의 수水 기운을 맡아보는 신을 말한다).[4]

1860년에 캘리포니아주 새크라멘토 북쪽 오로빌Oroville의 중국인은 그 수가 거의 1000명으로 타운 인구의 거의 40퍼센트였다. 그 절반은 광부 혹은 이 지역의 용수로와 배수로 공사장 노동자들이었고, 후자는 아마도 탐광자로서는 운이 없었던 남성들이었을 것이다. 나머지 절반은 상인, 푸주한, 약초상, 남창男娼, 목수 등 흔한 직업이었다. 보석상과 서적상의 존재는 중국인들이 부와 교양이 있었다는 것을 보여준다.[5]

대부분의 중국인 금 찾는 사람은 이러한 큰 타운이 아니라 자신의 불하청구지 근처 소규모 정착촌들에서 살았다. 초기에 이들 소규모 정착촌은 천막촌에 불과했다. 스코틀랜드인 여행자 J. D. 보스윅J. D. Borthwick은 위버스크리크Weaver's Creek 개울의 중국인 광부들이 "10여 개의 작은 천막 tents과 초가집brush houses"에서 살고 있으며, 에인절스캠프Angels Camp─훗날 미국 소설가 브렛 하트Bret Harte와 마크 트웨인Mark Twain에 의해 유명해진 금광지타운─ 근처의 작은 계곡에서 "약 100명의 중국인이 채굴지 옆 바위투성이 언덕에 천막을 치고" 있다고 말했다("브렛 하트"(1836~1902)는 캘리포니아 골드러시를 소재로 한 단편으로 잘 알려져 있으며, 마크 트웨인(1835~1910)은 서부 금광시대에 직접 금광을 찾아 나서기도 했다). 캘러베러스강 북쪽 지류를 따라 약 200명의 중국인이 백인계 미국인들 및 몇몇 프랑스·멕시코 광부와 함께 일했지만, 이들 중국인은 백인들이 차이니스타운 Chinese Town이라 부르는 야영지에서 따로 살았다.[6]

채굴지들에 사는 중국인들은 걸어서 가장 가까운 타운에서 식량과 오락거리를 구한바 백인 가게주인으로부터 또는 있다면 중국 상인으로부터 그러했다. 이들은 차이니스캠프나 오로빌 같은 큰 타운까지 걸어가지 않아도 되었던 것이, 캘리포니아에 있는 10여 개 소규모 금광지타운에는 1~2명의 중국인 상인이나, 혹은 한 블록 정도의 소규모 중국인 지구 quarter가 있었으며 여기에는 몇 개의 생활편의시설과 거주민들이 있었다. 에인절스캠프 근처의 중국인들은 소규모 중국인 구역section이 있는 타운까지 조금만 가도 되었다. 캘러베러스강을 따라 채굴하는 사람들은 기본적인 물품을 채굴지들 가까이에서 잡화점을 운영하는 목장주 대니얼 래티머Daniel Latimer에게서 구입했을 것이다. 아니면 짧은 거리를 걸어 피터즈버그Petersburg까지 갔을 수도 있는데, 이 타운은 멕시코인과 칠레인 인구가 많아서 "그리저타운Greasertown"이라는 불명예스러운 이름으로 불렸다("그리저"는 문자적으로는 "기름 치는 사람" "기름밥 먹는 사람"이라는 의미며, 미국인들이 라틴아메리카인들을 경멸적으로 이르는 지칭이기도 하다). 이곳에서 중국인들은 더 다양한 상품을 샀을 것이고, 레스토랑에서 식사를 했을 것이고, 술집에서 유흥을 즐겼을 것이다. 때때로 이들은 더 멀리, 5마일 넘게 걸어서, 중국인 상인들이 있는 샌앤드레이어스San Andreas까지 갔을 것이다.[7]

캘리포니아 최초의 중국인 상점들은 캔버스 천, 돌 굴뚝, 흙바닥dirt floor으로 이루어진 간단하고 대충 지어진 형태였다. 이와 같은 조잡한 건조물은 골드러시 초기 모든 건축물의 특징이었으며, 상점과 심지어 "여관들inns"도 그러했다. 점차 이런 건조물들은 "전통가옥들folk houses"로 대체되었으니 박공지붕gable roof과 흙바닥이 있으며 수직판자로 만든 단칸짜리 또는 두 칸짜리 가옥이었다. 중국인 상점들은 이 시점을 넘어서는 개선이 더뎠고, 심지어 백인 업체들이 석조 전면과 철제 방화문 및 셔터로 발전해 나가는 때에도 그러했다. 마리포사카운티Mariposa County 콜터빌Coulterville에 있는 순순워Sun Sun Wo 상점은 예외적으로 견고한 건축물이었다. 1851년 에 어도비adobe벽과 흙지붕으로 지어진 이 상점은 타운을 휩쓴 1899년의 화재에도 살아남았다(“어도비” 또는 “아도베”는 진흙·짚·물 등을 섞어 이긴 다 음 햇볕에 말려 굳힌 벽돌을 말한다). 이 상점은 1851년부터 1926년까지 내내 운영되었다. 이 건축물은 오늘날에도 서 있다.[8]

중국인 상인들과 백인 상인들 모두 광부들에게 다양한 상품을 팔았 다—설탕·위스키·양초, 캔버스 천·면화, 밧줄·못·썰매·다이너마이트, 햄·굴통조림·연어·달걀 등이었고 달걀은 야산들에서 값비싼 사치품이 었다. 미국인들은 양질의 식품에 기꺼이 비싼 값을 치를 중국인 광부들의 의향에 대해 종종 언급했다. 남쪽 광산의 한 푸주한은 이렇게 말했다. “하 루는 돼지를 열네 마리까지 팔았는데, 한 마리당 평균 75파운드였다. 그 들은 맛 좋은 말린 소시지 1파운드에 1달러까지 낼 의사가 있다. 그들은 가금류를 아주 좋아했고, 엄청 많이 샀다. […] 나는 잔치에 쓰려는 통통 한 닭 한 마리를 3.5달러에 팔았다.” 중국인 상인들은 잡화와 식량에 더 해 중국 식료품(검은콩, 절인 생선, 리치lychee〔여지荔枝. 중국이 원산지인 열대성 과일의 일종)), 약초, 아편, 녹차, 제사 및 장례에 사용되는 제례용품을 팔았 다. 중국인 가게주인들과 백인 가게주인들 모두 외상으로 물건을 팔았고, 한 달에 한 번 상품 대금을 이자 없이 정산했으며, 이는 금광지에서 통상 적 거래 방식이었다. 중국인들은 물건을 살 때 현금을 내거나, 사금을 쓰 거나, 임금을 담보로 하거나, 빨래 같은 서비스로 대신하기도 했다.[9]

✤

이러한 방식으로 중국인들은 더 규모가 큰 금광지 경제활동에 참여하면서도 자신들만의 상업적 틈새niche를 만들어냈다. 실제 금 채굴 작업에서도 마찬가지였다. 골드러시 초기에 금 탐사자들은 자신들의 보물을 개울이나 지류에서 찾았는데 여기서는 금에 묻은 강의 흙을 씻어내 금을 골라낼 수 있었기 때문으로, 이런 방식을 사금 채취〔사광 채굴〕alluvial mining, placer mining라고 불렀다. 중국인들은 이를 "금 부스러기gold scrap" 채굴이라는 의미의 셰진〔설금〕屑金이라고 불렀다. 사금 채취 방식은 모든 금 탐사자에게 공통적인 것으로, 서로 다른 문화권에서 유래했지만 보편적 사용법으로 채택된 기술이다. 예를 들어 패닝panning〔모래·흙 따위를 선광냄비로 일어 광물을 선별하는 방법〕은 바테아batea에서 기원하는데, 바테아는 17세기 메소아메리카에서 에스파냐인들의 사금 채취로 거슬러 올라가는, 바구니 모양으로 엮은 〔우묵한 정육면체의〕 그릇bowl이다. 소노라인들은 캘리포니아의 유럽인들과 미국인들에게 패닝을 가르쳤다. 선광해서 사금을 얻기 위해서는 개울에 서서 냄비에 개울바닥에 있는 흙을 담아 물로 씻어내고, 그것을 휘저어 모래에서 금을 분리해야 한다. 금은 강바닥에서 발견되는 다른 것들보다 무거워서 다른 모든 것이 씻겨나간 다음에도 남아 있게 된다.[10]

다음 단계의 기술은 선광기 혹은 요동선광기로, 한쪽으로 기울어지고 홈이 파인, 나무로 된 간단한 장치다. 흙은 판을 따라 씻겨 내려가고 판의 홈을 따라 금이 남게 된다. 한 사람이 한 선광기를 사용할 수 있지만, 몇몇이 일을 나누어 할 경우 더 효율적이었다—흙을 운반하는 일, 물을 운반하는 일, 산마루에서 나온 금을 세척하는 일 등. 강의 사광砂鑛에서 금을 채굴하는 중국인들은 선광기를 선호했는데, 선광기가 값이 싸고, 만들기 쉬웠으며, 그리고 무엇보다 중국인들에게 중요한 이유로 그들이 불하청 구지에서 쫓겨날 경우 휴대할 수 있었기 때문이다.[11]

오스트레일리아인 에드워드 해먼드 하그레이브스(1816~1891)는 미국 캘리포니아로 갔다가 돌아와서 뉴사우스웨일스에서 사금을 최초로 발견했다고 주장한 사람이며, 오스트레일리아로 선광기 지식도 가지고 돌아왔다. 그러나 오스트레일리아인들이 선광기를 채택하긴 했어도 진흙이 많아서 두껍고 무거운 빅토리아의 협곡들에 있는 흙을 부수기 위해서는 다른 수단이 필요했다. 퍼들링puddling 기계는 물이 채워진 원형의 광석을 씻는 통trough 주위로 사람이나 말을 사용해 써레를 당기고, 진흙을 덩어리로 만들었다. 그런 다음 금을 품고 있는 진흙을 씻어 금을 얻었다. 빅토리아에 있는 중국인 광부들은 그들이 할 수 있으면 퍼들링 기계에 투자했으며, 종종 자금을 모아 말을 구매했다.[12]

중국인들은 유럽-미국인들과 동일한 방법을 사용하면서도 광둥 지역 농업에서 차용한 물 관리 기술을 적용하기도 했으며, 이 중 많은 것이 다른 사람들에게도 받아들여져 사용되었다. 중국인들은 세광용洗鑛用 홈통sluice〔사금을 채취하기 위해 광석에 묻은 흙이나 잡물을 물에 씻어내는 통. sluice box〕과 둑dam을 만들고 사슬펌프chain pump 곧 밟기판food pedal·수차〔물레바퀴〕waterwheel·중력을 이용해 물을 퍼 올리고 물길을 바꾸는 다루기 힘든 기계장치를 도입했다. J. D. 보스윅은 사슬펌프가 불필요하게 정교하고 비효율적이라고 생각했으나, 그래도 그것은 다른 사람들에게는 인상적이었다. "강에 있는 광부를 관찰해보거나 우리 천상의 친구들의 것들에서 유래한 그들의 수차와 펌프를 살펴보라. 존John이 그의 발로, 가장 과학적인 설비를 작동시키는 가장 부지런히 움직이는 일종의 디딜방아〔발-회전장치〕treadmill를 회전시키고 있다." 〔"존"은 "존 차이나맨John Chinaman으로 서양 사회에서 전형적인 중국인 또는 중국인 노동자를 일컫는 말이다. 19세기 만화에 등장한 중국인 노동자의 캐리커처로, 이후 경멸적 표현으로 쓰이기도 했다.) 보스윅은 미시시피바Mississippi Bar에서 한 중국인 회사의 작업에 감탄했으니, 회사는 커다란 소나무 통나무를 다루기 위해 기계적인 힘을 진지하게 적용한 길이 200야드(약 180미터)의 도수제導水堤, wing-dam—강의 일부를 가로질러 강물의 방향과 속도를 제어하는 둑—를 건설했다("Mississippi Bar"에서 "bar"는 "sand bar"로 "사주砂洲" 곧 "모래톱"을 말한다). 빅토리아에 있는 소규모 중국인 회사들은 세광용 홈통을 이용한 채취를 선호했으며, 이는 산비탈에 만든 긴 나무통으로 선광기와 같은 원리로 작동했다. 1878년 12월에 오스트레일리아 빅토리아 신문《벤디고 애드버타이저Bendigo Advertiser》는 중국인 세광채취회사들이 3교대로 24시간 내내 일하면서 일주일에 300만 갤런의 물을 사용하고 있다고 보도했다.[13]

이와 같은 다양한 설비는 금 채굴이 개인이 혼자서 일하는 방식이 아니라, 억세고 남성적인 탐광자라는 스테레오타입이 시사하듯, 동업 및 여러 조직적 방식을 통해 가장 일반적으로 이루어졌음을 나타낸다. 무릎까지 차는 개울물에서 선광냄비로 사금을 고르는 일은 춥고, 매우 힘들고, 시간이 많이 드는 일이었다. 무리를 지어 일하는 게 훨씬 더 나았다. 캘리포니아와 빅토리아의 사금 채취(사금 채굴)에서는, 협업 채굴이 모든 에스닉 집단ethnic group(혈연, 언어, 문화적 정체성 등을 공유하고 있는, 이민자 소수집단)에서 표준적인 방식이었다. 광부들은 금세 소규모 집단으로 일하는 게 더 효율적이며, 더욱 힘든 일을 할 때 교대로 할 수 있으며, 비용과 보상을 나눌 수 있음을 알았다. 오스트레일리아 역사학자 제프리 설은 이렇게 평가했다. "초기에 [빅토리아 금] 산업은 거의 전적으로 수천 개의 소규모 협업 집단에 의해 작동했다." 미국의 포티나이너스는 종종 고향에서부터 동업자들 및 일단과 함께 왔으며, 이 중 많은 수가 잘 알려져 있듯이 도착 즉시 그 관계가 깨졌으나 채굴지에서는 누구나 할 것 없이 새로운 동업자를 찾았다.[14]

중국인 금 찾는 사람들 사이에서 동업자는 종종 가까운 친척 혹은 동향이나 같은 문중 출신이었으며, 이는 씨족 혈통이 신뢰의 매개였음을 보여준다. 신뢰에도 불구하고, 중국인 광부들은 자신들의 불하청구지를 공동으로 등록해놓음으로써 동업을 공식화했다. 예를 들어 캘리포니아 캘러베러스카운티에서는 대략 200명의 중국인이 캘러베러스강 북쪽 지류를 따라 모래톱과 강바닥에서 채굴을 했다. 로어로그캐빈Lower Log Cabin 지구의 광구鑛區, mining claim 등록부는 전하는 것이 드물지만, 남아 있는 것에 따르면 1854년에서 1857년 사이에 61건의 중국인 불하청구지를 포함하고 있다. 이 중 등록 당사자들 2~3인이 27건의 불하청구지를 차지했다 (44퍼센트). 투올러미카운티에서 중국인 사금 채취〔사금 채굴〕 동업자들은 유사한 불하청구지가 있는 백인 동업자들과 마찬가지로 일을 잘 (혹은 그에 못지않게) 해냈다—500~600달러로 평가되는 불하청구지에서 한 달에 한 사람당 75달러를 벌어들였다.[15]

오스트레일리아 빅토리아 금광 지구들의 광구 등록부에서 동일한 유형을 볼 수 있다. 예컨대 아핑Ah Ping과 로잉Low Ying은 1868년에 "화이트힐스White Hills 묘지에서 50야드 떨어진 곳에서 시작하는" 벤디고크리크 Bendigo Creek 개울의 100야드의 불하청구지를 등록했다. 캐슬메인〔캐슬마인〕Castlemaine 지구 포리스트크리크Forest Creek 개울의 골든포인트Golden Point 구역 지도를 보면 이 개울을 따라 개별적인 광구들이 있는데, 중국인들과 유럽인들이 서로 매우 가까이서 일했음을 알 수 있다. 이 지도는 몰리 Molly, 로청Lo Cheung, 머피Murphy, 아청Ah Cheung, 아쿳A'Kut, 번스Burns 등 소

유의 불하청구지들이 협곡에 나란히 붙어 있었음을 보여준다.[16]

미국의 광업 센서스 보고서는 존차이나플래서마이닝컴퍼니John China Placer Mining Company와 홍콩차이나윙댐컴퍼니Hong Kong China Wing Dam Company와 같은 이름의 중국인 채굴회사를 언급하고 있다. 이 회사들은 보유 또는 임차를 통해, 10~20명의 노동자가 세광용 홈통, 수로race, 도수제, 수차 등의 장비를 갖추고 일하는 것으로 서술되어 있다. 이들 회사에서 현지 상인들은 불하청구지를 매입 또는 임차했고, 장비를 공급했고, 광부들을 고용했다. 회사들은 임금을 지급하지 않는 대신 지분share에 기초해 운영된바 상인-투자자들은 생산량의 일정 부분을 가져갔고, 광부들은 나머지를 나누어 가졌다. 상인들은 광부들에게 식량을 공급하기도 했는데, 이는 편리하기도 했지만 광부들이 상인들에게 의존하게 만들었을 수도 있다.[17]

당시 미국의 중국인 채굴회사들의 또 다른 일반적 소유 형태는 평등주의적 협동조합이었다. 협동조합들은 전형적으로 5~10명의 남성이 선광기 같은 저급 기술 장비를 가지고 좀 더 소규모의 불하청구지를 채굴했다. 이들 협동조합은 지분 체계로도 일했지만, 수익과 비용 모두 동등하게 나누는 원칙을 따랐다. 캘리포니아주 엘도라도카운티El Dorado County와 유바카운티Yuba County 불하청구지 등록부를 보면, 중국인 채굴자들이 종종 불하청구지들을 선취preemption했음을 알 수 있다. 즉 이들은 돈을 지불하지 않고 무단점유자squatter로 부지 소유권을 등록한 최초의 비토착민들로, 당시 무단점유는 광부들 사이에서 새로 발견한 땅이건 버려진 땅이건 권리가 없는 땅의 소유권을 취득하는 일반적 관습이었다. 이런 유형은 중요한 것으로, 왜냐하면 그것이 중국인들은 백인들이 버리거나 자신들에게 판 자원이 고갈된 불하청구지들만 채굴했다는 종래의 이해를 뒤엎기

때문이다.[18]

채굴 협동조합은 평등주의egalitarianism라는 강력한 에토스ethos〔기풍 혹은 관습〕를 실천했다. 캘리포니아주 시에라카운티Sierra County에서 채굴하던 7명의 동업자 중 한 명인 아폭Ah Fock은 자신의 집단 내에는 우두머리가 없다고 주장했다. 그는 자신이 "〔금〕 가루가 나올 때 이를 담당하는 출납 담당자에 불과했다"며 "나는 그곳에서 일하는 것에 대한 어떤 책임도 주장하지 않았다"라고 말했다. 중국인들 사이에서 널리 퍼진, 어쩌면 전거典據가 의심스러울 수 있는 이야기에 따르면, 한 집단이 40파운드짜리 덩어리를 작게 조각내서 각자가 자기 몫을 가질 수 있게 했다고 한다.[19]

동일한 협동조합 조직이 오스트레일리아 식민지들에도 존재했다. 윌리엄 영William Young 목사가 1858년에 실시한 빅토리아 금광 지구들의 중국인 인구에 대한 비공식적 센서스에 따르면, 벤디고Bendigo의 중국인 광부 2200명 중 절반 이상이 소규모 회사에서 일했다. 남성 약 300명은 퍼들링 기계가 있는 회사들에서 일했고, 약 900명은 광미鑛尾, tailing〔광석을 파쇄해 금을 골라낸 뒤 남은 돌가루. 선광選鑛 부스러기〕를 씻어내는(곧 채굴이 끝난 불하청구지의 폐석, 미사微砂, 진흙 등을 폐기하는) 소규모 회사들—협동조합일 가능성이 높은—에서 일했다. 소규모 집단 또한 서로 힘을 합쳐 규모의 경제economy of scale를 달성했다. 제프리 설에 따르면, 중국인들에게 가장 "전형적인 형태"의 작업은 "패드도킹paddocking"으로, 100명 이상의 무리가 협동조합적 방식으로 또는 피고용인 회사 방식으로 협곡의 흙을 한쪽 끝에서 다른 쪽 끝까지 들어 올리고 씻어내는 것이었다(사진 4).[20]

빅토리아 불하청구지 등록부는 상당한 규모의 땅이나 장비를 보유한 개인 소유의 소규모 회사들을 보여주는데, 데일스퍼드Daylesford 근처 올드레이스코스스프링Old Race Course Spring 소재 3에이커의 세광채취 불하

사진 4 중국인 광부들은 협동조합적 방식으로 일했으며, 종종 집단으로 결합해서 협곡 전체에 걸쳐 흙을 파고 세척했다. 오스트레일리아 빅토리아의 마운트알렉산더 산 채굴지들. 1861년경. 사진: Richard Daintree.

청구지sluicing claim에 대해 아링Ah Ling이 권리가 있다고 되어 있다. 평등주의적 협동조합은 4~8명의 동등한 지분 소유주가 있는 소규모 불하청구지에서 볼 수 있다. 크레즈윅Creswick 타운 근처 포르투갈플랫Portuguese Flat〔포르투갈인들의 채굴 캠프〕소재의 한 협동조합은 최소 2명의 사촌을 포함해 8명의 "친구"로 구성되었다. 광부들은 별도의 천막에서 숙박했지만, 아침은 함께 먹었고, 요리와 땔나무 하기 등 허드렛일은 나누어서 했다. 이들은 불하청구지들에서 동등한 지분을 보유했으며, 그 각각은 3~4파운드의 가치가 있었다. 아융Ah Yung이라는 한 조합원은 이 집단의 금과 장부를 기장記帳했고 매주 약 30실링의 수입을 조합원들에게 지급했다.[21]

이와 같은 회사와 협동조합 모두 중국과 동남아시아에서 볼 수 있는 채굴 조직과 유사했다. 중국 남부에서 사광砂鑛의 주석광 운영자들은 종종 농한기에 현지 농민들을 고용했지만, 토지가 없거나 사회적으로 주변화된 유형으로 구성된 전일제 광부들의 소규모 회사들도 있었고, 이들은 한 명의 관리자-투자자 밑에서 지분을 받고 일했다. 이 회사들은 최소한의 내부 위계제만 있었고, 지분 분배를 관대하게 했는데, 이는 노동력 유지가 어렵다는 사정을 반영하는 것이었다. 지분 분배 관행은 또한 만청晩淸 시기 사업 조직의 동업 약정 전통과도 유사했다.[22]

캘리포니아와 빅토리아의 협동조합은 18세기와 19세기 초반에 서칼리만탄West Kalimantan(서보르네오West Borneo) 금광의 중국인 공사公司(회사 company)와 상당히 유사했다. 이 협동조합들은 십오분十五分(15명의 지분), 신팔분新八分(새로운 8명의 지분) 등의 명칭에서 알 수 있듯이 소규모의 평등한 지분 동업으로 출발했다. 채굴업이 발전하면서 이러한 협동조합 중 일부는 연합체를 결성했고, 그 몇몇은 아주 강력해져서 주권국가처럼 행동했다. 서칼리만탄 공사의 힘은 토착민 인구와 네덜란드 식민자

사이에 있는 중국인들의 위치에서 나왔다. 물론 이런 조건이 미국이나 오스트레일리아에는 존재하지 않았기 때문에 중국인 협동조합은 그 초기 단계에 머물러 있었다. 그러나 내부의 평등주의와 연대라는 에토스는 이어졌다. 의미심장하게도 이와 같은 모든 형태—중국 남부의 채굴회사, 서보르네오의 협동조합, 캘리포니아와 오스트레일리아의 광산회사와 협동조합—는 중국 남부의 가장 큰 결사체 천지회와 관련되었는데, 이 결사체가 19세기 중반 태평천국의 난(1850~1864)의 억압적 여파를 피해 망명자들이 피신하면서 해외로 퍼져나갔다는 점에서 그렇다.[23]

중국인 광부들은 백인 고용주에게서 임금을 받고 일하기도 했다. 광동성 출신의 중국인들은 임금노동에 낯설지 않았을 것이다. 주장강삼각주는 최소한 17세기 이래로 상당히 상업화되어 있었으며, 이 지역의 섬유산업과 야금산업에서는 임금이나 현금을 받고 일하는 노동이 있었다. 캘리포니아의 남부 광산에서 중국인들은 마리포사카운티 소재 존 C. 프리몬트John C. Frémont의 광산들에서 콘월 출신들과 "어깨를 나란히 해" 일을 했다. 미국 광산 판무관 로시터 W. 레이먼드Rossiter W. Raymond는 1850년대 후반부터 캘리포니아주 마리포사·머세드Merced·투올러미 카운티의 심부 광산들에서 "건장한 돼지꼬리(땋은 머리 곧 변발辮髮) 착용자들의 전체 교대조"를 보고하고 있는데, 이들은 길게는 10~15년의 경력이 있는 사람들이었다. 1870년이 되면 중국인 광부들은 한 달에 39~50달러를 벌었으며, 이는 백인 광부들의 임금과 거의 같았다. 중국인들은 또한 세광 채취회사 및 석영quartz 채굴장에서도 미숙련노동자로 일했다. 땅에서 파낸 수많은 암석을 분쇄해 광맥들에 있는 금을 추출하는 거대한 쇄광기碎鑛機, stamping machine에 원광原鑛(아직 제련하지 않은, 파낸 그대로의 광석)을 넣는

일이었다.[24]

　더 널리 퍼져 있던 관행은 수력채굴회사가 중국인들을 고용하는 형태로, 회사들은 고압 급수용 호스를 이용해 산의 측면을 깨어 깊은 곳의 오래된 강바닥에서 금이 섞인 자갈을 채굴하는 것이었다. 또한 중국인들을 고용하는 형태로, 회사들은 산의 호수와 저수지에서 물을 끌어다 수력채굴 시스템에 공급했다. 이는 캘리포니아 최초의 대규모 자본집약적 채굴 시도로 강우의 예측불가능성을 제거하고 금을 대량으로 채굴하고자 했다. 이들 사업체의 규모는 압도적인 것이었다. 1860년대 후반이 되면 캘리포니아의 물회사들은 2억 달러의 자본으로 6000마일의 용수로와 배수로를 건설해서 채굴회사에 매년 수십억 세제곱야드의 물을 공급했다. 중국인들은 건설 및 수력채굴 사업체들에서 임금을 받고 일했다. 마리포사앤드머세드사우스포크커낼Mariposa and Merced South Fork Canal 회사는 1857년에 배수로 건설을 하는 데 2000명이나 되는 중국인을 고용했다. 캘리포니아의 가장 큰 수력채굴 사업체인 네바다카운티Nevada County의 노스블룸필드마이닝앤드그래블컴퍼니North Bloomfield Mining and Gravel Company는 배수로에 중국인 800명과 백인 300명을 고용했다. 1860년대 후반부터, 중국인 상인-투자자들은 수력 사업체의 초기 자본비용을 감당할 수 없어 백인 소유주들로부터 사업체들을 사들이거나 임대해 전문기술과 높은 수익으로 운영해나갔다(사진 5~6).[25]

　수력채굴hydraulic mining은 논란이 많은데, 수백만 톤의 물, 흙, 화학폐기물을 산 개울과 강에 버리기 때문이다. 퇴적물과 미사가 강을 막아 홍수가 발생해 캘리포니아주 새크라멘토밸리Sacramento Valley의 농지 수천 에이커가 못 쓰게 되었다. 결국 1884년에 샌프란시스코 연방지방법원은 수력채굴을 금지했고, 이는 미국 최초의 환경 관련 법원 판결이었다. 로렌조

사진 5 미국 캘리포니아주 네바다카운티Nevada County에 있는 노스블룸필드그래블마이닝컴퍼니는 1870년대에 중국인 800명과 백인 300명을 고용했다. 샌프란시스코 연방지방법원은 1884년에 수력채굴이 환경에 피해를 입힌다는 이유로 이를 금지했다.

사진 6 미국 캘리포니아의 중국인들은 산 정상에서 수력채굴회사들까지 물을 운반하는 홈통식 용수로flume들을 건설했다. 캘리포니아주 네바다카운티의 마젠타플룸Magenta Flume. 1870년대. 사진: Carleton Watkins.

소여Lorenzo Sawyer 판사는 수력채굴이 "공적, 사적 문젯거리"이며, 항행할 수 있는 개울과 강의 지류 지역에서 수력채굴 사업체를 금지한다고 선언했다. 소여의 판결 이후 캘리포니아에서는 수력채굴이 중지되었지만, 중국인들은 이 방법을 계속 사용했다. 중국인들은 어떤 경우에는 법을 어겼고[곧 수력채굴을 했고], 어떤 경우에는 목재와 골풀로 둑을 만들어 광미가 물로 흘러 들어가는 것을 막는 식으로 법을 준수했다.[26]

중국인들은 개인적으로 현금을 받고 백인들을 위한 일을 해주기도 했다. 일례로 캘리포니아주 콜로마Coloma에서는 히람 헐베트Hiram Hurlbet, 그의 아들 듀안Duane, 다른 두 명의 동업자가 두세 명의 중국인을 고용해 21일 동안 일을 시키고 그들에게 52.50달러를 지급했다. 중국인들에게 임금을 지급하고, 필요한 보급품과 식사 비용을 제하고 난 다음에 네 명의 동업자는 각각 12달러의 수익을 남겼는데, 이는 중국인 노동자들에게 지급한 것보다 많지 않은 것이었다. 고용은 호혜적[상호적]일 수도 있었다. 샌앤드레이어스와 마켈럼니힐Mokelumne Hill에서 일하던 젊은 미국인 광부 H. B. 랜싱H. B. Lansing은 때때로 중국인(뿐만 아니라 독일인과 프랑스인) 광부들을 고용해 자신의 불하청구지에서 일을 시켰으니 어떤 때는 자신과 함께 일할 사람을 구했고 어떤 때는 자기가 쉬려고 그렇게 했다. 랜싱은 다른 사람에게 고용되기도 했다. 어떤 경우에는 중국인 집단의 불하청구지들을 시굴하는 일이었고 어떤 경우에는 댐·수로 건설 공사를 하는 일이었다. 랜싱의 경험을 보면 모든 에스닉 집단의 독립 광부들은 일용직으로 일하기도 했고 필요에 따라 임시직으로 일하기도 했다.[27]

1860년대 후반과 1870년대 오스트레일리아 빅토리아에서 중국인들은 석영채굴회사에서 일자리를 찾기도 했다. 이들 석영채굴회사 몇몇은 실제로 중국인들이 소유하기도 한바, 이들은 광부였다가 석영 사업체에 투자한 사람들이었다. 윌리엄 영의 1868년 센서스는 빅토리아 오븐스 Ovens 지구에서 대략 700명의 중국인이 임금을 받고 백인을 위해 일하고 있다고 보고했다. 더 적은 수가 밸러랫Ballarat에 있는 유럽인 불하청구지들에 고용되어 있었다. 일부 중국인은 갱내에서 일했지만, 더 많은 수는 채굴장 내에서 쇄광기에 원광을 넣고 기계를 작동시키는 일을 했다. 어떤 사람들은 "배당 방식tributing"을 사용했다―임금노동이 아닌, 채굴회사와 광미를 처리하고 쌓는 계약을 맺는 것이었다. 소규모 회사나 협동조합은 이러한 식의 계약을 맺은 것 같다. 예를 들어 벤디고에 있는 아와Ah Wah의 회사는 쇼트Short 거리와 머틀Myrtle 거리 사이에 있는 50야드〔약 46미터〕 길이의 개울바닥에서 작업하는 계약을 맺었는데, 광미를 운반해 그것들을 근처에 있는 퍼들링 기계로 세척하는 일이었다. 한 역사학자에 따르면, 광미 처리 작업은 "잡석을 뒤지는" 일이 아니라 중국인들이 자본과 기술을 적용한 "복잡하고 정교한 공정의 한 단계"였다. 중국인들은 또한 금을 찾기 위해 광미를 다시 세척하는 권리에 돈을 지불하기도 했다―산출량은 적지만 끈기 있게 할 경우 수익성이 있는 일이었다.[28]

이렇게 당시 중국인들의 채굴 관행은 유연하고 다양했으며, 많은 점에서 유럽-미국인 채굴노동의 경제 조직과 유사했다. 제프리 설이 지적하듯, 협업은 모든 민족 집단과 에스닉 집단에 공통적인 것이었다. 백인 광부들은 이것이 자유로운 남자들 사이의 형제애fraternity의 핵심이라고 찬양하면서도, 중국인들 사이에서는 이와 같은 관행을 인정하지는 않았다. 그러나 중국인들의 협동조합적 관행은 지속적인 것이었다. 출생지와 친족의 연대에 기초하는 이 협업적 관행은 자본주의적 임금 관계에서 벗어나는 일종의 피난처로 ―이에 더해 그것에 맞서는 저항으로― 간주될 수도 있다. 유럽인들과 미국인들은 독립적 채굴을 지속할 수 있는, 이와 유사한 문화적 자원이 없었다. 따라서 석영채굴회사가 지배저 위치를 차지하게 되자 유럽계 미국인들은 자신들의 자율성을 상대적인 일자리 보장성과 교환했다―또는 채굴을 아예 그만두었다.

중국인 채굴 관행의 다양성은 노동을 사고할 때 "자유"와 "부자유"를 엄격하게 대립하는 범주로 보는 것의 문제점을 드러내기도 했는데, "자유"와 "부자유"는 19세기에 독립노동independent labor 및 임금노동wage-earning labor을 노예제slavery와 노예상태servitude로부터 구별하는 일반적 구분법이다. 요점은 중국인 광부들을 단순히 이 범주의 어느 한쪽에서 다른 한쪽으로 옮기는 데 있지 않다. 물론 일정 수준에서 중국인 광부들은 "부자유" 하지 않았다. 이들은 노예chattel〔동산노예chattel slaver〕처럼 속박되어 있지도 않았고, 자신들의 노동에 대해 보수를 지급받지 못하지도 않았고, 일을 그만두거나 이동하는 것이 금지되어 있지도 않았다―이런 것들은 구속노동bound labor의 규범적 조건이다. 혼자서 일하건, 동업자와 함께 일하건, 평등주의적 협동조합에서 일하건 간에 광부들은 완전하지는 않아도 상당한 자율성을 누렸으나, 사광砂鑛이 줄어들면서 독립적 채굴의 경제적 수익은 조금씩밖에 늘지 않았다. 비례적 지분을 받거나 임금을 받고 일하는 것은, 숙련된 갱내 작업이건 가설架設 공사이건 간에, 강제coercion와 자유의지volition라는 두 가지 요소가 다 있었다.[29]

✤

캘리포니아에서 채굴로 성공한 중국인들은 종종 장사에 나서거나 작은 가게를 사들였다. 일부는 도시로 갔는데, 샌프란시스코·새크라멘토·메리즈빌 같은 도시는 채굴지보다 생활이 더 편안했다. 그러나 다수는 금광지들에 머물러 있으면서 자기 불하청구지에서 다른 사람을 고용해 일을 시키고 자신은 가게를 운영하거나 다른 분야의 사업으로 진출한바 아마 식당이나 세탁장이었을 것이다. 예를 들어 웡키Wong Kee는 캘리포니아에서 사광 채취자로 출발했다가 나중에 네바다주 아메리칸캐니언American Canyon으로 이주했다. 웡키는 당시로는 특이하게 아내와 함께 이주한 경우로, 이를 보면 그가 미국에서 계속 살면서 삶을 꾸려나가려 했음을 알수 있다. 아메리칸캐니언에서 그는 자신의 불하청구지들을 다른 중국인들에게 전대轉貸했고, 다른 사람들을 고용해 산에서 물을 끌어오는 수로를 만들고는, 이 물을 선광기를 사용하는 광부들에게 대량으로 팔았다. 그는 마침내 이 지역의 7마일〔11킬로미터〕에 달하는 배수로를 모두 소유하게 되었고, 이를 통해 아메리칸캐니언의 본격적인 사금 채취〔사광 채굴〕가 가능해졌다.[30]

웡키 같은 남성들은 부유해졌고, 중국인 광부들 사이에서 영향력을 행사했으며, 종종 현지의 백인 사업가들에게 중국인들의 대변자 또는 연락자 역할을 했다. 그러나 가장 힘이 있는 중국인 상인들은 대도시에 특히 샌프란시스코에 자리 잡고 있었다. 샌프란시스코에 온 최초의 중국인 중한 명인 위안성(노먼 아싱)은 샌프란시스코 커머셜스트리트Commercial Street에 마카오워숭Macao Wosung이라는 식당을 열었고, 자기 이름을 딴 위안성하오Yuan Sheng Hao라는 교역회사를 차렸다—이 두 곳 모두 중국인 디아스포라 공동체들을 먹여 살리고 이들 공동체에 필요한 것들을 공급해준 중심이었다. 또 다른 초기 도착자 찬록Chan Lock(천러陳樂)은 그의 회사 이름치룽Chy Lung(지룽濟隆)으로 잘 알려진 사람으로, 당시 회사는 이 타운에서 가장 크고 유명한 중국인 사업체였다. 1852년에 치룽은 한 번에 1만 달러에 이르는 중국 물품들을 수입해서 며칠 만에 이를 다 팔 수 있었고, 중국을 다시 찾아 또 다른 물품들을 선적할 수 있었다. 치룽은 진정한 태평양 횡단 교역상으로서 샌프란시스코에 본사를 둔 그의 회사는 이후 홍콩·상하이·요코하마에 지사를 두게 된다. 몇몇 중국인 상인은 자기 배를 사거나 해운업자가 되었다. 1852년이 되면 샌프란시스코에 막 싹트고 있던 중국인 지구에 20개 정도의 중국인 상점이 들어섰다. 중국인 상인들은 자기 부지를 소유하고 자기 건물을 세웠다(사진 7).[31]

위안성과 치룽 같은 남성들은 골드러시의 산물이었고, 샌프란시스코는 그들의 부와 권력의 현장이었다. 이곳을 중심으로 이들은 중국에서 물건들을 사와 내륙에서 그것들을 팔았다. 이들이 가진 사회적 영향력은 두 네트워크에 있었다. 첫 번째는 이 도시의 미국인 정계 지도자들 및 재계 지도자들과 (그리고 더 나아가 주정부와) 맺은 관계이며, 두 번째이자 더 중요하게는 회관 조직에서 최상위에 있는 이들의 위치다.

샌프란시스코의 중국인들은 이들이 도착한 초기부터 미국인들과 친밀한 관계를 맺어야 함을, 그것도 개인들만 아니라 권력구조와 그러해야 함을 이해했다. 이들에게 가장 우선적으로 필요했던 것은 문화 중개자culture broker로서 역할을 할 수 있는 미국인 조언자였다. 1849년 11월 19일에 중국인 300명이 잭슨스트리트Jackson Street의 캔턴레스토랑Canton Restaurant ("광둥식당")에서 모임을 갖고 이렇게 결의했다. "이 나라의 언어 및 관습에 익숙하지 않은 낯선 땅의 이방인인 우리는 귀화한 나라adopted country에서 얼마간 공인된 상담자와 조언자가 있어야 하며 […] 예기치 않은 어려움이 발생할 경우에, 어떤 행동 방향을 추구해야 할지 몰라 막막할 경우에 그러하다."[32]

중국인들은 자신들의 조언자로 셀림 E. 우드워스Selim E. Woodworth를 선택했는데, 그는 뉴욕 출신으로 1830년대와 1840년대에 마다가스카르에

사진 7 1860년대 무렵 수출입회사 치룽은 홍콩·상하이·요코하마에 지사를 둔 샌프란시스코에서 가장 큰 중국인 사업체였다. 사진: Carleton Watkins.

서부터 지중해와 태평양에 이르기까지 전 세계를 돌아다녔고, 멕시코전쟁(미국-멕시코전쟁) 당시에는 캘리포니아주 몬테레이에서 복무한 전직 해군 장교였다. 우드워스는 1849년에 준주灘州 정부의 입법부legislature에 선출되었고, 위탁판매 사업체의 동업자였다. 중국인들이 그를 어떻게 알게 되었는지 우리는 알 수 없지만 중국 교역 내에서 사업상 거래를 통해서였을 수 있다. 아마도 우드워스의 노예제폐지론자라는 배경이 그를 가장 눈에 띄는 소수인종과 친해지게 했을 수 있다.[33]

며칠 후 중국인들은 새 상담자를 축하하는 행사를 열고 연설, 건배, 노내로 그를 에우했다. 샌프란시스코 시장 존 W. 기어리John W. Geary, 전직 항만관리인 에드워드 해리슨Edward Harrison, 이런저런 다른 유명 인사들도 참석했다. 이 모임을 보도한 신문 기사들에는 위안성의 이름이 보이지 않는데, 당시 그는 샌프란시스코에 도착한 지 1개월밖에 되지 않아서 이 도시에서는 그야말로 신참자였다. 그럼에도 위안성은 빠르게 지도자이자 문화 중개자로서의 입지를 구축했다. 이는 의심할 여지 없이 그가 영어를 할 줄 알고 미국 정치와 사회규범을 이해했기 때문이다. 1850년 10월, 그는 캘리포니아가 연방에 가입한 것을 축하하는 퍼레이드 때 50명으로 이루어진 중국인 축하단을 이끌었다. 샌프란시스코 신문《데일리 알타캘리포니아Daily Alta California》는 이렇게 보도했다. "가장 부유한 차림새의" 그들은 "한자漢字와 '차이나 보이스China Boys'〔중국 (출신) 사람들)라고 새겨진 새틴satin〔고급 견직물의 하나)"으로 된 깃발을 들고 있었다.[34]

위안성의 사회적 지위에 더 중심적인 것은 그가 1852년에 만들어진 영위회Yeong Wo Association(양허회관洋河會館) 창립 회원이자 초대 회장으로 활동한 점이었다. 영위는 주장강이 바다로 흘러드는 하류 동쪽에 있는 지금의 광둥성 중산시 출신 이민자들을 대표했다. 쓰이 사람들이 캘리포니아의 광둥성 출신 중 가장 큰 집단이었으나, 초기 중국인 이민자 다수는 마카오·광둥·홍콩이 가까운 중산 지역 출신이었다. 1860년대 초반이 되면 영위는 캘리포니아에서 2만 명 이상의 회원을 두게 된다.[35]

회관(후이관)은 중국판 상호부조mutual aid 조직으로 사실상 모든 이민자 집단이 공통적인 지역적 연고에 근거해 형성되었으며, 동유럽 사람들에게는 란츠만샤프트Landsmannschaft〔동향회, 향우회)로, 멕시코 사람들에게는 무투알리스타mutualista〔공제조합共濟組合)로 알려져 있다. 중국에서 회관의 기원은 최소한 명 대까지 거슬러 올라가며, 대도시의 상인들과 체류자들이 출생 지역별로 해당 방언을 쓰면서 교류할 수 있는 여사旅社, hostel(여관) 와 행회行會, guild를 만든 것이 그것이다. 중국인들은 북아메리카와 오스트 랄라시아를 포함해 해외로 이주할 때에도 출신 고향에 따른 회관을 만들 었다.[36]

미국의 중국인들은 회관을 "company"로 번역했는데, 사업체business라 는 좁은 의미가 아니라 좀 더 일반적인 법인격法人格, corporate entity이라는 의 미에서 그렇게 했다. 캘리포니아에서 첫 번째로 조직된 회관은 쓰이회관 四邑會館, Siyi (Sze Yup) Company("쓰엽Sze Yup"은 "쓰이Siyi"에 대한 광둥어의 로마자 표 기다)과 싼이회관三邑會館, Canton Company, Sanyi (Sam Yup) Huiguan("삼엽Sam Yup" 은 "싼이Sanyi"에 대한 광둥어의 로마자 표기다)으로, 둘 다 1851년에 만들어졌 다. 쓰이 출신이 가장 수가 많았지만 싼이회관은 광저우와 그 인근 세 군데 현縣 출신의 코즈모폴리턴cosmopolitan적 상인들이 집중되어 있어서 규모 이상의 영향력이 있었다("쓰이"는 중국 광둥성 신후이新會, 타이산臺山, 카 이핑開平, 언핑恩平 네 곳의 통칭이며, "싼이"는 중국 광둥성 난하이南海, 판위番禺, 순 더順德 세 곳의 통칭이다). 1882년에 캘리포니아의 회관은 중화회관中華會館, Zhonghua Huiguan이라는 협의체를 만들었다. 공식적으로 번역하자면 중화 연합자선회中華聯合慈善會, Chinese Consolidated Benevolent Association, CCBA이지만 6대 중화회관六大中華會館, Chinese Six Companies으로 잘 알려져 있다("6대 중화 회관"은 싼이회관, 쓰이회관, 강저우회관岡州會館, 양허회관陽和會館, 런허회관人和會 館, 닝양회관寧陽會館을 말한다. "중화회관"은 "중화공소中華公所" "중화회소中華會所" 등으로도 알려져 있다). 오스트레일리아 빅토리아에서는 쓰이와 싼이 출신 들, 이에 더해 푸젠성福建省 샤먼 출신들이 동향회를 결성했다(사진 8).[37]

회관은 연대와 사회적 통제의 두 가지 기능을 동시에 수행하는 조직이 었다. 샌프란시스코나 멜버른에 도착하는 새 이민자는 부두에서 자기 고향 출신의 대표사를 만날 것이고, 그 대표지는 중국인 지구에 있는 회관 본부로 이민자를 데려갈 것이다. 그곳에서 새 이민자는 잘 곳, 따뜻한 식사, 광산이나 이런저런 직업에 대한 정보를 얻을 것이고, 그곳에서 그는 사촌이나 마을 친구들을 만날 수도 있다. 이민자들의 도항에 필요한 신용 티켓(외상 배표)에 자금을 조달한 개별 상인들은 회관을 통해 부채를 회수했다. 회관은 회원들 사이의 분쟁을 조정하고, 아프거나 가난한 회원들을 돌보고, 안타깝게도 현지에서 사망한 회원들을 장사지내고 나중에는 그 유골을 고향으로 보내주었다. 몇몇 회관은 법에 저촉된 회원들에게 통역자를 붙여주고 법률 비용을 지불했다.

회관 지도자들은 공적 담론, 공식 모임, 민권 관련 소송 제기 등에서 백인 사회에 대해 중국인 공동체를 대표했다. 더 크고 더 부유한 회관은 샌프란시스코와 멜버른에 토지를 사들여 본부 건물을 세웠다. 회관 사무실에는 상근 임직원이 있었고 여기에는 서기, 회계담당자, 사무원, 통역자, 조리사, 하인, 제단祭壇관리인 등이 포함되었다. 종종 중국인들이 집중되어 있는 금광지 타운들에는 회관 대리인을 두기도 했다.[38]

중국에서 상인들은 전통적으로 유교적 사회의 계서제階序制, social hierarchy에서 농민, 공인工人, 군인보다 아래에 있었다. 그러나 이민자 공동체들에서 지도적 역할을 함으로써 중국인 상인들은 명망과 권력을 가지게 되었다. 이들의 사회적 지위는 중국으로 도로 배어들 것이다. 그러나 유럽-미국인들은 회관이 노예노동을 중개하고 회원들을 총체적으로 통제하는 전제적專制的, despotic 조직이라고 상상했다. 실제로 중국인 공동체들을 잘 알고 있던 백인계 미국인들과 백인계 오스트레일리아인들은 회관이 다른 이민자 집단이 조직한 것과 유사한 상호부조 협회라는 것을 이해했다. 중국인들 스스로도 회관 회원 자격이 노예화가 아니라 출신지와 씨족 혈

통을 통해 형성된 신뢰 네트워크에 필수 요소라 간주했다. 이들은 또한 부채 상환을 명예의 문제로 여겼고, 대부분의 중국인은 부채를 아주 빨리 갚았으며, 오스트레일리아에서는 1년 이내에 그렇게 했다.[39]

그럼에도 중국인 상인 지도자들은 회관을 통해 일반 노동자들을 규율했다. 캘리포니아에서 이들은 중국으로 돌아가는 이민자들에게 "부채 청산 티켓debt clearance ticket"을 발급함으로써 부채 회수를 보장했으며, 티켓은 이민자들이 출항에 앞서 해기사海技士, ship officer에게 보여주어야 했다. 이것은 법적 요건이 아니라 관습이었으나 해기사들은 상인들과 좋은 관계를 유지하려 이에 동의했다. 중국인들은 때로 좋은 자리를 유지하기 위해 지불해야 하는 회비나 분쟁 조정 과정에서 회관 지도자들이 가하는 가혹한 징계 조치에 발끈했다. 일부는 회관 지도자들을 부패 혐의로 고발했는데, 이는 중국인 상인 엘리트들이 회관을 자신의 사회적 권력의 통로로 이용했음을 보여준다. 유럽인들은 회관의 이런 측면만을 보고 이를 과장했으며, 회관과 다른 이민자 집단 사회조직 사이의 유사성을 보지 못했다. 유럽인들이 회관을 전제적이라고 보는 경향은 중국 문명이 후진적이라는 좀 더 일반적인 서양 관점의 일부였다.[40]

회관과 완전히 구별되는 것이 비밀결사체로, 비밀결사체는 씨족 혈통이나 출신지와 무관하게 조직된 유사친족fictive kinship 집단이었다. 비밀결사체는 중국 내에서와 마찬가지로 중국인 디아스포라 곳곳에서 고아가 되거나, 가족과 소원하거나, 고향 마을에서 떨어져 나온 사회적으로 주변화된 남성들을 받아들였다. 중국에서 비밀결사체는 내부적으로 평등주의적이었고 상호지원의 자원이었으나 일반인들 사이에서 절도를 저지르는 등 약탈성을 보이기도 했다. 19세기 중반 태평천국의 난 시기에 중국 남부에서 가장 큰 조직이었던 천지회는 정치적으로 반청〔반청복명反淸復明〕 경향을 띠는 것으로 간주되었고, 투사들이 정치적 억압을 피해 도망치면서 중국인 디아스포라 전역으로 확산되었다. 광범위한 이 분산형 네트워크는 동남아시아, 북아메리카, 오스트랄라시아 등지에 다양한 이름으로 알려져 있다. 치공당, 홍문洪門, 의흥회義興會 등을 그 예로 들 수 있다. 이 조직들은 모두 동일한 맹세, 규약, 노래, 의례 등이 담긴 비서祕書를 기반으로 했다. 책 자체가 네트워크가 확산되는 매개체로, 책의 소유가 지부 하나를 만들 수 있는 권위를 부여해준 때문이다. 비밀결사체는 결사 회원들에게 상호부조 및 장례를 제공하는 식으로 회관과 유사한 기능을 했다.[41]

비밀결사체는 또한 결사 회원들 사이의 분쟁을 판결했다. 청문회는 절도 같은 분쟁처럼 상대적으로 경미한 사건을 다루는 경향이 있었다. 오스트레일리아 빅토리아 벤디고의 의흥회가 지시한 것처럼, 의흥회에는 증인들을 소환하고 모든 당사자가 "수탉을 잘라 자신들의 결백을 맹세"해야 하는 규칙이 있었다. 동일한 규칙이 미국 캘리포니아에서도 적용되었다. 가끔은 멀리 떨어진 곳의 사건도 다루었다. 일례로, 아트레Ah Tre(십중팔구 샌프란시스코)는 시에라시티Sierra City에 있는 아유딕Ah Yu Dick에게 전보를 보냈다. "아치Ah Chee가 나에게 공문을 보내 당신이 그의 돈을 강탈했다고 하니, 〔당신은 그 돈을〕 모두 그에게 돌려주고 더는 문제를 일으키지 말라고 말했다." 그러나 재산 분쟁이나 회관 지도자 고소와 같이 더 심각한 문제의 경우 중국인들은 민사법원으로 갔다.[42]

캘리포니아에서는 치공당과 이런저런 "통tong"〔당黨〕이 범죄사업(도박, 아편, 매춘)을 통제했다. 그러나 오스트레일리아에서는 의흥회가 위신respectability을 얻기 위해 노력했고, 공동체의 지도력을 둘러싸고 싼이회관 및 쓰이회관과 경쟁을 벌였다. 의흥회는 거의 틀림없이 오스트레일리아에서 가장 이름난 중국인 조직이 되었으며 백인들에게 자신을 프리메이슨Masonic 단체로 설명했다. 1870년대에 한 영국인 관찰자는 회관을 자애로운benevolent 성격을 상실한 찻집들tea-shops일 뿐이라고 서술한 반면 의흥회는 여전히 "사회의 모든 계급에 폭넓고 좋은 영향을" 끼치고 있다고 서술했다.[43]

의흥회는 오스트레일리아 중국인들 사이에서 전설적 지위를 얻었다. 한 이야기에 따르면, 태평천국의 난에서 중국 남부의 정복왕 황더츠Huang Deci가 청 왕조의 억압을 피해 동료들과 함께 작은 배 여러 척을 타고 오늘날의 다윈Darwin인 오스트레일리아 북부 해안에 도착했고 걸어서 금광지로 향했다는 것이다. 실사 그들이 성공적으로 남중국해를 건너왔다 해도 다윈에서 출발해 빅토리아 금광지들에 닿기까지는 열대 정글과 오지 사막을 2000마일(3200킬로미터) 넘게 걸어야 했을 터라, 이는 있을 법한 이야기는 아니다. 그러나 이 신화는 20세기까지 이어지는 긍지 있는 중국계 오스트레일리아인들의 정체성을 말해준다. 1933년에 중국계 오스트레일리아인 저널리스트 비비언 차우Vivian Chow는 의흥회가 중국인들의 "위대한 탐험대들"을 보냈고, "압도적인 공격을 위해 전체 중국인을 결집시켰다"라고 찬사를 보냈다. 이 공상 같은 서술은 오스트레일리아의 의흥회와 그 지도적 상인 회원들이 최초의 중국인 금 찾는 사람들의 일단이 이주하는 것을 촉진했다는 핵심적 진실을 과장한다.[44]

회관과 비밀결사체 외에, 해외 중국인들은 또한 고국으로의 송금을 용이하게 하는 기관과 네트워크도 만들었다. 이 네트워크도 혈연적 연고와 지역적 연고에 기초해 구축되었지만 그 형태와 기능은 뚜렷이 구분되었다. 골드러시 초기에 중국인 금광부들은 자신의 "더미pile"를 쌓은 이후 [곧 금 더미로 큰돈을 번 이후] 고향으로 돌아가거나 일시적으로 고향을 방문하는 친척 또는 마을 지인에게 위탁하거나, 또는 아마도 사업차 여행하는 신뢰할 만한 상인에게 위탁하는 방식으로 자신들이 번 것의 일부를 자기 가족들에게 보냈다.[45]

오스트레일리아 식민지들은 금수출 관세gold-export duty를 부과했으나 모든 금 송금이 신고된 것은 아니었다. 일례로 1857년에 17명의 중국인 광부가 시드니에서 홍콩으로 향하는 에테리얼Ethereal호에 탑승했는데, 이들은 370명의 중국인을 대신해서 9480파운드스털링의 사금을 가지고 있었다. 고향으로 돌아가는 이민자 중 한 사람인 상효Sang Hyo는 175온스의 금을 작은 꾸러미로 나누어 "긴 아마亞麻 조각"으로 싼 보따리를 가지고 있었다. 이는 자신 및 대부분 고향 마을에서 온 이민자 71명의 금이었다. 다른 사람들은 사금을 손수건으로 싸서 옷 속에 감추었다.[46]

골드러시가 절정기에 달했던 18개월 동안 빅토리아 세관은 중국인들이 거의 21만 6000온스의 금을 멜버른항을 통해 홍콩으로 보냈으며, 이는 약 83만 파운드스털링(400만 달러 이상)에 달하는 양이라고 기록했다. 이 데이터는 개인의 송금과 상인의 거래를 구별하지 않고 있지만, 멜버른 상인 로콩맹Lowe Kong Meng(류광밍劉光明)은 이 기간 동안 빅토리아의 중국인들이 중국에 있는 가족에게 매년 8~30파운드를 송금했고, 당시 중국의 생활비는 1년에 10파운드(약 30은량銀量, tael)였다고 추정했다. 그러나 1870년대 후반이 되면 빅토리아 세관은 중국인들이 매년 5만 파운드스털링 혹은 1인당 1파운드가 겨우 넘게 송금했다고 했는데, 이것은 빅토리아에서 금 채굴의 종말과 아울러 여전히 금이 신고되지 않은 채 중국으로 반입되었을 수 있음을 반영한다. 1870년대에 캘리포니아의 중국인 노동자들은 대개 일 년에 약 30달러를 고향에 송금했으며, 이는 18~25은량에 상당하는 돈으로 소가족이 1년치 쌀과 갖가지 생필품을 사는 데 충분한 금액이었다. 1878년에 캘리포니아에 살고 있던 중국인 14만 8000명 중 4분의 1이 그 정도의 돈을 보냈다고 한다면 송금 총액은 연간 약 100만 달러에 달했을 것이다.[47]

송금은 이민자 가족의 유대를 유지하는 초국적transnational 문화를 뒷받침했다. 고국에 송금하는 일은 가족 간의 의무를 다하고 고국의 타운과 마을에서 이민자 가족의 생활수준과 사회적 지위를 높이는 것이었다. 송금된 돈은 가족의 집을 짓는 데 사용되었을 뿐만 아니라 지역사회에 필요한 건물과 인프라스트럭처─학교, 도서관, 병원, 도로, 이에 더해 철도까지─를 건설하는 데 사용되었다. 광둥의 카이핑開平 사람들은 송금

받은 집을 노리는 도적떼를 물리치기 위해 마을로 들어오는 길을 따라 요새화된 감시탑〔곧 방어를 겸한 망루인 댜오러우(조루)碉樓〕을 줄지어 세웠다.⁴⁸

　해외에서 중국으로 들어오는 다량의 송금은 대규모 산업을 일으켰고, 홍콩은 중국인 해외 체류자들이 중국 남부 고향 마을로 가는 교통의 중심 노드〔결절점〕가 되었다. 홍콩에서는 원래 해외 거주 중국인〔곧 화교華僑〕의 수출입 사업을 용이하게 하려 설립된 진산좡〔금산장〕金山莊이 우편과 송금을 직접 대행하는 서비스도 시작했다. 이민자들은 정기적으로 홍콩을 오가는 회사〔진산좡〕 대리인을 통해 은신銀信, silver letter을 보낼 수 있었다〔"은신"은 해외 거주 중국인 곧 화교들이 중국 내 가족에게 보낸 송금 문서 및 서신을 말한다. "교비僑批"라고도 한다〕. 홍콩에서 금은 은으로 교환된 다음 고용된 배달부를 통해 중국 내의 마을들로 보내졌고, 이들 배달부는 "발foot" "수객水客" "순성마巡城馬" 등 다양한 이름으로 불렸다. 송금 대리인들은 물량에 따른 수수료(아주 적은 편이었다)와 환율 조작으로 이익을 얻었다. 일부 회사는 대양 횡단 도항 티켓을 신용〔외상〕으로 판매해 노동력 모집을 용이하게 했다. 20세기 초반이 되면, 중국인 이민자들은 은행과 우체국을 통해 돈을 직접 중국으로 송금할 수 있었으나, 일부 송금 대행업체는 여전히 존속했다.

⁂

로콩멩(류광밍)은 의흥회의 지도자이자 빅토리아에서 가장 영향력 있는 중국인이었다. 샌프란시스코에 있는 치룽 및 여러 중국인 상인이 캘리포니아와 홍콩을 오가며 양자 교역을 하고 있었던 것과 달리, 로콩멩의 이해관계는 아시아에서 중국과 영국이 광범위하게 서로 겹치는 네트워크

에 있었다. 로콩멩은 영국의 해협식민지Straits Settlements(말레이시아)의 페낭
섬Penang Island에서 광둥 출신 상인 집안에서 태어났고, 이에 의해 그는 영
국 신민이 되었다("해협식민지"는 동남아시아 믈라카해협에 면한 옛 영국 직할
식민지다. 1946년에 싱가포르는 분리되고 그 밖에는 말라야연방(지금의 말레이시
아)에 편입되었다). 로콩멩 집안은 18세기 후반에 영국인들이 도착하기 전
부터 페낭에 정착해 100년 넘게 사업을 해왔다. 로콩멩이 성인이 되었을
때 그의 집안은 중국, 동남아시아, 인도양 사이 식민지 관계망에 깊게 박
혀 있었다. 어린 시절 로콩멩은 동남아시아 최초의 영어학교 페낭프리스
쿨Penang Free School에 다니면서 영어, 프랑스어, 말레이어를 배웠다. 10대
중반에 그는 가족의 사업망을 확장하고자 모리셔스―인도양에 있는 옛
프랑스 식민지로 1810년에 영국이 점령했다(이후 영국의 직할식민지였다가
1968년에 영연방 가맹국으로 독립)―로 갔다. 1853년에 그는 모리셔스에서
빅토리아로 갔다. 몇 개월 머물렀지만, 사업 전망이 없자 그는 캘커타로
가 상품을 배에 싣고 멜버른으로 돌아왔다. 그는 수입회사 콩멩앤드컴퍼
니Kong Meng and Co.를 설립했다. 곧 로콩멩은 여섯 척의 화물선을 소유하게
되었다(사진 9).[50]

로콩멩은 주로 캘커타와 페낭/싱가포르에서 쌀, 차, 아편, 설탕, 이런
저런 식료품을 도매로 수입했다. 1857년에 그가 한 번에 운반하는 화물
은 1만 파운드 이상의 가치가 있었다. 멜버른의 《아르고스Argus》는 그가
"거대한 규모gigantic scale"로 교역을 한다고 보도했다. 로콩멩은 자신이 수
입하는 양이 "유럽인들에게 판매할 정도로 많지 않기" 때문에 수입품을
중국인들에게만 판매한다고 말했지만, 오스트레일리아의 중국인 디아스
포라에 대한 그의 투자는 쌀과 차 교역보다 더 크고 더 광범위했다. 그는
중국인들이 오스트레일리아로 오는 경비를 마련하는 가장 주된 방식인

신용 티켓(외상 배표)을 취급하는 주요한 판매상이었다. 일부 중국인 이민자는 홍콩에서 로콩멩의 배를 타고 그가 취급하는 상품과 함께 항해했다. 다른 노무 중개인들과 마찬가지로 로콩멩은 중국인 이민자들이 도항을 하고 금광지들로 갈 때 그 집단의 지도자 역할을 하고, 이들의 노동을 감독하고, 이들의 부채를 회수하는 십장仕長, headman들을 고용했다. 십장들은 대개 쓰이의 같은 지역 출신이었고, 현지에서의 명성, 나이, 영어 지식 등으로 신망이 있는 사람들이었다. 로콩멩이 신용 티켓 사업을 한 것에 대한 기록은 남아 있지 않으나, 그의 사업은 의심할 바 없이 상당한 규모였을 것으로, 중국인들은 부채를 갚지 않는 일이 거의 없었기 때문이다. 로콩멩은 의흥회와 싼이회관 두 곳 모두에서 지도적 구성원이었다. 그는 멜버른의 중국인 지구에 있는 리틀버크스트리트Little Bourke Street에 세워진 싼이회관 본부 건축에 재정 보증을 섰다.[51]

끝으로 로콩멩은 최소한 6개 회사의 투자자이자 창립이사로, 여기에는 1개의 증류주회사와 몇 개의 금광회사 및 은광회사가 포함되었다. 오스트레일리아 빅토리아 메리버러Maryborough 남부의 심부深部 광맥 사업체 콩멩골드마이닝컴퍼니Kong Meng Gold Mining Company는 이 지역에서 가장 성공한 광산의 하나로 이름을 날렸다. 로콩멩은 또한 금융에도 손을 대 보험회사 및 은행에도 지분이 있었으며, 몇몇 경우에 그는 저명한 영국계 오스트레일리아인 자본가와 공동창립자가 되기도 했다. 예컨대 그는 1866년 커머셜뱅크오브오스트레일리아Commercial Bank of Australia의 창립 주주이자 이사로, 그가 이 자리를 맡은 것은 중국인 예금자들을 끌어들이려는 은행의 의도를 보여준다. 은행은 2개 언어로 된 지폐를 발행했고, 이 덕분에 금광지 중국인들이 그것들을 사용하기 쉬웠다. 마침내 로콩멩의 사업망은 오스트레일리아의 뉴사우스웨일스, 퀸즐랜드, 노던테리토리

Northern Territory〔연방직할행정구역〕와, 뉴질랜드의 광산업과 상업 벤처사업으로까지 확대되었다.[52]

로콩멩의 사업 거래를 보면 중국인들이 캘리포니아와 빅토리아에서 마주했던 기회에서 중요한 차이가 드러난다. 캘리포니아의 은행들, 특히 웰스파고앤드컴퍼니 또한 중국인들과 거래를 했고, 중국인 상인들이 샌프란시스코 상인거래소Merchants Exchange의 일원이긴 했으나, 어떤 미국 기업도 중국인 자본을 환영하지 않았다. 미국인 자본가와 중국인 자본가 사이의 그런 관계는 상상도 할 수 없는 일이었다. 대비적으로, 로콩멩은 자신들의 정체성이 영국제국과 중국인 디아스포라 둘 다에 속해 있다고 확신하는 동남아시아 중국인 엘리트의 일원이었다. 이들은 영국제국 신민으로서의 자신들의 지위가 자신들에게 그것과 동등한 정치적, 경제적 권리를 부여한다고 믿었다(비록 그 권리들이 언제든 가까이에 있는 것은 아니었지만). 이들 동남아시아 중국인 엘리트는 공식적으로 청제국의 신민이었으나 이들의 중국인 정체성은 정치적이기보다는 문화적인 것이었다.

샌프란시스코의 가장 큰 상인들이 그러했듯이 로콩멩은 금광지에 살지 않았다. 그는 영국계 오스트레일리아 여성인 아내 애니Annie와 자신들의 가족과 함께 멜버른의 부유한 백인 교외에서 살았다—이는 오스트레일리아 부유층 중국인들의 사회적 가능성을 말해주는 또 하나의 표지標識로 캘리포니아에서는 거의 성취할 수 없는 것이었다. 핵심 사업체인 콩멩앤드컴퍼니는 멜버른의 중국인 지구 안의 리틀버크스트리트에 있었다. 멜버른의 또 다른 유명한 중국인 상인 루이스 아 무이Louis Ah Mouy (레이야메이雷亞枚) 역시 커머셜뱅크오브오스트레일리아의 공동창업자이자 임원이었다. 로콩멩과 달리 루이스 아 무이는 1850년대 초반에 쓰이에서 오스트레일리아로 직접 건너왔다. 그는 멜버른에서 목수로 출발했다가 이어 채굴지로 갔다. 그는 금 채굴에 성공했고 이를 통혜 상인이 될 수 있었다. 은행업 이외에 루이스 아 무이는 신용 티켓[외상 배표]을 중개했고, 멜버른에 정미소를 세웠으며, 빅토리아에서 몇 개의 금채굴회사를 소유했다(일부는 로콩멩과 동업을 했다). 로콩멩과 마찬가지로 루이스 아 무이는 메리 로저스Mary Rogers라는 젊은 아일랜드 출신의 백인 여성과 결혼을 했고, 둘 사이에는 두 자녀가 있었다(사진 10).[53]

1856년이 되면 리틀버크스트리트는 20~30개 상인 사업체와 하숙집이 들어설 정도였고, 채굴지들에서 내려와 중국으로 가는 배를 기다리는 단기 체류자가 많이 포함되어 있긴 했어도, 인구도 약 200명이나 되었다. 캘리포니아에서와 마찬가지로 대부분의 이곳 중국인 광부는 주요 타운에서 얼마간 떨어진 채굴지나 그 근처에서 살았다. 예를 들어, 1867년에 밸러랫의 자치체에는 중국인이 360명밖에 살지 않았지만 그 밸러랫 지구에는 중국인이 7532명 살고 있었다. 벤디고(당시 명칭은 샌드허스트 Sandhurst) 타운은 예외로, 이곳에는 거의 2000명의 중국인이 거주한바 이 지구 중국인 인구의 3분의 2에 해당했다.[54] 벤디고의 중국인 인구 대다수는 금광부였다. 다른 사람들은 가게주인, 의원醫員, 재봉사, 이발사, 푸주한, 상품용 채소 재배자, 생선 행상, 목수, 대장장이, 서적상, 필경사, 남창 등으로 일했다. 상당히 많은 수가 또한 계절농업 노동자와 양털 깎는 사람으로 유럽인들을 위해 일했다.[55]

빅토리아 금광지들의 중국인들은 고향 사람들과 함께 마을village에서 사는 경향이 있었다. 벤디고에서는 전체 인구수에서 지배적인 쓰이 사람들은 아이언바크Ironbark,에, 싼이 사람들은 잭애스플랫Jackass Flat에 집중적으로 거주했다. 샤먼 사람들은 리틀벤디고Little Bendigo와 밸러랫의 골든포인트에 살았다. 비치워스Beechworth에서는 쓰이 사람들과 하카[객가]客家,

사진 9~10 19세기 후반 오스트레일리아 빅토리아의 지도적인 중국인 상인이자 민권 지도자들: 로콩멩(위)은 페낭의 상인 가족 출신이었다. 루이스 아 무이(아래)는 광저우 출신으로 목수로서 빅토리아에 왔다.

Hakka 사람들이 서로 다른 마을을 이루고 있었다. 다수의 빅토리아 중국인 마을은 상당히 규모가 커서, 일부 마을은 1000명 이상이 거주했고, 격자형 거리를 따라 천막들이 설치되어 있었고, 이들 소유의 가게들과 오락 시설들이 있었으며, 도박장만 아니라 극단들, 이에 더해 서커스단까지 있었다고 한다(사진 11~13).[56]

빅토리아의 많은 마을이 "보호지protectorate"로 출발했는데, 이는 1853년에 식민지 정부가 표면상 유럽인들과 중국인들 사이 인종 갈등을 줄이고자 지시한 분리된 야영지였다. 결국 보호지는 실패로 끝났다. 많은 중국인이 이곳에 거주하기를 거부했고, 거주하더라도 자신들에게 부과된 보호세protection tax 납부를 종종 거부했기 때문이다. 그러나 보호지 마을 중 일부는 번성하는 공동체로 지속되었다. 예들 들어 벤디고 외곽의 아이언바크빌리지Ironbark Village에는 잘 정비된 중심부 거리를 따라 늘어선 목조 건물들에 가게·취사장·푸줏간·술집·도박장 등이 들어섰고, 의흥회가 세운 큰 규모의 공회당도 있었다. 1877년에 이곳을 방문한 한 영국인은 입구에 걸린 휘장들에 다음과 같이 써 있었다고 기록했다. "빛은 해와 달에 의해 만들어진다. 삶은 지상과 천국에서 반복된다." 공회당의 중앙 홀은 모임과 의례에 사용되었다. 메인 홀의 한쪽 방에는 조상을 모시는 제단이 있었고, 그 맞은편 방은 시신을 씻고 매장을 준비하는 일종의 영안실처럼 사용되었다.[57]

750명 이상의 중국인이 빅토리아 밸러랫에서 북쪽으로 약 10마일(16킬로미터) 떨어진 크레즈윅에 살았는데, 1850년대 후반에는 중국인이 이 타운 인구의 16퍼센트를 차지했다. 대부분의 중국인은 타운 바로 외곽의 블랙레드Black Lead(〝검은 광맥〞〝검은 사금광상鑛床〞) 마을에 살았다. 마을은 모두 목조 건물로 이루어져 있었으며, 공식 기록에는 "공동주택tenement"

이라고 써 있다. 《아르고스》는 블랙레드를 "크고 비참하고 곧 무너질 것 같다"라고 묘사했다. 아이언바크와 마찬가지로 블랙레드에는 주거지, 작업장, 가게, 술집, 하숙집 등이 있었다. 광부 이외에 마을 주민에는 대장장이, 조리사, 금세공사, 이발사, 재봉사, 의원, 약종상, 약초상, 아편거래인, 채소·생선 판매인 등이 있었다. 수많은 상품용 채소 밭이 마을을 둘러싸고 있었다. 관찰자가 보기에 이 마을이 "비참했다miserable"면 마을의 상태를 개선하려는 주민들의 노력이 부족했기 때문이 아니다. 이들 중국인은 ―자신들이 재산세를 내고 있는― 크레즈윅 타운에 도로와 보도를 건설·수리하고 근처 광산에서 나오는 오염된 물과 폐기물을 처리하고, 타운의 물 공급을 마을까지 연장해달라고 거듭 요청했지만 거의 효과가 없었다.[58]

크레즈윅에서 가장 유명한 중국인 거류민은 핑퀘Ping Que(메이전美珍)로, 그는 1854년 17세 때 홍콩을 출발해 빅토리아에 도착했다. 핑퀘는 골드러시에 참여하기 위해 크레즈윅에 왔으며, 그해에 이곳에서는 풍부한 충적토 지대들이 발견되어 2만 명의 광부가 몰려들었고, 중국인 약 4000명도 포함되어 있었다. 그는 성공적인 탐광자였고 여기서 번 돈으로 더 큰 규모의 채굴 사업체들을 만들었다. 그는 배당제광부tributer가 되어, 유럽계 회사에서 토지를 임차한 다음 중국인들을 고용해 불하청구지에서 일하게 했다. 1870년대가 되면 그는 키골드마이닝컴퍼니Key Gold Mining Company를 위해 충적토 평야지대와 지하사광砂鑛, drift mine에서 일하는 중국인들을 관리했다. 그는 또한 블랙레드에서 부동산과 공동주택들을 취득했고, 이에 대한 세금으로 1년에 18실링을 납부했으며, 1873년에 오스트레일리아로 귀화했다. 그러나 핑퀘가 진짜로 돈을 번 것은 1875년에 빅토리아를 떠나 노던테리토리로 갔을 때로, 여기서 그는 이 지역 최초

사진 11 오스트레일리아 빅토리아 밸러랫의 중국인 지구. 1868년.

사진 12 오스트레일리아 빅토리아 밸러랫의 존 알루John Alloo 같은 중국인 사업가들은 중국인 광부들과 유럽계 광부들 모두에게 식사를 제공하는 식당을 운영했다.

사진 13 오스트레일리아 빅토리아의 중국인 공동체들은 금광지 타운들에 병원 및 보호소를 포함한 인프라스트럭처를 건설하는 데 기여했으며, 기금 모금 퍼레이드들에서 자랑스럽게 행진했다. 밸러랫 보호수용소asylum 축제. 1875년.

의 금광 사업가 중 한 명이었다. 그는 배당제광부로 일을 시작한 다음 자기 사업을 시작했는데, 파인크리크Pine Creek 지역(오늘날까지도 금을 생산하고 있는)에서 수백 명의 중국인 노동자를 데리고 금 채굴을 개척했다. 이 노동자들은 광둥과 싱가포르에서 2년 계약으로 온 사람들이었다. 이익이 커지면서 그는 유럽인 공동투자자들과 중국인 광산감독관들에 점점 더 의존하게 되었으나, 그가 몰두한 것은 노던테리토리의 유니언리프Union Reef의 가게와 파인크리크 타운의 호텔을 운영하는 일이었다. 그는 포트다윈Port Darwin 정착 초기에 존경받는 시민이었다.[59]

빅토리아의 중국인 채굴자들은 차별적 세금 및 백인들의 폭력에 시달렸지만, 식민지 정부는 중국인 금 채굴자와 유럽인 금 채굴자 모두에게 동일한 기본권과 의무를 부과했고, 이를 통해 중국인들은 일부 기본적 보호와 특권을 누릴 수 있었다. 중국인들은 유럽인과 동일한 광부권miner's right(채굴허가증)을 구매해야 했다. 중국인들은 불하청구지를 동일한 금광지 등록소에 등록했다. 중국인들은 치안판사 법정에 접근할 권리가 있었다. 중국인들은 자신들의 불하청구지와 인접한 토지에 대해 동일한 권리를 누릴 수 있었고, 이곳에 집을 짓고 임시 채소밭을 만들 수 있었다. 핑퀘와 제임스 니간James Ni Gan 같은 중국인 이민 남성들은 부동산을 소유했고, 지방세 납세자 명부에 자신들의 이름을 올렸다. 금광지의 많은 중국인은 상품용 채소 재배자들이 되었는데, 이들이 농촌 출신이어서만 그런게 아니라 토지에 쉽게 접근할 수 있어서였다.[60] 핑퀘가 유난히 큰 성공을 거둔 것은 크게 보아 그가 노던테리토리의 개척지들에서 처음으로 금 채굴을 시작한 사람들 중 한 명이었기 때문이다. 정확한 데이터가 없이는 오스트레일리아의 중국인 광산 자본가들을 북아메리카의 중국인 광산 자본가들과 비교하기는 불가능하지만, 빅토리아(노던테리토리는 말할 것도 없고)의 독립적 중국인 채굴 사업체들의 성격과 규모는 중국인들이 북아메리카 캘리포니아에서보다 오스트레일리아 식민지들에서 더 유리한 법적·사회적 조건에 있었음을 시사한다.

또한 빅토리아에서는 중국인〔남성〕과 백인〔여성〕 사이 결혼이 금지되지 않았다. 그러나 소수의 중국인 금광부만이 유럽계 여성과 결혼한 것을 보면 디아스포라 중국인 남성들은 중국에서 부부 관계를 유지하는 게 일반적 관행이었음을 알 수 있다. 윌리엄 영이 1868년에 작성한 금광지 중국인 센서스에 따르면, 중국인〔남성〕-백인〔여성〕 결혼은 겨우 56건이었으며, 이들 사이 자녀는 130명이었다. 유럽계 여성과 결혼한 중국인 남성들은 독신 청년으로 왔다가 어느 시점에서 새로운 금광지들에 정착하기로 결심하는 경향이 있었다. 많은 수가 금 채굴자로 시작했지만, 이들은 상인, 지방세납세자, 광산회사 소유자가 되기도 했다. 이들은 그 수는 적었으나 중국인 공동체들과 백인 공동체들을 연결하는 중요한 사회계층을 형성했다. 이들은 꼭 로콩멩과 루이스 아 무이처럼 멜버른의 대大상인은 아니었다. 좀 더 전형적인 인물은 제임스 니간 같은 인물로, 그는 광저우에서 태어나 십중팔구 1850년대나 1860년대 초반 20대에 벤디고로 왔다. 그는 스코틀랜드 던디Dundee의 메리 앤 무니Mary Ann Mooney와 결혼했고, 이어 세례를 받았으며, 오스트레일리아로 귀화했다. 그는 아이언바크에서 푸줏간을 했고, 아내와 함께 에뮤포인트호텔Emu Point Hotel을 운영했다. 1870년대 후반에 그는 화이트힐스에서 중국인들을 고용해 세광용 홈통을 이용하는 세광채취 사업체를 운영했다. 그는 또한 벤디고에서 매년 열리는 부활절박람회Easter Fair에 중국인 공동체들이 참가하는 것을 조직하기도 했다. 그는 빅토리아에서 백인 동업자들과 함께 광구들을 등록한 몇 안 되는 중국인 중 한 명이었다. 핑퀘는 유사한 경우였지만 오스트레일리아에서 아내를 맞지 않았다. 핑퀘는 1870년대에 중국으로 돌아가 그곳에 장기 체류 했고 아마 거기서 중국인 여성과 결혼했을 것으로, 이런 점에서 그는 좀 더 전형적인 남성 이민자의 형태였다. 여하튼, 빅토리아에 유럽인 아내가 없었기 때문에 그는 좀 더 자유롭게 노던테리토리로 갈 수 있었다.[61]

오스트레일리아 백인 사회는 백인 여성과 결혼한 중국인 상인들을 존경했는데, 이들의 결혼이 올바른 젠더 관계 및 가족 관계에 대한 유럽의 부르주아적 감수성sensibility을 잘 나타냈기 때문이다. 이러한 중국인 대부분은 기독교인이 되기도 했는데, 이는 이들 중국인의 지위를 더욱 공고히 해줄 백인 사회에 동화되는 데 이들이 관심이 있었다는 신호였다. 그러나 캘리포니아에서는 인종 간 결혼금지법들로 혼혈 결혼을 금지했다. 중국인 기독교인 간 결혼은 존중받을 만한 것으로 여겨졌을 수도 있지만, 이것은 민감한 문제이기도 했으니 아내가 대개 기독교 선교사들에 의해 구출되거나 또는 도망친 전 매춘부였다는 점에서다. 백인들은 이들의 개종과 결혼을 칭찬하긴 했어도, 매춘부라는 이전 이들의 지위로 인해 생긴 낙인이 완전히 지워질 수는 없었다. 중국에서 아내를 데려올 가능성이 가장 높았던 상인들도 위신respectability을 얻지 못했다. 이들의 아내들이 대개 종속적 지위에 있었고, 집 밖에 나오는 일도 거의 없어서 그 가정성domesticity이 노예화enslavement로 오인되었기 때문이다. 캘리포니아 오로빌과 차이니스캠프 같은 금광지 타운들에서 1세대 중국인 부부들도 위신을 얻지 못했으니, 아내들이 양복점이나 상품용 채소 밭에서, 종종 남편과 함께, 일했기 때문이다. 이 여성들은 중간계급middleclass의 또 다른 규범을 위반한 셈이었다. 곧 결혼한 여성은 집 밖에서 일해서는 안 된다는 것이었다. 이들은 때때로 다부지게 열심히 일한 데서 어찌어찌 존중을 받을 때도 있었으나, 이는 명백히 남성적 특징이었고 젠더 규범을 왜곡하는 것이었다.[62]

백인계 미국인들은 중국인 남성들을 여성화하기도 했다. 채굴지들에 백인 여성이 별로 없었고, 중국인들에게 아마도 가사家事가 금 채굴보다 덜 위험하다고 여겨진 터라 요리·세탁·가사 등에서 중국인 남성들이 그런 일자리의 대부분을 차지했기 때문이다. 모든 에스닉 집단에서 남성이 여성보다 많았다. 금광지들의 유럽계 및 라틴아메리카계 여성들은 술집 여급, 예인藝人, 매춘부였다. 가끔 상인의 아내도 있었다. 루시 브라이슨Lucy Bryson은 드문 사례로, 이혼 후에 새 삶을 찾아 미국 서부로 간 여성이었다. 브라이슨은 광부들에게 파이를 구워 팔아 스스로 생계를 꾸렸다. 채굴지들에 동성사회적 문화가 만연해 있었을지라도, 유럽계 미국인 남성들은, 자신들이 직접 조리와 세탁을 하는 것이 남성성masculinity을 훼손한다고 걱정하면서도, 자신들의 그러한 처지를 예외적이며 일시적인 급박함에 따른 곤경으로 보았다. 그러나 이들은 중국인들을 동성 관계라는 관점이 아니라 일종의 "제3의 성" 즉 남성도 여성도 아니라는 의미에서 규범적인 퀴어성queerness이 있다고 보았다. 백인 남성들은 실제로 진짜 중국인들에 대한 이해가 전혀 없었다. 그들은 골드러시 시기라는 사회적 격변기에 남성적이 되겠다는 자신들의 결심을 완고히 하려 이와 같은 스테레오타입을 중국인들에게 상상하고 투사했다.[63]

유럽–미국인들은 잘해봐야 중국인 가족구조 및 젠더에 대해 어렴풋한 이해만 하고 있었다. 많은 서양 관찰자(호의적인 사람들을 포함해서)는 유교적 부계가족 및 효도(조상 숭배)라는 중심 계명이 중국의 봉건적 전제주의, 특히 여성에 대한 억압의 핵심이라고 간주했다. 서양인들은 중국인 남성들을 쿨리무역을 통해 "노예"로 팔려온 사람이라고 상상한 것과 마찬가지로 축첩畜妾 및 딸을 노예상태로 파는 관행 역시 "노예제"라고 보았다. 이들은 쿨리들과 여성들을 "동양 전제주의oriental despotism"의 주요 희생자라고 상상했다.

사실, 중국의 가족 관계는 재산적 이해관계와 정서적 유대 관계 사이의 긴장을 품고 있었다. 신분적 제약 속에서 종속적 지위에 있는 남성과 여성 모두―차남과 삼남, 아내와 첩― 자신의 이해관계에 따라 행동했다. 만청晩晴 왕조 동안 가부장제 가족은 다양한 압력을 받고 있었다. 인구학적 불균형(여성 부족), 농민층 사이에서의 극빈(이로 인해 일부 가족은 딸을 노예나 매춘부로 팔게 되었다), 엘리트 사이에서의 서양 선교사 접촉(여성 학교 교육이 포함되어 있었다) 등이 이에 해당한다. 젠더 관계는 유교의 스테레오타입이 시사하는 것만큼 경직되거나 정적이지 않았다.[64]

그럼에도 가족제도는 여전히 중국 사회에서 중심적인 것이었다. 따라서 출신지에 근거를 둔 강력한 씨족 혈통이 해외에서 금 찾는 중국인 이민자들에게 지원과 연대를 제공했다. 또한 따라서 비밀결사체처럼 유사친족 조직이 가지는 매력이 있었다. 만청 동안 유사친족 조직 및 모두가 남성으로 구성된 여러 생활 조직과 노동 조직은 자원, 연대, 성적 관계를 공유하는 생존 전략을 사용해 그렇지 않았더라면 대수롭지 않게 여겨졌을 아무런 연줄이 없는 개인들에게 사회에서 자신의 길을 갈 수 있도록 했다. 캘리포니아와 오스트레일리아의 중국인 금 채굴자들과 비밀결사 회원들 내부에서 동성 관계가 있었거나 그것이 널리 퍼져 있었는지에 대한 증거는 없지만, 그러한 관계는 전적으로 가능하다. 여하튼, 비밀결사체들은 금광지들에서 단순한 협동적 경제 형태가 아니라 남성들 사이 동료애와 돌봄의 보루였다.[65]

꧁

그러나 중국인 비밀결사체들의 내부 연대가 비회원들에게까지 확장된 것은 아니었다. 중국과 해외 모두에서 비밀결사체들은 현지민들로부터 절도를 하거나 일부 해외 공동체에서는 아편 판매, 매춘, 도박 등을 장악해서 외부자outsider들에게는 약탈적일 수 있었다. 폭력은 백인과 중국인 사이에서만 일어난 게 아니었다. 백인들끼리 싸움이 일어난 것처럼 중국인들끼리도 싸움이 일어났다. 비밀결사체들의 분파 간 갈등―이른바 당투黨鬪, tong war―이 주기적으로 발생했는데, 대개는 범죄사업을 둘러싼 관할권 다툼이었다. 그리고 모든 공동체 내에서 그런 것처럼 중국인 개개인들 사이에서 크고 작은 문제를 둘러싸고 분쟁이 있었다.

캘리포니아에서 한 중국인이 살해당했거나 어느 중국인이 다른 사람을 살해했을 때, 그것은 대개 신문에서 잠깐 다룰 정도의 일이었다. 형식적 수준의 재판이 열릴 수도 있고, 피고인은 재판에서 신속하게 유죄판결을 받고 형을 선고받을 것이다. 형사재판에서 중국인들은 정당한 판결을 받는 경우가 거의 없었다. 검사들은 증인들을 면밀히 조사하지 않았으니 중국인들에 대한 관심 부족과 편견의 결과였다―특히 검사들이 중국인들을 서로 구별하지 못한다는 주장이 가장 두드러지는 것이었다. 설사 검사와 판사가 진지한 노력을 하는 경우에도 통역 문제가 이를 방해했다. 대부분의 중국인 이민자는 영어를 하지 못했고, 대부분의 유럽계 미국인은 중국어를 하지 못했으며, 능력 있는 통역자는 거의 없었다. 따라서 캘리포니아 법정에서는 "중국 놈의 운세the Chinaman's chance"라는 관념이 만들어졌다. 특히 중국인이 백인을 상대로 범죄를 저질렀을 경우만 아니라 에스닉 집단 내부에서 분쟁이 발생한 경우에도 그러했다("the Chinaman's chance"는 "성공할 가능성이 거의 없거나 전혀 없음"을 의미하는 미국의 관용구다).

그와 같은 사례 하나가 실업 상태였던 중국인 금 채굴자 아제이크로, 그는 또 다른 금 채굴자 와척을 살해한 혐의로 1887년 캘리포니아 시에라카운티에서 법정에 섰다. 두 사람은 카운티 소재지 다우니빌로 가는 주요 역마차 길에서 만났다. 둘은 미납 대출금 20달러를 두고 다툼을 벌였다. 이어진 언쟁과 공방 속에서 아제이크가 와척을 쏴서 그에게 치명상을 입혔다. 아제이크는 현장에서 도망쳐 10마일 정도 떨어진 포리스트 시티Forest City 인근 중국인 광부 오두막의 다락에서 이틀 동안 숨어 지내다 체포되었다. 그가 이후 받은 일련의 재판으로 중국 놈의 운세 그리고 좀 더 넓게는 중국인-백인 관계에 관해 예상치 못한 동학動學, dynamics이 드러났다.[66]

제3장

✳

백인들과 대화하기

아제이크Ah Jake를 살인죄로 기소할지를 다루는 카운티 치안판사 심리審
理에서, 캘리포니아주 시에라카운티 다우니빌Downieville의 식료품점 주인
로케이Lo Kay가 통역자로 법정선서를 했다.

　미국 캘리포니아 내륙의 작은 타운과 도시에서는 법정 관리가 현지에
서 이중언어를 사용하는 중국인 상인에게 형사소송을 도와달라고 요청
하는 것이 일반적 관행이었다. 아제이크의 소송사건에서 로케이는 지방
검사가 아팅Ah Ting이라는 남자를 심문할 때 검사를 도왔다. 피해자의 여
행 동료 아팅은 살인 혐의 사건의 유일한 증인이었다.[1] 로케이가 영어를
알고 또 현지의 권력구조와 접촉할 수 있었던 것은 그의 고객이 백인 거
주민들이었기 때문일 것이다. 그러나 로케이는 영어에 능숙하지 못했다.
그 대신 로케이는 금광 지구들에서 중국인과 백인 사이에 사용된 대략적
인 접촉언어contact language인 피진〔여기서는 피진잉글리시pidgin English〕 혹은 칭
글리시Chinglish를 썼다〔"접촉언어"는 공통어가 없는 현지에서의 의사소통 수단으

로 사용되는 언어를, "피진"은 두 개의 언어가 섞여서 보조적 언어로 형성된 혼성어를 말한다. "피진잉글리시"는 다른 나라의 말과 혼합해 간략화된 형태의 영어를, "칭글리시"는 중국(어)식 영어를 말한다). 더욱 흥미로운 일은 지방검사와 판사도 증인과 통역자에게 말을 할 때 피진을 사용했다는 점이다. 흔치 않게 남아 있는 법정 기록에는 다음과 같은 대화가 포함되어 있다. 〔이하의 법정 기록에서 동사는 대개 원형/현재형으로 쓰여 있는데(속기록이라서, 또는 차이니스피진잉글리시(중국피진영어)에서 동사 시제가 발달하지 않아서 그런 것으로 보인다), 한국어판 독자의 원활한 이해를 위해 과거형 등으로 바꿔 옮겼다. 다만 인용된 법정 기록의 원문을 모두 함께 실었다.〕

질문 (스미스Smith, 지방검사): 아제이크가 와척Wah Chuck을 쏘았을 때 와척은 무엇을 했습니까? (When Ah Jake shoot Wah Chuck, what Wah Chuck do?)

대답 (로케이, 증인 아팅의 통역자): 아제이크가 총을 쏘고서, 와척이 무엇을 했냐는 말인가요? (You mean Ah Jake shoot, what Wah Chuck do?)

질문: 그렇습니다. (Yes.)

대답: 아무것도 말할 게 없습니다. (No say anything at all.)

질문: 그는 무엇을 했습니까 총에 맞은 후에? 총에 맞은 후에 그는 무엇을 했습니까? (What he do after he get shot? After he get shot what he do?)

대답: 와척 말인가요? (You mean Wah Chuck?)

질문: 그렇습니다. (Yes.)

대답: 그〔아팅〕는 그〔와척〕가 쓰러졌다고 합니다. 그러고서 〔와척은〕 기척이 없었습니다. 어떤 것도 하지 않았습니다. (He say he fell down; no do nothing; no do anything.)

질문: 그(와척)는 피를 흘렸습니까? [···] 그(아팅)는 와척이 있던 곳으로 돌아갔습니까? (He bleed any? . . . Did he got back to where Wah Chuck was?)

대답: 아닙니다. [···] (No. . . .)

질문: 그(와척)가 죽은 뒤에 그(아팅)는 그(와척)를 보았습니까? (Did he see him dead afterwards?)

대답: 그(아팅)는 그(와척)를 여기 아래에서 봤고, 죽은 장소에서는 보지 않았습니다. [···] 그(아팅)는 그(아팅)가 그(와척)를 펑크키Funk Kee 가게에서 봤다고 했습니다. 문 밖에서요. 그를 마차 아래로 데리고 갔고, 거기서 그를 봤습니다. (He see him down here, no see him dead that place. . . . He say he see him Funk Kee store; outside door; take him down buggy; see him that time.)

피고인: 그는 그가 죽은 것을 보지 않았습니다. 그는 거짓말을 하고 있습니다. (He no see him dead; he lie.)[2]

아제이크는 칭글리시로 증인에게 이의를 제기하기에 앞서 이미 두 차례나 아팅의 증언을 방해했지만(로케이: "그는 그가 뭐라고 말하는지 모른다고 합니다He say he don't know what he say"), 판사 F. D. 소워드F. D. Soward는 로케이와 아팅에게 아제이크를 무시하라고 명령했다. 그러나 아제이크가 변호사가 없었기 때문에 판사는 아제이크에게 증인을 반대심문cross-examination할 수 있는 기회를 부여했다.

판사가 피고인에게 질문: 그(아팅)에게 묻고 싶은 것이 있습니까? (You want to ask him some questions?)

피고인: 그에게 묻겠습니다. (Me askum him.)

판사: 그에게 묻고 싶은 것이 있습니까? (You want to ask him some questions?)

피고인: 그는 거짓말합니다. 너무 많이 거짓말합니다. (He lie; he lie too much.)

판사: 그에게 묻고 싶은 것이 없습니까? (You don't want to ask him any questions?)

피고인: 와척이 그에게 내 돈을 줬습니다— (Wah Chuck give him my money —)

판사: 그에게 묻고 싶은 것이 없는 것이지요? 〔스미스 검사에게〕 그에게 묻고 싶은 것이 더 있으면 하고, 없으면 하지 않아도 됩니다. (You don't want to ask him any questions? You like to ask him some questions this man. You don't want to ask any question this man.)

스미스: 이 증인에게 묻고 싶은 것은 다 했습니다. (That is all I want to question this witness.)

피고인: 그는 거짓말을 하고 있습니다. (He talk lie.)[3]

아제이크는 다음 증인인 보안관 S. C. 스튜어트S. C. Stewart에게는 활발한 반대심문을 진행했고, 자신은 정당방위 차원에서 와척을 쐈다는 주장을 펼쳤다. 아제이크는 자신이 말이 통역자에 의해 전달되는 위험 대신에 직접 판사에게 피진으로 말했다. 그는 통역자가 거짓 진술을 하는 아팅과 공모했다고 믿는 것 같았다.

피고인: 당신은 여기 위쪽에서 내가 떨어진 흔적을 봤습니까? 그 역마차 길에서 흔적을 봤습니까? (You see up here hole me fall? You see hole that stage road?)

스튜어트: 나는 두 군데를 봤습니다. (I see two places.)

피고인: 한 군데는 강 아래, 강 아래쪽이고 〔다른 곳은〕 길 위쪽입니다. 두 군데 중에 강 아래쪽이 내가 떨어졌던 곳입니다. 당신은 사건이 일어났을 때 보지 못했습니다. 그 뒤에 거기서 무엇을 보았습니까? (One place down river; one place down river; up road; two places, one place down river me fall down; you no see that time; you see up here two time?)

스튜어트: 두 군데였습니다. 두 개의 흔적이 길에 있었습니다— (There were two places; two marks in the road —)

피고인 (바닥에 그림을 그리며): 그〔와척〕는 나를 이렇게 쓰러뜨렸습니다. 그는 나의 땋아 내린 머리queue〔변발〕를 이렇게 잡았습니다. 나를 올려달라고 그에게 말했지만, 그는 그러지 않았습니다. […] (He lay me down that way; he hold my queue that way; me tell him let me up; he no let me up. . .) (증인이 바닥에 누워 동작을 취하는 등 그의 많은 부분을 알아들을 수 없음.)

스튜어트: 내가 그것에 대해 알고 있는 것은 두 개의 흔적이 그 길에 있었다는 것뿐입니다. (All I know about it there were two marks in the road there.)

피고인: 한 개의 흔적은 강 아래쪽, 강 아래쪽에. 한 개의 흔적은 위쪽에— 나는 그를 저쪽으로 붙잡습니다. 그는 나를 저쪽으로 붙잡습니다. 그가 나를 쏘았고 나는 몰랐습니다—내 코트가 불탔습니다—나는 그를 보지 못했습니다. 그는 뒤쪽에서 내게 달려들었습니다. 그는 나의 땋아 내린 머리를 이렇게 붙잡았습니다. […] 그는 나를 두렵게 했습니다—나는 그를 죽이려 하지 않았지만 그는 나를 죽이려 했습니다. 그는 강하게 나를 […] (One mark in the road down side river; one mark down side; one mark up side —I catch him that side; he catch me that side.

He shoot me I no know —I burn my coat —I no see him; he fight me back side; he catch my queue that way . . . he make me scare —I no kill him, he kill me; he strong me. . .)

판사: 더 질문할 것이 있습니까? [···] 다른 증인 있습니까? 증언하길 바라는 사람이 있습니까? (You want to ask him some question. . . . You got any witness. You want some man swear?)

피고인: 나는 증언할 사람이 없습니다. 모두가 그를 돕고 있습니다. (아팅을 가리키며) 그는 거짓말하고 있습니다. 그는 거짓말하고 있습니다. 그는 나의 땋아 내린 머리를 잡았다고 하지도 않고 바닥에 팽개쳤다고도 하지 않고 있습니다. 그는 [진실을] 말하고 있지 않아요. [···] 내 발을 걸었다고 하지도 않고 내가 쓰러졌다고도 하지 않고 있습니다. 처음에 그[와척]는 내 돈가방을 가져갔고, 내 돈을 꺼내 그의 호주머니에 집어넣었습니다. [···] 그는 나를 죽인다고 했습니다. 나는 겁에 질렸습니다. 그가 내 돈을 빼앗지 않았다면 나는 그를 쏘지 않았을 겁니다. [···] 그는 나를 죽이겠다고 했고, 나는 겁을 먹었습니다. [···] 그가 나를 겁먹게 한 것이 나를 부추겼습니다. 그는 말했습니다. "어디 쏴봐, 난 상관 안 해 G — d — s — b —." (I no got man swear. Everybody help him. He talk lie (pointing to Ah Ting). He talk lie; he no say take my queue; put on floor; he no talk. . . . He no hold my foot I no fall down at all; first time he take my bag money; catch my money put him pocket . . . he [Wah Chuck] say he kill me; I get scare. . . . He no rob my money I no shoot him. . . . He say killum me; make me scare. . . . I think make him scare let me up; he say "You shoot me I no care G — d — s — b —.)[4]

우리는 법정에서 아제이크와 와척이 자신의 모국어인 중국어로, 이 경우에는 광둥어의 지역어subdialect인 쓰이어四邑語로 서로 이야기했을 것이라 틀림없이 추정할 수 있다. 여기서 흥미로운 질문이 하나 떠오르는데, 와척이 법정 기록에 보이는 것처럼 즉 "어디 쏴봐, 난 상관 안해 G－ d－ s－ b－"라고 말했는지, 아니면 중국어로 말했지만 "G－ d－ s－ b－"라고 욕을 하면서 영어를 썼는지(언어학자들은 이를 코드-스위칭code-switching 〔또는 언어전환〕이라 부른다), 아니면 그는 중국어로만 말했고 아제이크가 그의 중국어로 한 욕을 일반적인 미국 〔표준〕 영어American English의 욕으로 번역했는지 하는 것이다. 각각의 가능성은 서로 다른 종류의 언어 번역〔통역〕translation 또는 혼성화hybridization를 암시한바, 화자가 중국어를 영어 구문과 섞어 썼거나 관용구를 문자 그대로가 아니라 문화적 상식cultural common knowledge을 통해 번역했다는 말이다("common knowledge"는 특히 "지식으로서의 상식"을 일컫는다).

판사와 지방검사가 피진〔피진잉글리시〕을 사용하는 것이 아제이크와 로케이의 말하기에 대한 유아화infantilization라고, 즉 그들을 향한 은혜라도 베푸는 듯한 태도condescension〔우월감이 전제된 친절〕라고 읽고 싶은 유혹이 든다. 아제이크가 "Have you got lawyer man?"은 이해했지만 "Do you have a lawyer?"는 이해하지 못했을까? 법원 관리들은 아제이크의 영어에 대한 무지가 그의 일반적 무지의 상태를 가리킨다고 믿었을 가능성이 있는데, 이것은 미국인들의 비유럽어권 및 비영어권 출신에 대한 일반적 추정이다. 이러한 기록transcript〔구술 내용을 문자화·인쇄화한 기록. 여기서는 법정 기록〕 분석은 출판물printed page상의 피진 곧 백인 작가들이 인종화된 주제의 말을 재현할 때 사용하는 것에 대한 우리의 경험에 따른 것이다. 현대 독자들은 방언dialect으로 기록된 대화를 접하면 위축된다. 그러나 법정은 실시간으로 행사되는 구어가 각축을 벌이는 무대다. 이러한 맥락에서 보면 판사와 지방검사가 피진(피진잉글리시)을 사용하는 것은 피고인을 조롱하려는 것이라기보다는 피고인과 의사소통하려는 진지한 노력으로 보인다. 이들은 현지의 중국인들, 집안 하인들, 아마, 혹은 채소 농부들과 관계를 맺으면서 그 언어에 손을 뻗었을 것이다.

어쨌든, 피진은 법적절차의 링구아프랑카lingua franca(모국어를 달리하는 사람들이 상호이해를 위해 습관적으로 사용하는 언어)였다. 이 피진은 차이니스피진잉글리시(중국피진영어)Chinese Pidgin English(당대인들은 캔턴자곤Canton Jargon이라 부른)인 식민지 시기 중국 교역 과정에서 발달한 광저우·마카오·홍콩의 접촉언어에서 유래했다("Jargon"에는 "변말" "사투리" "방언" 등의 의미가 있다). 피진Pidgin은 비즈니스business라는 단어의 변형이다(그 자체는 피지니스pidginess의 단축형이다). 피진잉글리시pidgin English는 "비즈니스영어 business English"(곧 상업영어)를 말한다. 차이니스피진잉글리시는 축소된 문법구조(연결사, 복수형, 동사 시제, 정관사 등이 없다), 특정한 음운론적 고안([r]을 [l]로 대체, 예: tomollow. 모음 [i] 혹은 [u]를 어미에 삽입, 예: lookee)으로 특정지어진다. 차이니스피진잉글리시의 어휘는 영어, 포르투갈어, 힌디어, 광둥어 등에서 가져왔다. 정부 관리government official를 뜻하는 만다린mandarin이라는 단어는 "명령하다to command"라는 뜻의 포르투갈어 동사 만다르mandar에서 유래했다. 조스joss("(중국인들이 섬기는) 우상, 신상")는 데우스deus에서 파생했다. 라크lac("10만")는 10만을 가리키는 힌두 숫자에서 왔다. "촙chop은 "직인seal"이나 "압인stamp"을 뜻하는 힌디어 찹chhap에서 유래했으며 모든 종류의 문서―송장送狀, invoice, 제국 칙령imperial edict, 영수증receipt, 선하증권船荷證券, bill of lading(나중에는 촙보트chop boat(중국의 관허官許 거룻배)―를 의미한다. 급한 심부름을 가는 하인들은 "go chop chop"이

라는 말을 들었다〔"chop chop" 또는 "chop-chop" 곧 "촙촙"은 "빨리빨리"라는 뜻

이다〕— 이는 심부름의 내용〔문서 수발受發〕을 반복의 중국어 구문에 교묘하

게 결합한 말로 "빨리빨리fast fast" "서둘러라hurry"라는 뜻의 "콰이콰이快快"

를 연상시킨다. 차이니스피진잉글리시는 식민지 초기 중국 교역의 물품

인 차·비단·아편·대마·은 등을 교환한 유럽-중국의 비즈니스에 쓰인 것

으로 언어적으로 창의적이고 활발하게 사용되었다.[5]

그러나 상사商社 밖에서는 피진의 용도가 제한적이었다. 피진은 하인

들이 있는 식민지 가정 내에서 사용되긴 했지만 그 사용이 언어의 정확성

과 뉘앙스가 높게 평가받는 사법적 장소나 외교적 장소로 이어지지는 않

았다. 치외법권extraterritoriality이라는 식민지 조약에 따라 조약항〔개항장〕들

에 거주한 유럽인들은 중국 법의 적용을 받지 않았으나, 이들은 중국 법

정에 원고 또는 증인으로 출두할 경우 통역자를 썼다. 외교 및 조약문 작

성에서 영국인들은 언어를 다루는 데 주도면밀했다. 영국 외교관들은 오

직 자신들이 정한 통역자를 통해서만 말했고, 톈진조약(1858, 제2차 아편

전쟁)에 중국어 문서가 아닌 영어 문서가 공식적 의사소통의 최종 의미를

결정할 것이라는 조항을 넣었다.[6]

캘리포니아의 중국인 이민자들이 사용한 피진은 광저우 및 홍콩에서

사용한 것과 유사했지만, 이 둘 사이에는 중요한 차이가 있었다. 둘은 구

문은 서로 비슷했지만, 놀랍지 않게도, 중국인 이민자들의 피진은 미국

〔표준〕영어와 미국의 사회 관습에 의해 형성되었다. 그것은 현지의 어

형語形과, askum 및 sarvie(savvy) 같은 다른 토착어vernacular〔특정 지역·집단이

쓰는〕에서 이입된 것을 포함하고 있다. 더 중요한 것으로 19세기 차이니

스피진잉글리시〔중국피진영어〕는 그것의 식민지 시기 선례先例보다 훨씬

덜 강력했다는 점이다. 그것은 중국에서처럼 중국인들과 백인들 사이

시속적 상호작용 속에서 진화한 것이 아니라 주로 자신들의 새로운 환경에 적응하려는 중국 이민자들이 벌인 노력의 산물이었으며, 한 관찰자가 서술한 것처럼, "채굴, 여행, 물물교환, 마케팅, 다양한 종류의 일자리 확보에 도움이 될 몇 안 되는 필수 단어와 문장"을 배움으로써 그렇게 했다.[7]

중국의 조약항들에서처럼 정기적이거나 지속적인 방식이 아니라 가끔 중국인들과 접촉한 백인계 미국인들은 그저 일시적으로만 피진에 익숙했을 것이다. 아제이크의 재판에서, 판사와 지방검사는 피진을 어색하게 사용했다. 그들은 구문을 불완전하게 흉내 냈고, 서툰 반복에 의존했다 ("You don't want to ask him any questions? You like to ask him some questions this man. You don't want to ask any question this man"). 거의 틀림없이 그들은 피진을 말하지 않았을 것이다. 언어학자들은 피진이, 다른 언어와 마찬가지로, 학습되어야 하며 "자신의 언어를 임시방편적으로 단순화함으로써 생성될 수 없다"라고 주장한다.[8]

19세기 후반 미국 캘리포니아주 시에라카운티의 피진은 현지 사회 주류와 정기적이지만 제한적 접촉을 하는 에스닉적 외부자들로서 중국인들의 사회적 위치를 나타낸다. 그것은 사회의 가장 주변부에서 이루어지는 접촉언어이고, 광저우 및 홍콩에서와는 달리, 당사자들이 서로 동등하지는 않더라도 경쟁자로 만나는 활기찬 시장의 중심 동력이 아니다. 차이니스피진잉글리시〔중국피진영어〕의 한계는 캘리포니아 법정에서 분명하게 드러난다. 그것은 복잡한 생각을 표현하거나 제1심 법정 심문의 우발적 상황에 대처할 수 있는 깊이가 완전히 부족했다. 아제이크의 심문에서는, 언어적 혼란과 오해가 때때로 당사자들의 의사소통 능력을 압도했다. 영국인들이 중국에서 법적 처리를 할 때 피진이 부적절하다고 판단했다면, 시에라카운티 법정에 피진이 등장한 것은 이 지역 중국인 거주민들의 극단적 주변성marginality을 시사한다.

법원이 통역자—피진을 사용하는 로케이—를 제공하는 한, 법정기록은 중국어로 구두로 진행된 주요 증언은 기록하지 않고 통역자의 피진 번역만 기록한다. 그러한 목소리는 영원히 사라져 항소법원과 그 너머 역사에 이용할 수 없게 된다. 확인할 수 있고 입증할 수 있는 인쇄된 텍스트의 번역과 달리 구두 통역에서 번역은 원래 발언의 권위를 빼앗아버린다. 따라서 비영어 사용 이민자가 종종 자신이 법정통역사에게 휘둘린다고 느끼는 것은 놀랄 일이 아니다.[9]

영어/칭글리시 능력이 로케이와 비슷했던 아제이크는 로케이의 통역에서 자신이 얻을 것이 전혀 없음을 깨닫고 본인이 직접 말을 했다. 그러나 아제이크의 제한된 영어 지식은 또 다른 언어인 법률 즉 법정 언어의 구사 능력이 떨어지는 바람에 더 악화되었다. 아제이크는 와척과 아팅이 어떻게 자신을 폭행하고 자신에게 강도짓을 했는지 보여주려 했지만, 그는 형사소송의 관례를 통해 어떻게 자신의 주장을 입증해야 할지 몰랐다. 아제이크는 반대심문을 통해 아팅의 거짓말을 밝혀야 할 필요성을 이해하지 못한 채 아팅을 거짓말쟁이로 몰아붙이며 반대심문 기회를 거부했다.

아마도 로케이의 언어적 한계와 아제이크 기소의 중대성 때문에, 법정은 재판을 위해 전문 통역사를 고용한 듯하다. 통역사는 제롬 밀러드Jerome Millard로 샌프란시스코 형사법정에서 일하는 유럽계 미국인이었다. 밀러드는 골드러시 시기에 미시간주에서 소달구지로 "초기 도로early road"를 타고 캘리포니아로 온 사람이었다. 그는 중국인 광부들과 친구가 되어 함께 일하면서 백인들보다 중국인들을 더 좋아했는데, 그가 말하길, 중국인들은 술을 마시지 않았고, 그는 중국어를 배워서였다. 1860년대에 그는 미국 대륙횡단철도를 건설하는 찰스크로커앤드컴퍼니Charles Crocker and Company에 고용된 중국인 노동자 집단을 감독했다. 1880년대가 되면 그는 샌프란시스코의 형사법정에서 전일제로 통역사 일을 했다. 그러나 캘리포니아주 내륙의 금광지 타운들에는 밀러드만 한 능력이 있는 통역사가 부족했다. 밀러드는 "중요한 소송사건[들]"에서 통역하기 위해 가끔씩 "배심陪審"에 배정되는 것을 기꺼이 받아들였다.[10]

거의 6피트[180센티미터]에 가까운 키에 자전거의 핸들 같은 모양으로 양끝이 위로 올라간 팔자八字 콧수염handlebar mustache을 기른 제롬 밀러드는 분명 법정에서 눈길을 끄는 사람이었을 것이다. 밀러드를 통해 증언한 증인들은 그가 표준 영어로 말하는 것을 들었고, 어쩌면 증인들은 그의 신체적 권위를 얼마간 당연한 일로 생각했을 것이다. 아제이크는 앞서 본 심문 기록의 칭글리시 사용자와는 다른 사람처럼 보인다. "저는 일자리를 구할 수 있을 때마다 백인들을 위해 조리하는 일을 했으며, 다른 때에는 광산에서 일했습니다." "그는, 제가 여기서 보여드린[보여드리고 있는] 것처럼, 땋아 내린 머리[변발]cue를 잡아 저를 바닥에 내팽개쳤고, 또 저를 때렸습니다. 그리고 제가 일어나자 또다시 저를 때려 다치게 했고 저는 길에 넘어졌습니다. […] 저는 아주 화가 났고 제가 '당신은 내 돈을 가져갔고 나한테 돈을 돌려주지 않고 나를 때린다'라고 말했습니다. 그러자 그는 '나는 당신을 때리는 것을 좋아한다'라고 말했습니다."[11]

아제이크는 법적 대리인도 있었다. 두 명의 변호사로, 한 사람은 이 지역에서 퇴임한 판사로 법정이 지명한 A. J. 하우A. J. Howe였고 다른 한 사람은 다우니빌에 새로 온 젊은 변호사로 아제이크의 현지 종친회가 고용한 버트 슐레징어Bert Schlessinger였다. 이들은 피고인 —제압당하고, 공격당하고, 강도짓 당한—이 정당방위를 했다고 주장했다. 안타깝게도 이 사건의 유일한 증인 아팅은 이러한 답변을 입증하지 않았다. 검찰 측은 아제이크가 와척의 돈을 강탈하고 와척을 살해했으며 나중에 범죄 현장으로 돌아와 둘 사이에 실랑이가 벌어진 것처럼 길에다 흔적을 남겼다고 주장했다. 지방검사는 이 견해를 뒷받침하는 증거로 두 명의 백인 증인을 내세웠고, 이들은 사건 직후 아제이크를 보았으나 그의 옷이나 머리나 얼굴에 흙이 묻어 있지 않았으며, 그가 우는 시늉을 하고 있었다고 증언했다.[12]

배심원단은 아제이크에게 일급살인죄로 유죄를 선고했다. 아무래도, 아팅과 두 백인 증인의 상반된 증언에 비추어 피고인의 증언이 설득력이 없다고 판단한 것으로 보인다. 배심원들은 또한 일급 유죄판결에 필요한 "의도will, 숙의, deliberation, 예모豫謀, premeditation"는 생각과 행동 사이에 단 몇 초만 경과하더라도 적용된다는 판사의 지시에도 주의를 기울인 것 같다. 법정은 아제이크에게 교수형에 처하는 사형을 선고했고, 재심 심청은 기각되었다. 아제이크는 피진으로 자신을 대변할 때보다 전문 통역사 및 변호인의 도움을 받은 게 더 나은 결과를 얻지 못한 것으로 보인다. 이 유죄판결과 선고는 아제이크가 "중국 놈의 운세Chinaman's chance"만을 가졌던 재판의 놀랄 것이 못 되는 결과다.[13]

번역〔통역〕translation의 문제는 중국인들이 두 개의 금산金山에 도착한 바로 그때부터 중국인들과 유럽-미국인들의 상호작용을 형성했다. 가장 이른 시기의 이민자 중 이중언어를 사용하는 사람들은 대개 중국이나 동남아시아에서 언어 능력을 습득한 사람들이었다. 샌프란시스코 상인 위안성은 마카오에서 선교사들이 세운 학교를 다녔으며, 오스트레일리아의 극단 단장 로콩멩(류광밍)은 페낭에서 영국계 사립학교를 다녔다. 두 사람 모두 금광지들에 도착하기 이전에 유럽인들 및 미국인들과 사업 거래 경험이 있었다. 캘리포니아와 빅토리아 최초의 유럽계 미국인 선교사들은 그 이전에 중국이나 동남아시아에서 사역한 경험이 있었다.[14]

집단을 이루어 금광지들로 온 중국인 사이에는 종종 영어를 하는 한 사람이 포함되어 있었다. 오스트레일리아로 이민하는 중국인들을 안내한 우두머리headman들은 모두 영어를 충분히 구사할 수 있어서 함께 온 집단이 금광지들로 이동하고 그곳에 정착하는 데 큰 어려움이 없었다. 캘리포니아에서도 동일한 유형이 존재했다. 예를 들어 미국인 광부 티머시 오즈번Timothy Osborn은 자신의 일기에다 근처에서 야영을 하는 중국인 광부 집단에 친숙한 영어를 쓰는 사람이 있다고 썼는데, 그 중국인은 호기심 많은 미국인들을 위해 다양한 중국어 단어와 해당 번역을 기록했다고 적었다. 중국어를 배우기까지 하는 미국인은 거의 없었다. 제롬 밀러드는 드문 예외였다.[15]

많은 중국인 상인은 현지 백인들과 사업을 수행할 수 있을 정도로 영어를 배우거나 그 정도의 영어를 배운 젊은 직원을 고용했다. 이들 중국인 상인 대부분은 영어에 거의 능숙하지 않았고, 핵심 단어와 구문은 배웠지만 문법은 거의 그러지 못했다. 종종 이들은 영어 단어를 광둥어 문장 구조에 넣어 사용했다. 일례로, 빅토리아의 금 채굴자 중아싱Jung Ah Sing은 칼싸움을 벌인 뒤 수감되어 있을 때 일지journal를 썼다. 일지는 사실 자신의 결백을 증명하는 짧은 글이어서 그는 영어로 썼다. "My buy that hatchet that day months of January 1867 Cochran Digging Chinaman gone away sell the my, my buy that hatchet that time my been Chinaman tent go home." ("저는 1867년 1월에 코크란디깅스Cochran Diggings 채굴지에서 그 손도끼를 중국인 광부에게서 샀습니다. 그들은 〔그곳을〕 떠나가면서 그것을 저에게 팔았습니다. 그러고 저는 중국인 천막tent을 떠나 집으로 돌아왔습니다.")[16]

캘리포니아의 선교사들은 중국인들을 기독교로 인도하려 영어 교실을 운영했는데, 이 전략은 많은 학생을 끌어모으긴 했어도 이 중국인들 중 기독교 개종자는 거의 없었다. 윌리엄 스피어William Speer 목사는 영어수업을 들으러 온 청년들이 충분히 오래 머물러 몇 가지 단어와 구절을 배웠다고 인정했다. 잘 교육받은 사람들을 제외하면 대부분의 중국인은 영어가 아닌 피진으로 유럽계 미국인들과 소통했다고 하는 편이 더 적절할 것이다. 피진의 한계는 중국인들이 법정이나 이런저런 법적 문제에서 자신들을 표현하려 할 때 가장 분명하게 드러났으며, 대개는 애석한 결과를 초래했다.[17]

따라서 중요한 업무를 수행할 경우에는 통역자를 쓰는 게 필요했다. 규모가 더 큰 회관會館〔후이관〕들은 직원 중에 "언어에 능한 사람들linguists"을 두어 개별 회원들을 도와주고 주류 사회에서 회관을 대변했다. 샌프란시스코의 즉결심판소police court는 이 도시의 국제적 인구 구성을 반영해 중국어 통역자뿐만 아니라 프랑스어, 독일어, 러시아어, 에스파냐어 통역자도 임시로 고용했다. 그러나 샌프란시스코에서조차 경찰과 법원의 필요에 부응할 만큼 영어를 충분히 잘하는 중국인은 거의 없었다. 이런 상황은 1870년대에 중국계 미국인 2세대가 성인이 될 때까지 개선되지 않았다.[18]

1850년대와 1860년대에 샌프란시스코에서 통역자들로는 유럽계 미국인 선교사들과 교육받은 중국인 상인들이 있었다. 위안성은 중국인들이 형사고발을 당했을 때 자주 법정에 출두헤 통역자와 변호인 역할을 동시에 수행했다. 한 절도 소송 사건에서 위안성은 판사를 설득해 10달러를 훔친 혐의로 기소된 아허A-He가 방면되게 하는 데 성공했는데, 그 근거는 그가 "미친 사람"이라는 것이었다. 위안성은 그를 중국으로 돌려보내겠다고 약속했다.[19]

오스트레일리아에서는 각 지구의 금광지 판무관辦務官, commissioner들이 중국인 통역자와 "필경사scribe"를 고용해 광산면허를 발급하고 금광지들에 대한 규제를 준수하게 하는 과중한 업무를 지원했다. 형제인 호아로Ho A Low(허야러何亞樂)와 호아메이Ho A Mei(허야메이何亞美)는 빅토리아 최초의 중국어 통역자로 대표적인 인물이었다. 이들은 말레이반도 말라카(믈라카)에 있는 런던선교회London Missionary Society 지부에서 운영하는 영어-중국어 학교에서 교육받았다. 처음에 호아로는 1857년에 선교 일꾼으로 빅토리아에 처음 왔으며, 금세 비치워스 상주常駐관리인에 의해 통역자로 채용되어 일하게 되었다. 호아로·호아메이 형제 모두 통역자로 일했으나, 둘 다 통역 일을 계속하지는 않았다. 어느 시점에서 형제는 채굴회사에 투자하거나 멜버른에서 상인과 해운업자로 더 많은 돈을 벌 수 있음을 알게 되었다. 형제의 상급자들 역시 이들을 공정성이 부족하다고 비판했다. 호아메이는 1860년에 피고인의 "변호인으로 활동했다는 이유로 빅토리아 아라랏Ararat에서 해고당했으나, 그래도 그 일이 1866년에 밸러랫에서 다른 일자리를 얻는 것을 막지는 못했다. 형제는 결국 중국으로 돌아갔는데, 호아로는 조약항 산터우汕頭(스와토Swatow)로 가서 중국 해관海關에서 일했으며, 호아메이는 홍콩으로 건너가 중국인 사업계와 정계에서 영향력 있는 지도자가 되었다. 그러나 금광지들의 1세대 중국인 통역자 중에는 이들 형제처럼 언어에 능한 사람들이 있었지만, 1860년대 후반과 1870년대가 되면 많은 통역자가 영어를 그리 잘 구사하지 못했다. 관찰자들은 때때로 중국인 통역자들이 치안판사와 의사소통을 하기 위해 무언극에 의존하기도 했다고 전한다. 윌리엄 영 목사는 이렇게 언급했다. "영어를 어설프게라도 하는 거의 모든 중국인이 통역자 자리를 가질 수 있다고 생각한다."[20]

교육받은 이중언어 구사자에게는 더 많은 수익성 있는 기회가 있었거니와, 그만큼 중요한 것은 다른 선택지가 있는 사람의 경우 그가 정부 피고용인이라는 골치 아픈 자리를 원하지 않을 수도 있었다는 점이다. 통역자는 식민지 관리와 중국인 대중 사이에 위치했으며, 그로써 양측 모두로부터 충성심을 의심받았다. 중국인들 사이에서는 통역자가 정부 당국과 협력하는 것을 불신하는 사람이 많았다. 게다가 통역자 중 일부는 자신의 지위를 남용해 중국인들에게 없는 가짜 세금phony tax을 갈취하거나 도박장들에서 "보호"비를 요구하기도 했다. 동시에 당국은 통역자들이 치안 문제에서 중국인들을 보호하려 정보를 감추거나 선택적으로 통역한다는 의심을 하기도 했다. 호아메이도 이런 점에서 예외가 아니었다. 멜버른의 《아르고스》는 이렇게 불평했다. "우리는 전적으로" 중국인 관리들의 "처분에 달려 있다."[21]

✤

통역자의 조력을 받을 수 없었던 중국인 금 채굴자들과 상인들은 캘리포니아와 빅토리아에서 유통되던 중국어-영어 상용회화집phrase book 어느 하나를 이용할 수 있었다. 1875년에 웰스파고앤드컴퍼니는 "윙삼과 조수들Wong Sam and Assistants"이 편집한《상용회화집: 교역·법률 등의 어휘 수록

An Engrlish-Chinese Phrase Book, Together with Vocabulary of Trade, Law, etc.》을 발간했다. 웡삼은 웰스파고앤드컴퍼니의 수석 중국어 통역자였다. 그는 중국인 사무직원들을 감독하면서, 샌프란시스코와 내륙 사이에 오가는 편지와 소포 중에 주소가 중국어로 기재된 것들이 그 주소에 정확히 배달되도록 하는 일을 했다. 이 상용회화집을 보면 중국인들이 백인들에게 자신을 설명할 필요가 있는 상황을 예상하고 있다. 사업의 경우는 구매자와 판매자가 되는 두 상황을 다 그리고 있다.

"가장 좋은 바지 한 벌을 사고 싶습니다."

"이것보다 더 나은 것은 없나요?"

"외상으로 팔 수 있나요?"

"저, 손님, 이건 10달러가 드는데, 게다가 이 좋은 상품에는 세금도 많이 내야 합니다."

"당신에게 사기 친다는 걱정은 하지 마세요."

"저것들을 사지 그러세요?"

식당에서는 주인과 손님 사이 상황을 그리고 있다.

"자리에 앉으시죠."

"어떤 것을 원하시나요?"

"다른 것은 없습니까?"

"이 식당의 음식은 아주 좋군요."

"요리사도 훌륭하군요."

다툼이 벌어지는 상황은 다음과 같다.

"내가 뜻하지 않게 그를 때렸습니다."

"내가 사과를 했지만, 그는 여전히 나를 때리려 합니다."

"그가 아무런 이유 없이 나를 공격했습니다."

"그가 먼저 나를 모욕했습니다."

"그 사람들은 임금 때문에 파업을 벌이고 있습니다."

"누가 불을 질러 그 집에 불이 났습니다."

"그가 내 광산에 대한 권리를 주장했습니다."

"그가 내 부지敷地, lot를 무단 점유 했습니다."

"그가 그곳을 떠나지 않을 경우 나는 그를 쫓아낼 것입니다."

"그는 법정에서 위증을 했습니다."[22]

주루이성Zhu Rui-sheng이 오스트레일리아에서 사용하기 위해 편집한 상용회화집도 유사한 표현을 많이 담고 있다. 제2권은 빅토리아와 캘리포니아 금광지들의 타운 목록을 추가했고, 이는 중국인들이 빅토리아와 캘리포니아 두 지역을 다녔을 가능성을 알려준다. 그게 아니면, 이 책이 두 금산 모두에서 사용될 수 있도록 중국에서 출판되었다고 볼 수도 있다.[23]

오스트레일리아 상용회화집은 웰스파고 상용회화집보다 더 정교하다. 웰스파고 상용회화집은 단순히 광둥어 방언과 영어 문구를 결합한다. 오스트레일리아판은 각각의 영어 구문에 3행의 중국어를 담고 있다. 한 행은 영어를 백화白話, vernacular Chinese와 고전중국어classical Chinese〔곧 한문〕가 혼합한 형태로 번역한 것이고, 다른 두 행은 광둥어와 쓰이 방언을 사용해 영어를 음역한 것이다. 이를 통해 영어를 읽을 수 없는 사람도 중국어 음성체계를 이용해 영어 구문을 발음할 수 있게 한 것이다. 이외 동시에 알파벳, 어휘(색깔, 요일 등등), 쓰기 연습 등이 들어 있는 장章을 통해 초급 영어를 배울 수 있었다.

오스트레일리아판은 사업, 고용, 법률 등에 쓰이는 구문을 담고 있다.

"저를 고용해주실 수 있습니까?"

"그는 숙련된 사람입니다."

"새 채굴지들에 몇 명이 있습니까?"

"요금은 얼마입니까?"

"차 한 잔 주시겠어요."

"티핀tiffin 먹으러 갑니다." (점심)

"그가 잘못했습니다."

"도둑을 잡는 것을 도와주세요."

"그는 나에게 도망가라고 강요합니다."

"그는 나에게 큰돈을 빚졌습니다."

"왜 나한테 욕을 합니까?"

"나는 [내 불하청구지에] 말뚝 네 개를 박았습니다."

"그가 당신의 배상금을 가져가는 것을 누가 보았습니까?"

"내 동료들이 그가 그것을 가져가는 것을 보았습니다."

"왜 나를 때립니까?"

한 페이지에는 네 개의 문장이 제시되어 있으며, 이 문장을 연속적으로 말하면 갈등을 해결할 수 있다.

"당신이 먼저 나를 조금이라도 건드리면…"
"내가 당신에게 일격을 가할지 말지 보게 될 것이다."
"내가 싸워 당신을 이길 수 없다면…"
"나는 당신을 고발할 겁니다."

여성이 사용할 수 있는 구문도 있는데, 매춘부용인 것 같다.

"내 머리에 대모玳瑁빗tortoise comb을 꽂아주세요."
"화장이 잘되었나요?"
"나에게 맞는 향수가 있나요?"

일상 대화에 쓰이는 구문도 들어 있다.

"몇 살입니까?"
"그들은 현명합니다."
"오랜만입니다."
"오늘 나와 식사를 같이 하시겠어요?"
"마음에 드는 것을 얻게 될 것입니다."

이 마지막 구문들은 금광지들의 중국인들이 현지 백인들과의 교류를 단순히 거래의 관점에서만 아니라 그들과 우의를 맺을 수 있다는 희망에서도 바라보았음을 시사한다. 금광지 중국인들은 이러한 점에서 제한적 성공을 거둔 것으로 보인다. 금광지들에서 인종 관계가 항상 적대적이거나 폭력적이지는 않았고, 여러 공동체에서 백인들과 중국인들은 서로 잘 지냈으며, 함께 사업을 했고, 서로에게 친절하게 대하기까지 했다. 그러나 이들 백인과 중국인이 서로 친구가 되는 것은 드문 경우였고, 이들이 연인이 되는 것은 더욱 드문 경우였다. 대부분의 백인은 언어가 중국인들에 대해 뭔가를 알게 되는 데서 장벽이 된다고 불평했다. 어느 정도 이것은 사실이었지만, 중국인들을 이해하려 노력하는 백인들은 거의 없었고, **그들의** 언어를 배우려 노력하는 백인들은 더욱 적었다. 이러한 언어적 차이라는 주장은 중국인들에 대한 불신의 알리바이(곧 구실, 핑계) 역할을 했으며, 더 나쁘게는 중국인들에 대한 차별적이고 폭력적인 대우를 정당화하는 부정적 스테레오타입을 양산하는 알리바이 역할을 하기도 했다.

제4장

비글러의 수手

존 비글러John Bigler는 금광부는 아니었지만, 그는 포티나이너스 세대의 일원이었다. 그는 미국 캘리포니아 골드러시 시기에 금광부들을 상대로 한 사업으로 부자가 되려 캘리포니아로 온 수많은 미국인 중 한 사람이었다. 이런 의미에서 그 또한 금 찾는 사람이었다.

존 비글러는 1805년에 미국 펜실베이니아주 칼라일Carlisle의 독일 이민자 가정에서 태어났다. 그는 어린 나이에 인쇄업에 뛰어들었다. 1831년에 그는 형과 함께 앤드루 잭슨Andrew Jackson〔민주당 출신의 미국의 제7대 대통령(1829~1837)〕과 관계있는 지역신문사《센터 데모크라트Centre Democrat》를 사들였으나 몇 년 지나지 않아 신문사를 매각하고 법학을 공부하기로 결심했다. 그런 다음 그는 일리노이주에 정착하고 결혼을 했다. 1848년 중반, 미국 동부에 금 소식이 전해졌을 때, 그는 캘리포니아로 가기로 결심했다. 그는 이때 43세로 더는 젊은이가 아니었으나 항상 얼마간 활동적이었다. 캘리포니아에서 그는 기회의 냄새를 맡았다. 비글러 부부는 우마

중국인 광부 인구, 캘리포니아주, 미국, 1860

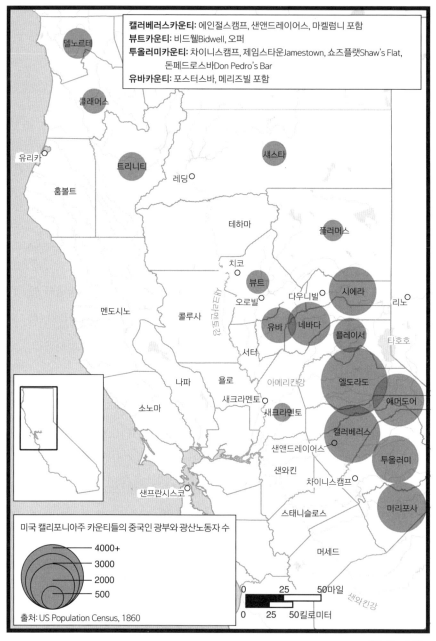

캘러베러스카운티: 에인절스캠프, 샌앤드레이어스, 마켈럼니 포함
뷰트카운티: 비드웰Bidwell, 오퍼
투올러미카운티: 차이니스캠프, 제임스타운Jamestown, 쇼즈플랫Shaw's Flat,
　　돈페드로스바Don Pedro's Bar
유바카운티: 포스터스바, 메리즈빌 포함

델노르테
클래머스
유리카
트리니티
레딩
새스타
훔볼트
테하마
플러머스
멘도시노
치코
뷰트
시에라
오로빌
다우니빌
리노
콜루사
유바
네바다
타호호
새크라멘토강
서터
플레이서
아메리칸강
나파
욜로
엘도라도
소노마
새크라멘토
새크라멘토
애머도어
캘러베러스
샌앤드레이어스
샌와킨
투올러미
차이니스캠프
샌프란시스코
마리포사
스태니슬로스
머세드
샌와킨강

미국 캘리포니아주 카운티들의 중국인 광부와 광산노동자 수

4000+
3000
2000
500

출처: US Population Census, 1860

0 25 50마일
0 25 50킬로미터

지도: Dan Miller

차ox train를 타고 육로를 따라 서쪽으로 이동했다.

1849년에 비글러 부부가 캘리포니아주 새크라멘토에 도착했을 때, 법률 관련 일자리는 없었다. 존 비글러는 벌목 일을 하는 한편 강의 부두에서 하역 일도 했으며—그에게는 부양해야 할 아내가 있어서 선택의 여지가 없었다— 그 후 정치를 해보기로 마음먹었다. 정치라고 하지 말란 법이 있는가? 모든 것이 새롭고, 모든 것이 활짝 열려 있었다. 그의 법학에 대한 배경 지식은 준주準州 정부가 막 구성되는 시기에 큰 자산이 되었다. 그러나 비글러는 또한 건장하고 걸걸했으니, 이는 서민의 대변자라는, 특히 거칠고 세련되지 못한 포티나이너스의 대변자라는 그의 페르소나persona를 충족시켰다. 비글러는 캘리포니아 준주의 첫 총선에서 민주당 소속으로 주의회 의원에 입후보해 승리했다. 그는 금세 주의회 내에서 두각을 나타내 1850년에 의장이 되었고, 1851년에는 민주당 주지사 후보 지명을 받았고 주지사 선거에서 승리했다. 비글러는 신생 캘리포니아주의 초대 주지사가 되었다.[1]

존 비글러가 1852년 1월에 캘리포니아 주지사에 취임했을 때, 캘리포니아는 골드러시의 에너지를 가장 잘 활용하면서 주州의 경제를 발전시킬 방법을 둘러싼 논쟁에 휘말려 있었다. 이때가 되면 강바닥의 자갈에서 쉽게 걸러낼 수 있는 금이 거의 고갈될 정도로 감소해 있었다. 트리니티 강Trinity River에서 길이 600마일〔965킬로미터〕, 폭 30마일〔48킬로미터〕의 샌와킨San Joaquin에 이르는 이 지역은 "그 모든 협곡, 작은 협곡, 개울, 그 많은 평지, 그 일부 언덕에 걸쳐 〔죄다〕 파헤쳐졌다." 그럼에도, 금이 지하 암반의 암맥岩脈에도 존재한다는 것이 알려져서, 채굴 사업가들은 언덕을 더 깊이 파고들어가 단단한 석영에서 금을 추출하는 방법을 실험하고 있었다.[2]

금에 대한 지속된 믿음에 더해 많은 이가 캘리포니아에는 2000만 에이커(8만 1000제곱킬로미터) 이상의 경작지가 있다고 추정하면서 캘리포니아의 농업 잠재력이 타의 추종을 불허한다고 믿었다. 존 비글러는 캘리포니아에서 금이 발견된 이후 지지자들이 떠들어대던 번영의 약속에 불을 지폈다. 캘리포니아의 살기 좋은 기후는 개인들의 노고에 보답할 것이며, "광대하고 안전하고 아름다운 샌프란시스코만"은 이 도시가 "머지않아 제조업 대도시이자 미국 서부의 상업중심지emporium가 되도록" 운명 지었다. 어떤 사람들은 캘리포니아가 "알래스카에서 칠레"까지 뻗어나갈 태평양 연안 제국이라는 닻을 내리게 할 것이라고 상상했다.[3]

그러한 지지자 중 한 사람이 존 C. 프리몬트와 함께 캘리포니아주 최초의 연방 상원의원이었던 윌리엄 그윈William Gwin이다. 테네시주 출신의 내과의사 그윈은 미시시피주로 이주해 하원의원이 되었고, 그런 다음 캘리포니아로 왔다. 존 비글러와 마찬가지로 그윈도 하천에서 허리를 구부리고 선 채로 금을 골라내는 일에는 관심이 없었다. 그래도 금에는 관심이 있었다. 1851년에 그는 캘러베러스카운티에서 토지를 취득했고, 이는 곧 수익성 높은 석영 광산이 되었다. 그러나 그윈이 진짜로 사랑하는 것은 정치였다. 그는 주의 제헌회의constitutional convention에 참여했고, 1850년에 연방 상원의원으로 선출되었다. 그윈은 태평양 연안 개발을 열렬히 주장한 사람이었다. 캘리포니아는 자유주free state(미국 남북전쟁 이전에 노예제를 금지한 주)로 미연방에 가입했지만 남부 민주당원인 그윈은 노예제에 충실했다. 지역 분열이 심화하고 남부의 분리 독립이 가능성의 시야에 들어왔다. 그윈은 또 다른 분리 독립이라는 발상을 추진했으니, 로키산맥에서 태평양 연안에 이르며, 노동력은 흑인 노예와 토착의 하와이 노예가 제공하는 독립된 태평양공화국Pacific Republic의 형성이었다.[4]

다른 사람들은 중국인 노동력의 활용을 구상했다. 중국인들과 함께 태평양 연안을 개발하자는 제안은 그 개념이 다양했다. 중국에서 선교사로 일했던 윌리엄 스피어는 장로교 목사이자 샌프란시스코의 신흥 중국인 지구에 최초의 기독교 선교부를 세운 사람으로, 중국-미국 통합Sino-American unity이라는 원대한 비전의 일환으로 캘리포니아에서의 중국인 노동자들을 상상했다. 스피어는 중국과 미국의 상호 포용을 주장한바 이는 양국 사이의 우정, 상업, 문화 교류에 기초한 것이 될 터였다.《가장 오래된 제국과 가장 새로운 제국The Oldest and the Newest Empire》〔부제: 1870년 중국과 미국China and the United States, 1870〕에서 스피어는 미국인들의 중국과 중국인들에 대한 몰이해를 바로잡으려 했다. 중국인 노동력을 다룬 장에서, 그는 "중국인들은 노동에 종사하는 남자들을 편안하게 유지하기에 충분하지 않은 임금을 받고 일하며, 값싼 음식으로 연명하는 계급"이라는 인상을 반박했다. 스피어는 중국인 노동자들이 뭐든 기꺼이 하고, 명예롭고, 근면하다고 설명했다. 더 나아가 중국인들은 면화·비단·차를 재배할 줄 알며, 스피어는 이것들을 캘리포니아에서 수익성 있게 재배할 수 있다고 믿었다.[5]

다른 사람들은 계약노동을 지지했다. 1852년 2월 두 개의 "쿨리 법안"이 캘리포니아주 입법부에 제출되었는데, 하나는 오하이오 출신의 휘그당원인 조지 팅글리George Tingley가 상원에서 발의한 것이었고, 다른 하나는 윌리엄 그윈처럼 노예제 찬성 민주당원인 버지니아 출신의 아치볼드 피치Archibald Peachy가 하원에서 발의한 것이었다. 두 법안 모두 원칙적으로 자발적 계약에 따라 외국인 노동자들을 수입하는 것을 구상했다. 피치의 법안은 중국인과 하와이인으로 계약을 제한했을 것이고, 자유흑인free blacks에 대한 계약을 명시적으로 거부했을 것이다. 팅글리와 피치는 노예제 폐지 이후 카리브해 지역의 플랜테이션식민지들에 중국과 인도 출신 계약노동자들을 공급하는 "쿨리무역"의 존재를 잘 알고 있었다. 플랜테이션의 쿨리노동은 미국 내에서 심화하는 지역 간 격차를 넘어 격렬한 논쟁이 되었다. 쿨리노동은 새로운 종류의 노예제인가? 아니면 쿨리노동은 자발적 계약에 기초한, 그래서 자유노동인가?[6]

골드러시가 환태평양 교역의 문을 연 지금, 중국인들도 사탕수수 플랜테이션 노동자로 계약을 맺고 하와이로 오고 있었으며, 이런 사태의 전개가 윌리엄 그윈·조지 팅글리·아치볼드 피치 같은 사람들의 야망을 부추겼다. 쿨리 법안들은 캘리포니아주가 미국 시민·회사와 미국에서 일할 외국인 노동자 간에 해외에서 맺은 노동계약을 보증할 것을 제안했다. 피치 법안은 최소 계약기간을 5년으로, 팅글리 법안은 최소 계약기간을 10년으로 정했는데, 이는 카리브해나 다른 어떤 지역의 최소 계약기간보다 긴 것이었고, 최저 임금은 1년에 50달러로 형편없이 낮은 수준이었다. 계약을 위반한 노동자는 징역형과 벌금형에 처해질 수 있었다. 이러한 처벌 조항은 1820년대 이래 백인계 미국인들에게는 사문화한 주종법主從法, master-servant law들을 떠올리게 하는 것이었다.[7]

조지 팅글리와 아치볼드 피치는 금 채굴을 할 노동자 계약에는 관심이 없었다. 피치는 자기 법안에서 광산을 명시적으로 배제했다. 팅글리는 캘리포니아주 콘트라코스타Contra Costa와 샌타클래라Santa Clara 카운티에서 급성장하는 농업 지구를 대변했다. 두 곳은 대지주들이 노동력을 간절히 원하는 지역이었다. 1851년 12월 야심 찬 양키 선장 레슬리 브라이슨Leslie Bryson은 로버트브라운Robert Browne호를 타고 샌프란시스코를 출발했고, 그는 신년이 되면 쿨리 법안들이 캘리포니아주 입법부에 제출될 것이라는 예지豫知로 무장하고 있었다. 브라이슨은 샌프란시스코를 떠나기 전에 그가 친구에게 보낸 편지에서 쓴 것처럼 중국으로 가서 6개월 내에 "캘리포니아에서 5년 동안 일하기로 계약을 맺은 중국인들을" 데리고 올 계획이었다. "그중 150명에 대해서는 이미 새너제이San Jose의 농민들 및 정부 관리들에게 고용되었다."[8]

처음에 쿨리 법안들은 휘그당 의원과 민주당 의원 모두의 지지를 받았으며, 캘리포니아주 하원은 1852년 3월 20일 피치 법안을 통과시켰다. 그러나 상원에서는 자유토지당 의원들이 반대파를 결집해 조지 팅글리를 압도했다[("자유토지당Free Soil Party"은 미국 남북전쟁 이전에 등장해 영향력을 발휘했던 미국의 소규모 정당(1848∼1854)이다. 미국 서부 지역으로의 노예제 확대 반대가 주요 정책이었으며, 1854년 해체되어 새로 창립된 공화당에 흡수되었다). 팅글리는 이상한 연설을 통해 자기 법안을 구하려는 최후의 시도를 했다. 캘리포니아가 모든 외국인을 환영하기(그가 반대해온 정책) 때문에 캘리포니아주의 외국인 노동은 피할 수 없는 일이라는 내용이었다. 이제 문제는 미국 회사든 외국 회사든 자신들의 노동력으로부터 이익을 얻어야 한다는 것이라고 팅글리는 주장했다. 팅글리의 토착주의〔현지민주의〕nativism에 대한 호소는 역효과를 낳았다. 아마도 그 호소가 석영 채굴을 개발하기exploit 위해 큰 회사들이 들어올 수 있는 것을 시사한 때문일 것으로, 석영 채굴은 많은 포티나이너스가 자신들의 독립성을 침해할 위협으로 두려워한 채굴유망지prospect였다. 4월 13일 주 상원은 팅글리 법안을 16 대 2로 압도적으로 부결시켰다. 상원의 법안이 통과되지 못하면서 하원의 법안은 폐기되었다.[9]

캘리포니아 농업 부문에서 일할 계약 중국인들을 수입한다는 레슬리 브라이슨 선장의 계획은 실행되지 못했지만, 이는 쿨리 법안들이 실패한 때문은 아니었다. 1852년 3월, 브라이슨은 샤먼에서 중국인 약 400명을 로버트브라운호에 실제로 태웠으나 배가 출항한 지 열흘 만에 중국인들은 비위생적 선상 환경, 질병과 죽음, 그리고 이 배가 금산〔진산金山 곧 캘리포니아〕이 아닌 페루의 구아노 섬들로 간다는 소문 등에 반발해 선상 반란을 일으켰다. 이 반란 속에서 브라이슨, 1등항해사와 2등항해사, 선원 4명이 사망했다. 미국인들이 결국 배의 통제권을 되찾았으나 배는 폭풍우를 만나 류큐제도琉球〕諸島(오키나와沖繩)의 작은 섬 이시가키石垣 근처에서 좌초되었고, 거기서 선원들은 중국인 반란자 대부분을 이시가키에서 오도 가도 못하게 했고 이후 로버트브라운호는 느릿느릿 샤먼으로 돌아갔다. 1년이 걸린 조사에는 미국·청·일본·영국 관리들이 참여했고, 이시가키에 있는 중국인들을 구출해서(혹은 체포해서) 그들을 중국으로 돌려보냈다. 최종적으로 청 조정은 쿨리들이 반란을 일으킨 게 아니라 불법적인 마이 주짜이賣猪仔 곧 "새끼돼지 판매selling of piglets"—중국인들은 쿨리무역을 이렇게 불렀다—에 저항한 것이라는 결론을 내렸다.[10]

✣

캘리포니아주 쿨리 법안들의 반대자들이 꼭 중국인 이민 전반에 반대한 것은 아니었다. 《데일리 알타캘리포니아》는 원칙상 출신 국가에 상관없이 모두에게 적용되는 자유이민을 지지했다. 《데일리 알타캘리포니아》에 따르면, 금은 캘리포니아에 국제적 인구를 불러들였고, 이 전全 주민은 시간이 지나면 다양한 직업을 갖고 주를 발전시킬 것이었다. 이 신문은 중국인들이 이미 미국 대리인 셀림 E. 우드워스Selim E. Woodworth의 도움을 받아 마켈럼니강Mokelumne River 지역에 대규모 농지를 취득했으며, 여기서 이들은 "경작을 시작했고, 빠르게 정착하고 있다"라고 언급했다. 신문은 중국인들이 "우리 가운데 가장 근면하고, 과묵하고, 인내하는 사람들"이며, "우리의 법률하에서 태어나고 자란 사람들처럼 우리의 법률하에서 살아가는" 사람들이라고 칭송했다. 《데일리 알타캘리포니아》는 캘리포니아 이민자들이 지역 사회에 동화되어 "우리 주 지역민들과 마찬가지로 같은 투표소에서 투표하고, 같은 학교에서 공부하고, 같은 제단에서 절을 할 것"이라고 낙관적으로 예측했다—여기에는 "차이나 보이스China Boys" "산타페의 돈과 하와이의 카나커Don from Santa Fe and the Kanaker from Hawaii"를 포함한다("차이나 보이스"는 "중국 (출신) 사람들"을 말한다. "돈"은 에스파냐어에서 남성 앞에 붙는 "씨" 정도의 칭호로 여기서는 "남성"을 말하고, "카나커"는 "하와이 및 태평양 섬 출신의 원주민 또는 그러한 원주민 노동자"를 뜻하는 "카나카Kanaka"를 일컫는 것으로 보인다).[11]

《데일리 알타캘리포니아》의 자유주의적 성향liberality은 남북전쟁 이전 북부에서 생겨난 자유토지당의 정치를 시사하며, 이 경우에는 다인종적 태평양의 관점을 전제로 한다. 같은 이유로 《데일리 알타캘리포니아》는 어떤 형태의 노예제라도 캘리포니아주에 도입하는 것을 반대했으며, 따라서 입법 이전부터 쿨리 법안들을 반대했다. "영국 식민지[자메이카, 가이아나, 모리셔스 등]의 노동계약제"라는 최근의 경험은, 《데일리 알타캘리포니아》가 경고했듯, "이들 하인menial이 종사하는 일은 비록 자발적이기는 해도 힘들고 때로는 무자비하다." 신문은 독자들에게 "이미 이 신체적 예속은 그 나라의 언론에 의해 노예제, 가장 사악한 종種의 노예제로 분류되고 있다"는 점을 환기했다.[12]

중국인 자유이민자와 중국인 계약이민자라는 《데일리 알타캘리포니아》에 의한 구분은 곧 흐릿해졌다. 존 비글러 그 자신이 불명료화에 대한 장본인으로 비난받았다. 쿨리 법안들은 죽었지만—《데일리 알타캘리포니아》에 따르면 "마침내 죽었다—정말로, 정말 죽었다at last dead – very dead, indeed"— 주지사는 이 쟁점을 다시 제기할 수밖에 없었다. 1852년 4월 23일, 비글러는 회기 종료 전 그의 마지막 연설인 "특별 메시지"를 주 입법부에 전달했다. 메시지의 유일한 주제는 중국인 문제였다. 비글러는 "현재 지구상의 아시아 지역으로부터 이 나라로의 대규모 이입", 특히 "쿨리"로 알려진 "아시아인 계급Class of Asiatics"에 대해 경고했다. 그는 2만 명이 넘는 중국인이 현재 중국을 떠나 캘리포니아로 오고 있다고 말했고, 곧 캘리포니아주에는 중국인들이 10만 명이 있게 될 것이라고 경고했다. 비글러는 그들 거의 모두가 "중국인 주인들Chinese masters"에게 고용되어 비참한 임금을 받으며 금을 채굴하고 있으며, 중국에 있는 그들의 가족은 그 계약이 성실하게 이행되는 것을 보증하는 인질이라고 표명했다. 비글러가 주장하기로, 중국인들은 금을 캐내 이 나라에서 빼가고 있었다. 중국인들은 "자유정부free government의 축복을 이용하는 데" 관심이 없어서 자신들이 시민이 되는 것에 신경 쓰지 않고 있다. 중국인들은 공공안전에 위협이다. 아마 최악은 중국인 노동자들을 중국인 상관들에게 묶어두고 있는 계약이 미국 법정에서 유효하고 집행가능한 것으로 간주될 수도 있다는 전망이었다. 비글러는 입법부에 "무차별적이고 무제한적인 현재의 아시아 이민 체제를 억제하기" 위해 중국인들에게 무거운 세금을 부과하고, 캘리포니아 광산들에서 중국인 도급노동을 금지하는 법을 제정할 것을 촉구했다.[13]

존 비글러의 연설은 분명치 않음(채굴 계약의 성격 혹은 중국인들이 "자발적 노예상태인지 비자발적 노예상태인지"에 대한 "정보가 없었다"), 평범한 사실(샌프란시스코에 도착하는 범선들의 이름과 각 선박에 타고 있는 중국인의 수), 근거 없는 거친 비난(중국인 이민자들의 가족이 인질로 잡혀 있고, 이민자들의 한 달 임금이 3~4달러라고 하는 것) 등이 섞여 있는 선동이었다. 그의 의도는 무엇이었는가? 쿨리 법안들은 죽었다. 캘리포니아의 중국인들은 도급노동도 계약노동도 아니었다. 그러나 비글러는 백인들이 중국인 인구 증가에 대해 불안해하는 것을 이해했다. 중국인 인구는 1851년 동안 4180명에서 7520명으로 거의 두 배가 되었고, 1852년에도 또 그 두 배가 될 수도 있었다.[14] 인생에서 기회를 포착해 멀리 온 비글러는 중국인 문제에서 정치적 가능성을 보았다. 그는 1851년 첫 캘리포니아 주지사 선거에서 500표도 안 되는 차이로 승리했다. 1853년에 그가 재선되는 것은 불확실했던 일로, 특히 캘리포니아주 민주당은 전국적 정치 흐름을 반영해 노예제 찬성파와 노예제 반대파로 분열되어 있었다. 비글러는 인구가 많은 광산 지구들을 자기편으로 끌어오려 중국인 문제를 이용했다. 포티나이너스는 말을 잘 안 들었다. 사광砂鑛이 급속히 사라지고 있었고 부지런한 광부들조차 이제 하루에 4달러만 벌 수 있어서였다. 많은 사람이 이미 임금을 받고 다른 사람을 위해 일했는데, 벌이가 거의 같았다.[15]

존 비글러는 모든 중국인 광부에게 "쿨리"라는 낙인을 찍음으로써 중국인들을 자유노동의 대척점에 있는 흑인노예들과 비교하는 인종주의적 비유를 발견했고, 이를 통해 중국인들을 백인 광부들의 독립성을 위협하는 존재로 주조해냈다. 사실, 중국인 쿨리들이라는 유령은 아프리카계 미국인들에 대한 인종주의적 정책과 같은 것이었다. 주 입법부는 1852년에 1850년 **이전에** 캘리포니아주로 들어온 모든 아프리카계 미국인을—자유흑인을 포함해— 도망노예로 규정하고 그들을 체포해 그들의 전前 주인들에게 돌려보내야 한다는 법안을 통과시켰다. 이는 캘리포니아가 자유주로서 미연방에 가입한 것을 감안하면 터무니없는 입장이었다. 이러

한 입장은 모든 "유색"인종은 본질적으로 부자유하다는 민주당의 신념을 무심코 드러낸 것이었다.[16]

존 비글러의 메시지는《데일리 알타캘리포니아》에 전문이 게재되었다. 이 주지사는 또한 이를 인쇄한 "작은 종이를 광산 곳곳에 보냈다." 캘리포니아주 상원 위원회는 이런 비난에 공명하는 보고서를 발표하고 이를 팸플릿 형태로 주 전역에 배포했다. 자신이 의도한 대로 비글러는 백인 채굴 주민들을 자극했다. 광부들은 지역 의회들에 모여 중국인들이 자신들의 지구에서 채굴하는 것을 금지하는 결의안을 통과시켰다. 1852년 5월 투올러미카운티 컬럼비아에서 열린 집회에서 광부들은 비글러의 비난에 공명했다. 그들은 "주를 타락한 아시아인들로 가득 채우고, 법의 제재 없이, 우리 사회 조직에 죄수의 노예적 노동peonage 체제를 얽어맬" 사람들에 대해 분노했으며, 자신들의 지구에서 중국인들을 배제하기로 찬성투표 했다. 다른 집회에서는 근거도 대지 않고 그저 중국인들에게 떠나라고 또는 "목장들을 떠나라"라고 명령했다. 때로 이들은 폭력을 사용해 자신들의 불하청구지들에서 중국인들을 밀어냈다.[17]

존 비글러는 중국인 문제에 편승해 선출직에 오른 최초의 정치인이 되었다. 그는 1853년 9월에 휘그당 개혁 후보 윌리엄 월도William Waldo를 물리치고 캘리포니아 주지사에 재선되었는데, 득표율은 겨우 51퍼센트였다. 중국인 문제 덕에 비글러는 광산 카운티들에서 상당한 과반수를 차지할 수 있었다. 비글러의 재선은 샌프란시스코에서 토지 투기꾼들과 함께 벌인 계획이 실패하는 등 일련의 부패 스캔들 이후 비글러를 정치적으로 유독하다고 간주한 일부 관측통을 놀라게 했다. 그러나 이 선거는 비평가들이 태머니홀Tammany Hall의 전술과 유사하다고 평가한 전술—당의 강권화強權化, 부정투표로 득표수 부풀리기ballot stuffing, 데마고기demagoguery

〔대중을 선동하기 위한 정치적 허위선전이나 인신공격〕— 을 바탕으로 주에서 민주당의 권력이 강화되었음을 알리는 것이었다〔"태머니홀"은 18세기 후반에 사교단체로 출발해 1800년경부터 1930년대까지 뉴욕시티의 민주당을 지배한 파벌 조직이다〕. 중국인 문제 혹은 "쿨리" 문제는 "비글러주의Biglerism"의 핵심 요소였고, 캘리포니아 민주당의 기저 원칙이 되었다.[18]

존 비글러가 중국인들을 "쿨리인종"으로 낙인찍는 데 성공하면서 캘리포니아 정치인들은 인종적 희생양이 필요할 때마다 써먹을 수 있는 편리한 비유를 얻게 되었다. 그러나 반쿨리주의anticoolieism는 정치적 도구 이상으로 태평양 연안 백인들 사이에서 마음대로 써먹을 수 있는 일종의 변화무쌍한 인종주의가 되었다. 시간이 흐르면서 반쿨리주의는 좀 더 정교한 이론을 갖추게 될 터인데, 특히 정치경제학자 헨리 조지Henry George에 의해 그러한바 그는 독점과 노동에 관한 자신의 첫 견해들을 중국인 문제에 적용했다.

헨리 조지는 1857년 열여덟 살의 나이에 금광지에 도착했다. 그는 활동적인 젊은이였으며 몇 년 전에 필라델피아에 있는 부모 집을 떠나 인도와 남아메리카로 항해했고, 오리건에 도착했다. 프레이저강 골드러시 Fraser River Gold Rush 시기에 샌프란시스코를 떠나 브리티시컬럼비아로 이동했을 당시를 그는 나중에 이렇게 회상했다. "나는 어떤 사회문제에 대해서도 골똘히 생각해본 적이 없었다." 그러나 그는 계속해서 이렇게 말했다. 스쿠너선의 갑판에서 광부들은

중국인들에 대해 이야기하고 있었고, 나는 이 광부들의 말대로 그들이 값싼 채굴 일만 하는 것이라면, 그들이 이곳에서 무슨 해를 끼치는지 조심스레 물어보았다. 한 나이 든 광부가 이렇게 말했다. "지금은 어떤 해도 끼치고 있지

않지만 캘리포니아에서 임금이 항상 지금처럼 높지는 않을 것일세. 나라가 성장하고, 사람들이 들어오면서, 임금은 내려갈 것이고, 언젠가는 다른 백인들이 중국인들이 지금 일하고 있는 저 채굴지 일을 하는 걸 기꺼워할 걸세." 나는 그것, 곧 우리가 바라는 것처럼 나라가 성장함에 따라 자신들의 생계를 위해 일해야 하는 사람들의 처지는 나아지기는커녕 더 나빠질 수밖에 없다는 견해가 나에게 주었던 인상을 잘 기억한다.[19]

헨리 조지는 금광 일을 하지 않고《샌프란시스코 타임스San Francisco Times》에서 식자공으로서 일했다. 그는 이어 기자가 되었고, 1870년대에 캘리포니아주 신문《오클랜드 데일리 트랜스크립트Oakland Daily Transcript》의 발행인이 되었다. 나아가 그는 노동, 토지, 독점에 관한 많은 글을 쓰는 19세기 후반의 주요한 정치경제학자 중 한 사람이 되었다. 조지가 스쿠너선의 갑판에서 광부들의 대화를 들은 것은, 그가 중국인 노동력에 대해 글을 쓰기 10여 전의 일이었고, 그의 가장 유명한 저서《진보와 빈곤Progress and Poverty》(1879)을 쓰기 한참 전의 일이었다. 그러나 조지의 견해의 많은 부분은 금광지들에서 그가 알게 된 만연한 인종적 스테레오타입이라는 토양에서 나왔다. 〔참고로《진보와 빈곤》의 부제는 "산업 불황의 원인, 빈부격차에 대한 탐구: 해결책An Inquiry into the Cause of Industrial Depressions and of Increase of Want with Increase of Wealth: The Remedy"이다.〕

존 비글러의 수手, gambit는 20세기에도 계속 성과를 거둘 것이었다. 미국노동총동맹American Federation of Labor, AFL의 지도자 새뮤얼 곰퍼스Samuel Gompers는 1902년에《고기 대 쌀: 아시아적 쿨리주의에 맞서는 미국의 남성됨, 어느 쪽이 살아남을 것인가?Meat vs. Rice: American Manhood Against Asiatic Coolieism, Which Shall Survive?》를 출판했는데, 중국인 문제를 인종·계급·젠더의 관점에서 하나로 이론화하고 자유노동이라는 개념을 반쿨리주의와 한데 연결했다.

✛

위안성과 통 K. 아칙Tong K. Achick(탕팅구이唐廷桂)은 존 비글러를 두려워하지 않았다. 이 둘은 비글러 및 다른 백인 엘리트들과 마찬가지로 광부가 아니라 사업가이자 정치 지도자였다. 두 사람은 캘리포니아에서 상당한 규모의 중국인을 대변하는 영위회Yeong Wo Association(양허회관洋河會館)의 지도자였다. 이 조직에서 차지하고 있던 지도적 위치에 더해 위안성과 통 K. 아칙은 교육받은 사람들이었고 영어에도 능통했다. 이들은 주지사의 메시지에 반발할 수 있는 좋은 위치에 있었다.

위안성과 통 K. 아칙은 현재 광둥성 중산시의 동향 출신이다. 둘 다 마카오에서 학교를 다녔다. 통 K. 아칙은 중국 최초의 프로테스탄트 선교사 로버트 모리슨Robert Morrison이 세운 명문 영어학교에서 공부했다. 그의 모리슨 학교 동학同學으로는 이후 샌프란시스코에서 선교사들이 발행하는 《오리엔탈Oriental》의 중국인 편집자가 되는 리칸Lee Kan(리건李根)과, 미국 대학(예일칼리지 1854년 입학)을 졸업하고 19세기 후반 100명이 넘는 중국 10대 소년들을 하트퍼드Hartford와 뉴헤이븐New Haven으로 유학 보낸 중국교육사절단Chinese Educational Mission[청 정부가 1872~1875년 미국에 보낸 국비유학생인 이른바 "유미유동留美幼童"] 계획의 창시자 융윙Yung Wing(룽훙容閎)이 있다. 알다시피, 위안성은 1849년에 샌프란시스코로 온 최초의 중국인 중 한 명이었다. 통 K. 아칙은 아마도 1850년에 캘리포니아로 왔을 것이다. 그는 샌프란시스코의 가장 큰 중국인 회사 톤워앤드컴퍼니Ton Wo and Company를 이끌면서 성공한 상인으로 빠르게 자리 잡았다. 그는 위안성이 병이 나서 중국으로 돌아간 이후인 1854년에 영위회[양허회관]의 제2대 회장이 되었다.[20]

존 비글러의 특별한 메시지가 나온 며칠 후 통 K. 아칙은 이 주지사에게 편지를 썼다. 그는 편지에 합와Hab Wa와 함께 서명을 했는데, 합와는 선박 용선업자傭船業者이자 삼워앤드컴퍼니Sam Wo and Company의 상인이었다. 합와는 당대의 가장 큰 쾌속범선의 하나로 중국(상하이와 홍콩)과 샌프란시스코 사이의 환태평양 교역용으로 특별히 건조된 챌린지Challenge호를 타고 최근 캘리포니아에 도착한 상태였다. 주지사에게 보내는 편지에 통 K. 아칙과 합와는 비글러의 주장과 달리 챌린지호에 탑승한 중국인 승객 500명 중 쿨리는 단 한 명도 없다고 증언했다.[21]

통 K. 아칙의 편지는 다음과 같이 시작한다. "중국인들은 당신이 자신들에게 불리한 메시지를 발표한 것에 슬픔을 느꼈습니다. 우리는 아시아인이지만 우리 중 일부는 미국 학교에서 교육을 받았고, 당신들의 언어를 배웠으며, 그 덕분에 신문에 실린 당신의 메시지를 직접 읽을 수 있었고, 이를 다른 우리 동포들에게 설명해줄 수 있었습니다. [⋯] 우리는 우리가 할 수 있는 한 예의 바르고 정중하게 편지를 써서 각하your Excellency께서 우리에 대해 잘못 알고 있는 몇 가지를 지적하기로 결심했습니다." 편지는 실제로 "예의 바르고 정중한" 어조로 쓰였지만, 표면 아래에는 분노와 반항심이 느껴졌다. 편지는 캘리포니아의 중국인에는 노동자뿐만 아니라 상인, 기계공, 젠트리gentry, 교사 등도 있다고 설명했다. "그 단어가 예속된 사람 혹은 도급노예를 뜻한다면 [중국인] 그 누구도 '쿨리'가 아닙니다." 편지는 힘주어 이렇게 말했다. "불쌍한 중국인들은 이곳에 노예로 오는 것이 아닙니다. 그는 독립에 대한 욕구 때문에 오는 것입니다."

합와와 통 K. 아칙은 중국인들이 중국에서 받는 것보다 더 적은 월 3～4달러를 받고 미국에 와서 일하고 있다는 존 비글러의 주장을 터무니없는 것이라고 일축했다. "그들이 사소한 유인誘因 때문에 [자신들의 가족을] 떠날 것이라고 믿는 것은 어리석은 일입니다"라고 합와와 통 K. 아칙은 썼다. 중국인들이 미국 사회에 위협이 된다는 비글러의 비난에 그들은 "당신의 거리들에는 중국인 주정뱅이도 없고, 당신의 감옥들에는 중국인 수형자도 없고, 당신의 병원들에는 중국인 미치광이도 없으며, 당신의 주에 해가 되는 사람도 없습니다. […] 중요한 일들에서, 우리는 좋은 사람들goon men입니다. 우리는 우리의 부모를 공경합니다. 우리는 우리의 아이들을 돌봅니다. 우리는 근면하고 평화롭습니다. 우리는 많은 교역을 합니다. 우리는 크고 작은 금액에서 신뢰를 받고 있습니다. 우리는 빚을 갚고, 정직합니다. 그리고 당연히 우리는 진실을 말합니다."

중국인 이민자들의 무결성無缺性, integrity을 옹호하는 것에 더해, 합와와 통 K. 아칙은 이주와 교역 사이에 긍정적 관계가 있다는 점을 날카롭게 주장했다. 사람과 물건의 순환은 서로 연결되어 있다. 이주는 상업을 낳았고, 이는 "세계의 전반적인 부富"에 기여했다. 존 비글러는 챌린지호와 다른 배에서 내리는 수백 명의 쿨리만을 보았으나 합와와 통 K. 아칙은 사람과 화물 둘 다를 보았다. 비글러는 미중 교역이 얼마나 큰지 몰랐을 수도 있으나, 합와와 통 K. 아칙은 "그것(미중 교역)이 얼마나 빠르게 증가하고 있는지, 그리고 원래는 광부로 건너왔던 사람들이 현재는 얼마나 많이 상인이 되어 캘리포니아로 돌아오고 있는지"를 인정했다. 샌프란시스코의 중국인 상인들은 중국 상품—쌀, 비단, 차—만 아니라 "다량의 미국 상품을, 특히 모든 중국인이 미국에 상륙하자마자 한두 켤레 이상 구입하는 부츠를 팔았습니다. 그리고 중국 물품을 아주 큰 규모로 취급하는 미국 상점들도 있었으며, 그중 일부는 최고의 성공을 거두었습니다." 중국인 이민은 "이러한 중국 교역의 개방에 참여하고 있으며, 이는 […] 여전히 이 도시와 주의 자부심과 부가 될 것입니다."

합와와 통 K. 아칙은 "당신의 나라가 중국과 [교역을] 바라고 있다는 점을" 알고 있다고 하면서 다음과 같이 주장했다. 교역은 "모든 것이 한쪽에 있을 수는 없으며 […] 우리가 당신의 광산들에서 캐낼 수 있게 된 금은 이 나라의 다른 모든 것과 마찬가지로 중국 교역을 아주 빠르게 성장시켰습니다. 만약 당신이 아시아에서 오는 이민을 억제하고 싶다면 당신은 아시아 상업을 억제하는 것을 통해 그렇게 하게 될 것입니다."

합와와 통 K. 아칙은 모든 합리적 관찰자가 알고 있는 것을 이야기했다. 즉 이주와 교역은 해외 접촉과 교류를 상호 보완하는 요소들이라는 것이다. 대외교역에 관심이 있는 캘리포니아 내의 미국인 사업가들 및 유럽인 사업가들은 이민을 제한하자는 이민배척주의자nativist들의 요구에 저항해왔다. 이것이 캘리포니아주 입법부가 금 채굴을 미국 시민에게만 한정해야 한다는 제안을 부결한 주요 이유의 하나였다. 캘리포니아 사업가들이 중국인들을 높이 평가한 것은 중국인들이 유순한 쿨리 노동자라서가 아니라 중국인 상인들이 정직한 거래를 하는 것으로 유명한 훌륭한 사업가들이었기 때문이다. 존 비글러의 메시지에 대응하는 글을 쓰면서 저명한 사업가 11명은 미국-중국 교역 전체가 곧 샌프란시스코의 금문golden gate과 캘리포니아의 금언덕golden hill들을 통과해 이 주를 상상할 수 없을 만큼 부유하게 할 것이라고 예측했다("golden gate"는 대문자로 쓰면 샌프란시스코만 입구의 "금문해협"이 된다. 캘리포니아주를 "Golen State"(골든스테이트)로 이르기도 한다). 이들은 캘리포니아주 입법부에 "이제 막 걸음마 단계에 있는 이 ["이주와 교역"의] 시스템을" 아마도 회복할 수 없을 "우리가 우리 자신들에게 해를 가할 수 있는 무지하고 성급한 법과 규제를 제정함으로써 〔그 시스템을〕 억제하거나 손상시키지 말아달라"고 간청했다.[22]

《뉴욕 타임스New York Times》도 같은 정서를 표명했다. 신문은 모든 상업국가가 열망하는 것을 성취하고 있는 "캘리포니아 프로세스California process"를 위태롭게 한 존 비글러의 인종주의를 질타했다. "캘리포니아 프로세스"란 캘리포니아와 중국 사이 "상업적 상호교류, 자유롭고 제한 없는 교역"이었다. 실제로, 향후 수십 년 동안 반反중국 이민배척주의자들은 중국 교역과 관련한 외교적·상업적 이해관계자들로부터의 반대에 직면하게 될 것이다. 사람과 물건의 이동을 연결하는 유대 관계를 갈기갈기 찢어버림으로써 중국인 문제를 해결하고, 중국과의 교역을 보존하면서 중국인들의 미국으로의 이민을 제한하는 것이 이들 이민배척주의자의 과제가 될 것이다.[23]

위안성도 존 비글러의 메시지에 반대하는 목소리를 냈다. 1852년 5월 초반에 그는 노먼 아싱이라는 이름으로 캘리포니아 주지사에게 편지를 썼고, 그 사본을 《데일리 알타캘리포니아》에 보냈다. 그는 자신을 "중국인이자, 공화당원이고, 자유 제도의 찬미자"이며, "미국 정부의 원칙들에 많은 애착을 가지고 있다"라고 밝혔다. 편지는 분노에 차 있었고 직설적이었다. "당신의 최근 메시지의 효과는 나의 민족에 대해 대중의 마음에 편견을 심는 것이며, 기회를 엿보는 사람들이 그들(''나의 민족'')을 몰아내게 하는 것이고, 그들의 수고에 대한 보상을 앗을 수 있게 하는 것입니다." 합와 및 통 K. 아칙과 마찬가지로, 위안성은 "이 주州에서 인구〔주민수〕를 배제함으로써 주의 부를 강화할 수 있다"는 비글러의 논리에 이의를 제기했다. "나는 인구가 곧 부富라고, 특히 생산자 인구가 그렇다고 여겨왔습니다."[24]

위안성은 비난하듯 존 비글러에게 자기 자신의 이민자 유산을 날카롭게 상기시키며, 미국의 "이민이 **당신을 현재의 모습으로**〔강조는 원문〕 — 당신의 국가를 현재의 모습으로 — 만들었으며, […] 나는 당신이 원한다 해도 당신이 이민자의 후손이라 불리는 것을 막을 수 없을 것이라 확신합니다. 당신이 홍인들red men〔"red man"은 "Red Indian" 곧 "아메리칸인디언"(아메리카대륙의 원주민)을 가리키는 모욕적인 말이다〕의 후손임을 자랑하지 않을 것임을 확신하기 때문입니다"라고 언급했는데, 이는 미국의 역사망각증historical amnesia의 핵심을 꿰뚫는 것이었다. 위안성은 미연방헌법이 "백인pale face 외에는 어떠한 망명asylum도 인정하지 않는다"는 비글러의 주장이 "거짓"이며 "비난받을 만하다"라고까지 생각했다〔"pale face"는 본래 북아메리카 원주민들이 "백인"을 이른 말로 때로 경멸적으로 쓰인다〕. 그는 "당신이 흑인을 비자발적 노예상태로 붙잡아두었기 때문에 그리고 [미]연방을 위해 일부 주가 이를 관용했기 때문에 흑인을 격하해왔다"는 것을 알고 있다고 말했다. 좀 더 명료하게, 위안성은 "당신은 이 계급 속에 우리를 넣으려 애쓸 것이고, 의심할 바 없이 우리에게 노예상태servitude라는 낙인을 찍는 것이 자유민freemen이 될 일부 사람을 기쁘게 할 것입니다"라고 썼다. 그는 이렇게 주장했다. "우리는 당신이 의도하듯 격하된 인종이 아닙니다. 우리는 기계공이나 상인으로서 그리고 인생의 모든 명예로운 사업을 추구하면서 당신들 사이에 왔습니다. […] 우리 종족의 피부색과 얼굴빛에 관한 한, 우리는 우리네가 당신네보다 조금 더 검게 탔다는 것을 완벽히 알고 있습니다. 하지만 당신은 우리가 아프리카 인종이나 당신 자신과 마찬가지의 홍인과 많이 동족 관계에 있으며, 그리고 피부의 귀족성aristocracy of skin에 관한 한 우리들은 많은 유럽 인종과 견줄 수도 있음을 알게 될 것입니다."[25]

위안성은 미국의 인종 계서제racial hierarchy가 아니라 그 계서제 내 중국인의 위치에 대해 신분status(노예상태가 아니라 자유로운) 및 피부색(흑인이나 홍인보다는 백인에 더 가까운) 둘 다에 근거해 이의를 제기했다. 미국이 백인만이 아니라 모든 사람을 환영하고 동등하게 대우했다는 위안성의 완강한 주장은 다소 혼란스러웠으나, 그의 혼란은 당시의 정책과 관행이 일관되지 않았다는 점에서 이해할 수 있었다. 미국의 1790년의 귀화법Naturalization Act of 1790은 시민권[시민의 자격]citizenship을 "훌륭한 도덕적 품성을 갖춘 자유백인free white men of good moral character"으로 제한했지만, 19세기 대부분의 시기 동안 일부 중국인이 미국에 귀화했으며, 이 중에는 융윙(예일칼리지, 1954년 입학)과 위안성 자신도 있었다. 자유흑인은 1820년대까지 북부 주들에서 투표를 할 수 있었다. 흑인은 자유인이건 노예이건 시민이 아니고 시민이 될 수도 없다고 하는 미국 연방대법원의 드레드 스콧Dred Scott 판결은 5년 후에 있을 일이었다. 1882년까지 중국인들은 이러한 시민권에서 명시적으로 배제되지 않았다. 〔흑인 노예 드레드 스콧(1795~1858)은 (그의 주인을 따라) 자유주인 일리노이주와 미네소타주에 거주했던 것을 근거로 자기와 자기 가족들이 자유인 신분임을 인정해줄 것을 제소했으나, 1857년 연방대법원은 흑인 노예는 합중국헌법상 시민이 아니므로 법정 소송을 제기할 권리가 없다고 판결했다.〕

위안성은 미국 귀화 시민으로서 자신의 사례를 들어 미국을 자기 주소지로 삼거나 미국에 귀화를 신청한 중국인이 한 명도 없다는 존 비글러의 주장을 반박했다. 합와와 통 K. 아칙도 유사하게 주장했다. "당신들 법률의 특권이 우리에게도 열려 있다면, 우리 중 일부는 의심의 여지 없이 당신들의 관습·언어·사상·감정·도덕·관례 등을 습득해 당신들 나라의 시민이 될 것입니다. 많은 사람이 이미 당신들의 종교를 자신의 종교로 채택했습니다. 그리고 우리는 훌륭한 시민이 될 것입니다. 현재 이 나라에는 아주 훌륭한 중국인들이 있습니다. 그리고 허용된다면 장차 더 나은 부류의 사람들이 올 것입니다—학식 있고 부유한 사람들이 가족을 데리고 올 것입니다."

이 위안성의 편지가 샌프란시스코의 신문들에 실리자 여기에 공감한 백인들은 중국인들이 각자의 사례를 계속 역설하도록 고무했다. 특히 백인 광부들이 광산들에서 중국인들을 공격하고 있다는 보도에 비추어 그렇게 하라고 했다. 중국인 지도자들은 통 K. 아칙을 새크라멘토에 보내 존 비글러 주지사를 직접 만나 "우리에 대한 그의 마음을 부드럽게" 하고 백인 광부들이 법을 준수하게끔 그를 설득해달라고 호소했다. 통 K. 아칙은 또한 중국인들이 외국인광부세foreign miners tax를 기꺼이 납부할 의향이 있다고 말할 준비가 되어 있었다.

새크라멘토에서 통 K. 아칙은 주지사 및 주지사의 "대령들과 대위들colonels and captains"에게 "매우 영광스러운 접대"를 받았다(여기서 "대령"과 "대위"는 군軍과 관계없는, 미국 남부나 중부의 주들에서 명목상의 공무원 또는 명예직 따위에 대한 경칭이다). 존 비글러는 통 K. 아칙에게 또 다른 편지를 써달라고 요청했고, 아칙은 답장할 것이라고 답한 다음 이 두 진술을 함께 인쇄해 미국인들에게 배포할 것이라고 말했다. 자신들의 "비통함이 거의 끝났다"라고 믿으면서 중국인들은 편지를 새로 써서 보냈으나, 비글러는 편지를 거부했다. 주지사는 사자使者를 통해 중국인들이 쓴 편지를 대체할 편지를 보내 중국인들이 서명하게 했다. 이러한 주지사의 주제넘은 짓에 중국인 지도자들은 분노했다. 이들은 다음과 같이 항의했다. "그 말은 우리의 말이 아니며, 우리는 정직한 사람들의 진실로서 그렇게 말할 수 없고, 우리가 이미 말한 바와도 모순된다." 중국인 지도자들은 자신들의 원래의 편지를 비글러의 연설문, 자신들의 첫 번째 편지, 캘리포니아 사업가들의 자신들에 대한 지지 진정서와 함께 묶어 "중국인 문제의 분석An Analysis of the Chinese Question"이라는 제목의 팸플릿으로 발간했다. 팸플릿은 샌프란시스코 신문《해럴드Herald》에 의해 인쇄되어 배포되었다.[26]

통 K. 아칙과 천아칭Chun Aching(싼이회관 지도자)이 서명한 1852년 5월의 두 번째 편지는 고통으로 가득 차 있었다. "우리가 당시 두려워하던 많은 악이 광산들에 있는 우리 동포들에게 닥쳤습니다"라고 그들은 주지사에게 썼다. "많은 곳에서 그들은 일터에서 쫓겨났고 자신들의 불하청구지를 빼앗겼습니다. […] 그중 일부는 그들이 미국인들로부터 비싼 값에 사들인 것이었습니다." 그들은 구체적으로 미들유바강Middle Yuba River, 디어크리크Deer Creek, 포스터스바Foster's Bar, 아메리칸강American River의 북쪽과 남쪽의 갈래 지점, 위버스크리크Weaver's Creek 등을 백인들이 중국 광부들을 몰아낸 지역으로 언급했다. 위버스크리크에서는 사람들이 긴 밧줄을 이용해 중국인 천막들을 급습해서 밀어냈다. 백인들은 식량을 가지고 오는 중국인 거래자들을 내쫓았다. 통 K. 아칙과 천아칭은 "그렇게 해서 수백 명의 중국인이 비참한 처지에 놓였으며, 이제는 광산들을 떠돌고 있습니다"라고 썼다. 일부는 "먹을 것조차 없어 고통받고 있으며 […] 완전히 절망에 빠졌습니다. 우리는 다 큰 남자들이 가장 황량한 곳에 홀로 앉아 어린아이처럼 울고 있는 모습을 볼 수 있다고 들었습니다."[27]

불하청구지들과 채굴 캠프들에서 쫓겨난 중국인들 중에는 금광지들에 막 도착한 최근의 이민자들도 있었다. 이들은 자신이 가진 모든 돈을 식량과 장비—삽, 곡괭이, 선광냄비, 부츠—에 투자했으며, 치욕은 말할 것도 없고 엄청난 손실을 입었다. 이들은 곧바로 샌프란시스코로 돌아가 다음 배를 타고 출항했다. 통 K. 아칙은 이들이 중국에 돌아가면 주위 사람들에게 자신들이 겪은 고통에 대해 이야기할 것이고 새로운 이민을 만류할 것이라고 예측했다. 실제로, 중국인 지도자들은 이미 본국에 편지를 보내 중국인들이 다시 환영받을 때까지 자국민들이 미국으로 오는 것을 중단해야 한다고 보고했다. 그럼에도 중국인 지도자들은 캘리포니아에 살고 있는 중국인의 많은 수가, 그 대부분은 아니어도, 캘리포니아에 남아 있을 것임을 알고 있었다. 실제로 존 비글러의 연설과 금광 지구들에서의 폭력 선동 및 추방 이후 중국인 약 5000명 정도만이 중국으로 돌아갔다. 퉁 K. 아칙과 천아칭은 비글러에게 캘리포니아주에 남아 있는 중국인들을 보호해달라고 간청했다. 둘은 주지사가 "우리 민족을 구하고" 싶어 할 것이며, 주지사 "역시 아주 인도적이어서, 우리들에게 잘못된 일을 할 때 자신들의 행동이 당신을 기쁘게 한다고 생각하는, 당신의 이름을 이용하는 폭력적인 사람들에 의해 우리들이 광산들에서 살해당하거나 굶주리거나 구걸해야 하는 상황을 바라지는 않을 것"이라고 희망했다.[28]

퉁 K. 아칙과 천아칭은 주지사에게 보낸 편지에서 중국인들은 주지사 존 비글러의 촉구로 주 입법부가 당시 막 부과한 월 3달러의 외국인광부세를 "기분 좋게" 그리고 "불평 없이" 납부할 것이라고 약속했다. 공식적으로 이 세금은 채굴 면허로, 모든 비非시민권자에게 요구되는 것이었다. 둘은 면허가, 세금보다 더 명시적으로, "우리가 [채굴에 대한] 이 권리를 사들이면 우리는 그것을 누리게 되어 있다"라는 정부 측의 약속을 구체화한다는 것을 이해했다. 퉁 K. 아칙과 천아칭은 주지사에게 다음과 같이 물었다. "모든 백성에게 우리가 당신의 보호 아래 있으며 우리를 방해해서는 안 된다고 말하도록 [세금징수관에게] 명하시겠습니까?"[29]

1852년의 외국인광부세는 캘리포니아주에서 그러한 세금으로는 두 번째로 도입된 것이었다. 1850년 5월에 통과된 첫 번째 것은 한 달에 20달러로 책정되었는데, 많은 사람에게 그들의 한 달 벌이를 초과하는 엄청난 금액이었다. 이 세금은 외국인 광부들 즉 유럽인들뿐 아니라, 특히 가장 숙련되고 따라서 가장 경쟁력 있는 멕시코인들과 칠레인들에게 큰 타격을 가하는 것을 목표로 했다. (중국인들은 그 대상이 아니었으니 당시 금광지들에 온 중국인들은 아직 거의 없었다.) 당시 이 세금은 분노에 찬 반대를 불러일으켰다. 샌와킨 계곡 소노라Sonora (캘리포니아)에서 타운에서는 4000명의 외국인 광부—멕시코인, 칠레인, 페루인, 프랑스인, 독일인, 영국인—가 집단적으로 세금징수관들에게 맞섰고, 세금을 납부하지 않을 것이라고 맹세했다. 외국인 광부들과 보안관들 사이에 폭력 충돌이 발생했다. 수천 명의 외국인이 광산 일을 그만두고 고향으로 돌아가거나 일부는 타운과 도시에서 새로운 시도를 시작했다. 소노라 상인들은 이 대규모 이탈로 손실을 보았다며 주州대법원에 세금의 적법성에 대한 이의를 제기했다. 상인들은 패소했으나, 계속되는 불안으로 준주〔캘리포니아〕 지사 피터 버넷(1849~1851)은 세금을 한 달에 5달러로 낮추었다. 1851년 3월 주 입법부는 이 세금을 폐기했다. 그러나 이때까지 세금으로 인해 이미 2만 명의 외국인 광부가 금광지들에서 내쫓긴 상태였다.[30]

많은 캘리포니아 주민이 첫 번째 외국인광부세를 재앙이라 믿었으나, 주 입법부는 중국인들을 공격하는 데 세금을 부과할 수 있는 자신들의 권한을 다시 사용했다. 새로운 외국인광부세는 한 달에 3달러로 책정되었는데 이는 존 비글러가 보기에 중국인 쿨리들이 버는 것과 거의 같은 금액으로, 따라서 채굴로 수지타산이 맞지 않게 해서 중국인들을 내쫓는 것을 목표로 했다. 새 세법이 어느 특정 집단을 명시하지는 않았으나 주 입법부 내에서는 "이 법안이 특히 중국인들, 남태평양의 남해섬 사람들South

Sea Islanders〔하와이인〕등을 겨냥하고 있으며, 유럽인들에게 적용하려는 것은 아니"라고 이해되었다.[31]

중국인 광부들이 충실히 세금을 납부했음에도 이들에 대한 괴롭힘과 폭력은 계속되었다. 최소한 일부 백인은 중국인들을 부담스러운 세금으로 괴롭히는 것에 만족하지 않고 중국인들을 금광지들과 캘리포니아주에서 완전히 추방하고 배제하기를 원했던 것 같다. 존 비글러는 "노예제"가 곧 "값싼 노동력"이라는 논리에 근거해 강력한 인종주의적 정치를 촉발했으며, 이는 특히 자신의 미래에 대해 불안해하는 광부들 사이에서 토착주의〔현지민주의〕에 용이한 근거를 제공했다. 사금 채취〔사광 채굴〕는 빠르게 격감했고, 많은 사람이 업계를 일변시키겠다고 위협하는 다액의 자본이 투입된 회사들—물을 가져다줄 것이나 그것에 높은 가격을 매길 배수회사들, 독립적 탐광자들을 임금노동자로 전락시킬 수도 있는 석영채굴회사들—이 들어오는 것에 대해 우려했다. 1853년 1월 주 입법부의 다음 회기가 시작되자, 외국인광부세 법률을 개정하는 몇몇 법안이 제안되었다. 제안된 법안에는 세금을 한 달에 4달러로 인상하는 것부터 중국인들을 채굴에서 배제하는 데서 세금징수관의 권한을 더 강화하는 것까지 있었다.[32]

중국인 공동체의 지도자들은 이러한 변화를 면밀히 주시했다. 이들의 백인계 미국인 법률 고문들은 캘리포니아주 의회에 인맥이 있었을 것이고, 위안성과 통 K. 아칙 같은 이중언어 사용자들은 의심할 바 없이 신문을 읽었을 것이다. 이들은 자신들의 대의명분을 직접 대변하는 선제적 조치를 취했다. 법 개정을 검토하는 일을 맡은 주 입법부의 광산및채굴권위원회Committee on Mines and Mining Interests에 면담을 요청한 것이다. 위원회 위원들은 1853년 2월에 샌프란시스코로 와서 캘리포니아주에 만들어진

4개 중국인 동향회 지도자들과 만났다. 영위회〔양허회관〕대표자 중 한 사람인 통 K. 아칙은 이 단체의 대변인 겸 통역자로 활동했다.[33]

이들이 만났을 때, 주 입법부 사람들은 중국인들을 유럽계 미국인들과 사회적으로 동등한 존재로 보지 않았으나 그렇다고 해서 중국인들을 불친절하거나 무례하게 대하지도 않았다. 대부분의 위원회 위원은 인종 배제라는 급진적 정치에 반대했으며, 중국과 캘리포니아 및 미국 사이 교역이 낳을 이익을 지지했다. 그들은 미국 내 중국인들, 특히 자신들과 거래하는 상인들을 위해서는 '장소place'를 허용함으로써, 그리고 그 외 사람들을 위해서는 광부들이 채굴이 끝난 불하청구지들을 채굴할 수 있고 백인들에게 경제적·사회적 위협이 되지 않는 변두리의 장소를 광부들에게 제공함으로써 교역을 발전시킬 수 있는 해결책을 모색했다. 위원들은 "우월한 인종"인 유럽-미국인들이 열등한 아시아인들의 존재로 인해 오염되거나 격하되지 않고 오히려 (시간이 지남에 따라) 그들을 고양시킬 수도 있을 것이라고 확신했다.[34]

중국인 지도자들은 주 입법부 위원회에 자신들의 불만, 즉 중국인들이 세금을 납부함에도 계속해서 괴롭힘과 훼방을 당하고 있으며, 주가 중국인들을 보호하지 않고 있고, 피부색을 이유로 중국인들이 백인들을 상대로 법정에서 증언을 하지 못하고 있다는 불만을 제기했다. 동시에 중국인 지도자들은 중국인들은 "쿨리"가 아니라 자유로운 이민자라며 주 입법부 사람들을 안심시키려 노력했다. 중국인 지도자들은 일부 중국인이 골드러시 초기에 중국인 자본가들이나 유럽계 미국인 자본가들과 계약을 맺고 캘리포니아로 오긴 했어도 그러한 방식은 이윤이 되지 않는 것으로 판명되어 폐기되었다고 설명했다. 그렇지 않은 사람들은, 이들이 말하기로, 가족 재산을 담보로 해서 신용〔외상〕으로 자신들의 여객운임을 지불했다.

중국인들은 또한 상호부조 결사체로서의 **회관**會館[후이관]의 역할에 대해 입법부 사람들에게 설명할 기회를 가졌다. 이들은 이러한 조직의 지도자로서 현지 내의 자기 민족에 대한 영향력은 있지만 통제력이 있는 것은 아니라고 설명했다.[35]

이 회합은 외국인광부세의 운영 방식과 관련한 실제적 제안을 논의하는 데까지 이어졌다. 회합 양측은 외국인광부세가 더 잘 시행되어야 한다는 데 합의했다. 중국인 지도자들은 세금 징수를 돕기 위해 세금징수관들을 수행할 중국인 통역자들을 주가 고용할 것을 제안했다. 주 입법부 사람들은 이의를 제기했다. 위원회는 회관이 세금의 전액 징수 및 납부에 대한 책임을 지기를 원했다. 퉁 K. 아칙은 중국인 지도자들은 세금 규정 준수를 장려하는 데 최선을 다할 것이지만, 회관은 회관이 결국은 통제할 수 없는 개인들에게는 그렇게 큰 책임을 질 수는 없다고 답했다. 세금 징수와 관련한 중국인 지도자들의 제안들은 받아들여지지 않았으나, 중국인 지도자들은 세수稅收 배분에 관한 제안을 했고 입법부 사람들은 이를 긍정적으로 고려했다. 퉁 K. 아칙은 세수를 주와 그 세금이 징수되는 여러 카운티가 서로 배분할 것을 제안했다. 이러한 방식은, 그가 설명하기로, 지역 공동체들이 중국인들을 용인하고 수용하는 데서 유인책을 제공할 수도 있었다. 어쩌면, 시간이 지남에 따라, 이들 지역 공동체와 중국인들이 서로 친구가 될 수도 있다. 실제로 중국인들은 줄어드는 주 재원을 상쇄하기 위해 더 많은 세금을 주에 기꺼이 낼 것이다.[36]

퉁 K. 아칙과 그의 회관 동료 지도자들은 외국인광부세의 이해관계에 대해 정교하게 파악했다. 세금을, 심지어 인상된 세금을, 수용하려는 이들의 열망과 그 징수를 돕겠다는 이들의 의지는 인종주의에 대한 항복이 아니었다. 이들은 중국인들에 대한 인종주의적 반감이 여전히 높다는 것을 이해했으며, 공유 수익이라는 형태로 지역 공동체들에 경제적 이익에 호소함으로써 이에 대응하고자 했다. 중국인들은 이미 캘리포니아주의 사업과 부동산에 200만 달러에 달하는 금액을 투자한 상태였다.[37] 중국인들이 전면적으로 배제되는 것을 막을 수 있고, 중국인들이 어느 정도 기반을 갖추고 유지할 수 있다면, 비록 그것이 주변적이라 할지라도, 중국인들은 금산에서 생존할 수 있으며, 아마도, 영원히 번영할 수 있을 것이다. 이들의 생각은 장기전을 고려해서 계산된 것이었다.

협상의 결과는 1853년 주 입법부에서 통과된 외국인광부세 개정안에서 분명해진다. 면허료license fee는 한 달에 4달러로 인상되었다. 법은 세금징수관은 담보를 설정하도록 규정했는데, 추측하건대 이는 중국인들과의 정직하고 공정한 상호작용을 보장하기 위함인 듯하다. 아울러 세금징수관에게 법의 상습위반자들을 추적하고 이들의 재산을 압류해 경매에 붙일 수 있는 권한도 부여했다. 법은 중국인 상인들이 제안한 것처럼 세입의 절반을 세금이 걷힌 카운티에 준다고 명시했다. 캘리포니아가 외국인광부세로 거둔 수입은 상당했다. 1854년에 10만 달러가 주로, 8만 5000달러가 주요 광산 카운티들로 돌아갔으며, 1856년에는 18만 5000달러가 주로 그리고 거의 같은 액수가 카운티들로 돌아갔다.[38]

통 K. 아칙이 예측한 대로, 외국인광부세 수입은 금광지들에서 중국인들에 대한 마지못한 관용을 뒷받침했다. 또한, 쫓겨났던 많은 중국인이 간단히 자신들의 불하청구지로 돌아갔고, 백인 광부들은 중국인들과 계속해서 싸울 에너지가 없었다. 백인들이 중국인들과 거래하면서, 더는 필요 없는 불하청구지들을 중국인들에게 팔고, 소규모 타운들에서는 중국인 세탁소, 식당, 채소 행상들로부터 상품과 서비스를 구매한 사실도 주목할 만하다. 그렇다고 해서 중국인들에 대한 괴롭힘과 폭력이 끝났다는 것은 아니다. 파렴치한 백인들은 세금징수관인 체하면서 중국인들로부터 돈을 뜯어냈다. 한 "악당" 집단은 세금을 줄이게끔 주 입법부에 영향력을 발휘해주겠다는 명목으로 중국인들로부터 4만 달러를 갈취했다. 1861년에 중국인 상인 지도자들은 1850년대에 백인들이 최소한 88명의 중국인을 살해했다고 보고했는데, 여기에는 세금징수관들이 살해한 11명이 포함되었다. 이와 관련해 단 두 명의 백인만이 유죄판결을 받고 교수형에 처해졌다. 좀 더 미묘한 것은, 주류 신문의 논조가 덜 관대해진 점이었다. 1850년과 1851년에 《데일리 알타캘리포니아》는 중국인들의 캘리포니아 도착에 대해 새로운 호기심으로 글을 쓰면서 그들을 "차이나 보이스China Boys"라고 칭했었는데, 거만하긴 했었지만 적대적이지는 않았다. 1850년대 중반이 되면 이 신문은 더는 호기심 어린 기사를 싣지 않았고 "차이나 보이스"는 "차이나멘Chinamen"으로 대체되었는데, 후자는 애정이 담긴 용어가 아니었다.[39]

그럼에도 불안한 공존이 금광지들에 정착했다. 대체로 의심과 거래, 그리고 때때로의 폭력과 때때로의 협력이 점철된 것이었다. 일례로, 캘리포니아주 유바카운티에서는 백인 광부들이 강의 불하청구지들에서 중국인들을 몰아내는 데 성공하지 못했다. 1852년 포스터스바에서 열린 백인 광부들의 회의는 중국인들에게 4일 안에 강의 불하청구지들에서 떠나라는 결의안을 통과시켰으나, 약 200명의 중국인이 7월쯤에는 다시 돌아와 유바강 양안에서 채굴하고 있었다. 독립적 중국인 광부들은 유바강, 미들유바강, 노스유바강North Yuba River을 따라 1860년대까지 채굴을 이어갔다. 수백 명의 중국인을 1860년에 포스터스바에서 여전히 찾아볼 수 있었고, 그 일부는 상당히 수익성 있게 일하면서 100~900달러의 자산을 가지고 있었다. 중국인들은 백인들에게 불하청구지들에 대해 무려 700달러에 이르는 금액을 지불했고, 때로 연장과 장비를 거래에 내놓았다. 다른 이들은 선취에 의한 우선권을 주장하는 관행을 지속했다. 메리즈빌의 중국인 구역에서는 강에서 채굴하는 광부들에게 상품과 서비스를 계속 제공했다. 1860년이 되면 19명이 채소 재배에 종사했으며, 요리사, 하인, 그리고 많은 세탁소가 있었는데, 이 중에는 여성들이 운영하고 백인 지역에 위치한 세탁소도 있어 중국인들이 백인들과 사업을 하고 있었음을 알 수 있다.[40]

중국인들은 또한, 1852년의 위기 이후에도, 남부 광산들에서 살아남았다. 투올러미카운티에 있는 컬럼비아 채굴 지구는 캘리포니아주에서 중국인들을 배제하는 채굴법을 제정한 첫 번째 지역이긴 하지만, 카운티의 다른 광산 지구들은 그러한 규정을 통과시킨 곳이 없었다. 중국인들은 투올러미카운티에서 여전히 사금 채취[사광 채굴]를 계속했다. 차이니스캠프 근처 우즈크리크에서는 존 비글러의 메시지가 나올 무렵 중국인들은 평균 하루에 8~16달러를 벌었다. 백인들은 중국인들의 성공이 그들의 근면과 운 덕분이라고 보았다. 중국인들에 대한 추방 기록은 없다. 일반적으로, 백인들은 로키힐Rocky Hill의 측면에 박혀 있는, 금나라gold country의 이 작은 구석에서 중국들을 괴롭히지는 않은바, 그곳의 채굴지가 "건조"했기 때문일 것으로 이는 금을 세광洗鑛할 수 있는 인접한 물 공급원이 없다는 것을 의미한다[여기서 "금나라"는 캘리포니아 골드러시 시기에 이민자들을 끌어들인 캘리포니아의 여러 금광지를 통틀어 이르는 말이다]. 중국인들은 금이 섞여 있는 흙을 심스랜치Sim's Ranch와 식스비트굴치Six Bit Gulch의 인근 개울들로 운반해서 인상적인 결과를 얻었다. 백인 광부들이 이런 사실을 알게 되었을 때에는, 너무 많은 중국인이 채굴지들에 자리를 잡은 터라 이들을 내쫓을 수 없었다. 백인들이 이 지역에 들어오면서, 이들은 중국인들과 함께 일했는데, 분명 중국인들에 대한 적대감이 없었으며, 우즈크리크에서 물을 끌어오는 도랑을 파는 데 협력했다. 그러나 백인 광부들은 자신들의 불하청구지들에서 "가볍게 한 번, 정확하고 신속하게" 채굴을 하고는 떠났다.[41]

백인들이 하루에 1∼2달러를 긁어모으는 데 만족하는 중국인들에게 채굴이 끝나 "가치 없는" 불하청구지들을 팔았다는 견해는 캘리포니아 골드러시의 역사에서 오랫동안 지속되었다. 그러나 경험을 통해 중국인들은 백인 광부들과의 거래에서 더 현명해졌다. H. B. 랜싱은 캘러베러스카운티 샌앤드레이어스와 마켈럼니힐 주변에서 채굴을 한 사람으로 자주 자신의 불하청구지들을 중국인들에게 팔거나 또는 팔려고 시도했다. 1855년에 그는 일기장에 한탄하면서 이렇게 썼다. "불하청구지 하나를 몇몇 중국인에게 팔려고 했으나 성사되지 않았다. 그들은 이제 완전히 예리해지고 있어서 만만하지 않다." 중국인 금 채굴자들은 물공학water engineering에 대한 지식과 협업을 통해 좋은 수익률을 낼 수 있었다. 이해할 만한 일이지만 그들은 채굴 및 인구센서스 조사자들에게 자신들의 수입을 과소보고 하거나 전혀 보고하지 않았다. 1861년 한 해에만 약 3만 명의 중국인 광부가 캘리포니아주에 있었으며, 중국인들은 불하청구지 매입에 견적액으로 130만 달러를 지불했다. 이들은 또한 세금과 면허 비용으로 200만 달러 이상을 지불했는데, 이것으로 보아 이들은 아주 멋진 삶은 아니더라도 평균적으로 괜찮은 삶을 살았을 가능성이 높다.[42]

1850년대 후반과 1860년대에 사금 광산이 사라지면서 많은 중국인은 강에서 채굴하는 일에서 임금노동으로 옮겨가 물회사 및 수력채굴회사에서 배수로와 용수로를 건설하거나 심부深部 광산에서 채굴 일을 했다.

1869년 6월부터 백인 광부들의 연맹체는 지하 석영 광산회사들을 상대로 20개월에 걸친 파업을 벌였고, 이들의 파업 요구에는 심부 광산에서 중국인들을 추방하라는 것이 포함되었다. 광산회사들은 1869년에 금광지들에서의 전반적 임금 하락 추세의 일환으로 지하 채굴 광부들의 임금을 낮추었다. 백인 광부들의 연맹체는 자신들의 임금을 회복하고 지하 작업에 대해 지상 작업과 동일한 임금을 받기를 원했으나, 지하 작업은 지상 작업보다 더 큰 기술뿐만 아니라 더 큰 위험을 수반했다. 중국인들이 당시 광산에 점차 도입되고 있던 비용 절감 장치인 "자이언트 파우더giant powder"(다이너마이트)와 1인용 드릴을 가지고 들어올 것이라는 소문이 돌았다. 실제로 다수의 중국인이 마리포사, 조세핀Josephine, 파인트리Pine-Tree 채굴회사들의 심부 광산들에서 10년 넘게 일하면서 자신들의 능력을 입증했고, 백인 광부들과 거의 동일한 임금을 받고 있었다. 결국 백인 광부 연맹체는 파업 투쟁에 실패했고, 중국인들의 추방을 제외한 다른 모든 요구사항을 관철하지 못했다.[43]

채굴이 자본화하고 금광지들에 걸쳐 임금 및 소득이 전반적으로 하락하면서 많은 금광부가 1860년대 중반과 후반에 캘리포니아 채굴지들을 떠나게 되었으며, 백인과 중국인 둘 다 그러했다. 중국인들은 이제 농부나 농장노동자로 일하면서 샌와킨강삼각주San Joaquin River Delta를 간척하고 뷰트카운티Butte County 계곡의 덤불을 농사를 위해 제거했다. 미국 대륙 횡단철도의 서부 구간을 건설한 2만 명의 거대한 중국인 인력에는 중국에서 채용된 사람들 외에도 많은 금광부가 있었다. 또한 이들은 샌프란시스코로 가서 모직물공장, 시가공장, 신발공장 등에서 일했다.[44]

그러나 이들 중국인은 금 일에 착수했었고 많은 수가 금 일에 남았다. 1861년에 캘리포니아주 중국인의 60퍼센트는 여전히 채굴 일을 했다. 일부는 오리건주, 브리티시컬럼비아주, 네바다주의 새로운 금광지들로 옮겨갔다. 그러나 많은 수가 캘리포니아 금광지들에 남았으며, 시에라카운티 굿이어스바Goodyears Bar의 아제이크가 그런 경우로, 이들은 자신들의 강 불하청구지들에서 겨우 생계를 꾸려나갔고 백인들에게 조리를 해주는 등 다른 일을 통해 생활해나갔다. 다른 사람들은 오래된 수력 불하청구지나 퇴적 불하청구지를 백인들에게서 사들이거나 임대했으며 이 중 일부는 수년 동안 꾸준히 수익을 냈다.[45] 〔"굿이어스바"는 캘리포니아 골드러시 당시 금광 캠프로, 지금은 미국인구조사국United States Census Bureau의 통계 보고를 위해 편의상 만들어진 미국 지역 구분의 명칭인 인구조사지정구역census designated place, CDP이다.〕

1872년 놀라운 행운과 기발한 기업가정신entrepreneurship이 뷰트카운티 오로빌에서 남쪽으로 몇 마일 떨어진 곳에서 발견된 새로운 금광지들을 개발했다. 클라인Kline이라는 이름의 젊은 백인 남성이 이 지역에서 사광을 발견한 이후, 현지 목장주들은 중국인들이 매입하거나 임대할 수 있는 작은 땅들을 그들에게 제공했다. 백인들에게는 이것이 금을 채굴하는 것보다 더 확실한 수익을 가져다줄 것 같았고, 독자적으로 최초의 불하청구지들에서 사업을 시작하는 게 금지되어 있던 중국인들에게 이것은 사업에 진입하는 길이었다. 곧 수백 명의 중국인이, 뒤이어 수천 명의 중국인이 이 지역으로 모여들었고, 이곳은 현지 선주민들의 이름을 따서 처음에는 모독Modoc 불하청구지들로 알려졌으며, 그다음에는 북부 캘리포니아의 유명한 모독족 은신처이자 요새 이름을 따서 라바베즈Lava Beds라 알려졌다〔"lava bed"는 문자적으로는 "용암층"이라는 의미다〕.[46]

금은 풍부했으나 라바베즈의 지형은 가파르지가 않아서 수력채굴이나 세광용 홈통을 이용한 채취가 어려웠다. 도리어, 광부들은 12~18피트

〔약 3.5~5.5미터〕 깊이의 수갱竪坑, shaft〔수직갱도〕을 파서 권양기卷揚機, windlass
〔밧줄이나 쇠사슬로 무거운 물건을 들어 올리거나 내리는 기계〕로 금이 함유된
자갈들을 채굴한 다음, 이를 수갱에서 나온 물을 사용해 선광기로 씻어
냈다. 이런 조야한 방법은 골드러시 초기까지 거슬러 올라가는 것이지만,
라바베즈에서 돈을 번 중국인들은 수갱에서 물을 빼내는 데 쓰는 증기펌
프steam pump 같은 자본 설비에도 투자를 했다. 라바베즈 작업의 대부분은
소규모 중국인 채굴회사의 모델을 따른 것으로, 10~60명을 고용해 작업
조gang 단위로 일을 하게 하는 상인-투자자가 주도했다. 1872~1873년
에 중국인들은 하루에 10~20달러를 벌었다고 하는데, 이는 골드러시 초
기 이래 볼 수 없던 금액이었다. 중국인들은 계속해서 라바베즈에 도착했
다. 메리즈빌-오로빌 노선에 새로운 역들이 추가되어 수요를 충족시켰
으며, 여기에는 채굴지들 근처의 특별역인 "차이나역China station"이 포함
되었다. 1873년 11월이 되면 8000명의 중국인이 라바베즈에서 채굴하고
있었다. 소규모 골드러시minirush가 불하청구지들의 가격을 상승시켜, 불
하청구지는 1873년 한 해에 400달러에서 시작해 2000달러 이상으로 그
가격이 올라갔다. 불하청구지들을 구매할 때 중국인들은 유럽계 미국인
중개업자와 변호사, 그리고, 20달러짜리 금화gold piece가 담긴 자루를 들고
오로빌 거리를 누빈 신옛Sin Yet에게 의존했다.[47]

　라바베즈는 1874년 봄에 700명을 죽음으로 몰고 간 치명적 열병이 발
생했음에도 1878년까지 어느 정도 지속적으로 금 채굴을 이어갔다. 현지
의 한 신문은 라바베즈의 중국인 광산들이 연간 72만 달러의 금을 생산
하고 있으며, 그중 많은 부분이 식량과 생활편의시설에 소비된다고(그럼
으로써 현지의 중국인 상인과 백인 상인 모두에게 이득이 된) 추정했다. 남은 금
은 오로빌의 금 거래소에서 팔렸다. 한때 웰스파고앤드컴퍼니는 일주일

에 2만 달러에 달하는 금을 오로빌에서 샌프란시스코로 옮겼다. 라바베즈에 다수의 중국인 정착촌이 생겨났다. 골드러시 몇 달 내에 세워진 주요 야영지는 평행한 길을 따라 만들어졌고, 150채의 주택―대부분 대충 지은 판잣집―과 10여 개의 캔버스천 천막, 1개의 벽돌가게가 들어섰다. 곧 사원과, 이어 중국인 극장과 더 많은 가게들이 추가되었다.[48]

반反중국인 선동가들은 중국인들이 금을 중국으로 가져가고 있고 캘리포니아에는 아무것도 기여하는 바가 없으며, 중국인들이 미국 내에서 지출하는 것은 다 중국인 사업체들로 들어간다고 주장했다. 그러나 실제로 중국인들은 수백만 달러를 캘리포니아 경제에 쏟아부었다. 일례로 1861년에 중국인들은 외국인광부세 납부 이외에도 1400만 달러를 주에 기여했는데, 여기에는 수입품 관세, 미국 제품 구매, 증기선 요금 및 역驛 승객 요금과 화물 요금 지불, 물 사용료와 불하청구지 구매 등이 포함되었다.[49]

금 채굴에 성공한 일부 중국인 이민자는 그 수익을 다른 분야에 넣었는데, 대개 상인이 되거나 더 큰 규모의 광산 사업체에 투자하는 것이었다. 일부 금 채굴자는 금을 고향으로 보낸바 그건 미국인이건, 유럽에서 왔건 오스트레일리아에서 왔건 칠레에서 왔건 마찬가지였다. 1874년에 샌프란시스코 항구에서 중국으로 운송된 "보물treasure"(금·은 지금地金, gold and silver bullion〔금은괴〕)의 양은 620만 달러로, 수출된 총 2150만 달러어치의 거의 3분이 2이었다. (가장 큰 비중인 절반 이상은 뉴욕으로 갔다.) 그러나 이 수치는 채굴에서 직접 나온 금보다 많은 양이었다. 사업가들(중국인과 비중국인)이 상업 거래와 은행 거래에 대한 지불 수단으로 금과 은을 운송했기 때문이다. 이와 동시에 상당량의 금이 기록되지 않은 채 해외로 반출된 가능성이 높았으니, 사람들이 사금을 가방 바닥에 감추거나 외투 안 감 속에 숨겨 가져갔기 때문이다.[50]

❖

광산 지구들의 중국인들과 백인들 사이 인종 관계가 언제나 갈등이나 폭력으로 얼룩진 것은 아니었다. 일부 관계는 진심이었고, 더 나아가 우호적이기까지 했다. 특히 금나라의 소규모 타운들에서 진행 중인 거래의 맥락에서 그러했다. 다양한 참여 지점이 "오랜 캘리포니아인longtime Californ" 사이에서 발전했고 지속되었으니 중국인과 백인을 막론하고 그러했다. 채소 판매, 음식물 구매, 사금을 동전으로 교환하는 일, 요리와 집안일, 선교사 일 등이 그러했다. 이러한 접촉이 백인들 사이에서 그들 주변에 있는 중국인들에 대한 친밀한 지식을 만들어내지는 않았으나(만들어낼 수 없었다) 백인들이 중국인들을 익명의 차이나멘이라고 무차별적으로 보지도 않게 했다.

이와 같은 중국인들과 백인들 사이의 접근 방식은 열렬한 제한주의자restrictionist들을 몹시 실망시켰다. 이들은 백인들이 백인 인종의 일반적 이익을 위해 당장의 경제적 이득을 포기하지 않는다고 비난했다. 캘리포니아주 새크라멘토신문《새크라멘토 데일리 유니언Sacramento Daily Union》은 다음과 같은 의견을 밝혔다. "캘리포니아 사람들은 어떤 식으로든 중국인들의 고용을 거부하거나 중국인들을 고용한 사람들과의 거래를 거부하는 것을 통해 중국인 문제를 스스로 해결해야 한다는 제안이 있다." 신문은 계속해서 이렇게 말한다. "그것을 실행에 옮기려는 여러 시도가 있었지만 원칙보다 돈에 더 관심이 많은 사람이 수천 명이나 있다는 것은 누구나 알고 있다."⁵¹ 그러나 일부 백인이 중국인 노동력으로부터 이윤을 얻는 것이 사실이라면, 경제적 동기가 사태의 전부는 아니라는 것도 사실이다.

살인죄로 캘리포니아주 시에라카운티에서 유죄판결을 받고 교수형을 선고받은 아제이크의 소송사건으로 돌아가보자. 아제이크는 교수형 올가미에 의해 죽지 않았다. 다우니빌의 저명한 백인 시민들의 개입으로 그는 교수형을 면했다. 1888년 8월 타운의 주요 인사들이 주지사 로버트 워터먼Robert Waterman에게 그를 종신형으로 감형해달라고 탄원했다. 캘리포니아주 러포트 신문《마운틴 메신저Mountain Messenger》의 편집인이자 카운티 감독관 제롬 A. 본Jerome A. Vaughn과 감리교 목사 찰스 커크브라이드Charles Kirkbride가 편지를 보냈고, 약 50명이 두 건의 탄원서에서 서명했는데 아제이크의 유죄와 관련해서 "심각한 의심"이 있다는 점을 언급했다. 서명자 중에는 상인, 변호사, 교육감, 공증인, 광부, 가구공, 보석세공인, 측량사, 전보 및 특송 대리인자, 법원 속기사 등이 있었다. 배심장을 포함한 배심원 중 6명은 아제이크의 형벌이 감형되어야 한다고 요청했다. 사건 직후에 현장에 있었고 검찰 측 증인으로 법정 증언을 했던 두 명의 현지 지역 주민은 주지사에게 편지를 보냈다. 자신들은 그곳에서 아제이크와 와척 사이에 실랑이가 벌어졌다고 믿는다는 내용이었다.⁵²

가장 큰 효과가 있었던 것은 보안관 S. C. 스튜어트가 제출한 선서진술서affidavit로, 그는 굿이어스바의 오랜 거주민이자 예전에는 그곳 제재소의 전직 목재공이었다. 스튜어트는 아제이크 재판에서 그를 수년 동안 알고 있다고 증언했다. 스튜어트는 유죄판결 및 선고 후 판사가 "당신[스튜어트]에게 전술前述한 판결을 집행할 것을 명령하고 요구합니다. […] 전술한 교수형을 아제이크가 사망할 때까지 목을 매달아서 […]"라며 사형집

행영장death warrant을 발부했을 때, 다우니빌 역마차 길의 자국에 관한 자신의 증언이 충분히 설명되지 않은 것을 후회했을 것이다. 시에라카운티의 역사상 공식적으로 처형된 사람은 단 4명뿐이다—1850년대에 3명(중국인 광부 2명을 살해한 피조Pijo라는 인디언 포함)이, 1885년에 마지막으로 자신의 고용주를 살해한 형벌로 제임스 오닐James O'Neill이 처형되었다. 보안관으로서 스튜어트는 법을 집행했고, 실제로 오닐을 교수형에 처했다. 그러나 아제이크의 소송사건은 달랐던 것으로 보인다. 스튜어트는 아제이크를 알았고, 아제이크가 일급살인죄에 대해 무죄임을 알았다. 아제이크를 교수형에 처해야 한다고 생각했을 때 그는 오싹했던 것 같다. 스튜어트는 자신의 우려를 판사 F. D. 소워드와《마운틴 메신저》의 편집인 제롬 A. 본에게 전달했다.[53]

S. C. 스튜어트의 선서진술서에는 범행 현장에 대한 그의 자세한 조사와, 역마차 길에 난 흔적이 아제이크와 와척 사이에 싸움이 있었다는 사실과 아제이크(가해자들이 그의 부츠를 앗아간 후 맨발이었던)의 발자국이 범행 현장으로 향하지 않았다는 사실을 보여준다는 그의 의견이 구체적으로 제시되었다. F. D. 소워드 판사는 스튜어트 보안관의 진술을 지지하는 판결문을 작성했고, 아제이크의 변호사들이 재판에서 보안관으로부터 충분한 증언을 끌어내지 못함으로써 적절한 변론을 하지 못했고, 심지어, 공개법정에서 자신들끼리 다투기까지 했다고 말했다.[54]

의심할 바 없이 다우니빌의 일부 주민은 아제이크를 알고 있던 터라 그를 지지한바, 아제이크는 신문 편집인 제롬 A. 본을 비롯해 백인들을 위해 임시 조리사로 일한 적이 있었다. 아제이크가 백인들과 맺은 관계는 친밀했던 것 같다. 일례로, 굿이어스바의 농민 빅터 바우더Victor Bouther는 그 운명의 날에 타운으로 돌아오는 아제이크를 만났다. 그는 아제이크를 자기 마차에 태워주었고 아제이크의 식량을 굿이어스바까지 가져다주겠다고 제안했다. 그런데 적어도 일부 백인 지역 현지 주민은 아제이크를 좋은 사람이라고 여기고 그를 대신해 아제이크에게 관용을 베풀어달라고 말했으나, 죽은 사람인 와척을 좋은 사람이라고 말하는 백인은 아무도 없었고, 그를 위해 정의를 요구하는 백인도 없었다. 와척은 아제이크보다 백인 사회에서 훨씬 더 주변적이었다. 아제이크와 달리, 와척은 백인들을 위해 일하지 않았다. 그는 타운에서 멀리 떨어진 차이나플랫China Flat에 있는 소규모 중국인 채굴 야영지에 살았는데, 이곳은 사우스유바 강변을 따라 다우니빌과 시에라카운티의 중간쯤에 있었다. 와척은 가끔씩 다우니빌에 와서 자기 "회사"를 위해 식량을 구입했고 중국인 도박장을 찾았다. 그가 그곳에서 단골로 가던 가게의 사람들은《마운틴 메신저》가 "아제이크는 훌륭한 인품을 지녔지만, 고인 와척의 그것은 악명 높았다"라고 표명하게 했을 수 있다.[55]

와척에게는 힘 있는 그의 중국인 옹호자들이 있었다. 아제이크를 체포하는 데 큰 포상금이 걸렸고, 나중에는 그가 유죄판결을 받는 데도 그러했다. 현지의 백인들은 와척이 아제이크보다 더 크고 더 강력한 동향회에 소속되어 있다고 말했으나, 실제로는 둘 다 쓰이 지역의 회관 중 하나인 홉워컴퍼니Hop Wo Company(허허회관合和會館)의 회원이었다. 심지어 둘은 같은 혈통이었을 수 있는바, "제이크"와 "와척"은 같은 성姓을 자역字譯, transliteration한 것이다. 그러나 와척 또한 비밀결사체인 치공당에 가입했을 수 있다. 그는 소규모 광산 협동조합에 속해 있었으며, 이 협동조합은 대개 비밀결사체와 연관되어 있었다. 게다가 그는 상습 도박꾼이었으며, 다우니빌의 치공당 지부를 자주 방문했을 것이다.[56]

1888년 11월에 캘리포니아 주지사 로버트 워터먼은 아제이크의 형량을 종신형으로 감형했다. 주지사는 재판에 제출되지 않은 증거, 유능한 변호사의 부재, 저명한 시민들의 탄원서 등을 인용하면서 아제이크가 "어느 정도 정당방위로to a certain element in self-defense" 행동했으며, 그가 일급살인죄를 저질렀는지에 관해 "합리적 의심reasonable doubt"이 있다고 결론 내렸다. 11월 28일에 아제이크는 캘리포니아 주립 폴섬교도소Folsom Prison에 수감되었다.[57]

약 1년 후에 가끔 통역을 맡았던 로케이는 보안관 S. C. 스튜어트에게, 사망한 와척의 여행 동료 아팅(그는 그 후 중국으로 돌아갔다)이 재판에서 했던 것과는 다른 방식으로 살인 사건에 대해 이야기했다고 말했다. 다우니빌에서는 로케이가 아제이크의 유죄판결을 위해 거액의 돈을 약속받았다는 소문도 돌았다. 이런 정보를 바탕으로 판사 F. D. 소워드는 주지사에게 아제이크에 대한 완전한 사면을 요청했다.[58]

아제이크 또한 주지사에게 직접 편지를 보냈다. 그의 편지는 격식 차린 〔정확한〕 영어로 또박또박 써 있었는데, 아마 감옥의 필경사나 목사가 썼을 것이다. 그는 이렇게 썼다. "저는 평생 제 생명과 재산을 지킨 죄로 폴섬교도소에 보내졌습니다." 그리고 "다우니빌의 제 친구인 스폴딩 씨Mr. Spaulding〔식료품가게 주인〕가 저에게 제 모든 서류가 당신 손에 있다고 말했습니다. 제가 받은 처벌에 대해 제가 최대한 용기를 발휘해서 견뎌낸 만큼 친애하는 귀하가 저를 석방해주시기를 바랍니다." 아제이크는 자신의 건강 상태가 좋지 않으며 교도소장이 자신의 선행good behavior〔모범수〕을 증명하는 편지를 제출했다고 덧붙였다.[59]

마침내 1890년 12월 30일 아제이크는 완전한 사면을 받았다. 주지사 로버트 워터먼은 성명서에서 "아제이크는 무고한 사람이며, 그의 자유는 회복되어야 한다고 확신한다"라고 말했다. 1891년 1월 1일, 아제이크는 자유인이 되어 교도소에서 나왔다. 그는 굿이어스바로 돌아와, 거기서 여생을 보냈다. 아제이크는 이후 계속해서 금을 채굴했으며, 한 달에 한 번씩 다우니빌에 가서 자신이 모은 사금을 팔아 간신히 생계를 유지했다.[60]

아제이크가 19세기 캘리포니아에서 행정사면을 받은 유일한 중국인은 아니었다. 1854년과 1885년 사이에 캘리포니아에서 최소한 15명의 중국인 죄수가 사면을 받았다. 중국인 수감자들은 그들이 선행을 보이거나 중병에 걸렸을 때 사면을 받았으나 가장 빈번하게는, 아제이크의 소송사건처럼, 불충분하거나 위증한 증언에 근거해 유죄판결이 내려진 것으로 간주되는 경우에 그러했다. 검찰 측은 유죄판결을 끌어내기에 증거가 거의 없는 경우가 많았고, 일반적인 백인들은 중국인들을 구별하는 데 어려움이 있다고 토로한바 특히 혼잡한 현장의 세세한 사항을 기억하려고 할 때 그러했다. 당대인들은 중국인들과 관련된 형사사건에서 주요한 문제는 언어 장벽과 문화 장벽이라고 자주 언급했다.[61]

일부 현지 검찰은 증거가 부족하다는 이유로 중국인들에 대한 기소를 기각한 반면, 다른 일부 현지 검찰은 "유력 용의자들을 검거하기로round up the usual suspects" 결정해놓고는 증거가 약하고 신빙성이 떨어지는 상황에서도 유죄판결을 밀어붙였다("usual suspects"는 범죄가 발생했을 제일 먼저 소환되는 혐의자들을 말한다). 사면을 허가하면서, 주지사는 종종 다음과 같이 언급했다. "그의 유죄가 의심되며" "중국인 증인 측의 음모가 있으며" "정황이 그의 무죄를 입증하는 경향이 있다" 등등.[62]

유죄판결을 받은 중국인들을 재판 시 증인의 위증을 근거로 사면하는 관행은 중국인들이 진실을 말할 것이라고 믿을 수 없다는 당대의 보다 광범위한 사법적 견해에서 비롯한 아이러니한 결과다. 19세기 동안 미국 서부 준주들과 주들에서는 중국인 증인들과 피고(인)들에 대해 민사사건과 형사사건 모두에서 그들의 증언을 제한하거나 배제하는 법체계가 발전했다. 캘리포니아주에서는 주민 대 홀People v. Hall 판결(1854)에서 인종적 열등감이라는 단수한 이유로 증언 배제가 확립되었다―흑인이나 인디언의 경우와 마찬가지로, 중국인 피해자 및 증인은 백인 피고(인)에 대해 불리한 증언을 할 수 없었다.[63] ("캘리포니아 주민 대 조지 W. 홀The People of the State of California v. George W. Hall"은 캘리포니아주대법원이 중국계 미국인과 중국계 이민자는 백인 시민에 대해 불리한 증언을 할 권리가 없다고 한 판결로, 이로써 캘리포니아주 네바다카운티에서 중국인 광부 링싱Ling Sing을 살해한 혐의로 유죄판결 및 사형선고를 받은―중국인 증인들의 증언을 근거로― 백인 남성 조지 W. 홀이 사실상 석방되었다.)

법원은 또한 피고(인)와 피해자가 동일한 에스닉-인종 집단에 속하는 경우에도, 보다 일반적으로, 증언의 배제를 정당화했는데, 중국인들이 기독교 선서의 신성함을 이해하지 못한다는 것을 그 근거로 삼았다. 일부 법원은 법원이 중국인 증인들에게 제대론 선서를 시킬 수 없다는 이유로 중국인들의 증언을 불허했다. 때때로 판사들은 기독교인들만이 "진실"을 중시하는 사람들이 아님을 인정하고, 비기독교인들도 진실 말하기truth telling와 허위 말하기lying에 관한 그들 고유의 문화적 수칙cultural precept에 따라 선서를 할 수 있도록 허용했다. 그러나 더 흔하게는, 허위 말하기 성향은 중국인의 인종적 특성으로 간주되어 그들의 근거 없이 주장된 야만성barbarism을 나타내는 결정적 지표라고 여겨졌다. 캘리포니아주에서 법정 증언을 할 수 없는 것은 중국인들을 "무법한 철면피들의 손에 의한 폭력 및 살인에 노출시켰다고, 젊은 상인 푼치Pun Chi는 의회에 보낸 진정서에 썼다. 그는 계속해서 이렇게 썼다. "그러나 범죄의 중국인 증인이 있음에도 그들의 증언은 거부되고 있습니다. 그 결과 우리는 완전히 버림받아서는 살해당하고 사업은 파탄 나게 되었습니다. 영혼이 이런 시련을 견디기란 얼마나 힘든 일입니까!"[64]

19세기 미국 캘리포니아주 및 이런저런 서부의 사법 관할지역에서 증언의 배제는 형사 사법 체계 내에서 중국인들과 아메리카원주민들에 대한 인종주의의 한 축이었다.[65] 이 광범위한 인종주의적 신념이 사형에 처할 만한 중죄로 잘못 유죄판결을 받은 중국인들의 무죄를 입증하기 위해 다시 원점으로 돌아오지 않으면 안 된다는 것은, 역사의 의도하지 않은 결과가 낳은 것으로, 놀랄 일은 아니다.

제5장

✣

보호의 한계

젊은 중국인 금 채굴자는 1857년 8월 10일 월요일 캐슬메인[캐슬마인]에서 열린 대중 집회에서 연설을 하기 위해 앞에 나서면서 얼굴에 붉은빛이 돌았다. 폰사Pon Sa는 오스트레일리아 빅토리아의 중국인 거주민들에게 최근에 부가된 세금에 항의하기 위해 메카닉스힐Mechanic's Hill에 모인 1300명이라는 많은 동포 앞에서, 그것도 불안한 동포들 앞에서 연설을 하자니 긴장되었다. 그러나 폰사는 연설을 시작하자 멈출 수 없었다. "유창한 장광설"로 그는 금광지들에서 영국인들이 중국인들을 대하는 태도를 비난했다. 영국인들은 수지가 맞는 불하청구지라면 그 어디에서도 중국인들을 쫓아냈다. 중국인 채굴자들은 거의 금을 얻지 못했으며, 가끔 한 달에 10실링밖에 벌지 못했던 터라, 많은 수가 고향에 있는 자기네 가족에게 뭔가를 보내기는커녕 자신의 식량이나 연장을 살 여유조차 거의 없었다. 이미 부과된 세금을 납부하지 못한 사람들은 감옥에 가고 벌금을 물었으며, 중국인 동료들이 벌금 낼 돈을 모아주지 않았다면 많은

중국인 광부 인구, 빅토리아주, 오스트레일리아, 1857

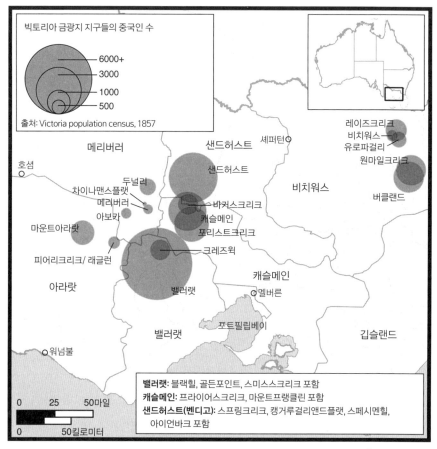

빅토리아 금광지 지구들의 중국인 수

6000+
3000
1000
500

출처: Victoria population census, 1857

메리버러
호셤
두널리
차이나맨스플랫
메러버러
아보카
마운트아라랏
피어리크리크/래글런
아라랏
워넘불

샌드허스트
샌드허스트
셰퍼턴
바커스크리크
캐슬메인
포리스트크리크
크레즈윅
밸러랫
멜버른
밸러랫
포트필립베이

레이즈크리크
비치워스
유로파걸리
원마일크리크
버클랜드
비치워스
캐슬메인
깁슬랜드

밸러랫: 블랙힐, 골든포인트, 스미스스크리크 포함
캐슬메인: 프라이어스크리크, 마운트프랭클린 포함
샌드허스트(벤디고): 스프링크리크, 캥거루걸리앤드플랫, 스페시멘힐,
   아이언바크 포함

0   25   50마일
0   50킬로미터

지도: Dand Miller

수가 감옥에서 괴로운 생활을 하다 사망했을 것이다. 최근의 세금 제안—터무니없는, 한 달에 1파운드—은 중국인들을 비참한 가난과 기아에 몰아넣을 것이라고 폰사는 말했다. 중국인들은 영국인들의 법을 따르려 했으나 세금은 부담스럽고 사악하고 불공평한 것이었다〔당시 오스트레일리아는 죄수들을 유형 보내는 영국의 유형流刑식민지였다〕. 청중은 동의를 표하는 소리를 지르거나 조용히 속삭이면서 폰사의 연설을 끊었다.

사실상 마운트알렉산더Mount Alexander 산山 채굴지들의 중국인 전체가 이날 캐슬메인으로 모여들었다. 오전 내내 이들은 추아루크Chu-a-Luk의 예배당으로 향했고, 그곳에서 세금에 항의하는 탄원서에 서명했다. 이들은 그럼 다음 추아루크가 오후 2시에 언덕에서 집회를 열 때까지 거리를 "행진했다." 추아루크와 폰사가 연설을 했고, 이후 탄원서가 낭독되고 갈채를 받았다. 집회에서는 "운동movement"을 지원하기 위한 기금을 모으고, "영국인 총독들English governors"에게 자신들의 주장을 변론할 변호사를 고용하기로 결정했다. 그런 다음 청중은 〔영국〕 국왕the King 만세를 외치고 집회를 끝냈다.[1]

거주세residency tax는 빅토리아에서 중국인들이 처음 겪는 일은 아니었다. 이들은 표준적인 채굴 면허에다 정착료landing fee와 "보호"세"protection" tax까지 내야 했다. 캘리포니아의 외국인광부세와 마찬가지로 빅토리아의 인종세들은 중국인 이민을 막고, 이미 이민 온 중국인들은 쫓아내기 위해 그들을 가난하게 만들고, 계속 남기를 고집하는 중국인들은 그들을 주변화하면서, 그들을 통해 동시에 정부 재정을 채우는 것을 목표로 했다. 캘리포니아의 통 K. 아칙(탕팅구이)과 다른 캘리포니아 회관會館〔후이관〕 지도자들은 중국인들이 주의 보호를 받는 대가로 외국인광부세를 수용했는데, 이는 합리적인 기대였으나 위반 시에만 이행된 기대였다. 그러나 빅토리아의 중국인 상인들과 광부들은, 캘리포니아의 그들과 달리, 대중집회, 탄원, 대표단 파견, 불이행noncompliance, 시민 불복종civil disobedience 등을 통해 식민지의 불공평한 세금에 저항했다.

캘리포니아에서와 마찬가지로, 빅토리아의 금광지 중국인들에 대한 정책은 중국인들이 현지 사회에 잠재적 위협이 될 수 있다는 백인들의 의견에 부응한 것이었다. 그러나 캘리포니아의 반중국인 정서가 빠르게 반쿨리주의 이론으로 응결된 데 비해, 빅토리아의 인종주의는 아직 초기 단계였다. 곧 중국인들을 "쿨리인종"으로 보는 모든 것을 다 담을 수 있는 이론overarching theory이 금광지들에 등장하지는 않았다. 오스트레일리아에 있던 유럽인들은 중국인들을 그들의 이교異教, heathenism, 근거 없이 주장된 불결함uncleanliness과 비도덕성immorality, 전반적으로 이해할 수 없음unintelligibility을 통해 각양의 방식으로 바라보았다. 오스트레일리아의 인종주의와 인종 정책에서 반복적이고 지배적인 주제가 있다면, 그것은 영국제국 변두리에 있는 자신들의 작은 전초기지가 중국에서 온 수백만 명의 이민자로 넘쳐날 것이라는 두려움이었다. 오스트레일리아에서의 중국인 문제는 아시아에서 두 제국 즉 영국과 중국 사이에 감지된 충돌이라는 맥락에서 등장했다.

1840년대 후반에 오스트레일리아 식민지들에 도착한 최초의 중국인들은 사실 계약노동자들이었고, 뉴사우스웨일스의 거대한 목양장牧羊場들에서 일을 하기로 계약했다. 죄수 수송이 줄어들고, 이와 함께, 목양 및 여러 시골 작업에 죄수들을 "할당해" 사용하는 것이 줄어들면서, 목양업자들—오스트레일리아 최초의 대자본가—은 인도와 중국 출신의 아시아 도급노동자들에게 눈을 돌렸다. 1830년대 후반과 1840년대 초반에 오스트레일리아 목양업자들은 수백 명의 계약노동자를 서벵골에서 수입했다. 1847년과 1853년 사이에 오스트레일리아인들은 500명의 인도인과 3608명의 중국인을 추가로 데려왔는데, 중국인들은 남중국 푸젠성 연안의 샤먼에서 압도적으로 많이 모집되었다. 오스트레일리아인들이 샤먼에서 노동자들을 모집한 것은 이 항구가 또 다른 영국 식민지 싱가포르로 가는 중국인 노동이민의 주요한 공급지였기 때문일 것이다. 이들 중국인은 4~5년간의 계약을 맺고 오스트레일리아로 건너와 양치기, 오두막지기, 농장노동자, 가내하인 등으로 일했다. 이들은 일 년에 약 10파운드를 벌었으며(유럽인 평균 임금의 절반 이하) 무단이탈과 불복종을 처벌하는 식민지 주종법主從法, master-servant law들에 종속되었다.[2]

처음부터 오스트레일리아 식민자들은 아시아 계약노동자들의 사용에 회의적이었다. 많은 사람이 영국의 자유이민자들이 오스트레일리아에 정착해야 하며, 죄수건 쿨리건 부자유노동은 안 된다고 믿었다. 이들은 오스트레일리아가 카리브해의 영국 플랜테이션식민지들과 비슷해질 것을 우려했다. 이곳에서는 노예가 된 아프리카인들을 대신하기 위해 인도 계약노동자들을 이용했으나 이것이 노예제의 폐해를 거의 줄이지 못하는 것처럼 보였기 때문이다. 1843년에 자칭 노동자라는 뉴사우스웨일스의 4000명이 "유색인 노동자들"의 수입은 "자신들의 더 나은 조건을 찾으려 온 자유인들에게 심각한 부정의grave injustice"가 될 것이라고 선언하는 탄원서에 서명했다. 한 동시대 인사는 영국인 이민자들, 심지어 정부 지원을 받고 온 아일랜드 노동자들과 가내하인들조차 임금이 일 년에 20루피로 줄어들거나 "극빈과 파멸로 짓밟힐 것"이라고 경고했다. 영국의 반反노예제 단체들을 모델로 한 반反수송운동antitransportation movement은 적어도 잠재적으로 구원받을 수 있다고 여겼던 죄수들보다 계약직 쿨리들의 수입이 훨씬 너 나쁜 것이라고 판단했다. 그러나 식민 본국 런던의 식민부Colonial Office는 다음과 같이 인정했다. "실제로 적격한 이민자들 즉 적절한 연령, 필요한 건강, 그리고 노동에 대한 이런저런 유용한 설명에 대한 지식을 갖춘 이민자들의 공급은 제한되어 있다. [⋯] [그것이] 필요한 숫자를 확보할 수 있을지 의문이다."[3]

목양장 주인들은 계약노동자들을 사용하는 것에는 수동적이었으나, 그들은 자신들이 이용할 수 있는 다른 노동력이 없다는 점에서는 단호했다. 다른 정착민개척지settler frontier들의 경우와 마찬가지로 원주민들은 유럽인들을 위해 일하는 것에 저항했다. 포트필립의 목양업자 찰스 니컬슨 Charles Nicholson은 이렇게 선언했다. "문제는 우리는 어떤 형태로든 노동력이 필요하다는 것이다 ― 그 노동력은 우리가 자유노동을 얻을 수 있다면 그것일 것이고, 그렇지 않다면 수용자노동prison labour일 것이며, 둘 다 실패하면 쿨리노동일 것이다." 멜버른의 신문 《에이지The Age》는 아시아인들을 수입하는 것은 "**최후의** 수단dernier resort"이라는 견해로 그 이론적 설명에 공감을 표했다.[4]

1850년대 초반까지만 해도 오스트레일리아에서는 쿨리와 죄수노동 convict labor 사이 연관성 및 식민지들의 유형적penal, 流刑的 기원으로 인해 계약노동 반대자들이 대체로 우세했었으며, 엄밀한 의미에서의 정착민들은 식민지들이 그 이상으로 발전해나가기를 원했다. 많은 정착민은 죄수노동을 계약 아시아인들로 대체하면 엄청난 불평등이 야기될 것이고 따라서 민주주의가 불가능해질 것이라고 주장했다. 양모 자본가들을 비판하는 한 사람은 이렇게 주장했다. "중국인 노동자들은 값싼 죄수노동에 대한 병적 갈망morbid craving의 산물이며, 이러한 병적 갈망은 그것이 공급될 수 있다는 희망이 남아 있는 한 달래질 수 없다. 중국인 이민은 노예무역slave trade의 연장선에 불과하다." 1851년 포트필립디스트릭트Port Phillip District가 뉴사우스웨일스에서 분리되어 빅토리아의 새로운 식민지가 되면서, 포트필립은 자유식민지free colony로 세워져 출신과 관계없이 모든 계약노동을 금지했다. 목양업자들이 상당한 정치적 영향력을 행사한 뉴사우스웨일스에서는 계약 중국인들의 이용이 지속되었고, 비록 대단하진 않았어도 대중의 비판이 없지는 않았다.[5]

그러나 1850년대 초반 오스트레일리아 골드러시가 시작되면서 백인계 오스트레일리아인들이 중국민 문제를 상상하는 틀이 바뀌었다. 골드러시는 오스트레일리아인들의 자유노동과 그 이상의 갈망에 대한 예상치 못한 응답이었다. 골드러시는 과거에 상상할 수 없던 수준의 번영을 약속했고, 수만 명을 오스트레일리아로 유입시켰다. 전체적으로 보아 이들은 다양한 사회적 배경의 자유이민자로, 대개는 영국제도에서 왔지만 대륙 유럽(특히 독일), 미국, 중국 출신도 있었다.[6]

중국인들이 빅토리아 금광지들에 도착한 것은 1853년으로, 오스트레일리아 골드러시가 시작되고 1년 반이 지난 후였다. 1854년이 되면 이 식민지 내 중국인들은 약 1만 명으로 상대적으로 적은 수였으나, 이들의 존재는 논쟁을 불러일으켰다. 역사학자들은 유럽인들의 중국인들을 향한 적대감을 이야기해왔고, 그 일부는 이를 캘리포니아 금광지들의 인종주의와 비교하기도 했다. 그러나 오스트레일리아에서의 중국인 문제는 캘리포니아에서와는 완전히 다른 양상으로 시작되었다.[7]

빅토리아 채굴지들에 있는 많은 유럽인은 중국인들을 "성가신 존재annoyance"라고 생각했다. 특히 중국인들의 사금 채취〔사광 채굴〕 방식이 물을 낭비하거나 오염시킨다고 여겼기 때문이다. 캐슬메인의 가게주인 헨리 멜빌Henry Melville은 그것이 유럽인들의 "큰 불만"이며, "그들[중국인]은

한 구멍에서 물을 빼내고 그들의 '광미鑛尾, tailing들'[찌꺼기들]을 구멍으로 떨어지게 해 두 개 구멍의 물을 못 쓰게 한다"라고 설명했다. 샌드허스트의 광부 윌리엄 홉킨스William Hopkins에 따르면 "그들은 우리의 물을 못 쓰게 한다. 그들은 우리와 대화를 할 수 없고, 우리는 그들을 [논리적으로 설명해] 설득할 수 없다."[8]

물 문제 이외에도 채굴 불하청구지들에 대한 권리를 둘러싸고 가끔 갈등이 벌어졌다. 중국인들은 유럽인들이 버린 오래된 불하청구지들에서 일하는 게 보통이었는데, 광미 세척이 수익률이 낮은 시도였음에도, 그것이 새로운 지역을 탐사하는 일보다 쉬운 때문이었을 것이다. 그러나 새로운 광맥 소식을 듣고 자신의 불하청구지들을 버리고 떠난 유럽인들은 그 광맥들이 별 볼일 없거나 고갈되면 다시 자신의 불하청구지들로 돌아오는 경우가 많았다. 그들은, 법적으로는 한 번에 하나의 불하청구지만 보유할 수 있었으나, 그들 생각으로는 자신들이 이전 채굴지들을 버린 게 아니라 그것을 "예비reserve"로 보유하고 있었던 것이다. 정치인 윌리엄 웨스트가스William Westgarth가 중국인들을 "다른 사람들의 뒤를 따라다니며 모든 것을 다시 씻어내고 거두어들이는" "게걸스러운 메뚜기 떼devouring locusts"라고 묘사한 것처럼, 유럽인들은 자신들의 불하청구지들에서 중국인들을 쫓아내는 것을 정당화하려 중국인들에 대해 추악한 이미지를 그려냈다.[9]

인종적 긴장과 갈등은 빅토리아 금광지 곳곳에 퍼져 있긴 했지만 만연한 것은 아니었다. 중국인들과 백인들은 종종 협곡에서 나란히 일하기도 했다. 그들은 골드러시의 경쟁적 환경 속에 있는 모든 금 채굴자와 마찬가지로 서로 잘 지내기고 하고 다투기도 했다. 유럽인들의 중국인들에 대한 의견도 하나가 아니었다. 어떤 사람들은 중국인들을 "가장 조용하고,

악의가 없는 부류"이며 "전적으로 무해하고" "무례하지" 않으며, 게다가 "신체적으로나 지적으로나 고상한" 사람들이라고 여겼다. 그러나 어떤 사람들은 중국인들을 "도둑 패거리"이며 "악명 높은 도박꾼들"이라고 불렀다.[10]

빅토리아의 중국인 인구가 증가하면서―1854년의 2000명에서 1859년에는 4만 2000명이 되었으며, 이는 빅토리아 성인 남성 인구의 거의 20퍼센트였다― 이 인구 증가 자체가 유럽인들 사이에서 관심의 초점이 되었다. 이들은 이제 식민지들에 이교도가 넘쳐날 것을 상상하게 되었다. 채굴의 실용성을 둘러싼 갈등은 모호하긴 하지만 인종 담론의 윤곽을 가정했고, 이는 일종의 피드백 루프feedback loop(어떤 과정에서 나온 결과가 다시 그 과정에 영향을 미치는 것)로 작용했으며, 채굴지들에서 인종적 긴장을 부채질했다. 1854년까지 3000명의 중국인이 정착한 벤디고에서는 1000명이 넘는 유럽인 채굴자가 "대회大會, monster meeting"를 열어 중국인들을 금광지들에서 강제로 몰아내기로 결의했다. 벤디고의 금광지 판무관 존 팬턴John Panton은 경찰 증원인력을 파견하고 유럽인들의 불만 사항을 조사하겠다고 약속함으로써 폭도의 폭력을 막았다.[11]

중국인 금 찾는 사람들에 대해 반대하는 논변은 계약노동 논쟁 시기 캘리포니아나 빅토리아 자체에서의 논쟁과는 그 성격이 달랐다. 빅토리아 주민들은 중국인 채굴자들이 쿨리라거나 부자유하지 않다고 주장하지 않았다. 정확하게는 중국인들이 자유이주민들이라는 사실이 백인들을 불안하게 만들었다. 자유이주는 이론적으로 무제한적이고 통제할 수 없는 것이었기 때문이다. 영국령 정착민식민지 주민들은 잉글랜드 자유주의의 기본 원칙 즉 자유 이민과 정착의 원칙을 이해하고 있었고―여기에 감히 이의를 제기하지 않았으며― 이 원칙은 제국 전역으로 확장되었다. 그러나 그들은 중국인들이 "메뚜기 떼"처럼 이 나라에 퍼지는 것을 두려워해서 그러한 자유가 중국인들에게는 적용되어서는 안 되고, 중국인들은 현지 사회에 동화될 수 없으며, 중국인들은 오스트레일리아에 "아무런 도덕적, 물리적, 정치적 이득도 가져오지 않는다"라고 주장하기 시작했다. 한 신문은 다음과 같은 의견을 밝혔다. "잉글랜드의 땅이 전 세계에 자유롭게 열려 있기 때문에, 잉글랜드 정부와 국민들이 이 땅에 정착하려는 열등한 인종들의 압도적인 무리에 시달릴 것이고, 또 〔잉글랜드의 땅이 전 세계에 자유롭게 열려 있는 것이〕 국가의 퇴보에 영향을 미칠 것이라고 가정하는 것은 터무니없는 일이다." "홈-스테이어Home-Stayer"는 오스트레일리아 시드니 신문 《엠파이어Empire》에 유사하게 썼다. "영국의 법은 영국제도의 상황에 맞게 영국 땅에서 생겨나왔다. 인종 간에 그렇게 큰 차이는 없었다. […] 우리는 그 어느 민족도 아마도 이전에 있어 보지 못한 위치에 서 있다—자유롭고 계몽된 제도를 갖춘 국가라는, 거대한 이교도 세계의 문턱에서 문호를 개방한 국가라는 위치에."[12]

자유주의적 원칙에서 중국인들은 예외라는 주장은 종교적 차이에 초점이 맞추어졌다. 그러한 차이는 건널 수 없는 간극으로 보였고, 화해할 수 없는 것으로 전제되었으며, 따라서 중국인들이 엄밀한 의미에서의 정착민이 될 수 있다는 가능성을 배제했다. 금광들에서 기독교 선교사들의 사역에도 불구하고, 대부분의 유럽인은, 심지어 중국인들을 악의가 없고 무해하다고 여겼던 사람들조차도 "우리는 그들을 가르칠instruct 수 없다"라고 믿었다.[13]

이교는 단순히 기독교 신앙의 결여가 아니었다. 그것은 기독교 도덕Christian moral의 결여를 의미했다. 이러한 결여는, 그들의 물을 사용하는 방법에서부터 그들의 근거 없이 주장된 범죄성criminality, 가장 중요하게는,

그들의 여성과 가족의 부재에 이르기까지, 중국인들에 대해 의심스러워 보이는 모든 것의 근원이었다. 유럽인들은 오직 기독교인들만이 핵가족의 부르주아 가족bourgeois family을 소중히 하며, 또 가족은 질서 있고 도덕적인 사회의 초석이라고 믿었다. 안정된 가족이 없으면 사회는 도덕적 타락의 위험에 처했다. 실제로 독신 남성 유럽 금광 탐험자의 많은 인구는 여러 관찰자에게 불안감을 초래했으나, 이들이 결국 결혼해 현지 사회에 정착할 것이라는 일반적 믿음이 있었다. 다른 시각에서 보면, 일부 비판자는 식민지에 중국인 여성들이 부족하면 중국인 남성들이 유럽인 여성들과 결혼하게 될 것이고 이는 퇴보한 "잡종 품종piebald breed"을 만들 것이라고 우려했다.[14]

공개 토론에서 중국 "노예제"에 대한 몇 가지 언급이 있었지만, 대부분은 과장된 것이었다. 그 전형적인 진술은 다음과 같다. "거짓말, 영아살해infanticide, 이교의 땅에서 이 황인 노예 500명을 받아들이는 것보다 모국〔곧 영국〕에서 2000명의 죄수를 받아들이는 편이 […] 훨씬 더 나을 것이다." 빅토리아 총독 찰스 호담 경Sir Charles Hotham은 중국에서 신용으로 여객운임을 조달하는 것은 "노예 수송에 매우 근접한 것"이라는 견해를 사적으로 표명했다. 호담은 19세기와 20세기 초반에 거의 모든 국적과 에스닉 집단이 장거리 이주를 용이하게 하기 위해 신용을 이용했음에도 이민 신용의 현상에서 "동양 전제주의"에 대한 이론을 읽어냈다. 시드니의 부패한 관리들은 1856년에 출항하는 배에서 중국인들로부터 9480파운드의 금을 압수하는 것을 정당화하는 데 호담과 동일한 스테레오타입을 사용했다. 세관원 존 드 커시 브레머John De Courcey Bremer는 이렇게 말했다. "중국인들은 골나 있다." "금은 틀림없이 그들의 부유한 주인들에게 갈 것이다."[15]

그래도 일반적으로 오스트레일리아인들은 **노예제**slavery라는 용어를 마구잡이로 쓰지는 않았다. 캘리포니아에서 쿨리라는 수사修辭의 성공은 그 수사가 갖는 미국 남부의 아프리카인 노예제와의 근접성에 달려 있었다. 오스트레일리아에서는 바로 이용가능한 인종화한 비교가 존재하지 않았다. 이곳에서 부자유의 역사는 인종적 노예제가 아니라 죄수 수송, 죄수-노동 할당, 그리고 최근에는 아시아계 고용계약이었다. 오히려 오스트레일리아인들 사이에서 가장 큰 두려움은 중국인들이 자신들을 "압도overrun"할 수도 있다는 것이었다. 이는, 과장된 견해였으나, 아시아 이웃 국가들과 견주어 백인 인구가 적은 오스트레일리아(1850년 약 40만 명)의 상황을 고려할 때 설득력이 있었다. 멜버른의《아르고스》는 이렇게 설명했다. "지리적으로 우리는 백인들이 점령한 나라의 다른 어떤 넓은 지역의 경우보다 억눌린 수백만 명의 중국인과 더 가깝다. […] 우리는 여전히 소수의 남성과 여성, 어린이에 불과하다(사진 14).[16]

"중국인 침입Chinese invasion"에 대한 경고는 어디에나 있었고, 종종 히스테리한 어조를 띠었다. 정부의 한 공식 보고서는 중국인들의 **엄청난 수**great number"가 "이미 거의 **믿을 수 없을 정도**incredible지만 […] 여전히 **빠르게 증가하고 있는**fast increasing 것으로 보인다"라고 썼다. 빅토리아는 "상대적으로 소수의 식민자가 중국인들의 **무수한 떼**countless throng에 파묻힐 수 있는 […] 불쾌한 가능성에" 직면했다. 유리카Eureka의 한 금광지 판무관은 "**게걸스러운 메뚜기 떼**devouring locusts처럼 [유럽인들] 주위로 **몰려드는**swarmed 중국인들에 대해서 말했다. 반反중국인 대회들에서 연사들은 백인들보다 10배 이상 많은 "어두운 피부색의 몽골인"이라는 유령을 거론했다. 일부는 "**100만 명 또는 200만 명**one or two millions"이 올 것이라 예측했다. 신문 사설과 독자기고란은 "혐오스러운 **외국** 이교 **무리**mass of foreign

사진 14 오스트레일리아의 이민배척주의자들은 자신들을 아시아에서 영국제국의 작은 전초기지라고 상상했고, 그 결과 오스트레일리아가 중국제국의 "황색 쓰레기yellow trash"가 급속하게 퍼질 위협에 처했다고 보았다. 《불러틴Bulletin》, 1895년.

Paganism"와, "자신들이 거주하는 땅의 사람들과 공통적 공감대가 전혀 없으며, 또한 **사실상 무진장한 인구**population practically inexhaustible로부터 그들〔곧 이미 와 있는 사람들〕의 뒤를 잇는 **무수한 무리**countless hordes를 끌어들이는 열등한 인종의 **방대한 유입**vast influx에서 발생하는 커다란 사회문제"에 대해 비난했다〔모든 강조는 저자〕.[17]

빅토리아의 일부 주민은 최근 광저우에서 발생한 중국과 영국 사이 갈등 즉 아편전쟁에 주목했다. 다른 일부는 싱가포르와 자바에서 중국인들이 연루된 소동에 대해 언급했다. 오스트레일리아 식민지 주민들은 아시아에서 영국제국의 더 커다란 지정학적 이해관계에서 벗어날 수 없었다. 실제로 중국으로부터 오스트레일리아로의 골드러시 이민은 중국이 아니라 오스트레일리아가 태평양 전역으로 확장하는 힘이 될 것이라는 오스트레일리아 식민지 영국인 거주민 더 초기 세대의 꿈을 뒤집어놓았다. 중국인들의 이민을 제한해야 한다는 요구는 어느 정도는 자신감의 위기였다. 즉 식민지 주민들이 중국인들을 자유롭고 동등한 기준으로 고용할 수 없음을 인정하는 것이었다.[18]

✤

오스트레일리아 빅토리아 금광지들에서 중국인들에 대한 반대는 식민지 정부를 향한 불만이 커지는 상황에서 일어났다. 일부 백인은 자신들이 버린 채굴지들을 "탈취해간" 중국인들을 비난했으나, 대부분의 백인은 자신들의 어려움이나 불행을 가지고 중국인들을 희생양으로 삼지 않았다. 채굴자들의 분노가 향한 주된 대상은 식민지 정부, 구체적으로는 왕령지에서의 채굴 면허 교부 조건 및 압제적 집행 방법이었다. 광산 면허는 돈이 많이 들어서 그 요금이 처음에는 한 달에 30실링이었고, 개인마다 8제곱피트로 불하청구지를 제한했다. 지구 내에서 면허를 담당하는 금광지 판무관들은 금광지들의 치안을 담당하는 판무관, 징세담당관, 조사관, 치안판사, 경찰로 구성된 사실상 군대의 일원이었다. 빅토리아는 당국이 광부들이 연방 토지에서 채굴을 하고 연방 토지를 무단점유하는 것을 막기 위해 아무것도 하지 않은 캘리포니아와 극명하게 대비되었다.

면허 교부 조건에 대한 대중의 불만과 저항은 꾸준히 커졌다. 빅토리아 금광지들의 세금 및 거버넌스governanc〔통치〕의 자의적 속성에 대한 반대는 참정권 및 토지개혁과 관련한 더 광범위한 정치적 요구를 불러일으켰으며, 이 모두는 영국 신민subject의 헌법상 권리로 인식되었다. 벤디고를 중심으로 식민지 전역에 걸쳐, 광부들은 빨간 리본을 달고 세금 미납을 맹세하고 대규모 집회들을 열고 청원을 조직했다. 식민지 입법부는 1853년에 세금을 월 약 13실링(연간 8파운드)으로 낮추었으나 여전히 상당히 높은 액수였다.

1854년 가을이 되면, 계속되는 광범위한 세금 회피에 대한 정부의 대응은 금광지들에 대한 면허 검사를 매주 2차례 실시하는 것이었는데, 이는 더 큰 불만과 저항을 불러일으켰고, 12월 빅토리아 밸러랫에서 유리카봉기Eureka Uprising로 절정에 달했다. 유리카 호텔에 불을 지르는 등 수개월 동안 대중의 저항이 이어지자, 무장한 수백 명의 영국인과 유럽인 금 채굴자들은 방책防柵을 쌓고 식민지 정부에 맞서 반란을 촉구했다. 이들은 민병대에 의해 폭력적으로 진압되었고, 수백 명이 체포되었으며 광부 30여 명이 죽었다. 이 위기로 말미암아 찰스 호담 총독은 금광지조사위원회Goldfield Commission of Enquiry를 소집했고, 전제적이고 부패한 금광지 행정에 대한 광부들의 불만이 대체로 정당하다는 결론을 내렸다. 식민지 입법부는 몇 가지 개혁안을 통과시켰는데, 면허증을 연간 1파운드의 "광부권"〔채굴허가증〕으로 대체, 금광지 지구들의 현지 거버넌스, 확대된 식민지 입법회legislative council의 금광지 대의원, 금 수출세 등이 포함되었다.[19]

같은 위원회〔식민지 입법회〕가 중국인 문제를 다루는 것과 관련한 권고를 했다. 위원회는 중국인들에 대한 "절대적 배제"를 명시적으로 권고하지는 않았으나 "최소한 이 흐름을 막고 줄이기 위해서는 금지까지는 아니더라도 어떤 조치가 필요하다"라고 믿었다. 위원회는 영국령 항구들(홍콩과 싱가포르)에서 건너오는 선박은 탑승하는 중국인 수를 제한해야 하는데, 아마도 배 한 척당 15~30명을 태워야 하며, 추가 승객은 그 각각에 대해 무거운 벌금을 부과할 것을 제안했다. 식민지 입법부는 그해 말 각 선박의 중국인 승객의 수를 10톤당 1명으로 제한하는 법을 통해 정식으로 대응했다. 이 법은 이에 더해 빅토리아에 도착하는 모든 이민자에게 10파운드의 정착료를 부과했다. 이 법은 또한 총독에게 중국인들의 "관리 및 좋은 통치"를 위해 "규칙과 규정"을 만들 수 있는 권한을 부여했으며, 그 권한에 따라 총독은 매년 1파운드의 "보호"세를 부과했다. 18개월 후에 식민지 입법부는 모든 중국인에게 매월 1파운드의 거주세를 부과했다. 이것들은 상당한 부담을 가중한바, 특히 중국인들은 표준적 광부권〔채굴허가증〕에 대해서도 지불을 해야 했다.[20]

중국인들은 적극적 항의와 불이행을 결합한 지속적 저항으로 대응했으며, 이는 유럽인들의 반反면허 운동과 유사했으나 당시 그 유사성을 인정한 유럽인은 거의 없었다. 10파운드의 정착료에 항의하는 "겸손한 탄원서humble petition"에 벤디고에 거주하는 중국인 상인, 광부 등 5168명이 서명했다. 중국인들은 이 정착료를 인두세人頭稅, head tax라고 불렀으며, 그것이 "원칙적으로 불공평하고, 영국 헌법의 기본법을 위반하는 것이며, 당신들의 청원인들을 격하하는" 것이라고 말했다. 5000명이 넘는 서명은 벤디고 지역 중국인 인구의 상당수에 해당하는 것으로, 이는 현지 중국인들의 높은 수준의 조직력을 시사한다. 이러한 조직화는 쓰이회관과 의흥회를 통해서, 마을 클럽하우스들을 통해서, 채굴지들에 걸쳐 입소문을 통해서 이루어졌을 것이다. "빅토리아의 중국인들"이 제출한 두 번째 탄원은, 밸러랫의 중국인 보호관protector 윌리엄 헨리 포스터William Henry Foster

의 도움을 받아 조직되었을 것으로 추정되며, 3089명이 서명했다.[21]

정착세landing tax를 회피하기 위한 상당히 조직적인 활동도 있었다. 홍콩과 샤먼에서 오는 배들은 포트필립(멜버른)을 피해서 300마일 더 이동해 정착료가 없는 인근 사우스오스트레일리아South Australia 식민지 기상만Guichen Bay의 포트로브Port Robe에 상륙했다. 일부는 영어를 구사하고 영국인처럼 옷을 입은 우두머리와 함께 도착했다. 포트로브에서 중국인들은 육로로 220마일(약 350킬로미터)을 걸어서 빅토리아 금광지들로 향했고, 이는 산·늪·사막 등 험난한 지형과 위험한 수풀을 통과하는 여정이었다. 이들은 때로는 나침반의 도움을 받으면서 걸었고, 아보카Avoca, 밸러랫, 심지어 멜버른에서도 수백 명씩 나타났다. 1857년 상반기에 1만 4000명으로 추정되는 중국인이 포트로브에 도착해 이 작은 양모 수출 타운(인구 200명)을 번잡한 항구 타운으로 바꾸어놓았다. 인구가 빠르게 3배로 늘어난 유럽인들은 포트로브에 도착한 중국인 금 탐사자들에게 음식, 생필품, 정보, 안내 서비스를 제공해 이윤을 올렸다.[22]

도보로 이동한 중국인 일단은 때때로 600명에 이르는 남성으로 구성되었으며, 그 행렬은 2마일에 달했다. 각각의 남성은 두 개의 바구니가 있는 대나무 장대를 들고 있었고, 각각의 무리에는 필수품을 실은 몇 대의 마차와 도중에 병에 걸린 사람들이 동행했다. 이들은 하루에 20마일(약 32킬로미터)을 걸었다. 도중에 이들은 신선한 물을 마시기 위해 우물을 팠고, 신선한 고기 섭취를 위해 양을 구입했으며, 뒤따라올 사람을 위해 타운에 메시지를 남겨놓았다. 파렴치한 가이드들에 대비해 이들은 나무껍질에 길 표시를 새겨놓기도 했다.[23]

빅토리아 식민지 정부는 중국인들의 금광지들로의 육로 이주를 막기 위해 이웃 식민지들에 빅토리아와 유사한 정착료를 법제화해줄 것을 요청했다. 사우스오스트레일리아는 1857년에 이에 응했다. 그러나 금광지들로 오는 중국인 이민은 선박들이 뉴사우스웨일스로 방향을 바꾸면서 지속되었다. 1858년에 1만 2000명의 중국인이 시드니에 상륙했으며, 이 중 9000명이 머리강Murray River을 건너 빅토리아로 갔다. 빅토리아 식민지 입법부는 이웃 식민지들에서 넘어오는 것을 막기 위해 4파운드의 육로입국세overland-entry tax를 추가했으나, 중국인들이 육로 국경 경비대를 지나치면서 "no savvee"("몰라요")라고 중얼거렸기 때문에, 고립된 육로 국경 경비대가 이 중국인들로부터 세금을 징수하는 것은 거의 불가능했다("no savvee"에서 savvee(savvy)는 제3장 미주 7번에 나와 있는 것처럼 속어이며 "알다, 이해하다, 파악하다" 등의 의미다. 프랑스어 savoir에서 왔다).[24]

월 1파운드의 거주세가 1857년에 부과되자 중국인들의 새로운 탄원의 물결이 일었다. 빅토리아 캐슬메인에서 열린 중국인들의 대규모 시위는 식민지 입법부가 세금을 통과시킨 몇 주 후 일어났으며 다시금 높은 수준의 조직력을 과시했다. 탄원과 집회를 조직한 선교사 추아루크는 캐슬메인의 공식 중국어 통역자이기도 했다. 통역자 자격으로 그는 이 지역 전체의 중국인들과, 그리고 회관과 비밀결사체로 이루어진 중국인들의 사회적 네트워크와 연결되어 있었다. 추아루크는 식민지 금광지들의 관료제에서 일하긴 했으나 그의 충성심은 분명 자신의 동포들에게 있었다. 상주常駐관리인들에 의해 고용된 중국인들의 우두머리들도 이와 마찬가지였으며, 이들의 직업은 아이러니하게도 면허증과 보호티켓protection ticket의 징수를 돕는 일이었다. 중국인 우두머리 아뤄A-Luo는 캐슬메인 집회에서 자신이 "운동movement"을 형성하기 위해 다른 지구의 중국인들과 소통할 것이라고 보고했다.

빅토리아 금광지들 전역의 수천 명에 이르는 중국인은 1856년과 1857

년에 최소한 9개의 탄원서에 서명했고, 그것들을 식민지 정부에 제출했다. 탄원서들은 서명자의 수가 많은 것에 더해 그 논변과 정당화 논리에서 주목할 만하다. 탄원자들은 지불 능력이 없음, 이전의 세금으로 인한 가난, 자신의 것들을 잃지 않으려고 경계하는 유럽인들에게 자신들의 광산들을 빼앗기고 있음, 영국 헌법의 평등 원칙과 상충되는 악의적 차별, 현지 상인들을 후원하고 버려진 광산들에서 채굴하는 중국인들에 의한 경제적 기여를 인증引證했다. 탄원자들은 종종 잉글랜드 헌법의 자유라는 전통을 이용해 권리의 언어language of rights로 글을 썼다. "대표 없는 과세는 '폭정'이다Taxation without representation is 'tyranny'라고 존JOHN은 말했다. 누가 그를 반대할 수 있겠는가?"라고 멜버른의 《아르고스》는 썼다〔여기서 "JOHN"은 17세기 영국 정치인 존 햄던John Hampden(1595~1643)을 말한다. 의회의 승인 없이는 세금을 징수할 수 없다는 원칙을 내세우며 국왕 찰스 1세가 부과한 선박세를 거부했다. 이는 청교도혁명의 도화선이 된다〕. 캘리포니아의 중국인 상인들에 공명해, 벤디고의 탄원자들은 이주가 지역 사회의 교역과 상업에 주는 이점을 지적했다. "이곳과 다른 곳의 금광지들에 대한 탄원자들과 같은 수많은 조직체가 존재한다는 것은 교역에 큰 자극을 주고 식민지의 상업 공동체들에 매우 큰 이익을 가져다준다."[25]

탄원자들은 자신들에게 제기되는 일반적인 불만과 스테레오타입, 특히 중국인들이 여성을 데려오지 않아 정착민으로서 바람직하지 않다는 비난에 대해서도 반박했다. 몇몇 탄원서에서는 중국인들이 아내를 고향에 두고 온 문화적, 현실적 이유에 주목했다. 폰사는 캐슬메인 대중집회에서 연설하면서 이 문제에 대해 특별히 언급했다. "중국인 남성들의 아내들은 [오스트레일리아에서] 안전하지 않을 것이다. 때때로 중국인 여성들은 길에서 제지를 받고 모욕을 당했으며, 그들은 이곳에 올 경우 자신들이 모욕을 당할까봐 두려워했다." 다른 사람들은 빅토리아가 중국인들이 장기적으로 뭔가를 하기에는 그 미래가 불확실하다고 설명했다. 로콩멩 (류광밍)은 식민지 당국에 중국인들이 싱가포르와 페낭에서처럼 환영받고, 이주와 관련한 명확한 법이 있다면 그들은 오스트레일리아에 정착할 것이고 가족을 데려올 것이라고 증언했다. 어떤 의미에서 중국인들은 중국인들이 오스트레일리아에 정착하기를 꺼려하는 것에, 중국인들이 아닌, 유럽인들에게 책임이 있다고 말하고 있었다.[26]

1857년 11월에 빅토리아 식민지 입법부는 거주세를 절반으로 즉 연간 6파운드로 인하하는 개정 법률을 통과시켰다. 처벌 조항은 삭제되었으나, 이 법률은 거주 인가증이 없는 사람은 그 누구라도 자신의 불하청구지를 빼앗아간 사람에 대한 소송을 제기할 권리를 박탈당한다고 규정했다. 밸러랫의 1400명의 중국인이 서명한 새로운 탄원은 이 조항이 광부 면허로 이미 보유하고 있는 불하청구지 소유권에 대한 법적 권리를 박탈함으로써 "이 갑작스러운 부담을 감당"할 수 없는 사람들을 "법외자들 outlaws"로 만든다고 항의했다. 많은 중국인이 얕은 곳에서의 사금 채취 [사광 채굴]를 뛰어넘어 심부 광맥 채굴을 하게 됨에 따라 유럽인들에 의한 불법 불하청구지 탈취는 점점 더 중대한 일이 되었다. 4만 명이 넘는 중국인 광부 인구 중 겨우 수백 명만이 6파운드의 세금[거주세]을 납부했고, 단지 수천 명만이 광부권[채굴허가증]과 보호티켓을 취득하고 있었다. 또한 중국 정책에 대한 유럽인들의 비판의 목소리가 선교사들, 애버리지니의 권리 옹호자들, 평등과 인도주의humanitarianism라는 잉글랜드 전통에 좀 더 분명하게 헌신하는 사람들 사이에서 이구동성으로 점점 더 커지고 있었다. 멜버른상공회의소Melbourne Chamber of Commerce는 "시대정신"을 인증引證하면서 두 번이나 결의안을 통과시켰다. 즉 "중국인들이 이 식민지

에 상륙하는 것을 방지하기 위해 특별히 적용되는 모든 법률안"의 통과를 반대하는 내용이었다.[27]

빅토리아 식민지 정부는 1859년 2월에 다시 법률을 개정해 거주세를 연 4파운드로 더 낮추고 여기에 광부권(채굴허가증) 및 보호티켓도 포함시키면서, 이 법률이 "중국인들을 덜 괴롭히고" "그들로 하여금 정부 세입에 기여하도록 하는 더 효과적인 제도"가 될 것이라는 희망을 표명했다. 사실, 정부는 인도주의적 동기에 의해 움직인 것은 아니었다. 사실상, 정부는 중국인들과 그들이 마침내 기꺼이 지불할 수 있는 금액을 놓고 협상하고 있었다. (중국인들은 연 2파운드를 내겠다고 말했다.) 개정 법률은 또한 양형 규정(무거운 벌금, 구금, 공공근로)을 추가했으며, 새로운 행정규제가 있었으니 중국인들은 항상 자신의 세금 영수증을 소지해야 하고, 한 지구로부터 이주할 때에는 서면허가를 받도록 하는 내용이었다.[28]

항의 운동은 식민지 정부가 징수 및 검사를 단속하기로 결정하고, 거주 인가증을 제시하지 못한 사람들을 수감하면서 1859년 봄에 새로운 차원으로 옮아갔다. 5월에 벤디고의 700명의 중국인은 세금징수관 및 이들이 대동한 경찰에 저항했고, 납세 거부로 체포된 중국인 여러 명을 경찰 손에서 구출했다. 기마경찰이 들이닥쳐 군중을 해산시켰다. 중국인들은 해산하기를 거부했고, 스스로 체포당해 감옥을 가득 채웠으며, 이는 모한다스 카람찬드 간디Mohandas Karamchand Gandhi와 마틴 루서 킹 주니어Martin Luther King Jr.가 훗날 쓰면서 유명해질 방식이었다. 4000명의 벤디고 중국인은 경찰의 행동을 비난하는 탄원에 서명했다. 경찰이 보호티켓이 없는 사람들을 체포해 그들을 "질 나쁜 중죄인들처럼 공공거리를 행진하게 하고", 교도소 노동조組에 투입시켜서 "착검한 총을 든 경찰들이 감시를 하는 가운데, 가장 파렴치한 범죄자들과 함께 좁은 길 청소를 시키거나 이

런저런 유사한 비하 입무를 시켰나"는 내용이었다.²⁹

중국인들은 경찰이 현지의 중국인들의 우두머리인 피그 몬Pig Mon을 세금 납부를 옹호하는 "선동적인" 플래카드를 배포한 혐의로 체포하자 경찰과 충돌했다. 중국인 3000명은 캐슬메인에 모여 상주관리인 캠프로 행진해 연간 2파운드 이상은 낼 수 없다고 말하고, 이런 제안이 거부당할 경우 자신들은 "법률에 따라 처리되도록 자수"하겠다고 했다. 벤디고, 캐슬메인, 밸러랫, 오븐스 지구 등의 중국인들로 구성된 중국인연합연맹United Confederacy of Chinese이라는 조직은 "모든 채굴자와 사금 채취자는 작업을 중단하고, 모든 가게주인은 운영을 중단하고, 유럽인과 거래하지 말 것"을 요청했다. 이들은 또한 경찰이 세금 징수를 강제할 경우 중국인들은 상주관리인 본부로 가서 "분노의 집회"를 열 것이라고 선언했다.³⁰

로콩멩과 멜버른의 다른 중국인 상인들도 거주세에 반대했다. 1859년 5월에 로콩멩은 다른 두 상인 지도자 존 A. 루크John A. Luk 및 A. 킴A. Kim과 함께 식민지 정부의 관리를 만나 세금 문제를 논의했다. 저명한 유럽인들이 그들과 동행했다. 빅토리아 입법부 의원 제임스 그랜트James Grant, 상인 마크 킹Mark King, 금광지 선교사 윌리엄 영 목사가 그들이다. 상인들은 자신들의 주장만을 변론했으니 곧 광부를 대상으로 한 세금이 도시의 상인들에게 부당하게 적용되고 있다는 내용이었다. 이들은 또한 중국에서든 다른 어느 곳에서든 자신들이 선적 화물과 함께 올 때마다 10파운드의 정착료를 내고 있다고 지적했다. 상인들은 광부들의 시민 불복종 행동과 더욱 거리를 두었고, 총독의 수석보좌관 존 오샤나시John O'Shanassy가 중국인연합연맹이 폭력을 조장하고 있다고 말하자 충격을 표명했다. 로콩멩 및 다른 150명의 중국인 상인은 이틀 후 재무부로 가서 절차에 따라 세금을 납부했다.³¹

멜버른의 중국인 상인들이 광부들의 편에 서기를 꺼려하면서 총파업과 시민 불복종은 약화되었다. 빅토리아 식민지 정부는 단호한 조치를 계속 취했다. 1860년까지 세금 미납으로 4000명이 벌금을 물었고 2000명이 구금되었다. 운동은 추진력을 잃었고, 더는 대중 시위는 없었으나, 소수의 중국인만이 주민세를 납부했다. 1859년에 1만 2000명, 1860년에 8000명, 1861년에 5000명이었다.[32]

많은 면에서, 중국인들의 내켜하지 않음unwillingness은 백인계 오스트레일리아인들이 자신들의 민주주의 원천의 하나로 여기는 유리카봉기와 유사했다. 중국인들은 유럽인들의 언어와 유사한 언어로 탄원서를 작성했는데, 영국 헌정주의와 평등을 촉구하는 것이었다. 그리고 이들은 영국의 정치적 상징물들과 함께 대중 집회를 열었으니 영국 국기를 흔든다거나 집회를 마치면서 국왕에 대해 만세 삼창을 하는 것 따위였다. 동시에 중국인들의 저항은 앵글로-아메리카식으로 세금을 정치적 대표와 연관시키기보다는 공정 및 통치자의 자비로운 행동의무를 강조하는 논리에서 작동했다. 주목할 점은 중요한 조치들에 의해 중국인들의 저항이 유리카봉기를 넘어섰다는 것이다. 중국인들의 저항은 더 많은 장소에서 일어났고, 더 많은 인원이 참가했으며, 더 오랜 기간에 걸쳐 진행되었다. 역사학자 제프리 설은 중국인들의 저항이 "유순한 양심을 가진 이전의 채굴자라면 누구든 부끄러워했을 수도 있을 것"이라고 썼다.[33]

⁜

불공평한 인종세race tax들에 반대하는 지속적인 캠페인에 더해 중국인 금채굴자들은 빅토리아 식민지 정부가 자신들을 "보호"라는 기치 아래 분리된 마을들에서 실게끔 강제하려는 시도에 저항했다. 중국인들은 단순히 그러한 게토ghetto[소수민족 거주 지역]들에 살기를 거부했고, 그곳들에 사는 (살지 않는) 특권에 돈을 내는 것을 거부했다. 이들의 저항으로 결국 정부는 그러한 프로젝트를 포기했다.

중국인보호지Chinese protectorate라는 발상은 인종을 서로 분리함으로써 유럽인들과 중국인들 사이 갈등을 완화하는 것을 목표로 했다. 1854년에 벤디고의 금광지 판무관 존 팬턴은 빅토리아 총독 찰스 호담 경에게 중국인 특별 "보호관들"을 임명하고, 중국인들을 유럽인들과 분리된 캠프에 거주시키는 것이 중국인들의 안전을 보장하고, 인종적 질서를 촉진할 것이라고 제안했다. 군 장교 출신인 팬턴은 또한 유럽인 선동가들이 식민지 정부에 대한 불만을 조장하려 중국인 문제를 이용하는 것을 못하게 막아야 했다.[34]

존 팬턴의 제안은 1830년대와 1840년대에 유럽인 정착민들의 폭력으로부터 오스트레일리아 원주민 애버리지니들을 "보호"하기 위해 정부가 취했던 유사한 전략을 떠올리게 했다. 애버리지니들이 소나 양을 죽이거나 훔치며 유럽인들의 침입에 저항하자, 유럽인들은 독선적이고 폭력적으로 자신들의 재산을 보호했다. 뉴사우스웨일스와 사우스오스트레일리아 식민지 정부들은 정착을 장려했으나 애버리지니들에 대한 폭력적인 공격과 살해에는 반대했다. 포트필립애버리지니보호지Port Phillip Aboriginal Protectorate는 1838년에 "잔학행위, 억압이나 부정의" 그리고 "정착의 폐해"로부터 원주민들을 보호하고, "그들에게 기독교의 진리와 문명화된 삶의 기술을 전수함으로써 그러한 폐해를 보상하기" 위해 세워졌다. 이 정책은 애버리지니들을 유럽의 "목장들stations"에 살도록 권했는데, 이곳에서 그들은 "사소한 일"을 하는 대가로 안전하게 보호를 받고, 옷을 입고, 먹게 될 것이었다. 극소수의 애버리지니만이 정부의 이런 제안을 받아들였다. 보호관들 역시 원주민들의 "사회적 조건"에 어떤 변화도 감지하지 못했다. 원주민들을 유럽인들의 규범으로 끌어들일 수 있다는 식민자들의 자만심은 애버리지니들이 멸종할 것이고, 이들의 원시적이고 어린아이 같은 본성 때문에 유럽 문명이 진전하기 전에 붕괴하고 사멸하게 될 것이라는 믿음에 다소 빠르게 자리를 내주었다. 따라서 "보호"는 애버리지니의 제거에 예의 바름civility이라는 그럴듯한 구실을 위한 일시적 조치로 간주되었다.[35]

빅토리아 식민지 정부는 중국인들이 애버리지니들과 마찬가지로 유럽인들의 폭력으로부터 보호받을 필요가 있다고 제안했지만, 중국인보호지들은 사실 원주민들의 선례들과는 상당히 달랐다. 중국인보호지들은 동남아시아에 있는 유럽 식민지들의 인종 관리 전략에서 주요 영감을 얻었다. 식민지 빅토리아인들은 필리핀, 자바, 말라야에서의 관행을 오스트레일리아 사례의 모델로 끌어왔다. 1855년 5월 멜버른상공회의소의 특별 대표단이 찰스 호담을 방문해 중국인들을 위한 특별 규제를 촉구했다. 이들은 호담에게, 싱가포르에서는 식민지 정부가 "정착지에서 서로 다른 계급[씨족집단]을 대표하는 가장 연배가 높고, 가장 부유한 중국인 교역상 중 두 명을 선정해 이들이 치안판사의 역할을 하도록 하고 중국인들 사이의 분쟁을 조정하도록 했다"라고 말했다. 이들은 바타비아Batavia〔자카르타의 네덜란드 식민지 시기의 명칭〕에서는 "세금 징수 및 중국인들의 선량한 행동"을 책임지는 우두머리들을 기용하며, 홍콩에서는 중국인에 대한 특별 치안 규정이 있다는 사례를 언급했다. 영국은 또한 싱가포르에서 중국인들이 소비하는 품목인 돼지고기와 아편에 세금을 부과했다.[36]

존 팬턴과 찰스 호담은 중국인보호지들을 "중국인들이 그들 자신들의

권위 아래" 조직하는 데 동의했으며, 그 권한은 중국인들의 "우두머리들
〔촌장들〕headmen"에게 있다고 생각했다. 그러나 빅토리아 관리들은 중국인
들로부터 세입을 징수하고 중국인들 사이의 분쟁을 판결하기 위해 현지
중국인 지도자들을 우두머리들로 임명하기를 원했으나, 관리들은 영국
법, 중국법, 말레이(무슬림)법으로 운영되는 해협식민지에 있는 것과 같은
다원적 거버넌스 체제를 만드는 데까지 나아가지는 못했다.[37]

중국인 우두머리들의 기용은 오스트레일리아의 영국령 식민지들이 정
착민식민지라는 사실에 맞추어 조정되어야 했다. 동남아시아의 식민지
들에서는 유럽인들이 소수였지만 오스트레일리아에서 유럽인들은 자신
들이 다수가 되는 것을 목표로 했다. 애버리지니 인구는 말기적 감소기에
접어든 것으로 추정되었고, 중국인들은 번성하고 영향력 있는 에스닉 집
단으로 아직 자리 잡지 못했다. 역설적이게도, 오스트레일리아 정착민식
민지들의 중국인 이민자들은 동남아시아 식민지들의 중국인 이민자들에
대한 통제보다 더 강력한 중국인 통제 조치를 취해야 한다는 욕구를 백인
들 사이에서 불러일으켰다. 난양南洋〔남해 또는 동남아시아〕에서는 중국인
들이나 원주민들 모두 강제로 "보호지들"에 가두어지지 않았다.

빅토리아 관리들은 중국인 주민들과 그 사회조직에 대해 흐릿하게만
이해했을 뿐이지만, 관리들은 중국인들 사이에 잠재적으로 자신들을 광
산 주민들에게 접근하게 해줄 수 있는 높은 지위의 남성들이 있음을 알고
있었다. 밸러랫의 판무관 로버트 레드Robert Rede는 중국인 광부들이, 가능
하면 중국 황제가 직접 임명한 "관리Mandarin 또는 자기네 나라에서 중요
한 사람"인 우두머리만 존중할 것이지만, "불행히도 이 디스트릭트District
〔광산 지구地區. 곧 벤디고〕에는 조금이라도 중요한 중국인 남성이 없다"라
고 믿었다. 사실, 중국인들의 사회조직은 정교했지만 찰스 호담과 존 팬

턴은 이를 이용하는 것은 고사하고 파악하기조차 쉽지 않았다.[38]

처음에 중국인들은 식민지의 보호라는 발상을 싫어하지 않았다. 채굴지들에 있었던 사람들은 광구들과 물 사용을 둘러싸고 유럽인들과 지속적으로 갈등을 빚었다. 중국인들은 채굴이 끝난 불하청구지들에서 채굴하는 일이 유럽인들과 경쟁하는 것이 아니며, 그렇지 않았다면 채굴되지 않았을 광석을 발견하는 것이기 때문에, 사회적으로 유용한 것이라고 종종 주장했다. 이런 것들마저 잃는 것은 명백히 불공평해 보였다. 1855년 초반에 존 팬턴이 찰스 호담을 대신해 광산 지구들을 순회하고 중국인보호지에 대한 "4대 씨족집단의 지도적 중국인 남성들"의 협력을 이끌어냈을 때, 그는 이들이 대체로 이 제안을 지지한다고 보고한바 특히 제안이 자기네 씨족집단들을 "불공평하고 질투심 많은 유럽인들"로부터 보호할 수 있는 경우라고 했다.[39]

빅토리아의 중국인들은 또한 다른 동남아시아 식민지들에서와 마찬가지로 자신들의 독자적 법원과 경찰을 갖기를 원했다. 그러나 총독 찰스 호담은 중국인들에게 그러한 수준의 자치를 용인하기를 내켜하지 않았다. 중국인들과 유럽인들의 이해관계가 조율되지 않은 것이 식민지 관리들이 중국인 우두머리들을 자신들의 프로젝트에 참여시키기 어렵게 했다. 특히 중국인 회관의 규칙은 그 우두머리는, 광부 면허에 대해서가 아니라, 회관에 대한 수수료를 징수하도록 요구했다. 보호지하에서 중국인 우두머리의 역할은 영국인들의 하인은 아닐지라도 그들의 하급자처럼 보였다. 중국인들 사이에서 이미 지도자가 아니었던 사람들은 자신이 우두머리의 지위를 가지는 게 위험하다는 것을 이해했다. 예를 들어, 벤디고의 관리들이 지역 판무관의 통역관으로 일하고 있는 오청O Cheong을 중국인들의 우두머리로 임명하고자 했을 때, 오청은 이의를 제기했다. 그는 사신이 중국인들 사이에서 그러한 임명을 정당화할 위치에 있지 않다고 주장했으며, 약간의 우려와 함께, 비밀결사들의 영향력에 대해 언급했다. 실제로 오청은 현지의 중국인들 사이에서 외부자였던 것으로 보인다. 그는 10년 동안 영국에 머물면서 영어를 배웠고, 그곳에서 기독교 사역 훈련을 받았다. 그는 의흥회의 일원이 아니었을 것이며, 십중팔구 쓰이 사람도 아니었을 것이다.[40]

1855년 5월에 빅토리아 벤디고에 시범 중국인보호지가 세워졌으며, 대위Captain 프레더릭 스탠디시Frederick Standish가 중국인 보호관으로 임명되었고, 중국인 주민은 7개 "마을village"로 조직되었다. 10월에 존 호담은 이 체제를 공식화하고 확대해 밸러랫·아보카·캐슬메인에 중국인 보호관을 임명했고, 중국인들을 "마을"로 이주시키는 과정이 시작되었다. 얼마 있다 보호관은 메리버러Maryborough와 비치워스에도 임명되었다. 빅토리아 입법회는 중국인들의 캠프들을 세우고, 중국인 우두머리들을 임명하고, 중국인들의 분쟁을 조정하고, 금을 함유한 흙을 씻어내는 목적으로 "특별히 보유한" 물의 사용을 금지하는 규정들을 발표했다. 규정들은 또한 질병으로 극빈해진 중국인들을 위한 구호(의무사항은 아니었지만)를 할 수 있도록 허용했다.[41]

"보호"는, 즉시는 아니었더라도, 제한적이고 규제적인 충동에 의해 급속하게 무색해졌다. 빅토리아의 애버리지니 보호관들은 선교사와 교사였던 반면, 처음 4명의 중국인 보호관 중 3명은 전직 군 장교나 경찰이었다. 보호관들은 중국인들과 유럽인들 사이의 분쟁을 판결하긴 했으나 대부분의 시간을 면허증과 보호티켓을 발급하고 점검하는 데 보냈다. 밸러랫의 보호관 윌리엄 헨리 포스터의 업무일지를 보면, 1856년 2월에 그는 2주 동안 9일을 중국인 캠프들을 방문하는 데 썼다. 그곳에서 그는 보호티켓이 없는 사람들을 찾아내고, 중국인들 사이의 분쟁을 해결했으며, 하루는 종일 판사석에서 중국인 광부들과 잉글랜드 광부들 사이의 소송사건을 심리審理했다(이때 그는 잉글랜드인에게 유리한 판결을 했다). 채굴지들에 있는 동안 그는 아보카 감옥에서 탈출한 중국인 살인 용의자들을 수색하기도 했다. 그는 남은 시간은 치안판사 대리를 하면서 자신의 사무실에서 보냈다.[42]

중국인보호지는 그 자체로 상당한 규모의 관료제로 보호관, 사무원, 통역자, 필경사, 우두머리, 순경 등으로 조직되었다. 그러나 위에서 말했듯이, 중국인 지도자들은 종종 우두머리로 식민지 정부에 봉사하기를 내켜하지 않았다. 벤디고의 보호관 프레더릭 스탠디시는 중국인들이 우두머리의 일을 "금광지들의 행정에 대한 보조라기보다는 오히려 골칫거리"라고 보았다고 보고했다. 보수는 성공한 중국인 상인이나 광부가 버는 것보다 적었기 때문에 중국인들이 우두머리 일을 더더욱 매력적이지 않은 것으로 보았다고 그는 덧붙였다. 1855년 12월까지 아보카에는 아직 중국인 우두머리가 임명되지 않았고, 밸러랫에 중국인보호지가 설치된 지 6개월이 지난 뒤에도 12개 캠프에 거주하는 4000명에 가까운 중국인들을 담당하는 우두머리들은 3명에 불과했다.[43]

우두머리로 임명되는 것을 받아들인 중국인들은 종종 자신의 임무를 선택적으로 수행했다. 캐슬메인의 보호관 존 해밀턴John Hamilton은 자기 상사에게 중국인 우두머리들이 무능하거나, 그들은 단순히 "자기 동포들을 불쾌하게 할 수 있는 그 어떤 것에도 개입하기를 거부"한다고 불평했다. 프레더릭 스탠디시도 마찬가지로 "여러 마을의 〔중국인〕 족장Chief〔우두머리〕들이 완전히 쓸모없음을 알았으며 […] 이들은 자기 지위에 관심이 거의 또는 전혀 없으며, 단 한 가지 예외를 제외하고는, 내가 가끔씩 그들

의 지도를 위해 전달하는 지침을 완전히 무시한다"라고 말했다.[44]

신뢰할 만한 중국인 우두머리들이 없었던 터라 보호관들은 수수료를 걷는 데 어려움을 겪었다. 벤디고의 보호관 프레더릭 스탠디시는 1856년 7월에 "이 금광지에서 광부권(채굴허가증)이 처음 발부된 이래 중국인들 중 극소수만이 그것을 취득했다"라고 보고했다. 스탠디시는 중국어로 번역된 공고를 내서 중국인들에게 규정을 알렸는바 여기에는, 중국인들이 "왕령지들을 무단으로 점유"할 경우 그들이 무릅써야 할 처벌의 위험을 포함해, "어떤 엄격한 조치가 없다면 중국인 대다수가 이 수수료들(광부권과 보호티켓) 둘 다를 회피할 것이라는 게 나의 의견이다"라는 내용이었다. 1850년대까지 보호관들은 자기 관할지 내 중국인들의 절반에게만 보호티켓을 발부했다. 그럼에도 세수는 중국인보호지의 예산을 초과했다. 1856년에 식민지 당국은 중국인들의 정착 및 보호 수수료로 1만 2242파운드를 징수했지만, 중국인 업무와 관련해 지출한 비용은 9148파운드에 불과했다. 중국인들에게서 거두는 수입은 실제로 더 컸는데, 중국인들은 온갖 종류의 추가 수수료를 내야 했기 때문으로, 여기에는 중국인 캠프들에 대한 의료 검사, 식량 수입에 대한 특별관세, 심지어 보호관이 있는 유럽인 광부를 상대로 소訴를 제기할 때 내는 2파운드도 있었다.[45]

인력과 징수가 중국인보호지의 성가신 문제이긴 했어도, 그것들은 중국인 주민들을 그들에게 지정된 보호 마을들에 편성하고 유지하는 기본 현안에 견주면 아무것도 아니었다. 처음에 보호관들은 기존의 중국인 캠프들을 공식적인 마을들이 될 것이라 선언했지만 중요한 수정을 가했다. 보호관들은 캠프들 내의 구불구불한 길들을 격자형 직선 가로街路로 바꾸었고 새로운 위생 규정을 발표해 중국인 회관의 기존 규칙들을 대체했는데, 이는 상당히 적절한 일이었다. 벤디고 지역에서 보호관들은 중국인들이 서면 허가 없이는 그들의 마을들을 떠날 수 없다고 강조했으며, 지역을 순찰해 "부랑자들"과 "도망자들"을 돌려보냈다. 이러한 조치는 마을을 군대 막사나 포로수용소처럼 보이게 했다.

마찬가지로 중요한 것은, 마을 거주가 많은 중국인 광부의 작업에 방해가 되었다는 점이다. 대개 불하청구지 근처에서 야영을 하던 중국인들은 이제 매일 밤마다 자신들의 장비—연장, 통, 요동선광기, 심지어 크고 무거운 말 동력 퍼들링 기계—를 들고 마을을 오가거나, 장비들을 불하청구지에 무인 상태로 두고 도난의 위험을 감수해야 했다. 멀리 떨어져 있는 불하청구지들에서 채굴하거나 유럽인들 사이에서 사는 중국인들의 경우는 이주가 예상되었는데, 5파운드의 벌금형이나 2개월의 금고형을 각오해야 했다.[46]

불이행noncompliance은 처음부터 보호관들을 좌절시켰다. 벤디고의 보호관 프레더릭 스탠디시는 식민부 장관에게 많은 중국인이 마을 밖에 거주하는 것을 막기는 "불가능하다"는 것을 알게 되었다고 편지에 썼다. 그에게 속한 두 명의 순경은 매일같이 이동을 거부하는 완강한 사람들을 내쫓고 그들의 천막을 철거했으나, "그것들은 경찰이 떠나자마자 다시 쳐질 것일 터라" 아무 소용이 없었다. 아보카의 보호관 그레이엄 웹스터Graham Webster는 중국인들에게 그들을 마을에 거주하게 요구하는 것은 "언제나 권할 만한 일은 아니며 규정을 엄격하게 시행하는 것은 자신들의 불하청구지 근처나 또는 모암母岩, ground(광맥을 품고 있는 암석)의 특성상 많은 사람이 함께 사는 것을 수용하지 않는 곳에서 살기를 원하는 사람들에게는 큰 부담이 된다"는 것을 시인했다.[47]

캐슬메인의 보호관 번하드 스미스Bernhard Smith는 1855년 10월 상주관리인에게 보내는 편지에 "분산되어 이주하는 주민들의 속성 때문에 […]

제가 맡은 일을 완료하는 데 머칠이 걸렸던 캠프가 아주 짧은 시간 내에 사람들이 다른 지역으로 가기 위해 버려지는 일이 자주 발생했습니다"라고 썼다. 9개월 뒤에 스미스는 "저는 중국인들을 특정 지역에 배치하는 것에서 어떤 이점이 발생한다고는 생각하지 않으며, 그것으로 인해 중국인들이 광부로 채굴하는 것이 종종 방해를 받습니다"라고 결론 내렸다. 스미스는 중국인들이 스스로 분리하는 경향이 있다는 것에 주목하고, 그들이 다른 사람들에게 불편함을 주지 않는다면 그들 자신의 캠프를 형성하게끔 허용해야 한다고 조언했으며, 더 나아가 그는 유럽인들 사이에 살고 유럽인들의 관습에 익숙해진 중국인들을 간섭하지 않았다고 말했다.[48]

1858년이 되면 벤디고 지역의 족히 절반의 중국인이, 전임과 후임 상주관리인의 묵인하에, 마을 밖에 거주했다. 관리인은 수석서기에게 인종 간 긴장이 줄어들면서 마을들이 불필요해졌다고 조언했다. 그는 실제로 마을들은 중국인 광부들의 자존감을 파괴하고, 그들에게 과도한 고난을 강요하고, 당국에 대한 도전을 조장하는 등의 역효과를 낳았다고 덧붙였다. 마을들은 또한 합법적 증명서가 없는 중국인들이 군중 사이에 숨어 지낼 수 있게 했고, 중국인들이 영어와 관습을 배우는 것을 방해했다. 그는 이런 체제를 폐지할 것을 조언했다. 그러나 이 정책은 계속되었으니, 그 대부분의 이유는 식민지 관리들은 보호지가 거주민들로부터 수수료의 부과와 징수를 정당화하는 데서 필요하다고 믿었기 때문이다.[49]

점점 더 가혹한 규정이 멜버른에서 공포되었음에도 중국인보호지 체제는 무너지고 있었다. 현지 보호관들은 캠프 밖에서 거주하는 중국인들을 일상적으로 제재했고, 정부가 중국인 우두머리들과 대부분의 통역자를 해고하고 보호지들의 순경들을 재선임한 후에는 세금·수수료 등의 징수가 불가능해졌다. 중국인들의 면허로부터 나오는 정부 수입은 1859년

5만 5442파운드에서 1861년 2만 452파운드로, 1862년에는 2743파운드에 불과할 정도로 감소했지만, 그 무렵이면 중국인 인구 또한 줄어들고 있었다. 중국인들의 소극적·적극적 저항, 현지 보호관들의 약한 집행 의지, 입법적 후퇴로 인해 중국인보호지는 사문화되었다. 1862년과 1863년 새 법률에 따라 중국인들의 정착료와 거주세가 폐지되었고, 보호지가 공식적으로 종료되었다.[50]

⁜

10년 후에도 빅토리아 금광지들에 사는 소수의 중국인은 여전히 이전의 중국인보호지 아래 조직되었던 마을들에 살고 있었다. 중국인 채굴 공동체들은 번성하지는 못했으나, 이들 공동체는 광산, 상품용 채소 재배, 상호부조, 동성사회적homosocial 오락 등으로 조직된 생기 있는 에스닉 엔클레이브ethnic enclave("소수민족 거주지" "소수의 이문화집단 거주지")였다. 쓰이회관과 의흥회 같은 중국인 결사체는 보호지 구조라는 부적절한 외피에 더는 방해받지 않게 되자 거의 틀림없이 더 자유롭게 운용되었다. 중국인 결사체 지도자들은 빅토리아 당국의 대변인 역할을 재개했다.[51]

빅토리아의 정책은 보호가 아니라 봉쇄containment와 규제regulation이며, 궁극적으로는 국가 재정 정책을 정당화하기 위한 것이었다. "보호"는 온정주의paternalism(가부장주의, 후견주의)의 언어로 사용되었지만, 이는 중국인들을 일반 주민들에게서 제거해야만 인종 갈등을 피할 수 있다는 논리에 근거한 법적 허구였다. 이 논리에 따르면 치안 유지 대상은 백인이 아니라 중국인이 되어야 했다.

중국인보호지의 실패는 정칙민식민지 주민들이 중국인들을 봉쇄하는 데서 어느 정도까지 시도할 수 있는지에 대한 허용치를 보여주었다. 멜버른과 금광 지구들의 식민지 당국이 중국인들을 인종 문제로 바라보긴 했으나, 당국은 보호지 정책을 제대로 시행한 정치적 의지도 자원도 없었다. 이러한 목표를 달성하려면 식민지 당국은 중국인들에게 지속적인 폭력을 행사해야 했을 것이다. 이러한 조치는 식민지 본국 런던으로부터 그리고 아마도 오스트레일리아 사회의 여러 부문에서도 비판을 불러일으켰을 것이다.

중국인보호지의 실패는 개입주의적 식민지 지배로부터 자유방임적·민주적 정부에 이르는 빅토리아의 더 광범위한 정치적 궤적의 일부이기도 했다. 그러한 추세가 대중의 정서와 동원에 의해 추동되었다면, 민주주의가 중국인들에게 거의 도움이 되지 않긴 했어도, 그러한 추세는 이들 중국인에게도 마찬가지로 사실이었다. 빅토리아 채굴지들의 중국인들은 역사학자 데이비드 굿맨David Goodman이 유럽인 광부들에 대해 서술할 때 사용한 것 같은 발흥하는 자유주의적 이데올로기의 동일한 특성들을 보여주었다. 곧 "자기추구, 자기규제, 도덕적·정서적으로 자율적이고 초국적인" 특성 등이다. 확실히, 중국인 광부들은 자신들을 자치공동체들로 조직하고, 국가의 강력한 권력에 저항하고, 부정의에 맞서 자신들을 동원하면서 더 큰 자치정부를 추구한 앵글로-켈트인〔영국제도 태생의〕과 오스트레일리아 태생의 민주주의자들이 칭송한 많은 특징을 보여주었다. 그러나 보호지에 대한 인종주의적 정당화─중국인들은 자치를 할 수 없고, 식민지 정착의 규준에 동화하기 어렵다─는 백호주의의 상상 속에서 지속되었고, 중국인들을 바람직하지 않은 외부자로 계속 주조했다.[52]

"보호"는 유럽인들의 중국인들에 대한 지속적 괴롭힘을 막지 못했다.

1857년에 북부 빅토리아의 오븐스 지구에서 몇 달에 걸쳐 일련의 소란이 일어났고, 소란은 7월 4일 빅토리아 버클랜드강폭동Buckland River Riot으로 절정에 달했다. 이는 식민지 역사에서 중국인 금 채굴자들에게 자행된 최대 규모의 인종폭동이었다. 그해 초에 많은 수의 중국인이 기상만灣으로부터 육로를 통해 빅토리아에 도착했으나, 당시 빅토리아의 채굴업은 침체되어 있었다. 싱가포르와 사라왁Sarawak에서 중국인들이 유럽인들에 맞서 저항한다는 소식이 전해지면서 오스트레일리아의 반反중국인 정서에 불이 붙었다. 1857년 5월에 포트로브에서 벤디고로 온 일단의 중국인이 아라랏 근처에서 빅토리아의 얕은 충적층沖積層, alluvial deposit(비교적 최근에 하천의 활동에 의해 자갈·모래·진흙 따위가 쌓여 이루어진, 아직 굳지 않은 퇴적층) 중 가장 풍부한 것의 하나로 판명된 금을 발견했다—곧 캔턴리드Canton Lead("광둥광맥" "광둥사금광상鑛床")로 알려지게 되었다. 유럽인들이 아라랏으로 몰려왔으나, 중국인들이 그곳에 먼저 있었고, 그 수가 거의 2500명으로 뒤늦게 온 500명의 유럽인보다 훨씬 많았으며, 최고의 불하청구지들을 점유하고 있었다. 중국인들과 유럽인들 사이 싸움이 채굴지들 전역에서 벌어졌다. 5월에 일군의 유럽인이 검게 얼굴을 위장하고는 "좋은 모암"에서 파내려가기 시작한 중국인 광부 약 30명으로 이루어진 소규모 캠프를 공격했다. 백인들은 중국인들의 임시막사들을 부수고, 중국인들을 돌로 공격했으며, 캠프들에 불을 질렀다.[53]

1857년 6월에 일군의 유럽인이 아라랏의 중국인 불하청구지들에서 중국인들을 강제로 쫓아내고, 천막들과 가게 네 군데에 불을 질렀다. 가게주인 아타이A Tai는 남자 다섯이 자기 가게로 와서 "나를 밀쳐 넘어뜨리고 칼로 나의 복대를 잘라" 거기서 80파운드를 가져갔다고 말했다. "나를 턴 다음 그들은 나를 가게 밖으로 내몰고, 가게에 불을 질렀다"라고 그는 말했다. 그 불로 인해 가게에 있던 물선들 —쌀, 기름, 설탕, 차, 아편 등—이 파괴되었으며, 그는 피해액이 230파운드라고 추정했다. 또 다른 가게주인 아윙Ah Wing은 유럽인들이 불붙은 나뭇가지로 자신의 가게에 불을 질러서 가게—나무 단壇 위에 세워진 16×25피트〔약 5×8미터〕크기의 캘리코Calico〔날염을 한 거친 면직물〕천막—를 잃었다. 가게와 그 안에 있던 물건들은 밤새 불에 탔다.[54]

한 달도 채 지나지 않아 이러한 행위는 비치워스 근처 버클랜드강 지역의 금광지들에서 대규모로 반복되었다. 1857년 7월 4일에 약 80명의 유럽인은 탠스웰스호텔Tanswell's Hotel에서 집회를 열고 중국인들이 "우리에게서 우리의 금광지들을 강탈"하고 "상스럽고 짐승 같은 관행"을 저질렀다는 이유로 중국인들을 이 지구地區에서 추방하기로 결의했다. 집회 후에 일군의 유럽인이 중국인들에게 다가가 이 지구에서 떠나라고 명령했다. 현장에 있던 한 명의 순경이 그들을 제지하려 했으나 소용이 없었다. 곧 100명의 백인 광부가 곡괭이와 도끼손잡이로 무장하고 나타나서 강 양쪽으로 조직적으로 움직였다. 그들은 중국인들을 8마일 하류로 몰아냈고, 천막들을 불태웠으며, 중국인 가게들과 사원을 약탈하고는 불을 질렀다. 그들은 저항하는 사람은 누구라도 폭행했는데, 중국인들을 돕기 위해 온 유럽인들도 마찬가지였다. 《아르고스》는 이렇게 보도했다. "길 위의 가장 끔찍한 장면들. 중국인들은 굶주림과 추위나 과다노출로 인한 체온저하로 쓰러졌고, 길에서 죽어갔다. 한 불쌍한 사내는 덤불 속의 불 근처에서 발이 다 타버리고 쓰러진 채로 발견되었고, 또 어떤 사람들은 굶주림으로 죽어갔고, 많은 사람이 강물로 뛰어들었으며 […] 일부는 익사한 것으로 추정된다." 몇몇은 부상이나 체온저하로 죽었다.[55]

비치워스의 식민지 당국은 경찰 증원인력을 보내 여러 명의 유럽인을 체포했다. 상주관리인은 750개 이상의 천막, 30곳의 가게, 그리고 "현지에서 가장 잘 만들어진 대형 건축물"인 사원이 파괴된 것으로 추정했다. 피고인들은 자신들의 무죄를 주장했다. 오븐스 지구의 백인 채굴자들은 ─ 폭력을 유감으로 여긴다고 하면서 ─ 피고인들을 지지했고, 재판에서 이들에게 불리한 증언을 하려는 사람은 거의 없었다. 배심원단은 피고인들에게 심각한 혐의에 대해 무죄를 선고했으며, 불법 집회와 폭동으로 기소된 세 명에게만 유죄를 선고했다.[56]

빅토리아 식민지 경찰은 버클랜드 채굴지들로 돌아오는 중국인들을 보호하겠다고 약속했고, 중국인 일부가 돌아왔으나 몇 주 내에 백인들은 이들 대부분을 현지 지구에서 몰아냈다. 식민지 정부는 1857년 6월에 가게가 불에 탄 아라랏의 중국인 가게주인 4명에게 1347파운드를, 7월 4일 폭동 동안 발생한 손실에 대해 버클랜드의 중국인 캠프들에 있는 20명의 가게주인과 찻집주인에게 1만 1032파운드를 지급하는 등 중국인 가게주인들의 손실을 보상했다. 회계보고에는 파괴된 재산, "빼앗긴 돈money taken away" "잃어버린 금gold missing" 등으로 기재되었다. 선서진술서를 제출하면서 가게주인들은 자신들이 평판이 좋은 사람들이라는 점을 강조했다. 즉 자신들은 사업을 수행하기 위해 절법한 절차에 따라 발급받은 면허증들과 그리고, 비꼼이 없이, 보호티켓들을 보유하고 있었다는 점을 언급했다.[57]

·❧·

중국인 문제는 미국 캘리포니아와 오스트레일리아 빅토리아에서 골드러시 시기 중국인들과 백인들 사이 첫 대중 접촉에 대한 반응으로 나타났으나, 그것은 현지 지역에 근거한 독특한 인종주의적 표현양식을 가지고 있었다. 이후 수십 년 동안 중국인 문제는 금광지들을 넘어서서 퍼져나갔으며, 그 과정에서 변형과 적응을 거듭했다. 19세기의 마지막 4분기에 미국과 오스트레일리아에서 벌어진 논쟁은, 반反쿨리와 침입이라는 수사가 인종적 위험이라는 단일 이론으로 합쳐진 것처럼, 점점 더 서로 비슷해져갔다. 두 지역 모두에서 중국인 문제는 민족 배제법들로 절정에 달했다—하지만 다시 한번, 민족 배제 입법으로 향하는 두 지역의 정치적 행보는 서로 달랐다. 미국에서는 중국인 문제를 둘러싼 논쟁이 남북전쟁 이후 재건Reconstruction 정치라는 맥락에서 일어났다. 오스트레일리아에서 중국인 문제는 영국제국 내 현지 정착민식민지들의 이해관계와, 영국제국과 중국 간 외교적·상업적 이해관계 사이의 균열을 드러냈다. 중국인 문제는 두 가지 대의를 다 충족시킬 수 있을 정도로 견고하고 유연한 것으로 판명될 것이다.

제2부

백인들의 나라 만들기

오늘날은 대동大同의 시대가 아니다.

우리는 오직 명석함과 힘으로 경쟁한다.

홍인紅人의 땅은 광대하고 멀리 있다.

나는 당신들이 거기에 정착하고 개방하고 싶어 하는 것을 알고 있다.

전 지구의 절반을 움켜쥐고

미국 독수리가 하늘로 솟구쳐 오르고 있다.

중국인들이 늦게 도착하긴 했지만

중국인들을 위해 조금만 공간을 남겨둘 수는 없는가?

— 황쭌셴, 〈이민자들의 추방〉

제6장

✳

빈터의 고함질

중국인 문제를 무기화하려는 캘리포니아 주지사 존 비글러의 수手, gambit
는 1853년 그의 주지사 재선으로 보상을 받았을 뿐만 아니라 캘리포니
아에서 중국인 노동력이 부자유하다는 지속적인 신화를 구축했다. 이러
한 종류의 "커다란 거짓말big lie"은 19세기 나머지 시기 내내 지속되었고
20세기까지 줄곧 그러했다. 주지사로서 비글러는 캘리포니아에서 중국
인을 몰아내려는 시도를 계속했고, 몇몇 외국인광부세 법률에 서명했는
데, 그 각각은 이전 것보다 더 터무니없는 것이었다. 비글러의 인기가 최
고조에 달했던 1854년에 주의회는 그를 기리기 위해 캘리포니아 북동부
의 한 산악 호수에 그의 이름을 붙였다.

1855년에 존 비글러는 세 번째 주지사 당선에 실패했고, 그 후 이런저
런 정치적 경력을 이어갔다. 그는 잠시 칠레 주재 미국 대사를 지냈고, 그
후에는 남북전쟁 시기인 1863년에 미합중국 연방의회에 도전했으나 실
패했다. 이때까지 이 전前 자유토지당 당원은 남부연합Confederacy의 공개

적 동조자였다("남부연합" 혹은 "아메리카연합국Confederate States of America"은 미국 남북전쟁 당시 합중국으로부터 탈퇴한 남부 11주가 결성한 연합체(1861~1865)다. 주권州權 유지, 노예제 옹호 등을 내세웠다). 1862년에 캘리포니아의 연방주의자Unionist 지도제작자들이 비글러호Lake Bigler의 이름을 현지 인디언 부족의 이름을 따서 타호호Lake Tahoe로 바꾸었으나, 이 이름은 이후 수십 년 동안 논란거리였다. 1867년에 비글러는, 연방 후원 직책인 센트럴퍼시픽레일로드Central Pacific Railroad 철도위원회 위원에 임명되었다. 당시 철도회사 센트럴퍼시픽레일로드는 시에라네바다를 가로지르는 미국 대륙횡단철도 건설이라는 대규모 프로젝트에 1만 명의 중국인 노동자—이전의 금광부들과 광둥에서 새로 모집한 사람들—를 고용했다. 비글러는 이 프로젝트에 회의적이었겠지만 그는 입을 다물었다.[1]

⁜

존 비글러는 유명무실해졌음에도, 캘리포니아주의 중국인 문제는 광산 지구들에 ―그리고 더 광범위하게는 주州 민주당에― 명백한 운명manifest destiny, 자유노동, 경제적 희생양economic scapegoating 등을 결합한 인종주의적인 정치적 입장을 결합했다("명백한 운명" 또는 "매니페스트 데스티니"는 미국 정착민들이 북아메리카 전역으로 확장될 운명이라는 일종의 신념이었다. 1840년대 미국 정치인들이나 정부 관리들이 미국이 북아메리카 전체를 지배할 운명을 갖고 있다는 영토 확장주의를 정당화는 말로 많이 활용했다. 1845년 한 신문 편집자 존 오설리번John O'Sullivan이 만들어낸 문구로 알려져 있다). 그것은 단일 대상(중국인 노동자들)을 겨냥한 단일 이론(쿨리주의)에 기초한 깔끔한 일괄 대책이었다. 그러나 1850년대 동안 캘리포니아주가 중국인들 및 다른 유색인들을 겨냥한 인종주의적 법률을 입법했음에도, 캘리포니아주에서 민주당의 운명은 어려움을 겪었다. 캘리포니아주 민주당은 악명 높은 부패 때문에 평판이 좋지 않았을 뿐만 아니라 전국적 지역 분할 위기와 함께 분열되어 있었다. 주 민주당 내에는 분명 노예제 지지파(가장 유명한 이로는 전 연방 상원의원 윌리엄 그윈)가 있었지만, 대부분의 캘리포니아 민주당원은 뉴욕이나 필라델피아 같은 북부 도시들의 잭슨민주주의Jacksonian democracy 혹은 "노동자의" 민주주의"workingmen's" Democracy를 지지했다(여기서 "잭슨"은 미국의 제7대 대통령 앤드루 잭슨Andrew Jackson(민주당, 1829~1837)을 말한다). 1850년대 내내 비글러는 이런 경향에 찬동을 표해왔다. 남북전쟁(1861~1865) 동안 비글러는 새롭게 남부에 공감했음에도 캘리포니아주는 확고하게 연방 편이었다. 휘그당원들은 이제 공화당원들이 되었고, 민주당원들은 국가에 대한 충성을 표시하려 자신들에게 연방민주당원Union Democrats이라는 새로운 이름을 붙였다(민주당은 남북전쟁 이전부터 노예제를 지지하거나, 노예제 존속 여부를 주에 맡겨야 한다고 주장했다. 남북전쟁을 거치면서 노예제 폐지에 동의하고, 남부연합이 아니라 연방 즉 미합중국에 충성한다는 의미를 담아 연방민주당이라는 불리는 당내 세력이 등장했다). 공화당원 릴런드 스탠퍼드Leland Stanford가 1861년에 캘리포니아 주지사로 선출되었으며, 공화당이 주 입법부 양원에서 다수 의석을 차지했다.[2]

짧은 기간에 중국인 문제의 동학이 바뀌었다. 공화당은 주 입법부를 장악해 중국 교역과 중국인 노동력이 캘리포니아주의 경제적 발전, 특히 제조업, 농업, 포도 재배에 핵심적이라는 생각을 다시 끌어왔다. 1862년 주 입법부의 상하 양원 합동 특별 위원회는 "이 주州에는 중국인들 사이에 노예제나 쿨리주의가 존재하지 않는다"라고 보고했다. 위원회는 샌프란시스코의 중국인 상인 지도자들을 "지적이고, 능력 있고, 교양 있는 사람들"이라고, 그리고 일반 중국인들을 "평화롭고, 근면하며, 유용한 사람들"
이라고 칭찬했다. 이 보고서는 중국인들에 대한 추가적인 억압적 입법은
캘리포니아주의 경제적 전망에 해가 될 것이라고 경고했다.[3]

한편, 1860년대에는 광산 지구들의 상황이 변하고 있었다. 중국인들
과 백인들 사이에 폭력적 갈등이 더 줄어든 것은 두 집단 모두 금광지들
을 벗어나서 일자리를 찾고 있었기 때문이다. 백인들은 특히 사광砂鑛의
고갈 그리고 이제 주목받게 된 계급 불평등이라는 전에 없던 현실 때문
에 낙담했다. 대규모 자본 투자와 소유권이 채굴 현장을 지배하게 되면서
물회사, 배수로 파기, 갱도 파기, 수력채굴 공정, 지하 석영 채굴 등을 통
제하게 되었다. 적지 않은 수의 백인과 일부 중국인이 이러한 회사들에서
임금을 받으며 일했지만 더욱 많은 수가 금광지들을 떠나 다른 기회를 찾
았다. 일부 유럽계 미국인은 1859년 네바다주에서 발견된 대규모 은 광
상鑛床과 금 광상인 콤스톡로드Comstock Lode로 몰려갔고, 다른 일부는 타
운과 도시로 갔다. 실직한 많은 중국인 광부는 미국 대륙횡단철도 공사에
서 일자리를 찾았다("콤스톡로드" 또는 "콤스톡광맥"은 1859년 미국인 광부 헨리
T. P. 콤스톡Henry T. P. Comstock에 의해 발견되어 그 이름이 붙었다).[4]

1850년대 후반과 남북전쟁 시기에 캘리포니아는 경제적 성장을 누렸
으며, 특히 농업과 제조업에서 그러했다. 동부 시장들로부터 떨어져 있
고, 전쟁의 참화로부터 비켜나 있던 캘리포니아의 임금과 물가는 높은 수
준을 유지했다. 그러나 전후戰後 경기 침체가 1867년에 서부에 닥치면서
상당한 실업률이 나타났으니, 특히 샌프란시스코가 그러했다. 경제 전환
과 불황의 상황에서 새로운 반쿨리 운동이 샌프란시스코에서 등장했으
며, 운동은 백인 수공업 노동자들이 주도했다—선박 목공, 석공, 금속공,
이런저런 숙련된 노동자들이었다. 이러한 노동자들은 중국인 노동력과

의 경쟁에 직면하지 않았으나 백인 노동자들, 특히 비숙련의 아일랜드인들의 두려움을 자극했다. 오직 한 산업, 담배제조업에서만 중국인 노동력을 이용한 대량 생산이 백인 수공업자 길드craft guild들을 대체했다. 그러나 샌프란시스코의 숙련공artisan들은 이를 하나의 징조로 받아들였고, 이들의 불안은 백인 노동자계급 전체로 퍼져나갔다. 이들은 중국인 문제에서 손쉽게 이용할 수 있는 인종적 희생양과 인종 이론을 발견했다.[5]

1867년 2월에 대부분 젊은 아일랜드인으로 구성된 400명의 백인 집단이 캘리포니아주 포트레로스트리트Potrero Street 철도에서 일하는 중국인들을 돌과 벽돌로 공격해 심각한 부상을 입혔다. 그들은 중국인 노동자들의 막사들을 불태우고 도시로 몰려와서는 판잣집들을 불태우고 중국인들을 고용하고 있는 로프공장과 미션모직공장Mission woolen mill을 위협했다. 경찰은 폭도를 진압하고 지도자들을 체포했다. 10명이 유죄판결을 받아 징역형을 선고받았다. 직종별조합trade union들이 대중집회를 열어 압력을 가하자 감독자 위원회는 유죄판결에 항소하기로 결정했다. 두 달 후 주대법원은 "구체적 오류들technical errors"을 이유로 10명 모두를 석방했다. 이 사건으로 주 전역에 걸쳐 항구적인 "반쿨리 협회"가 설립되었고, 반쿨리주의가 "노동자계급"의 무시할 수 없는 정치세력으로 자리 잡았다. 또한 이 사건은 백인들은, 심지어 그들이 폭도라 해도, 중국인들에 대한 폭력적 공격에 별다른 책임을 받지 않을 것이라는 신호가 되었다.[6]

1860년대 후반의 수사학은 1852년의 수사학과 유사했다. 1868년 캘리포니아주 입법부의 상하 양원 합동 추모사 및 결의안은 케케묵은 이야기로 돌아갔다. "우리 한가운데 있는 중국인들은 이교도들Pagans[곧 비기독교도들]이다. […] 그들이 어느 때고 시민이 되는 것은 완전히 불가능하다. […] 우리의 중국인 주민 전체는 노예와 노예주主 혹은 노예주의 대리

인으로 이루어져 있다." 그러나 전에 없던 논변도 뚜렷해졌으니, 쿨리주
의와 독점의 이해관계를 서로 연결하는 것이었다. 반쿨리협회Anti-Coolie
Association의 주 중앙위원회는 이렇게 선언했다. "중국인들을 값싼 노동력
으로 고용함으로써 얻을 수 있는 현재의 이익은 그 무엇이든 주로 소수의
자본가에게만 국한되며 — 주의 실질적 혜택은 그 어느 것이든 중국인들
이 도입하고 있는 노예적 노동peonage 체제에 의해 무화無化되고 있다. [⋯]
그들이 대체하는 바람직한 시민의 수, 그리고 그들이 우리 해안으로부터
보호하는 시민이 될 수 있는 자유이민자의 수 등이 그러하다."[7]

    철학자이자 정치경제학자 헨리 조지는 자신의 이와 같은 생각을 가다
듬어 그 이론적 성격을 강화하고 그것들이 전국적 관심사가 되게 했다.
조지는 1857년에 젊은 금 찾는 사람으로 미국 서부로 왔지만 샌프란시
스코베이에어리어San Francisco Bay Area〔샌프란시스코시를 중심으로 하는 광역도
시권〕에서 언론인으로서 자신의 소명을 발견했다. 그는 1869년 30세가
되는 해에 중국인 문제에 대한 고찰을 통해 자신의 임금 이론을 발전시
켰다. 독점의 힘을 깨는 핵심적 수단으로서 토지에 대한 단일세를 주
장한 것으로 유명한 그의《진보와 빈곤》(1879)은 아직 쓰지 않았을 때
다. 조지는 호러스 그릴리Horace Greeley의 1869년 5월 1일 자《뉴욕 트리
뷴New York Tribune》에 게재한 장문의 〈캘리포니아의 중국인들The Chinese in
California〉에서 중국인들의 경쟁이 필연적으로 임금을 삭감하는 이유 및
임금의 삭감이 자본의 이익에 부합하고 노동의 이익에 반하는 이유를
설명하고자 했다.
    이러한 주장이 일부에게는 분명했으나, 그것은 결코 보편적으로 받아
들여진 게 아니었다. 중국인 이민을 지지하는 사람들은 다양한 중국인 이

민 옹호론을 펼쳤고, 헨리 조지는 다소 단순하긴 했으나 그 각각에 대해 차례로 신중하게 반박했다. 임금이 낮아지면 가격도 낮아지게 된다는 생각에 대해 조지는 언제나 노동자보다 소비자가 더 많기 때문에 노동자들이 물가 하락으로 얻는 이득이 노동자들이 임금에서 잃는 손실보다 더 적을 것이라고 지적했다. 중국인들의 노동력이 그 저렴함으로 빠른 경제발전을 뒷받침하고 숙련된 노동자들 및 관리자들로서 백인들에게 고임금 일자리를 창출할 것이라는 널리 알려진 믿음에 대해 조지는 이와 같은 일자리의 수는 중국인들에 의해 대체된 백인들의 수보다 훨씬 적을 것이라고 응수했다.[8]

헨리 조지는 임금을 낮추는 것의 유일한 결과는 이윤의 증대라고 주장했다. 그는 이렇게 썼다. "분명히 우리가 어떤 일반적이고 항구적인 의미에서 임금의 삭감에 대해 말한다면, 그것은 노동과 자본의 결합 생산의 분할에서 노동의 몫은 더 작아지고 자본의 몫은 더 커져야 한다는 것을 의미한다." 더욱이, 중국인 노동력의 사용이 생산의 총량을 더 늘린다 하더라도 그러한 번영에 따르는 사회적·정치적 비용이 너무 크다고 그는 주장했다. 곧 "태평양에서의, 아마도 대륙에서의 공화주의Republicanism의 완전한 전복."

헨리 조지의 분석은 중국인들을 다른 이민자 노동력들로부터 구분 지었는데, 이런 노동력 역시 토박이[현지민] 백인계 미국인들의 노동력보다 싼 경향이 있었다. 그는 유럽인 이민자들은 조만간 미국 노동자계급에 동화될 것이며, 따라서 이들의 현재 노동력의 저렴함은 일시적 현상이라고 가정했다. 조지는 중국인들의 고용은 "일반적이고 항구적인 의미"에서 임금의 삭감을 초래할 것이라고 믿었다. 이러한 견해는 중국인들은 현지 사회에 결코 동화될 수 없을 것이라는 인종주의적 전제에 근거했다. 그는 중국인들에 대한 일반적 스테레오타입을 상세히 말했다. 중국인들은 더럽고, 기만적이며, 기독교의 가치 및 미국의 제도에 완전히 무지하고, 노예제와 유사한, 6대大 중화회관이 시행한 "계약제"에 따라 건너온 사람들이었다. 게다가 중국인 노동자들은 직종별조합들을 결성하지도 않았고 "권리들"을 위해 선동하지도 않았다. 조지는 이와 같은 특징들이 중국인들이 대자본가들에게 이상적인 노동력이 되게 했다고 주장했다. 그는 중국인 고용주들을 최근에 패배한 남부연합과 "노동자계급laboring class은 하나의 인종, 지배하고 고용하는 계급ruling and employing class은 다른 하나의 인종"이라는 인종적으로 계층화된 사회의 비전에 비유함으로써 노예제라는 유령을 불러냈다.

끝으로 헨리 조지는 5억 명이라는 중국의 방대한 인구는 무한한 노동력의 공급원이며, 정부의 제한이 없다면, 중국인 이민자들이 태평양 연안으로 몰려들 것일 뿐만 아니라 나라 전체로 퍼져나갈 것이라 미국을 뉴잉글랜드[1620년에 영국에서 미국으로 첫 이민을 간 청교도들이 탄 메이플라워호가 도착한]보다 영국령 인도와 더 비슷한 곳으로 바꾸어놓을 것이라고 경고했다.

《뉴욕 트리뷴》에 실린 헨리 조지의 글은 널리 주목을 받았다. 캘리포니아의 신문들은 그 글을 다시 전재全載했고, 반쿨리협회는 그 글을 기념했다. 더 많은 홍보를 위해, 조지는 자신의 글을 영국의 정치경제학자 존 스튜어트 밀John Stuart Mill에게 보냈다. 그러나 밀은 조지의 견해가 비자유적illiberal임을 정중하게 암시하는 편지를 조지에게 보냈다. 밀은 중국인 문제는 "정치적 도덕에서 가장 어렵고 난처한 두 가지 문제 즉 지구 표면의 비어 있는 부분을 먼저 점유한 사람들이 나머지 인류가 그곳에 거주하는 것을 배제할 권리의 범위와 한계, 그리고 인간 종의 더 개선된 일족이 문명의 더 저급한 일족에 의해 유해하게 잠식당하지 않게끔 스스로를 보호하기 위해 합법적으로 사용할 수 있는 수단"을 포함한다고 썼다.

존 스튜어트 밀은 엄밀한 경제적 관점에서 보면, 이민자 노동력이 토박이들의 임금을 낮춘다는 것을 인정했다. 그러나 헨리 조지와 마찬가지로, 그는 그러한 현상을 일시적인 것으로 보았다. 밀은 이민을 세계의 불균등한 인구 분포(따라서 부〔의 불균등〕)에 대한 교정책이라고 간주했다. 본론으로 들어가서, 그는 중국인들이 현지 사회에 동화되기 어렵다는 조지의 가정에 의문을 제기했다. "그 반대편에서도 할 말이 많습니다. 중국인들의 성격과 습관이 개선될 수 없다고 가정하는 게 정당한가요?" 그는 "의무교육"과 이런저런 민주적 제도가 미국인들의 수준으로 중국인 주민들의 "수준을 끌어올릴" 수도 있다고 시사했다. 밀은 특정 고용주들에게 구속하는 고용에 절대적으로 반대했지만, 그는 계약이민indentured emigration과 자발적 이민voluntary emigration을 구분했다. 그는 고전적 자유주의의 관점에서 조지의 견해를 논박했다—즉 그는 중국인들을 다른 사람들과 동일한 권리를 가진 자유로운 개인으로 간주했다.[9]

이제 《오클랜드 데일리 트랜스크립트》의 편집인이 된 헨리 조지는 존 스튜어트 밀의 편지에 편집자의 반론을 달아 게재했다. 조지는 "위대한 잉글랜드인"에 대한 찬사를 아끼지 않았고, 밀이 중국인들의 배제를 지지했다고 주장했다. 그는 중국인의 10분의 9가 반쿨리주의의 핵심 허구인 "도급노동자"라는 주장으로 계약노동에 대한 밀의 단서조항을 자기 것으로 만들었다〔곧 선취先取했다〕. 이런 식으로 조지는 스스로에게 밀의 "계약노동에 대한 단서조항"의 승인 권한을 부여했지만, 거짓 근거를 바탕으로, 캘리포니아 정치에서 정치적 주목을 받았다.[10]

20년 넘게 흐른 뒤 헨리 조지는 1869년에 자신이 표현한 생각이 "조야crude"했다고 썼으나, 이는 정치경제학에 대한 자신의 생각을 언급하는 것이었지 자신의 인종주의에 대한 것이 아니었다. 확실히, 노동과 자본이 제로섬 게임zero-sum game에 갇혀 있다는 조지의 주장은 독점이 문제이지 자본 자체는 문제가 아니라는 견해에 자리를 내줄 것이었고, 그리고 그의 단일세single-tax 이론은 계급 간의 조화는 아니더라도 계급 간의 협력을 제안했다. 그것은 그의 유산이 될 것이지 중국인 이민에 대한 그의 견해가 아니었다. 그러나 중국인 문제에 대한 조지의 분석은 즉각적이면서도 지속적인 영향을 끼쳤다. 그는 쿨리주의와 독점 사이의 이론적 연결고리를 만들어냈으며, 이는 노동자계급의 이익이라는 명목으로 인종주의와 토착주의[현지민주의]를 정당화하는 배제주의자exclusionist들에게 관점을 부여했다. 조지는 값싼 이민자 노동력에 대한 노동자들의 반응이 동등한 임금을 옹호하기보다는 이민자 노동력을 배제하는 것이어야 한다는 점을 상식화했고, 이에 따라 노동자계급은 인종과 국적에 따라 분할되었으며, 그는 이를 자연스러운 것으로 상정했다. 이러한 견해는 "계급class"의 입장에서 보았을 때 심각한 문제가 있었으니, 그것은 인종적·민족적 이해관계를 계급의 이익보다 우선시했기 때문이다. 조지는 중국인 노동자들이 광산에서, 철도에서, 다른 부문들에서 실제로 종종 더 높은 임금을 요구했지만, 그들이 항상 승리하지는 않았다는 사실을 무시했다. 헨리 조지는 1870년대와 1880년대 내내 중국인 문제에 관해 계속 강연을 하고 에세이를 집필할 것이었다. 반독점 사상가이자 개혁가로서 조지의 위상이 높아지면서, 또한 반중국인 토착주의[현지민주의]에 대한 신뢰도 높아졌다.[11]

캘리포니아의 반중국인 운동은 1870년대 중반에 다시 절정에 도달한 바 1869년에 미국 대륙횡단철도가 완공되면서 생긴 변화에 대응하는 것이었다. 이렇게 전국이 연결되면서 동부 해안에서 샌프란시스코로 많은 이민자가 왔거니와 동부 공장에서 제조된 상품이 서부 해안으로 들어왔고, 이는 이전까지 널리 퍼져 있던 높은 가격과 높은 임금에 압력을 가했다. 철도는 태평양 연안에 막대한 부와 발전을 가져다주기는커녕 실직과 빈곤을 가져왔다─곧 1873~1877년의 전국적 경기 침체의 긴 꼬리였다. 1876년이 되면 샌프란시스코에 1만 5000명의 실업자가 있다는 보도가 나왔는데, 이는 샌프란시스코 전체 인력의 거의 4분의 1이었다.[12]

다시금, 노동 귀족을 대표하는 도시 직업별(직능별)조합craft union과 소생산자 길드small-producer guild가 운동을 이끌었다. 반쿨리 클럽들은 보이콧을 통해 중국인들을 제조업 일자리에서 추방하라는 요구에 경제적 힘을 실어주었다. 이러한 보이콧은 브랜드 동일시brand identification, BI를 전술로 사용한 최초의 사례였다. 예를 들어 소비자들은 "백인 노동 제조mady by whiteh labor"라는 라벨이 붙은 상자에 들어 있는 시가나 부츠만을 구매하도록 촉구받았다. 화이트라벨white label은 조합union이라는 라벨에 붙게 될 불명예스러운 선봉 격이었다.[13]

반쿨리 클럽들은 항의 집회에서 불릴 짧은 노래를 만들었다. 〈글로리 할렐루야Glory Hallelujah〉의 곡조에 맞추어 쓰인 긴 노래는 반쿨리주의를 남성적 애국주의patriotism와 연결했다.

우리들 사이에 쿨리나 노예를 위한 자리는 없다네.
남자답고, 계몽되고, 용감한 사람들을 위한 자리만 있다네.
자유민에게 값싼 노동력은 격리병원pest-house이자 무덤이라네.

우리의 깃발이 행진할 때,

합창 — 글로리, 등등.[14]

중국인들에 대한 폭력은 일상화되었다. 반쿨리 클럽들은 연사들이 타락하고 비도덕적인 쿨리 계급을 비난하는 빈터 집회sandlot rally를 열었다. 이런 연설은 군중을 흥분시켜 그들로 하여금 거리로 나서게 했고, 자신들과 마주치는 중국인들을 아무나 폭행하게 했으며, 중국인들의 거주지나 일터의 유리창을 깨뜨리고 불 지르게 했다. 타운 전역의 중국인 "세탁소들"은 "불량배hoodlum" 집단의 공격에 취약했다. 중국인들은 샌프란시스코 거리에서 "무차별적으로 돌에 맞고 난폭한 짓을 당했다." 장로교 교회 목사 아이라 콘딧Ira Condit은 중국인들에 대한 박해를 비판했다. "그들은 돌에 맞고, 뱉는 침을 맞았으며, 구타당하고, 떼로 공격받았으며, 그들의 재산은 파괴되고, 그들은 부당하게 수감되고 살해당했다."[15]

모든 캘리포니아 사람이 인종주의적 토착주의(현지민주의)라는 사이렌의 노랫소리에 유혹된 것은 아니었다. 상당한 규모의 유럽계 미국인 사회가 배제라는 반쿨리 운동의 요구에 반대했으며, 여기에는 사업가, 전문가, 선교사 등이 포함되었다. 상인, 제조업자, 농업전문가, 해운업자, 여타 경제계 인사 등은 정부 청문회에서 노동자로서 그리고 사업가로서 중국인들의 미덕에 대해 증언했다. 샌프란시스코의 상업회사 패럿앤드컴퍼니Parrott and Company의 이사 윌리엄 배브콕William Babcock은 중국인 공장노동자들을 이렇게 묘사했다. "여러분이 그들의 손과 발과 목을 본다면, 여러분은 그들을 이제까지 세상에서 본 적 없는 깨끗하고 단정한 모습의 사람들로 보게 될 것입니다. 그들은 백인 하층 계급과는 다릅니다." 상인거래소의 리처드 스니스Richard Sneath는 중국인 상인들의 정직성과 신용성을 찬양했다. "나는 그들 중 단 한 명도 자신의 계약을 이행하지 못하는 사람을 보지 못했습니다." 그는 이 말이 백인종에게 할 수 있는 말 이상의 것이라고 했다.[16]

다른 사업가들은 중국인들이 그들 우두머리들의 노예가 되었다는 주장에 이의를 제기했다. 어떤 사업가들은 더 나아가 중국인들이 그들 자신들의 이해관계를 방어하는 것은 그들 스스로의 노력 덕분이라고 보았다. 개간회사 타이드워터레클러메이션컴퍼니Tidewater Reclamation Company의 조지 로버츠George Roberts는 이렇게 증언했다. "그런 종류[쿨리 계약]는 전혀 없습니다. 저는 저의 중국인들이 [중국인들] 상관들로부터 완전히 독립적임을 알고 있습니다. 상관들이 그들에게 돈을 주지 않으면 그들은 나를 찾아옵니다. 상관들이 그들에게 임금을 지불하지 않으면, 그들은 그를 묶어놓고 우리를 방문합니다. […] 저는 그들 각각이 자기 계좌를 가지고 있으며, 그는 자신의 상관에게 책임을 묻는다는 것을 알고 있습니다." 이와 같은 관행은 자유노동을 통한 동화의 가능성을 암시했다. 일부 사업가들은 남부에서 니그로Negro들을 기독교화하는 데서 나타난 진보를 거론했다. 제임스 러슬링James Rusling은 미국의 학교와 교회가 "삼보Sambo와 존John을 […] 받아들이고 흡수할 것"이며 "이들까지도 열렬한 미국 시민으로 만들 것"이라고 예측했다("삼보" 또는 "잠보Zambo"는 "흑인과 아메리칸 인디언 사이 혼혈아" 또는 "아프리카계 사람"을 말한다. "존"은 곧 존 차이나맨John Chinaman으로 서양 사회에서 전형적인 중국인 또는 중국인 노동자를 말한다).[17]

중국인 문제에 대한 기독교 선교사들의 입장은 사업가 계급의 입장과 꼭 들어맞는 것이었지만, 그것은 또한 특수한 이해관계를 반영하는 것이기도 했다. 일찍부터 선교사들은 환태평양 지역의 상업 및 이민과 복음전도 사업 사이의 연관성을 이해했다. 선교사들은 중국인 이민 제한이 유럽계 미국인들에 대한 중국인들의 분노를 부추길 것이며, 중국인들의 개종을 더 어렵게 할 것이라는 점을 알고 있었다. 일찍이 1850년대에 목사 윌리엄 스피어는 정치경제학과 기독교 도덕의 관점에서 중국인 이민을 옹호했다. 1870년대 동안 감리교 목사 오티스 깁슨Otis Gibson과 장로교 목사 오거스터스 루미스Augustus Loomis와 아이라 콘딧 같은 선교사들은 부정적 스테레오타입, 특히 쿨리주의 및 무제한 이민의 유령을 몰아내는 것을 목표로 하는 연설들을 하고 팸플릿들을 작성함으로써 중국인들을 적극적으로 옹호했다. 깁슨은 기독교의 가르침뿐만 아니라 미연방헌법 수정조항 제14조Fourteenth Amendment도 인용했다("미연방헌법 수정조항 제14조" 또는 "수정헌법 제14조"는 1868년에 비준된 연방헌법 수정조항으로, 노예였던 사람들의 시민권을 인정했다). 그는 광범위하고 정치력 있는 "진정한 중국 정책True China Policy"을 촉구한바 "모든 사람에게 열려 있는 문호와 평등한 관리, […] 한 국가로서의 우리에 대한 아시아 상업의 가치를 이해하는 관점"이라는 기본 원칙에 바탕을 두는 것이었다.[18]

그러나 선교사들은 배제주의자들만큼이나 동화assimilation를 옹호하지 않았다. 실제로 동화는 중국에서 복음전도 사업을 위해 토착민(즉 중국인) 기독교인을 모집한다는 선교사들의 목표에 역효과를 가져왔다. 목사 오티스 깁슨은 이렇게 설명했다. "신문기자들 및 기고가들보다 자신들의 일을 더 잘 이해하는 선교사들은 진정한 종교는 머리 모양의 변화보다는 마음의 변화를 필요로 한다는 것을 안다." 그는 이렇게 더했다. "기독교인과는 거리가 아주 먼 많은 중국인도" "지극히 물질적이고 실용적인" 이유로 "의복을 바꾸고 변발을 버렸다." 선교사들은 문화적 상대주의자들이 아니었다. 곧 그들은 서양 문명의 우월성을 믿었고, 중국인들이 "이교도heathen"인 한 그들은 문명화되지 않을 것이라고 믿었다. 그러나 선교사들

은 중국인들의 우상 숭배와 미신을 겨냥했지 의복과 머리 모양을 겨냥한 게 아니었다.[19]

미국 남북전쟁 후 재건시대Reconstruction-era의 시민 지도자, 변호사, 외교관 세대도 중국인 문제에 끼어들었다. 새뮤얼 웰스 윌리엄스Samuel Wells Williams는, 원로의 중국 전문 선교사 출신이자 베이징 주재 미국 공사관 전직 일원(서기관)으로, 미국 정책에서 힘과 정의의 불균형을 지적했다. "그 누구라도 우리가 강제로 밀고 들어간 중국인들의 나라에서 그들이 우리를 대하는 방식과 우리가 그들을 초대한 이 나라에서 우리가 그들을 대하는 방식의 대비에서 분노와 당혹감을 느끼지 않을 수 없다. […] 우리의 기독교 문명은 그들을 공정하게 대할 수 있을 만큼 강하지 않은가?"[20]

반중국인 운동에 반대한 다른 시민 지도자로는 샌프란시스코에서 얼마간 지내다 샌디에이고로 이주해 그곳에서 주요 시민의 한 사람이 된 변호사 대니얼 클리블랜드Daniel Cleveland와, 서부 광물 자원 조사관, 캘리포니아 제헌회의 공식 통신원, 토지등기소 조사관 등 연방정부에서 다양한 역할을 수행하는 편력의 작가로 지내다 1869년 주중 미국 대표가 된 J. 로스 브라운J. Ross Browne이 있었다. 이런 사람들은 중국인 문제를 진지하게 받아들였고, 미국의 민주주의 원칙(미국독립선언서, 미연방헌법 수정조항 제14조), 조약의 의무, 교역의 이점을 지지하는 관점에서 자기주장을 펼쳤다.[21] 1871년 《하퍼스 위클리Harper's Weekly》에 토머스 내스트Thomas Nast 가 게재한 만평 〈중국인 문제The Chinese Question〉는 재건시대 논쟁을 요약해 컬럼비아Columbia(미국 곧 아메리카합중국을 의인화한 호칭)가 인종주의적 적대감과 아일랜드 폭도로부터 비참한 중국인을 변호하는 것을 보여준다(사진 15).

중국인들은 반쿨리주의라는 이데올로기적, 물리적 공격으로부터 스스보를 계속 방어했다. 1870년대에 중국인 회관會館(후이관)과 상인 지도자들은 정부 청문회에서 1850년대 이래 자신들이 계속해서 해온 이야기 즉 자신들은 노예가 아니고, 자신들은 경제에 기여하고 있고, 자신들은 평화롭다고 반복해서 증언했다. 때때로 그들은 미국을 민주주의 국가이자 기독교 국가로 만든 미국독립선언서와 공정성·평등·정의의 원칙을 언급했다. 중국인 상인 웡아르총Wong Ar Chong은 1879년 2월 윌리엄 로이드 개리슨William Lloyd Garrison에게 (영어로) 편지를 썼다. 이 고령의 노예제 폐지론자는 최근에 메인주 공화당 상원의원 제임스 G. 블레인James G. Blaine을 비난했으니, 블레인의 대통령 선거운동에는 중국인 배제 요구가 들어 있었다. 웡아르총은 개리슨을 칭찬하면서 이렇게 썼다. "당신의 독립선언서에는 모든 사람은 자유롭고 평등하게 태어났다고 주장하고 있으며 또 문명 세계는 미합중국이 자유국가임을 이해하고 있지만, 나는 정부가 후퇴하고 있는 것 같아 걱정입니다."[22]

1877년에 직종별조합들과 반쿨리 클럽들은 자신들의 반독점, 반쿨리 강령을 널리 알리고자 캘리포니아노동자당Workingmen's Party of California을 결성했다. 당의 주요 슬로건은 "중국인들은 반드시 떠나야 한다!The Chinese must go!"였다. 당은 데니스 커니Denis Kearney가 이끌었는데, 그는 최근에 귀화한 아일랜드 출신 짐마차꾼으로 빈터 집회에서 자극적인 연설을 하는 것으로 유명했다. 대중 집회, 가두시위, 탄원—보이콧으로 뒷받침되었고 폭력으로 인해 더 날카로워졌다— 등으로 이 운동은 시와 주의 정치에서 막강한 세력으로 자리 잡았다. 노동자당은 1880년 주의 제헌회의에서 거의 40퍼센트의 의석을 차지했으며, 제헌회의는 캘리포니아주 헌법에 중국인들이 주의 복지에 위험한 존재라고 비난하는 조항을 넣었다. 노동자

사진 15 정치만평가 토머스 내스트는 1870년대 미국 캘리포니아의 반중국인 인종주의를 남북전쟁 시기 뉴욕의 아일랜드인 징병 폭동과 연결했다. "컬럼비아─'손대지 마시오, 신사 여러분! 미국은 모든 남성에게 페어플레이를 한다는 것을 의미합니다'Columbia ─ 'Hands off, Gentlemen! America means Fair Play for All Men'." 《하퍼스 위클리》, 1871년 2월 18일.

당은 당 지도자들이 금세 민주당에 흡수됨으로써 오래가지 못했다. 주의 공화당 또한 당 내에 중국 교역에 종사하는 사업가 당원들이 있었음에도 곧 중국인을 배제하는 요구를 수용했다. 그러나 산업계급들 사이에서 중국인 이민에 대한 지지는 제조업체들이 중국인 노동자들을 미합중국 동부에서 온 신규 이민자들 덕분에 더는 부족하지 않게 된 백인 노동력으로 대체할 수 있게 되면서 시들해졌다. 반쿨리주의는 캘리포니아에서 초당적 합의를 이끌어냈다.

점점 활기를 띠면서 캘리포니아주의 반중국인 운동은 미합중국 연방의회에 중국인 이민을 금지하는 법안을 통과시키도록 압력을 가했다. 연방의회 의원들은 중국인 이민자들에 대해 특별한 애착을 갖고 있지는 않았으나 남북전쟁의 여파로 인종에 기초한 명백한 차별을 정당화하기 어려웠다. 연방의회는 또한 태평양 연안의 지역적인 정치적 이해관계를 미국의 대對중국 외교 및 교역 관계에 종속시켰다. 가장 중요한 것은 미국과 중국 사이에 맺어진 1868년 벌링게임조약Burlingame Treaty에 "양국의 시민과 신민의 자유 이주 및 이민의 상호 이익"을 인정하는 조항이 포함되었다는 점이다.

벌링게임조약은 특이한 문서로 미국의 반노예제 및 재건 정치의 산물이었다. 이 조약 협상에 참여한 사람은 자유토지당원이자 매사추세츠 하원의원 앤슨 벌링게임Anson Burlingame으로, 에이브러햄 링컨Abraham Lincoln이 1860년에 미국의 중국 특사로 임명한 바 있었다〔1861년 6월 링컨 대통령이 벌링게임을 주청 미국 공사로 임명한 것을 말한다. 링컨이 대통령에 당선된 것은 1860년 11월이지만, 임기를 시작한 것은 1861년 4월이다〕. 벌링게임은 "그들〔중국인들〕의 목을 조르는" 영국의 태도를 혐오했으며, 중국-유럽 관계를 포함외교와 불평등조약에서 벗어나 협력과 평등의 관계로 바꾸는 개혁을 하려고 했으며, "서양 나라들에서 계몽된 이해관계를 깨워 […] 중국인들의 마음을 움직이고, 이 세계에 기독교가 있다는 것을 중국인들이 느낄 수 있도록" 하고자 했다. 대외 관계에서 벌링게임은 유럽 외교관들 사이에서 열정적으로 로비를 했고, 중국인 각료들을 존중했기 때문에 청 정부는 그—미국인인—를 서양 열강에 대한 중국의 특명 전권 공사이자 전권 대사로 임명했다. 총리아문의 만주족 출신의 개혁가 원샹文祥은 벌링게임에게 이렇게 말했다. "당신은 우리가 너무나 오해를 받는 외국 땅에서 우리의 친구가 되어야 합니다."[23]

1867~1868년에 앤슨 벌링게임은 영국, 프랑스, 청 대표들을 포함한 중국 사절단을 이끌고 미국 워싱턴을 방문했다. 벌링게임이 미 국무장관 윌리엄 수어드William Seward〔회의의 미국 측 대표〕와 협상을 해서 이름이 붙게 된 이 조약은 중국의 주권과 함께 내해內海 항행 및 국내 개선에 대한 중국의 통제권을 명시적으로 보장했다〔"벌링게임조약"은 "1868년의 벌링게임-수어드조약Burlingame-Seward Treaty of 1868"으로도 불린다〕. 조약은 대부분의 권리를 호혜적〔상호적〕인 것으로 정의했다. 여기에는 각국 곧 미국과 중국에 상대국 영사 주재, 각국 국민이 상대국으로 이민할 수 있는 권리〔귀화는 제외〕, 양국에서 종교 차별 금지 등을 포함했다. 비록 벌링게임조약이 미중 관계의 불평등을 없애지는 못했지만─특히 미국인들은 중국 내에서 치외법권을 계속해서 누렸다─ 그럼에도 조약은 중국인들의 "목을 조르는" 제국주의적 방식보다는 진일보한 것이었다. 조약은 1868년 7월 28일 미국 워싱턴에서 체결되었는데, 우연하게도 이날은 미연방헌법 수정조항 제14조가 비준된 날이었다.[24]

벌링게임조약은 1870년대 동안 미국에서 전국 차원의 중국인 배제 입법 추동을 지연시켰지만, 그 추동력은 수그러들지 않았다. 조직노동〔조직노동자〕organized labor의 전국적 협의회들은 중국인 이민에 대한 반대를 수용했고, 민주당원과 공화당원 모두 1876년 자신들의 전국 강령에서 중국인 이민을 하나의 문제라고 인정했다. 공화당에 중국인 제한은 에이브러햄 링컨의 당인 공화당이 지지해온 인종 평등racial equality 원칙으로부터의 후퇴였다. 중국인 배제에 대한 전국적인 초당적 지지가, 그 결과가 무효라는 이의가 제기된 선거contested election가 된 1876년의 대통령선거를 남부에서 연방군을 철수하는 대가로 공화당 후보 러더퍼드 헤이스Rutherford Hayes에게 유리하게 마무리한 것으로 유명한, 1877년의 타협Compromise of 1877과 같은 시기에 일어난 것은 우연이 아니었다. 이 타협으로 재건은 사실상 종식되었고, 흑인 자유민의 참정권 박탈과 함께 대大농장주 계급planter class이 다시 권력을 잡을 수 있는 길이 열렸다("1877년의 타협"은 개표 결과에 문제가 생긴 1876년 대통령선거(민주당 후보는 새뮤얼 J. 틸든Samuel J. Tilden)를 해결하기 위해 미국 의회 의원들 간에 비공식적으로 합의된 비문서적 거래를 지칭한다. 민주당은 헤이스의 대통령 당선에 타협했고 이후 당은 헤이스가 군대를 철수한 남부의 정권을 장악하게 되었다). 그리고 재건의 종말이 노예제폐지론abolitionism — 종교적, 도적적 원칙에 입각한 반反노예제 및 평등권을 요구했던 — 이 갖는 영향력의 소멸을 반영한 것처럼, 기독교 선교사들 또한 중국인 문제를 둘러싼 논쟁에서 자신들이 주변화되고 있음을 알게 되었다.[25]

미합중국 연방의회는 1875년에 첫 번째 중국인 배제법을 통과시켰다. 페이지법Page Act으로 알려진 이 법은 구체적으로 범죄자, 도급노동자, "몽골Mongolian" 매춘부 등의 이민을 금지함으로써 대부분의 중국인을 배제하고자 했다("페이지"는 이 법의 도입자인 공화당 하원의원 호러스 F. 페이지Horace F. Page를 말한다). 부자유한 "쿨리들"과 "노예 소녀들"을 겨냥한 페이지법은 앤슨 벌링게임의 "자유이주" 조항을 위반하지는 않았다. 페이지법으로 중국인 여성 이민은 급격하게 줄었다 — 모든 중국인 여성이 매춘부였기 때문이 아니라 중국인 여성은 매춘부인 것처럼 심문받고 조사받았으며, 이런 모욕적인 취급을 받으려는 중국인 여성은 거의 없었기 때문이다. 그러나 이 법이 중국인 남성들의 미국 이민을 막지는 못했으니 이들은 실제로 계약노동자가 아니었기 때문이다.

저지되지 않은 반중국인 운동은 정치적 캠페인을 강화해갔다. 캘리포니아주 상원은 1876년에 중국인 이민의 "사회적, 도덕적, 정치적 영향"에 관한 청문회를 열었고, 연방의회는 유사한 청문회를 1877년에 열었다. 수많은 증인이 캘리포니아 중국인들이 처한 처지와 이들이 미국 사회에 끼치는 영향에 대해 증언했다. 증인들은 다양한 배경과 이해관계가 있는 사람들이었다―현지의 선출직 지도자, 세관원, 전직 외교관, 사업가, 노동지도자, 선교사, 경찰, 학자, 중국인에 이르기까지. 이들의 증언은 지난 30년에 걸쳐 중국인 문제를 규정하는 다양한 견해를 반영했다. 중국인들을 부자유한 "쿨리"라고 비난하는 사람들은 "값싼 노동력"과 "노예제" 사이의 느슨한 연관성 외에는 경험적 증거empirical evidence라고 할 만한 것을 거의 제시하지 못했다. 과거의 청문회에서와 마찬가지로 사업가, 선교사, 전직 외교관, 중국인 지도자 등은 중국인들이 자유인이고 자발적 이민자이며 노예가 아니라고 증언했다. 이처럼 다양한 견해가 제시되었음에도 청문회는 부정적 영향을 끼쳤다. 이것은 의심할 바 없이 중국인 배제를 위한 정치적 바람이 이미 거세게 불고 있었기 때문이다.[26]

1880년에 중국인 배제에 대한 초당적 압력하에 당시 체스터 아서Chester Arthur 미국 대통령은 벌링게임조약의 개정을 지시해 미국과 중국 간 이민 금지를 허용했다. 청이 양보하면서 중국인 노동자들의 미국 이민을 "일시적으로 중단"할 수 있게 되었다. 장애물이던 조약이 제거되면서 배제주의자들은 법률안이 연방의회를 통과하도록 압력을 가했다. 1882년 3월 배제 법안이 연방의회에 제출되었을 때 배제주의자들이 승리할 것이라는 점은 기정사실이 아니었다. 중서부와 북동부 지방의 의원들은 중국인 이민자들이 아일랜드 및 독일 이민자들과 비교해 실제로 백인 노동력을 값싸게 했는지에 대해 의문을 제기했고, 중국과의 상업적 관계를 증진하는 조약들이 위반되는 것에 대해 우려를 표시했다. 일부 의원은 이 법안이 인종주의적이며, 미국의 이상에 반한다고까지 선언했다. 캘리포니아주 의원내표단이 주도하고 남부의 확고한 지지를 받은 배제주의자들은 "쿨리 체제는 노예제 체제"라는, 태평양 연안에서 제기되던 주장을 되풀이했다. 곧 배제주의자들은 "동화하기 어려운" 중국인들을 유럽 이민자들과 비교하기는 터무니없는 것이고, 또 중국인 배제는 국가의 자위 및 자기보호의 문제임을 상세히 말했다.[27]

한편, 청의 외무대신은 베이징에서 미국 외교관들을 만났다. 청은 이미 벌링게임조약의 수정에 동의한 상태였고, 이제 미국 외교관들은 법안의 적용 범위를 제한하려고 시도했다. 그들은 곧 숙련공들을 노동자의 범주에서 제외하려 했고, 노동자들의 배제를 미국 시민에 의해 고용된 사람으로 제한하려 시도했으나 성공하지 못했다. 그러나 그들은 체스터 아서 대통령에게 20년―거의 한 세대― 동안 중국인들의 미국으로의 이민을 중단하는 것은 조약의 취지에 위배된다고 설득했다. 아서 대통령은 1882년 4월 4일 이 법안에 거부권을 행사하고 법안을 연방상원으로 돌려보냈고, 상원에서는 다시 한 달 동안 더 법안에 대해 논의했다.[28]

연방의회가 워싱턴에서 중국인 배제 법안을 논의하는 동안, 황쭌셴은 샌프란시스코에 도착해 샌프란시스코 주재 청 총영사로 부임했다. 그는 일본 주재 중국 공사관 서기관으로 근무하던 요코하마에서 직항 배편으로 왔으며, 법안을 둘러싼 논쟁이 막 벌어질 때 샌프란시스코에 도착했다. 1882년 3월 26일 황쭌셴의 도착을 보도한 한 현지 지역신문사 기자는 그를 지성, 자신감, 좋은 매너, 경험 등이 있음을 알 수 있는 젊은이

(당시 그는 34세였다)라고 묘사했다. 가장 중요하게 기자는 황쭌셴이 중국인 배제 법안이 중국 정부의 "승인"을 받았다고 "당국자로서authoritatively" 말한 점에 주목했다. 기자가 선택한 단어는 황쭌셴의 의미를 과장했을 수 있다—청은 벌링게임조약의 수정을 묵인했지만, 청은 법안이 만들어지고 있는 현재 법안의 조건에도 반대하고 있었다. 황쭌셴은 분명히 미합중국 연방의회에서 벌어진 중국인 문제를 둘러싼 논의를 이미 잘 알고 있었다. 청 정부와 중국 언론은 오랫동안 미국 내의 논쟁을 주시해오고 있었다. 일례로, 상하이 유력지《상하이신보上海新報》와《만국공보滿國公報, Review of the Times》는 1877년에 열린 청문회를 다룬《데일리 알타캘리포니아》의 기사들을 번역해 재수록했으며, 여기에는 증언의 발췌도 포함되었다. 《상하이신보》는 미국의 관점을 번역하는 것이 향후 청의 외교적 노력에 도움이 되기를 명시적으로 희망했다(사진 16).[29]

황쭌셴이 샌프란시스코에 파견된 최초의 청 관리는 아니었다. 청 영사관이 샌프란시스코에 세워진 것은 1878년이었다. 영사관은 워싱턴 주재 중국 공사관(대사관)의 지시를 받으며 운영되었다. 영사관 설립은 청이 여전히 공식적으로 자국민의 해외 이민을 금지하고 자국 영토 외부에 정착한 중국인들을 공식적으로 인정하지 않던 시기에 국외에 거주하는 중국인들의 이해관계를 보호할 필요를 인정했다는 점에서 놀라운 일이었다. 사실 중국인들은 얼마 전부터 해외의 영사보호consular protection를 요구해왔다. 홍콩 신문《중외신문칠일보中外新聞七日報》는 1871년에 다음과 같은 의견을 냈다. "황제는 자신의 백성을 우선적으로 보호해야 한다. […] [중국 백성을] 전 세계에 흩어지게 하고 자신들에 대한 보호를 해주길 요구하는 그들에게 아무런 도움도 주지 말아야 하는가? […] 그들이 [중국의] 지도 밖으로 이동하긴 했으나 그들은 여전히 우리 동포다. 우리는 그들이 국외에 살고 있어서 그들이 버려져야 한다고 말해서는 안 된다."[30]

황쭌셴이 자리를 잡고 워싱턴의 논쟁을 주시하고 있을 때 캘리포니아 북부에서 인종주의적 폭력 사건이 발생해 그의 주의를 끌었다. 폭동은 샌프란시스코만 동쪽으로 흐르는 카르키네스해협Carquinez Strait의 소규모 어촌 타운 마르티네스Martinez에서 일어났다. 1882년 4월 27일에 현지 생선 통조림 공장에 고용된 중국인들에게 불만을 품은 백인 폭도가 중국인들의 셋집에서 떨어진 곳에 모여 중국인 거주민들에게 퇴거를 요구했다. 중국인들이 거부하자 폭도는 집으로 쳐들어와 중국인들을 폭행했고, 여럿을 2층 창문 밖으로 던졌으며, 집에 불을 질렀다. 그런 다음 폭도는 타운에 있는 중국인 세탁소들을 공격했다. 전하기로 중국인들은, 일부는 총기를 들고, 저항했으나—골드러시 시기부터 중국인들은 자위自衛를 위해 총기를 소지했다— 그들은 수적으로 열세여서 압도당하고 말았다. 많은 중국인 남성이 부상당했고, 일부는 중상을 입었으며, 1명은 치명상이었다.[31]

언론의 반응은 당파적 노선을 따라 나왔다.《새크라멘토 데일리 유니언》은 이렇게 보도했다. 마르티네스 주민 대부분은 "무책임하고 무법적인 백인 야만인 무리에 의해 자행된 […] 끔찍하게 잔학하고 비겁한 불법 행위를 규탄한다. […] 우리는 중국인들을 배제하기를 원하지 그들을 난도질하고 살해하는 것을 원하지 않는다." 민주당과 연합한 신문들은 마르티네스폭동을 무기화해 중국인 배제 법안 통과를 촉구했다. 캘리포니아주 소노마카운티 신문《소노마 데모크라트Sonoma Democrat》의 한 기사는 접근방식이 전형적이었다. "중국인 문제에 대해 공화당 의회와 행정부의 꾸물거리는 행동으로 구제를 기다리는 데 지친 마르티네스 시민들은 얼마 전 사안을 자신들 스스로 해결하고 마르티네스의 몽골인들을 무력으

사진 16 황쭌셴(1848~1905)은 중국 청 말기의 학자·시인·외교관이며, 샌프란시스코·싱가포르·일본에서 청의 영사(참찬參贊) 등으로 근무했다. 황쭌셴(중앙)이 일본에서 공사관원들과 함께 찍은 일자 미상의 사진.

로 몰아냈다. […] 우리 주민들은 고통을 오랫동안 겪어왔으며 또한 관용 forbearance이 더는 미덕이 아니라고 생각하는 사람들이 있다." 캘리포니아의 《로스앤젤레스 헤럴드Los Angeles Herald》는 공화당 의회와 대통령이 "중국인들의 저주를 강력하게 처리하지 못한 것"이 마르티네스폭동의 원인이라고 의견을 내며 "우리는 미국에서 상당히 많은 폭동을 목도할 것으로 예상한다"라고 경고했다.[32]

마르티네스폭동은 황쭌셴에게 미국에서의 중국인 문제가 입법부와 거리 모두에서 작동하는 엘리트와 대중 사이 인종주의의 공생에 의한 것임을 분명히 보여주었다. 그는 즉각 워싱턴 주재 청 대사 정위쉬안鄭玉軒에게 편지를 보냈고, 대사는 미합중국 국무부에 외교적 항의를 제기하면서 마르티네스 중국인들에게 2만 달러의 손해배상을 해줄 것을 요구했다. 미 국무부는 이 문제를 캘리포니아 주지사에게 회부했고, 주지사는 이를 콘트라코스타카운티Contra Costa County의 지방검사에게 회부했으며, 이는 다시 마르티네스에까지 이어졌다. 몇 명의 백인 남성이 체포되었다가 현지 법원에서 무죄판결을 받았다. 실망스러운 결과에도 불구하고 황쭌셴의 외교적 노력은 청 해외 대표부가 새로운 차원의 개입을 한다는 것을 보여주었다. 사실, 황쭌셴의 활동은 이제 막 시작되었다.[33]

1882년 5월 6일, 태평양 연안으로부터 약 15년간의 여론 환기 끝에, 체스터 아서 미국 대통령은 중국인 노동자들의 미국 이민을 10년간 중단하는 법률인 중국인배제법Chinese Exclusion Act에 서명했다. 상인, 외교관, 학생, 조약 상인treaty trader, 대신大臣, minister은 배제에서 면제를 받았으며, 이미 미국에 거주하는 중국인 노동자도 마찬가지였다. 이들은 "귀국증명서return certificate"를 가지고 단기간 미국을 떠날 수 있게 되었고, 또한 미국 귀국 시 입국이 허용되었다.[34]

이 법률은 특정 집단이 인종적으로 현지 사회에 동화될 수 없다는 주장에 근거해서, 배제하는 특정 집단을 명시한 최초의 이민법이었다. 법률은 10년 동안 시행되었고 비노동자nonlaborer들은 배제에서 면제를 받긴 했지만, 법률의 인종주의적 논리는 확고한 것이었다. 법률은 중국, 홍콩(영국령 식민지), 쿠바 등 출신국country of origin(이주/이민의 흐름에서 출발점이 되는 국가)에 상관없이 모든 중국인에게 적용되었다. 그리고 법률은 모든 중국인에게, 계급에 상관없이, 귀화를 통한 미국 시민권의 특권을 금지했다. 면제는 미국의 상업적·선교적 이해관계와 외교적 호혜성互惠性,

reciprocity〔상호성〕관습에 따라 조정되었다. 그러나 배제법들의 시행을 맡은 관료들은 행정적 수단을 동원해 중국인들에 대해 면제 부류는 물론 노동자와 심지어 미국 시민권을 가진 사람들의 미국 입국을 거부할 것이고, 이로써 중국인 배제를 둘러싼 갈등은 반드시 지속될 것이었다.[35]

태평양 연안의 반중국인 운동은 배제법의 통과에 환호했다.《데일리 알타캘리포니아》1면 헤드라인은 "마침내 승리가! Victory at last!"로 장식되었으며, "우리 대표들의 지칠 줄 모르는 노력Indefatigable Exertions of our Representatives"이라고 찬사를 보내는 장황한 부제副題가 붙었다. 중국인들은 물론 실망했고, 비통해 했으며, 두려워했다.[36]

1882년 8월 4일 중국인배제법이 시행되자 황쭌셴은 부두에 입항하는 배들을 일일이 마중하고, 세관원들이 중국에서 오는 승객들을 검사하는 것을 지켜보았다. 황쭌셴은 프레더릭 비Frederick Bee라는 영사관 직원 한 명과 같이 갔는데, 비는 캘리포니아 골드러시 초기부터 캘리포니아 행타운Hangtown에서 지내면서 중국인들의 권리를 옹호해온 인물이었다. 비는 금광지들에서 백인들과 중국인들 사이 갈등을 중재했으며, 이후 1877년 중국인 이민에 관한 의회 청문회에서 6대六 중화회관의 이익을 대변하기도 했다. 그는 청이 1878년 샌프란시스코에 첫 영사관을 열었을 때 청의 자문위원consultant이 되었으며, 황쭌셴이 1882년에 샌프란시스코에 오자 그를 보좌했다. 황쭌셴은 비를 "나의 동지"라고 불렀으며, 어떤 시詩에서 그를 "배포가 몸보다 훨씬 크며, 영웅적이고 두려움 없는 정신을 타고났으며 […] 웃는 모습에서도 그는 항상 부츠에 단검을 넣고 다녔다"라고 회상했다.[37]

황쭌셴이 새 중국인 배제법을 시행하는 세관원들을 불신한 것은 옳은 일이었다. 1882년 8월 8일, 법률이 발효된 지 며칠 후 미국 증기선 시티오브시드니City of Sydney호가 4개월간의 오스트레일리아 왕복 항해를 마치고 돌아왔을 때, 이 배에 타고 있던 중국인 선원들은 입국을 거부당하고 선상에 억류되었다. 아싱Ah Sing, 아티에Ah Tie, 그리고 다른 선원들은, 모두 캘리포니아의 오랜 거주민으로, 출항 당시 샌프란시스코에서 배 주방 노동자 및 객실 웨이터로 고용되어 있었다. 또 다른 사례는 파나마 출신 상인 로얌차우Low Yam Chow가 자신의 중앙아메리카 사업을 위해 상품을 구매하러 샌프란시스코에 입항했을 때 벌어졌다. 세관원들은 그가 상인이라는 신분을 보장하고 따라서 그가 배제법에서 면제임을 보증해주는 이른바 배제법 제6절Section 6의 증명서가 결여되어 있다는 이유로 그의 미국 입국을 거부했다.[38]

황쭌셴과 프레더릭 비는, 미국에 도착하자마자 입국을 거부당한 중국인들을 변호하는 일에 몸을 던졌다. 둘은 변호사들을 고용해 인신보호영장habeas corpus을 제출했고 연방법원에 자신들의 소송사건들을 제기해 선박 선원들과 상인들의 소송사건들에서 승소하는 데 성공했다. 시티오브시드니호의 선원들과 관련한 두 건의 소송사건에서 법원은 캘리포니아에 이전부터 살고 있는 사람들은 배제법에서 면제이며, 미국 선박에 고용되었다는 것은 그들이 그들의 여정 내내 미합중국의 사법권 내에 있었다는 것을 의미한다고 판결했다. 상인 로얌차우의 소송사건에서, 법원은 중국인배제법 제6절은 중국 내의 상인들에게 적용되는 것이지 세계의 다른 지역에서 온 상인들에게 적용되는 게 아니라고 판결했다. 법원은 파나마에 있는 누군가가 미국에 입국할 수 있는 증명서를 얻기 위해 중국으로 가도록 요구하는 것은 "불공평하고 터무니없는" 일이라고 말했다.[39]

황쭌셴은 심리審理를 참관했다. 법정 분위기는 과열되어 있었다. 열띤 언쟁이 지방검사, 변호사, 판사들 사이에 벌어졌다. 상인 로얌차우의 소송사건은 소란스러운 대규모 방청객 앞에서 심리가 열렸다. 특히 미국 연방대법원 대법관 스티븐 필드Stephen Field가 순회재판소에서 소송사건을 주재했는데, 이는 중국인배제법의 해석이 중요한 관심사였음을 나타낸다. 필드는 황쭌셴에게 강한 인상을 주었다. 영사 황쭌셴은 워싱턴 주재 청 대사에게 자신은 대법관 필드가 "강직하고 완강하다"라고 생각한다고 편지를 보냈다. 그는 이렇게 덧붙였다. "논쟁 중에 그[필드]는 미국이 광대하고 인구가 많은데 왜 소규모의 중국인을 관용하지 못하는가라고 말했습니다! 그는 공정하고 공중 앞에서 진실을 말하는 것을 꺼려하지 않았습니다. 저는 진정으로 그의 용기를 높이 평가합니다." 필드는 "중국인 객실 웨이터 소송사건Case of the Chinese Cabin Waiter"(1882)의 판결문에서 동일한 내용을 작성할 것이었다. "의회 행위의 목적은 […] 이미 이곳에 있는 [중국인들을] 추방하는 것이 아니었다. […] 이곳에 있는 [중국인] 몇천 명이 우리의 평화를 현저하게 방해하거나 우리 문명에 영향을 끼칠 것이라고 생각하지 않았다."[40]

상인 로얌차우의 소송사건에서 스티븐 필드는 벌링게임조약(그리고 조약의 1880년 개정)을 상기시키며 중국인들이 "자신의 자유의지와 합의에 따라 〔미국과 다른 나라들을〕 왕래할 수 있는" 권리를 옹호했다. 조약은 "중국인 상인들을 배제하거나 중국인 상인들이 〔미국으로〕 오는 데 불필요하고 난감한 제약을 부과하는 것"을 금지했다. 그것은 "중국과 이 나라 사이의 상업적 관계를" 방해할 것이기 때문이다. "중국과의 상업은 커다란 가치가 있으며, 지속적으로 증가하고 있다."[41]

이후 몇 달 동안 로얌차우의 판결을 선례先例 삼아 황쭌셴은 처음에는 입항 시 입국을 거부당했던, 페루·칠레·파나마에서 온 상인을 포함해, 약 30명의 중국인 상인을 미국에 상륙시키는 데 성공했다. 황쭌셴은 청 정부

영사로서 자신의 권한하에 중국 이외의 지역에서 오는 중국인 상인들에게 중국인배제법 제6절의 증명서를 발급하는 것을 고려했으나 세관원들은 이를 반대했다. 1882년 10월 하순에 소송사건들이 해결되었고, 황쭌셴은 그 생각을 포기했다.[42]

초기의 이런 소송사건은 황쭌셴에게 중국인배제법이 부당하거나 불합리하게 적용되지 않을 것이라는 희망을 주었다. 그는 중국인 문제에 대해 여론이 갈려 있다는 점을 알았고, 연방대법관 스티븐 필드가 미중 교역, 미중 조약 관계, 법의 공정한 집행 등에 대한 지지를 표명한 데 특히 고무되었다. 그러나 황쭌셴이 필드에 대해 한 평가가 전적으로 맞는 것은 아니었다. 대법관 필드는 중국인들에게 특별한 적대감은 없었으나 그렇다고 중국인들의 특별한 친구도 아니었다. 그는 중국인 소송사건들을 연방 권력의 범위를 확대하는 기회로 보았으며, 특히 상업적·경제적 문제에 관한 규제라는 측면에서 그러했다. 그의 영향력은 몇 년 후 익위〔이허益和〕 대 홉킨스Yick Wo v. Hopkins 소송사건(1866)에서 가장 유명하게 지각될 것이었다. 이 소송사건은 모든 세탁소는 벽돌로 지어져야 한다는 샌프란시스코시의 소방조례와 관련 있었다. 조례는 목조 건물들에 있는 기존 세탁소들의 경우 그 소유주가 시로부터 인증서를 취득하면 조례 사항의 면제를 받았다. 당국은 200명 이상의 백인 세탁소 소유주에게는 면제를 허용했지만 중국인 세탁소의 경우에만 전혀 면제를 허용하지 않았다. 황쭌셴과 그의 변호사들은 이 판결에 이의를 제기하기 위해 판례가 되는 소송사건을 준비해 익위 세탁소 소유주를 소방조례 위반 혐의로 체포당하게 조처하고 인신보호영장을 이용해 법정 심리를 받게 했다. 연방대법원은 어떤 법률이 표면상으로는 인종중립적일지라도 편견이 있는 방식으로 집행될 경우 미연방헌법 수정조항 제14조의 평등 보호 조항equal protection clause에 위배된다고 판결했다. 익위 대 홉킨스 소송사건은 미국 헌법사에서 획기적 판결로, 연방헌법 수정조항 제14조의 보호를 경제활동으로까지 확장했고, 시민만 아니라 모든 사람에게 평등권과 적법 절차의 보호를 확인했다.[43] 〔익위 곧 이허益和(익화)는 1861년 캘리포니아로 이민 온 중국인 리웍 Lee Yick(리이李益 또는 리이허李益和)이 소유한 세탁소이고, "홉킨스" 곧 "피터 홉킨스"는 리웍이 조례 위반에 대한 벌금(10달러) 납부를 거부하자 리웍을 수감한 캘리포니아주 보안관이다.〕

황쭌셴은 연방대법원이 익위에 대한 판결을 내리기 전인 1885년 9월 샌프란시스코를 떠났다. 그는 캘리포니아에서 순환 근무를 하는 3년 동안 해외 중국인 공동체를 대신해 지칠 줄 모르고 일했다. 그는 당시 샌프란시스코의 중국인 친족 및 지구 협회들에 공식적으로 더 통합된 구조로 연합하고, 더 나은 사회서비스를 제공하며, 회계를 협회 구성원들에게 더 투명하게 보고하라고 요구했었다. 그는 이민 소송사건 및 익위 소송사건에서 법률 활동을 하는 것에 더해 샌프란시스코의 공립학교들에서 중국인 아동들을 배제하는 것을 뒤집기 위해 법률 지원을 제공했다. 중국에 있는 어머니가 돌아가셨다는 소식을 접하고 황쭌셴은 휴가―관례적인 애도 기간에는 그의 공무가 중지된다―를 신청했지만 그의 상관은 이를 들어주지 않았다. 이런 예외적 결정은 미국의 인종주의적 변동성racial volatility에 대한 청의 인식을 반영하는 것이었다. 1886년 황쭌셴이 마침내 미국을 떠났을 때, 그는 완전히 지쳐 있었다. 그는 증기선 시티오브피킹SS City of Peking호를 타고 항해했으며, 선박 3등 선실에는 1000명의 중국인이 타고 있었고, 선박에는 밀가루·인삼·치즈·은괴·금화·사금 등이 가득 실려 있었다. 그의 태평양 횡단은 중국의 중추절中秋節과 맞물려 있었다. 그는 항해 도중 갑판에서 잠 못 이루는 밤을 보냈는데, 달을 올려다보며 아래 3등 선실의 중국인 노동자들이 겪는 고통과, 중국 문화와 서양 문화 사이 커다란 간극에 관해 생각했다.[44]

✥

황쭌셴이 캘리포니아를 떠날 때도 중국인 문제는 결코 해결된 게 아니었다. 도리어 1880년대 중반은 아마 미국 서부의 중국인들에게 가장 어두운 시기였을 것이다. 중국인배제법은 중국인 문제의 인종주의적 논리를 확인하고 중국인들에 대한 추가적 폭력을 승인한 것처럼 보였다. 절도, 폭행, 살인, 방화는 캘리포니아 골드러시 시기에 중국인들이 미국에 처음 도착한 이래로 계속되어왔으나, 1880년대 중반에는 전에 없던 폭력의 물결이 태평양 연안을 휩쓸고 지나갔다. "몰아내기driving out" 캠페인은 "중국인들은 반드시 떠나야 한다!!"라는 슬로건이 단순히 중국인에 대한 배제를 위한 것이 아니라 제거를 위한 것임을 시사했다. 역사학자 베스 루-윌리엄스Beth Lew-Williams는 1885년에서 1887년 사이에 미국 서부 주들의 여러 타운에서 중국인들을 추방하거나 추방하려 시도한 사례가 439건 있었다고 설명했다. 그 방법에는 괴롭힘, 폭탄 투척bombing, 방화, 폭행, 검거roundup, 살인, 린치 등이 있었다. 적어도 87명의 중국인이 이 사건들로 사망했다.[45]

많은 중국인 추방이 지속적인 캠페인들로 인해 발생했다. 1885년 9월 워싱턴주 타코마Tacoma에서는 노동기사단Knights of Labor과 시 관리들이 주도한 추방 운동이 중국인 거주민들에게 11월 1일까지 현지를 떠나라고 하는 결의안을 통과시켰다〔"노동기사단"은 1869년 미국에서 창설된 노동조합의 전국 연합 조직이다. 필라델피아의 피복공被服工들 사이에서 비밀결사의 형태로 출발했고, 특히 1880년대에 미국 최대의 노동조합으로 부상했으며, 이후 미국노동총동맹AFL에 흡수되었다). 중국인 추방은 질서 있고 비폭력적일 것이라고 선언하면서, 이들은 대중집회와 퍼레이드뿐 아니라 위협적인 가가호호 방문을 통해서도 그러한 요구를 뒷받침했다. 중국인 거주민들은 자신들에 대한 추방에 저항했으나 무장한 자경단원들은 폭우 속에 이들을 8마일〔약 13킬로미터〕 밖으로 몰아냈다. 두 명의 중국인 남성이 추위나 과다노출로 인한 체온저하로 사망했다. 자경단원들은 그러고는 그 중국인 지구에 불을 질렀다.[46]

중국인들에 대한 다른 공격들은 오랫동안 끓어오르던 중국인들을 향한 적대감이 자연발생적으로 폭발한 것과 같았다. 오리건주 스네이크강 Snake River의 헬스캐니언Hells Canyon 협곡에서는 백인 농민들과 남학생들이 마구 돌아다니면서 중국인 광부 34명을 강탈하고 살해한 후 그들의 시신을 강에 던졌다. 아마 가장 유명한 폭동은 1885년 9월에 와이오밍테리토리Wyoming Territory〔와이오밍준주〕 록스프링스Rock Springs에 있는 철도회사 유니언퍼시픽레일로드Union Pacific Railroad 소유의 대형 탄광에서 일어난 사건일 것이다. 중국인 광부들과 백인 광부들은 서로 동일한 임금을 받았으나 백인들 사이에서 중국인들에 대한 인종주의가 만연해 있었다. 이는 유니언퍼시픽레일로드가 1875년에 중국인들을 파업파괴자strikebreakers〔파업 노동자들 대신 일하는 노동자. 대체노동자〕들로 이용한 때로 거슬러 올라간다. 10년 후 중국인들이 노동기사단이 주창한 파업을 지지하기를 거부하자 백인들은 중국인들을 몰아내기로 했다. 150명의 무장한 백인 노동자 폭도 무리가 타운의 중국인 지구를 공격해 80여 채의 집에 불을 질렀고 도망가는 중국인 주민들에게 총격을 가했다. 폭도 무리는 채굴 캠프들을 난입해 400명의 중국인 광부를 몰아냈다. 일부 중국인은 총격으로 죽었고,

또 일부 중국인은 불타는 집에서 죽었으며, 또 다른 일부 중국인은 근처의 언덕으로 도망갔다가 체온저하로 죽었다. 유니언퍼시픽레일로드는 난민들을 상대적으로 안전한 곳으로 이송하고 연방정부에 군대를 보내이들을 록스프링스로 호송해줄 것을 요청했다. 그러나 중국인들을 보호하기 위해 경찰력이나 군대를 투입하는 사례는 드문 일이었다. 대부분의 관리―와이오밍테리토리의 관리들을 포함해서―는 폭력을 막거나, 살해당하거나 부상당하거나 재산을 강탈당한 중국인들을 위한 정의를 실현하는 데 아무 일도 하지 않았다(사진 17).[47]

청 대사 정위쉬안은 뉴욕 주재 황스천Huang Shi Chen 영사와 샌프란시스코 주재 프레더릭 비 영사에게 록스프링스로 가서 직접 조사를 하라고 지시했다(프레더릭 비는 영사관 직원에서 의회위원회에서 중국인 공동체들의 이익을 대변하고 차이나타운의 분쟁을 해결한 것을 인정받아 중국 정부에 의해 영사로 임명되었다). 두 영사는 중국인의 관점에서 보기 드문 상세한 3개 문서를 작성했다. 첫 번째 것은 록스프링스의 중국인 생존자 559명이 서명한 소름 끼치는 이야기였다. 이 기록은 이틀간의 테러를 서술하고 있다. 다음은 그 일부다.

중국인들 중 일부는 비터크리크Bitter Creek 개울의 제방에서, 또 일부는 철교 근처에서, 또 일부는 "차이나타운"에서 살해당했다. 살해당한 일부 중국인의 시신들은 불타는 건물로 옮겨져 불길 속에 던져졌다. 집 안에 숨어 있던 일부 중국인도 살해당했고 그들의 시신은 불에 탔다. 병 때문에 도망갈 수 없었던 일부는 집 안에서 산 채로 불에 탔다. 한 중국인은 "화이트멘즈 타운Whitemen's Town"의 한 세탁소에서 살해당했으며, 그의 집은 헐렸다. 전체 중국인 사망자 수는 28명이고, 부상자 수는 15명이었다.

이 기록은 백인 여성들과 아이들이 폭도 무리에 가담했다는 것도 밝혀냈으며 여기에는 중국인 거주민들에게 영어를 가르치던 여성들도 포함되었다.[48]

황스천 영사가 작성한 두 번째 보고서에는 중국인 사망자 28명의 명단이 적혀 있었으니 이름, 살해당한 방법, 중국에 가족이 있는지 여부 등이었다. 희생자 각각의 이름을 거명함으로써 황스천은 이들을 인간적으로 대했다.

사진 17 1885년 미국 와이오밍테리토리 록스프링스의 인종폭동은 광산들에 열정적으로 번졌는데, 이 과정에서 타운의 중국인 거주지들이 불태워졌고, 중국인 28명이 사망하고 400명이 집을 잃었다. 《하퍼스 위클리》 1885년 9월 26일. 그림: Thure de Thulstrup.

3. 이시옌Yii See Yen의 시신은 개울 근처에서 발견되었다. 왼쪽 관자놀이는 총에 맞았으며, 두개골이 부서졌다. 사망자의 나이는 36세였다. 그는 [중국의] 고향에 어머니가 살고 계셨다. […]

7. 레오룽홍Leo Lung Hong의 시신은 그 일부가 27번캠프Camp No. 27.에 인접한 오두막 안의 잿더미에서 발견되었다. 머리, 목, 가슴이었다. 두 손은, 허리 아래의 나머지 신체 부위와 함께, 완전히 불에 탔다. 사망자는 45세이며, 고향에 아내와 세 아들이 살고 있다는 것도 확인되었다.[49]

프레더릭 비 영사가 작성한 세 번째 보고서는 백인 거주민들과의 인터뷰를 바탕으로 작성된 것으로 우체국장, 철도 직원, 현지 상인 등이 포함되었는데, 이들은 중국인들이 평화롭고 법을 준수하는 성격을 지녔으며, 이유 없는 공격이 백주대낮에 아일랜드인, 콘월인, 스칸디나비아인 광부들에 의해 자행되었다고 증언했다. 비는 이 폭동을 가리켜 "기독교 나라에서 저질러진 가장 흉악하고, 가장 잔인하며, 가장 부당한 유린 사건 중 하나"라고 했다. 록스프링스 당국은 폭동을 진압하려는 어떤 조치도 취하지 않았다. 검시관은 배심원들 앞에서 사인死因 규명을 위한 심문inqueest〔사문查問)은 진행했지만 증인은 한 사람도 부르지 않았다. 검시관은 또한 살인과 방화 혐의로 체포된 몇몇 남성에게 "보잘것없는 보석금"과 빠른 석방을 허가한 바로 그 관리였다. 대大배심은 기소를 거부했다. 이 모든 것이 비에게는 "통속적 희가극burlesque"을 생각나게 했다. 비는 이렇게 결론 내렸다. "록스프링스에서 중국인을 살해하고, 불태우고, 강탈한 범죄자 중 그 누구도 이른바 테리토리 당국 혹은 현지 당국에 의해 처벌을 받을 수 없다."[50]

청 대사 정위쉬안은 미 국무장관 토머스 베이야드Thomas Bayard에게 프레더릭 비의 보고서 및 록스프링스 백인 거주민들의 선서진술서 6장을 첨부한 장문의 공식 항의서—이 시기에 그가 작성한 많은 문서 중 하나—를 제출했다. 대사는 다음과 같이 요구했다. "이번 살인, 강탈, 방화를 저지른 사람들은 처벌받아야 한다. 이러한 불법으로 중국인들이 입은 모든 손실과 부상은 충분히 보상받아야 한다. 와이오밍테리토리 및 미국 내 다른 모든 곳에서 유사한 공격으로부터 중국인 거주민들을 보호하기 위한 적절한 조치가 취해져야 한다." 그는 폭동 동안 파괴되거나 도난당한 중국인 거주민들의 재산가치의 추정액 14만 7748.74달러의 청구서를 제출했다. 정위쉬안은 또한 베이야드에게 상대국에 거주하는 각국의 국민들을 보호하기 위해 양국 간에 존재하는 조약의 의무와, 그리고 중국 정부가 중국 내 미국인들이 입은 손실에 대해 미합중국에 배상한 선례先例(많은 사례가 있었다)를 상기시켰다.[51]

국무장관 토머스 베이야드는 록스프링스 사건은, 유감스럽지만, 사적私的 개인들의 행동이며, 따라서 미국 정부는 책임이 없다고 답했다. 그러나 중국 주재 미국 외교관들은 록스프링스학살 사건에 대해 광둥성 광저우에서의 거대한 "흥분excitement"을 보고했다. 홍콩 언론의 보도와 중국계 미국인들로부터 받은 전보들이 도시 전역에 나붙으면서 대중의 분노에 기름을 부었다. 중국 주재 미 대사 찰스 덴비Charles Denby는 "골칫거리troublesome 광둥 사람들이 중국에 있는 미국 사업가들과 선교사들을 공격할 것을 우려했다. 덴비는 광저우에 두 번째의 미국 포함砲艦, gunboat을 보내달라고까지 했다.[52]

중국 내 미국인들을 대상으로 한 보복성 폭력 가능성에 경각심을 느낀 미 연방의회는 록스프링스 사건에 대한 배상금으로 14만 7758달러를 책정하고, "미국 내 중국인들이 거주민들의 손에 의해 입은 여타의 모든 손실과 부상"에 대해 추가로 13만 달러의 배상금을 책정하는 법안을 통과시켰다. 연방의회는 이후 워싱턴주 타코마와 시애틀 그리고 캘리포니아주 레딩Redding에서 일어난 인종폭동으로 중국인들이 입은 피해에 대해 총 42만 4367달러를 추가로 배상했다. 배상금은 중국 정부에 직접 전달되었다. 이 배상금이 중국인 개별 피해자나 그 가족에게 전달되었는지는 알려지지 않았다.[53]

캘리포니아주 및 미국의 반쿨리주의는 중국인들이 부자유한 인종이라는 핵심 주장을 지지했다. 그러나 이 주장은 주 정치 및 국가 정치의 궤적에 맞추어 그 경사도(기울기)를 조정할 수 있는 변화무쌍한 이데올로기였다. 1850년대에 그것은 중국인들을 "쿨리"와 "노예"로 묘사해 이들을 노예화된 아프리카계 미국인들과 그리고 그럼으로써 자유노동에 대한 위협이 되는 존재와 연관 지었다. 남북전쟁과 노예제 및 모든 형태의 노예상태를 불법화한 연방헌법 수정조항 제13조가 통과(1865년 1월, 하원)된 이후, 반쿨리주의자들의 주장은 "신용 티켓(외상 배표) 체제"에 의해 중국인 노동자들에게 부과된 "부채속박debt bondage"(채무노동, 담보노동)과 그리고 "노예 소녀들"을 매춘부로 인신매매한다는 혐의로 옮아갔다. 이러한 사고방식은 노예이자 노예주主인 중국인들에게 모든 비난을 가할 수 있다는 추가적 이점이 있었다. 연방헌법 수정조항 제14조의 평등권 원칙은 배제주의자들에게 또 다른 이의를 제기했다. 1869년에 쓴 글에서 헨리 조지는 민족주의 및 인종적 예외라는 방식으로 자유주의적 포용과 비자유주의적 배제 사이의 모순을 화해시켰다. 독점이라는 문제를 방정식에 도입함으로써, 그는 인종주의적 주장에 계급적 이해관계라는 알리바이를 부여했는데, 이러한 이해관계는 19세기 후반에 점차 중심적인 것이 되었다. 재건의 종식과 짐 크로Jim Crow의 부상으로 반쿨리주의는 더는 노예제폐지론에 대응할 필요가 없게 되었다("짐 크로"는 아프리카계 미국인을 경멸해 지칭하는 용어다. 흑인 연기자이자 극작가 토머스 D. 라이스Thomas D. Rice(1808~1860)가 흑인 가면을 쓰고 아프리카계 미국인의 말투·노래·춤 등을 연기하면서 만들어낸 일종의 캐릭터인 "짐 크로"에서 유래한 용어로 알려져 있다. 남북전쟁 이후 재건시대 아프리카계 미국인들이 얻은 정치적·경제적 이익을 박탈·제거하기 위해 19세기 후반과 20세기 초반에 미국 남부의 공공장소에서 ─ "분리하지만 평등하다"라는 원칙 아래 ─ 흑인과 백인의 분리 및 차별을 규정한 법들인 짐크로법 Jim Crow laws에도 그 이름이 쓰였다).

1893년 헨리 조지와 위대한 반反노예제 활동가의 아들 윌리엄 로이드 개리슨 주니어William Lloyd Garrison, Jr. 사이에 오간 편지에서 많은 것이 명백해졌다. 보스턴의 사업가 개리슨은 중국인들의 배제를 10년 더 연장하고 미국에 거주하는 중국인들은 위반하면 추방이라는 조건으로 신분증을 항상 소지해야 하는 기어리법Geary Act을 지지하는 단일 납세자들을 비판했다("기어리"는 이 법안을 작성한 캘리포니아주 하원의원 토머스 기어리Thomas J. Geary를 말한다). 개리슨은 평등권의 원칙을 지지했다. 조지는 개리슨에게 이렇게 답했다. "대지를 사용할 권리가 미합중국 거주민들에게만 국한되지 않는다는 것에 진심으로 동의합니다. 그러나 […] 가장 미천한 중국인들이 당신과 마찬가지로 캘리포니아의 대지를 이용할 자연권이 있다는 것을 […] 나는 단호히 거부해야만 합니다. 인간은 단지 개인일 뿐입니까? 가족, 국가, 인종 같은 것은 존재하지 않습니까?" 조지는 남북전쟁에 걸려 있던 이해관계를 재구성해 중국인 배제를 옹호했다. "노예제를 지지하는 사람들과 중국인 이민에 반대하는 사람들 사이의 당신의 유사점은 사실이 아닙니다"라고 그는 썼다. "미합중국에서 아프리카 노예제가 초래한 첫 번째 악은 많은 수의 흑인을 이곳으로 데려온 것으로, 노예제는 사라졌지만 그것은 여전히 약점과 위험의 원천으로 남아 있는 악입니다. 제가 묻겠습니다. 만약 모든 제약이 제거되어서 중국인들만큼 많은 수의 아프리카 흑인들이 이 나라에 올 가능성이 있다면, 그것이 현재의 조건에서 이를 허용할 수 있는 현명한 일이라고 생각하십니까?"[54]

헨리 조지가 중국인들과 아프리카계 미국인들을 서로 비교한 유일한 사람은 아니었다. 둘 중 어느 한 집단의 대우를 정당화하려 두 집단 사이의 유추analogy를 사용하는 것은 일반적이었다. 그리고 미국 연방대법원이 19세기 마지막 수십 년 동안 아프리카계 미국인들에 대한 평등의 취지를 감안하면서 플레시 대 퍼거슨Plessy v. Ferguson 판결(1896)에 명시된 "분리하지만 평등하다separate but equal"라는 원칙으로 정점에 이른 것처럼, 판결은 또한 광범위한 결과를 가져올 중국인 배제에 대한 정당성을 도입했다[1892년 뉴올리언스의 백인 전용 열차에 고의로 탑승한 혼혈인 호머 플레시 Homer Plessy가 백인과 비백인에게 "동등하지만 별도의equal, but separate" 철도의 편의 시설을 제공하도록 한 루이지애나주의 1890년의 분리차량법Separate Car Act of 1890 위반으로 고소된 사건에서, 루이지애나주 뉴올리언스 지구 판사 존 하워드 퍼거슨 John Howard Ferguson은 이 분리차량법이 위헌이라는 플레시 변호사의 주장을 기각했다. 루이지애나주대법원과 연방대법원에서도 퍼거슨의 판결이 유지되었다. 플레시 대 퍼거슨 판결은 1954년 브라운 대 토피카 교육위원회Brown v. Board of Education of Topeka 소송사건에서 교육에서 "분리하지만 평등하다" 원칙이 위헌으로 판결이 내려짐으로써 폐기되었다]. 남북전쟁 이후 이민에 대한 연방의 규제는 통상通商의 문제로 이해되었다. 그러나 중국인의 배제는 연방대법원이 연방 이민 규제의 근거를 주권sovereignty 즉 국가안보national security로 전환하는 계기가

되었다.[55]

이러한 근거를 바탕으로 미 연방의회는 이민 문제에서 전권 또는 절대적 권한을 행사할 수 있었다. "중국인 배제 소송사건Chinese Exclusion Case" (1889)에서 연방대법원은 중국인 이민자들을 외국 세력의 첩보원agent으로 간주했고, 따라서 "실제 적대행위들actual hostilities"이 발생하지 않았더라도 국가안보의 문제로서 중국인들의 미국 이민을 배제할 수 있다고 판결했다. 연방대법원은 또한 입법이 조약을 대체하며(곧 입법이 조약에 우선하며) 따라서 이민의 제한을 일방적 사안으로 만들 수 있다고 판결했다. 1882년과 1901년 사이에 연방의회는 조약 협상을 통해 중국인 배제를 수정하려는 청의 노력을 무력화하는 한편 가혹한 중국인 배제 법안들을 연이어 통과시키게 된다.

1893년에 미국 연방대법원은 국가안보의 원칙을 입국 후 추방deportation의 문제로까지 확장해 외국인alien들은 "의회의 면허license, 허가permission, 용인sufferance에 의해 예외적으로 이 나라에 있고 체류할" 수 있다고 선언했다(미국 이민법에서는 이민자들의 "입국 후 추방"을 "deportation"으로, "입국 전 추방"을 "exclusion"으로, "통합된 의미에서의 추방"을 "removal"로 표현한다). 이민의 규제가 전쟁 선포 및 조약 체결과 함께 연방의회의 대외 관계 활동의 일부라고 선언함으로써, 연방대법원은 외국인은 입국 및 추방removal의 문제에서 헌법적 권리가 없다고 판결했다. 이민이 국가안보의 문제라는 원칙은 오늘날까지 계속해 미국 이민법을 규정해오고 있다.[56]

제7장

✳

황색 고통

오스트레일리아의 중국인들과 백인들 모두 미합중국에서 벌어지는 사태
의 경로를 주시했다. 1870년대 후반부터 오스트레일리아 언론은 캘리포
니아 정치에 상당한 관심을 기울였다. 신문들은 미국의 중국인 배제 입법
의 변화와 빈터〔집회〕의 왕 데니스 커니의 연설에 관해 보도했다. 캘리포
니아주의 쿨리주의 이론은 태평양을 건너 오스트레일리아의 대중적 담
론에 흘러들었다. 예를 들어 시드니의 민족주의 주간지 《불러틴Bulletin》
은 캘리포니아 쿨리주의의 주요 구성요소를 상세히 실었다. "그는 자신
의 동료들을 이곳으로 수입해 그들을 노예상태로 유지한다. […] 때때로
중국인 여성들을 수입해 그들을 판다. […] 그에게는 자신의 법정에서 행
사할 수 있는 권위가 있다." 두 페이지에 걸쳐 실은 일러스트는 흉물스러
운 중국인 남성을 문어로 그리고 있으며, 각각의 촉수에는 "값싼 노동력
CHEAP LABOUR" "천연두SMALL POX" "번탄(판탄, 팬탠)番攤, FAN-TAN"〔중국 도
박의 일종〕 "아편OPIUM" "비도덕성IMMORALITY"(중국인 남성들의 백인 여성들

과의 성적 결합을 암시하는) 등의 악이 써 있었다. 《불러틴》은 오스트레일리아는 캘리포니아의 중국인 이민의 경험에서 배워야 하며, 식민지들에서 중국인들을 배제해야 한다고 덧붙였다(사진 18).[1]

오스트레일리아 빅토리아의 덕망 있는 중국인 상인이자 중국인 옹호자 로콩멩(류광민)과 루이스 아 무이(레이야메이)는 이러한 사태의 전개를 경각심을 가지고 바라보았다. 이들 역시 미합중국의 중국인 배제 운동에 대해 잘 알고 있었으며, 중국계 미국인들의 저항에서 교훈을 얻으려 노력했다. 로콩멩과 루이스 아 무이는 젊은 중국인 기독교 개혁가이자 멜버른의 상인 척홍청Cheok Hong Cheong(장줘슝張卓雄)과 함께 1879년에 《오스트레일리아의 중국인 문제The Chinese Question in Australia》라는 팸플릿을 발간했다. 팸플릿은 미국 연방의회 조사, 중국인들의 긍정적 자질에 대한 선교사 성명서, 샌프란시스코의 회관會館(후이관) 지도자들의 글 등을 참조해 교역과 이주의 공생과 같은 공통된 주제를 강조했다. 이들은 또한 국제법과 조약 의무를, 이 경우에는 중국인들이 영국 영토에서 여행하고 일할 권리를 부여한 애로호사건(제2차 아편전쟁)의 강화조약인 1860년의 영-중베이징조약Anglo-Chinese Peking Convention of 1860(베이징조약Convention of Peking, (中英)北京條約)을 지적했다.[2]

그들은 이렇게 썼다. "당신이 영국제국의 이 지역으로부터 중국인들을 내쫓고 싶다면, 당신은 법과 정의의 모든 의무에 따라 정당하고 합법적인 방법으로 즉 기존 조약의 폐기를 요구함으로써만 그렇게 할 수 있다. 당신은 [중국 황제에게] '당신은 영국 신민들이 중국의 어느 지역에서든 교역하고 정착하는 것을 인정해야만 한다. 그러나 우리는 중국 신민들이 영국제국의 어느 지역에서도 교역하고 정착하는 것을 허용하지 않을 것이다'라고 말할 수 없다." 이와 같은 입장은 국제법과 조약의 호혜성

사진 18 오스트레일리아 토착주의자(현지민주의자)들은 중국인들의 이미지를 괴물 같은 인종적 스테레오타입에 투사했다. "몽골족 문어―오스트레일리아를 꽉 붙들고 있는 그의 손아귀The Mongolian Octopus―His Grip on Australia",《불러틴》, 1886년 8월 21일.

〔상호성〕원칙principle of reciprocity에 상관없이 야만인들의 행동에 "구부러지는stooped"〔곧 굴복하는〕것이다.[3]

오스트레일리아의 중국인 문제가 점점 더 미국의 중국인 문제와 비슷하게 보이게 되었다 하더라도, 그것은 미국의 경우와 다른 경로를 통해 그 지점에 이르렀다. 1850년대 빅토리아 골드러시 시기에 반反중국인 인종주의는 캘리포니아의 그것보다 더 시작 단계였으며, "쿨리주의"라는 일반 이론으로 전개되지 않았다. 법적 제한 또한 다른 경로를 따랐다. 빅토리아, 뉴사우스웨일스, 사우스오스트레일리아는 금광지들로의 중국인 이민을 제한하는 다양한 조치를 취했다―선박 톤수 요건, 정착료·보호세·거주세 등. 이러한 부과는, 부담스럽고 회피와 갈등의 대상이 되기도 했으나, 영국제국의 자유이주 정책 및 중국과의 외교 관계를 존중해 중국인 이민의 명시적 제한이나 배제는 피했다. 빅토리아와 뉴사우스웨일스는 1860년대에 일부 중국인 이민 제한 조치를 폐지하기도 했으니 골드러시가 쇠퇴하고, 해당 식민지들에 중국인 인구가 40퍼센트 줄어들었기 때문으로, 이는 식민 본국 런던의 식민부를 기쁘게 했다.[4]

그러나 1870년대 후반이 되면 백인계 오스트레일리아인들은 점차 더 노골적인 중국인 배제 정책을 요구했고, 오스트레일리아 식민지들과 그레이트브리튼 사이 긴장은 고조되었다. 그레이트브리튼에 중국인 문제는 제국이 중국과 맺는 공식적 관계와, 그리고 더 일반적으로는, 제국이 아시아에서 갖는 상업적·지정학적 이해관계와 관련 있었다. 런던의 《타임스The Times》는 오스트레일리아의 중국인 문제를 제2차 아편전쟁(1856~1860) 및 세포이항쟁Indian uprising(1857)과 함께 아시아에서 영국제국이 벌이는 일련의 "직접적 경쟁direct contests"의 하나로 보았다(“세포이항쟁”은 "1857년인도항쟁" "제1차 인도독립전쟁"으로도 불린다). 영국의 제국적 이해관계는 오스트레일리아 정착민식민지들의 이해관계와 상충하거나 적어도 긴장을 유발하는 것처럼 보였다.[5]

오스트레일리아에서 중국인 문제가 재연된 것은 빅토리아의 오래된 금광지들에서가 아니라 노던테리토리Northern Territory 및 북부의 퀸즐랜드Queensland에서 중국인 인구가 증가하는 것에 따른 백인들의 불안감에서 시작되었다. 이른바 탑엔드Top End—빅토리아 멜버른에서 북쪽으로 약 2000마일(3200킬로미터) 떨어진 곳(지리학적 지역)—는 완전히 다른 생태계로 열대성이며 우림이 산재해 있다. 이곳은 여전히 원주민들이 많이 거주하고 있었다. 이러한 조건으로 인해 유럽적 발전이 막혀 있었다. 최북단의 중국인 정착―빅토리아에서 온 이주민들과 중국 남부에서 온 신규 이민자들 모두―은 이 지역에서 광업, 농업, 수산업, 상업 등이 시작되는 데 도움이 되었다. 이와 같은 신규 이주는 오스트레일리아 식민주의 그 자체의 속성에 긴장감을 불러일으켰다. 유럽인들은 뉴사우스웨일스, 빅토리아, 사우스오스트레일리아 등을 자유노동 및 민주 정부에 기초한 백인 정착촌의 온대 지역으로 인식했다. 반면, 열대의 북부는 설탕과 과일 플랜테이션, 금 및 주석 채굴, 해상의 진주조개 채취 등 수익성 높은 경제적 잠재력을 가지고 있었으며, 이 모든 것은 값싼 계약 유색인 노동력을 사용하려 했다. 오스트레일리아는 백인 정착민식민지들이 플랜테이션식민지들과 인접한 점에서 특이한 사례였다. 서로 다른 정치경제 체제가 인접한 지역에서 중국인들의 "침입"이라는 유령 그리고 좀 더 일반적으로 "값싼" 유색인 노동력에 대한 반대가 새롭게 힘을 얻었다.

노던테리토리에 정착한 최초의 중국인 중 한 사람이 1875년에 그곳으로 이주한 핑퀘(메이전)였다. 이전 20년 동안 그는 빅토리아의 크레즈윅에서 채굴 기업가로 성공한 인물이었다. 그는 금 탐사자로 시작했으며, 그런 다음 몇 개의 작은 채굴회사를 소유했다. 1873년에 그는 귀화해 영국 신민이 되었다. 탑엔드에서 에스닉을 막론하고 첫 번째 채굴 기업가 중 한 사람이었던 핑퀘는 채굴 및 이런저런 사업으로 돈을 벌었고, 포트 다윈과 파인크리크 지역에서 지도적 시민이 되었다.

1870년대의 핑퀘와 다른 금 찾는 사람들이 탑엔드에 도착한 최초의 외래자들은 아니었다. 오스트레일리아 북부 해안과 섬들을 포함한 인도네시아 동부 군도의 지역 교역 네트워크가 유럽인들과의 접촉 이전부터 존재해왔으며, 최소한 17세기 초반부터 그러했다. 인도네시아 뱃사람들은 이 지역을 말레이어로 "야생의 상소wild place"라는 뜻의 미레게Marege로 불렀다. 18세기 초반이 되면 해삼trepang(bêche-de-mer 또는 sea cucumber)의 연간 교역이 활발하게 발달했다. 해삼은 마레게에서 애버리지니들이 어획하고 손질해서 마카산 선박들을 통해 술라웨시Sulawesi섬(셀레베스Celebes섬)을 거쳐 중국으로 운송되었고, 이 진미는 중국 연회의 주요 코스였다 (지금도 마찬가지다). (마카산Macassan, Makassan은 고와왕국Gowa Kingdom과 본왕국 Bone Kingdom 및 그 인접 섬의 사람들을 포함해 술라웨시섬에서 온 다민족 교역 문화의 집합적 명칭이다.)[6]

　중국인 상인-해운업자들이 근대 초기 해삼 교역의 일원이었음에도, 19세기 후반 중국인들이 오스트레일리아 노던테리토리에 진출하게 된 원동력은 1872년 금 탐사를 위해 아넘랜드Arnhem Land(주로 애버리지니 보유지였다)가 개방된 일이었다. 핑퀘는 파머스턴Palmerston(다윈)에서 약 110마일(180킬로미터) 길이의 덤불숲 작은 길을 통해 말을 타고 여섯 명의 중국인 노동자(이들은 걸어갔다)와 함께 유니언리프스Union Reefs 광맥에 도착해 일을 시작했다. 그는 배당제광부tributer로 출발했는데, 자기 수입의 일정 비율을 불하청구지 소유주에게 지불하는 방식을 말한다. 그의 노동자들은 식민지 정부가 계약을 통해 싱가포르에서 데려온 173명의 중국인의 일부로, 이들은 여러 금 채굴 고용주에게 할당되거나 전신선電信線 건설을 위해 온 사람들이었다. 1880년대에는 수천 명이 파인크리크-다윈Pine Creek-Darwin 철도 노선 건설을 위해 더 모집될 것이었다. 핑퀘는 성과급 작업을 더 늘렸고, 그다음에 자신의 불하청구지들을 매입했으며, 이 중 일부는 백인들과 합작 투자 한 것이었다. 1877년이 되면 그는 석영암石英巖, quartz rock을 파쇄해 톤당 1온스 이상의 금을 지속적으로 생산했고, 홍콩과 싱가포르에서 중국인 노동자들을 직접 수입하기 시작했다. 이 광맥들의 또 다른 초기 채굴왕 애덤 존스Adam Johns는 핑퀘를 "[노던]테리토리에서 가장 흰 사람the whitest man"이라고 불렀다("white man"에는 문자 그대로 "백인"이란 의미와 함께 "고결한 사람" "훌륭한 사람"의 의미도 있다).[7]

핑퀘의 사업 규모는 빅토리아 혹은 캘리포니아에서 중국인들이 소유한 금광보다 훨씬 컸다. 핑퀘는 폐쇄된 체제에서 광산 소유주 혹은 임차인, 상인, 인력 도급업자 등 다양한 역할을 수행했다. 그의 보유지들이 아주 컸기 때문에 그는 더 소규모의 중국인 상인들에게 보유지들을 임대해주었다. 그는 다른 영역으로 사업을 확장해, 양 우리와 소 도축장을 짓고, 파인크리크에 호텔을 매입했다. 그는 또한 병원 건설 및 이런저런 자선사업에 후하게 기부하는 모범 시민이었으며, 1873년의 노던테리토리광업법Northern Territory Mining Act of 1873에 따라 설치된 광업위원회Mining Board에 선출되었다.[8]

당대인들은 노던테리토리로 이민 온 중국인들을 "쿨리"라고 불렀다. 정부가 수입한 최초의 중국인들은 계약을 통해 들어왔을 것으로 보인다. 핑퀘가 홍콩과 싱가포르에서 자신이 직접 노동자들을 모집할 때, 그는 도착 후 상환을 받기로 하고 그들의 운임을 부담해주는 데 동의했다. 그가 중국인 노동자들을 장기 계약으로 붙잡아두거나 함부로 대했던 것으로 보이지는 않는다(적어도 핑퀘의 중국인 노동자 학대에 대한 불만을 기록한 것이 존재하지 않는다). 다른 금 채굴 개척지들에서와 마찬가지로 중국인 노동자들은 자신들이 만족하지 못하면 쉽게 자신들의 계약을 파기할 수 있었다. 핑퀘는 이 지역에서 중국인들의 최대 고용주였지만, 금광지들은 또한 수많은 소규모 중국인 지분회사와 조합을 지원했으며, 이는 대체代替 고용 수단을 제공했을 수도 있다.[9]

1888년에 비非원주민들은 노던테리토리 전체 인구의 4분의 1 미만이었는데, 중국인들이 [비원주민인] 정착민 인구의 거의 80퍼센트를 차지했다. 다윈은 압도적으로 중국인들이 많아 거주민 1300명과 추가로 수천 명의 철도노동자·광부·하인 등 일자리를 찾아 떠돌아다니는 인구가 있었다. 정부는 그해 이 지역에 중국인은 6122명이고 유럽인은 2000명에 불과하다고 집계했다. 이런 인구통계는 백인들의 정착 속도가 느리고 유럽인들이 노동력과 식량 생산 및 서비스를 중국인들에게 의존하고 있었음을 보여준다. 노던테리토리는 엘리트 백인 관리자층과 직원층이 얇고, 중국인 노동자 및 정착민과 해삼 산업 및 진주조개 채취 산업에 종사하는 애버리지니 및 아시아계 해상 인력을 포함한, 다수의 비유럽인이 거주하는 플랜테이션식민지들과 비슷했다.[10]

백인계 오스트레일리아인들은 아시아인들에게 의존하면서도 비백인 인구의 증가 및 애버리지니와 아시아인 사이 에스닉 간 혼합에 대해 우려했다. 1881년에 노던테리토리를 관리한 사우스오스트레일리아는 다윈 남쪽으로 약 200마일[320킬로미터] 떨어진 지점에 가상의 선을 긋고는 중국인들이 이 선 너머로 이주하려면 수수료를 내야 할 것이라고 발표했다. 웨스턴오스트레일리아Western Australia는 아시아인에게 진주조개 채취와 보트 면허를 금지했고, 퀸즐랜드와 사우스오스트레일리아는 아시아인들이 진주조개 채취 노동자는 될 수 있으나 그 소유자는 될 수 없다고 결정했다. 1890년대에 식민지들은 애버리지니들을 중국인들과 말레이계로부터 분리하고 보호하기 위해 진주조개 채취 노동과 타운십township[군구郡區. 카운티의 하위 행정 구분]들에서 그들을 추방했다. 최북단의 애버리지니들과 아시아계 사람들은 접촉, 혼합, 이동의 오랜 역사를 가지고 있었으나 이제는 점점 더 경직된 인종 체제 아래서 서로 분리되고 고립되었다.[11]

노던테리토리와는 대조적으로, 유럽인들은 더 대규모적이며 더 공격적으로 퀸즐랜드에 도착했다. 모턴만Moreton Bay의 브리즈번Brisbane은 시드니에서 북쪽으로 약 600마일 떨어진 곳이며 죄수들을 유형流刑 보내는 유형식민지로 출발해 1840년대에 이르러서야 백인 정착촌으로 개방되었다. 이곳으로부터 목장주·농장주·광부들은 끊임없이 해안을 따라 내륙으로 밀고 올라갔다. 이 과정에서 이들은 애버리니지들의 상당한 저항에 직면했다. 정착민들과 토착민 경찰Native Police이라 불린 준準군사조직은 19세기 말까지 "끝이 보이지 않는 전쟁"을 벌이며 6만 5000명이나 되는 토착민들을 살해했고, 이로 인해 퀸즐랜드의 애버리지니 몰아내기는 다른 어느 오스트레일리아 식민지에서보다 더 피비린내 나는 일이 되었다. 중국인 금 찾는 사람들, 상인들, 농민들이 퀸즐랜드로 이주하면서, 이들은 토착민과 정착민 사이의 전쟁에 휘말렸다. 유럽인들이 중국인들을 백인 정착촌 가장자리의 캠프들과 마을들로 내쫓아서 중국인들은 종종 애버리지니들의 저항에 가장 먼저 직면했다. 노던테리토리와 달리 퀸즐랜드는 혼합과 공유에 좋은 장소는 아니었다.[12]

1850년대와 1860년대에 식민자들의 퀸즐랜드 내륙 탐험은 금의 발견과 몇 차례의 소규모 골드러시로 이어졌다. 콩싱융Kong Shing Yung은 초기 중국인 정착민 중 한 사람으로, 퀸즐랜드 피크다운스Peak Downs에서 금이 발견된 이후인 1865년에 퀸즐랜드로 이주했다. 그는 상인이었으나 빅토리아에 있던 자기 가게가 1857년 버클랜드강폭동 때 파괴되었다. 콩싱융은 벤디고로 장소를 옮겨갔다가 다시 뉴사우스웨일스로 갔으며, 그가 말하길 그곳의 "유럽인들은" 유형수 출신이어서 "매우 나빴다." 범법자들과 노상강도들의 강탈 및 괴롭힘에 시달린 그는 다시 이주했다. 퀸즐랜드 북부는 아직 개발되지 않은 지역으로 사람보다 양이 더 많았다. 콩싱융은 광물 및 목재 자원, 무한한 목초지, 그리고 쌀·커피·차·설탕·담배·면화·석유 등의 생산을 뒷받침할 수 있는 열대 및 온대 기후 둘 다를 갖춘 퀸즐랜드가, 조만간, "이 지역이 그 자체로서 국가적 위대함이라는 싹을 품고 있어서 세계의 거대한 상업중심지의 하나"가 될 것이라는 브리티시드림British dream을 공유했다.[13]

퀸즐랜드에서 가장 크고 가장 영향력 있는 골드러시는 1873년에 브리즈번에서 북쪽으로 약 1200마일[1930킬로미터] 떨어진 파머강Palmer River에서 일어났다. 파머의 골드러시는 노던테리토리뿐만 아니라 빅토리아와 뉴사우스웨일스의 더 오래된 금광지들에서도 유럽인과 중국인 모두를 끌어들였다. 이곳은 넓이로 보자면 약 600제곱킬로미터에 달하는 광대한 금광지들이었다. 이곳은 충적층이 풍부해 협곡에서 "문자 그대로 금을 삽으로 퍼낼" 수 있다는 이야기가 만들어질 정도였다. 금 덩어리들은 "보기만 해도 사랑스러웠고, 전부 물에 닳아서 가장 환상적인 모양을 하고" 있었다. 어떤 것은 무게가 거의 1파운드[약 450그램]나 나갔다. 그러나 이곳은 외진 열대 환경이어서 열병이 창궐하고, 외래인의 침입에 저항하는 애버리지니의 공격이 끊이지 않았다. 시신들이 덤불숲 작은 길들에 널려 있었다고 한다. "오스트레일리아인 광부들이 수십 명씩 죽었다면 중국인들은 수백 명씩 죽었을 것임에 틀림없다"라고 당대 한 영국인 관찰자 J. 던다스 크로퍼드J. Dundas Crawford는 썼다. 10피트[약 3미터] 길이의 독창毒槍을 휘두르는 흑인들에 관한 거친 소문들이 무성했다. 그러나 언제나 그러하듯, 황금의 약속은 개척지의 위험을 능가했다.[14]

퀸즐랜드의 중국인 인구는 1861년에 540명에 불과했으나 1871년에 3300명으로 증가했고, 이후 파머 골드러시와 함께 극적으로 증가했다. 1875년에 홍콩과 퀸즐랜드 북부의 주요 항구 쿡타운Cooktown을 연결하는 증기선 서비스가 시작되었으며, 이를 통해 중국 남부에서 특히 광둥성의 중산에서 더 많은 수가 직접 퀸즐랜드 북부로 왔다. 1876년이 되면 쿡타운과 그 주변 지역에 2만 명이 넘는 중국인이 있었으며, 이들 중국인 인구는 파머 채굴지들의 유럽인 인구를 압도했다.[15]

관찰자들은 빅토리아의 자발적 이민자들과의 유사한 유형을 언급했다. 파머 채굴지들에서 중국인 광부들은 협력cooperation, 철저함thoroughness, 물리적 이동성physical mobility 등을 강조하는 잘 검증된 방법을 사용했다. 이들을 선광기를 가지고, 10개조가 2명씩 짝을 지어 채굴하고, 물을 운반하고, 금과 사금을 포장하는 일을 했다.[16]

중국인 상품용 채소 재배자들과 가게주인들은 퀸즐랜드 전역의 소규모 타운들에서 사업을 했다. 빅토리아(와 캘리포니아)에서처럼 이들은 종종 전직 금광부들이었다. 파머 금광 지구의 행정 중심지 메이필드Mayfield의 타운에서 중국인들은 가게, 술집, 서비스업의 대부분을 운영했다. 이들은 또한 대장간 부지, 사원, 묘지를 지었다. 중국인들은 풍수지리에 따라 판석으로 바닥을 만들고, 측면에 계단식 텃밭이 있는 주거지를 지었다.[17]

유럽인들은 파머에 그렇게 많은 중국인이 들어오는 것에 분개했다. 금광지들의 관리인 윌리엄 힐William Hill은 "중국인들이 유입되지 않았더라면 파머는 수천 명의 유럽인에게 수익성 있는 일자리를 제공할 수 있었을 것"이라고 불평했다. 1877년 백인 광부들이 반중국인 협회를 결성했고 추악한 협박—"이 개울creek 더 위쪽에서 발견되는 중국인은 그 누구든 죽을 때까지 매달 것이다"라고 나무에 붙은 메모—이 표면화했으나, 중국인들의 절대적인 수적 우위는 백인들의 폭력을 방지하는 힘이 되었다. 파머의 광산 관리인들은 유럽인들의 질시를 피하려 중국인들의 불하 청구지들의 규모를 제한하고 중국인들이 석영 채굴을 못하게 방해했다.[18]

퀸즐랜드 북부의 여론은 다윈에서와 마찬가지로 해안 북쪽의 새 항구 도시 쿡타운과 포트더글러스Port Douglas 및 그 주변에서 농장 생산물과 서비스를 제공한 중국인들에 대해 전적으로 반대하지는 않았다. 외딴 지역에서 중국인들은 중국인·백인·에버리지니에게 물품을 공급했으며, 애버리지니들은 종종 중국인 가게에서 가이드로 일하기도 했다. 중국인 정착민들은 또한 퀸즐랜드에 최초의 설탕 플랜테이션을 설립하는 데 도움을 주었으며, 케언스Cairns 지구를 개간해 옥수수·쌀·과일, 특히 바나나를 생산했다. 중국인 大★농장주들은 자신들의 계약노동자들을 중국 남부에서 수입했다. 중국인 사업가들은 싱가포르와 홍콩 그리고 동남아시아 전역과 상업적 관계를 유지했다. 퀸즐랜드 북부에 중국인이 많았던 것은 이 지역이 중국과 가까웠다는 점과 열대 지방은 백인들의 정착이나 노동에 적합하지 않다는 유럽인들의 믿음이 반영된 결과였다.[19]

유럽인들은 파머를 떠나가면서 식민지 정부에 중국인들에 대한 제한을 법제화해달라고 호소했다. 퀸즐랜드 입법부는 1876년에 아프리카 및 아시아 출신 외국인들에 대한 채굴 및 사업 면허 비용 인상과 홍콩에서 쿡타운에 입항하는 선박에 대한 신규 규제를 제안했다. 그러나 퀸즐랜드 총독 윌리엄 케언스William Cairns는 이를 미루었는데, 이런 조치가 영국-중국 조약들을 침해하고 영국제국의 신민인 싱가포르와 홍콩에서 오는 중국인들의 권리를 위험에 빠뜨릴까 우려했던 것이다. 이후 1878년에 통과된 법안은 (영국제국의 신민이 아닌) 아시아계 외국인들을 "새" 금광지들에서 배제함으로써 제국의 염려를 해소했는데, 이 법안은 사실상 아시아인들을 이미 채굴이 끝난 광산 지역들로 제한하는 것이었다.[20]

점차 백인들은 퀸즐랜드 북부에서 중국인들뿐만 아니라 온갖 아시아인들과 태평양 섬주민Pacific Islander들의 인구가 증가하는 것에 경각심을 가지게 되었다. 태평양 남서부 멜라네시아Melanesia 섬들에서 온 노동력(백인들은 "카나카들Kanakas"이라고 조롱했다)을 설탕과 목화 플랜테이션에 사용한 것은 특별한 논란을 불러일으켰다(“카나카”는 “하와이 및 태평양 섬 출신의 원주민 또는 그러한 원주민 노동자”를 말한다). 매카이Mackay 지역의 반反아시아인 탄원자들은 “섬 사람들이 한 명 들어올 때마다 유럽인 노동자 한 명이 쫓겨난다”라고 표명했고, 반면에 농장주들은 인도와의 계약 및 일반적 자유방임주의 이론을 끌어대며 계약에 따라 노동력을 수입할 수 있는 자신들의 “영국 신민으로서의 권리”를 주장했다. 퀸즐랜드 입법부가 노동력 수입 규제 조치를 통과시켰지만 “블랙버딩blackbirding”(납치kidnapping)과 끔찍한 노동조건은 지속되었다(“블랙버딩”은 태평양 여러 섬의 원주민(특히 카나카)들을 유인誘引해 노예로 파는 것을 말한다. 이들은 속임수나 유인 또는 납치 등을 통해 자신들의 고향에서 멀리 떨어진 나라에서 노예나 저임금노동자로 이용되었다. 이들 섬사람의 피부가 검은 데서 유래한 명칭이며, “bird”에는 “(어떤 특징·성질을 가진) 사람/녀석/놈”이라는 의미가 있기도 하다).[21]

좀 더 일반적인 우려는 영구 정착, 자유노동 시장과 소규모 상업에서의 경쟁, 인구 증가에 대한 전망이었으며, 이 모든 것은 백인 사회의 미래를 파멸시키는 것처럼 보였다. 최북단 해안 도시의 한 백인 거주민은 이렇게 썼다. “타운스빌Townsville은 궁핍, 비참, 매춘 부문에서 우승을 차지했다. 중국인, 카나카, 자바인, 신할리인Cingalese〔스리랑카의 대표적 민족. “Sinhalese”로도 표기한다〕, 일본인, 태양 아래의 모든 문둥병에 걸린 인종들이 타운스빌로 몰려들었다.” 퀸즐랜드 브리즈번 신문《텔레그래프Telegraph》는 이런 질문을 던졌다. “그들 자신이나 그들의 젊은 숙녀 딸들이 동일한 노동을 성별이나 힘의 적합도에 따라 더 적은 임금으로 하고 싶어 하는데도, 이 검은 토인들blackfellows〔오스트레일리아원주민〕이 바퀴 달린 거리측정기perambulator를 밀어 움직이고, 마차 말들을 몰고, 채소밭을 가꾸고, 감자 껍질을 벗기고, 바닥을 닦는 것을 [백인 노동자들이] 가만히 보고만 있을까? [태평양 섬주민들은] 자신들의 고용 기간이 만료된 후에도 그곳에 계속 남아 있다는 사실에서 그 나라를 좋아하는 것이 분명하다. 카나카 문제 Kanaka Question와 중국인 문제는 합쳐져 "흑황색 고통black and yellow agony"이 되었다.[22]

중국인 문제가 퀸즐랜드에서 논쟁을 불러일으킨 것과 동시에 금광지가 아닌 멜버른과 시드니 같은 남부 식민지들에서도 중국인 문제가 다시 불거졌다. 사실 도시의 중국인 인구는 수적으로 적었으며, 몇몇 틈새 직종—상품용 채소 재배, 행상, 가구 제조—에 집중되어 있었다. 중국인들은 가구 제조에서만 백인 직인職人, craftsman들과 경쟁하고 있었다. 1870년대 후반, 빅토리아의 제조업자들과 피고용인들의 동업조합trade association이 "모든 합법적 수단을 동원해 유럽인들의 수중에서 가구 무역을 유지"하기 위해 결성되었다. 동업조합은 멜버른국제박람회Melbourne International Exhibition 위원들과 협정을 맺어 중국인들을 고용하지 않는 빅토리아 제조업자들에게서만 의자를 구매하기로 합의했다. 그러나 합의는 취소되었으니, 아마 영국-중국 관계를 염두에 둔 식민지 관리들의 압력 때문이었을 것이다. 의자 제조업체들은 다른 업종의 백인 노동자들에게 호소하면서 자신들에게 가해진 악의 "벼룩에 물린 자국fleabite"(곧 조그만 생채기)은 중국인들의 전면적 식민지 침입의 시작일 뿐이라고 경고했다. 수천 명이 "대회大會들monster meetings"(대중 시위)에 나왔고, 반중국인연맹Anti-Chinese League이 결성되었으며, 도시와 교외 지역의 중간계급과 소상공인 이해관계자들이 이 싸움에 동참했다—중국인 문제에 관해 계급을 막론한 정치

적 선동의 신흥 유형의 모든 핵심 요소가 여기에 있었다.[23]

같은 시기 시드니에서, 오스트레일리아 선원조합은 피지와 뉴칼레도니아 교역 항로에서 유럽인들을 중국인 선원들로 대체하기로 결정한 증기선회사 오스트레일리언스팀네비게이션컴퍼니Australian Steam Navigation Company, ASN를 상대로 대결했다. 1860년대 이래 싱가포르와 홍콩에서 아시아·태평양 증기선 노선ー캘리포니아로 향하는 환태평양 항로 포함ー에 중국인들을 고용하는 것이 점점 더 보편화되었다. 1878년 ASN의 조치는 홍콩에 기반을 둔 회사들과의 경쟁을 막기 위한 것이었다. 선원조합은 오스트레일리아 소유 선박에 중국인 채용을 제한하는 입법을 위한 캠페인을 1년간 진행했으나 뉴사우스웨일스의 의회와 식민부 장관 마이클 피츠패트릭Michael Fitzpatrick은 제국의 의무를 들이대며 이에 이의를 제기했다. 선원조합은 전투적 파업으로 대응했으며, 이는 조합협의회trades council들과 대중의 지지를 얻었다. 퀸즐랜드 정부는 ASN이 중국인을 계속해서 고용할 경우 우편보조금mail subsidy을 철회할 것이라고 위협했다. ASN이 중국인 파업파괴자〔대체노동자〕들을 홍콩에서 수입하고 있다는 보도가 나오자, 시드니의 하이드파크Hyde Park에서 1만 명이 항의 시위를 벌였다. 태평양의 인종적 이해관계를 이보다 더 명료하게 보여주는 일은 없었을 것이다.[24]

이 파업은 정치적 위기를 촉발했다. 뉴사우스웨일스 입법부에서 중국인 제한에 대한 상당한 지지가 있긴 했어도, 뉴사우스웨일스 상공회의소와 지사premier 헨리 파넬Henry Farnell은 ー반드시 동조하지 않는 것은 아니었으나ー 직종별조합들이 식민지 정책을 설정하는 것을 거부했기 때문이다. 결국 파넬 내각은 1878년 12월에 붕괴되었다. 뉴사우스웨일스에서 오랜 정치 경력이 있는 급진적 자유주의자 헨리 파크스 경Sir Henry Parkes

이 중국인 이민을 제한히는 법안을 도입하겠다는 약속을 내걸고 새로운 연립정부를 구성했다. 그것을 달성하는 데는 시간이 걸릴 것이었지만, 1879년 1월에 파업은 회사가 자사가 고용 중인 중국인 수를 줄이겠다는 합의로 해결되었다.[25]

멜버른에서와 마찬가지로 선원조합과 시드니직종노동협의회Sydney Trades and Labour Council는 중간계급·소생산자·개혁가 등으로부터 지지를 얻었으며, 이들은 이 도시의 중국인들이 도덕심과 위생이 결여되었다는 주장에 영향력을 행사했다. 상대적으로 수는 적었지만—1878년에 시드니에는 대부분이 남성인 960명의 중국인이 거주하고 있었다— 거의 3분의 1의 중국인[남성]이 백인 여성과 짝을 이루고 있었고, 이들 사이에 586명의 자녀가 있었다. 이러한 중국인들의 현지 정착과 정착과 동화의 증거로 간주될 수도 있었지만, 백인들은 이를 인종적 오염과 "도덕적 역병"으로 보았다.[26]

따라서 여러 식민지에서 반反중국인 적대의 지역적 윤곽은 오스트레일리아 민족주의라는 일반 담론으로 수렴되었고, 그 중심에는 "백호주의"라는 명령이 있었다. 퀸즐랜드의 계약 유색인 노동력에 대한 비판자들은 기후에 대한 인종 이론을 수정해, 적절한 보상이 있다면 백인들이 열대 지방에서 일할 수 있다고 제안했다. 퀸즐랜드 신문《브리즈번 쿠리어Brisbane Courier》는 이렇게 썼다. "우리는 퀸즐랜드를 남북으로 영국의 식민지로 만들고, 언젠가는 앵글로-오스트레일리아 국가의 일부가 되는 것을 목표로 하고 있다. […] 우리는 우리와 융합되지 않을 노예인종servile race을 원치 않는다."[27]

게다가 노던테리토리와 퀸즐랜드의 중국인 및 여러 아시아인 문제는 뉴사우스웨일스와 빅토리아의 백인들에게 직접적 영향을 준 것으로 보였는데, 이들은 북부의 쿨리 무리가 남하해 온대 지역들로 이주하는 것을 상상했다. 포트다윈 주재 정부 상주관(행정관) 존 파슨스John Parsons는 중국 남부 상인들의 "강력한 신디케이트powerful syndicate"가 다윈으로 "중국인들을 쏟아부을" 준비가 되어 있다고 경고했다. "일단 오스트레일리아의 중심부에 상륙하면" 그들은 "식민지들 전역으로 퍼져나갈 것이다." 뉴사우스웨일스 지사 헨리 파크스는 청이 오스트레일리아에 중국인 "식민지"를 세울 음모를 꾸미고 있다고 썼다.[28]

오스트레일리아 골드러시 시기부터 시작된 중국인의 침입에 대한 두려움은 따라서 복수심으로 다시 떠올랐다. 1850년대에 유럽인들은 중국인들이 대륙(오스트레일리아)에 대한 자신들의 미약한 지배력을 위협할까 봐 두려워했다. 1880년대 후반이 되면 유럽인들은 자유노동과 민주주의를 바탕으로, 성숙하지는 않더라도, 번영하는 사회를 건설했다고 믿었으며, 이러한 가치는 중국인들이 이해할 수 없는 것이라고 믿었다. 실제로 골드러시 시기 이래 오스트레일리아의 중국인들은 기업가로서, 납세자로서, 임금생활자로서 근대적 가치를 수용하는 모습을 보여주었다. 중국인 침입과 관련해, 식민지의 중국인 인구는 여전히 소수였다─1891년 빅토리아에서는 1퍼센트 미만이었고, 퀸즐랜드에서는 5퍼센트에 불과했다. 그러나 정치인들은 중국인들에게서 민족주의적 전망을 구성할 수 있는 인종적 "타자"를 발견했다.[29]

✣

로콩멩(류광민), 루이스 아 무이(레이야메이), 척홍청(장줘슝)은 중국인 이민을 더욱 제한하려는 시도에 반발했다. 이들이 1879년 발간한 팸플릿

《오스트레일리아의 중국인 문제》는 익숙한 주장을 내놓았다. 국제법 및 영국과 중국 사이 조약의 존중, 중국인들이 오스트레일리아 사회에 한 긍정적 기여, 중국인들이 겪은 오랜 학대와 폭력, 정의에 대한 호소 등이었다. 이 텍스트는 두 가지 혁신이 눈에 띈다. 첫째, 로콩멩, 루이스 아 무이, 척홍청은 값싼 아시아인 노동력 문제에 대해 헨리 조지를 반박한 존 스튜어트 밀에 공명해, 아일랜드에서는 일주일에 4실링밖에 벌지 못했으나 빅토리아에서는 다른 농장 일꾼들보다 적은 임금을 받기를 거부한 오스트레일리아의 아일랜드 이민자들과 중국인들을 비교했다.

> 인간의 본성은 전 세계적으로 인간의 본성이다. 중국인들 역시, 본인들이 자신들의 경쟁자들 중에서 가장 많이 움켜잡으려 하면서, 돈을 좋아하고 할 수 있는 한 많은 돈을 벌고 싶어 한다. 얼마 지나지 않아 여기의 우리 동포들도 그렇게 될 것이다. 수천 가지의 인위적 욕구를 만들어낸 사람들과 그 욕구들을 충족시키는 수천 가지의 수단을 만들어낸 사람들 사이에서 살면서, 아시아인들의 지출은 곧 유럽인들의 수준으로 올라갈 것으로, 이들의 습관과 이들의 생활방식이 이들 이웃들의 그것에 근접할 것이기 때문이다.[30]

로콩멩, 루이스 아 무이, 척홍청은 빅토리아 중국인들의 식생활이 "이들의 환경 개선에 비례해 더 값비싸지고 더 풍부해졌다"라고 덧붙였다. 게다가 빅토리아에 정착한 중국인들은 "영국식 살림살이 방식을 따랐고" 유럽인들보다 "덜 관대하거나 덜 친절하지 않았다."[31]
로콩멩, 루이스 아 무이, 척홍청은 아시아인들의 생활수준이 자연스러운—즉 인종적—조건이라는 신화를 반박했다. 실제로, 중국인들의 소비 습관이 변화하는 것에 덧붙여 중국인들의 임금도 일부 경우에는 백인 수준에 근접했으며 특히 노동력이 희소한 지역에서 그러했다. 1860년대 중반 퀸즐랜드 북부에서 글을 쓴 콩싱융은 중국인 양치기들이 높은 임금을 받고 있다고 말했다. 퀸즐랜드 광산에서 일하는 "일련의 일꾼battery hands"은 백인 남성들이 받는 수준의 임금을 요구했다. 백인 가구공들은 중국인들의 "값싼 노동력"과 "쌀 먹는 노예들"에 맞서 지속적인 캠페인을 벌였으나 유럽인 가구공과 중국인 가구공의 임금은 실제로는 서로 같은 수준이었다.[32]

1880년대 후반 반중국인 선동이 커지면서 언론뿐만 아니라 오스트레일리아 식민지 관리들도 미국 모델을 언급하면서 런던 외무부Foreign Office에 중국과 이민 제한을 허용하는 새 조약을 협상할 것을 요청했다. 오스트레일리아인들의 요청은 외교에서 제국의 권위를 인정하고, 영국의 대외 정책은 식민지들을 보호해야 한다는 점을 요구한 것이다. 동시에 이들 오스트레일리아인은 여왕 폐하의 정부가 그것들을 하지 못할 경우 현지 차원에서 행동에 나설 것이라고 위협했다.

그러나 영국은 다른 방향에서도 즉 청 정부로부터도 압력을 받고 있었다. 청은 오스트레일리아뿐만 아니라 캐나다·미합중국·라틴아메리카 등 해외에서 거주하고 일하는 중국인들로부터 불만을 받고 있었고, 해외에서 중국인들에 대한 학대에 점차 민감해졌으며, 이것이 서양제국주의자들에 의한 국가적 치욕의 또 다른 징표라고 믿었다. 중국은 1860년대부터 해외에 외교 공관을 설치하기 시작했는데, 원래는 서양에 대해 직접 배우고 직접적 소통 채널을 구축하려는 것이었으나 점점 더 많은 청 영사가 해외에서 중국인들에 대한 차별 문제에 관여하게 되었다.

중국인 이민자들이 중국 정부 대표에게 직접 호소할 수 있게 된 것은 큰 변화를 가져왔다. 황쭌셴이 1880년대 초반에 청 영사로 샌프란시스코에 주재했을 때 그는 많은 중국인 이민자를 지원했다. 미국 주재 중국 대사들은 록스프링스학살 및 여러 폭동에 대한 배상 문제를 협상했다(샌프란시스코와 록스프링스에 관해서는 제6장의 논의를 보라). 1870년대 후반 청 정부의 런던 주재 영국 공사관 일원 장더이張德彝도 도움을 청하러 오는 중국인들을 도왔다. 일례로 영국 상선에 고용된 7명의 광둥성 출신 중국인 선원과 피지인이 공사관을 찾아와 선장이 괴롭힘을 일삼는 폭군이며, 자신들이 다른 배로 이직하겠다고 요청해도 선장이 임금을 주지 않는다고 불만을 토로한 적이 있었다. 장더이와 그의 동료들은 이들을 대신해 이 일에 개입했다.[33]

광범위한 정책 문제에 관한 청의 외교적 노력은 고르지 않은 결과를 낳았다. 1876년 쿠바와 페루에 파견된 청의 공식 위원회는 계약 중국인 노동자들의 처우를 조사하기 위해 청이 이 두 지역으로의 쿨리무역을 중단하게끔 이끌었다. 1880년에 청은 미국과 벌링게임조약 재협상에 동의했고, 이는 직접적으로 중국인배제법(1882)으로 이어졌으며, 그 여파로, 인종주의적 폭력의 새로운 파고가 일었다. 그러나 청 정부가 미국 사례에서 상황을 묵인했더라도, 영국에 대해서 같은 실수를 저지를 생각은 없었다(벌링게임조약에 관해서는 제6장을 참조하라).[34]

1880년대에 런던 주재 중국 공사관은 상호 존중과 호혜적〔상호적〕특권에 대한 조약의 조항을 위반했다는 이유로 영국 외무부에 캐나다와 오스트레일리아의 중국인 학대에 대해 수차례 외교적 항의를 제기했다. 청은 중국인 학대의 일반적 유형이 있다고 이해했다. 1887년 1월, 최근 그레이트브리튼 주재 청 대사를 지냈고, 지금은 베이징으로 돌아가 총리아문의 관리로 있는 쩡 후작(쩡지쩌曾紀澤, 〔"일등의용후一等毅勇侯" 후작〕)은 〈중국―잠과 깨어남China ― The Sleep and the Awakening〉이라는 글을 런던에서 발행되는《아시아 계간 리뷰Asiatic Quarterly Review》에 게재했다. 글은 이후 여러 저널 중에서도 영향력 있는《중국 기록자와 선교 저널Chinese Recorder and Missionary Journal》(상하이에서 발행된 영문 선교 저널)에 재인쇄되었다. 쩡지쩌 후작은 서양이 국가들의 가족 내에서 중국이 다른 국가들과 동등한 지위가 있다는 것―주권 평등, 인종 평등―과 중국의 지역적 영향권 즉 황제 권력imperial power으로서 중국의 지위를 인정해야 한다는 것을 강력하게 주장했다. 그는 중국의 주권을 침해하는 자국과 서양 열강 사이 불평등조약을 비난하며, 중국은 "현재 10년의 기간이 만료되면 이런 조약들을 폐기할" 것이라고 언명했다. 인종 평등에 대해 그는 아시아 및 태평양의 유럽 식민지들에 살고 있는 중국인들이 현지 사회의 다른 이민자들과 동등한 대우를 받아야 한다는 뜻으로 말했다. 그는 해외에서 중국인들이 받는 대우가 "터무니없는outrageous" 일이라고 여겼다. 그는 중국인들을 "골칫거리scourge"로 만들고 "한족漢族을 제외하고 모든 예속민과 자유민에게 정의justice와 국제예양國際禮讓, international comity이 존재"하는 국가들에서 통과된 법안을 비난했다("국제예양"이란 국가 간에 일반적으로 이루어지는 예의, 호의, 편의 따위에 의하는 관례를 말한다). 제목이 암시하듯이, 쩡지쩌의 글은 서양에 중국이 이른바 역사적 혼란에서 깨어났으며 중국은 더는 중국에 대한 불평등한 대우를 용납하지 않을 것임을 알렸다.[35]

1887년 5월, 쩡지쩌의 글이 발표된 직후 총리아문은 두 명의 흠차관欽差官을 파견해 오스트레일리아 식민지들 내 중국인들의 상황을 조사했다. 두 흠차관 왕룽허王榮和와 전前 일본 주재 청 영사 위충Yu Qiong은 동남아시아 식민지 6곳을 순방하는 일정의 일환으로 오스트레일리아에 도착했다. 이들의 오스트레일리아 순방은 3주 동안 멜버른, 시드니, 브리즈번, 쿡타

운, 포트다윈 등을 둘러보는 일정이었다. 멜버른에서 중국인 상인들은 흠
차관들에게 로콩멩, 루이스 아 무이, 척홍청과 44명이 서명한 장문의 탄
원서를 제출했다. 탄원자들은 자신들의 청 황제에 대한 충성을 자신들
에 대한 청 황제의 보호를 요청하는 근거로 주장했다. 이들은 오스트레
일리아에서 자신들이 당한 수모를 상세하게 설명했는데, 그중에서도 중
국인 인두세人頭稅, Chinese poll tax와 한 식민지에서 다른 식민지로 이동할 경
우의 통행세transit tax 부과와 이에 더해 허가를 받아야 한다는 요건을 들었
다. 이들은 "래리킨들larrikins"(불량배들hoodlums)이 멜버른 거리에서 중국인
"차와 채소 행상들"을 폭행했다고 호소했다. 이들은 흠차관들과의 만남
에서 자신들의 불만을 더 늘어놓았다. 로콩멩은 흠차관 왕룽허와 페낭의
영어학교 한 반 친구로 개인적으로 알고 지냈다는 점에서 둘의 만남은 격
정적 성격을 띠었을 수 있다. 두 코즈모폴리턴cosmopolitas이 영국과 청이라
는 두 제국을 가로지르는 각자의 궤적에 대해 이야기를 나누었을지 궁금
해진다.[36]

순방 기간 내내 흠차관들은 식민지 관리들과의 회의에서, 그리고 언론
과의 인터뷰를 통해, 중국인들에게 부과되는 "혐오스러운 세금"에 대해
거듭해서 이의를 제기했다. 왕룽허는 멜버른의 《아르고스》에 이렇게 설
명했다. "우리는 일반적으로 적용되는 법률에 대해서 반대하려는 것이
아닙니다. 우리의 반대는 다른 사람들이 누리는 자유를 우리에게서 박탈
하는 법률에 관한 것입니다."[37]

빅토리아의 관리들은 중국의 흠차관들을 존중하고 이들에게 편의를
제공하는 등 적절한 외교적 관례에 따라 대했다. 흠차관들은 빅토리아 지
사 헨리 록 경Sir Henry Loch 및 록 여사와 점심을 함께하고, 도시의 명소를
둘러보고, 공장들과 포도주양조장을 방문하고, 공식 손님으로 의회 개회

식에 참석하고, 지사가 자신들을 환영하기 위해 마련한 호화로운 연회를 즐겼다. 멜버른의 언론은, 만다린 관리들의 위상에 감명받아, 이들의 일거수일투족을 보도했다.[38]

　그러나 긴장감이 수면 아래에서 감돌았다. 연회에서 빅토리아 대법원장 조지 히긴보덤George Higinbotham은 "우리의 친애하는 여왕의 좋은 맹우盟友"인 청 황제를 위해 잔을 들고 건배로 흠차관들을 환영하면서도, "빅토리아 의회는 식민지로 흘러드는 이민자들의 과도한 유입을 막아야 할 수도 있습니다"라고 덧붙이지 않을 수 없었다. 하지만 그는 청 흠차관들에게 빅토리아는 "이곳에 거주하기에 적절하다고 판단되는 사람들에 대해서는 언제나 가장 엄격한 정의를 가지고 행동할 것"이라고 약속했다. 공식 연회에 주빈主賓으로 참석한 외국 고위 인사들에게 이런 식으로 말하는 것은 외교적 예의를 무례하게 위반하는 것이었다. 물론 히긴보덤의 확약은 거짓이었다.[39]

　흠차관들이 총리아문에 제출한 보고서는 중국인들이 오스트레일리아 식민지들에서 겪은 차별을 상세하고 말하고 있다. 보고서는 또한 오스트레일리아에 중국 영사를 파견할 것을 권고했다. 총리아문은 이 보고서를 런던 주재 청국 공사 류루이펀劉瑞芬에게 보냈고, 그는 오스트레일리아 중국인들이 받는 차별에 대해 외무부에 공식적으로 항의했다. 이에 대해 영국 총리는 식민부에 이 문제에 관해 조사할 것을 요청했다. 이것은 중국-오스트레일리아 사이의 사안들이 베이징과 런던을 통해 처리되는 표준적 절차였다. 그리고 물론 아무 성과도 없었으니, 특히 영국 정부가 점점 더 화해할 수 없는 두 세력 즉 정착민식민지들의 요구와 중국과의 제국적 관계 및 상업적 이해관계 사이에 끼여 있었기 때문이다.[40]

제7장 황색 고통　303

❖

오스트레일리아에서의 갈등은 1888년 멜버른과 시드니의 관리들이 대중적 선동을 등에 업고, 영국 귀화 서류를 소지한 중국인 60여 명을 포함해, 홍콩에서 아프간Afghan호를 타고 도착한 중국인 승객 268명의 하선을 불허하면서 절정에 달했다. 이 위기는 런던의 영국 관리들을 마비시켰으며, 아프간호가 새로운 중국인들의 "침입"의 최전선을 대변한다는 히스테리가 멜버른·시드니·브리즈번을 휩쓸었다. 척홍청은 중국 상인들의 위원회를 이끌고 아프간호사건을 둘러싼 선동에 항의하며 빅토리아 지사 던컨 길리스Duncan Gillies를 만나려 했으나 계속 거절당했다.[41]

척홍청은 대중 강연을 하고 이를 출판했다. 그는 오스트레일리아가 "현재 선동의 씨와 날warp and woof을 이루는 이기심selfishness, 편견prejudice, 가짜sham"에 뿌리를 둔 파렴치한 캠페인을 벌이고 있다고 비난했다. 그는 이렇게 질문했다. "다른 문명화된 민족에 부여된 공통의 인권이 우리에게는 부정되는 것이 있을 수 있는 일인가? 중국인 인종의 남녀가 허가 없이 식민지들을 구분하는 경계를 넘어서 이동하는 것이 징역형으로 처벌할 범죄가 되는가?"[42]

척홍청과 그의 동료들은 청 외교관들의 관점을 반영해 세계무대에서 중국과 중국인들의 권리에 관한 수사修辭, rhetoric를 구성하고 있었다. 척홍청은 중국의 깨어남이라는 쩡지저의 단언에 공명했다. "대국으로서 중국의 존재와 힘이 이들 바다에서 느껴질 때가, 그런 시기가 올 수 있고, 아니 십중팔구 예상보다 더 빨리 올 것이며, 그리고 이것이 선을 위한 것인지 악을 위한 것인지는 현명한 사람들이든 그 반대이든 간에 당신에게 달려 있다."[43]

빅토리아는 아프간호를 격리하고 승객들의 여행 문서가 위조되었다고 공표하며 아프간호 중국인들의 입국을 금지했다. 아프간호는 이후 시드니로 향했고, 여기서도 당국은 중국인들의 입국을 거부했으니 뉴사우스웨일스 의회 앞에서 "중국인들은 꺼져라Out with the Chinamen"라고 외치는 5000명의 시위대에 의해 자극받은 것이었다. 사우스오스트레일리아 역시 아프간호의 입항을 거부할 것이라고 약속했다. 이들 오스트레일리아의 3개 식민지(빅토리아, 뉴사우스웨일스, 사우스오스트레일리아)가 아프간호 중국인들의 입국을 거부하겠다고 언명하면서 오스트레일리아의 중국인 문제는 식민지 간 정치의 중심 무대가 되었다.[44]

이 위기를 틈타 지사 헨리 파크스는 뉴사우스웨일스 의회를 통해 중국인들에 대해 인두세와 거주세를 기하급수적으로 인상하는 법안을 서둘러 통과시켰으며, 뉴사우스웨일스는 그 이전에 발급된 것을 포함해 귀화 서류를 더는 인정하지 않을 것이라고 선언했다. 파크스는 이 법을 소급 적용했고, 법은 아프간호 승객들에게 적용되었다. 그러나 이는 완전한 승리가 아니었다. 법원이 중국인들의 인신 보호 소송사건을 심리해서는 이들의 하선을 명령했기 때문이다. 이후 아프간호는 남은 승객들과 함께 홍콩으로 돌아갔다.[45]

아프간호 사건은 불안한 문제를 제기했다. 배에 탑승한 중국인 승객들이 화물 하역을 방해하자 오스트레일리아가 상품은 환영하면서 사람은 거부할 수 있다는 생각이 드러난 것이었다. 단순히 사업상의 계산에 따르면, 홍콩의 해운업자들은 그동안 승객 요금이 화물 운송료를 낮추었기 때문에 이제 오스트레일리아와의 교역이 끝났다고 여겼다. 런던의 관리들은 이주를 교역으로부터 분리하는 방법, 즉 아시아에서 오스트레일리아의 더 광범위한 상업적 이익을 보호하면서 이민 제한에 대한 오스트레일

리아인들의 요구를 어떻게 수용할 수 있을지를 두고 골머리를 썩이고 있었다.[46]

아프간호 위기는 오스트레일리아 식민지들의 연방으로의 움직임을 가속화하기도 했다. 뉴사우스웨일스 지사 헨리 파크스는 아시아 및 영국제국 내에서 오스트레일리아의 입지를 강화하는 전략으로 연방을 오랫동안 지지해왔다. 중국인 문제는 대중을 결집하고 서로 갈리는 식민지 간 이해관계를 보다 긴밀하게 조율하는 인종적 긴급성racial urgency을 제공했다. 1888년 6월에 시드니에서 열린 식민지 간 회의는 중국인 이민에 대한 일률적 제한의 필요성을 논의했다. 많은 것이 그 결과에 달려 있었다. 남부 식민지들은 식민지 간 회의가 열대 식민지들을 확고히 이민 제한의 편으로 끌어들이고 런던에 연합전선을 제시하기를 바랐다. 영국 식민부는 식민지 간 회의가 새 조약의 기초로서 청에 취하기에 충분히 합리적인—또는 최소한 기존의 식민지 정책들만큼 불쾌하지는 않은— 의제를 도출하기를 바랐다. 런던은 식민지들에 책임감 있는 제국의 파트너로서 행동해줄 것을 요청했으며 "회의가 실현가능한 한 중국 정부의 민감성을 조정하려 노력할 것"이라는 희망을 표명했다.[47]

이 식민지 간 회의는 이민 제한이 제국주의 외교와, 통일된 식민지 입법을 통해 동시에 확보되어야 한다는 데 동의했다. 그러나 모든 결의안이 만장일치의 지지를 받은 것은 아니었다. 태즈메이니아Tasmania섬과 웨스턴오스트레일리아는 배제를 지지하는 일반 성명서와, 인가받지 않은 식민지 간 이동의 지속적 범죄화 및 더 엄격한 해운 규제를 포함한 구체적 입법 모델에 대해 투표를 기권했다. 태즈메이니아는 식민 본국(영국) 정부의 권위를 노골적으로 무시하고 영국 신민인 중국인들을 차별하는 것에 대해 주저했다. 웨스턴오스트레일리아가 식민지 간 회의에서 결의안 지지에 몸을 사린 것은, 비록 웨스턴오스트레일리아가 1886년 칼구리 Kalgoorie에서 발견된 거대한 금광지들에서 중국인들의 채굴을 금지하긴 했어도, 이 지역이 북부 해양 산업에서 아시아인 노동력을 사용했기 때문이다. 사우스오스트레일리아는 식민지들 사이의 단결이라는 점에서 모든 점에 동의했지만, 사우스오스트레일리아는 이민 제한이 중국인들에게만 적용되어야 하고 사우스오스트레일리아가 관할하는 노던테리토리에서 계속 채굴해온 인도인들이나 태평양 섬주민들에게는 적용되지 않아야 한다고 주장했다. 회의에서는 만장일치를 얻지는 못했어도 완전한 백호주의 정책을 위한 추가 협상의 토대가 마련되었다.[48]

1891년 영국 빅토리아 여왕의 공식 자문기관인 추밀원樞密院, Privy Council은 아시아인 제한에 대해 식민지들에 더 광범위한 재량권을 용인해 외국인들이 영국 영토에 입국할 법적 권리가 없다고 판결했다. 이 판결은 영국의 신민인 홍콩이나 싱가포르의 중국인들을 포괄하지는 않았으나 식민지들이 현지의 입법을 통해 중국인 이민을 제한하는 것을 승인했다.[49]

한편, 백호주의에 대한 요구는 끈질긴 데다 심지어 비이성적이기까지 했다. 유럽의 노동계는 멜버른 조합협의회에 가입하기를 원하는 노동자들의 조합이 내놓은 제의들을 거부했다. 그리고 백인 가구공들은 파업 중인 양털 깎는 사람들에게 중국인 조합이 연대해 제공한 기부금을 돌려주도록 했다. 비백인은 퀸즐랜드 인구의 5퍼센트에 불과했으나 퀸즐랜드 브리즈번의 월간지 《워커Worker》는 "퀸즐랜드 자본주의"가 "퀸즐랜드와 오스트레일리아를 가능한 한 피지Fiji나 힌도스탄Hindostan〔힌두스탄Hindustan, 인도 북부지방〕처럼 만들려" 결심했다고 경고했다. 빅토리아는 1896년 세계 최초로 최저 임금법을 도입해 착취노동〔저임금노동〕sweated labor의 폐해에 내응했다. 이 법의 제안자들은 "보호"라는 표현으로 이 법을 주장했으니, 노동을 자본으로부터뿐 아니라 중국인 이민노동자들로부터 보호하는 것을 말했다. 오스트레일리아 정치에서 노동(계)의 힘은 공통의 인종적 이해관계를 공유함으로써 경제적으로 우위에 있다는 점에 대한 호소에 오랫동안 달려 있게 될 것이었다. 이것은 향후 수십 년 동안 다른 영국의 정착민식민지들의 노동(계)에 친노동/반이민 국가통제주의statism〔사회적, 경제적 등의 문제를 중앙정부가 통제하는 정치체제〕의 전형적 모델로 작용할 것이다.[50]

1890년대 후반, 식민지 간 연방 협상이 진행되면서 오스트레일리아에서 중국인 문제는 주목을 끌지 못했다. 백인계 오스트레일리아인들은 합의가 이미 이루어졌다고 상정했다. 그리고 1901년 오스트레일리아연방이 성립되었을 때도 중국인 배제에 관해 공개적 논의는 별로 없었다. 물론 그것은 오스트레일리아 민족주의에 대한 호소 안에 내포되어 있었으나, 공개 기념행사에서는 인종이 아니라 "하나의 깃발, 하나의 희망, 하나의 운명one flag, one hope, and one destiny"에 대한 이야기만 있었다. 현지 중국인들은 연방 환영 행사에 초대받아 참여했으며, 2만 명에 달하는 중국인은 행진을 하고 행렬을 지었고, 각자의 지역사회에 축하 아치를 세웠다. 모든 중국인이 그렇게 낙관적인 것은 아니었다. 시드니의《차이니스 오스트레일리안 해럴드Chinese Australian Herald》는 이렇게 썼다. "본지는 영국 정부가 이미 이민을 제한하는 것을 동의한 상황에서 […] 도대체 왜 중국인들이 영국 정부를 기리는 기념행사를 열어야 하는지 알고자 한다." 역사학자 존 피츠제럴드John Fitzgerald는 중국계 오스트레일리아인들이 연방의 민족주의적 측면보다 그것의 제국적 측면—어쨌거나 오스트레일리아의 중국인들을 보호하는 것은 영국-중국 조약이었다—에 공감했을 수도 있고, 혹은 더 심층적으로는, 중국계 오스트레일리아인들이 평등의 원칙 위에 세워진 국가에서 자신들의 위치를 요구하고 있었을 수도 있다고 주장한다.[51]

의회가 새 회기를 시작하게 되었을 때, 오스트레일리아의 평등은 인종 평등을 포함하지 않는다는 것이 분명해졌다. 1901년의 이민제한법 Immigration Restriction Act of 1901은 중국인들에 대한 제한적 식민지 정책을 지속했으며, 유럽 언어로 된 50단어 받아쓰기 이민 시험을 부가해 아시아인과 비백인을 이민에서 배제하는 것을 목표로 하는 새로운 정책을 추가했다. 일부 중국인은 이 받아쓰기를 중국인 노동력에 대한 금지라고 해석했다. "생계를 위해 해외로 나가는 중국인 노동자 대부분은 […] 절대로 학자가 될 수 없다. 이제 우리는 외국인들이 얼마나 우리 중국인 노동자들을 경멸하고 혐오하는지를 알게 되었다!"라고 "화궁난쭤Huagong Nanzuo"는 항저우의 한 신문에 썼다. 이 이름은 가명으로, "중국인 노동자가 되기 어렵다"는 뜻이다.[52] ("Huagong Nanzuo"는 "華工難做(화공난주)"이며 여기서 "화공"은 일반적으로 "청 말에 노동계약을 맺고 외국으로 일하러 나간 노동자들"을 말한다. "항저우의 한 신문"은 《항저우백화보杭州白話報》다.)

이 정책은 광범위하게 배제적인 것으로 노동자들만 아니라 모든 중국인을 대상으로 했다. 싱가포르 주재 중국 영사로 오스트레일리아를 담당한 뤄중야오羅忠堯는 "새 규제는 이미 타오르는 불길에 연료를 더하는 것에 다름 아니다"라고 보고하며 중국과 오스트레일리아를 서로 오갈 수 없게 되면 오스트레일리아의 중국인 사업은 망할 것이라고 지적했다. 그는 중국인 인구가 다윈에서는 75퍼센트가, 퀸즐랜드와 뉴사우스웨일스에서는 절반 이상이 줄었다고 언급했다.[53]

이민법에 이어 오스트레일리아연방 의회는 최북단에서 유색인 노동력을 대량 추방 할 것을 명령하는 태평양섬주민노동자법Pacific Island Labourers Act(1901)과 오스트레일리아참정권법Australian Franchise Act(1902)을 통과시켰으며, 후자는 모든 백인 여성에게 투표권을 부여했으나 애버리지니들은 참정권에서 배제되었고(이전에 법이 제정된 빅토리아와 뉴사우스웨일스는 제외), "뉴질랜드를 제외한 아시아, 아프리카 또는 태평양 섬 출신들"에게는 정치적 제諸권리를 거부했다. 거의 틀림없이 당시 세계에서 가장 진보적이었을 사회복지와 노동 입법은 오스트레일리아에서 태어나지 않은 "아시아인들"과 오스트레일리아, 아프리카, 태평양 섬들의 "원주민 토박이들Aboriginal natives"을 배제하는 것이었다.[54]

미합중국에서 중국인 배제법 통과가 실제로 중국인에 대한 인종주의적 공격을 더 부추긴 것처럼, 오스트레일리아연방의 1901년 이민제한법도 중국인에 대한 괴롭힘을 종식시키지 못했다. 법이 통과된 이후 백인계 오스트레일리아인들은 지속적으로 "황색 고통yellow agony"에 적대적 선동을 했다. 그 후 몇 년 동안 "장어처럼 미끄러운" 중국인들이 이 법을 위반하면서 웨스턴오스트레일리아와 노던테리토리에 상륙하고 있다는 불만이 제기되었다. 북부의 진주조개 산업에서 중국인 및 여타의 아시아인을 배제하라는 요구가 있었다. 시드니의 노동협의회Labor Council 및 반중국인 아시아인연맹Anti-Chinese and Asiatic League과 웨스턴오스트레일리아의 백인 농장주들은 가구 직종과 상품용 채소 재배 부문의 중국인 노동자들에 대한 반대 운동을 벌였다. 반중국인 요구는 중국 제품에 특정의 브랜드 표시를 하는 것에서부터 중국인들의 일요일 근무 금지, 중국인들의 일체의 교역 및 사업 금지에 이르기까지 다양했다.[55]

도박과 비위생적 채소가게들에 대한 경찰의 급습과 체포가 시드니와 퍼스Perth에서 일어났다. 중국인들은 때때로 경찰의 급습에 물리적으로 저항하고, 대중 집회를 소집해서는 "우리의 목을 자르려는" 것을 목표 삼은 법률에 이의를 제기하겠다고 언명했다. 웨스턴오스트레일리아 퍼스에서 가구공장을 운영하며 중국인들 사이에 기독교 지도자로 활동하는 중훙제Zhong Hongjie는 중국인들의 오스트레일리아에 대한 기여를 옹호하며, 중국인들이 숲을 개간하고 관개수로를 파서 플랜테이션들을 건설한 것에 대해 언급했다. 그는 중국인들에게 일과 교역을 금지하려는 시도에 맞서 서로 단결할 것을 촉구했다. 그는 순진하게도 여전히 백호주의 정책은 "세계의 모든 나라가 이제 자유로운 교통과 평화로운 교역을 하고 있기" 때문에 유지되기 어려울 것이라는 희망을 품고 있었다.[56]

모든 중국인 노동력과 사업체를 금지하는 가장 극단적인 제안은 통과되지 못했다. 그러나 중국계 오스트레일리아인들은 자신들을 차별하고 배제하려는 지속적 시도에 계속 위축되었다. 이들은 오스트레일리아에 영사를 주재시키기 위해 로비를 했으며 마침내 1901년에 1명이 파견되었으나, 최소한 3명의 오스트레일리아 주재 중국 영사가 중국인들에 대한 처우에 절망하면서 부임 첫 3년 이내에 영사직을 그만두었다. 1905년에 오스트레일리아 연방의회는 1901년의 이민제한법을 더욱 제한적인 방향으로 수정해, 이민 대상자들에 대한 받아쓰기 시험을 유럽 언어로 치러야 한다는 요건을 "규정된 언어any prescribed language"로 바꾸고, 아시아계 오스트레일리아인들의 아내를 오스트레일리아에 이민할 수 있도록 허용하는 조항을 무효로 했다.[57]

✤

백호주의는 그레이트브리튼의 백인 정착민식민지들 사이에서 자신들의 인종적 특권을 소중히 여기는 더 큰 경향의 일부였다. 영연방자치령들은 또한 앵글족에 뿌리를 둔 또 다른 백인 정착민식민지(실제로는 영국 최초의)이자 또 다른 백인들의 나라인 미합중국(특히 미국 서부)과의 친족관계〔동류의식〕kinship를 상상했다. 이러한 친밀감은 새삼스러운 것이 아니었다. 1868년 앵글로-색슨족 승리주의자Anglo-Saxon triumphalist 찰스 딜크Charles Dilke는 자신의 그레이터브리튼Greater Britain이라는 개념 안에 미국을 포괄했다. 역사학자 제임스 벨리치James Belich는 "인종주의적이면서도 초국가적이고, 배타적이면서도 포용적인 더 광범위한 앵글족의 집합적 정체성collective identity"을 설명한다. 그러나 "그것은 일관된 대중의 표지標識, folk label를 결여했다—〔"일관된 대중의 표지"로〕'진짜 백인 남성들real white men'이 가장 가까웠을 수도 있다."[58]

　미합중국과 영연방자치령들 모두에서 반反쿨리주의는 계급, 국가, 제국이라는 정체성의 토대가 되었다. 미국과 오스트레일리아의 노동자계급은 인종에 의해 경계를 짓는 정체성과 이해관계를 만들어냈고, 그 경계들은 반쿨리주의라는 칼날에 의해 더 분명해졌다. 그것은 결과적으로, 인종 관리라는 더 광범위한 국내 의제와 태평양 세계에서 백인 남성들의 국가들로서 입지를 갖는, 그들 각각의 국가정체성에 대한 지분을 주었다.

제3부

식민지들에서 아시아인의 위협

그렇게 해서, 천 개의 입이 계속 아우성치고 있다.

만 개의 눈, 눈부시게, 증오로 불타고 있다.

서명하는 이름들, […] 자신들의 지배자들에게 재고해줄 것을 간청
    한다.

갑자기 추방 명령이 내려지면,

이것이 우리의 조약들을 위반하는 것일까 두렵지만.

— 황쭌셴, 〈이민자들의 추방〉

아프리카 남부, 1905년경

트란스발과 비트바테르스란트

지도: Cailin Hong

제8장

지구상에서 가장 부유한 곳

1904년 6월 18일 한겨울 새벽 3시, 트위드데일Tweeddale호가 남아프리카 더반Durban에 입항했다. 트위드데일호는 중국인 남성 1049명을 태우고 홍콩에서 약 1만 2000마일(1만 9300킬로미터)을 이동해왔고, 이들은 영국 식민지 트란스발Transvaal의 비트바테르스란트Witwatersrand 금광 광산들에서 일하기로 계약한 사람들이었다. 선장은 한 달간 계속된 항행 동안 악천후는 없었으나 승객 중 40명이 각기병脚氣病, beriberi—비타민B 결핍으로 인한 쇠약성질환debilitating disease—에 걸렸으며, 그중 3명이 항해 중 죽었다고 보고했다. 배가 도착하자마자 당국은 병자들은 본국으로 송환하고, 남은 승객들은 최근 남아프리카전쟁South African War에 사용되었던 옛 영국의 강제수용소인 제이컵스캠프Jacob's Camp라는 인근 창고로 이송했다. 이후 3일 동안 트란스발의 외국인노동부Foreign Labor Department, FLD 관리들은 창고에서 중국인 노동자들을 등록하고, 검사하고, 그들의 사진을 찍고, 지문을 채취했다. 각 노동자는 번호가 찍힌 청동 식별표tag를 받았다. 시

끌벅적한 일단의 구경꾼과 신문기자가 남아프리카의 최신 노동 실험을 살짝이라도 볼 수 있기를 바라며 수용소 정문 밖에 몰려들었다.[1] ("남아프리카전쟁"은 영국이 남아프리카의 금과 다이아몬드를 획득하려 보어인(남아프리카에 정착한 네덜란드계 백인)이 건설한 트란스발공화국과 오렌지자유국을 침략해 벌어진 전쟁(1899. 10~1902. 5)이다. 영국이 승리해 보어인 두 나라는 영국령이 되었다. 제2차 보어전쟁Second Boer War/Tweede Vryheidsoorlog.)

창고로 이송된 중국인 노동자들은 3개 그룹으로 나뉘어 더반을 떠났고, 밖에서 문을 걸어 잠근 3등 객차를 타고 이동했다. 이들은 한 객차에 60명씩 탔다. 이들은 트란스발로 가는 동안 각자 담요 하나, 차 한 캔, 가벼운 식사 세 끼를 제공받았으며, 여정은 "보통우편 속도ordinary mail sped"로 이동해 27시간이 걸렸다. 비트바테르스란트에 도착하자마자, 기차는 요하네스버그Johannesburg 동쪽의 뉴코멧마이닝컴퍼니New Comet Mining Company 부지 바로 옆에 정차했고 노동자들은 거기서 하차했다.[2]

뉴코멧마이닝컴퍼니의 관리자들 및 직원들 외에도 얼마간의 유명 인사가 중국인들을 환영하기 위해 나와 있었을 것으로 보인다. 트란스발 외국인노동부 감독관superintendent 윌리엄 에번스William Evans, 뉴코멧의 모회사 이스트란트프로프라이어터리마인스East Rand Proprietary Mines, ERPM의 사장이자 트란스발 광산회의소Chamber of Mines 의장 조지 파라 경Sir George Farrar, 미국의 채굴기술자 윌리엄 호놀드William Honnold 등이다. 에번스는 영국의 해협식민지(말레이시아)에서 공무원으로 20년간 근무한 바 있다. 남아프리카에서 그가 맡은 일은 중국인 광산노동자들의 모집, 배치, 처우 등을 감독하는 것이었다.[3]

조지 파라는 란트(비트바테르스란트) 지역 최초의 채굴 자본가 중 한 사람이자 란트 지역 최대 거물의 하나로 란트 총 채굴 생산량의 4분의 1을 통제했다. 그는 남아프리카전쟁에서 복무한 공로로 기사작위를 받았으며, 채굴업자들의 정치 지도자였다. 트위드데일호의 중국인 노동자들이 파라의 회사에 배정된 것은 그가 계약노동력 프로그램을 수립하려 1년에 걸쳐 힘들게 정치 캠페인을 주도한 것에 대한 보상이었다.[4]

윌리엄 호놀드는 트란스발 광산회의소의 자문consultant이었다. 그는 톈진天津·런던·트란스발에서 채굴 및 금융 관련 연줄이 있는 오랜 동료이자 동료 기술자 허버트 후버Herbert Hoover(장래의 미국 대통령)와 협력해 란트 지역 중국인 노동자 모집의 상당 부분을 주선했다.[5]

또한 ERPM의 중국인 고문adviser이자 타운의 소규모 중국인 상인 공동체에 봉사하는 회관會館〔후이관〕인 요하네스버그 광둥클럽Cantonese Club의 전 서기 셰쯔슈謝子修도 중국인들을 환영하는 자리에 참석했을 것으로 보인다. 셰쯔슈는 시드니에서 부유한 광둥 상인의 아들로 태어났으며, 1887년에 홍콩으로 이주했다. 아마 오스트레일리아에서 반反중국인 적대감이 고조된 데 대한 대응이었을 것이다. 홍콩에서 그는 피아노 조율사로 일했다. 아버지 및 형과 함께 셰쯔슈는 쑨얏센Sun Yatsen〔쑨이셴孫逸仙, 곧 쑨원孫文〕의 동맹자로 홍콩의 반청反淸 활동에 적극적이었으며, 셰쯔슈와 그의 형은 쑨얏센이 광둥성을 점령하려다 실패한 1902년 봉기에 참여하기도 했다.

셰쯔슈는 1903년 남아프리카로 이주했는데, 그곳은 중국계 오스트레일리아인 로콩멩(류광밍)의 가족이 개척한 인도양-동남아시아 교역망의 서쪽 끝에 있는 중국인 이민자 전초기지였다. 셰쯔슈는 10월에 요하네스버그에 도착했다. 중국인 노동력 프로그램에 대해 들은 그는 식민지 정부에 자신이 통역자 및 연락책으로 일하겠다고 제안했다. 조지 파라는 그를 ERPM의 중국인 고문으로, 나중에는 주로 유럽인들이 맡는 관리직인 뉴

코멧마이닝컴퍼니의 중국인 노동자 통제관controller으로 고용했다.[6]

그 후 몇 년 동안, 자신들의 서로 다른 관점에서, 이 중국인 남성들은 란트에서 중국인 노동력 실험에 수반되는 무수한 도전 및 갈등과 싸울 것이었다. 트위드데일호는 1904년에서 1907년 사이에 총 6만 3296명의 중국인 노동자를 남아프리카로 데려온 34척의 배 중 첫 번째 배였다. 이 중국인 노동자들은 국가가 후원하는 계약에 따라 란트 지역 최대 규모의 회사들을 포함한 55개 금광에서 일했으며, 대개는 심층의 갱내수갱坑內堅坑, underground shaft들과 갱도tunnel들이었다. 이것은 트란스발 광산회의소가 수행한 대담한 실험으로 금광을 남아프리카전쟁 이전의 생산량 수준으로 회복하고, 더 심층이어도 새 광맥들을 찾아내기 위한 것이었다.

이 프로그램은 물류적으로나 정치적으로나 실행하기가 극도로 어려운 일임이 드러났다. 윌리엄 에번스의 낙관적인 첫 보고서―뉴코멧마이닝컴퍼니의 남성들은 "일은 힘들지만, 그들은 그것을 해낼 수 있을 것"임을 알게 되었다―에도 불구하고, 중국인 노동력 프로그램은 노동자들과 이들의 감독자들 사이, 광산 관리자들과 트란스발 외국인노동부 사이, 트란스발 외국인노동부와 런던의 식민부 사이, 현지 아프리카너Afrikaner(남아프리카에 살고 있는 네덜란드계 백인)들과 영국 식민지 정부 사이, 영국의 보수당Conservative Party과 자유당Liberal Party 사이, 청 외교관들과 영국 외무부 사이에 논란과 갈등을 끊임없이 불러일으켰다. 남아프리카의 중국인 노동력 프로그램은 현지 언론과 중국·영국·오스트레일리아·뉴질랜드 언론에서 떠들썩하게 보도되었다. 갈등은 모두, 어떤 식으로든, 다음과 같은 중국인 문제의 최근 되풀이를 중심 주제로 했다. 영국제국의 백인 정착민식민지들에서 중국인 노동력의 적절한 역할 및 대우는 무엇이었나?[7]

란트 지역의 중국인 문제는 인간적 비용과 정치적 비용으로 따져볼 수 있다. 란트의 중국인 노동자 3192명이 질병 및 업무 관련 질환으로 사망했고, 1만 9530명이 작업을 거부하고, 폭동을 일으키고, 작업행동work action을 계획하고, 수용소compound〔울타리 쳐진 노동자 주택지구〕들을 탈주함으로써 자신들의 불만을 드러냈다. 이러한 행동에 참여한 중국인 노동자 45명이 10년 이상의 징역형을 선고받거나, 처형당하거나, 소란 중에 총에 맞아 사망했다.[8]

영국 본국과 식민지 모두에서 선거 격변이 있어났고, 그곳들에서 중국인 문제가 당파적 목적에 극적으로 한몫했다. 영국에서는 자유당이 1906년에 란트에서 "중국인 노예제"에 대한 노동자계급 및 중간계급의 반대를 자극하면서 거의 20년 동안 연속된 보수당의 지배를 종식시켰다. 트란스발에서 중국인 문제는 1907년에 책임(자치)정부를 선출하는 첫 선거들에서 자극적 쟁점으로 떠올랐으며, 전前 보어인 특공대원 루이 보타Louis Botha와 얀 스뮈츠Jan Smuts가 이끈, 선거에서 승리한 아프리카너 민족주의 정당 헤트폴크Het Volk〔네덜란드어로 "인민People"〕가 중국인 문제를 가장 유용하게 써먹었다. 새로 구성된 의회는 즉각 중국인 노동력 프로그램을 종료했고, 식민지 내 모든 아시아인에게 차별적 제한을 가하기 시작했다.

⁂

비트바테르스란트는 남아프리카 북동부의 하이펠트highveld〔트란스발의 고원 지역〕에서 해발 6000피트〔1800킬로미터〕까지 솟아 있다. 많은 폭포가 그 북면을 따라 내려간다. 이 이름 비트바테르스란트는 아프리칸스Afrikaans어로 "하얀 물의 바위투성이 산등선rocky ridge of white waters"이라는 뜻이다〔"아프리칸스어"는 인도-유럽어족 게르만어파 서게르만어군의 언어로 17세기에 남아프리카가 네덜란드의 식민지가 되었을 때 들어온 네덜란드어가 현지어의 영향을 받아 독자적으로 발전한, 현재 남아프리카공화국의 공용어다. "white water"는 폭포수나 급류 따위에 의해 하얗게 거품이 이는 물을 말한다]. 비트바테르스란트는 동서로 60마일[95킬로미터]을 가로지르며 대서양과 인도양 사이 아대륙에서 분수령을 형성한다. 츠와나Tswana어 사용자들[남아프리카 반투계의 츠와나족]은 이곳이 자신들이 기원한 곳이라고 주장한다. 케이프식민지Cape Colony 동부에서 온 네덜란드계 농민들은 1840년대 초반부터 이곳에 정착했으며, 동쪽으로 밀고 내려오면서 선주민들과 충돌했고 아프리카인들의 토지와 가축을 약탈했다["케이프식민지"는 1652년 네덜란드동인도회사에 의해 세워진 식민지로, 이후 1814년에 영국 식민지가 되었다]. 1852~1854년, 남아프리카 내륙에서도 영유권을 주장하던 영국인들은 발강Vaal River과 오렌지강Orange River 이북의 정착민들에게 자치권을 인정했다. 네덜란드계 아프리카너(또는 네덜란드어로 농민을 뜻하는 보어인)들은 두 개의 독립 공화국 즉 남아프리카공화국South African Republic([네덜란드어] Zuid-Afrikaansche Republiek, ZAR, 트란스발공화국Transvaal Republic)과 오렌지자유국Orange Free State을 선언했다[지금의 "남아프리카공화국"의 영문명은 "Republic of South Africa"이다]. 이들은 차례로 아프리카인들과 전쟁을 벌이고, 그들 사이의 분열을 이용해 토지를 계속 점령하고, 아프리카인 농민들로부터 지대와 노동력을 강제로 요구했다. 영국에 대한 적대감에도 불구하고 ZAR은 1879년 영국군이 인근 나탈Natal에서 페디Pedi족과 줄루Zulu족을 무찌른 것에서 이득을 보았다.[9]

ZAR/트란스발의 동학動學은 19세기 후반 이 지역에서 일어난 여러 정치적 전환의 일부였다. 1910년 남아프리카연방Union of South Africa이라는 연방체를 구성하기 이전에 "남아프리카"는 단일한 정치적 정체성 혹은 단일한 국가가 아니었다. 이 아대륙은 다양한 아프리카인의 영토와 에스니시티ethnicity, 영국 식민지, 보어인 공화국으로 구성되어 있었다. 유럽인 정착민국가settler state들의 속성과 성장은 선주민 정복의 과정과 속도 그리고 선주민 토지와 노동의 전유專有, appropriation에 따라 다양했다. 토착민 인구에는 대규모 왕국들, 더 작은 규모의 정치체들, 그리고 유럽인들에 의해서뿐 아니라 이런저런 아프리카인들에 의해서 추방된 아프리카인들을 포함했다. "인종"이라는 문제 ― 이론으로서, 정체성으로서, 정책으로서 ― 는 진화하고 있었고, 백인, 흑인, "유색인"(혼혈인종mixedrace), 19세기 후반 나탈에 계약 설탕 플랜테이션 노동자로 끌려온, 인도인 사이의 관계만이 아니라 유럽 내 차이와도 관련되었다.[10]

1867년에 케이프식민지 북부에서 다이아몬드가 발견되고, 1870년대와 1880년대에 ZAR에서 금이 발견되면서 산업화, 도시화, 유입 이민이 촉진되었다. "광물 혁명mineral revolution"은 세실 로즈Cecil Rhodes와 조지 파라 같은 채굴자본가mining capitalist라는 전에 없던 계급에 엄청난 부와 정치 권력을 가져다주었으며, 백인과 아프리카인 모두에게서 임금 소득 계급의 성장을 불러왔다. 광물 혁명은 이 지역을 자신들의 통제하에 두려는 영국제국주의의 시도를 가속화했다. 그러나 그 과정과 결과 모두 미리 정해진 것이 아니었다. 유럽인들은 오스트레일리아처럼 남아프리카를 "백인의 나라"로 만들려고 했으나 남아프리카에서 그 과정은 좀 더 복잡했다. 백인들은 다양한 이해관계로 나뉘어 있었고 아프리카인들과 견주어 수적으로 압도적 열세에 있었다. 토착민 문제Native Question ― 다수자인 흑인들을 백인들이 어떻게 통제하고 착취할 수 있는가 하는 문제 ― 가 중국인 문제를 포함해 모든 남아프리카 정치에 영향을 끼쳤다.

ZAR의 첫 번째 골드러시는 동부 트란스발의 바버틴Barberton에서 일어났다. 여기에 영국, 캘리포니아, 오스트레일리아에서뿐 아니라 케이프식민지와 나탈에서 약 1000명의 채굴자가 모여들었다. 금 찾는 사람들은 금이 시골의 계곡과 협곡의 거의 모든 개울stream에 있다는 것을 알게 되었다. 그러나 충적층은 금세 고갈되었다.[11]

탐광자들은 오랫동안 바버틴 서쪽 약 200마일 지점 비트바테르스란트의 노두路頭, outcrop들—지표면 위로 노출된 지하 암석—에 주목했으나, 주요 광맥은 1886년에야 확인되었다. 그러나 이를 채굴하는 데는 장애물이 있었다. 그 금은 네덜란드 캔디candy(일종의 페이스트리)의 이름을 따서 뱅켓banket이라고 불리는 실리카silica로 만들어진 퇴적물로서 엉긴 자갈 덩어리인 역암礫岩, conglomerate 암괴巖塊에 박혀 있었다. 오스트레일리아인들은 이를 시멘트암cement rock이라고 불렀다. 한 채굴기술자가 란트에서 금 채굴을 고려하던 다이아몬드왕 세실 로즈의 의뢰를 받아 노두를 조사했다. 그 기술자는 시큰둥했다. 그는 이렇게 보고했다. "내가 미국에서 그런 광맥들을 말을 타고 가로지른다면 그것들을 보려 말에서 내리지 않을 것이다. 나의 견해로 그것들은 전혀 쓸모가 없는 지옥 같은 곳이다." 그럼에도 로즈, 앨프리드 베이트Alfred Beit, 이런저런 케이프식민지 킴벌리Kimberley의 다이아몬드 자본가들은 란트 지역에 투자하기 시작했다. 수백 명이 채굴지들에 있는 이그나티우스 페레이라Ignatius Ferreira의 광차鑛車, wagon 주변으로 몰려들었다("이그나티우스(이냐시오) 페레이라"(1840~1921)는 포르투갈 혈통의 남아프리카공화국 군인이자 광부로, 자신의 이름을 딴 비트바테르스란트 초기의 금 채굴 캠프인 페레이라스캠프(나중 이름 페레이라스타운, 페레이라스도르프)를 운영한 것으로 알려져 있다). 1년 안에 페레이라스캠프Ferreira's Camp에는 3000명이 있었고, 캠프는 요하네스버그의 타운으로 빠르게 성장했다. 바로 이곳에서, ZAR에 의해 채굴 면허를 거부당한 이전의 금 탐사자들인 많은 중국인들이 식량을 팔아 생계를 유지했다. 로즈, 베이트, 이런저런 광업 자본의 선두주자들은 노두들에서 수익성 있는 채굴을 했다. 투기 러시가 벌어져 금 채굴 자본은 1889년에 거의 2500만 파운드에 달했다.[12]

란트 지역 금광맥의 풍부함은 그 엄청난 규모에만 있는 것이 아니었다. 사광砂鑛과 석영 모드mode(암석의 실제 광물 조성組成을 중량의 비율로 나타낸 것)에서의 금 채굴은 위험하기로 유명했으나, 남아프리카 금의 일관성과 예측가능성은 기업이 "정상적 경제 범주들"에 기초할 것을 보증해주었다. 즉 그것은 "도박이라기보다는 산업"이었다. 그러나 금광맥의 채굴은 전례 없는 규모의 투자가 필요했다. 특히 채굴왕들이 1890년대 중반 이미 고갈 조짐을 보인 센트럴란트Central Rand 지역의 노두를 넘어서 이스트란트East Rand 지역에서 장기적 심부 채굴의 가능성을 찾았기 때문이다. 약 180피트(55미터) 깊이에서 뱅켓은 철 기반의 암석인 황철석黃鐵石, pyrite으로 바뀌었다. 황철석은 석영 채굴에서 사용되는 표준적 수은水銀 기반의 방법으로는 금을 산출하지 못한다. 다행히도 두 명의 스코틀랜드 형제가 최근에 시안화물化物, cyanide이 금을 끌어모으는 것을 발견했다. 광맥에 도달하려면 두 번째이자 더 큰 자본비용이 필요했으니, 광맥은 극도로 얇고 길며 지표면 아래 수천 피트까지 경사가 급하게 뻗어 있었기 때문이다. 그 해결책은 깊은 수직갱을 파고 광맥에 도달할 수 있도록 수평갱을 다양한 깊이로 파는 것이었다.[13]

게다가 황철석에 함유된 금은 매우 적고, 그 정확한 위치를 찾기도 어려웠다. 한 작가는 그것을 전화번호부 어느 한 페이지에 있는 쉼표comma 의 양에 빗대면서, 그 페이지는 구겨지고 찢어져 있으며 책 자체는 여러 조각으로 나뉘어 있다고 묘사했다. 황철석 금은 또한 노두나 오스트레일리아 및 캘리포니아에서 산출되는 금보다 그 등급이 훨씬 낮았다("황철석"은 엷은 누런빛을 띠며 금속광택이 있어 "바보의 금fool's gold"이란 별칭이 있기도 하다). 광석이 더 심층부에 있을수록 그 등급은 더 낮아지고 채굴 비용은 더 들어갔다. 마지막으로, 금 가격은 세계 시장에서 고정되어 있어 높은 자본비용과 생산비용이 들어갔다고 해서 더 높은 가격을 받을 수 있는 게 아니었다. 금을 수익성 있게 채굴할 수 있는 유일한 방법은 값싼 노동력을 이용해 대량으로 광석을 굴착하는 것이었다. 윌리엄 호놀드와 허버트 후버 같은 미국의 기술자문들은 심부의 낮은 등급 금의 채굴을 수익성 있는 "과학적" 산업으로 만들기 위한 요구 조건들—기술적 측면과, 노동 비용 및 노동조직 모두와 관련해—을 입안하는 데서 자신들의 경력을 쌓았다. 이렇게 해서 산업 발전에 필요한 세 가지 주요 요소가 충족되었다. 현지(킴벌리)와 영국 및 대륙 유럽에서 공급된 자본, 과학적 채굴의 전문 지식으로서 특히 미국의 것, 아프리카인들에 의해 공급되는 노동력이 그것이다.[14]

1899년 남아프리카전쟁이 발발하기 직전, 란트 지역 금광에는 그 절반은 포르투갈령 동아프리카Portuguese East Africa(모잠비크)에서 모집된 10만 7482명의 아프리카인 노동자와 1만 2530명의 백인(관리자, 기술자, 광부, 숙련노동자)이 고용되어 있었다. 총 77개 광산의 전전戰前 산출량은 1898년에 순금 430만 온스에 1500만 파운드 상당으로 정점을 찍었고, 이로써 비트바테르스란트는 세계 산출량의 27퍼센트를 차지하는 단일 최대의 금 생산지가 되었다.[15]

비트바테르스란트의 채굴은 전 지구적 영향과 지역적 영향을 모두 끼쳤다. 세계 무역과 금융의 수준에서 보자면, 경제사가 장-자크 반 헬턴은 1880년대와 1890년대 국제무역의 팽창으로 전체 통화량의 확대와, 따라서 금의 세계 공급량의 확대도 필요해졌다고 주장한다. 금본위제는 아직 보편적인 것은 아니었으나, 1870년대 이래 그것은 주도적 산업국가들 사이에서 국제 결제의 기반이 되었다. 비트바테르스란트의 금은, 1890년대 웨스턴오스트레일리아와 캐나다에서 발견된 금과 함께, 금의 전 지구적 공급량을 증가시켰고 이미 국제 금융 시장의 중심이었던 영국의 입지를 강화했다.[16]

장-자크 반 헬턴은 19세기 후반 금의 발견을 우연한 수요의 충족으로 제시하지만, 그것은 **자극제**stimulus 즉 무역과 해외투자의 팽창을 추동한 자본 축적의 새 국면으로 여겨질 수도 있다. 이러한 축적은 지난 수십 년간 북아메리카와 오스트랄라시아에서 발견된 금을 기반으로 했으나, 남아프리카의 금은 자본주의 발전의 새 시기 즉 독점자본과 금융자본이 전면에 나서는 이른바 신제국주의의 시대를 열게 했다. 열강이 아프리카를 분할하려는 쟁탈전을 벌이면서 이 마지막 대륙은 유럽식민주의의 손아귀에 떨어졌다. 독일과 미국은 세계 경제 질서의 최상위 자리를 차지하려 영국의 뒤를 바짝 추격했다.[17]

국제 금융과 무역에서 파운드스털링pound sterling(즉 금)의 패권은 전 지구적 지배를 유지하려는 그레이트브리튼의 전략에서 핵심이었다. 시티오브런던City of London〔런던의 금융 중심 지구〕은 제국 안팎에서 국제 투자와 무역에서 상당한 이윤을 올렸다. 영국은 "오래된" 잉글랜드산 제조품들을 제국 내의 보호받는 시장에 수출함으로써 국내 산업에서의 무분별한 투자를 보상했다. 식민지들은 이러한 생산물(종종 인위적으로 높은 가격이었다)을 구매하도록 유도되었으며, 동시에 이들 식민지는 차례로 나머지 세계the rest of the world에 1차생산품primary product을 팔았다(오스트레일리아의 양모, 인도의 면화 등). 이것은 그레이트브리튼을 미국과 아르헨티나로부터의 국내 소비용 밀 수입으로 발생한 자국의 무역 적자를 결과적으로 상쇄할 수 있게 해주었다.[18]

아프리카 남부에서는 다이아몬드 산지들에서 확립된 노동 유형이 란트 지역으로 전파되었다. 다이아몬드 채굴의 급속한 자본화는 독립 채굴자들을 임금노동자들로 전락시켰으며, 다이아몬드 산업은 점점 더 저임금에 계약하고 수용소에 갇힌 채 일하는 아프리카 이민 노동자들에게 의존하게 되었다. 백인 광부들은 자신들의 우월한 지위와 임금을 지키려 공격적인 인종주의를 취해 컬러라인color line〔피부색에 따른 인종분리 및 인종차별〕을 유지했다.[19]

금 채굴은 또한 경제력의 중심을 케이프식민지에서, 고립되고 미개발의 트란스발로 이동시켰다. 영국 식민부 장관 조지프 체임벌린Joseph Chamberlain의 차관을 지낸 셸번 경Lord Selborne〔윌리엄 파머William Palmer〕은 트란스발을 "지구상에서 가장 부유한 곳"이며 아프리카 미래의 열쇠라고 생각했다. 셸번은 1896년에 이렇게 썼다. "이곳은 남아프리카 상업·사회·정치 생활의 자연스러운 주도州都, capital state이자 중심지가 될 것이다."[20]

이 무렵, 요하네스버그는 인구 10만 명의 코즈모폴리턴 도시cosmopolitan city로 성장했는데, 영국인 및 이런저런 유럽인들인 아위틀란더르uitlander 들(외국인〔외국인 거주민〕) 인구가 많았으며, 이들은 정치적 배제(귀화 및 참정권 취득을 위해서는 14년 동안 거주해야 했다)와 높은 세금으로 불만을 품고 있었다. 광산 소유주들은 높은 철도 운임 및 필수자원(특히 다이너마이트)의 국가 독점으로 부풀려진 가격에 반대 운동을 벌였다. 좀 더 폭넓게 영국제국의 관점에서 보자면, 트란스발의 정치적 불안정은 상업 및 금융 지배, 영국인 이민, 지정학적 힘 등에 기초해 아프리카 남부에서 영국제국이 누려온 우월한 입지의 가정assumption들을 흐트러뜨리겠다고 위협하는 것이었다. 1895년 제임슨습격Jameson Raid(세실 로즈와 여러 주요 광산왕의 지원을 받은, 실패한 쿠데타)이 실패로 돌아간 이후, ZAR 대통령 폴 크루거Paul Kruger는 결심을 굳혔다. 영국인들은 투표권을 원하지 않았다고 그는 말했다. 영국인들은 자신의 국가를 원했다.[21] 〔"제임슨습격"은 케이프식민지 총리 세실 로즈에 의해 임명된 영국 식민지 행정관 리앤더 스타 제임슨Leander Starr Jameson이 남아프리카 로디지아에서 영국남아프리카회사British South Africa Company, BSAC 경찰대 500여 명을 출동시켜 트란스발공화국의 크루거 정부를 상대로 현지 아위틀란더르 곧 영국인들의 봉기를 촉발해 정부를 전복하고 친영 정부를 수립하려 했던, 실패한 습격 사건(1895. 12. 29~1896. 1. 2)이다. 제2차 보어전쟁의 한 원인으로 작용했다.〕

실제로 조지프 체임벌린이 영국의 여론을 결집하려 아위틀란더르들의 권리에 대해 강경한 노선을 채택했을지라도, 그는 더 큰 이해관계를 시야에서 놓치지 않았다. 셀번이 경고해서 유명해진 것처럼, 남아프리카는 제국〔영국〕 외부의 또 다른 미합중국으로 발전하게끔 해서는 안 된다. 도리어 남아프리카는 제국 내부의 또 다른 캐나다로 발전해야 한다. 남아프리카는 인도와 동아시아로 가는 해상 루트를 보호하기 위해, 아프리카의 다른 유럽 열강(특히 독일)에 맞서기 위해, 어마어마한 광물 자원, 특히 영국의 금융 패권에 핵심인 금의 보고로서 영국제국에 전략적 중요성을 가지고 있었다.[22]

전반적으로 보아, 영국의 제국주의적 이해관계는 이러한 부분의 총합보다 더 큰 것이었다. 1897년에 케이프식민지 총독이자 아프리카 남부

전체의 고등판무관高等辦務官, high commissioner이던 앨프리드 밀너Alfred Milner
는 조지프 체임벌린 및 셀번과 마찬가지로 자유통일당Liberal Unionist Party
당원이자 사회제국주의자social imperialist로서 국내외에서 국가 개입, 효율
성, 계획 등을 신봉했다. 체임벌린과 밀너는 아위틀란더르 참정권 및 다
이너마이트 독점권 문제를 둘러싸고 폴 크루거와 대립각을 세웠다. 이들
은 필요하다면 전쟁도 불사할 작정이었으니, 이들이 생각하기에 전쟁은
신속한 신사들의 전쟁gentlemen's war이 될 것이기 때문이었다. 그러나 영국
군은 아프리카너들의 완강함에 맞설 준비가 잘되어 있지 않았다. 영국은
보어인 공화국들의 백인 시민 전체에 맞먹는 18만 명의 병력을 배치해,
1900년 6월 재래식 방식의 군사적 승리를 거두었다. 보어인들은 이후 게
릴라전으로 전환했다. 이 전쟁을 끝내는 데 영국은 2년이 더 걸렸고, 그
과정에서 영국군은 보어인들의 농장을 불태우고 여성들과 아이들을 강
제수용소에 몰아넣었으며, 철조망과 방색防塞으로 영토를 십자 모양으로
분할했다.[23]

전쟁이 끝난 후 앨프리드 밀너 경은 아프리카너 공화국들이었다가 이
제는 영국의 왕령식민지crown colony들이 된 트란스발식민지Transvaal Colony
와 오렌지강식민지Orange River Colony의 총독이 되었다. 그는 남아프리카를
자본주의 발전과 사회 재생산의 물질적·정치적 인프라스트럭처를 제공
할 수 있는 근대 국가와 단일한 정치 경제로 통합하는 것을 목표로 강력
한 재건 전략을 추진했다. 밀너는 더 많은 영국인 이민(더 많은 아프리카너
인구의 영향력에 균형을 맞추기 위해), 언어의 영어화Anglicization, 채굴과 철도
와 상업적 농업 등의 발전 등을 주장했다. 그는 1897년에 남아프리카를
"케이프타운Cape Town에서 잠베지Zambezi까지 잘 대우받고 정당하게 통치

되는 흑인 노동력의 지원을 받는 [⋯] 자치 백인 공동체"로 구상했다고 말했다.[24]

그러나 금광에서 필요한 아프리카인 노동력이 심각하게 부족한 것이 영국령 남아프리카의 재건과 전진에 큰 도전 과제의 하나로 떠올랐다. 이러한 노동력 부족은 부분적으로 전쟁으로 인한 인구 이동과 동아프리카인 노동력 공급의 차질에서 비롯했다. 광산은 또한 이런저런 산업들과 노동력을 두고 경쟁해야 했으니 도시와 농촌 모두에서 그러했다. 1903년 7월 이 문제를 연구하기 위해 소집된 트란스발노동위원회Transvaal Labour Commission는 아프리카인들이 산업자본주의의 요건에 대한 경험이 부족한 "유목 혹은 목축"인이라는 온정주의적〔가부장적, 후견주의적〕 견해를 채택했다. 실제로 보어인 농민들은 아프리카인 임차인〔곧 소작인〕들에게 심하게 의존하고 있었고, 아프리카인들은 여전히 농사와 목축을 위한 토지를 이용할 수 있는 한 자본주의적 임금 관계에 저항했다.[25]

백인들은 무토지여야 프롤레타리아트가 생겨날 것이라는 점을 이해했으며, 많은 사람이 그러한 과정을 가속화할 것을 트란스발노동위원회에 제안했다. 토지 보유 체제를 바꾸고, 부족 보호지reserve들을 없애며, 토착민들의 사회구조를 수정하거나 파괴하고, 농민들에게 무거운 세금을 부과하는 등의 제안이었다. 그러나 1903년 식민지 당국은 아직 그러한 조치를 취할 준비가 되어 있지 않았으며, 이는 상당하게는 그러한 해결책이 "백인 인구에게 [⋯] 초래할 위험으로 가득"했기 때문이다. 이는 아프리카인 농민들에게도 그러했다.[26]

게다가 남아프리카전쟁 이전에 광산노동을 싫어하던 아프리카인 노동자들은 전쟁 이후 광산으로 돌아갈 이유가 더욱 적어졌다. 상황은 명백히 더욱 악화되었다. 고용주들은 토착민들의 임금을 거의 절반으로 후려쳐,

전쟁 전에는 주당 52실링이던 것이 30실링으로 삭감되었다. 1903년에는 일단의 트란스케이Transkei 토착민들이 임금 분규로 광산들을 탈주했다. 감독자들이 가축몰이용 가죽막대기들로 노동자들을 "다그쳤고" 수용소 경찰은 샘복sjambok(주로 하마·무소 가죽으로 만든 길고 딱딱하며, 묵직한 채찍)들을 들고 다녔다. 아프리카인 노동자들은 손에 들고 쓰는 드릴handheld drill의 도입에 저항했는데, 그것이 더 좁은 공간에서 고된 작업을 요구했기 때문이다. 새 통행법이 공포되었다. 주류의 판매 및 소비를 금지하는 법도 만들어졌다. 질병과 사망은, 사고로 인한 것이든 오염된 공기foul air, 괴혈병scurvy, 규폐증silicosis, 폐렴pneumonia으로 인한 것이든, 만연했다. 사망률mortality rate은 1000명당 50~100명으로, 이는 앨프리드 밀너가 인식하기에 받아들일 수 없을 정도로 높은 수치 곧 "우리의 갑옷에서 가장 취약한 부분the weakest point in our armor"이었다. 이런 이유로 아프리카인들은 전후에 광산을 기피했다. 노동력 부족은 생산량 정체와 수익률 하락을 의미했다. 런던 자금시장money market의 투자자들이 트란스발 금을 꺼리기 시작했다.[27]

란트로드Randlord들은 광산들을 다시 가동하기 위해 대체 노동력을 찾아 나섰다("란트로드"는 대략 1870년대부터 제1차 세계대전 시기까지 남아프리카의 다이아몬드 및 금광 산업을 지배한 자본가들을 지칭한다). 이들은 비숙련 백인 노동력(현지의 노동력이건 유럽 남부와 동부에서 수입하는 노동력이건)은 비용이 너무 든다는 이유로 사용하기를 거부했다. 이들은 미국에서 아프리카계 미국인들을 수입하는 방안을 고려했으나, 윌리엄 호놀드는 아프리카계 미국인들을 들여오는 것은 "최악의 상황"이 될 것이라 믿었다. 그런 노동자들은 몸값이 너무 비싼 데다가 "[이곳의] 평범한 토착민들 사이에 불복종insubordination의 정신을 깨우는 경향"이 있을 것이었다. 광산 소유주들은 노동력 공급처로 인도를 고려해보기도 했지만, 인도 정부는 현지에서의 이동성에 대한 엄격한 제한 및 기한 내 본국 송환이라는 조건을 거부했다.[28]

란트로드들은 최후의 수단으로 중국으로 눈을 돌렸다. 어떤 면에서, 그것은 필요한 노동력의 수, 거리, 비용 등을 고려할 때 터무니없는 제안이었다. 더욱이, 그것은 남아프리카를 "백인의 나라"로 발전시켜야 한다는 지배적 견해에 반反하는 것이었다. 그러나 이후 몇 달 동안 중국인 노동력을 옹호하는 사람들은 입장이 강화되었다. 부분적으로 이는 남아프리카에서 비숙련노동력의 부족을 해결할 신뢰할 만한 다른 대안이 없는 것처럼 보였기 때문이다. 중국인 노동력 이용은 트란스발 광산회의소의 더 큰 전략의 일부가 되었으며, 여기에는 아프리카인 노동력 모집을 합리화하고 산업 전반의 임금률로 비용을 통제하려는 시도 또한 포함되었다. 광산 소유주들은 "적정 가격"의 중국인 노동력이 토착민의 현지 임금률을 견제할 것이라고 믿었다. 실제로 계약 중국인 노동력은 당시까지 아프리카인 노동자들에게 직접적으로 가하는 것이 불가능했던 통제와 강제 수단을 보장했다.[29]

1903년 2월 트란스발 광산회의소는 남아프리카 금광들에서 아시아인 노동자들을 고용할 가능성을 조사하기 위해 해리 로스 스키너Harry Ross Skinner를 대표로 장기 여행을 보냈다. 36세의 스코틀랜드인 기술자 스키너는 킴벌리의 다이아몬드 산지들에서 일을 시작해 란트에서 일했고 이곳에서 금 채굴회사 더반로데포르트디프Durban Roodepoort Deep의 관리자가 된 인물이다. 그는 잠시 미국 캘리포니아와 브리티시컬럼비아, 싱가포르와 말레이 국가들(토후국, 이후의 말라야연방Federation of Malaya), 일본과 한국을 방문했다. 스키너의 주된 관심사는 숭국으로, 그는 몇 달 동안 남에서 북으로 중국의 해안 지역을 두루 여행했다. 광산회의소는 남아프리카의 금 채굴에 중국인 노동력이 적합한지를 판단하고 여러 현장의 중국 노동 관행을 비교하는 것을 여행의 목적으로 삼았다. 그러나 상황은 이미 준비가 되어 있었다. 스키너는 광둥, 상하이, 베이징, 톈진에서 노동력 중개업자들과 접촉하고 있었다. 한편 광산회의소는 노동력 프로그램에 적용될 법적 조례 초안을 작성하기 시작했다.[30]

해리 로스 스키너는 중국인 노동력이 채굴에 적합하고 그 수가 비트바테르스란트 광산들의 수요를 충족시키기에 충분하다고 보고했다. 아프리카인 노동자들과 달리 중국인 광부들은 "큰 문제 없이 지하에 들어갈" 것이라고 그는 말했다. 스키너는 캘리포니아의 중국인 광부들이 자유민이자 숙련노동자였으며, 말레이 국가들의 중국인 광산노동자들도 자유노동력이었다는 점을 세심하게 언급했다. 그러나 그는 트란스발이 "미숙한" 비숙련의 계약 "중국인 쿨리들"을 성공적으로 이용할 수 있을 것이라 믿었다. 스키너는 중국인들이 "유순하고, 법을 준수하고, 근면한 사람들이며, 어떤 계약을 맺든지 이를 수행하고 자신들에게 할당된 과업을 수행할" 것이라고 단언했다. 덧붙여 스키너는 중국 정부가 남아프리카 프로젝트에 "수동적으로" 대응할 것이라고 예측했다.[31]

가장 중요하게, 해리 로스 스키너는 중국인 노동력 프로그램을 작동하게 하기 위해서는 엄격한 요건이 필요하다고 믿었다. 캘리포니아의 인종 갈등은 미국인들이 계약노동력을 금지했고, 따라서 그들이 중국인 이민자들의 물리적·사회적 이동성을 통제하지 못한 데서 나왔다고 그는 말했다. 중국인들이 엄격하게 통제되지 않는 한, 중국인들은 언제나 백인 노동자들의 임금과 백인 사업체들의 가격을 낮추게 될 것이다. 미국은 자국의 백인 시민들을 보호하기 위해 중국인들을 배제하는 것 외에 다른 선택지가 없었다고 그는 말했다. 스키너는 중국인 노동력을 수입하는 모든 프로그램은 이들을 특정한 직업과 거주지로 제한하고, 이들이 교역에 종사하거나 재산을 취득하는 것을 금지하며, 계약이 끝나면 이들의 본국 귀국을 강제하도록 설계되어야 한다고 조언했다.[32]

중국인들을 남아프리카로 모집한다는 생각은 완전히 새로운 것은 아니었다. 19세기 동안 거의 6만 명의 중국인 계약노동자가 동아프리카 연안의 프랑스 플랜테이션 섬 식민지들과 아프리카대륙의 독일·영국·프랑스 식민지들에서 일했다. 남아프리카에 중국인들이 등장한 것은 18세기로, 네덜란드동인도회사Dutch East India Company가 말레이와 중국의 기결수들을 바타비아에서 케이프식민지로 이송하면서부터였다. 1870년대와 1880년대에 수백 명의 중국인 숙련공과 노동자가 케이프식민지와 나탈에 도착했고, 이들은 더 많은 수의 인도인과 함께 남아프리카의 다이아몬드 산지 개방 이후 인프라스트럭처 건설을 위해 계약을 맺었다. 중국 남부 출신의 자발적 상인 이민자들이 그 뒤를 이었다. 1904년이 되면 영국령 남아프리카 전역에 2398명의 중국인이 있었으며, 이 중 절반 이상이 케이프식민지에 거주했다. 케이프식민지의 중국인들은 주로 소규모 상인이거나 조리사, 목수, 바구니 제조 노동자, 생선장수, 마차운전수로 일했다.[33]

예전의 아프리카너 공화국들에는 중국인들이 거의 없었다. 오렌지자유국은 정착지에서 중국인들을 완전히 배제했다. ZAR은 "'쿨리'[인도인과 중국인], 아랍인, 말레이인, 투르크령의 이슬람 신민을 포함해서 아시아 출신 인종"을 시민권에서 배제했다. ZAR은 아시아인들의 보도 및 포장도로 보행, 대중마차 운전, 철도 1등석 및 2등석 탑승, 주류 구매 및 소지

등을 금지했다. 예전 아프리카너 공화국들의 반중국인 법은 남아프리카 전쟁 이후 권력이 영국으로 이양된 이후에도 유지되었다.[34]

이러한 제한과 차별에도 중국인들은 요하네스버그에서 작은 틈새시장들을 개척했다. 1890년이 되면 요하네스버그에는 가게주인, 세탁업자, 상품용 채소 재배자 등 100명 이상의 중국인이 있었다. 1904년이 되면 트란스발의 중국인 인구는 약 900명에 달했다. 중국인들은 종종 가난한 백인 지역들에서 사업체를 운영했다. 백인 소유 가게와 달리 중국인들은 낮은 가격으로, 소량으로, 외상으로 판매했다.[35]

세기 전환기에 요하네스버그의 중국인들은 중국인 디아스포라 전역의 중국인들이 행한 사회조직의 동일한 유형을 따랐다. 1890년대에 중국인들은 쾽혹통Kwong Hok Tong(광화당光和堂) 혹은 광둥클럽이라 불리는 회관을 결성했다. 회관은 요하네스버그의 초기 정착촌 페레이라스타운 Ferreirastown에 땅을 빌려 "클럽하우스clubhouse"를 지었으며, 이곳은 현재는 도시의 주변부에 위치한다. 클럽하우스에는 응접실 여러 개, 침실 6개, 부엌 1개, 화장실 1개가 있었다. 입회비는 5파운드였으며, 정기 회비는 회원 직업에 따라 달랐다. 광둥클럽은 방들을 월 2파운드에 임대했고, 도서와 정기간행물 서고를 운영했으며, 150명이나 모이는 행사와 모임을 열었다. 1896년에 남아프리카에 도착한 쑨얏센의 협력자 옝쿠완Yeung Ku Wan(양페이훙楊飛鴻, 양취원楊衢雲)은 두 번째 단체인 홍중회興中會를 결성했다("홍중회"는 1894년 쑨얏센 곧 쑨원이 하와이 호놀룰루에서 광둥 출신 중국인 이민자들을 중심으로 결성한 비밀 혁명 결사. 여기서는 홍중회 지회를 이른다). 두 단체의 회원들 사진에는 서양식 복장을 한 교육받은 남성들이 등장한다.[36]

따라서 1903년 남아프리카 금광들에서 일할 중국인 노동력을 수입한다는 방안이 회자되었을 때, 이미 남아프리카에는 중국인들이 이주한 역사가 있었으며, 요하네스버그에는 작지만 탄탄한 중국인 공동체가 형성되어 있었다. 이는 중국인과 백인 모두에게 선례先例이자 경고로 작용했다.

백인 남아프리카인들은 계약 중국인 노동력을 인도 출신의 대규모 이주의 역사라는 맥락에서 인식했으며, 이들 인도인 노동력은 플랜테이션과 철도의 계약노동력에서 숙련공, 상인, 가게주인 등의 성장하는 공동체로 변모했었다. 인도인들은 자신들에게 부과된 법적 제한에 반대하는 운동을 벌여오고 있었으며, 1893년에는 트란스발식민지 프리토리아Pretoria에 있던 젊은 인도 변호사 모한다스 카람찬드 간디가 이들의 대의에 본격적으로 동참했다. 백인들에게 남아프리카의 인도인 경험은 노동 문제에 대한 해결책이 더 큰 인종 문제를 낳고, 남아프리카를 백인의 나라로 건설하려는 프로젝트 전체에 위협이 될 수 있는지에 관한 실례實例였다. 이렇게 더 큰 지분이 걸려 있었던 터라, 금 채굴을 위한 중국인 노동력 수입 여부를 둘러싼 논쟁은 트란스발 너머로까지 퍼졌다. 케이프식민지의 많은 타운의 거주민들은 총독에게 결의문을 보냈는데, 대개 "아시아인들"의 수입은 "남아프리카 공동체 전체에 가해지는 […] 잘못된 일"이라고 했다. 케이프식민지 정부는 1904년에 중국인배제법을 통과시켰다. 이는 트란스발의 중국인 광산노동력이 케이프식민지까지 몰려들 수도 있다는 위협에 대한 예방적 조치로 이해되었지만, 사실 케이프식민지는 트란스발에서 약 800마일〔1280킬로미터〕넘게 떨어져 있었다.[37]

조지 파라는 아시아인들을 남아프리카로 데려오는 것이 초래할 위험을 잘 알고 있었다. "나는 인도인들이 토지를 소유하고 백인들과 경쟁하며 거래하는 악행을 보아온 터인데, 이를 허용하는 입법에는 무슨 일이 있어도 관여하지 않을 것이다"라고 그는 말했다. 그러나 그는 "[금광이] 노동력 부족으로 손해를 입어야 하는 것은 […] 그야말로 터무니없는 일이다. 확실히 상식은 아프리카에서 노동력을 구할 수 없다면 다른 곳에서 노동력을 구해 일을 시켜야 한다"는 것이었다.[38]

남아프리카와 런던에서 정치적 지지를 확보하려 조지 파라와 트란스발 광산회의소는 앨프리드 밀너에게 로비를 해서 중국인 노동력의 필요성을 그에게 설득시키는 한편, 중국인들이 "다른 산업과 직종에서 우리에게 몰려들지" 않게 하기 위한 엄격한 예방책도 함께 말했다. 밀너는 조심스럽게 "공적인 중립적 태도"를 유지하면서도, 막후에서 "그것을 확보하기 위해 할 수 있는 온갖 수단을 다 사용했다." 그는 1903년 조지프 체임벌린이 트란스발을 방문했을 때 체임벌린과 기술자들이 만나는 자리를 주선했으며, 런던의 식민부에 로비를 벌였고, 다른 남아프리카 식민지들로부터 정치적 지지를 확보하는 데 도움을 주었다. 그는 1903년 3월 파라를 블룸폰테인Bloemfontein에서 열린 식민지 간 회의에 트란스발 대표로 참석시켰으며, 여기서 파라는 "모든 남아프리카 국가를 위한 […] 새 노동력 공급원"의 필요성을 인정하는 결의안을 위해 공격적으로 ─ 그리고 성공적으로 ─ 로비를 펼쳤다.[39]

앨프리드 밀너는 트란스발의 노동력 수요를 조사하는 특별 위원회를 조직했다. 이는 트란스발 채굴업계의 수요를 공문서에 기록하고 중국인 노동력 수입에 찬성하는 공식 보고서를 얻기 위함이었다. 트란스발 광산회의소는 현재 트란스발 광산들이 원래 필요한 비숙련노동자 13만 명의 절반도 안 되는 인력만을 고용하고 있으며, 향후 5년 내에 거의 3배의 인력이 필요할 것으로 예상한다고 진술했다. 광산회의소는 극적인 외삽外揷, extrapolation〔기존의 데이터에 비추어 그 범위 이상의 값을 추정하는 일, 또는 그 추정값〕을 사실적 확신으로 제시했는데, 그 계산은 실제로는 우연적이고 정치적인 가정에 근거한 것이었다. 즉 단기간에 최대의 수익성을 내려는 욕구, 점점 더 진보하는 기술에 투자하는 대신 값싼 비숙련노동력을 대량으로 사용하는 것에 대한 선호, 백인들은 결코 아프리카인들의 일을 하거나 그들과 함께 일하지 않을 것이라는 믿음 등이었다. 13명으로 구성된 특별 위원회에서 두 명이 다른 관점에서 소수 의견 보고서를 제출했다. 제빵업자 J. 퀸J. Quinn과 비트바테르스란트직종노동협의회Witwatersrand Trades and Labour Council 의장이었던 오스트레일리아인 피터 화이트사이드Peter Whiteside였다. 이들은 토착민 노동력의 완만한 증가, 기계화, 비숙련 직종에 백인 고용 등을 주장했다. 위원회의 대다수는 최선의 선택지는 중국에 있다고 결론 내렸다.[40]

여론전이 펼쳐졌다. 트란스발의 직종노동협의회와 남아프리카직종별조합South African Trade Union은 중국인 노동력의 이용에 반대하는 조직을 결성했다. 특히 피터 화이트사이드처럼 많은 백인 조합주의자는 남아프리카로 이민 온 오스트레일리아인들로, 이들은 백호주의 운동도 함께 가져왔다. 오스트레일리아에서와 마찬가지로 중국인 노동력에 반대하는 주장은 아시아인의 경제적 경쟁이라는 악령과 백인정착주의white settlerism라는 이데올로기를 호명했다. 한 시위에 내걸린 깃발에는 다음과 같이 써 있었다. "이것이 우리가 피를 흘린 이유인가?" 다른 깃발에는 이렇게 써 있었다. "우리는 이곳에서 통치받기를 원한다. 6000마일 떨어진 곳에서가 아니라." 1903년 4월 "모든 유형의 유색인과 싸우고 백인을 위한 그리고 백인만의 트란스발을 쟁취"하는 데 몰두하는 조직인 화이트리그White League는 요하네스버그의 원더러스홀Wanderers Hal에서 열린 집회에 5000명의 인원을 모았다.[41]

중국인 노동이민의 전망은 남아프리카전쟁 직후 몇 년간 일반적으로 두드러지지 않던 아프리카너 인구 또한 끌어냈다. 1903년 7월에 예전 보어인 특공대 장군들이 하이델베르크에서 내중 집회를 조직해, 얀 스뮈츠가 작성한 아시아인 노동력이 "백인 이민을 위한 트란스발 폐쇄의 큰 원인이 될 것"이라는 결의안을 지지했다. 스뮈츠는 영국 의회에 보내는 탄원서도 조직해, "보어인들의 마음속에는 이러한 중국인들의 수입이라는 신성모독sacrilege에 대한 격렬한 분노가 불타고 있다"는 것을 보여주었다.[42]

트란스발 광산회의소는 중국인 노동력이 란트로드들의 이익만을 위한 것이 아니라 트란스발의 침체된 상황을 반전시키는 데서 핵심 노릇을 한다고 주장하며 반격에 나섰다. 채굴 산업의 발전은 광산뿐만 아니라 다른 직종들과 타운들에서 백인들을 위한 더 많은 일자리를 포함해 식민지 전체에 더 많은 번영을 가져다줄 것이라는 내용이었다. 광산회의소의 가장 큰 동맹은 토리당Tory party, 앨프리드 밀너, 광산왕들과 밀접한 관계를 유지한 제국남아프리카협회Imperial South African Association, ISSA였다. ISSA는 1896년 "군사적 적대 및 치열한 경제적 경쟁"이라는 도전에 대응하려는 목적으로 "영어권 제국을 더욱 공고하고 응집력 있는 단위로" 만들기 위해 결성되었다. 남아프리카전쟁 이후 ISSA는 남아프리카를 발전시킬 최고의 전략으로 중국인 노동력의 수입에 집중했다. ISSA는 수십 명의 직원과 연사를 파견해 500차례 이상의 회의에서 연설했으며 약 400만 개의 팸플릿을 배포했다.[43]

1903년 7월에서 10월 사이에 광맥을 따라 열린 대중 집회에서는 아시아인 노동력의 수입을 지지하는 결의문들이 통과되었으며, 지역자치단체·상공회의소·기술자·지질학자·측량사 등을 대변하는 다양한 전문직 협회 및 기술직 협회도 그렇게 했다. 트란스발 광산회의소노동력수입청Chamber of Mines Labor Importation Agency, CMLIA은 란트 지역의 거의 모든 광산에서 중국인 노동력을 지지하는 탄원서를 받았다.[44]

1903년 12월 조지 파라는 트란스발입법회Transvaal Legislative Council에 중국인 노동자의 수입을 재가하는 법안을 제출했다. 12월 30일 입법회는 압도적으로 이를 승인했다. 영국 식민부는 1904년 1월 16일에 이를 승인했다. 2월에 열린 광산회의소 연례회의에서 파라는 이렇게 보고했다. "이제 우리는 순수하고 동조적인 정부를 가지게 되었습니다. […] 정부는 우리를 질시 어린 눈으로 바라보는 대신 우리 산업이 이 나라의 번영과 발전의 선구자임을 충분히 인식하고 있습니다."[45]

조례 제17호Ordinance no. 17는 "트란스발에 비숙련 비유럽인 노동자들을 도입하는 것을 규제하기 위해" 노동자 수입, 계약, 통제, 송환 등의 조건을 규정했다. 다양한 정치적 맥락에 민감하게, 조례는 중국인들이 자발적으로 계약을 맺고, 언제든 (자비로) 계약을 종료하고 중국으로 돌아갈 권리를 보장하는 조항을 포함했다. 그럼에도 조례 제17호의 핵심 취지는 비숙련 비유럽인 노동자 수입과 관련한 엄격한 통제에 대해 규정하는 것이었다. 조례는 그런 노동자의 경우 허가받은 수입업자(즉 광산회사)와 용역 계약을 맺은 경우를 제외하면 트란스발에 들어올 수 없다고 명기했다. 계약은 3년으로 정해졌고, 1회 갱신할 수 있어 현지 및 모잠비크 계약(각각 6개월 및 1년)보다 그 기간이 훨씬 더 길었다.[46]

조례 제17호는 노동자를 비숙련노동으로 한정하고 수은 혼합에서부터 목공기계 제작까지 55개 숙련 일자리에서는 이들을 배제했다. 조례는 이에 더해 노동자들이 일체의 직종에서 면허를 취득하거나 행상을 하는 것, 주택·토지·건물 또는 고정재산, 광구鑛區 또는 "광물이나 귀석貴石에 대한 일체의 권리"를 취득하는 것을 금지했다. 조례는 노동자들을 광산회사 수용소들에 상주하도록 했고, 노동자들이 외출할 때는 통행증이 있어야 한다고 규정했다. 끝으로, 조례는 수입업자들에게 채권을 부과하고 출국을 꺼리는 노동자들을 수감하고 추방함으로써 계약노동자들의 송환을 보장했다. 특기할 점은 이 조례가 임금구조, 노동시간, 휴일, 의료, 식사 등과 관련한 구체적 규정은 법무장관에게 맡겼다는 점이다. 이러한 것들을 별도의 규정으로 작성함으로써 외국인노동부는 더 큰 유연성을 갖게 되었고 중국인 노동자들의 즉각적 노동조건에 대한 법적 보호를 거부했다.[47]

또 다른 항의─런던 하이드파크에서 8만 명이 모인 직종별조합 집회를 포함해─에도 불구하고, 트란스발 광산회의소와 트란스발 정부는 파견단을 급파해 중국인 노동력 프로그램을 마련했다. 트란스발 직원들은 이미 중국 현지에서 노동자 모집을 위한 기반을 마련하고 최대한 활동을 시작했다. 실제로 산둥성山東省의 옌타이煙臺(체푸Chefoo, 즈푸芝罘)에서는 조례 제17호가 최종적으로 승인되기 이전인 1904년 1월부터 노동자 모집이 시작되었다.[48]

그러나 한 가지 문제가 있었다. 중국이 이 노동력 프로그램을 승인하지 않고 있다는 점이었다. 이 일탈은 1860년에 확립된 영국제국 내 영토로의 중국인 노동력 모집에 관한 오랜 외교의례diplomatic protocol를 위반하는 것이었다. 영국 외무부는 1904년 2월 중순까지 런던 주재 중국 대사 장더이張德彛에게 조례 제17호를 보여주지 않았다. 장더이는 베이징의 외무부外務部(총리아문의 후신)를 통해 즉각 관여했다. 3월에 장더이와 영국 외무부가 런던에서 협상을 벌이는 동안 모든 일이 중단되었다. 트란스발 광산회의소는 이런 지연을 "전혀 예상치 못했으며" "매우 유감스럽게 생각한

다"라고 했다.[49]

해리 로스 스키너가 금광에 중국인 계약노동력 수입을 권고했었을 때, 그는 중국이 이러한 프로젝트에 "소극적으로" 대응할 것이라고 예측했었다. 영국 외무부는 사태의 전개를 더 잘 알았어야 했다. 장더이는 순진해 빠진 사람이 아니었다—그는 청 외교 분야에서 40년 경력을 쌓은 노련한 외교관이었다. 1902년에 장더이가 영국 주재 청 대사로 임명된 것은 그의 여덟 번째 해외 근무였다. 그는 1866년 청의 첫 해외사절단과 1868년 벌링게임 사절단에서 젊은 통역자로 경력을 시작했다. 그는 이후 해외 주재 중국 대사관에서 다양한 직책을 맡았으며, 주로 유럽에서 근무했다. 장더이는 또한 외교관으로 아주 많은 기록을 남겼고, 자신의 여행을 연대순으로 기록한 8권의 책을 저술하고 출판했다(사진 19).[50]

장더이는 남아프리카 문제에 관해 문외한이 아니었다. 1896년부터 1900년까지 장더이는 런던 주재 청 공사관에서 참사관으로 일했으며, 거기서 그는 남아프리카전쟁을 자세히 지켜보았다. 대사로서 장더이는 중국인 노동력을 수입하자는 제안을 둘러싸고 남아프리카에서 벌어지는 논쟁을 잘 알고 있었다. 그는 남아프리카의 채굴회사들이 페루와 쿠바를 19세기 쿨리무역의 가장 악명 높은 목적지로 만들어온 방식으로 중국인 노동자들을 학대할 것을 우려했다. 그는 이에 더해 남아프리카에서 중국인 계약노동자들에 대한 부당한 대우가 모리셔스Mauritius에서부터 탕가니카Tanganyika, 케이프식민지에 이르기까지 아프리카 전역의 중국인 해외 공동체들에 부정적 영향을 끼칠 것을 우려했다. 그는 계약 중국인 노동이민자들이 "3대 폐해"에, 즉 저임금, 엄격한 통제, 열악한 복지 등에 노출되어 있다는 것을 알고 있었다. 일찍이 1903년 2월—트란스발이 조례 제17호를 통과시키기 거의 1년 전— 장더이는 남아프리카가 중국인 노동력을 모집할 가능성이 있다고 베이징에 보고했다. 그는 1년 내내 중국은 그레이트브리튼과의 협약 없이 중국인 노동력을 남아프리카로 보내는 것을 금지해야 한다고 거듭해서 보고했다. 그는 중국이 이 노동력 프로그램에 동의하기 전에 이미 옌타이에서 노동력이 모집되고 있다는 것을 알고 분노했다.[51]

1904년 5월 13일, 런던에서 3개월의 협상 끝에 영국 외무장관 랜즈다운 경Lord Lansdowne〔제5대 랜즈다운 후작, 헨리 페티-피츠모리스Henry Petty-Fitzmaurice〕과 중국 대사 장더이는 1904년의 그레이트브리튼과 중국 간 이민협약Emigration Convention of Great Britain and China of 1904에 서명했다. 협약은 지금의 상황이 쿨리무역의 19세기 중반 전성기와는 거리가 멀다는 점을 강조했다. 협약은 20세라는 이민자의 최저 연령 그리고 노동자들의 신체와 정신이 건강한지 확인하는 검사를 규정했다. 노동계약서는 중국어와 영어로 작성해야 했고, 임금, 노동시간, 하루치 식량, 자유 통행과 귀국, 무상 의료와 의약품 등을 명시해야 했다. 협약은 중국 관리와 영국 관리 모두의 증인을 요구했다. 협약은 중국에 식민지에 영사 또는 부영사를 주재할 권리를 부여했고, 중국인 노동자들에게 자신의 가족들에게 편지를 보내고 송금할 수 있는 우편시설에 접근할 수 있는 권리와 "자신의 신체와 재산에 대한 보상을 구제받기 위해 사법재판소Courts of Justice에 자유롭게 접근할 수 있는" 권한을 부여했다.[52]

장더이는 체형體刑, corporal punishment 금지를 강력히 역설했으나 그는 이에 대한 전면적 금지 조항을 협정에 넣지 못했다. 영국 외무부가 그에게 트란스발 법은 "백인을 포함해 모든 사람"에게 특정 범죄에 대해 체형을 규정하고 있다고 고지했기 때문이다. 영국은 장더이에게 태형笞刑, flogging〔채찍형〕은 재판과 유죄판결 이후 치안판사magistrate나 판사judge의 명령에

사진 19 40년 동안 청 외무부처에서 근무한 장더이(1847~1918). 그는 이 사진을 찍은 1866년에 통역자 겸 학생으로 이력을 시작했으며, 1868년 벌링게임 사절단 임무를 위해 미국과 유럽을 여행했다. 그는 자신의 경력을 1902년 그레이트브리튼 주재 대사로 마감했다. 그는 남아프리카의 중국인 노동력 프로그램을 관리하는 조약을 협상했다.

의해서만, 그리고 정부가 승인한 도구로만 집행될 것이며, 그것은 채찍질 24번을 초과하지 않을 것이라고 보장했다. 이 합의는 중국의 자국 이민 노동자들에 대한 보호 협상 능력이 향상되었음을 보여주었으나, 조례 조건의 시행은 현장에서 결정될 것이었다.[53]

트란스발 광산회의소노동력수입청CMLIA은 그레이트브리튼과 중국 간

이민협약의 잉크가 마르자마자 1904년 5월에 중국에서 계약노동자 모집을 시작했다. CMLIA는 중국에 4곳의 사무소를 개설했고, 자체 직원들을 파견해 운영을 관리했다. 주요 이민 업무 관련 직원들은 아시아에서 경험이 있는 영국 공무원들과 관리들로 영사대리인consul-delegate의 지위에 있었다. 원래의 계획은 동남아시아와 그 너머 등지로 간 중국인 노동이민의 역사적 중심지 중국 남부와, 중국 북부 모두에서 중국인 노동력을 모집하는 것이었으며 또한 가능한 한 단기간에 최대한의 노동자들을 모집하는 것이었다. 중국 북부의 산둥성과 허베이성河北省은 특히 노동이민이 보장된 곳이었다. 화베이華北, North China 지역은 여전히 가뭄, 기아, 의화단義和團의 난Boxer Rebellion〔권비拳匪의 난, 1900. 6〕에서 벗어나려 애쓰고 있었고, 1904년 2월에 발발한 러일전쟁Russo-Japanese War으로 만주로 가는 계절노동 이주seasonal labor migration가 중단되면서 실업률은 더욱 악화되었다. 산둥에서 CMLIA는 블라디보스토크의 러시아 기업들에 중국인 노동자들을 모집해준 경험이 있는 회사들과 계약을 맺었다. 허베이에서 CMLIA는 허버트 후버(장래의 미국 대통령)가 설립한 회사와 협력했고, 회사는 톈진의 카이핑매광開平煤礦이 운영했으니 톈진은 후버가 큰 관심을 보이는 곳이었다〔"매광" 곧 "메이쾅"은 "탄광"이란 뜻이다〕.[54]

　일주일 후 도착한 트위드데일호와 이크바르Ikbar호에 약 2000명의 중국인 노동자를 태운 처음 두 차례의 수송은 광둥성에서 홍콩을 통해 이들을 데려왔다. 그러나 중국 남부는 트란스발 광산의 노동시장으로서 곧 붕괴되었다. 남아프리카와 채굴 프로그램에 대한 나쁜 평판이 홍콩과 광저우 언론을 통해 거의 1년 동안 퍼져나갔다. 요하네스버그의 중국인 상인들은 중국에 기사와 편지를 보내 중국인들이 남아프리카에서 인종적 제약, 특별세special tax들, 분리segregation 등을 포함해 "전제적tyrannical" 학대에 시달리고 있다고 경고했다. 이들은 비트바테르스란트 금광들에서 일하는 암울한 그림을 그렸으며, "산지옥"에서 일하는 것에 서명하지 말라고 중국인들에게 경고했다. 이들은 이렇게 썼다. "가난한 흑인들이 굴에서 일하는 동안" 광산 폭발물들에 의해 "일부는 팔과 다리를 잃고, 일부는 머리에 화상을 입은 채로 […] 죽어나가는 일을 보는 것은 드문 일이 아니다." 흑인 광부들은 "밤낮으로" 갱도들에서 발을 물에 담근 채로 일을 하며, "그렇게 힘든 일은 황소나 말조차도 견딜 수 없다. 중국인들이 이를 어떻게 견딜 수 있겠는가? […] 아프리카에 살고 있는 우리는 우리 동족이 당하는 참극을 차마 볼 수가 없다."[55]

1904년 봄 중국인 노동자들의 모집과 수송이 시작된 이후 이에 관해 《외교보外交報, The Diplomatic Review》와 《동방잡지東方雜志》 등에 지속적인 보도가 있었다(《외교보》는 중국 근대 최초로 국제문제 평론을 주요 내용으로 하는 신문이었고, 《동방잡지》는 대규모의 인문 종합 잡지였다). 개혁 성향의 《신민총보新民叢報》는 〈남비주화교참상기南非洲華僑慘狀記〉라는 장문의 논평에서 18세기 후반부터 남아프리카에서 존재한 중국인들에 대한 차별의 역사를 상세히 다루었다(《신민총보》는 중국의 무술정변 실패로 일본으로 망명해 있던 캉유웨이·량치차오 등이 조직한 정치단체 보황회保皇會가 간행한 기관지다. "남비주화교참상기"는 "남아프리카(남비주) 해외중국인들(화교)의 비참하고 끔찍한 상황에 대한 기록(참상기)"이라는 뜻이다). 금 채굴에 관한 논의는 몇 가지 근거에서 탐탁지 않은 것이었다. 첫째, 이 논평은 백인 노동자와 아프리카인 노동자 모두의 임금이 하락하는 추세에 대해 보도했다. 하루 1실링인 중국인 초임은 아프리카인 임금보다 훨씬 적었다. 더 충격적인 것은 논평이 아프리카인들을 옷도 거의 입지 않고, 나뭇가지로 만든 조야한 도구로 염소 머리와 옥수수 섞은 것을 먹는, 비루한 야만인들로 묘사했다는 것이다. 논평은 이렇게 묻는다. "야만인은 동굴에 살지만, 중국인 노동자들이 그렇게 살 수 있는가?" 아프리카인들에게 동정적이지 않은 것은 아니었지만,《신민총보》는 사회다윈주의Social Darwinism〔사회진화론〕적 세계관에 영향을 받아 부상하던 중국민족주의Chinese nationalism를 표명했다. 논평은 남아프리카 광산 소유주들이 중국인들을 인종주의적 수手로 이용하고 있으며, 중국인들에게 아프리카인들보다 더 적은 임금을 지불하는 것은 분명 중국인들을 야만인과 노예의 수준으로 끌어내릴 것이라는 암묵적 경고를 담고 있었다.[56]

1904년 봄, 남아프리카 중국인 채굴노동력 프로그램에 반대하는 대자보 캠페인이 광저우와 샤먼에서 벌어졌다. 6월에는 오랫동안 계약노동 이민을 반대해온 양광兩廣(광동성과 광시성廣西省) 총독 천춘쉬안岑春煊이 이제 남아프리카로 보내는 중국인 노동자 모집을 불법으로 선언하고 광저우에서 홍콩으로의 노동자 수송을 중단했다. 다음 달에는 신닝―북아메리카와 오스트레일리아로 간 중국인 이민 수만 명의 출신지 ― 현감이 영국의 노동자 모집회사 버터필드앤드스와이어Butterfield and Swire를 위해 일하는 대리인들을 체포했다. 10월에는《신민총보》가 광동 관리들의 노력을 인정했으나 영국과 청 외교부서 간 합의가 있어 남아프리카 노동력 프로그램이 중단되기는 어려울 것이라는 우려를 표명했다.《신민총보》는 CMLIA가 중국 정부에 1인당 지급하는 수수료를 사람을 노예로 팔아넘기는 대가로 간주하고, 이민 중국인 노동자들을 보호하는 특별 정부부서를 설립할 것을 촉구했다.[57]

따라서 남아프리카 채굴노동자 모집은 부정적 여론, 성省과 지역 당국의 조치, 첫 번째 노동자 수송들에서 각기병이 발생했다는 소식 등이 복합적으로 작용해 차질을 빚었다. 좀 더 일반적으로는, 중국 남부에서 장거리 계약 중국인 노동이민이 감소하고 있었다. 영국의 한 정보기관 보고서는 이 지역에서 남아프리카로 보내는 중국인 노동자 모집이 "완전히 실패"한 진짜 이유를 인정했다. "수년 동안 이미 광둥 중국인들이 해협식민지로, 말레이 국가들로, 버마로, 네덜란드령 동인도로, 보르네오로, 영국령 북아메리카로 이민을 갔으며" 이곳에는 "제약이 거의 없거나 전혀 없었다." 따라서 "광둥 노동자들이 모든 이동이 엄격하게 통제되고, 수용소에서 살아야 하며, 일이 광산의 비숙련노동에 제한되는 나라로 가는 계약노동에 자신을 구속하기를 꺼린다"는 것은 놀라운 일이 아니다. 어려움을 겪은 것은 남아프리카 프로젝트만이 아니었다. 윈난 철도 부설에 계약노동자들을 모집하려는 프랑스의 노력은 "교착 상태"에 빠졌고, 북보르네오North Borneo의 독일 프로젝트를 위한 노동력은 모집을 위한 협상조차 할 수 없었다. 사실, 세기가 바뀌면서 쿨리무역의 시대는 저물어가고 있었다. 쿨리를 가장 학대한 쿠바와 페루는 이 무렵에 쿨리무역을 철폐했다. 남아 있던 얼마 안 되는 것들도 어려움에 봉착했으니, 특히 중국인 노동자들이 계약노동을 주저했기 때문이다.[58]

1904년 12월에 CMLIA는 중국 남부에서 계약노동자 모집을 중단했고, 이미 작업을 시작한 북부의 허베이성과 산둥성으로 모든 모집 시도를 옮겼다. 그곳 남성들이 남부의 남성들보다 "전반적으로 체구가 더 크고 더 육중하다"라고 합리화되었지만, 북부인들은 "지적 측면에서 더 우둔하다"라고 보고되었다. 결국, 트란스발 광산들로 보내진 중국인 노동자의 98퍼센트가 북부 출신이었다.[59]

중국 북부 성들의 관리들은 이 지역의 높은 실업률을 고려해 남아프리카 계약노동자 모집에 협력하기로 동의했으나, 남아프리카의 저임금과

"질식할 것 같은" 환경에 대한 보고를 우려했다. 광둥성에서 직면한 문제 들에서 교훈을 얻었는지, CMLIA는 중국 북부에서 긍정적인 광고와 선 전 캠페인을 개시했다. CMLIA는 현장에서 노동자 모집 담당자들이 사 용할 수 있도록 중국어로 된 삽화 소책자를 발간했다. 란트 지역에서 중 국인들을 가장 많이 고용하는 짐머앤드잭골드마이닝컴퍼니Simmer & Jack Gold Mining Co.를 모델로 해서, 항해부터 더반의 접수처 창고와 광산의 수 용소들까지 아주 상세하게 이민 프로그램을 설명한 것이었다. 짐작할 수 있듯이, 소책자는 높은 임금과 훌륭한 음식으로 금광들에서 일하는 장밋 빛 그림을 제시했다. 여기에는 14개 채굴회사의 중국인 노동자 1155명의 성명과 함께, 각자의 고향, 이들이 광산에서 수행한 업무, 이들의 월수입 등이 기재되어 있어서 모든 것이 사실인 것처럼 보였다. CMLIA는 예비 이민자들이 자기 지인들의 이름을 알아보고는 노동 계약을 맺을 용기를 낼 수도 있다고 생각했던 것 같다.[60]

중국 북부에서 출발한 처음 두 차례의 남아프리카 채굴 이민자 수송 은 거의 전적으로 산업 항구 도시 톈진에서 모집되었다. 그러나 1905년 3월이 되자 톈진에서 수송된 남성들의 절반 이상이 "내륙 출신 노동자, 소농, 농업노동자"였다. 트란스발 외국인노동부는 이들을 대부분 "밭에 서 막 온 농민 또는 소상인"이라고 묘사했다. 사실 CMLIA는 처음부터 시 골 출신 노동력을 선호했다. 해리 로스 스키너는 1903년 보고서에서 도 시의 "잡초들weeds"(쓸모없는 사람들)과 "부적합자들unfits"을 피하고, "연안 주변과 심지어 내륙에서라도" "튼튼하고 건강한 노동자들"을 모집하는 게 중요하다고 언급했다.[61]

노동자 모집 과정에는 여러 단계가 있었다. 첫째, 중개회사의 중국 현 지 직원들이 타운들과 마을들에서 사람들을 모집해 접수처 창고까지 데려가면, 그곳에서 사람들은 건강검진을 받고 중국인 사무원들과 트란스발 직원들로부터 계약에 대해 설명을 들었다. 세쯔슈 및 여러 당대인은 톈진에서 정보가 거짓이거나 정보가 전혀 없는 사기가 흔하다고, 특히 갱 내 작업과 관련해서 그렇다고 믿었다. 수락된 사람들은 이후 허베이 지역 친황다오秦皇島 및 산둥 지역 옌타이의 항구들에 있는 CMLIA의 접수처 창고들로 이송되었다. 각 창고는 콘크리트 바닥과 나무 침상이 있는 두 개의 용도 변경된 헛간shed으로 구성되었으며 500명을 수용할 수 있었다.[62]

더 많은 면접과 검사를 거친 후 출항 당일, 모집된 사람들에 대한 최종 건강검진이 실시되었다. 이 시점에서야 진단서에 서명이 이루어졌고 CMLIA는 중개인에게 비용을 지불했다—이는 결국 출국하지 않은 노동자들에 대한 수수료 지불을 회피하는 관행이었다. 실제로 "중도탈락자 수wastage"는 상당했다. 예를 들어 1905년 3월 톈진에서 모집된 중국인 채굴 이민자 2700명의 거의 절반이 예비 건강검진에서 탈락했다. 나머지의 절반은 해안에서 약 150마일〔240킬로미터〕 거리에 있는 친황다오의 CMLIA 접수처 창고로 가는 도중에 탈주하거나 친황다오에서 실시된 2차 건강검진을 통과하지 못했다. 이렇게 출발하기도 전에 탈주하는 경우가 많은 이유는 모집된 사람들이 접수처 창고들에서 너무 열악한 대우를 받아 남아프리카로 출발하는 것에 대해 다시 생각했기 때문일 수 있다. 수송선에서 일했던 한 중국인 통역자는 《산둥일보山東日報》에 이렇게 썼다. "사람들은 매우 잔인한 대우를 받았다. 이들이 즈푸(옌타이)에 있는 동안 이민사무소 책임자들은 끊임없이 이들을 구타한다. […] [남아프리카에서] 일부는 병으로 죽고, 일부는 잔인하게 살해당한다. […] 정말로 이들은 지상의 지옥에 살고 있다. 외국인들은 사납고 사악한 악마 그 자체다."[63]

그럼에도 금의 유혹은 대부분의 것을 지배했다. 최종 건강검진을 통과한 이민자는 "소독탱크disinfection tank"에서 목욕을 했다. 그는 수건, 밀짚모자, 솜을 넣은 코트와 바지, 전대, 신발, 양말을 받았다. 옷을 입은 다음 그는 여권, 여러 개의 식별표, 향후 입금에서 공제될 현금을 선지급 받을 수 있는 표를 수령했다. 그런 다음 그는 다시 트란스발 출입국관리 직원 앞으로 가서 남아프리카로 가겠다는 의사를 다시 한번 확인했다. 그는 지장指章으로 계약서에 서명을 하고 그 사본을 받았다. 이 시점에서 "쿨리는 계약노동자로 변한다"라고 한 관찰자는 말했다.[64]

중국인 노동자들은 영국 소유의 화물선들을 타고 남아프리카로 이동했는데, 1904년의 그레이트브리튼과 중국 간 이민 협약 및 홍콩여객법Hong Kong Passenger Acts이 규정한 조건에 부합하도록 개조된 선박이었다. 배들은 홍콩과 싱가포르에 들러 식량과 연료를 공급받았고, 이어 말라카해협Malacca Strait(믈라카해협Melaka Strait)을 거쳐 인도양으로 향했다. 세이셸제도Seychelles Islands에서 배는 남서쪽으로 방향을 틀어 더반으로 향했다. 항해는 평균 10~11노트의 속도로 30일이 걸렸다(1노트는 한 시간에 1해리 곧 1852미터를 달리는 속도다).[65]

남아프리카로 가는 항해 도중 CMLIA는 중국인 채굴 이민자들의 보건 및 위생을 엄격하게 관리했다. CMLIA는 선상에서의 시간을, 승선 직전에 선발된 "보스 쿨리들" 혹은 우두머리headman들을 교육하는 데 썼다. 도박, 싸움, 절도, 아편 흡입, 위생 규칙의 위반 등에 대해 징계 조치가 가해졌으며, 그것은 "음식물 박탈, […] 식사를 제공하거나 제공하지 않으면서 일정 기간 묶어두거나 가두어두기, 또는 대나무로 수차례 때리기" 등이었다. 그러나 어느 정도 수준에서는 규율을 유지하는 게 불가능했다. 이민자들은 싱가포르에서 행상들로부터 물건을 구입하거나 선상에서 도박을 하는 데 쓸 현금을 가지고 있었다. 도박 행위는 항해 중에 빠르게 등장했고, 광산들에서도 지속적으로 문제의 원천이 되었다.[66]

더반에 도착하자마자, 중국인들은 배에 탄 채로 건강검진을 받고 나서 하선했다. 이들은 그런 다음 철도로 제이컵스캠프에 있는 외국인노동부의 접수처 창고로 이동했으며, 이곳은 동시에 4000명 곧 두 척 분의 승선 인원을 수용할 수 있을 정도로 규모가 컸다. 캠프에는 60곳 이상의 합숙소, 화장실, 공중목욕탕, 부엌 등이 있었고, 여기에 더해 외국인노동부 관리들과 사무원들이 사용하는 사무실들이 있었다. 정문 밖에는 병원, 외국인노동부 직원 숙소들, 경찰서가 있었다. 노동자들은 아침과 저녁에는 쌀, 고기 또는 생선, 채소를 먹었고, 점심에는 쌀죽을 먹었다. 구내의 작은 상점에서는 담배와 빵 등을 팔았으며, 장사가 잘되었다고 알려졌다.[67]

트위트데일호로 온 첫 중국인 노동자 그룹에 대한 절차가 진행되는 동안 각기병에 걸린 채 도착한 남성 3명이 제이컵스캠프에서 사망했다. CMLIA는 다른 40명을 중국으로 송환했지만, 그중 몇 명이나 귀국길에서 살아남았는지는 알려지지 않았다. 제이컵스캠프를 떠나 비트바테르스란트로 향한 1006명의 남성 중 48명이 뉴코멧마이닝컴퍼니에 도착한 후 각기병에 걸렸다. 한 달 만에 이들 대부분은 회복되어 광산에 들어갈 수 있게 되었다.[68]

제9장

✳

란트 지역의 쿨리

셰쯔슈는, 1903년 홍콩을 거쳐 요하네스버그로 이주한 시드니 출신의 광둥인으로, 남아프리카에서 자신의 명성을 얻고자 열망했다. 그는 당시 30대 초반이었으며, 다소 수월하게 요하네스버그 광둥클럽의 서기가 된 것 같으며, 이 자리는 십중팔구 유급직이 아니었을 것이다. 그러나 이 직책과 이에 더해 이중언어 구사 능력 덕에, 셰쯔슈는 백인과 중국인 사이에서 어느 정도 입지를 다졌다. 다른 말로 하자면 그는 문화 중개자였다. 이런 위치에 있는 사람들은 서로 의사소통을 하거나 사업을 할 수 없는 두 집단 사이의 교류를 촉진한다. 이들은 정보나 재화에 대한 독점을 통해 힘을 얻는다. 그러나 이런 독점으로 인해 교류의 양측 모두가 이들 중간에 있는 사람을 불신하게 될 수 있다. 중국인 통역자와 노동대리인은 중국인 이민자들에게 호의를 베풀 수 있지만—곧 판사 앞에서 그들을 돕기 위해 통역 내용을 약간 수정하거나 고용주들에게 잘 말해주는 등— 그러한 호의를 대가로 그들에게 돈을 요구할 수도 있다. 셰쯔슈는 부패한 사람은 아닌 것으로 보인다. 그는 자신을 "진보적progressive"이라고 생각했으며, 타운의 상인이건 광산의 계약노동자건 남아프리카의 중국인들이 공정하게 대우받아야 한다고 믿었고, 자신의 기술과 재능을 이 일에 쏟았다. 그가 사회적 지위를 의식하고 약간 오만했다 하더라도 그것은 작은 흠이었다.

1903년 10월 셰쯔슈가 요하네스버그에 도착했을 때 현지에서는 중국인 광산노동력을 수입할 것인지를 둘러싼 공개적 논쟁이 한창 진행 중이었다. 광둥클럽의 남성들은 의심의 여지 없이 이에 대해 논의하고 사태를 예측했을 것이다. 그해 말 트란스발 입법부가 조례 제17호를 준비하고 있을 때, 셰쯔슈는 신설된 트란스발 외국인노동부에 취직했다. 그는 그냥 나타나서 자신의 서비스를 제공했을 수도 있다. 외국인노동부는 프로그램에 따른 노동력 수입 및 프로그램 운영을 감독할 책임이 있었다. 면허와 여권을 발급하고(둘 다 세수税收를 창출했다), 노동력의 도착·접수·할당·송환을 감독했으며, 노동자들의 질병·사망·체포·유죄판결에 관한 데이터를 관리하고, 채굴회사들이 프로그램의 조건을 지키는지를 감시했다. 프로그램을 수립하는 데는 많은 작업이 필요했다. 사무실에 근무하면서 셰쯔슈는 프로그램에 관한 귀중한 정보에 접근할 수 있었다.

조지 파라 경은 외국인노동부가 돌아가는 것을 보기 위해 부서에 들렀을 때 십중팔구 셰쯔슈를 만났을 것이다. 셰쯔슈의ー자신을 토머스 아체Thomas Ah Sze라고 소개한ー 영어 구사 능력은 파라 경에게 깊은 인상을 주었을 것이고, 파라는 그에게 이스트란트프로프라이어터리마인스ERPM〔뉴코멧마이닝컴퍼니의 모회사〕의 "중국인 고문" 자리를 제안했다. 이것은 외국인노동부의 관료적인 사무보다 훨씬 더 흥미로웠을 것이다. ERPM에서 셰쯔슈가 맡은 일은 회사의 광산들을 방문해 노동자들과 대화하고, 이들의 불만을 회사에 전달하는 것이었다. 의심의 여지 없이 파라의 목적은 외국인 채굴노동력 프로그램을 원활하게 돌아가게 하는 데 있었다. 셰쯔슈의 관심은 중국인 노동자들을 학대로부터 보호하는 데 있었다. 뉴코멧마이닝컴퍼니에서 셰쯔슈는 중국인 채굴노동자들에게 제공되는 식사의 질이 형편없다는 것 그리고 관리자들이 작업을 거부하는 노동자들을 광산의 양호실에 가두어두는 것에 관해 보고서를 썼다.[1]

뉴코멧마이닝컴퍼니가 처음에는 중국인 노동자들의 불만 사항을 일부 해결했지만, 셰쯔슈는 자신이 "이 사안에 관해 발언권이 없다"라고 생각하게 되었다. ERPM의 총감독관은 그에게 노동자들이 그들의 불만을 제기하게 하지 말라고 했다. 셰쯔슈가 ERPM의 또 다른 광산을 방문했을 때 감독관 안젤로Angelo는 그에게 이곳의 중국인 통역자들과 쿨리들에게 "영향을 끼치지 말 것"을 경고했다. 셰쯔슈는 이런 암시를 통해 분노를 표시했다. "내가 그들을 부추기라도 한단 말인가."[2]

좌절하고 기분이 상한 셰쯔슈는 1905년 3월, 겨우 입사 6개월 만에 직장을 그만두었다. 그가 사직서를 내자 회사 간부들은 광산의 환경이 만족스럽다고 주장하는 보고서에 서명하도록 그에게 압력을 가했다. 셰쯔슈는 이를 거부했고, 월급을 몰수당한 채 잉글랜드로 떠나 파라브라더스Farrar Brothers[조지 파라 형제들의 남아프리카 채굴회사]의 런던사무소와 중국공사관에 직접 불만을 제기했다. 그는 또한 케이프식민지 정부가 새로 부과한 등록 및 신분증 발급 요건에 항의하는 포트엘리자베스Port Elizabeth 중국인 상인들이 청 대사에게 보내는 탄원서를 지니고 있었다. 그러나 셰쯔슈는 ERPM 간부들이 파라의 런던사무소에 보낸 전보로 방해를 받았다. 전보는 토머스 아체가 "다소 위험한 인물"이며 선동과 협박을 일삼는다고 경고하고 있었다. 파라의 사람들도 이를 중국 공사관에서 일하는 영국인 직원에게 귀띔했고, 직원은 셰쯔슈가 청 대사 장더이를 만나지 못하게끔 막았다.[3]

런던에서 셰쯔슈는 자신의 전 고용주에게 편지를 보내 "공직 그리고 귀사에서"에서 얻은 지식을 바탕으로 "중국인 노동 문제"라는 주제에 대해 자신이 말할 자격이 있다고 말했다. "내게는 사안을 과장할 필요가 조금도 없으며, 내가 말해야 할 것은 오직 진실뿐이다." 그는 다음과 같이 덧붙였다. "나는 중국 진보주의자로서 [첫째] 나 자신을 위해, [둘째] 나의 조국과 나의 동포를 위해 수행할 의무가 있으며, 아무도 내가 취한 조치에 대해 나를 비난할 수 없다."[4]

채굴 지역 및 식민지 관리들은 셰쯔슈를 저지하려 갖은 애를 썼다. 그들은 또한 셰쯔슈가 영국 신민이라는—그는 오스트레일리아에서 태어났다— 그의 주장을 비웃음으로써 그를 깎아내리려 했고, 아울러 그가 중국어를 읽을 수 없다고 주장함으로써 그의 진위에 이의를 제기했다. 셰쯔슈는, 채굴 지역 및 식민지 관리들이 란트〔비트바테르스란트〕 지역에서 빠르게 부상한 노동력 수입 프로그램의 문제점을 폭로할 것을 우려한 바로 그런 유형의, 자랑스러운 중국인이었다.

셰쯔슈는 포트엘리자베스로 돌아와 고전중국어classical Chinese〔곧 한문漢文〕 1만 자에 이르는 장문의 에세이 《유력남비주기遊歷南非洲記》를 썼다〔"남비주"는 "남아프리카"의, "유력"은 "(여러 고장을) 두루 돌아다님"의 뜻이다〕. 그는 《유력남비주기》를 1905년 7월에 완성했고, 그것을 지방직을 두루 거쳐 중앙 베이징의 호부상서戶部尚書로 임명된 고위 학자관료scholar-official〔곧 사대부士大夫〕 자오얼쉰趙爾巽에게 증정했다.[5]

이 증정은 행운을 가져다주었다. 《유력남비주기》가 청 관리들 사이에 유통되거나 정책에 영향을 끼친 것으로 보이지는 않지만, 책은 중국의 개혁가들에게 알려지게 되었고 이들은 청이 해외에서 중국인 노동자들을 보호하지 못한 것에 대한 자신들의 보고문에서 그 책을 언급했다. 《유력남비주기》는 역사학자들에게 가치가 있는 것인바, 직접적으로 그리고 중국의 관점에서 중국인 이민 국가들에서 노동 조례의 일반적 위반들과 중국인 채굴노동력의 어려운 현실을 묘사한 현존하는 몇 안 되는 문서 중 하나라는 점에서 그러하다. 그 내용은 꼭 반론의 여지가 없다고만은 할 수 없으나 영국과 남아프리카의 자료들에서 제기된 주장들을 확인하거나 반박할 수 있게 해준다.

⁜

셰쯔슈가 ERPM에서 짧은 기간 재직할 때 나타난 긴장의 원천은 식민지 및 채굴 지역 관리들이 가진 중국인 노동력 프로그램에 대한 높은 기대에 있었다. 이 프로그램의 이해관계는 첫 중국인 노동자 그룹이 뉴코멧마이닝컴퍼니에 도착한 지 한 달 후 앨프리드 밀너 경이 영국 식민부 장관 앨프리드 리틀턴Alfred Lyttelton에게 보낸 초기 코뮈니케communiqué〔공보公報〕 중 하나에 분명히 드러난다. 밀너는 중국인들이 각기병 발병의 최악의 상황은 넘겼다고 보고했다. 그는 또한 노동능률labor efficiency이 계속해서 높아지고 있다는 점을 보고하게 되어 기쁘다고 했다〔"노동능률"은 생산수단이 일정할 때 한 사람의 노동자가 투입한 노동량 대비 생산량의 수준을 말한다〕. 1904년 7월 7일(갱 굴착 작업을 시작한 지 겨우 2주 만에) 440명의 중국인 노동자가 542피트 2인치〔약 165.3미터〕, 1인당 평균 15.6인치〔0.38미터〕를 굴착했다. 20명이 각각 2.5피트〔0.76미터〕를, 8명이 각각 3피트〔0.91미터〕를 굴착했다. 트란스발식민지와 오렌지강식민지 총독 앨프리드 밀러의 열정을 꺾을 만한 것은 거의 없었다. 그는 이미 영국 신문들에 돌고 있던 광산들에서의 중국인 노동자 탈주 소문을 일축했다. 그는 ERPM이 관할하는 지역이 약 3마일(4.8킬로미터)에 걸쳐 있고, 노동자들이 광산 구내에 있는 동안은 허가가 필요 없기 때문에 모든 사람의 이동을 파악하기는 어렵다고 설명했다.[6]

앨프리드 밀너가 런던에 보낸 간결한 전문電文은 향후 수개월, 수년 동안 남아프리카 식민지 당국과 광산 소유주들의 주의를 끌 주된 쟁점을 포착하고 있었다. 물론 핵심 문제는 그들이 모암들에서 얼마나 많은 광석을 캐낼 수 있는가였다. 이것은 각각의 노동자가 몇 인치나 갱을 굴착했는지뿐만 아니라 이들의 질병이나 광산 탈주로 인한 "중도탈락자 수"와도 관련 있었다. 탈주 문제는 채굴 중국인 노동자들에 대한 규율과 감시에 주의를 기울여야 한다는 요구로 이어졌다. 정치권은 끊임없이 배후에 숨어서는 이 프로그램이 백인들의 이익에 위협이 된다거나 중국인들을 "노예제"에 준하는 조건에 처하게 한다는 식으로 다양하게 비판했다. 이론적으로 남아프리카에서 중국인들의 임금은 아프리카 출신의 임금과 동등한 수준이었으나, 중국에서 수만 명의 노동자를 수입하는 데는 상당한 비용이 투입되었다. 광산 소유주들은 중국인 노동자들이 3년 계약기간을 거치면서 축적된 경험으로 더 높은 채굴 생산성을 올리고, 이를 통해 노동자 모집 비용을 회수할 수 있기를 기대했다. 인건비가 업계에서 단일 비용변수cost variable(변동비variable cost)로 가장 큰 비중을 차지하는 상황에서, 광산 소유주들은 1903년 그들이 직면했던 채굴노동력 부족 및 수익률 하락의 위기를 반전시키는 데서 중국인 노동자들에게 의존했다.

앨프리드 밀너의 낙관적 전망에도 각기병은 계속해서 인력에 골칫거리가 되었다. 1904년 10월에 트란스발 외국인노동부는 쇠약성질환에 걸린 80명의 중국인 노동자를 추가로 본국으로 송환했다. 이 중 일부는 너무 쇠약해져 걸을 수조차 없었고 14명은 고국에 도착하기도 전에 항해 중 사망했다. 중국인 노동자들은 갱을 굴착하는 데 더 익숙해지긴 했지만 임금 지급 중단 및 채찍질에도 불구하고 하루에 더 굴착하라는 계속되는 압력에 저항했다. 그리고 이들은 향후 몇 년 동안 대규모로 광산에서 탈주할 것이었다. 의심의 여지 없이 중국인 노동력은 1905년이 되면 남아프리카전쟁 이전 수준의 생산량에 도달하고 새 심부 광산들로 생산을 확대할 수 있게 했다. 중국인 노동력으로 금 채굴 산출량은 증가했고, 수익은 높아졌다. 그러나 이런 성과의 이면에서, 비단 금전적인 측면에서만이 아닌 비용이 많이 들었다. 남아프리카의 중국인 노동력 프로그램은 광산의 사회적 통제 그리고 남아프리카와 그레이트브리튼의 정치적 위기를 지속적으로 불러일으켰다. 1907년이 되면 란트 지역에서 중국인 노동력을 이용하는 것을 옹호할 수 없었다. 신규 중국인 채굴노동자 모집이 중단되었고, 마지막 계약이 만료되어 1910년에 마지막 중국인 노동자들이 귀국했다. 이 프로그램의 종료는 남아프리카에서 아시아인 배제의 승리를 확실하게 했다.[7]

⁜

트위트데일호를 통해 1904년 6월 중국인 노동자들이 처음으로 수송된 지 6개월 만에 트란스발 광산회의소노동력수입청CMLIA은 1만 5199명의 중국인 노동자를 받아 10개 광산에 할당했고, 그 첫해 말이 되면 27개 광산에 약 2만 8000명의 중국인이 있었다. 란트 지역의 중국인 광부 인구는

1907년에 5만 3838명으로 정점을 찍었다. 모두 합쳐, 거의 6만 3000명의 중국인 남성이 노동력 수입 프로그램에 따라 남아프리카 금광들에서 일했다.[8]

앨프리드 밀너는 중국인 노동력이 "진전의 확정보험증권definite policy"을 가능하게 할 것이라고 강조한 바 있었다. 그는 중국인들의 존재가 노동력 공급의 확실성을 시사하며, 그것 없이는 남아프리카 광산들을 개발하기 위한 자본이 "절대 나오지 않을 것"이라고 믿었다. 셀번 경은, 1905년 5월 밀너의 뒤를 이어 트란스발식민지 총독 및 아프리카 남부 고등판무관이 된 인물로, 밀너와 유사하게 중국인 노동력이 남아프리카 채굴업의 회복과 빠른 발전 및 확장 둘 다에 필요하다고 간주했다. CMLIA는 처음에 중국 내 노동력 모집인들에게 3년 동안 연간 10만 명의 노동자를 요청했다. 트란스발식민지 관리들은 자신들의 중국인 노동력 수입 프로그램이 단기적이고 실험적인 프로젝트라는 것을 공개적으로 밝히지는 않았으나, 이들은 사적으로는 중국인 노동력이 남아프리카 채굴업의 영구적 특징이 될 가능성에 대해 논의했다. 중국인 노동력은 남아프리카의 노동력 부족이라는 당면한 문제에 대한 해결책이기도 했으나 좀 더 장기적으로는 남아프리카 토착민 임금률과 백인 임금률 둘 다 억제할 여지 또한 있었다.[9]

란트 지역에서 3개 광산만이 중국인 노동력을 독점적으로 사용했는데, 특히 세실 로즈의 콘솔리데이티드Consolidated 그룹에 속한 거대기업 짐 머앤드잭골드마이닝컴퍼니가 그러했다("콘솔리데이티드 그룹"은 1888년에 설립된 드비어스콘솔리데이티드마인스De Beers Consolidated Mines Ltd.를 말한다). 이곳의 중국인 인력은 가장 많았을 때 4200명으로 란트 지역에서 가장 큰 규모였다. 란트 지역의 채굴회사 대부분은 중국인 노동자들을 사용해 자신들의 아프리카 인력을 보충했다. 일반적 유형은 중국인들은 지하에 배치해 갱을 굴착하고 삽으로 흙을 옮기고 암석을 수레로 옮기는 일을 하게 하고, 남아프리카인들은 지상 작업에 배치해 암석들을 분쇄 작업장들로 옮기고 쇄광기 장치들 및 여타 공정들에서 숙련된 백인 노동자들의 "조수들helpers"로 일하게 하는 것이었다. 채굴 인력은 공식적으로 인종별로 분리되지 않았으며, 중국인 노동자들과 남아프리카인 노동자들 모두 지하와 지상에서 일했으나, 남아프리카인보다 더 많은 중국인이 지상보다 지하에서 일했다(사진 20, 21).[10]

《남아프리카 금광의 중국인 노동력에 대한 삽화안내서》는, 인력 모집 인들이 사용하게끔 1906년 톈진에서 발행된 것으로, 남아프리카 광산에서 지하갱도의 일들과 지상의 여러 영역—쇄광 작업장, 보일러실, 야금 가공공장, 저장탑—을 설명하고, 지상의 숙련직에서 일하는 중국인 채굴 노동자들이 비숙련노동력의 2배에 달하는 월 50위안(100실링)의 고임금을 받는다고 주장했다. 이 팸플릿은 오해의 소지가 있는 내용을 담고 있다. 남아프리카 법은 중국인들이 숙련직에서 일하는 것을 금지했다. 팸플릿에 기재된 "기계공" "제철공" 등은 실제로는 백인 숙련노동자들의 조수(급사boy)들이었다. 게다가, 아마 20퍼센트 미만의 중국인들이 지상에서 일했을 것이다.[11]

계약에 따르면, 최저임금은 1일 10시간 노동에 1실링이었고, 매달 월급으로 지급되었다. 이는 갱내 작업의 토착민[즉 현지민] 임금의 절반 이하였으며, 비숙련 백인 노동력 임금의 10분의 1이었다. 트란스발 조례 제17호는 6개월 일한 후 중국인 임금이 토착민 평균임금 수준인 월 50실링으로 올라갈 것이라고 규정하고 있다. 그럼에도 란트 지역의 초기 일급日給은 1실링으로 중국에서 노동자들이 버는 것의 최소 2배에 달했다. 그러

사진 20 남아프리카 란트에서 계약 중국인들은 깊은 지하광산들에서 일했으며, 핸드드릴을 이용해 암석 표면을 잘랐다. 이들은 하루에 최소한 36인치(약 90센티미터)를 뚫어야 했다. 1905년경.

사진 21 짐머앤드잭골드마이닝컴퍼니는 남아프리카 란트에서 자사 광산들에서 일할 중국인 4200명과 계약했다. 점호 광경. 1905년경.

나 남아프리카의 소비자 물가도 중국의 경우보다 상당히 높았다. 게다가 일부 광산회사는 중국인들에게 광산 수용소〔울타리 쳐진 노동자 주택지구〕들 내의 가게들에서만 쓸 수 있는 전표scrip(쇠로 된 토큰)를 지급했는데, 이런 가게들의 상품은 조잡하고 가격이 비쌌으며, 전표는 계약이 끝날 때에야 파운드화로 교환할 수 있었다. 중국인들은 "필요한 우유, 설탕, 담배, 이런저런 물품 등 자신들이 필요한 것들을 그곳에서 사고 나면 중국에 있는 가족에게 보낼 돈이 거의 남지 않았다"라고 불만을 토로했다.[12]

란트 지역의 광산들은 위험하고 유해한 것으로 악명이 높았다. 특히 광산 관리자들이 산출량을 극대화하려 노동자들을 가차 없이 몰아붙였기 때문이다. 영국–중국 간 노동협약, 트란스발 조례 제17호, 개별 노동자들의 계약조건에는 노동자들을 학대로부터 보호하는 조항이 들어 있었다. 그러나 누가 이런 보호를 보장할 것인가? 셰쯔슈는 "중국인 고문"이 되는 것이 별 의미가 없음을 빨리 깨달았다.

트란스발 외국인노동부는 공식적으로 광산들의 노동조건을 감시할 책임이 있었다. 외국인노동부의 조사관inspector들은 최소한 한 달에 한 번은 개별 광산을 방문하고, 수용소(방, 화장실, 부엌)와 노동시간 기록을 검사하고, "가능하면" 노동자들과 대화를 나누고, 이들로부터 돈을 받아 중국에 송금하는 것으로 되어 있었다. 그러나 프로그램이 시작된 지 1년 후인 1905년에 부서에는 단 두 명의 정규직 조사관이 있었다. 1906년 2월 요하네스버그에 있는 외국인노동부 본사에는 7명의 조사관이 있었지만 여전히 인력은 부족했다.[13]

중국 측에서는 남아프리카 총영사 류위린劉玉麟이 요하네스버그에 도착했는데, 중국인 노동자들이 남아프리카로 가기 시작한 지 거의 1년이 지난 때였다. 류위린은 중국과 미국에서 교육을 받았고, 미국·유럽·동남 아시아에서 영사관 직원으로 근무한 경험이 있는 코즈모폴리턴이었다. 류위린은 오랫동안 영사 부임을 요구해온 현지의 중국인 상인들과 지속 적으로 모임을 가졌다. 류위린은 금광들을 방문해 중국인 노동자들의 불만을 조사했지만, 그에게 강제력은 없었다. 체형體刑 금지 투쟁에서 실패했던 런던 주재 청 대사 장더이는 중국인 광산노동자들에 대한 더 많은 지원을 계속해서 촉구했다. 그는 란트 지역 광산들에서 일하다 병에 걸리 거나 사망하는 중국인 광산노동자들의 수에 놀라, 광산회사들이 사망한 중국인 노동자들의 가족에게 사망보험금을 지급하도록 하기 위해 로비를 벌였으나 소용이 없었다.[14]

요하네스버그의 중국인 상인들도 중국인 광산노동자들을 옹호하기 위해 노력했다. 광둥클럽은 광산 상황을 폭로하는 편지들을 중국 언론에 꾸준히 보냈다. 원래 오스트레일리아 출신인 셰쯔슈는 멜버른의 중국어신문《애국보愛國報》에 보낸 편지의 작성자였을 것으로 보이는데, 그는 광산 수용소들을 감옥으로 묘사했다. 아부Ah Bu라는 이름의 현지 중국인 세탁업자는 뉴코멧마이닝의 광산에서 노동자들과 대화를 나눈 후 체포되었다. 그는 노동자들과 무단으로 모임을 열고, 이들에게 일을 하지 말라고 선동하고, 퇴거를 거부해 무단침입 혐의로 기소되었다. 그는 유죄판결을 받고 징역 6주형을 선고받았다.[15]

남아프리카의 중국인 노동자들은 채굴회사 수용소에 고립되어 있으면서 총영사 류위린이나 현지 상인들과 별로 만나지 못하고, 트란스발 외국인노동부의 인력이 턱없이 부족했던 터라, 거의 혼자의 힘으로 버텨야 했다.

통상적 근무일에 주간 교대 노동자들은 해 뜨기 전에 일어나 오전 5시에 시작되는 1일 10시간 작업의 준비로 대형 식당에서 아침 식사를 했다. 전날 오후 5시에 작업에 들어간 야간 교대 노동자들에게도 같은 식사가 제공되었다. 두 번째 식사는 오후에 두 교대 근무자들 모두에게 제공되었다. 이러한 두 끼의 1일 식사 배급량은 쌀 1.5파운드, 건어乾魚나 선어鮮魚 또는 육류 0.5파운드, 채소 0.25파운드, 차 0.5온스, 견과유堅果油, nut oil 0.5온스, 소금 등이었다. "점심"이란 것은 없었다. 노동자들은 지하에서 먹을 차 한 캔과 빵 한 덩어리를 받았지만, 전하는 바에 따르기로 그들은 종종 그 차를 자신들이 굴착하는 갱을 축축하게 하는 데 사용했고, 많은 수가 자신들이 배급받은 빵을 먹을 수 없다고 여겨 그것을 버리고 그 대신 광산에 있는 가게에서 자비로 구입한 음식을 챙겨갔다고 한다.[16]

광산노동은 고되고 위험했다. 중국인들은 1000~2000피트〔300~600미터〕 깊이에서 일했으며, 여기서 이들은 바위 표면을 끌chisel과 핸드드릴로 깨서 바위를 캤다. 광맥은 평균 30도 정도 침하해 있어서 착암공鑿巖工, driller들은 대개 경사면에서 일을 했다. 게다가 표면이 종종 미끄러워 착암공과 운광공運鑛工, trammer〔광차鑛車, tram를 이용해 광석을 나르는 작업자〕모두에게 작업하기 어려운 조건이었다. 물이 "우리 머리 위로 쏟아져 우리를 흠뻑 젖게 하고 추위에 떨게 했다." 착암공들은 종종 좁은 〔갱내〕계단식 채굴장stope에서 폐소공포증claustrophobia 상태에서 일했다. 여기는 착암기machine drill가 들어갈 수 없었고 토착의 아프리카 노동자들이 작업을 거부하는 곳이었다. 말하자면 중국인 노동력은 광산 소유주들로 하여금 지하 심부 광맥의 새로운 구역들을 개발할 수 있게끔 해준 셈으로, 이는 채굴

회사들이 자사의 미래를 걸었으나 다른 방법으로는 접근하기 어려웠던 것이었다.[17]

작업 성과는 인치 단위로 측정되었다. 교대 근무가 끝날 때마다, 백인 감독자들이 각각의 노동자들에게 이들이 수행한 작업의 증거이자 임금 지급의 근거가 되는 작업전표work ticket를 발급했다. 앞서 언급했듯, 중국인들은 광산에 도착하자마자 하루 평균 15인치씩〔약 38센티미터〕굴착했으나 이들은 금세 실력이 향상되었다. 착암공들에 대해 일한 분량에 따라 임금을 지급하는 성과급 방식을 채택한 광산에서는 이들이 임금을 지불받을 수 있는 착암의 최소 요건을 24인치〔약 60센티미터〕에서 36인치〔약 90센티미터〕로 설정했다. 36인치 이상을 굴착하면 착암공들은 보너스를 받을 수 있었다.[18]

란트 지역의 숙소 또는 수용소들은 대부분 이 채굴노동력 수입 프로그램을 위해 새로 지어진 것이라 오래된 토착민〔현지민〕수용소들보다 품질이 좋았다. 벽돌이나 콘크리트로 된 합숙소들에는 최대 40명의 노동자를 수용할 수 있는 큰 방들이 있었으며, 침구는 커튼으로 분리된 높이가 낮은 간이침대부터 철망이나 콘크리트로 만든 계단식 다층침대까지 있었다. 화장실은 양동이를 사용했으며, 목욕탕에는 온수와 냉수가 나왔다. 갱도 입구 근처에 샤워 시설이 있는 탈의실도 있었다. 부엌과 큰 식당은 중앙 안뜰에 있었다. 중국인 직원이 식사를 준비했고, 주방장은 특별히 이 일을 위해 중국에서 데려왔으며, 주방 보조들은 일반 노동자 가운데에서 뽑았다. 10인용 식탁마다 한 사람이 커다란 그릇에 밥과 "스튜"를 가져와 식탁에 올렸는데, 이 방법은 줄을 서는 시간을 줄이고 가족식 식사 방식에 적합했다. 유럽인 관찰자들은 그 음식이 적절하고 건강하다고 칭찬했으나, 광산 관리자들이 식량 예산을 아끼면서 음식의 양과 질은 명백히 급속하게 나빠진 것으로 보인다. 육류 배급량이 일부 광산에서는 거의 절반으로 줄어들었다. 1905년이 되면 노동자들은 맛없는 고기와 썩은 채소 먹기를 거부했다. 이들은 쌀을 소비하고 육포와 송아지 다리 수육 같은 근처 가게에서 산 음식을 먹었을 수 있는데, 이러한 구매는 그들의 수입에 무거운 부담을 지웠을 것이다.[19]

중국인 채굴노동자들은 주변 환경에 활기를 불어넣기 위해 최선을 다했다. 때로는 초원에서 파낸 식물로 작은 꽃밭을 가꾸었으며 많은 수가 새를 길렀다. 트란스발 외국인노동부는 수용소가 "밝고 통풍이 잘되고", 위생적이며, 가장 중요하게는 낮 동안에 "개방"되어 있다는 점을 애써 강조했다. 외국인노동부는 일하지 않을 때 노동자들은 "어떤 경우에는 수 마일에 이르는 광산 구내를 돌아다닐 수 있다"는 점을 자랑하며, 이들이 광산 구내를 떠나 타운으로 가거나, 또는 초원을 돌아다닐 자유가 부족하다는 점을 은폐했다. 유럽인 관찰자들은 일반적으로 해협식민지의 주석 채굴 캠프나 중국 자체의 환경과 비교해 남아프리카의 수용소 환경을 괜찮은, 심지어는 "고급스럽고" "호화롭다"라고까지 묘사했다. 남아프리카의 중국인 노동자들은 자신들의 거처가 견딜 만하다고 보았던 것 같다. 이들은 이런저런 문제로 폭동을 일으켰으나 수용소 환경은 그런 문제 중 하나가 아니었다.[20]

중국인 노동자들은 백인들 및 아프리카인들과 분리되어 살았다. 숙련 백인 노동자들은 광산 인근 타운들에 있는 하숙집이나 광산 구내에 있는 분리된 기숙사에서 살았고, 아프리카인 노동자들은 분리된 수용소에서 살았다. 중국인 노동자들과 아프리카인 노동자들은 비번 동안 서로 많이 교류하지는 않았던 것 같지만 어느 정도 접촉은 있었다. 엑슈타인앤드 컴퍼니Eckstein and Company 이사 라이어널 필립스Lionel Phillips는 아프리카인들이 중국인들에게 금 채굴노동의 관습을 처음으로 접하게 했으며, 또 "〔이들 아프리카인과 중국인〕각각은 믿을 수 없을 만큼 짧은 시간 안에 서로의 언어를 충분히 습득해 의견을 교환할 수 있었다"라고 썼다. 기록은 컬러라인을 초월한 아프리카인 노동자들과 중국인 노동자들 사이 우정의 증거를 보여주지 않지만, 비평가들은 때로 중국인들이 아프리카인 작업 노동자들에게 나쁜 영향력을 행사한다고 비난했는데, 이는 두 집단의 관계가 사소하지 않았음을 시사한다. 비록 백인들이 그 관계를, 타락한 중국인들이 어린아이 같은 아프리카인들에게 악덕vice을 접하게 한다는 인종주의적 스테레오타입으로 묘사했을지라도 말이다. 요하네스버그나 광산 인근 토착민 지역들에서는 중국인들이 아프리카 여성과 연애나 성적 관계를 갖는다는 보고가 몇 건 있었다. 이러한 사안은 중국인 남성과 아프리카인 남성 사이에서 갈등의 원천이기도 했다. 수용소 내 에스닉 갈등은 드문 일이 아니었으며, 중국인들과 아프리카인들 사이뿐 아니라 아프리카인들 사이에서 그리고 중국인들 사이에서도 지역 또는 씨족의 차이에 따른 갈등이 있었다.[21]

광산에서는 기분전환 활동이 거의 없었다. 5~6개 수용소에서 노동자들은 수용소 안뜰에 설치된 나무 무대 위에서 중국 희곡을 상연하는 극단을 결성했다. 정교한 연출이 휴일에 이루어졌다. 1906년 1월, 광산의 몇몇 중국인 노동자는 중국으로부터 호화로운 의상, 우산과 깃발, 종이 용, 폭죽, 특별한 음식 등을 조달하는 기금에 기부했다. 2000명의 중국인이 일한 글렌디프Glen Deep에서는 축하위원회가 상당한 액수인 250파운드를 모았다. 중국인들은 깃발과 등燈으로 합숙소들과 수용소를 장식했다. 중국 희곡이 3일 내내 상연되었고, 줄다리기·달리기·장대오르기·암석굴착 같은 게임과 경기가 진행되었다(사진 22).[22]

이러한 축제는 1년에 한두 차례만 열렸다. 일상적 오락의 흔한 원천은 지루함과 현금이 지배하는 남성 노동 캠프의 제1의 활동인 도박이었다. 도박 행위는 중국으로부터의 긴 항해 동안 중국인 남성들이 열성적으로 해온 것으로 수용소에서도 계속되었고, 종종 월급날에 벌어졌다. 전문 도박꾼들은 젊고 경험이 적은 노동자들을 도박 대상으로 삼았고 많은 수를 빚더미에 앉게 했다. 전문 도박꾼들은 종종 일을 하지 않으면서 다른 사람들에게 돈을 주고 자기 대신 일을 시키거나 다른 사람들이 자신들에게 빚을 갚는 데서 그들에게 노동을 강요했다고 한다. 가차 없는 빚 상환의 압박은 많은 노동자를 절망으로 몰아넣었다. 짐머앤드잭의 중국인 광부 추이구엔Cui Guyan은 트란스발 외국인노동부 감독관에게 진정을 할 때 이렇게 고백했다. 본인은 자신의 "어리석은 기질" 때문에 16명에게 빚을 졌으며 빚은 "수십 파운드스털링"에 달한다는 것이었다. 추이구엔의 빚쟁이들은 매일 그에게 빚 독촉을 했고, 빚쟁이 한 명은 그의 작업전표를 빼앗아갔다. 그는 고향에 아내와 노모가 있어서 자살 같은 행동을 할 수는 없으니 자신을 다른 작업장으로 옮겨달라고 간청했다.[23]

모두가 휴일인 일요일을 고대했다. 몇몇 교회 대표가 광산 구내들을 방문해 소수의 중국인 로마가톨릭 신자 및 프로테스탄트 신자와 예배를 보았으며, 이는 19세기 후반에 중국 화베이에 선교사들이 존재했음을 반영하는 것이었다. 일부 중국인은 란트 지역의 얕은 둑에서 세례를 받기도 했다. 그러나 대부분의 중국인 노동자에게 일요일은 그저 광산에서 벗어나는 날이었다. 정오부터 이들은 중국에서 가져온 옷이나 현지에서 구입한 서양식 정장을 차려입고는 출입증을 손에 들고 광산 밖으로 나갔다. 이들은 숲속을 거닐거나, 풀밭에서 소풍을 즐기거나, 다른 수용소에 있는 친구나 친척을 방문했다. 일부는 타운으로, 특히 요하네스버그의 작은 중

사진 22 남아프리카 란트의 중국인 노동자들은 연극 공연과 음악 공연을 포함해서 중국 축제일을 위한 페스티벌을 조직했다. 우편엽서. 1905년경.

국인 지구가 있는 페레이라스타운으로 가기도 했다. 관찰자들은 광산에서 온 중국인들이 윈도쇼핑을 하고, 광둥식 식당에서 식사를 하고, 자전거를 타고 거리를 지나며 그들의 변발이 바람에 날리는 모습을 묘사했다. 인도 행상들은 과일과 향이 첨가된 광천수mineral water를 "불티나게 팔아치웠다." 중국인들은 자신들이 번 돈을 담배, 식료품, 조리 도구, 자전거, 시계, 의류 등에 자유롭게 소비했고, 이러한 소비행태는 이들이 근대 세계와 맺는 관계를 나타내는 지표가 되었다. 실제로 가게주인들은 이들 중국인이 상품의 품질에 대해 잘 알고 있으며 "쓰레기 같은 물건은 사지 않는다"라고 언급했다. 씀씀이 큰 사람들은 높은 임금을 받는 특권적인 직업―경찰, 십장, 주방노동자 등―을 가진 중국인이었을 공산이 크며, 더 중요하게는, 이들은 전표가 아니라 파운드화로 임금을 받았다. 이런 노동사들은 광산에서 일하는 중국인 인구의 10~20퍼센트 정도였고, 고용이 가장 많았을 때에는 5000명 정도에 달했던 터라, 타운에서 눈에 띄는 이들의 존재는 일반 광산노동자들이 이들과 같은 즐거움을 누릴 수단이 부족하다는 사실을 가릴 수 있었을 것이다. 중국인들의 소비 습관은 백인 남아프리카인들로부터 칭찬과 비난을 동시에 불러일으켰다. 일부는 그것을 현지의 경제에 요긴하다고 환영했다. 비트바테르스란트디프마인Witwatersrand Deep Mine의 중국인들만 해도 한 달에 800파운드를 현지 사업체들에서 지출한 것으로 알려졌다. 한편으로, 일부는 중국인들이 검약의 도덕적 자질이 부족하다고 비판했다.[24]

성 구매도 일요일의 활동이었다. 페레이라스타운에 있는 매춘업소 최소 2곳이 중국인들을 대상으로 영업했는데, 한 곳은 광둥 상인들이 2명의 "네덜란드 소녀"를 고용해 운영했으며 다른 한 곳은 2명의 유럽인 남성이 1명의 백인과 1명의 "유색인"(혼혈) 등 2명의 여성을 고용해 운영했다. 후자는 1907년 경찰의 대대적 급습이 있던 곳이다. 중국인들이 백인 여성들에게 성 구매를 유도하는 것은 남아프리카의 풍기문란(비도덕성) 조례Immorality Ordinance 위반으로 성적·인종적 범죄로 간주되었다. 경찰은 매춘업소 방에서 발견된 중국인 남성 2명을 체포했다. 법원은 이 중 1명에게 유죄판결을 내리고 12개월의 징역형과 채찍질 10회를 선고했지만, 다른 1명은 체포 당시 옷을 완전히 다 입고 있었다는 이유로 무죄방면했다. 법원은 매춘부 2명과 매춘업소 운영자 백인 남성 2명에게도 유죄를 선고했다. 그러나 당국은 매춘업소 뒷마당에서 순서를 기다리던 남성 200명에 대해서는 아무 조치도 할 수 없다고 결정했다.[25]

이 사건이 수요가 공급을 훨씬 초과하는 섹스시장sex market을 암시하고, 매춘업소가 개척지frontier를 비롯해 다른 모든 남성 채굴 캠프가 설립되는 곳에서 항상 주요한 붙박이 시설이었다고 할지라도, 그것이 란트 지역 중국인들의 유일한 성性 공급원이었다고 가정해서는 안 된다. 앞서 언급했듯, 적어도 몇몇 중국인 남성은 현지의 아프리카인 여성과 관계를 맺었다. 식민지 당국은 또한 중국인 광산노동자들 사이의 동성 관계에 대해 보고했으며 극단들이 "연동戀童들catamites"과 이런저런 "행실 나쁜 사람들"이 만나는 장소라고 비난했다("캐터마이트" 곧 "연동" 또는 '미동美童'은 남색男色의 상대가 되는 소년/남성을 말한다). 영국인들은 동성 관계를 "중독성 있는addictive" "비정상적 악덕unnatural vice"이라고 간주했으며, 중국인들이 아프리카인 노동자들에게 이를 전파했다고 더욱 비난했다. 사실, 아프리카 채굴 수용소들에서 남성 "결혼들marriages"은 중국인들이 오기 전부터 있었다. 동성 간 성적 행위는 상황에 따른 것일 수 있지만 "비정상적인" 것 혹은 숨겨야 할 수치스러운 것으로만 간주되지는 않았다. 두 문화의 세부 사항은 다르지만, 중국 문화나 아프리카 문화 모두 빅토리아 시대 도덕Victorian morality과 같은 극단적 방식으로 동성 간 성적 행위를 낙인찍지는 않았다("빅토리아 시대의 도덕(성)"은 1837년부터 1901년까지 빅토리아 여왕이 통치하던 시대의 영국 중산층 사이에서 형성된 도덕적 관점을 말한다. 당시 동성애는 여전히 불법이었다).[26]

　중국인 광산노동자들 중에는 형제, 사촌, 고향 지인 등이 있어서 중국인 노동자들이 란트에 있는 동안 그들의 친족이나 친구가 전혀 없는 것은 아니었다. 몇몇 중국인은 조례 제17호의 규정하에서 자신의 아내 및 자녀를 트란스발로 데려왔다. 그러나 중국인 노동이민자들이 아내를 데리고 해외로 이주하는 경우는 거의 없었다. 유교적 사회 질서의 중심 교리에 따르면, 아내는 남편의 부모 집에서 남편과 함께 살아야 했다. 19세기에 대규모 노동이민이 증가하면서, 이 관습은 그 체류자들을 이들의 고향 마을 및 부계 가족에 묶어두는 역할을 했다. 채굴노동력 수입 프로그램 시행 첫 2년 동안 란트 지역의 광산들에는 중국인 여성은 4명, 아이는 26명밖에 없었다. 이들은 별도의 생활공간이 있는 중국인 십장 또는 경찰의 가족이었을 것으로 보인다. 여성에 비해 아이의 수가 많은 것은 핵가족이 소수에 불과했음을 시사한다. 중국인 노동자들은 아버지가 일하는 동안 돌보지 않아도 혼자 지낼 수 있는 나이가 든 남자아이들을 데려왔을 수 있으며, 이는 고향의 가계에 재정적 부담을 덜어주기 위함이었다.[27]

그러나 란트 지역의 중국인 노동자 대부분은 자신의 부모, 아내, 자녀를 중국에 남겨두고 떠나왔다. 다른 남성들의 해외 체류 사례와 마찬가지로, 이들은 돈과 편지를 고향으로 보냈다. 그러나 중국 북부와 만주 간, 중국 남부와 동남아시아·오스트레일리아·북아메리카 간에는 돈과 우편물을 보내는 경로가 확립되어 있었으나 남아프리카는 거리와 조직이라는 새로운 과제를 안고 있었다. 주소·우편요금 등등의 문제를 둘러싼 불만, 우려, 혼란 등이 중국과 남아프리카 양방향 모두에서 우편물 배달을 어렵게 했다. 남아프리카의 중국인 노동자들은 몇 달 동안 자신의 일가들로부터 전갈이 없었고 또 자신의 편지나 돈이 잘 도착했는지 알 수 없었다고 불평했다. 트란스발 외국인노동부 직원들은 중국인 노동자 가족이 수신 주소로 "잉글랜드령 남아프리카English South Africa"라고 써서 보낸 우편물을 받을 노동자를 찾는 데 상당한 에너지를 소모했다. 톈진 출신의 중국인 노동자들은 부모와 아내에게 보내는 편지를 자신의 사랑하는 사람들을 알 만한 가게(두부가게, 채소가게, 이발소 등) 앞으로[곧 전교轉交, c/o로] 보냈다. 어떤 사람들은 다음과 같은 배달 지시 사항을 쓰기도 했다. "동봉한 편지를 홍콩우체국을 통해 광시성으로, 그다음 북문 옆 큰길로 보내, 우스Wu Shi에게 배달해주십시오. 잉글랜드령 남아프리카 금광의 후위린Hu

Yulin으로부터. 멀리서 부친 편지이니, 분실하지 마십시오!"[28]

감시 및 통제 체제가 수용소를 체계화했다. 유럽인 "통제관controller"은 헌신적인 사람부터 잔학한 사람까지 다양했던 것으로 보인다. 비트바테르스란트골드마이닝컴퍼니Witwatersrand Gold Mining Company의 통제관 에우제니오 비안키니Eugenio Bianchini는 만주의 러시아 철도 부설 노동력 모집인으로 화베이에서 일한 경험이 있었다. 비안키니는 중국인들을 가부장적으로 대하면서도, 광산 관리자에게 노동자들의 불만(주로 임금 분쟁)을 끊임없이 대변했다. 하지만 대개는 소용이 없었다. 비안키니는 결국 중국인들에 대한 처우에 항의하면서 그 일을 그만두었다. 스펙트럼의 다른 쪽 끝에는 H. J. 플레스H. J. Pless가 있었다. 그는 중국에서 근무한 경험이 있는 미국인이자 너스디프마인Nourse Deep Mine의 통제관으로, 완수해야 할 필수 인치만큼 굴착하지 못한 노동자들에게 채찍질을 하라고 명령하는 게 일상사였다. 플레스는 개인적으로 중국인 노동자들을 고문하고 성적으로 학대하기도 했다. 한번은, 자신에게 고문당한 피해자들의 사진을 찍어서는 "란트의 굴착 노예Slave Driving on the Rand"라는 책을 출판할 예정이라고 떠벌리고 다닌 적도 있었다. 중국인 노동자들을 감독한 대부분의 통제관은 이 양극단 사이의 어디쯤에 있었을 것이다. 대체적으로, 통제관들은 그들의 인간성은 물론 능력에 대해서도 잘 알려지지 않았다. 통제관의 많은 수가 관리 기술이 부족해도 단순히 중국어를 어느 정도 알고 있다는 점만으로 채용되었다.[29]

중국인 경찰의 임무는 중국인 노동자들이 수용소의 위생 및 규정을 준수하는지 확인하고, 노동자들을 교대 근무를 시키고, 수용소 정문을 지키는 것이었다. 이들은 실제로 경찰이 아니라 광산 피고용인이었고 법적 권한이 없었다. 노동자 50~100명당 1명 꼴로 배치된 중국인 경찰은 특권과 힘이 있는 상당한 규모의 계층을 형성했다. 일부는 중국 웨이하이웨이威海衛에서 영국군과 함께 일한 경험이 있었고 얼마간 영어나 최소한 피진을 구사할 수 있었다("웨이하이웨이"는 중국 산둥성 옌타이 지구에 있는 도시로, 1898년 7월부터 1930년 10월까지 영국의 조차지租借地였다). 이들은 트란스발에서 웨이하이웨이 연대 군복을 입었는데, 제국 군대에서 시크교도Sikhs 부대 군복을 변형한 것이었다. 셀번은 경찰이 "억압적oppressive"이지 않으며 가끔씩만 폭력적이라고 생각했으나, 다른 관리들은 경찰이 학대적일 뿐만 아니라 신뢰할 수 없고 부패하며 권위가 부족하다고 여겼으니 이들이 노동자 대중과 같은 사회계층에서 채용되었기 때문이라는 것이었다. 중국인 노동자들은 이들에게 분개했으며, 광산 관리자들은 이들이 수용소 내의 사회적 불안정과 불화의 원천이라고 믿으며 이들을 불신했다.[30]

란트에서 중국인 계약노동자들은 다양한 비非광업 직업을 가졌는데, 비숙련 채굴노동 이외 다른 일을 수행하는 것을 법으로 금지하고 있었음에도 그러했다. 중국인들은 요리 및 주방 일, 통제관을 위한 가사 서비스, 수용소 의무실의 잡일 등을 했다. 질병이나 사고에서 회복 중이지만 아직 지하에서 일할 수 없는 중국인 노동자들에게는 백인 직원들을 위한 집안일, 정원 가꾸기 등의 "가벼운 업무"가 주어졌다. 트란스발식민지 법무장관은 일반화된 "쿨리노동"의 사용을 용인하지 않았으나 트란스발 외국인노동부 J.W. 제이미슨J. W. Jamieson이 그에게 쿨리노동과 관련해 기소가 불가능할 것이라고 말하고 나서는 쿨리노동을 새삼스레 문제 삼지 않았다. 중국인 경찰의 경우와 마찬가지로 주방과 여타 비정규 일자리에서 일하는 중국인들은 비공식 특권층을 형성했다. 이들은 밀수품에 접근할 수 있었던 터라 이를 직접 소비하거나 다른 사람에게 판매함으로써 자

신들의 처지를 개선할 수 있었다.[31]

　남아프리카 광산의 일상에 관한 이와 같은 스케치는 일주일에 단 하루 오후 반나절의 휴식 외에는 끊임없이 이어지는 고된 노동과 감금의 일상을 암시해준다. 중국인 노동자들은 자신이 할당된 채굴회사에 묶여 있었다. 이들은 하루 10시간씩 지하에서 힘들고 위험한 육체노동을 했다. 그리고 이들은, 종종 학대를 일삼은, 백인 통제관과 중국인 경찰의 통제를 받았다. 중국인 노동자의 많은 수가 의심의 여지 없이 외로움과 우울증에 시달렸다. 종종 밤에 광산을 방문했던 셰쯔슈는 기숙사에서 중국인 노동자들이 한숨짓는 소리와 우는 소리를 들었다고 썼다. 중국인 노동자들의 서신이 남아 있는 것은 거의 없지만, 아내에게 묻는 말에서 어떤 애처로움을 포착할 수 있다. "왜 내 편지에 답장이 없소?" 우울증은 자살의 경우 더 가시적인데 아편중독에 의해 유발되는 예가 많았다. 트란스발 외국인노동부는 1904~1905년에 19명이, 1905~1906년에 49명이 자살했다고 기록했다.[32]

　천쯔칭陳子卿은 1904년 12월 20일 생을 스스로 마감하기 전에 시〔곧 절명시絶命時〕 한 편을 썼다. 그는 광둥 탕산唐山 출신의 교육받은 중년의 남성으로 청의 명예 군사 직위의 낮은 등급에 있었다. 이 시는 중국인 금 채굴 노동자들이 남아프리카에서 당한 고통을 증언하는 것으로 중국 내에서 간행되어 널리 알려졌다. 이 시는 또한 천쯔칭이 채굴노동자 모집인들에게 납치되어 란트 지역에 계약노동자로 팔렸다고 말한다.

　　내 생애 마흔세 해를 중국에서 살았네,

　　불행히도 이 낯선 땅에 왔네.

　　여기서는 영웅조차 길을 찾을 수 없네.

나는 더는 견딜 수 없다네.

나는 이 세상에 작별을 고하네.

비탄 속에 고통을 겪고 있는 내 동포들을 떠나네.

형제들이여, 3년 계약이 끝나면, 그때는 부디

내 혼을 탕산으로 데려가주오.[33]

란트에서의 죽음은 자살이건, 광산사고건, 또는 그들이 저질렀을 수도 있고 그렇지 않았을 수도 있는 범죄로 교수형에 처해졌건 간에 중국의 동시대인들에게 트란스발이 잔인함과 부정의의 땅임을 시사했다. 그러나 대부분의 중국인 노동자는 자살과 같은 거부 행위 대신 더 긍정적인 결과를 얻기 위해 자신들을 둘러싼 조건들에 저항했다. 이들은 미약하긴 하나 광산 관리자들과 국가의 손이 닿지 않는 개인적이고 공동〔체〕적인 자율성autonomy의 공간을 만들었다. 합숙소에 살면서 공동으로 식사를 하는 것은 갈등만이 아니라 사회성sociability과 연대성solidarity, 그리고 이에 더해 친밀성intimacy 또한 태동시켰다. 그리고 중국인 노동자들은 전 세계에서 해외 중국인들이 만든 형제회brotherhood들과 유사한 의회義會를 결성했다. 의회는 일반적으로 주週 3페니의 회비로 회원들을 입회시켰으며, 이것으로 의회는 사망한 회원의 가족에게 2~3파운드를 부조扶助할 수 있었다. 트란스발 외국인노동부는 "탐탁하지 않은 사람들undesirables"을 "코로훗Ko Lo Hut" 혹은 "쿠오루웨이Kuo Lu Whei"와 연결했는데, 이것들은 푸젠성에서 기원한 비밀결사 가로회哥老會와 유사했다. 상호부조 조직으로서의 기본적 기능을 넘어, 결사들의 연대성은 수용소 시위 및 작업행동 등 중국인 노동자들의 다양한 집단적 시도를 지원했다. 형제회들은 유럽인들의 눈에는 거의 띄지 않았다. 유럽인들이 주로 형제회들을 중국인들 사이 거래와 도박 행위의 배후에 있는 갱으로만 보았고 형제회들의 복합적인 사회적 성격을 이해하지 못했기 때문이다.[34]

⚜

남아프리카에서 중국인 노동자들과 광산회사들 간에는 두 가지 주요 갈등 원인이 있었다. 첫째, 임금 문제였다. 임금 계산 방식은 복잡했으며, 노동자들에게 불리하게끔 설계되었을 공산이 크다. 실제로 노동자들은 자신들이 받을 돈을 제대로 받지 못한다고 느꼈다. 24인치〔약 60센티미터〕 미만의 갱 굴착에 대해 전혀 임금을 지불하지 않는 것은 명백하게 부당해 보였다. 월 급여는 달력 날짜가 아닌 근무일수 30일을 기준으로 했기 때문에, 음력으로 28일을 한 달로 계산하는 중국인 노동자들에게는 더욱 큰 실망감을 안겨주었다. 계약에 따른 인상분을 계산할 때, 광산 소유주들은 개인의 임금이 아니라 "평균 1일 임금average daily wage"을 사용했는데, 이는 파악하기 어려운 개념이었다. 초과 근무를 자원한 노동자들은 초과 근무에 대한 전표를 받지 못했다. 6개월 후에 임금이 인상될 예정이었을 때, 많은 회사가 몇 달씩 시간을 끌며 임금 인상을 미루었다.[35]

둘째, 광산 관리자들과 감독자들은 중국인들에게 더 많이 갱을 굴착하라고 지속적으로 압박했다. 중국인들은 1905년이 되면 굴착 작업량이 1일 평균 40인치〔약 100센티미터〕에 이르렀는데, 이는 모잠비크 노동자들의 평균 36인치〔약 90센티미터〕와 트란스발 아프리카인들의 32인치〔약 80센티미터〕보다 많은 수치였다. 중국인들은 더 높은 생산성을 달성한 것은 물론 시간이 지남에 따라 더 숙련되어서이기도 했지만 또한 가차 없이 굴착에 대한 강요를 받은 때문으로, 아마 중국인 노동자들에 대한 강요는 여차하면 쉽게 광산을 탈주해버려 어느 정도까지만 강요할 수 있었던 아프리카 노동자들의 경우보다 더 심했을 것이다. 더 많이 굴착하라는 압박은 첫째로는 작업조 감독자의 권고에 의해 적용되었으며, 때로는 여기에 막대기나 가축몰이용 가죽막대기가 결합되기도 했다. 압박의 둘째 원천은 1일 필수 인치를 다 굴착하지 못했을 때의 처벌로, 태형〔채찍형〕이나 식사 제한, 또는 이 둘 다였다. 이러한 관행의 정도를 아는 것은 불가능하지만, 그것은 드물지도 예외적이지도 않았다.

중국인 노동자들은 광산 지하의 조장과, 지상에서 비非백인 "조수들" 위에 군림하는 숙련 광부 할 것 없이 광산의 백인 직원들을 다 싫어했다. 에우제니오 비안키니는 백인 광부들이 중국인들을 가혹하게 대하고, 그들에게 경멸적이고 역겨운 말을 사용하는 게 다반사였다고 말했다. 그는 중국인들이 백인 광부들에게 욕설을 퍼붓는 것은 당연한 일이었고 그 결과 두 집단 사이에 상호 적대감이 형성되었다고 말했다. 중국인들은 종종 "부럽지 않은 성격과 성마른 기질"을 가진 것으로 알려진 상사와 일하기를 거부했고, 학대를 당하느니 처벌을 받는 편을 더 선호한 것으로 보인다. 비안키니는 중국인들에게 강압적으로 명령하기를 그만두고 대신 이들을 가르치고 이끄는 책임을 받아들이지 않는 한, "미숙한 쿨리들"은 절대 "적합한 노동자들"로 변모할 수 없을 것이라고 절망했다. 엑슈타인앤드컴퍼니의 이사 라이어널 필립스는 중국인 노동자들은 자신들의 상급 감독자(그들이 "넘버원"이라고 부른)를 인정했으나 다른 백인들에게는 존경심을 보이지 않았다고 관찰했다.[36]

이러한 중국인 노동자들의 거부는 이들이 남아프리카 인종위계에 대한 사회화가 부족했음을 보여주는바, 백인들은 비백인들이 자신들을 주인master들로 대하기를 기대했다. 라이어널 필립스는 중국인들의 반항을 아프리카인들의 허울만의 고분고분함과 비교하면서 이 같은 사실을 암시했다. 또 다른 관찰자는 이렇게 단호히 말했다. "우리를 외국인 악마들foreign devils이라고 부르는 중국인들은 흑인 남성이 〔백인 남성을〕 경멸하는 것보다 더 백인 남성을 경멸한다." (대부분의 유럽인은 아프리카인들이 자신들의 진짜 생각과 감정을 숨긴 채 순응하고 있다는 사실을 알지 못했다.)[37]

중국인들이 백인 광부들을 공공연히 경멸하는 태도는 백인 광부들을 분노하게 했다. 일례로, 뉴크로커스마인New Croecus Mine에서는 백인들과 중국인들 사이에 반목이 깊었다. 두 집단은 언제나 서로를 저주했으며, 지하 작업 공간에서만 아니라 작업 시간 이후 광산 구내에서도 그러했다. 중국인 수용소 문에서 수백 야드 떨어진 거주 구역들을 지나는 중국인들은 백인들과 일상적으로 모욕과 협박을 주고받았다. 중국인 노동자들은 백인 작업 조장들의 학대에 대한 불만을 종종 통제관 찰스 던컨 스튜어트Charles Duncan Stewart에게 제기했다. 백인 광부들은 스튜어트를 몹시 혐오했다. 그가 "기회가 있을 때마다 쿨리들 편을 들면서 우리를 반대한다"라고 믿었기 때문이다. 이러한 긴장은 1905년 6월 7일 밤에 폭발해, 수백 명의 중국인 노동자가 백인 독신 남성 기숙사를 공격해 돌로 유리창을 깨고 곡괭이 자루로 세간살이를 부수는 일로 이어졌다. 32세의 백인 광부 리처드 브래들리Richard Bradley가 이 싸움에서 바위에 머리를 부딪혀 사망했다. 광산의 백인 경비들이 말을 타고 총을 쏘면서 수용소로 돌아가는 중국인들을 추격했다. 상황은 15분 만에 종료되었으나 1명이 사망하고 기숙사가 파괴되었다.

사실, 이 문제는 중국인 노동자들이 임금을 받지 못했다는 분노에서 비롯했다. 임금 체불은 분명 드물지 않은 일이었으나, 이 경우는 중국인 노동자들이 1년 중 일을 쉬는 몇 안 되는 날 중 하나인 용선제龍船祭, Dragon

Boat Festival〔음력 5월 5일 단오절端午節〕를 지낼 수 있게 제때 임금이 지급되기를 기대했던 터였다. 공격은 수용소 문을 열어준 중국인 경찰들의 도움을 받아 계획되고 실행되었으며, 최근 백인 광부들과의 관계 문제로 해고된 통제관 찰스 던컨 스튜어트가 교사했을 가능성이 있었다. 스튜어트는 폭동 선동 혐의(중국인들에게 밖으로 나오라고 촉구한 혐의)로 기소되었다. 그와 두 명의 중국인 노동자 한위쑨Han Yusun(한위썬Han Yu Sen)과 왕칭싼Wang Qingsan, Wang Ching San은 리처드 브래들리 살해 혐의로 기소되기도 했다. 모든 혐의는 결국 증거불충분으로 기각되었다.[38]

찰스 던컨 스튜어트는 자신이 백인보다 중국인 편을 들었다는 것을 부인했다. 그는 이렇게 증언했다. "저는 언제나 제 앞에 제기된 사건들을 공정하게 처리했습니다. […] 쿨리들이 잘못했다는 것을 발견하면 저는 그들을 태형〔채찍형〕에 처했습니다." 여기서 흥미로운 점은 스튜어트가 태형을 잔인하지도 특이하지도 않은 일상적 훈육의 형태로 언급했다는 것이다. 가장 흔히 노동자들은 작업을 거부하거나, 광산을 탈주하거나, 1일 필수 인치를 굴착하지 못해 태형을 당했다. 통제관은 대나무막대기, 짧은 가죽채찍, 또는 묵직한 채찍인 쌤복으로 태형을 가할 수도 있다. 많은 광산 관리자는 체벌을 가하는 것이 치안판사의 법정에서 노동자들을 정식으로 기소하는 것보다 더 효율적이라고 믿었다. 기소 과정에서 몇 시간 또는 며칠의 작업시간 손실이 발생했기 때문이다. 게다가 이들은 중국인들이 태형이 의미하는 바는 이해한 반면 로마-네덜란드법Roman-Dutch law〔남아프리카의 법체계〕절차에는 "혼란스러워"한다고 판단했다. 이런 방식으로 영국인들은 중국인들을 아프리카인에게 했던 것과 마찬가지로 채찍의 법law of the whip만을 이해하는 비문명화된 민족으로 분류했다. 조례 제17호가 치안판사만이 법원의 유죄판결 이후 태형을 처벌로 명령할 수 있다고 명시했음에도, 트란스발 외국인노동부 감독관 윌리엄 에번스는 "영국 학교에서 허용되는 성격의 [⋯] 가벼운 체벌"의 사용을 승인했다. 에번스의 뒤를 이어 감독관이 된 J. W. 제이미슨은 트란스발식민지 총독 앨프리드 밀너가 여기에 동의했다고 이해했지만, 에번스나 밀너 모두 이와 관련해 그 어떠한 것도 문서화하지 않았다.[39]

너스디프마인의 H. J. 플레스 같은 일부 통제관은 중국인 노동자들에게 채찍질을 하며 가학적 쾌감을 얻었다. 그러나 대부분의 경우 중국인 경찰들이 체벌을 가했다. 이러한 관행은 유럽인들의 손을 더 깨끗하게 유지하게 했고 경찰이 과도한 무력을 행사했을 때 경찰에 그것에 대해 그럴듯한 부인plausible deniability(곧 발을 뺄 수 있는 여지)의 수단을 제공했다. 구금은 또 다른 형태의 처벌이었다. 이스트란트프로프라이어터리마인스 ERPM(뉴코멧마이닝컴퍼니의 모회사)의 한 진료소 의사는 병을 가장한 혐의를 받는 중국인 노동자 30명을 작은 방에 가두고 음식물도 주지 않았다. 셰쯔슈가 항의하고 나서야 외국인노동부 관리들은 병원 감옥hospital prison들의 사용을 금지했다. 일부 수용소 관리자들과 다른 직원들도 학대에 불만을 제기했다. 1905년 6월 트란스발식민지 부총독 아서 롤리Arthur Lawley는 모든 체벌을 금지하는 명령을 공표했다.[40]

그러나 이러한 관행은 지속되었고 1905년 9월에 프랭크 볼런드Frank Boland가 영국 신문 《모닝 리더Morning Leader》에 금광에서 벌어지는 "끔찍한 잔학행위들"과 "만행들"에 관해 세상을 떠들썩하게 하는 폭로기사를 공개하면서 세상이 다 아는 추문이 되었다. 볼런드의 고발로 채찍은 란트에서 "중국인 노예제"에 반대하는 식민지 본국 캠페인의 주요 전시물이 되었다. 《모닝 리더》에 따르면, 비트바테르스란트마인 1곳의 광산에서 1일 평균 태형의 횟수는 42회에 달했다. 비트바테르스란트디프마인에서는 경찰이 한 노동자에게 짧은 대나무막대기를 휘둘렀는데, 그는 허리까지 옷이 벗겨지고 머리를 바닥에 댄 채 무릎이 꿇렸다. 너스디프마인의 중국인 경찰들(야만적 관리자 H. J. 플레스의 감독하에서 일한)은 1일 36인치를 굴착하지 못한 노동자들에게 태형을 가했는데, 묵직한 샘복이나 고무줄로 노동자들의 허벅지 뒤쪽을 때려 그 흔적을 남기지 않은 것으로 알려졌다. 볼런드는 중국인 남성들의 변발을 이용해 말뚝에 몇 시간씩 묶어두는 것 같은 "극동식 고문far eastern torture"의 형태에 대해서도 썼다. 셰쯔슈는 ERPM 광산들에서 비슷한 처벌을 목격한바, 노동자들의 발을 쇠사슬로 묶고, 이들을 어두운 공간에 감금하고, 이들에게 음식물을 주지 않는 것 등이었다. 광산의 관리자들은 고문이 자행된다는 볼런드의 폭로를 완강하게 부인했다. 이들은 태형을 부인하지는 않았지만 볼런드가 그 횟수를 과장하고 있다고 주장하면서, 극단적 사례들의 책임을 중국인 경찰들에게 전가했다. 볼런드의 기사는 그레이트브리튼 전역에서 널리 인용되었다.[41]

제10장

✳

황금의 대가代價

체벌의 사용은 남아프리카 광산 관리자들의 태도를 보여주거니와 자신들의 노동조건에 대한 중국인 노동자들의 저항도 시사한다. 광산들에서 발생한 사회적 위기는 저항이 처벌을 낳고, 처벌이 더 큰 저항을 낳고, 이것이 또다시 더 가혹한 처벌을 낳는 나선형 역학에서 비롯했다고 말할 수 있다. 스테레오타입의 예상과는 달리 중국인 노동자들은 유순하지 않았다. 그들은 못된 조장과 함께 일하는 것을 거부했고, 하루 이틀 광산을 탈주해 쉬기도 했다. 한 광산에서는 중국인 노동자들이 1일 작업량을 측정하는 자막대measuring rod를 3인치〔약 7.6센티미터〕 잘라버렸다. 중국인들은 또한 관리자 측의 권고와 금전적 유인에도 보통 초과작업work overtime〔시간외작업〕을 하지 않았다.[1]

대체로 중국인들은 조장들이 요구하는 만큼 갱을 굴착하지 않는 방식으로 저항했다. 기술자문 윌리엄 호놀드는 이렇게 불평했다. 중국인 노동력의 "효율성은 확실히 실망스럽다. 그들로 하여금 일정 수준을 넘어서게 하는 것은 지금껏 불가능했다." 전 세계의 산업 관리에서 쓰는 용어로 중국인 노동자들은 "태만loafing"이라는 죄를 짓고 있었다. 한 노골적인 사례로, 너스디프마인 야간근무조의 한 노동자는 "임금을 받기 위해 딱 24인치(약 60센티미터, 임금을 지급받을 수 있는 최소 기준)만 갱을 굴착하고는 작업장을 벗어나 잠을 자곤 했다." 한 관찰자는 중국인 운광공運鑛工들과 삽질부shoveler들은 토착민들보다 훨씬 느린 속도로 일하거나 감독자가 보지 않을 때는 그냥 앉아 있었다고 말했다. 그들은 아침 식사와 출근 보고 사이에 "태만하게 소풍하듯 배회했다."[2]

남아프리카에서 중국인 광산노동자들의 "태만"은 만연했으며, 이는 관리자들의 노동자들에 대한 끊임없는 불만과 최소치 이상을 굴착하지 못한 데 따르는 처벌의 사용으로 지표화되었다. 1907년 한 웨스트란트West Rand 광산의 중국인 노동자들은 중국 정부에 탄원서를 제출해 채찍질과 음식물 주지 않기 등 태만에 대한 처벌에 항의했다. 가장 큰 모욕은, 이들이 주장하기로, 광산회사들이 자신들을 인간이 아닌 짐 나르는 짐승으로 취급한다는 것이었다. 이들은 다음과 같이 덧붙였다. "3피트(약 90센티미터)를 굴착하는 사람이든, 1~2피트를 굴착하는 사람이든 모두 태만한 노동자로 취급받는다. […] 8~9피트를 굴착할 수 있는 사람이 있다 해도 누가 가외의 노력을 기꺼이 하겠는가?"[3]

중국인 광산노동자들 또한 집단적으로 저항했다. 이들은 주로 임금과 작업조건을 가지고 수용소(울타리 쳐진 노동자 주택지구) 내에서 폭동을 일으켰다. 외국인 노동력 수입 프로그램 시행 첫 6개월 동안, 트란스발 외국인노동부 감독관 윌리엄 에번스는 8개 광산에서 14건의 중국인들의 소요가 있었다고 보고했다. (당시 중국인 노동력을 사용한 광산은 10곳에 불과했던 것을 생각해야 할 것이다.) 몇몇 광산의 중국인 노동자들은 첫 달 임금을 받아들였을 때 폭동을 일으켰다. 광부들이 승선하기 전에 받은 선급금과 이들이 신청한 송금 금액을 공제해 임금을 지급해서 그 금액이 충격적으로 낮았기 때문이다. 1904년 10월 게둘드마인Geduld Mine에서는 중국인 노동자 31명이 자신들을 "괴롭히고 학대하는" 백인 광부들과 함께 일하기를 거부하면서 백인 감독자를 공격했다. 경찰이 도착해 이들을 체포하려 하자, 노동자들은 떼로 나와 경찰과 싸웠다. 1904년 7월 22일 이스트란트프로프라이어터리마인스ERPM〔뉴코멧마이닝컴퍼니의 모회사〕의 광산 하나에서 폭발 사고로 중국인 노동자 2명이 사망하자, 야간근무조는 일하러 나가기를 거부하고 광산 관리들에게 돌을 던졌다. 또 다른 소요가 중국인 경찰을 상대로 일어났으니 식사가 제공되지 않는다거나 임금이 휴일에 맞추어 제때 지급되지 않은 경우였다. 많은 사건에서 수천명의 중국인 노동자가 수용소 경비 및 기마경찰에 맞서 돌, 벽돌, 점퍼jumper(굴착 구멍을 낼 때 사용하는 쇠막대)로 맞서 싸웠다. 겔덴후이스디프Geldenhuis Deep의 중국인 노동자들은 광산 관리자가 자신들에게 휴식일인 일요일의 자정에 출근할 것을 요구하자 폭동을 일으켰다. 수용소 전체가 "소란"에 빠졌다. 노동자들은 통제관을 공격했고 노동자 1400~1600명의 "분노한 군중"은 점퍼와 "빗발치는 돌덩이"로 9명의 유럽 기마경찰을 격퇴했다. 총을 쏘면서 군중을 향해 돌격한 경찰의 제2차 공격이 있고서야 중국인 노동자들은 다시 수용소 안으로 들어갔다. 이 소요로 중국인 노동자 1명이 사망하고 여럿이 부상을 입었다. 외국인 노동력 수입 프로그램이 진행될수록 대규모 〔집단적〕 소요는 감소했는데, 이는 중국인 노동자들이 3년 계약의 현실에 적응하고 있음을 말해주는 개별적 항의 형태(불만 제기, 탈주, 태만)가 증가한 것으로 설명될 수 있다. 그럼에도 집단저항과 폭동은, 그 빈도는 줄었으나, 주로 노동자들이 집단적 불만에 대

한 즉각적 시정을 원하는 상황에서 계속 발생했다.[4]

트란스발에서 파업은 조례 제17호에 의거해 명시적으로 금지되어 있었으나 실제로는 발생했다. 1905년 10월 비트바테르스란트마인의 전체 중국인 노동자 3000명이 약속된 인금 인상분을 받지 못하자 작업을 거부했다. 요하네스버그의 《란트 데일리 메일Rand Daily Mail》에 따르면 "아무런 문제도 없었다no trouble." 주간근무조와 야간근무조 두 교대 근무조 모두 "파업 중에도 조용히 자신들의 수용소에" 남아 있었다. 이스트란트 저미스턴Germiston의 경찰은 47명의 "주동자"를 체포해 이들을 작업 거부 혐의로 기소했다.[5]

가장 지속적인 집단적 작업행동은 1905년 4월 트란스발의 노스란트폰테인마인North Randfontein Mine에서 일어났다. 광산에는 중국인 노동자 1965명과 십장 60명이 있었으며, 1300명 이상이 지하에서 작업을 했다. 이 광산에는 노동불안labor unrest의 역사가 있었다. 1904년 8월, 중국인 노동자들이 광산에 도착한 직후 이들은 임금 공제분 문제로 폭동을 일으켰고, 이 일로 십장 20명이 기소되었다. 1905년 1월이 되면 중국인 노동자들의 탈주가 너무나 빈번하게 일어나 트란스발 외국인노동부는 노동자들을 채굴회사 란트폰테인에스테이트Randfontein Estate의 더 큰 구내들이 아닌 노스란트폰테인마인의 부지로 제한했다.[6]

1905년 4월에 일어난 작업행동은 임금에 관한 것이었다. 계약에 따르면, 임금은 6개월 후에 50퍼센트 인상되어 한 달에 50실링(또는 하루에 1실링 6펜스)이 되어야 했으나, 중국인들이 노스란트폰테인마인에서 일한 지 7개월이 지난 3월에도 하루 평균 임금은 여전히 1실링 6펜스에 한참 못 미쳤다. 회사는 계약서의 의미를 두고 논쟁을 벌이려 했지만, 트란스발식민지 부총독 아서 롤리는 임금 조항은 "모든 중국인이 명확히 이해하고 있으며 […] 그들의 손에 쥐어진 매우 강력한 무기"임을 인정했다.[7]

3월 29일 전체 야간근무조가 한 사람당 정확하게 12인치〔약 30센티미터〕씩 갱을 굴착했다. 아서 롤리는 이를 "파업"이라 했으나 좀 더 적절하게 말하면 이는 "규칙대로 일하기work to rule"〔곧 준법투쟁〕 행동이었다. 작업 거부나 파업 시 노동자들은 처벌을 받을 위험을 감수해야 했다. 규칙대로 일하기를 함으로써, 중국인 노동자들은 법조문을 이용해 생산량을 줄였다. 노동자들은 12인치 이상을 굴착하는 동료 노동자들을 구타해 그들에게 규칙대로 일하기를 따르게 한 것으로 알려졌다. 이 행동은 이틀 밤낮 넘게 이어졌다. 4월 1일 회사가 경찰을 불러들여 중국인 노동자들을 체포하려 하자, 노동자들은 막대기·암석·드릴·병 등을 들고 그들을 공격했다. 한 현지 경찰관은 중국인 노동자들이 보여준 전술적 능력에 관해 이렇게 언급했다. "우리가 공격할 때마다 그들은 우리를 기다리고 있다가 우리가 거의 그들에게 접근했을 때 날릴 수 있는 것들을 〔우리에게〕 던졌다. 모든 말과 경찰이 여러 차례 거기에 맞았다." "총폭동general riot"은 종일 지속되었고, 수백 명의 중국인 노동자 일단이 광산 구내 밖으로 행진해 인근 광산 두 곳에서 노동자들을 규합하려 했다. 유럽인 경찰은 인근 3개 타운에서 지원군을 요청하고서야 소요를 진압하고, 중국인 노동자들을 다시 수용소로 몰아넣고, 그들을 무장해제시키고, "주모자" 59명을 체포할 수 있었다.[8]

이 중국인 작업행동의 주모자는 작업조를 이끄는 십장들이었다. 광산 관리자 측이 결국 임금 인상을 마지못해 인정했을 때, 이들 관리자 측은 작업조들이 추가로 굴착한 인치에 대해 십장들에게 보너스를 제공함으로써 노동자들로부터 더 높은 수준의 생산량을 얻어내려 시도했다. 중국인 십장들은 조원들에게는 보상을 주지 않으면서 이들을 더 강하게 몰아붙일 유인책을 거부했다. 유인책을 거부할 수 없다는 말에, 십장들은 자신들이 맡은 모든 직책을 그만두고 자기네를 착암공으로 복귀시켜줄 것을 요청했다. 광산 관리자가 이들의 사직서를 수리하지 않자, 중국인 십장들과 노동자들은 행동에 나섰다.[9]

중국인 십장들과 착암공들 사이의 연대 그리고 작업행동의 효과로 관리자 측은 다른 임금 구조를 제안하게 되었다. 제안은 일급에서 성과급으로 임금 체계를 전환하는 것이었다. 그 조건들은 1905년 4월 14일에 최종 확정되었으며, 갱 굴착 36인치(약 90센티미터)까지는 인치당 0.5페니를, 36인치 이상은 보너스를 지급한다는 내용이었다. 앞서 언급했듯, 란트 지역의 중국인들은 1일 평균 40인치 이상을 굴착했다. 이 합의는 관리자 측이 이전에 제시했던 모든 제안보다 더 관대하고 더 공평해 보였다. 셀번 경은 이 합의가 중국인 노동자들의 처지를 개선한다고 믿었고, 성과급을 적용할 수 있는 상황에서는 모든 광산이 성과급에 따라 작업하도록 권고했다(셀번은 1905년 5월 앨프리드 밀너의 뒤를 이어 트란스발 총독 및 아프리카 남부 고등판무관이 된 인물이다).[10]

실제로 성과급은 트란스발 외국인노동부의 감독 영역에서 임금을 배제했다. 계약은 성과급이 채굴회사들과 중국인 노동자들 사이 "상호 합의"에 따라 결정되도록 규정했기 때문이다. 이후 몇 달 동안 광산 관리자들은 1일 최소치 갱 굴착 작업량을 24인치(약 60센티미터)에서 36인치(약 90센티미터)로 올림으로써 노동자들의 "태만"에 반대하는 캠페인을 강화했다. 이러한 진행은 (트란스발) 모든 곳의 성과급 노동자들에게 생산능률 촉진으로 알려진바, 이는 상당수의 노동자가 자신들에게 요구된 최소치 이상을 굴착하는 데 신경 쓰지 않았음을 시사한다. 중국인들은 단순히 돈을 더 벌기 위해 자신을 소진시킬 동기부여가 없었다. 중국인들은 예컨대 새 부츠(몇 달 지나면 헤졌고, 또 값이 비쌌다)를 위해 더 많은 돈이 필요할 때에는 더 열심히 일할 수도 있지만, 이들은 계약기간이 길다는 점을 고려해 적당히 노력한 것으로 보인다. 도박 빚이 있는 사람들은 자신들의 수입을 빚쟁이들이 가져갈 것임을 알고 있었다. 어떤 면에서 중국인 노동자들은, 시간제 생계형 농민이어서 단순히 더 높은 임금만으로는 자신들에게 동기부여가 될 수 없었던 아프리카인 노동자들과 비슷했다.[11]

노스란트폰테인마인의 작업행동은 중국인 노동자들의 몇 가지 중요한 특성을 알려준다. 이들은 자신들의 계약상 권리에 대해 잘 알고 있었으며, 자신들이 사기당하는 것에 저항했다. 이들은 고도로 조직화되었으며, 거의 완전한 연대를 형성할 능력이 있었다. 그리고 이들은 협상을 할 때나 싸울 때나 정교한 전술을 이해하고 있었다. 이들의 연대는 친족으로 형성되었다는 특징이 있었으며, 가까운 관계이건 확대가족 또는 씨족혈통이건 비밀결사 같은 유사친족이건 간에 상관없었다. 화베이에서 비밀결사는 의화단의 난과 연계되었을 수 있다.[12]

1905년 7월부터 1906년 6월 사이, 트란스발 외국인노동부는 광산에서 탈주한 혐의로 노동자 7089명이 유죄판결을 받았다고 보고했는데, 이는 전체 광산노동자의 10퍼센트가 넘는 비율이었다. 탈주는 1월과 2월의 여름철에 가장 많았으며 매달 거의 800명이 광산을 탈주했으나, 하이펠트(트란스발의 고원 지역)에서는 추운 달에도 한 달에 200명 넘게 탈주했다. 날씨와 상관없이, 대체 일자리가 없었던 터라 광산 외부에서 탈주자들은 오래 살아남기가 어려웠다. 다른 일자리를 구하거나 농장으로 돌아간 아프리카인 광산 탈주자들과 달리, 중국인 광산 탈주자들은 결국 스스로 광산으로 귀환하거나 체포되었다. 그러나 일부는 광산들이나 부속건축물들에 숨어 한 번에 며칠 동안, 심지어는 몇 주 동안 광산과 떨어져서 생활하기도 했다. 40~50명의 대규모 중국인 광산 탈주자들은 웨스트란트 프린세스마인Princess Mine에 있는 폐광 갱도에 몇 달 동안 숨어 있다가 체포되었다.[13]

아프리카인 여성들과 은밀한 관계를 맺은 중국인들은 그들과 장기간 함께 지낼 수도 있었다. 또한 요하네스버그의 광둥 상인들이 중국인 광산 탈주자들에게 "피난처와 일자리"를 제공한다는 소문이 돌았다. 한 노동자(쿨리 번호 38695라고만 기록된)의 경우는 탈주 기록이 있다. 그는 1905년 6월부터 1906년 5월 사이에 여섯 차례 광산에서 탈주했으며, 여기에는 20일, 30일, 55일 동안의 외부 체류가 포함되어 있다. 그는 이 범죄로 총 22주 동안 감옥에 있었다. 광산 관리자들은 쿨리 번호 38695가 란트 지역에 1년 이상 있었지만 교대 근무 기록이 40~50번밖에 되지 않았다고 불신에 찬 보고를 했다.[14]

수용소 외부에 있는 동안, 광산 탈주자들은 때로 현금이나 물품을 취하려 대물 범죄나 대인 범죄를 저지르기도 했다. 일부 탈주자는 개인적 생존을 위해 도둑질을 했다. 다른 일부 탈주자는 절도가 광산을 떠나는 목적이기도 했다. 같은 9개월 동안 트란스발 외국인노동부는 백인들을 상대로 한 "불법행위outrages" 사례 136건을 보고한바 여기에는 가택침입, 절도, 재산손괴, 폭행, 살인이 있었다. 아프리카인들을 상대로 한 불법행위 20건은 이들의 집이나 이들이 백인들의 집에서 일하는 중에 있었다. 중국인들은 인도인들 및 유대인들만 아니라 중국인들을 상대로도 범죄를 저질렀다.[15]

가게주인, 주택보유자, 농민을 상대로 범죄를 저지른 중국인들은 소규모 무리로 행동했고, 때때로 15명 이상의 대규모 무리로 행동하기도 했다. 이들은 종종 칼로 무장하거나 때로 총으로 무장했다. 이들은 거의 언제나 밤에 행동했으며, 돌이나 벽돌 혹은 착암기로 창문을 부수고 가게나 집에 침입했다. 이스트란트 복스버그Boksburg의 한 가게에서, 이들은 다이너마이트를 사용해 석조 베란다를 부수었다. 이들은 1~10파운드의 현금과 자신들이 소비하거나 남에게 팔 수 있는 상품을 가져갔다—설탕, 의류, 시계, 한 경우는 25파운드 상당의 바지 50벌. 이들은 한 농장에서는 양 1마리를 도살했고, 다른 농장에서는 "송아지 1마리와 약간의 밀리 mealies(옥수수)"를 훔쳤다. 이들은 때로 저항하는 가게주인이나 집주인을 찌르거나 구타해 일부에게는 심각한 해를 입혔고 심지어는 사망에까지 이르게 했다.[16]

경찰에 체포된 사람들은 수감되어 지역 치안판사 법정에서 재판을 받았다. 비트바테르스란트 고등법원은 중죄로 유죄판결을 받은 모든 사람에 대해 재심하고 형을 선고했다. 살인죄로 유죄판결을 받은 사람들은 교수형을 선고받았다. 몇몇 경우는 종신형으로 감형되었다. 절도죄에 대한 표준 양형量刑은 3~9개월의 징역형으로, 보통 중노동이 병과倂科되었다. 폭행죄로 유죄판결을 받으면 형기가 추가되었고, 범죄가 특히 심하거나 백인 여성을 상대로 저지른 것이라면 때로 채찍질이 수반되었다.[17]

란트 주민을 상대로 범죄를 저지른 중국인의 수는 실제로는 적었다—아마 전체 중국인 광산노동자의 1퍼센트였을 것이다. 그러나 다른 각도에서 보면 범죄 사건은 한 달 평균 12건으로 일주일에 3건에 가까운 빈도로 발생했고, 가택침입·폭행·절도와 연관 있었다. 이런 사건들은 현지 언론에서 대대적으로 다루어졌으며, 시골에서는 사건 관련 소문이 돌게 해서 시골의 백인 아프리카너(남아프리카에 사는 네덜란드계 백인)들을 선동해 무장한 쿨리들이 란트를 배회한다고 히스테리를 부추겼다. 전 보어인 특공대원 루이 보타는 1905년 9월 시골 지역의 아프리카너 지도자 20명으로 구성된 대표단을 이끌고 트란스발식민지 부총독 아서 롤리를 면담했다. 이들은 여러 사건을 극적인 방식으로 세세하게 이야기했다. 예를 들면, 중국인 32명이 크루거스도르프Krugersdorp 인근 스테르크폰테인Sterkfontein에 있는 한 농장에 나타났다. 남자들은 자리를 비우고 없었다. 여자들은 중국인들이 원하는 것을 주었으나, 중국인들은 더 많은 것을 가져갔고 송아지를 도살했다. 그런 다음 중국인들은 헥포트Hekport로 가서 마차를 탄 사람들을 만났는데 "모든 것을 빼앗고 […] 모든 것을 파괴했다." 현지의 농민들 사이에 "큰 불안"이 일었고, 이들은 자신들의 재산과 가족을 중국인 대규모 패거리로부터 보호할 수 없다고 말했다. 이들은 란트 지역의 모든 중국인 노동자를 즉각 본국으로 송환할 것을 요구하며 중국인 노동력 문제를 식민지 정치의 중심으로 다시 던져넣었다.[18]

1905년 내내 란트의 채굴회사들과 채굴업계 관찰자들은 란트 지역에 중국인 노동력을 도입한 데 찬사를 보냈다. 값싼 비숙련 중국인 노동력의 모집은 현지의 노동력 부족 문제를 해결하고, 이윤을 남아프리카전쟁 이전의 수준으로 회복하고, 심부 채굴업체들의 팽창을 가능케 했다. 1905년 봄, 미국 뉴욕의《엔지니어링과 채굴 저널Engineering and Mining Journal》은 란트 지역의 채굴 작업 비용이 전전戰前 수준보다 톤당 2~3실링 하락했으며, "이윤이 상당하고 작업 규모가 아주 커서 란트 지역의 [심부] 광산들은 오늘날 총생산량의 30퍼센트를 배당금으로 지급하고 있다"라고 보도했다.[19]

이러한 성과는 노동규율과 사회통제의 위기를 더 악화시키는 대가를 치렀다. 많은 요인이 이러한 악화의 방지를 어렵게 했다. 생산량 극대화에 대한 끊임없는 압력, 비효율적인 중국인 경찰, "노예제"라는 혐의에 대한 정치적 민감성 등이다. 남아프리카의 광산 관리자들과 식민지 당국은 앞의 두 가지 요인에 의해 생긴 사태를 극복하려 노력했으며, 런던의 식민부 장관은 맨 마지막 요인을 가장 중요하게 간주했다. 우선순위의 차이로 인해 런던과 요하네스버그 사이에 틈이 생겼는데, 이는 제국 내에서 제국의 이해관계와 백인 정착민식민지들 사이의 점증하는 긴장을 반영했는데, 이러한 긴장으로 이미 오스트레일리아 식민지들은 연방 자치령으로서 자치권을 추구하게 되었다.

엘긴 경Lord Elgin(빅터 브루스Victor Bruce)은 1905년 앨프리드 리틀턴의 후임으로 영국 식민부 장관이 된 자유주의자로 남아프리카의 "중국인 노예제"에 대한 그레이트브리튼 내의 비난에 대해 특히 방어적이었다. 엘긴은 노동자들의 개인적 권리를 침해하는 것으로 보이는 요하네스버그의 제안들을, 적어도 가장 노골적인 것들을 거부했다. 그는 또한 몇 가지 제안을 내놓아 노예제 혐의를 무마하려 했다. 특히 중국인 노동자들이 자신들의 의지에 반해 남아프리카에 구금되어 있다는 것에 대해 그랬다. 언론은 중국인 노동력 모집에 육체노동에 익숙지 않고, 본인이 광산에서 어떤 일을 하게 될지 모르는 숙련공들도 포함되어 있다고 보도했다. 1904년의 조례Ordinance of 1904는 중국인 노동자들에게 자비(17파운드 6실링으로 상당한 액수)로 자발적 본국 송환이 허용되었음에도, 이를 희망하는 많은 수가 그러한 자금을 가지고 있지 않았다고 한다. 엘긴은 정부가 자력에 의해 고국으로 돌아갈 자금이 부족한 중국인 노동자들에게 송환보조금을 지원할 것을 제안했다. 엘긴은 그런 조항이 영국인들이 중국인들을 그들의

의사에 반해서 란트 지역에 붙잡아두고 있다는 모든 비난을 "단번에" 없앨 것이라고 믿었다.[20]

광산 관리자들은 송환보조금 지원으로 광산에서 대규모 탈주가 일어나고 채굴업이 붕괴할 것이라 예측하면서 초조하게 반응했다. 트란스발 외국인노동부 감독관 J. W. 제이미슨은 또 다른 입장을 보였다. 중국인 노동자들이 이 제안을 자신들의 계약을 파기하고 본인들을 자신들의 의지에 반해 고국으로 돌려보내려는 술책으로 해석할 수 있다는 것이었다. 그는 엘긴의 동기가 갖는 진정성을 "의심 많은 동양인의 마음suspicious Oriental mind"에 전달하는 것은 불가능한 일이라고 믿었다. 실제로 송환되기를 원하는 모든 중국인 노동자는 하나같이 자신들이 자금이 없다고 주장할 것이라고 그는 덧붙였다. 마침내, 엘긴과 셀번은 중국인 노동자 그 누구도 자기의지에 반해 붙잡혀 있지 않을 것처럼 보이는 정책에 동의했고, 아울러 송환보조금 지원 문제를 사례 중심으로 전환했다. 1906년 초반에 통지문이 수용소들에 게시되었다. 송환되기를 희망하지만 그러할 자금이 부족한 노동자들은 개인 탄원서를 제출해야 하며, 감독관이 이를 검토해 정부가 송환보조금을 "자비로운 호의gracious favour"로 그들에게 지급할지의 여부를 결정할 것이라는 내용이었다. 제이미슨은 이렇게 덧붙였다. "이것은 예외적 친절함의 문제이며, 이에 대해, 말할 것도 없이, 당신들은 당연히 감사해야 한다."[21]

한편, 광산 소유주들과 식민지 당국은 노동자들의 저항에 대척해 끊임없이 고투했다. 예를 들어 일상적 수준에서 트란스발 외국인노동부 감독관 윌리엄 에번스는 광산노동자들이 공모할 기회를 제한하려 큰 식당을 작은 식당으로 나누는 방안을 고려했다. 부정행위를 없애고자 광산 관리자들은 자막대를 사용해 갱 굴착 인치를 측정하는 방법을 없애고 감독자들에게 테이프자tape measure[좁고 질긴 천 또는 얇은 대철 등에 잣눈을 그려 감아 넣은 자. 줄자. 권척卷尺]를 지급했다.[22]

보다 광범위하게 광산 관리자들은 광산에 대한 규율을 보다 효율적으로 행사하려 조례 제17호의 대대적 개정을 모색했다. 1905년 9월의 조례 제27호Ordinance no. 27는 트란스발 외국인노동부 감독관 및 조사관에게 특정 사건들을 상주 치안판사의 법정이 아닌 광산회사 구내에서 재판할 수 있는 권한을 부여했다. 여기에는 조례 제17호 위반(작업 거부, 허가 없는 광산 구내 이탈)뿐만 아니라 치안판사 법정에서 "통상적으로 약식재판이 가능한" 형사범죄도 포함되었다. 사건을 심리하는 외국인노동부 조사관들 또한 유죄판결을 받은 사람들에게 형을 선고했다. 조례 제27호는 이에 더해 광산 소유주들이 재판 전에 노동자들을 잡아둘 유치장을 설치하도록 요구했다. 조례 제27호는 사법 권한을 광산에 이양하는 것 이상의 역할을 했다. 조례는 노동규율에 대한 형벌 제재 체계를 드러내 보였다. 1906년이 되면 외국인노동부의 법적 절차는 수용소 탈주, 무허가 이동, 사기(휴가허가증 위조 혹은 작업전표 변조), 상사 모욕, 여타 노동조례 위반 등에 관한 약 1만 2000건을 재판하고 유죄판결을 내렸다.[23]

새 법은 중국인 노동자들의 연대를 깨트리려는 것이기도 했다. 첫째, 법은 십장들이 자기 조 노동자들이 저지른 모든 노동규율 위반 행위를 관리자 측에 보고하도록 의무화했으며, 이를 위반하는 사람은 유죄판결을 받고 5파운드의 벌금형에 처해졌다. 둘째, 법은 노동자가 유죄판결을 받을 경우 전체 작업조 또는 작업반에 집단 벌금을 부과할 수 있도록 인가했다(엘긴은 이 조항이 합법적인지에 대해 의심했다). 벌금이 부과된 경우, 광산회사는 해당 노동자들에게 임금을 주지 않고, 트란스발 외국인노동부에 벌금을 직접 납부해야 했다. 이 조항으로 노동자가 벌금 납부 대신 징역형을 택할 수 있는 선택권이 없어졌다. 많은 노동자가 감옥을 선호했다. 형량이 1~2주 정도면 해당 노동자들은 일을 쉬었고, 이로써 현지 교도소들은 과밀해졌고 광산의 작업시간에서도 손실이 있었다. 이 조례는 사기나 속임수(통행증 위조, 갱 굴착 인치 자막대 절단)의 사용을 처벌가능한 위반 행위로 추가했다. 1905년의 개정 조례는 아편 소지 관련 규정을 강화했고, 후속 입법인 1906년의 조례 제12호Ordinance no. 12에서는 도박을 금지했다. 도박은 원래는 금지사항이 아니었다. "모든 중국인은 도박을 하며" 도박은 중국인 작업 캠프와 수용소의 규범적 특징이라는 권고가 있었기 때문이다. 그러나 당국은 도박이 통제 불능 상태에 이르렀다고 믿게 되었다.[24]

끝으로, 조례 제27호는 트란스발 외국인노동부에 노동부가 "광산에서 노동자들에 대한 적절한 통제를 실행하는 데 위험"하다고 판단되는 노동자는 그 누구든 계약을 해지하고 이들을 본국으로 송환할 수 있는 권한을 부여했다. 원래의 노동력 프로그램의 규정에 따르면, 송환은 질병이 있거나 형사 유죄판결을 받은 경우에 할 수 있었다. 새 조례는 외국인노동부에 "악질분자"라고 간주되는 그 누구라도 적법한 절차 혹은 사용자의 동의 없이도 본국으로 송환할 수 있는 일방적 권한을 부여했다. 이러한 권한하에 외국인노동부는 바람직하지 못하다고 간주되는 모든 사람을 공격적으로 제거해 수용소 탈주와 노동 거부 등 통상적 조례 위반을 한 사람뿐만 아니라 도박 공갈범, 부패한 경찰, 동성애 의심자, 이런저런 "악당들scoundrels"로 기소된 중국인 수천 명을 본국으로 송환했다.[25]

악질분자들을 본국으로 송환하려는 강력한 노력에도, 트란스발 외국인노동부는 광산에 대한 점증하는 사회적 위기감을 잠재울 수 없었다.

1906년에 두 차례의 도덕적 공황 상태가 일어났다. 하나는 근거 없이 주장된 중국인들 사이의 동성애에 관한 것이었고, 다른 하나는 중국인 탈주자들이 아프리카너 농민들을 폭행한 것에 대한 현지 사회의 반응에 관한 것이었다. 이 두 차례의 공황은, 특히 후자의 것은 중국인 노동력 프로그램에 대한 대중의 반대를 촉발하는 데서 결정적 역할을 했다.

1906년 7월, 트란스발의 백인 거주민 레오폴드 루이트Leopold Luyt는 런던을 방문해 의원 1명과 식민부에 란트 지역의 중국인 노동자들이 저지르는 "비도덕적"이거나 "비정상적인 악덕"에 관해 진술했다. 루이트는 중국인들이 요하네스버그의 유럽인 매춘업소의 단골손님이라고 주장했다(여기서 주요 위반 사항은 성 구매가 아니라 유럽인으로부터의 성 구매였다). 더 경각심을 불러일으킨 것은, 중국인 노동자들 사이에 동성 간 성적 행위가 광산에 만연해 있으며, 그것이 합숙소에서 그리고 초원의 탁 트인 곳에서 공공연히 이루어지고 있다는 루이트의 주장이었다. 부정적 여론과 새로운 도덕적 공황에 대한 가능성은 총독으로 하여금 트란스발의 하급 관리 J. A. B. 벅닐J. A. B. Bucknill을 임명해 중국인들의 유럽인 여성 성 구매와 동성 간 성적 행위에 대해 공식 조사를 실시하게끔 고무했다.

벅닐은 중국인들이 성 구매자로 유럽인 여성을 찾는 일은 드물게 발생했으며, 중국인 광산노동자들 사이에 동성애가 있긴 하지만 그것이 광범위한 것도 공공연한 것도 아니라고 보고했다. 인류학자의 직감력으로, 그는 동성 간 성적 행위가 잉글랜드와 유럽에서 중국에 이르기까지 전 세계적으로 존재한다는 것을 인정했고, "일부 동양 민족 내에서 이 악덕은 서양 국가들이 동성 간 성적 행위를 바라보는 것과 같은 정도의 혐오스러운 일로 간주되지 않는다"라고 언급했다. 광산 관리자들과 통제관들은 수용소 내 중국인 노동자들 사이 동성 간 성적 행위에 대해 직접 알지 못한다고 주장했으나, 일부는 그것이 폐광 갱도 같은 곳에서 비밀리에 이루어졌다는 소문을 보고하기도 했다. 대규모 수용소마다 6명 정도의 남성이 남창으로 일한다는(2실링을 받고) 소문도 있었다. 이 남성들은 "최하층 계급" 즉 "배우와 이발사" 출신이라고 생각되었다. 광산의 의사들은 매독syphilis이 중국인 노동자들 사이에 광범위하게 퍼져 있긴 하지만, 이 질병이 동성 관계의 결과로 생기는 일은 드물다고 보고했다. 벅닐은 레오폴드 루이트의 주장은 아주 과장된 것이며, 중국인들 사이에 동성 간 성적 행위가 존재하긴 해도 그것이 "비정상적이거나 심각한 수준으로 만연한 것은 아니"라고 결론 내렸다. 이에 더해 그는 중국인들 사이 동성 간 성적 행위가 "매우 은밀하고 눈에 띄지 않는 방식"으로 이루어지는 만큼 이를 알아내고 근절하는 것은 "극히 어려운 일"이라고 했다.[26]

셀번의 사무실도 현지 시장들, 성직자들, 이런저런 관리들을 상대로 조사를 했다. 이들의 답변은 일반적으로 벅닐의 결론을 뒷받침하는 것이었다. 조사 결과로 셀번과 엘긴은 약간은 어찌할 바를 모르는 상태가 되었다. 이들은 대중적 추문을 막기 위해 벅닐의 보고서를 공개하는 것을 고려했으나 그렇게 하지 않기로 했다. 보고서가 중국인 노동자들 사이 동성 관계가 널리 퍼져 있지는 않더라도 그것이 실재하는 것을 확인했기 때문이다. 엘긴의 요청으로 셀번은 트란스발 정부는 "이 저주할 범죄를 근절"하고 "도덕적으로 바람직하지 못한 자들"은 본국으로 송환하겠다는 약속을 확인하는 강력한 표현의 편지를 썼고, 이것은 기록으로 남아 런던 식민부의 정치적 명분이 되었다. 한편 트란스발 외국인노동부는 "연동戀童들"의 거처로 추정해 수용소들 내의 6개 중국인들의 공연장을 폐쇄하고 동성애자로 의심되는 중국인 166명을 검거해 본국으로 송환했다. 1905년 9월의 조례는 외국인노동부가 치안판사 법정에서 혐의를 입증할 필요가 없어졌다. 외국인노동부는 그저 광산 관리자들에게 성도덕이 의심스러운 것으로 간주되는 모든 사람을 보고하고 이들을 다음 출항 선박에 태우도록 요청하면 되었다.[27]

셀번과 엘긴이 "비정상적인 악덕"을 둘러싼 큰 추문을 피하긴 했어도, 둘은 광산 지구 외부 지구들에서 중국인들의 불법행위들을 둘러싸고 란트 지역에서 지속된 도덕적 공황 상태와 계속해 싸웠다. 이 문제를 해결하려 식민지 정부는 란트 지역에 경찰력을 증원했고, 광산 탈주자들과의 전쟁에 백인 거주민들을 직접 투입했다. 남아프리카경찰대South African Constabulary는 란트 지역에 경찰관 175명을 추가로 배치해 경찰 인력을 400명까지 늘렸다. 경찰은 경계구역들 사이와 "그 둘레 안쪽"을 끊임없이 순찰하는 "비상경계선" 체제로 운영되었다. 1905년 8월 한 주 동안 경찰은 통행증 없이 광산을 벗어난 중국인 243명을 체포했다. 정부는 현지의 아프리카너들을 무장시켰는데, 이는 남아프리카전쟁 이후 무장이 해제된 이래 처음 있는 일이었다. 이 무장으로 라이플총〔소총〕rifle과 산탄총〔엽총〕shotgun 1500정에 거의 5300파운드가 지출되었다.[28]

게다가, 조례 제27호는 "민간 백인 그 누구에게나" 비트바테르스란트 지구 외부의 광산노동자 그 누구라도 영장 없이 체포해 그를 가장 가까운 경찰서로 이송할 수 있는 권한을 부여했다. 농민들을 무장시키고 대리함으로써, 정부는 그 과업에 대한 지원을 동원하는 것뿐만 아니라 전쟁이 끝난 이후 영국에 대한 격렬한 분노를 품어온 시골 아프리카너들 사이에서 점증하는 반대의 폭풍을 잠재우는 것을 목표로 삼았다. 앨프리드 밀너의 재건 정책은 그들에게 경제 회복도, 아프리카인 다수에 대한 인종적 안전감도 가져다주지 못했다〔앨프리드 밀너는 셀번 경의 전임 트란스발 총독 및 아프리카 남부 고등판무관이었다〕. 역사학자 존 히긴슨John Higginson은 이러한 두 가지 차원의 불안전이 기난한 시골 아프리카너들을 특히 집단 히스테리mass hysteria와 집단(집합적) 폭력collective violence에 취약하게 했다고 주장했다.[29]

개정된 조례에 따라 취해진 다양한 조치는 강압의 확대를 의미했으나, 그것이 상황을 완전히 통제하지는 못했다. 여름철(1905. 12~1906. 2)에는 더 많은 광산 탈주와 불법행위가 있었고, 정부에는 더 많은 아프리카너 대표단이 파견되고, 타운에서는 더 많은 대중 집회가 열리고, 루이 보타가 엘긴에게 직접 호소하는 등의 정치적 위기가 나타났다. 무장한 농민 수백 명이 남아프리카경찰대의 순찰조에 합류해 산악 지역을 수색하며 광산 탈주자들을 찾아나섰다.[30]

1906년 3월 식민지 관리들은 광산 소유주들과 이들의 광산 구내 경비를 강화할 필요성에 대해 논의했다. 광산 소유주들은 중국인 노동자들이 외견상 광산을 쉽게 탈주하고 있다는 대중의 비판에 방어적 견해를 보였다. 이들은 트란스발 외국인노동부와 식민부(런던)가 광산노동이 노예제로 보이지 않게끔 하기 위해 노동자들은 낮 동안 광산에서 "제한 없는 절대적 이동의 자유를 누린다"라고 주장한 것을 차례로 비난했다. 셀번은 노동자들의 광산 탈주 및 불법행위 문제를 해결하기 위한 특별 위원회를 소집했다. 위원회에는 현지 치안판사, 경찰관, 외국인노동부와 광산회의소 대표단, 그리고 드문 경우로, 중국 영사가 포함되었다. 위원회는 온건한 논조를 취했다. 위원회는 중국인들이 토착민들보다 더 높은 생활수준과 안락함을 구축해왔다고 칭찬하는 데 대체로 조심스러웠으며, 도박 문제 그리고 중국인 노동력 모집 초기에 많은 중국인 경찰을 포함해 "하층계급"의 만연이 문제를 일으켰다고 비난했다. 더 나은 광산노동자 통제를 위한 위원회의 권고안에는 유럽인 수용소 경찰을 더 많이 고용하고,

광산 부지들을 더 잘 순찰하고, "알려진 행실 나쁜 사람들"을 송환하는 것이 포함되었다.[31]

광산 관리자들의 위원회는 좀 더 직설적이었다. 위원회가 내놓은 우선적 권고는 광산 부지들에 펜스를 세우는 것이었다. 위원회는 또한 수용소 내 중국인들의 공연장들을 폐쇄하고, 아편과 도박을 단속하고, 교대 근무를 마치고 퇴근하는 중국인 노동자들이 훔친 다이너마이트·곡괭이 등을 소지하고 있는지 그들의 몸을 수색하고, 광산 인력 관리에 대한 트란스발 외국인노동부 조사관들의 간섭을 줄이고, 탈주자들에게 더 가혹한 처벌을 부과하고, 출근·작업전표·휴가허가증에 좀 더 세심한 주의를 기울이고, 주 단위가 아닌 일 단위로 출석 점호를 하고, 광산 통제를 강화하기 위해 백인 경찰을 고용하는 것 등을 촉구했다.[32]

1906년 5월, 셀번은 란트 지역에 펜스를 세울 수 있게끔 런던 식민부에 긴급히 승인을 요청하면서 중국인 광산 탈주자들은 "불행한 노동자들"이 아니라 "빚을 진 도박꾼들"이라고 강조했다. 그는 "현재의 어려움은 쿨리들의 이동에 대한 제한 때문이 아니라 그러한 제한이 거의 없는 것에서 발생했다"라고 주장했다. 그러나 엘긴은—중국인 노예제라는 비난에 항상 민감했던— 이 방안을 거부했다.[33]

J. W. 제이미슨은 중국인 인력 통제권을 확립할 수 있는지에 대해 비관적으로 생각했다. 그는 트란스발식민지 법무장관 솔로몬 경Sir Solomon〔리처드 솔로몬Richard Solomon〕에게 "셀번 경〔트란스발 총독 및 아프리카 남부 고등판무관〕과 귀하를 제외한 트란스발의 그 누구도, 중국인들을 감독하는 효율적인 인간의 수단을 손에 넣으려는 노력이 얼마나 가망 없는 일인지 깨닫지 못하고 있습니다"라고 녹초가 되어 편지를 보냈다. 제이미슨은 다른 대안이 없어서 중국인들의 마음에 공포심을 심는 시도에 의지했다. 그

는 모든 수용소에 중국인들에게 그들의 나쁜 행실이 어떠한 결과를 초래하는지 경고하는 글을 써 고지했다. 그는 10년 이상의 징역형을 선고받은 중국인 노동자 15명, 살인죄로 교수형에 처해진 중국인 "악당들" 14명, 소란을 피우는 과정이나 범죄를 저지르는 동안 총에 맞아 사망한 중국인 16명의 이름을 열거했다. 그는 자신이 생각하기에 중국인들에게 호소력 있는 표현의 어조로 썼다. "계약이 만료되면 여러분은 모두 즐겁게 집으로 돌아갈 수 있지만, 저들은 다시는 볼 수 없을 부모와 가족들로부터 수천 마일의 바다와 수많은 그 사이의 산들로 분리된 이국의 감옥에서 평생 또는 수십 년 동안 고통스럽게 살아가야 할 것입니다. 저들의 운명에 경각심을 갖고, 여기는 법과 질서의 나라이며, 모든 범죄자는 가장 엄격하게 처벌받을 것임을 기억하십시오."[34]

비슷한 맥락에서, 제이미슨은 1905년 8월 모압스벨덴Moabsvelden에서 아프리카너 농민 피에트 주베르Piet Joubert를 살해한 혐의로 유죄판결을 받고 사형을 선고받은 중국인 노동자 4명의 처형에 중국인 증인들을 데려오고 싶었다. 교수형이 10월로 예정되어 있었을 때, 제이미슨은 처형 집행에 대한 단순한 발표만으로는 사람들이 처형 집행을 믿지 않을 것이나, "눈앞에서의 실증과 이에 따른 그 소식의 확산이 […] 가장 유익한 효과를 가져올 것"이라고 생각했다. 솔로몬은 누군가에게 처형 집행을 목격하도록 강요하는 것을 꺼렸지만, 그는 "불행한 남성들의 친구 두세 명"이 원한다면 그들이 처형 집행에 입회하는 것을 허용했다. 사형수들은 8명의 친구 이름을 제출했고, 이들은 프리토리아로 와서 마지막으로 자신들의 친구를 면회했다. 그러나 이러한 "연민의 정신"에서 비롯한 정부의 "은혜"로운 행동은 역효과를 낳았다. 이들 면회객이 수용소들로 돌아와 중국인 동료 노동자들에게 아프리카너 살해 혐의로 처형된 남성들이 "무고하게 정죄定罪받았다"라고 말했던 것이다. 제이미슨은 "유언비어의 유포를 금지하는 통지"를 발표했고, 그는 처형된 중국인 남성들이 자신들의 유죄를 인정했다는 증거로 그들이 마지막으로 한 진술의 녹취록을 첨부했다. 실제로, 친샹성Qin Xiangsheng과 류화리Liu Huari 두 중국인 남성만이 자신들의 범죄를 자백했다. 다른 두 중국인 남성 왕중민Wang Zhongmin과 쉬허우룽Xu Houlong은 간단히 이렇게 진술했다. "모든 것이 끝났다. 모든 것이 끝났다. 운명이 이렇게 판결했다." 제이미슨은 이 남성들이 교수대로 끌려갈 때 한 말은 밝히지 않았다. 이들 중국인은 란트에서 교수형에 처해진 "거의 모든 사형수"가 내뱉은 구절을 말했을 것이다. "취랴오屈了."— "억울하다."[35]

제11장

✳

식민지들에서 아시아인의 위협

트란스발 외국인노동부 감독관 J. W. 제이미슨이 중국인 광산노동자들을 감독하려는 것은 가망 없는 시도라고 말한 것은 옳았는데, 적어도 그 감독이 광산 생산 목표와 공공안전이라는 현지의 요구를 모두 충족시키면서 동시에 그 감독이 광산노동을 노예제처럼 보이지 않게끔 하는 한에서 그러했다. 1906년이 되면 현지 및 본국 정치의 속도는 란트 지역에 질서를 가져오려는 제이미슨, 트란스발식민지 법무장관 리처드 솔로몬, 트란스발식민지 총독 및 아프리카 남부 고등판무관 셀번의 노력을 빠르게 앞지르고 있었다. 중국인 노동력 문제는 남아프리카 채굴노동력 프로그램의 구체적 요구보다 훨씬 더 큰 문제가 되었다. 그것은, "중국인 문제"의 선동적인 상징적 영향력을 가정한 것으로서, 신세계〔신대륙. 곧 남북아메리카대륙〕 정착지들로의 중국인 이민이라는 반세기에 걸친 유럽인들과의 경험을 바탕으로 하면서 동시에 그 경험에 새로운 특징들을 부여했으며 또 이 과정을 통해 전 지구적 반중反中 이데올로기를 완성시켰다.

1906년과 1907년에 란트 지역의 중국인 문제는 두 차례의 주요 정치 선거에서 핵심 쟁점으로 부상했으니, 영국의 총선과 트란스발의 책임정부responsible government 곧 자치home rule를 위한 선거였다("책임정부"는 의회 책임의 원칙을 구체화한 정체政體로, 영국 전통의 웨스트민스터 체제Westminster system의 기초다. 여기서 "자치"는 다른 국가·지역의 통치를 받는 국가·지역의 자치를 말한다). 두 선거 모두 새로운 정당이 집권하면서 중국인 노동력 프로그램의 급속한 종말을 가져왔고, 더욱이 더 광범위한 정치적 궤적에 영향을 끼쳤다. 영국에서는 중국인 문제가 자유당이 거의 20년 동안 깨지지 않던 보수당의 지배를 뒤집는 데 도움이 되었으며, 직종별조합들이 노동당Labour Party을 결성할 수 있도록 자극했다. 노동당은 향후 1차 세계대전이 발발한 무렵에 자유당을 제치고 토리당의 제1 야당으로 부상할 것이었다. 독자적 정치세력으로서 노동당의 출현은 자신(노동당)을 제국의 백인 노동자계급의 중심에 놓는 자기의식적 정체성self-conscious identity과 불가분의 관계에 있었다. 노동당은 정착민식민지들의 영국인 노동자들과 연대해 행동했거니와, 당은 또한 식민지들을 국내(본국)의 경제적 불확실성에 대한 대비책으로 노동자계급 이주의 목적지로서 보는 자기본위적self-interested 비전을 표명했다. 직종별조합 운동은 사회제국주의에 지워지지 않는 흔적을 남겼으며, 앨프리드 밀너와 조지프 체임벌린과 달리 좀 더 계급기반적인 정치이지만 대단히 인종주의적인 정치에서 사회제국주의를 주장했다(앨프리드 밀너는 트란스발 총독(1901~1905)과 식민부 장관(1919~1921)을 지낸 영국의 정치인이며, 조지프 체임벌린은 식민부 장관(1895~1903)을 지낸 영국의 정치인으로 둘 다 사회제국주의 정책을 옹호했다).[1]

트란스발에서 중국인 문제는 다양한 이해관계자 사이에서 공통의 불만으로 대두했으며, 채굴 이해관계가 지배하는 기존 진보당Progressive Party

의 정치적 명운에 타격을 입혔다(진보당은 케이프식민지로 온 백인 이민자들이 1890년에 만든 친제국주의 정당으로, 1900~1908년까지 정권을 잡았다. 이와 유사하게 트란스발식민지에서는 1891년에 "진보 운동"이 시작되었고, 이후 트란스발진보협회Transvaal Progressive Association로 이름을 바꾸었다. 두 정당 모두 1910년에 남아프리카연방이 성립할 때 연방당United Party으로 합류했다). 중국인 문제는 아프리칸스어 사용 유권자들을 보어인 특공대 출신 얀 스뮈츠와 루이 보타가 조직한 신생 헤트폴크로 이끄는 데 한몫한, 세상을 떠들썩하게 한 쟁점이었다. 헤트폴크는 선거에서 승리했다. 몇 년 후인 1910년에, 보타는 새로이 연방체가 된 남아프리카연방Union of South Africa의 총리가 될 것이며 쉬미츠를 자신의 내각에 합류시킬 것이었다. 이들의 부상은 남아프리카에서 아프리카너들이 선거에서 발휘하는 힘을 보여줬는데, 오렌지강식민지의 인종주의 강경파에서부터 케이프식민지의 온건파에 이르기까지 아프리카너 정치가 남아프리카 전역에서 다양성을 유지할 것임에도 그러했다. 주목할 것은 보타, 특히 스뮈츠는 백인우월주의와 인종분리를 옹호하면서도 채굴 이해관계에 그리고 더 넓게는 영국제국주의에 전념했다는 점이다.

남아프리카는 영국의 정착민식민지 중 가장 노골적으로 인종주의적이었다. 그러나 남아프리카는 전부 다 영국제국의 자치령으로 세워진 캐나다·오스트레일리아·뉴질랜드와 함께 제국의 한 조각이었으며, "자치령dominion"이라는 개념은 식민지가 아니라 국가와 유사한 정치체를 가리켰고, 실제로도 토착민에 대한 자치령 자체의 통치권을 가리켰다. 자치령은 영국제국 내에서 최대한의 자율성을 가지고 있었고, 현지 백인 정착민들의 지배를 보호하면서 동시에 토착민 내쫓기, 인종분리, 아시아계 배제라는 공공연한 인종주의적인 상투적 수법—실은 미국에서 주조된 백인정착주의의 교리들—으로부터 식민지 본국과 편리하게 거리를 둘 수 있었다.

⁑

트란스발에서 중국인 문제는 백인 남아프리카인들이 어떤 종류의 사회를 건설해야 한다고 생각하는지에 대한 기본적인 질문들을 전면에 내세웠다. 번영과 백인우월주의의 실질적 혜택으로 가는 길은 무엇이어야 하는가, 영국계 인구와 네덜란드계 인구 사이 인종 관계의 구조, 그리고 남아프리카와 영국제국 사이 관계는 무엇이어야 하는가. 이러한 질문은 남아프리카전쟁 후에도 해결되지 않은 채로 남아 있었다. 중국인 문제는 당장에라도 폭발할 것 같은 긴장을 전면에 드러냈다.

앨프리드 밀너의 전후戰後 재건 정책은 산업 발전(특히 채굴 관련), 대규모 농업, 남아프리카 식민지들로의 영국인 이주, 정부 개혁 등을 강조했다. 그는 참정권과 관련해 케이프식민지((투표 등에 관한) 재산자격property qualification으로 인해 사실상 모든 토착민과 유색인이 정치로부터 배제된 곳)에서 시행된 것처럼 "인종차별을 않는" 토착의(곧 현지의) 정책을 옹호했지만, 이 정책은 또한 국가동원과 노동규율에 기반을 두고 있었다. 그러나 트란스발에서 토착민의 참정권은 사실상 남아프리카전쟁을 종결한 베레니깅조약Treaty of Vereeniging(1902. 5. 3)에 의해 배제되고 있었다("베레니깅"은 지금의 남아프리카공화국 동북부 하우텡주州 남쪽에 있는 도시다). 조약의 한 조항은 이 문제를 책임정부 즉 백인들에 의해 뽑힌 정부가 선출될 때까지 유예시켰다. 영국은 또한 토착민들을(전쟁 중에 영국 편에서 싸운) 무장해제시키고 또한 전쟁 중에 보어인들로부터 징발한 토지에서 그들을 쫓아냈다.

이러한 조치들은 남아프리카전쟁에서 패배한 아프리카너들과 화해하려는 영국의 의사 표명이었으나, 앨프리드 밀너의 전후 재건 정책은 아프리카너들, 특히 가난한 아프리카너들 사이에서 경제적 상황을 개선하는데 거의 도움이 되지 않았다. 트란스발에서는 자본주의적 농업의 급속한 발전으로 많은 임차인이 쫓겨났고, 이들의 점점 더 많은 수가 타운들로 몰려들었다. 영국 잉글랜드 콘월 출신이든 광산 백인 노동자 구성원들 사이에서 우위를 차지했던 오스트레일리아 뉴사우스웨일스 출신이든 간에 영어 사용권 광부들의 기술을 가진 아프리카너들은 거의 없었다. 그러나 비숙련 백인들 역시 비숙련 채굴 일자리, 가사 서비스, 타운들에서의 여러 단순직에서 아프리카인들과 경쟁할 수 없었다. 이들 아프리카인의 임금은 일반적으로 비숙련 백인들보다 3~4배 낮았다. 전후에 도시 빈민들은 정부보조금을 받는 공공근로에 생계를 의지했지만, 이것은 장기적 해결책이 아니었다.[2]

얀 스뮈츠는 셀번에게 트란스발이 "비참한 상태"에 처한 상황에서 광산은 "이 나라(트란스발공화국)에서 백인 주민들의 입지를 강화해야 한다"라고 말했다. "황색 노동력yellow labour이 폐지되면 많은 백인이 기꺼이 광산에서 일할 의향이 있을 것이고, 백인 인구뿐 아니라 광산 역시 번창할 것이다." 란트로드들은 비숙련노동력의 사용은 비용이 너무 많이 들어 채굴 수익성이 떨어질 것이라는, 특히 톤당 인건비가 가장 높은 저급의 금을 채굴하는 일에서 더욱 그러할 것이라는 믿음을 고수했다. 많은 아프리카너는 정부가 채굴 이해관계를 편애하는 태도를 보인 것이 중국인들을 남아프리카로 들어오게 했고 백인 실업과 빈곤 문제를 악화시켰다고 믿었다. 농민들이 광산을 탈주한 중국인들이 저지르는 "불법행위들"에 노출

되는 것은 말할 것도 없었다.[3]

　트란스발의 직종별조합들도 중국인 노동력에 반대했다. 영국인 숙련 광부들은 광산과 현지 사회에서 특권을 누렸으나 이들은 다른 많은 불만거리를 품고 있었다. 계절적 실업, 높은 생활비, 1890년대에 지하 기계 굴착이 도입되면서 일반화한 "백사병白死病, white death"으로 광부들의 신체가 소모되어 쇠약해지는 소모성질환인 황폐증荒廢症, phthisis(규폐증硅肺症) 등이 그것이다("백사병"은 피부가 흑(자)색이 되면서 죽음에 이르는 흑사병黑死病, Black Death에 빗대어, 병이 심하면 낯빛이 창백해져 죽는 데서 생긴 명칭이다. "규폐증"은 규산이 많이 들어 있는 먼지를 오랫동안 들이마셔 생기는 폐병이다). 숙련노동자들은 또한 기술자들이 주도하는 채굴회사들이 생산 통제권을 빼앗고 채굴 생산성을 높이려는 시도에 분개했다. 이들 숙련노동자는 진정한 번영과 특권을 누리기는커녕 자신의 처지를 불안정하다고 여겼다.[4]

　트란스발의 직종별조합들은 중국인들이 트란스발의 직종들로 서서히 들어와서는 백인들의 임금을 떨어뜨릴 것이라고 우려했으나, 이들의 더 큰 걱정거리는 그러한 추세가 토착의 아프리카인들이 반半숙련 및 비숙련 일자리들에서 일하는 것으로까지 이어질 것이라는 점이었다. 실제로 일부 광산에서 아프리카인들은 반숙련 일자리들에서 일했고, 따라서 광산 소유주들이 백인 노동력의 상당 부분을 더 값싼 흑인 노동력으로 대체하는 것도 당연한 일이었다. 1890년대 이래 직종별조합들은 직업에서 컬러바color bar(피부색에 따른 인종분리 및 인종차별. 컬러라인color line)를 성문화하려 시도해왔으나 아직 성공하지 못했다. 남아프리카 중국인 노동력 프로그램은 비숙련 채굴노동력을 제외한 모든 노동력에서 중국인들을 명시적으로 배제한 유형으로는 최초의 것이었다.[5]

　이러한 트란스발의 직종별조합의 견해는 영국 엘리트 사이에서 공유되고 있었고, 이들은 남아프리카 백인 인구의 미래 번영은 영국의 숙련노동자들이 지속적으로 자국 식민지들로 이주하는 데 있지 아프리카인들의 분야라고 여겨진 비숙련 일자리들에 가난한 백인들을 고용하는 데 있는 게 아니라고 생각했다. 이들은 엄격한 인종분할만이 백인들의 높은 지위를 보존할 것이라고 믿었다—"우리는 이 나라에 백인 프롤레타리아트를 원하지 않는다"라는 앨프리드 밀너의 유명한 말처럼. 미국인 채굴기술자 로스 E. 브라운Ross E. Browne은 1905년 란트 지역의 채굴회사 코너하우스Corner House에서 자문 일을 맡은 인물로 광산에서 인종분리의 중요성을 인식했다. 브라운의 아버지 J. 로스 브라운J. Ross Browne은 미국 정부를 위해 미국 서부의 광산들을 조사하고 중국 주재 미국 특사를 지낸 바 있었다. 아버지와 아들 모두 중국인에 대한 인종적 적대감을 가지고 있지는 않았다. 그러나 남아프리카에서 아들 브라운은 이렇게 썼다. "숙련 백인 노동력과 비숙련 유색인 노동력을 분명하게 구분하는 것이 제일 중요하다. […] 이 방법으로만이 숙련노동력의 높은 평균 임금이 유지될 수 있고 백인들의 바람직한 지위가 지지支持될 수 있다." 이런 계산의 다른 측면은 아프리카인들을 비숙련 일자리에 고용하면 전반적인 노동비용이 낮아진다는 것이다.[6]

아프리카너들이 광산들에 비숙련 백인들을 고용하는 것을 옹호한다고 해서 그들이 광산에서 아프리카인들과 함께 일하며 같은 일을 하겠다는 뜻은 아니었다. 아프리카너들은 아프리카인들을 다시 농장으로 돌려보내 그들을 백인들의 통제하에 일하도록 했을 것이다. 농업 부문에서는, 아프리카너 가족 농장들과 영국인 소유 대규모 농장들 둘 다에서, 소작인과 임금노동자로서 아프리카인 노동력을 놓고 제각기 치열한 경쟁이 벌어졌다. 트란스발이 점차 산업화되고 도시화되면서 아프리카인 노동력

에 대한 백인들의 수요도 점점 커졌다.[7]

　남아프리카의 광산들에서 비숙련 백인 고용을 가장 목청 높여 옹호한
사람은 채굴기술자이자 채굴회사 빌리지메인리프Village Main Reef의 전前
관리자 프레더릭 H. P. 크레스웰Frederic H. P. Creswell이었다. 크레스웰은 지
브롤터〔이베리아반도 서남부에 있는 영국의 해외영토〕에서 영국인 관리의 아
들로 태어나 왕립광산학교Royal School of Mines에서 교육받고 베네수엘라,
소아시아Asia Minor, 로디지아 등지에서 일하다 란트 지역에 정착했다. 그
는 채굴업계의 중국인 노동력 사용에 열렬하고 끈질기게 반대한 인물이
었다. 트란스발의 직종별조합들과 마찬가지로, 그는 트란스발 광산회의
소를 지배하는 큰손 집단들 그리고 식민지 정부의 이들 후원자들을 겨냥
했다. 크레스웰은 남아프리카 채굴업계의 내부자이자 외부자였던 터라,
란트로드들은 크레스웰이 빌리지메인리프에서 비숙련 백인들을 고용해
수익을 올렸다는 그의 주장을 깎아내리려 상당한 에너지를 썼다. 일부 비
판자는 그가 데이터를 위조하거나 왜곡했다고 공격했다. 크레스웰은 광
산회의소가 광산에 필요한 노동자 수와 따라서 노동비용을 부풀렸다고
비난했다. 그는 채굴은 더 적은 인원이 더 효율적으로 일하고 그리고 더
많은 기계를 이용하는 다른 계산법을 통해 수익을 낼 수 있다고 주장했
다. 크레스웰은 풍부하고 통제가능한 값싼 노동력(노예화된, 계약의, 미등록
의)에 접근할 수 있는 자본가들은 기계화에 대한 유인이 거의 없다는 일
반적 경향을 이해했다.[8]

　프레더릭 H. P. 크레스웰이 지적한 더 중요한 점은 큰손 채굴 집단과
해외 금융 투자자들이 단기간에 최대의 수익을 내고 최대의 배당금을 돌
려주기 위해 채굴업의 기반을 매우 값싼 계약 유색인 노동력에 둔다는 것

이었다. 동일한 이해관계가 현지에 있지 않은 부재不在 금융업체들에 의한 "투기적이고 주식시장적인" 관행을 부추겼으니, 이들 회사는 미개발 채굴지들을 자본과 시간의 투자가 필요한 산출광產出鑛들로 개발하려는 목적보다는 부동산 가치를 끌어올리려는 목적에서 보유하고 있었다. 금융 부문의 금전적 이해관계는 이제 "식민지의 운명에 대해 현실적으로 매우 실질적인 힘"을 가지고 있으며, 이러한 이해관계는 "식민지에 대해 사람들의 실제적인 정치적 감정 및 열망에 그 어떤 진정한 공감"도 기대할 수 없는 것이었다. 크레스웰은 "모든 계급의 백인들이 환영받는" 식민지를 옹호했지 정치와 경제 모두를 장악한 부유한 백인들이라는 소수 계급을 옹호한 게 아니었다.[9]

백인 노동자들의 입장은 독점과 계약의 관행들에 대해 채굴왕mining magnate들을 비판하는 한에서는 민주주의라는 화려한 의상을 걸치고 있었다. 하지만 그들의 민주주의에 대한 비전은 백인만을 위한 것으로서, 이는 남아프리카 정치의 중심 사상 곧 남아프리카는 "백인의 나라"라는 혹은 좀 더 정확하게는 남아프리카는 백인들이 전적으로 지배하는 나라라는 사상에 의해 형성된 것이었다. 이러한 견해는 케이프식민지의 자유주의적 온정주의[가부장주의, 후견주의]에서부터 예전 보어인 공화국들[트란스발공화국, 오렌지자유국]의 인종주의적 강경파에 이르기까지 백인 정치 스펙트럼 전반에 걸쳐 존재했다. 그러나 남아프리카에서 백인 소수자 지배를 유지하기 위한 요건들은 특히 산업화가 진행되면서 정치를 끊임없이 우경화시켰다. 남아프리카 작가 I. 도비I. Dobbie는 1906년에 이렇게 썼다. "사회민주당의 이론은 하위층 내 최고위층이 사라지지 않고는 이런 경우에 실행될 수 없다. 흑인들이 수적으로 더 우세하고 정신문화 수준이 더 낮은 한, 아주 오랫동안 남아프리카는 과두제여야지 민주제여서는 안

된다. 백인들이 카피르Kaffir의 수준으로 내려가 그의 직업avocation들을 공유하는 것은 인종적 관점에서 자살행위가 될 것이다."[10] ("카피르"는 남아프리카 반투족의 하나를 지칭하기도 하며, 남아프리카의 흑인을 인종적으로 비하해 지칭하는 경멸적 표현이기도 하다. 이 책에서는 후자의 의미다.)

사실 비숙련 백인들이 남아프리카 광산들에서 일한 역사는 남아프리카전쟁 이전과 이후 두 시기 모두에 있었으며 또 빌리지메인리프만이 아니었다. 1890년대 초반 존 X. 메리먼John X. Merriman은 채굴회사 랑글라테에스테이트Langlaagte Estate에서 비숙련 백인 노동자를 시험 삼아 사용했다. 그는 "일급" 콘월인 남성들을 계약직으로 고용해 굴착 일과 삽질 일을 시켰으나, 1개월이 지나도록 그들은 자신들의 생계를 유지할 만큼의 수입을 벌지 못했다. 많은 광산 관리자에게 문제는 비용만이 아니라 비숙련 백인들은 노동자들의 열등한 부류로 신뢰할 수 없고 "극도로 무능하다"라는 그들의 의견이었다. 실제로 남아프리카에서 중국인 노동력 프로그램이 시작되었을 때 약 2300명의 비숙련 백인이 광산들에서 일하고 있었다. 그러나 정부의 광산기술자는 중국의 노동력으로 인해 광산 관리자들이 더는 백인들을 비숙련 일자리들에 고용해야 한다는 강박을 느끼지 않게 되었다고 인정했다.[11]

남아프리카에서 중국인 노동력에 대한 반대 주장은 단순히 그것이 백인들의 일자리를 빼앗는다는 것만이 아니었다. 비판자들은 더 크진 않을지라도 추가적 위협이 있다고 보았으니, 그 위협이란 계약 아시아인 노동력이 아시아인 상인들과 교역업자들의 정착으로 이어질 것이라는 전망에 도사리고 있었다. 나탈의 설탕 플랜테이션들에서 계약 인도인들을 사용한 것은 계약 유색인 노동력의 수입輸入이 어떠한 결과를 가져오는지 보여주는 실례였다. 인도인들의 계약은 수그러들지 않는 자유로운 인도인 정착 인구를 이끌었으며 여기에는 백인 사업체들보다 싼값에 파는 인도인 상인들과 교역업자들을 포함했다. 1905년이 되면 나탈에 백인보다 인도인이 더 많았고, 이들 인도인은 트란스발로 이주하고 있었다. 백인들은 요하네스버그의 소수의 중국인 상인이 마찬가지로 늘어날 것을, 특히 계약노동 인력이 잠재적으로 에스닉 시장을 제공할 수 있을 것을 우려했다. 이들은 "수입된 아시아인이 놀라운 속도로 한 나라를 장악할" 것이라고 경고했다. 나탈은 아시아인의 이민을 제한하는 법을 통과시켰으나, 계약 인도인 노동자들은 계약기간 만료 시 본국으로 송환할 필요가 없었던 터라 식민지는 "활짝 열린 뒷문"이었다. "오늘날의 계약 쿨리는 내일의 자유민이고, 이 자유민은 교역업자가 된다."[12]

어떤 의미에서 남아프리카는 오스트레일리아와 같은 지리적 문제를 안고 있었다. 곧 플랜테이션들이 고립된 열대의 섬들이 아니라 온대 지역과 인접한 지방에 있었다는 것이다. I. 도비는 "값싼 아시아인 노동력" 이론을 "싼값에 파는 아시아인 교역업자" 이론으로 보완하는 인도인들과 중국인들에 대한 공통된 인종주의적 논거를 명확히 표명했다. 그는 이렇게 말했다. 인도인들은 "근면함, 검소함, 원하는 바가 없음(곧 욕심이 없음), 수 세기에 걸쳐 예민하고 과잉훈련된 두뇌와 그리고 같은 이유에서의 상업적 비도덕성으로 […] 카피르들을 항상 능가하고 유럽인들의 가치를 떨어뜨려왔다." 이들 인도인은 과일과 채소 소매업을 장악했으며, 소규모 잉글랜드 상인들의 "가공할 경쟁자"였다. 도비는 중국인들을 더 큰 위협으로 여겼다. 중국인들은 "세계에서 가장 냉철한 사업가들로, 인도인들보다 수 세기나 더 오래되었다. 이들의 부지런함은 속담에도 나오고, 이들의 작은 이익에 대한 인내심은 타의 추종을 불허한다. 모두 그 자체로 매우 좋은 자질이지만 이미 두 다른 인종이 치지하고 있는 땅에 중국인들을 들여오는 것은 위험하다. 두 인종 중 하나는 너무 비문명화되어 있고 다른 하나는 너무 조급해 이들 인종을 훈련시킬 수 없다는 점에서 그렇다." 도비의 추론은 당대 사회다윈주의(사회진화론)를 반영했으니, 곧 19세기 후반에 이르러 백인 인종이 지나치게 문명화되었고 따라서 연화軟化되었을 수도 있다는 우려를 하기 시작한 것이었다. 그는 중국인들이 아프리카인들을 하급의 일자리에서 몰아내고 가난한 유럽인들을 모든 소소한 교역에서 몰아낼 것이라고 경고했다. 일부는 더 나아가 중국인들이 홍콩과 싱가포르에서 그러했던 것처럼 "더 대규모 상인들의 대열에까지" 침투할 수 있다고 예견했다.[13]

트란스발에서 중국인 및 인도인 교역업자들에 대한 선동은 노동력 수입 프로그램 이전부터 있었다. 근거 없이 주장된 경쟁은 ZAR(트란스발공화국) 폴크스타트Volkstaat가 부과하는 추가적 인두세 및 제한을 합리화했다("Volkstaat"는 네덜란드어로 "인민"을 뜻하는 "volk"와 "국가"를 뜻하는 "staat"가 합쳐진 "인민국가"를 지칭한다. 남아프리카 국경 내에 모든 백인 아프리카너의 홈랜드homeland 곧 "흑인자치구역"을 건설하기 위해 제안된 개념이다). 1902년 란트의 백인 가게주인들은 화이트리그를 결성했으며, 이들의 주된 관심사는 "그 어떠한 유색인종 동양인도 경쟁 가게를 차려 헐값에 상품을 판매하지 못하도록 막는 것"이었다. 화이트리그는 광맥을 따라 있는 많은 타운에서 인도인 교역업자들을 몰아내는 데 성공했다. 1903년 트란스발에서 중국인 노동력 도입이 제안되자 화이트리그는 중국인 교역업자들과 노동력을 서로 연결하는 역할을 했다. 화이트리그의 E. O. 허친슨E. O. Hutchinson은 중국인들이 비숙련 일자리에만 고용될 것이라고 말하기는 "터무니없는 소리"라고 심하게 비난했다. 일단 들어오게 되면, 그들은

"숙련"되어 백인들의 모든 숙련 일자리를 차지할 것이고, 광산의 중국인 수용소들은 싸구려 아편의 연기로 가득한 "악취 나는" 차이나타운이 될 것이라는 말이었다.[14]

중국인 노동력에 대한 반대는 민족주의 정치 및 남아프리카의 영국제국과의 유대에 대한 반대를 불러일으켰다. 정치적으로 온건파인 남아프리카당African Party(이전의 아프리카너유대Afrikaner Bond)은 1906년 1월 케이프타운에 결집해 아프리카너들이 식민 본국 영국에 불충不忠하다는 영국 언론의 비난에 항의했다. 사실, 이들은 영국의 트란스발 문제에 대한 간섭을 이유로 남아프리카의 제국과의 유대 단절을 분명히 주장했다. 이 모임은 오랫동안 중국인 노동력 수입을 반대해온 존 X. 메리먼의 연설을 기꺼이 받아들였다(존 X. 메리먼은 1910년 남아프리카연방 형성 이전 케이프식민지의 마지막 총리를 지냈다(1908~1910)). 가장 효과적인 방식으로 메리먼은 다음과 같이 예측했다. "조만간 영국 여론은 쿨리에 대한 제한을 철폐하자고 주장할 것이고, 그러면 백인의 기회에 작별인사를 고하게 될 것이다." 실제로 중국인 계약노동력에 대한 영국의 반대 여론은 이미 결집하고 있었다.[15]

✢

1906년 영국 총선에서 자유당과 그 노동자 측 동맹들이 권력을 잡으면서 거의 20년 동안 깨지지 않던 보수당 지배가 끝났다(여기서 "노동자 측 동맹들Labour allies"은 정확하게는 사회주의 조직과 직종별조합이 연합해 결성한 "노동자대표위원회Labour Representation Committee, LRC"를 말한다. 영국 노동당의 직접적 전신이다). 이 분수령이 된 선거는 영국 정치사가들의 상당한 주목을 받았으나 자유당 노동자대표위원회 승리에서 중국인 문제가 어떤 역할을 했는지에 대한 분석은 거의 이루어지지 않았다. 중국인 문제를 고려하는 경우에도 전통적 설명은 중국인 문제를 "다소 일시적이긴 했지만 감정적인 것"으로, 즉 영국인의 기질에 맞지 않는 것이며, 자유무역과 교육 정책이라는 자유당의 핵심적·실질적 쟁점들에 변칙적인 것으로 보았다. 확실히 남아프리카의 중국인 문제를 둘러싼 논쟁은 1904년에 영국 정치에 갑작스럽고 빠르게 등장했다가 선거가 끝나고 나자 그 두드러짐이 사라진 것처럼 보였다. 그러나 아마 다른 어떤 선거 쟁점보다도, 중국인 문제는 노동자대표위원회 후보들에 대한 지지를 불러일으켰고, 노동자대표위원회 후보들은 노동자들이 역사적으로 토리당에 투표해온 전통적인 보수당 구역들에서 의석을 차지했다. 이러한 승리는 자유당-노동자대표위원회 측에 매우 중요했으며, 아울러 19세기 후반 참정권의 확장과 비숙련노동자들의 노동조합조직화unionization를 반영하는 것이라 더욱 중요했다. 양당 모두 "노동자계급에 구애하는 한편, 1906년에 노동자대표위원회는 독자적 정치세력으로서의 출범을 선언하고 공식적 정당 결성을 서둘렀다. 중국인 문제가 이러한 성과를 추동한 강력한 상징이었다 하더라도 남는 문제는 왜 이 문제가 그렇게 강력했는가다. 중국인 문제가 영국인 노동력에 어떤 종류의 이데올로기적 작업을 수행했다면, 우리는 그것이 어떤 목적들에 작용했는지 물어야 한다.[16]

남아프리카의 중국인 노동력에 대한 영국 자유당의 반대에서 핵심은 중국인 노동력이 남아프리카에 "노예제와 유사한" 조건으로 유입된다고 보는 관점이었다. 이런 관점에서 보자면, 중국인 노동력은 영국의 노예제폐지론이라는 영예로운 전통 즉 자유당 내의 급진파와 종교적 비非국교도nonconformist들이 온갖 희생을 무릅쓰고 지켜온 전통에 오점을 남기는 것이었다. "노예제"라는 비유는 이미 남아프리카의 중국인 노동력 수입 조례가 입안된 1904년부터 논쟁에 널리 퍼져 있었으며 총선을 앞둔 1905~1906년까지 계속되었다. 야당은 그러한 비유를 통해, 노예제폐지론의 도덕적 전통을 최근 전제적인 보어인 공화국들과의 전쟁〔남아프리카 전쟁〕에서 영국 군인(사상자 5만 명)과 납세자(2억 5000만 파운드)가 치른 희생과 연결함으로써 보수당-통일당Unionist 정부를 공격하는 둔기로 삼았다ー말하자면 피 묻은 셔츠를 흔든 것이다〔곧 정치 파벌 간 적개심을 부채질했다는 의미다〕.

직종별조합들은 반反노예제 구호를 채택했다. 1904년 3월 런던 하이드 파크에서 열린 영국 노동조합회의Trades Union Congress, TUC의 대중 집회에는 8만 명이 모여 중국인 노동력 수입 조례의 통과에 반대했다. TUC는 "강제적이고, 속박되고, 값싼 노동력을 남아프리카에 들여오는 것에 강력히 항의하며 이러한 수입은 노동조합주의Trade Unionism의 원칙들에 위배된다"라고 선언했으며, 아울러 "문명화된 세계를 노예제로부터 해방시킨" "우리 인종의 찬란한 과거 기록"에 호소했다.[17]

이 남아프리카의 중국인 노동력 수입 프로그램에 대한 비판은 1905년 후반과 1906년 초반에 절정에 이른바, 한편으로는 식민지 본국의 언론이 중국인 노동자들에 대한 태형〔채찍형〕과 다른 한편으로는 중국인들의 광산 탈주와 백인 농민들에 대한 범죄를 폭로하고 나서였다. 자유당은 이 두 가지 사태를 재앙적 정책이 남긴 단일한 흔적으로 연결했다. "우리는 중국인들을 광산들로 데려왔고 우리는 이들이 동시에 불법의 희생자이자 장본인이 되는 것을 막을 수 없다." 중국인 광산노동자들에 대한 학대 문제를 둘러싸고 언론과 의회에서 격렬한 논쟁이 이어졌다. 식민부 장관 앨프리드 리틀턴은 이런 공격이 ー광산 관리자들의 확언을 이용해ー 거

짓말이거나 과장이라고 주장했으나, 곧 정부가 기각하기에는 너무 많은 보도와 증거가 쏟아져 나왔다.[18]

남아프리카에 거주하는 영국인 프레더릭 매카네스Frederick Mackarness는 1905년 9월 《웨스트민스터 가제트Westminster Gazette》(런던, 자유당 성향의 간행물)에 글을 써서 자신이 중국인 광산노동력은 지지해도 노동자들에 대한 태형〔채찍형〕과 묶는 행위는 지지하지 않으며, 이런 관행은 "드물거나 비밀스러운 것이기보다는, 일반적이지는 않더라도, 공공연한 것"이라고 말하면서 쿨리들이 묶여 있는 사진을 본 적이 있다고 덧붙였다. "일반 방문객도 이를 볼 수 있는데 정부 조사관은 왜 볼 수 없다는 것인가?"라고 그는 물었다. "노예제가 아니라면 이것은 무엇이란 말인가?" 1906년 초반이 되면 중국인 문제는 자유당의 선거 운동에서 다른 어떤 쟁점보다 더 많은 흥분을 불러일으켰다. 일요판 《선The Sun》은 "어떤 주제도 공개회의에서 이보다 더 관심을 끌지 못한다"라고 언급했다(사진 23).[19]

당혹스러웠음에도 보수당은 자유당이 위선적이며, 중국인 문제를 당파적 목적으로 이용한다고 공격했다. 보수당은 중국인 수용소들 내의 청결한 구역들 사진 같은 신문 보도와 당 자체의 소책자 등을 통해 반격하는 동시에 계약의 보호 조항들을 내세웠다. 보수당은 중국인 노동력을 철수하면 식민지의 미래 번영이 망가질 것이라고 경고했다. 전형적인 보수당의 전단지는 정부 정책을 지지하는 이유를 간단명료하게 반복했다. "가장 나중의 영국 식민지〔남아프리카〕의 지불 능력을 보장하기 위해 […] 영국인 노동자들을 광산에서 카피르들과 함께 일하게 함으로써 그들을 격하하는 것에 동의하지 않기 때문이고 […] [그리고] 트란스발로 가는 중국인 1000명당 영국인 숙련노동자들에게 150개의 일자리가 더 생길 것이기 때문이다."[20]

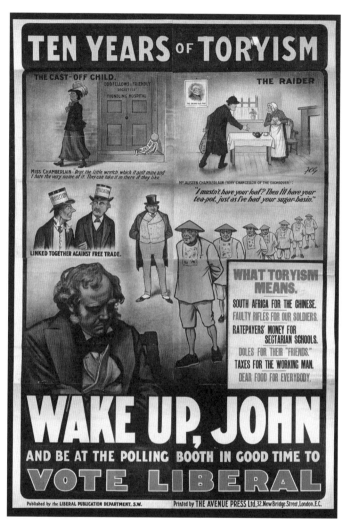

사진 23 1906년 총선에서 영국 자유당과 자유당의 노동자 측 동맹들은 중국인 문제를 주요한 선거 이슈로 이용했다.

그러나 자유당의 위선과 당파적 기회주의라는 공격은 과녁에서 크게 빗나간 것이 아니었다. 자유당의 "망상vapourings"에 회의적인 사람들은 계약이 오랫동안 제국 정책의 특징이었다고 지적했다. 실제로 자유당은 영국령 가이아나의 계약노동을 규율하는 법률을 제정했다. 자유당은 란트에서의 중국인 계약노동이 플랜테이션식민지들에서의 계약노동과 전혀 유사하지 않다고 반박했다. 이들은 후자의 계약노동은 19세기에 걸쳐 광범위한 국가 규제를 통해 개혁되었으며, 게다가 사적 이해관계자가 아닌 정부가 가이아나의 계약을 관리했다고 주장했다. (영국령 가이아나, 서인도제도, 모리셔스 등지에서 인도인 계약노동의 권리는 위반 사례 말고는 지켜졌다고 말하는 것은 아니다. 그러나 영국 정치 문화의 오랜 집착인 법률주의와 계약에 대한 호소는 여론을 만족시켜왔다.) 반면 급진파는 중국인 노동 조례는 보호 조항들을 거의 담고 있지 않으며, 중국인 노동자들을 다른 모든 일자리에서 배제하며, 계약기간 만료 시 이들에 대한 본국으로의 송환을 의무화한다고 단언했다.[21] 급진적 자유당 의원 존 번스John Burns는 추가적으로 이렇게 설명했다.

계약노동이 이전부터 인가되어왔다고 해도 변명의 여지가 없습니다. 계약노동이 있어온 곳에서 수행된 노동은 농업 또는 목축이었고, 〔계약노동자들의〕 신체적 제약 및 도덕적 타락이 따르는 혐오스러운 수용소 체제를 수반하지 않았습니다. 이것은 다른 모든 계약노동을 현재 아프리카에 부과되는 것과 차별화하며, 그것("다른 모든 계약노동")을 산업적 노예제이게 만듭니다.[22]

존 번스는 계속해 이렇게 말한다. 중국인 조례의 "일반적 경향은 강제, 강요, 처벌, 제한에 기초하고 있습니다. 감금은 한마디로 개인의 자유와 산업의 자유를 부정하는 것이며, 오직 한쪽의 이익을 위한 것입니다—광산왕들 말입니다."[23]

자유당의 "노예제"에 대한 반대는 계약의 대안으로서 자유당이 정착민식민지들에서 아시아인들을 위한 자유노동, 자유이민, 평등권을 지지하지 않는다는 점에서 위선적이었다. 자유당이 제안한 해결책은 배제였다. 인도인 쿨리들이 계약기간이 만료된 후 카리브해 식민지들에 정착한 경우, 이들은 제국 신민으로서 자신들의 권리를 행사했다. 더 중요하게는, 이들은 열대 지방으로 이주하지 않은 영국인 노동자들이나 가게주인들을 상대로 경쟁 상대의 자세를 취하지 않았다. 그러나 정착민식민지들에서 아시아인이라는 존재는 또 다른 문제였다. 자유당의 트란스발에서 "중국인 노예제"에 대한 도덕적 반대는 영국인 노동자들이 제국과 인종의 권리에 따라 캐나다·오스트레일리아·뉴질랜드·남아프리카 같은 자국 정착민식민지들에서 거주하고 일하고 번영할 권리가 있다는 믿음을 인정하는 것이자, 동시에 또한 그 점들을 덮어 가리는 것이었다. 그것은 영국인 노동자들이 정착민식민지들에서 아시아인들과 경쟁해야 한다면 그들은 자신들의 권리를 행사할 수 없다는 신조였다.[24]

잉글랜드인들의 자국 식민지들로의 이주는 물론 새로운 것은 아닌 일로, 그것은 17세기 신세계의 첫 식민〔지〕화colonization와 이어, 미국〔독립〕혁명American Revolution과 19세기 초반 나폴레옹전쟁 이후, 캐나다와 오스트랄라시아의 보다 체계적인 발전으로 거슬러 올라가는 일이다. 영국이 1830년대와 1840년대에 노동 인구를 늘리고, 유형식민지로의 죄수 이송으로 생겨난 성비性比 불균형을 해소하려 오스트레일리아 식민지들로의 이주를 지원했던 일은 잘 알려져 있다. 존 스튜어트 밀은 국내 인구 과잉에 대한 실질적 해결책을 제시하고 "문명의 미래적·영구적 이익"을 위해 이주 및 식민(지)화를 지지했던 것으로 유명하다. 1860년대부터 영국의 직종별조합들과 엘리트 개혁가들(특히 신맬서스주의자neo-Malthusian들)은 국내 임금을 올리고 사회주의socialism라는 위험에 대처하는 전략으로서 이주를 명시적으로 옹호했다. 이주민들에게는 실제로 공식적 촉진책이나 지원이 필요 없었다. 1870년대와 1880년대에 매년 25만 명에 달하는 사람들이 영국제도British Isles를 떠나고 있었다("영국제도"는 그레이트브리튼섬과 아일랜드섬 및 부근에 있는 섬을 통틀어 이르는 말이다). 그러나 주목할 것은 영국 이주민들의 절반 이상은 미국으로 가고 있었지 제국의 이른바 정착민식민지들로 가고 있었던 아니라는 점이다. 1890년대가 되면 이주는 상당히 둔화되어 캐나다로의 이주는 연간 1만 명에 불과했다.[25]

찰스 딜크는 자신의 승리주의적 저서《그레이터브리튼Greater Britain》(1869)에서 미국과 영국의 앵글로-색슨적 친연성親緣性, affinity들을 찬양했지만, 1880년대와 1890년대에 그레이터브리튼의 지지자들은 미국이 아닌 영국과 그 정착민식민지들 사이 유대를 강화하는 데 관심이 있었다("찰스 딜크"는 영국의 자유당 의원이자 급진파·제국주의자였으며, 《그레이터브리튼》은 영국의 제국주의적 지배를 주장한 책으로 부제는 "1866-7년 사이의 영어 사용 국가들 여행기A Record of Travel in English-Speaking Countries During 1866-7"다). 이 쟁점은 영국 정치에서 점점 중요해졌다. 식민지들의 책임정부(자치)가 식민지들의 이탈을 초래하고 있으며 미국과 독일이 영국제국의 강력한 경쟁자로 부상하고 있다는 서로 결부된 두 가지 우려 때문이었다. 일부는 공식적인 제국연방을 주장했고, 또 일부는 "독립국가들의 동맹"을 주장했다. 구체적 제안들과는 무관하게, 이주 및 정착민식민지들과의 교역이 제국과 자치식민지들 모두를 강화하는 데 불가결하다는 광범위한 공감대가 형성되었다.[26]

세기가 바뀌면서 제국주의의 새로운 비전이 나타났다. 영국 식민부 장관 조지프 체임벌린(1895~1903)은 제국의 미래를 전통적 보석인 인도 (19세기 내내 영국의 무역수지 적자를 책임진)가 아니라 정착민식민지들에 걸었다. 당시 영국 저널리스트이자 저술가 리처드 제브Richard Jebb는 이런 변화를 제국주의적 사고에서 "새 시대를 여는 것"이라고 칭송했다. 제브는 식민지 정체성을 규정하는 민족주의와 제국적 애국주의의 시너지에 초점을 맞추었으나, 더 강경한 입장을 가진 사람들은 이주 그리고 영국과 그 자치령의 생산물들을 보호하는 관세 개혁에 근거한 캐나다·오스트랄라시아·남아프리카의 인구성장과 경제성장을 상정했다. 이러한 정책들은, 전 지구적 금융 및 신용 분야(특히 금을 기반으로 한)에서 시티오브런던(런던의 금융 중심 지구)의 주도적 역할과 함께, 영국이 미국과 독일의 부상하는 산업력에 맞서 경쟁할 수 있는 핵심으로 여겨졌다.[27]

1906년 영국 총선 운동 기간에 영국의 어느 정당도 자국민들의 이주를 장려하지 않았다. 국내 빈곤 퇴치 전략으로서 이주는 국내 사회 개혁(특히 노령연금)의 시기가 가까워졌다는 믿음에 가려졌으니, 사회보험은 선거 기간에 확실히 사소한 문제였음에도 그러했다. 그러나 영국에서 노동자계급의 이주는 거의 틀림없이 직종별조합이 중국인 문제를 감정적으로 수용하는 이면에 숨어 있었다. 제국 식민지들의 유색인 노동력 문제는 과거에는 국내 노동정치에서 쟁점이 아니었으나, 20세기 전환기에 영국 노동자계급은 제국의 이주 회로와 밀접하게 연결되어 있었다. 제국 식민지들에서의 영국인 노동력은 추상적인 것이 아니었다. 이주에 대한 역사적·당대적 연관성은 충분했으며, 특히 특정 산업 지역에서는 해외로 나갈 의사가 없는 사람들조차도 이주한 친척이 있거나 아니면 이주를 했거나 이주를 고려하는 사람들을 알고 있었을 공산이 있다. 이러한 오랜 이주의 회로는 사회학자 조너선 히슬로프Jonathan Hyslop가 "제국적 노동자 계급imperial working class"이라고 부르는 것의 토대가 되었다. 제국 식민지들에서 아시아인들의 배제는 일시적인 것도 보수당-통일당 지배의 상징적인 것에 불과한 것도 아니라, 영국 노동자들이 물질적 이해관계라고 인식한 것을 직접적으로 언급하는 일이었다—임금, 일자리 경쟁, 생활수준 등.[28]

영국인들은 대개 제국 정착민식민지들의 인종적 성격에 대해 명시적으로 말하지도 숙고하지도 않았다. 자국 식민지들을 모국의 직계 후손으로 간주하면서, 영국인들은 그 식민지들을 단순히 백인들이, 더 정확하게 말하면, 유럽 문명의 특수한 지파支派인 "영국 인종British race"의 백인들이 거주하고 있는 곳으로 상정했다. 당대인들은 이 식민지들을 "정착민식민지"로 칭함으로써 인도 및 플랜테이션식민지들과 구별했다. 영국인들은 이 식민지들을 이식transplantation에 기초한 식민(지)화(자연적이고 양성적良性的인benign)로 간주했지 정복에 기초한 식민주의(문제적이나 고양시켜야 할 의무가 있는)로 간주하지 않았다. 영국 역사학자 존 로버트 실리John Robert Seeley는 자신의 저서에서 식민(지)화는 영국 문명을 확산하는 반면 식민주의는 영국인들과 "토착민들" 사이의 비교할 수 없는 차이와, 따라서 갈등을 수반한다고 강조했다.[29]

제국 전역에 걸친 영국인 이주는 식민지 본국에서뿐만 아니라 정착민들의 경험에서 비롯한 인종과 문명에 대한 관념도 수반했다. 트란스발은 제국 전역에서 정착민들을 유인했으며, 다른 장소에서 "유색인 노동력"을 경험한 사람들은 중국인 문제가 란트에서 등장하자 재빨리 이 문제에 관한 권위를 주장했다. 오스트레일리아의 사례는 중국인 문제에 관한 백인 남아프리카인들의 사고에 특별한 영향을 끼쳤다. 어느 쪽인가 하면,

"백호주의" 정책은 남아프리카의 맥락에서 더욱 말이 되는 것처럼 보였다. 1903년에 오스트레일리아 의회와 뉴질랜드 의회는 남아프리카에 중국인 노동력을 수입하는 것에 반대하는 결의안을 통과시키면서 다른 식민지의 문제에 대해 논평하는 이례적 조치를 취했으며, 총리들인 앨프리드 디킨Alfred Deakin(오스트레일리아)과 리처드 세든Richard Seddon(뉴질랜드)은 런던(식민지 본국)에 공동 전보를 보내 우려를 표명했다. 1905년 한 영국 작가는 다음과 같이 예견하기도 했다. "그와 같은 결과[노동과 상업 분야에서 중국인들의 경쟁]에 대한 우려는 이 인종을 오스트레일리아로부터 배제한 가장 강력한 원인임이 분명하며, 비슷한 두려움이 거의 틀림없이 남아프리카의 백인 인구를 단결시켜 쿨리들의 남아프리카 영구 정착을 막게끔 할 것이다."[30]

좀 더 직접적으로, 최근에 트란스발로 이민 온 오스트레일리아인들은 개인적으로 인종주의 정치를 지구 반대편인 대척지對蹠地들로부터 란트로 가져왔다. 오스트레일리아인들은 트란스발 숙련노동 계층에서 그리고 직종별조합 지도자들 사이에서 눈에 띄었다. 그 가장 저명한 인물인 피터 화이트사이드는 트란스발조합협의회Witwatersrand Trades Council 의장이며 빅토리아(오스트레일리아) 밸러랫 태생이었다. 화이트사이드는 1903년 트란스발노동위원회의 소수 보고서의 공동 작성자로 중국인 노동력에 대한 다수의 지지에 동의하지 않았다. 남아프리카 백인 노동력에 오스트레일리아는 "개입주의 국가interventionist state의 지원을 받는 군사적 평등주의 정치체militantly egalitarian polity"의 모델을 제시했다.[31]

그러나 오스트레일리아의 사례가 남아프리카 트란스발 직종별조합주의자들에게 영감을 주었다면, 그것은 남아프리카 엘리트들에게는 부정적인 본보기가 되었다. 콘솔리데이티드골드필즈Consolidated Gold Fields

〔트란스발의 금 채굴에 투자하기 위해 런던에 설립된 영국 회사〕이사director 퍼시 타벗Percy Tarbut은 프레더릭 H. P. 크레스웰에게 다음과 같은 사실을 인정했다. 광산왕들 사이의 "예감은 란트에 다수의 백인 남성이 노동자로 고용되면 오스트레일리아 식민지들에서 만연한 것과 같은 문제가 생길 것이라는, 즉 노동자들의 결사結社, combination가 너무 강해져서는 임금 문제뿐 아니라 대의제정부representative government 수립 시 정치적 문제들 또한 그들의 투표권에 의해 어느 정도 좌우될 수 있는 문제가 발생할 것이라는 **두려움**인 것 같다."[32]

백인노동자주의white laborism는 콘월인 디아스포라Cornish diaspora를 통해서도 작동했다. 1905년 란트에는 콘월인 광부가 7000명 있었으며, 이는 전체 숙련 채굴노동력의 거의 45퍼센트였다. 남아프리카의 많은 콘월인 광부는 트란스발광부협회Transvaal Miners' Association의 지도자 톰 매슈스Tom Matthews처럼 이전에 오스트레일리아나 미국에서 일한 경험이 있었다. 매슈스는 미국에서 일했으며, 몬태나주 입법부의 사회주의자 일원이었다. 이러한 연결고리에 더해 백인 남아프리카인들은 정착민식민지들을 돌아다니고 다시 식민 본국으로 돌아오기도 했다. 프레더릭 H. P. 크레스웰의 저작은 오스트레일리아에 알려져 있었으며, 그는 1906년 총선 기간 잉글랜드에서 직종별조합 집회들에서 연설하고 언론에 대대적으로 보도되는 등 개인적으로도 유세를 펼쳤다. 화이트리그의 서기 맥도널드MacDonald라는 사람은 1906년에 오스트레일리아·뉴질랜드·영국으로 "반反중국인 십자군" 원정을 떠났는데, 영국 원정은 특히 선거 기간 자유당을 돕기 위해서였다.[33]

백인 노동력과 자본 사이 갈등은, 한 가지 차원에서는, 백인 정착민국가의 맥락에서 자원과 권력의 분배를 둘러싼 것이었다. 앨프리드 밀너는 남아프리카에서 "실질적 진술"로서 "백인의 나라"는 "실질적으로 무의미하다"라는 명백한 사실을 지적한 바 있다. 이곳에서는 아프리카인이 백인보다 5대 1로 많았기 때문이다. 이것이 실제로 의미하는 바는 "백인이〔남아프리카를〕지배해야 한다"는 것이라고 그는 설명했다. 백인 노동력 유권자들은 민주적인 "백인의 지배"라는 비전을 지지했지, 밀너의 비전에서처럼, 채굴 이해관계에 의한 지배를 지지한 게 아니었다. 또 다른 차원에서는, 인종주의적 민족주의는 인종적 자격이 계급의 분할을 넘어 국가정체성과 목적을 통합한다는 견해를 표명했다. 영국 태생의 오스트레일리아 역사학자 찰스 피어슨Charles Pearson은 1893년《국민의 삶과 인격 National Life and Character》을 출간하면서 이 주제를 제기했다. 피어슨은 "온대 지역들"은 아프리카인들과 아시아인들로부터 전 지구적 인구압population pressure을 받는 백인 인종의 마지막이자 유일한 희망이라고 경고했다. 또한 그는 법의 힘으로 아시아인들을 배제하지 않으면, 그들은 값싼 노동력과 상업으로 백인 정착민식민지들을 침입해 압도할 것이라고 주장했다. 전 지구적 맥락에서, 오스트레일리아는 유럽인과 중국인 두 인종 간의 지배를 위한 중심 격전지였다. 피어슨의 분석은 더 말할 것도 없이 1906년 선거 기간 영국에서 반복되었다. 일례로, 영국 작가이자 참정권운동가 M. A. 스토바트M. A. Stobart는 1907년의 한 글에서 남아프리카에서 위태로운 것은 "이 나라가 그레이트브리튼의 식민지로서 또는 아시아의 쓰레기장으로서 그 나라의 존재"라고 썼다. 트란스발은 온화한 기후와 풍요로움의 땅이라 "세계가 자랑할 수 있는 가장 높은 형태의 문명 영향력을 위한 양성소"로 보존되어야 한다는 것이었다.[34]

자유당이 선거 운동 기간에 노예제폐지론의 도덕적 권위를 내세워 중국인 문제를 쉽게 이용했다면, 영국인 노동력에 의한 중국인 문제의 포용은 반反노예제라는 상징적 정치보다는 아시아인 배제에 의해 적지 않게 규정된 제국주의적 노동자계급 이해관계의 출현 및 순환으로 더 잘 설명될 수 있을 것이다. 영국 노동자들은 정치인 데이비드 로이드 조지David Lloyd George의 예상대로 중국인 쿨리들이 웨일스 광산들에 수입되는 것을 극단적인 일이라고 생각했을 수 있으나, 영국 노동자들은 요하네스버그 거리에서 극심한 빈곤 속에 살고 있는 영국 이주민들의 이야기에 경악을 금치 못한바 이들의 실직은 중국인 노동력의 결과로 추정되었다. 이들 이주민은 비유적으로나 문자 그대로나 영국 노동자들의 친지와 친척이었다. 자유당 하원의원 후보 토머스 호리지Thomas Horridge가 맨체스터에서 선거 운동을 할 때, 청중은 이렇게 외쳤다. "내 친척 둘은 남아프리카에서 중국인들로 대체됐습니다." "내 아들은 중국인 [탈주자들] 사냥하는 일을 하고 있습니다." (호리지는 지역구에서 전 보수당 총리 아서 밸푸어Arthur Balfour를 극적으로 물리쳤다.) 직종별조합의 예비선거 프로그램이 국내 사회 개혁 (노령연금, 실업보험 등)을 위한 것이었다면, 식민지들에서의 인종주의적 보호주의racial protectionism는 또 다른 종류의 국가통제주의자statist 개혁으로 즉 제국의 주변부들은 영국인들의 정착을 위해 따로 예비豫備될 것이라는 정부의 보장으로 볼 수 있다. 실제로 영국에서 1903년에서 1913년 사이에 이주는 유례없는 수준으로 높아져 300만 명이 넘게 잉글랜드를 떠나 제국의 식민지들로 갔고, 이 중 절반은 제국의 자치령들 중 가장 가까운 캐나다로 향했다.[35]

자유당원들이 노동자계급 유권자들에게 동기를 부여하려 중국인 문제를 부추겼다고 말하기에는 자유당원들은 너무 많은 정치적 수완을 가지고 있었다고, 곧 그들은 제국 식민지들에서 노동력의 물질적 이해관계가 반노예제의 도덕적 호소력만큼은 아니라 해도 그것에 못지않게 두드러질 것임을 이해했다고 생각될 수 있다. 중국인 문제는 사회 개혁 측면에서 "자유당 강령이 노동자계급 유권자들에게 사실상 아무것도 제공하지 않았다"라는 것을 편리하게 모호하게끔 만들어주었다. 결과적으로, 중국인 문제는 정착민식민지들을 백인 식민지들로 보존하려는 노동자계급의 이해관계를 공고히 했다. 게다가 제국 전역의 영국인 노동자들 사이에 인종주의적 이해관계를 구축함으로써, 중국인 문제는 이미 진행 중에 있으나 아직 완전히는 정착되지 않은 과정들인 정착민-식민지주민[본국 출신]의 자치, 연방, 자치령의 근간이 되는 인종주의적 논리에 대한 국내적 지지의 원천을 제공했다.[36]

✣

중국인 문제는 트란스발에 책임정부(자치)를 수립하려는 것과 관련한 논의에서 두드러진 위치를 차지했다. 본국인들과 남아프리카 백인들 모두 자치정부가 남아프리카 식민지들의 목표라는 점에는 동의했으나, 선거 시기는 앵글로인-보어인 관계 상황과 재건 진전 상황 등 여러 요인에 달려 있었다. 자치정부는 남아프리카연방이라는 더 큰 목표로 가는 하나의 단계이기도 했다. 현지 영국인 정치인들 및 아프리카너 정치인들(인기 선거구는 아니라 해도) 모두 화해와 통일을 지지했지만, 권력 분점의 조건은 협상을 거쳐야 할 것이었다.[37]

영국 총선 기간 중국인 노동력을 둘러싼 논쟁은 트란스발의 백인들 사이에서 항의를 불러일으켰다. 런던이 현지 사안들에 간섭함으로써 식민지 자치의 원칙을 침해한다는 것이었다. 이러한 항의는 자유당이 집권한 뒤에도 지속되었으며, 특히 식민부 장관 엘긴 경[빅터 브루스]이 중국인 노동력 모집을 전면적으로 중지하는 중국인 수입 면허를 동결하고, 고향으로 돌아가기를 원하는 모든 중국인 노동자에게 송환보조금을 지급하는 정책을 발표하면서 특히 그러했다. 엘긴은 중국인 "노예제"를 즉각 종식하라는 국내의 수요 충족과 불간섭이라는 트란스발의 주장 사이에서 제한된 길을 걸어가려고 했다. 사실 엘긴은 갑작스럽게 남아프리카인 노동력 수입 프로그램을 종료하고 싶지는 않았다. 업계가 어려움을 겪을 것이라는 채굴회사들의 경고를 염두에 두고 있었기 때문이다. 더 폭넓게 보자면, 선출된 트란스발 책임정부에 결정을 미루는 것은 단지 식민지에 대한 불간섭뿐만 아니라 런던을 식민지의 인종 정책으로부터 거리를 두는 전략에 부합했다.[38]

1905년과 1907년 사이에 트란스발에서는 4개 주요 정당이 책임정부를 선출하는 선거를 앞두고 경쟁하고 있었다. 이 중 3개 정당은 다양한 이해관계를 대변했으나, 이들 정당은 트란스발 문제에 관한 채굴업계의 영향력에 대한 반대를 구체화시킨 중국인 문제에는 합의를 보았다. 이들 3개 정당은 옛 아위틀란더르 백인우월주의 성향의 란트개척자Rand Pioneer들에 뿌리를 둔 국민당Nationalists, 프레더릭 H. P. 크레스웰이 이끄는 노동당Labour Party, 루이 보타와 얀 스뮈츠가 이끄는 헤트폴크(네덜란드어로 '인민')였다("란트개척자"는 1880년대 후반 이후 요하네스버그 사회의 창시자 역할을 한 사람들을 지칭한다. 대체로 백인 남성 이민자들이었고 대부분 란트로드였다). 합의는 특히 헤트폴크에 강력했으며, 헤트폴크는 1905년에 결성되어 자치정부, 언어권리language right, "가난한 백인poor white" 문제를 중심으로 한 아프리카너 정치를 되살리려 노력하고 있었다. 네 번째 정당인 진보당Progressives은 채굴 이해관계를 대변하는 영국의 기성 정당으로 두 최고 거물인 조지 파라와 퍼시 피츠패트릭Percy Fitzpatrick이 이끌고 있었다. 이들만이 중국인 노동력의 사용을 지지했으며, 이에 더해 아프리카너들이 선거에서 다수당이 될 가능성을 막기 위해 좀 더 제한된 형태의 자치정부를 지지했다.[39]

선거 운동 기간 중국인 문제는 국민당, 헤트폴크, 노동당이 진보당에 맞서 협력할 수 있는 핵심 동기를 제공했다. 이 세 정당은 후보자가 겹치는 선거구들에서 서로를 공격하지 않기로 합의했으며, 몇몇 경우에는 공동으로 선거 운동을 하기도 했다. 이러한 동맹은 영국인과 아프리카너의 에스닉 구분이 백인의 "국가적" 이해관계 속에서 부차적인 것이 되어가는 남아프리카 정치의 진화를 보여준다. 1907년 2월 9일 보수 성향의 영국 《새터데이 리뷰Saturday Review》는 자유당 정부는 "우리가 정복한 사람들[아프리카너]을 마우저 소총Mauser rifle이 아니라 더 치명적인 헌법상의 권한이라는 무기로 의도적으로 무장시켰다"라고 비판하면서 많은 것에 주목했다. 아프리카너들은 "점차 영국인들을 모든 이득과 권력의 자리에서 밀어낼 것이다."[40]

1907년 2월에 실시된 트란스발 책임정부 선출 선거의 결과, 헤트폴크가 과반수 의석을 차지했다. 진보당은 3분의 1, 국민당은 10퍼센트, 노동당은 5퍼센트 미만의 의석을 얻었다. 프레더릭 H. P. 크레스웰은 이번에는 패배했으나 1910년에는 승리해 1930년대까지 노동당 지도자로 있을 것이었다. 루이 보타는 트란스발의 총리가 되었고, 얀 스뮈츠는 트란스발의 식민부 장관이 되었다. 새 정부는 첫 번째 조치의 하나로, 1910년까지 유효 기간이 허용된 기존의 계약을 제외한 중국인 노동력 프로그램을 종료했다.[41]

얀 스뮈츠-루이 보타 정부는 트란스발에 이미 거주하는 인도인들과 중국인들의 권리뿐만 아니라 새로운 아시아인 이민을 제한하는 법률을 제정했다. 1907년의 트란스발이민법Transvaal Immigration Act of 1907은 나탈의 법을 모델로 해서 예비 트란스발 이민자들에게 유럽 언어로 된 문해력 시험을 통과하도록 요구했다. 두 번째 법률은 모든 아시아인에게 지문 채취와 등록을 요구했다. 요하네스버그 광둥 상인들이 이끄는 중국인협회Chinese Association와 모한다스 카람찬드 간디가 이끄는 영국인도인협회British Indian Association 모두 이 요건들에 격렬히 반대했으나, 이해관계는 서로 달랐다. 중국인들은 이 법이 중국-영국 간 조약에 따라 자신들의 권리를 침해한다고 주장했다. 중국인협회는, 영국과 외교적으로 동등한 지위에 있는 중국의 공식적 입장이 주도한 단체로, 중국인들에게 아프리카인들과 "유색"인종에 대한 인종적 우월감을 심어주었다. 인도인들은 자신들은 영국 신민의 지위를 가지고 있기 때문에 다른 인종과는 다르다고 믿었다.

이전에는 두 단체가 개별적으로 반反아시아인 조치에 항의했다. 그러나 1907년에 두 단체는 모한다스 카람찬드 간디가 "속마음을 모르는 동료들strange bedfellows"의 동맹이라고 부른 것으로 합류했다. 4월에 중국인 지도자들은 간디의 사무실에서 간디를 만나 그가 제안한 수동적 저항passive resistance의 사탸그라하satyagraha 운동에 관해 논의했다. 다음 달에 간디는 요하네스버그의 광둥클럽에서 열린 대규모 집회에서 연설을 했다. 중국인들은 평화적 불복종peaceful disobedience 원칙에 동의한바, "법의 극단적 처벌 즉 징역형에 처해질 수도 있고, 또한 허가[등록]사무소를 보이콧할 수 있다"는 것에 기꺼이 따르겠다는 것이 포함되었다. 중국인 900명이 저항에 동참하겠다는 문서에 서명을 했고, 남아프리카 총영사 류위린은 간디에게 편지를 써서 지지 의사를 표명했다. 간디는 중국인들의 통합과 결의에 대해 자신이 창간한 《인디언 오피니언Indian Opinion》에 감사의 말을 썼다. 사실 중국인들은 보이콧 전술에 정통했다. 이들은 보이콧을 1850년대에 오스트레일리아 빅토리아에서 차별적 세금에 반대하는 데서 사용했고, 최근에는 상하이와 여러 중국 도시에서 미국의 배제법들에 항의하는 데서 사용했었다.

트란스발에서 두 단체 중국인협회와 영국인도인협회는 이민자 등록사무소들에서 피켓 시위를 했으며, 서로의 집회에서 연설을 하는 한편 자체의 공동체들을 조직했다. 등록 마감일인 1904년 11월까지 트란스발의 아시아인 인구의 8퍼센트만이 등록을 준수했다. 이후 몇 달 동안 트란스발 정부는 등록 허가를 받지 않았다는 이유로 2000명이 넘는 중국인 및 인도인을 체포해 이들에 대해 유죄판결을 내렸고, 여기에는 간디와 중국인협회 회장 렁퀸Leung Quinn도 포함되었으며 둘 다 수감되었다. 얀 스뮈츠는 1908년 2월에 이민자들의 자발적 등록 및 지문 채취 금지를 규정하는 타협안에 동의했으나 등록법을 폐지하겠다는 약속을 어겼다. 자발적으로 등록한 중국인들은 공개적으로 등록 문서를 불태웠다. 렁퀸은 이후 2년 동안 여러 차례 체포되어 수감되었고 1910년에 추방되었다.[42]

이 문제는 1910년에 4개 식민지〔케이프, 나탈, 트란스발, 오렌지강 식민지〕의 연합체가 남아프리카연방Union of South Africa으로 통합된 후에야 해결되었다. 오스트레일리아연방의 사례와 마찬가지로, 남아프리카는 서둘러 아시아인에 대한 제한 조치를 취했다. 인도인 문제가 가장 중요했는데, 나탈에 인도인 인구가 많았고 또한 트란스발에서도 인도인 인구가 점점 증가하고 있었기 때문이다. 중국인 문제는 1910년까지 사실상 모든 채굴

노동자가 본국으로 송환되고 식민지들 전역에 걸쳐 중국인 이민을 제한 하는 이전의 배제법들이 시행된 이후 그 중요성이 줄어들었다.

얀 스뮈츠는 이제 남아프리카연방 내각의 핵심 인물이 되어 모한다 스 카람찬드 간디와 여러 사람과 협의해 몇 가지 양보를 했다. 그는 이민 자 등록 불이행으로 유죄판결을 받은 인도인들과 중국인들을 석방했다. 1911년에 이민자 등록 요건은 교육받은 사람은 요건을 면제해주고 지 문 날인 대신 서명을 받도록 수정되었다. 1913년의 이민법Immigration Act of 1913은, 나탈이 먼저 시작했고 트란스발이 수용한 문해력 시험을 기반으 로 했다. 법은 이민 조사관들에게 문해력 시험 적용에 대한 재량권을 부 여했다. 어떤 경우에는 유럽인들은 간단한 서명만으로도 이민을 받아들 인 반면, 원치 않는 아시아인들은 유럽어로 50개 단어를 받아쓰는 것만 으로도 이민을 배제할 수 있었다. 추가로 남아프리카는 인도인 인구 증가 를 막기 위해 계약노동력 수입을 종료했고, 기독교인 결혼만 인정하여 인 도인들이 자신의 아내를 이민 오게 하는 것을 막고자 했다. 이 1913년의 이민법에는 주와 주 사이에 출입국 검문소의 설치를 허용하는 조항도 포 함되었다. 이 조항은 인도인들이 케이프식민지와 오렌지강식민지에 들 어가지 못하게 하려는 것이었지만, 더 중요하게는 토착 아프리카인들의 내부 이동을 통제하려는 것이었다.[43]

전반적으로 루이 보타, 특히 얀 스뮈츠는 영국제국과 채굴 이해관계에 충실했다. 제한된 토착민들의 참정권을 제외하고는, 앨프리드 밀너의 재 건 정책 중 상당수가 아프리카너 다수의 지배하에서 실현되었다. 중국인 문제의 해결은 백인 남아프리카인들이 광산노동력의 근본적 문제―아 프리카인 노동력 모집 및 유지, 채굴에 비숙련 백인들의 고용―를 해결해주는 동시에 남아프리카가 "백인의 나라"로 건설될 수 있게 보장해주었다. 이제 당명이 남아프리카당으로 바뀐 보타와 스뮈츠의 집권당은 체계적 인종분리에 기초한 사회 질서를 만들고자 했는데, 이 말은 미국 남부에서 차용한 것이지만 남아프리카 특유의 양상이 있었다. 가장 중요하게는, 1913년의 토착민토지법Native Land Act of 1913에 따라 "보호지들reserves"로 지정된 7퍼센트의 토지를 제외한 모든 토지에 대해 토착민들의 토지 소유 및 임차를 비합법화했다는 점이다. 아프리카인들이 농업으로 자급자족할 수 있을 만큼 보유지들의 규모가 결코 크지 않았기 때문에, 보유지들은 부족장들의 지배하에 있는 "주권적sovereign" 실재로 상상되었다. 이 보유지들을 "홈랜드들homelands"이라고 부르는 것은 결국 아프리카인들을 토지로부터 분리해 이들을 채굴과 도시에서의 고용을 위한 이주 프롤레타리아트로 만들려는 대규모 몰아내기를 가리는 얇은 베일에 불과했다("홈랜드"는 남아프리카에서 백인 정부에 의해 따로 마련된 "흑인 또는 특정 부족 자치 구역"을 말한다). 주거 및 직업의 분리와 악명 높은 통행법이 이 체제를 유지했다. 케이프식민지에서 유색인의 참정권을 폐지한 것은 아프리카인들이 정치체의 구성원이 될 가능성을 차단했다.[44]

광산들은 계속해서 아프리카인 노동자들을 수입했으며, 주로 모잠비크 출신들이었다. 1910년에 란트 지역의 아프리카인 채굴노동자 수는 이미 14만 3000명을 넘어서서 1904년의 두 배 이상이었으며, 1928년에 20만 명으로 절정에 달했다. 아프리칸스어를 쓰는 광산노동자들도 증가했다. 이들은 비숙련 일자리에는 아프리카인 노동력이 이제 충분히 공급되고 있던 터라 그러한 일자리에는 고용되지 않았으나, 규폐증으로 인해 많은 수가 죽은 영국인 이주민 인력을 대체하기 위해 부분적으로 숙련 일자리에 고용되었다. (폐에 먼지 입자가 쌓이는 데는 시간이 걸려서 1920년대까지 아프리카너들 사이에서 이 치명적 질병은 뚜렷이 나타나지 않았다.) 시간이 지나면서 아프리카너 노동자들은 백인 채굴 인력의 50~75퍼센트를 차지했다. 이들은 백인 산업 노동자계급에 동화되었으며, 자신들만의 전투적 전통을 직종별조합 운동에 도입했다. 그러나 "가난한 백인" 문제는 지속되었으니, 요하네스버그의 백인 실업률은 1920년대 내내 여전히 25퍼센트였다.[45]

그러나 남아프리카에서 토착민 몰아내기 과정과 노동자계급 형성 과정은 제1차 세계대전과 1920년대까지 계속된 노동쟁의 및 농촌의 소요로 점철되었다. 채굴업계는 광산노동자들의 임금 삭감, 일시 해고, 토착 아프리카인들의 반半숙련 일자리 채용 등을 통해 백인 노동 비용을 줄이려는 노력을 지속했으며, 이는 1913년과 1914년에는 전투적인 파업을 그리고 1922년에는 총파업과 무장봉기를 불러일으켰다. 한 차례 이상 얀 스미츠는 군대를 동원해 파업 중인 노동자들을 진압했다. 아프리카 노동자들은 법적으로 직종별조합 가입이 금지되어 있었으나 독자적 조합을 조직했다. 1920년에는 7만 명이 임금 인상을 요구하며 2주 가까이 파업을 벌였다. 이들 역시 잔혹하게 진압당했다.[46]

❧

미국과 영국령 정착민식민지들에서 아시아인들의 배제가 강화되면서 모든 중국인을 지위나 조건에 상관없이 "쿨리인종"과 "노예"로 규정하는 이데올로기가 완성되었지만, 1906년 영국 선거 운동 기간에 노예제에 대한 정확한 규정은 찾아볼 수 없었다. 비평가들의 글과 연설에는 "일반적 취지general tenour" "노예제라는 느낌feeling of slavery" "노예제와 유사한 조건

conditions akin to slavery" "노예제의 참여partaking of slavery" 등등의 모호한 문구가 가득했다. 노예제를 정의해달라는 요청에 존 번스[영국의 급진적 자유당 의원]는 미국의 경험을 전거로 들었다. 번스는 다음과 같은 캘리포니아주 헌법을 인용했다. "아시아인 쿨리주의는 인간 노예제의 한 형태이며, 이 주에서는 영원히 금지되며, 모든 쿨리 노동력 계약은 무효로 한다." 번스는 개별 계약이 무효화되더라도 중국인들은 자신들이 원하는 곳에서 자유롭게 거주하고 일할 수 있었다고 덧붙였다. 그러나 이들은 "도덕적 위협이자 산업적 해악"이 되어 자기가 하고 싶은 대로건 계약하에서건 그 수입이 전면적으로 금지되어야 했다.[47]

이러한 방식으로 중국인 문제는 앵글로-아메리카 세계를 주항周航하면서 "노예제"를 자산과 착취의 방식이 아니라 인종적 조건으로 정의하는 이론으로 정당화했다. "노예제"는 중국인 이민에 반대하는 전 지구적 담론을 조직화하는 중심 개념이 되었다. 미국인과 영국인 모두 중국인의 "노예제"에 반대했지만, 중국인들의 자유는 지지하지 않았다.

제4부

서양의 중국인 디아스포라

수많은 나라가 서로 교역을 하고 있다.
그런데 어떻게 중국인들을 거부할 수 있단 말인가?

— 황쭌셴, 〈이민자들의 추방〉

제12장

✤

배제와 문호 개방

1900년 7월, 주미 청국 공사 우팅팡伍廷芳은《노스아메리칸 리뷰North American Review》에 이민과 교역이 중국과 미국 사이에 "상호 도움이 되는" 문제라고 주장하는 글을 게재했다. 우팅팡은 19세기 후반 미국의 대對중국 주요 수입품 즉 면제품, 등유, 이런저런 소비재, 그리고 좀 더 최근에는 철강 제품, 특히 기관차를 거론했다. 미국 상업계에 호소하면서 그는 공산품에서부터 철도, 광산, 항만 개선, 가로街路 조명, 여타 인프라스트럭처 공사에 이르기까지 미국의 대중국 교역과 투자를 확대할 수 있는 엄청난 기회가 있다고 평했으며, 이는 중국이 "빠르게 […] 세계의 전진 운동에 뛰어들고" 있기 때문이라고 했다.[1]

모든 나라는 자국의 이해관계에 기초해 대외교역을 수행했다. 그러나 우팅팡은 "거래는 일방적인 일이 될 수 없으며, 그것은 거래는 흥정을 하는 둘이 있어야 한다는 단순한 이유 때문"이라고 지적했다. 공자孔子는 "호혜성互惠性, reciprocity"〔상호성〕을 삶의 지침으로 여겼으며, 미국인들은 이를 "황금률"이라고 동의할 것이다. 그러나 "진정한 호혜성은 문호 개방을 요구한다"라고 우팅팡은 썼다. 하지만 중국은 미국에 의해 "차별의 대상으로 지목되었고 적대적 입법의 대상이 되었다. [중국의] 문은 미국 국민들에게는 활짝 열려 있으나, 그들의 문은 중국 국민들 앞에서는 쾅 닫혀 있다."[2]

우팅팡이 배제를 상업과 호혜성의 관점에서 반박한 최초의 인물은 아니었다. 19세기 중반 이래, 배제에 반대한 유럽계 미국인과 중국인 모두 이주와 교역은 서로 관련 있다고 주장해왔다. 이주를 끊어내면 교역은 피해를 입을 것이라고 그들은 경고했다. 그러나 배제가 교역에 해를 끼칠 것이라는 생각이 중국인 문제를 둘러싼 논쟁에서 고착화되긴 했지만, 배제가 상업과 교역에 실제로 끼치는 영향에 대해서는 거의 검토된 바가 없다. 이 질문에 답하기 위해서는 다양한 차원을 고려해야 한다. 경제활동의 여러 영역에서, 그리고 경제활동의 여러 규모에서 배제는 전 지구적 교역과 상업적 관계에 직간접적 영향을 끼쳤다. 한 측면은 배제가 미국과 영국 정착민식민지들에서 중국인 상인 교역 및 자본 투자에 끼친 영향이다. 또 한 측면은 배제가 중국의 대외교역에 가져온 결과다. 추가적 질문은 금을 국제 통화 기준으로 채택한 것[금본위제]이 은본위제를 유지하던 중국에, 전 지구적 경제에서 중국의 교역수지 및 중국의 전반적 위치에 어떠한 결과를 가져왔는가 하는 점이다.

가장 직접적으로, 배제는 중국인 상인과 투자자가 해외로 나갈 출구가 줄어든다는 것을 의미했다. 중국(그리고 홍콩)과 오스트레일리아 및 미국 사이에서 활동하는 중국인 상인은 에스닉 시장들에 정착했으며, 이는 적지 않은 정도였으나 상업적 주류에서는 벗어난 채로 남아 있었다. 1850년대에 샌프란시스코와 홍콩의 중국인 상인들과 해운업자들은 중국에서 캘리포니아로 온갖 종류의 물품을 수출하면서 이문이 많이 남는 사업을 했다—유명한 차와 비단은 물론 화강암, 목재, 밀가루, 면제품, 여타 일반 대중용 소비재까지. 중국인들은 해운업으로도 이윤을 올렸다. 일부는 선박을 직접 구매했고, 또 일부는 미국 선박에 위탁했다. 1870년대 동안 중국인 상인들과 해운업자들은 (양방향으로) 승객을 실어 날랐고, 쌀(연간 100만 달러짜리 사업), 차, 아편을 수입하고, 밀, 밀가루, 인삼, 수은, 그리고 중국인 광부들이 보내는 사금과 유럽 및 미국 은행들이 보내는 지금地金, gold bullion 등 "보물"을 수출했다.[3]

중국은 최소한 1880년대까지 샌프란시스코의 3대 교역국의 하나로 남아 있었다. 이 무렵 샌프란시스코에는 홍콩과 거래하는 중국인 소유 수출입 상사가 25개 있었다. 가장 번창한 상사들은 각기 50만 달러의 가치가 있었으며, 많은 수가 샌프란시스코 상인거래소 회원이었고, 여기에는 주주 7명도 포함되었다. 일부 성공한 중국인 광부들과 상인들은 1870년대에 채굴업에 투자했지만 대규모 자본 프로젝트에는 접근할 수 없었다. 이들이 농업과 도시 제조업에서 하는 역할은 각각 임차와 하청으로 제한되었다.[4]

반反중국인 적대감과 배제법들은 중국인 이민 상인들과 소규모 자본가들에게 무수한 방식으로 불리한 영향을 끼쳤다. 중국인 인구 감소는 시장 축소를 의미했다. 또 중국인들에 대한 차별이 있었다. 샌프란시스코의 화재보험회사들은 1870년대에 중국인 사업체 소유주들과의 계약을 철회했다. 샌프란시스코는 중국인 사업체들을 괴롭히는 여러 법률을 통과시켰다. 예컨대 중국인들이 한쪽 어깨에 장대를 메고 보도를 걷는 것을 금지하는 것과, 목재로 지어진 중국인 소유 세탁소를 차별하는 악명 높은

세탁소 조례가 있었다.[5]

　1880년대 후반과 1890년대에 미 이민국Bureau of Immigration은 미국 배제법들의 해석을 바꾸어 **노동자**labourer의 정의는 확대하고 **상인**merchant의 정의는 축소했다. 1900년대 초반 이민국은 미국에 입국하는 상인들을 최근 현저해진 적의로 대하고, 구금하고, 심문하고, 많은 경우에 그들의 입국을 거부했다. 샌프란시스코의 중국어신문《중서일보中西日報, Chung Sai Yat Po》편집인 우판자오伍盤照(은푼츄Ng Poon Chew)는 상인 계급에 대한 "부당한 대우"가 "짜증과 비우호적 감정"을 불러일으켜 "상업적 이해관계에도 재앙"이 되었다고 주장했다. "부정의 때문에 모든 중국인 거상巨商들은, 이전에는 샌프란시스코 항구에서 관세의 3분의 1을 지불했는데, 지금은 중국으로 되돌아가거나 다른 나라에서 사업을 한다." 20세기 초반, 미국에서 성공한 자본주의 형태의 중국인 기업은 단 몇 개에 불과했다―몇몇 대규모 상업농과 통조림공장 소유주, 1개 은행(광둥은행Canton Bank, 1906년 샌프란시스코에 설립), 1개 증기선회사(차이나메일China Mail, 1915년 샌프란시스코에 설립).[6]

　오스트레일리아에서는 1870년대에 중국인 자본가들이 최북단에서 채굴과 플랜테이션 농업에 대규모로 투자했으나, 세기 전환기가 되면 이민 제한으로 이들이 의존하던 중국인 노동력 이용에 제약이 생기면서 그 기회가 줄어들었다. 오스트레일리아 역사학자 폴 그리피스Paul Griffith는 엘리트 앵글로-오스트레일리아인들은 오스트레일리아의 중북부 노던테리토리를 중국인들이 개발하게 하기보다는 그곳의 경제를 파괴하는 쪽을 택했다고 주장했다. 연방 이후 퀸즐랜드는, 이미 상당한 자본이 농업 개발에 투자된 상태에서, 중국인 노동자들과 태평양 섬주민 노동자들을 정부보조금 지원으로 더 높은 임금을 받는 백인 노동자들로 대체했다. 공중

보건 당국은 열대 지방의 백인 인종 퇴화에 대한 기존의 이론들을 반박하는 새로운 이론들을 도입했는데, 그 기존의 이론들은 오랫동안 유색인 노동력 이용의 구실이 되어왔었다. 오스트레일리아열대의학연구소Australian Institute for Tropical Medicine 소장 라파엘 실렌토Raphael Cilento는 1925년에 백인 남성들이 근면, 청결, "인종의 순수성"을 바탕으로 열대 지방에서 번성했다고 자랑했다. 이러한 관점에 따르면, 이전에는 열대 지방에서 견디는 생물학적 능력이 있다고 여겨져온 비非백인들이 이제는 더 더럽고 세균투성이어서 열대 질병의 예방 및 치료의 의학적 진보로부터 혜택을 볼 수 없다는 것이었다. 오스트레일리아 멜버른과 여러 남부 도시에서 중국인들은 에스닉 시장에 국한되었으며, 채소 재배나 가구 만들기 같은 비중국인 소비자들을 대상으로 하는 몇몇 틈새시장만 존재했다. 쿡타운은, 퀸즐랜드 북부와 싱가포르·홍콩을 연결하는 항구로 번성했었으나, 1890년 이후 쇠퇴했다.[7]

그러나 중국인 가게주인들은 오스트레일리아에서 버텼다. 많은 수가 자신의 배우자와 가족 구성원을 이민으로 데려오기 위해 면제증서 exemption certificate들을 취득할 수 있었으며, 이는 이들의 사업을 유지하게 하고 더 나아가 성장시키기도 했다. 탐스즈푸이Taam Sze Pui(탄스페이譚仕沛)의 이름을 딴 이니스페일Innisfail 소재의 시포이See Poy는 퀸즐랜드 북부에서 가장 큰 백화점이었다. 그는 피지와 뉴헤브리디스제도〔오스트레일리아 북동쪽 남태평양상의 제도〕에서 성공한 바나나 및 설탕 농장주이기도 했다. 탐스즈푸이는 따라서 중국계 오스트레일리아인들이 성공을 거둔 두 예외적 분야—백화점과 바나나 교역—에 손을 댄 인물이었다. 성공한 또 다른 중국계 오스트레일리아인 소매업자 홍위언Hong Yuen은 뉴사우스웨일스 북부의 소규모 타운 인버렐Inverell에서 번창하는 포목상을 운영했다.

이곳에서부터 그는 뉴사우스웨일스-퀸즐랜드 경계 지역에서 "캐시 앤드 캐리cash and carry" 매장 체인을 설립했고, 최소한 1930년대까지 그의 가족이 매장을 운영했다("캐시 앤드 캐리"는 현금 지불, 무배달 형태의 할인 판매점을 말한다).[8]

그러나 다른 오스트레일리아의 중국인 소매업자들은 홍콩과 중국에서 더 나은 투자 기회를 찾아 오스트레일리아를 떠났다. 마잉퍄우Ma Ying Piu(마잉뱌오馬應彪)는 시드니를 떠나 1900년 홍콩 최초의 백화점 신시어Sincere를 설립했다("신시어"는 마잉퍄우가 공동으로 설립한 것으로 중국어명은 "셴스先施"(선사)이며 "먼저 베풂"이라는 뜻이다). 시드니에서 과일과 견과류 가게를 소유하고 있던 제임스·필립 쿽James and Philip Kwok(궈러郭樂·궈취안郭泉) 형제는 오스트레일리아를 떠나 1907년 홍콩에서 윙온Wing On 백화점을 설립했다("윙온"의 중국어명은 "융안永安"(영안)이며 "길이길이 편안함"이라는 뜻이다). 신시어와 윙온은 곧 상하이의 가장 번화한 쇼핑 지구 난징동로南京東路로 확장되었고, 나아가 자카르타·마카오·싱가포르에 지점을 둔 진정한 소매업 제국이 되었다.[9]

홍콩과 동남아시아에서 중국계 오스트레일리아인들이 백화점으로 성공을 거둔 것은 중국인 해외 이민 노동력 및 자본의 에너지의 방향을 다른 곳으로 돌린 더 큰 흐름의 일부였다. 특히, 중국 남부에서 동남아시아로의 중국인 이주는 1870년 이후 급증해 세기 전환기에는 절정에 이르렀다. 동남아시아는 17세기까지 거슬러 올라가는 중국인 교역과 정착의 긴 역사가 있었으며, 교역·채굴·농경 분야에서 친족 또는 가상친족 관계를 기반으로 한 대對중국 경제 파트너십이 형성되어 있었다. 19세기 초반 유럽인들은, 중국인들이 설탕·차·커피 플랜테이션들의 확산으로 새로운 요구와 기회에 적응한 것처럼, 이러한 구조에 적응했다.[10]

19세기 후반과 20세기 초반에 유럽의 산업시장에 공급하는 주석 채굴과 고무 생산이 호황을 누리면서 더 많은 수의 노동자가 필요해졌다. 말라야와 동인도제도 일부 지역의 주석 채굴업은 중국인 노동력뿐만 아니라 터우자頭家(토카이towkay)로 알려진 중국계 자본가들에게도 의존했다. 이들은 노동력 모집에 그리고 주석 채굴의 주축인 소규모 중국인 채굴회사들에 자금을 지원했다("터우자"는 푸젠성, 광둥성, 타이완 등지에서 피고용인이 고용인을 지칭한 말이다). 중국인 및 인도인 이주 네트워크는 버마[지금의 미얀마], 해협식민지, 말라야, 시암, 프랑스령 인도차이나, 네덜란드령 동인도제도, 필리핀 등을 포함하는 상호의존적 동남아시아 경제의 발전에 중요한 역할을 했다. 인도에서 동남아시아로의 이주는 중국에서 동남아시아로의 이주와 견줄 만했으며, 이주민은 1890년대와 1938년 사이에 약 1400만 명에 달했다.[11]

견줄 만한 규모로, 1890년대와 제2차 세계대전 사이에 중국 북부에서 만주로 이주한 중국인 인구는 약 2500만 명에 달했으며 러시아와 일본의 산업 및 채굴 개발에 조응하는 일이었다. 중국인들의 만주 이주는 영구 정주와 계절노동 둘 다로 구성되었다. 앞서 살펴본 대로, 남아프리카 트란스발 채굴노동력 프로그램에 중국 북방인들을 모집한 것은 러일전쟁 (1904~1905) 시기에 만주의 계절노동 시장이 붕괴한 데 따른 결과였다. 미국과 캐나다에서 배제된 일부 중국인은 멕시코와 라틴아메리카로 방향을 돌렸다. 그러나 이주 제한주의적 정서가 이주 중국인들을 따라다닌 터라, 이들의 공동체들은 소규모로 남아 있었다.[12]

배제는 따라서 첫째, 서양에서 중국인 상인 및 자본가의 경제적 기회가 축소되는 결과를 낳았다. 둘째, 중국인 노동이민과 상업이민이 동남아시아 및 북아시아로 집중되는 결과를 낳았다. 첫 번째가 두 번째의 직접적 원인이 되지는 않았으나 두 흐름이 우연의 일치는 아니었다. 두 흐름은 20세기 초반 다음과 같은 전 지구적 이주의 광범위한 재편에 없어서는 안 될 것이었다. 곧 영국 정착민들의 백인 지배령으로의 이주, 유럽 동부와 남부 사람들의 서양 산업화 중심지들로의 이주, 아시아인들의 동남아시아와 북아시아 식민지 경제로의 이주 등. 새로운 에스닉적·인종적 이주 유형은 단순히 노동력 수요 및 자본시장의 수요에 대한 자발적 반응이 아니었다. 그보다 이런 유형은 노동력과 상업적 에너지들을 특정 방향으로 유도하고 다른 방향으로는 그렇게 하지 않는 정치적·경제적 조치가 복합적으로 작용한 결과였다.

이러한 조치에는 중국인 배제와 같은 부정적 정책뿐만 아니라 영국인들의 이민을 미국에서 캐나다로 돌리려는 시도와 주州와 고용주를 위해 노동력을 모집하려는 산업가, 농업가, 노동력 중개인, 해운회사 등의 지칠 줄 모르는 노력 같은 긍정적인 움직임이 포함되었다. 어떤 경우, 그 조치들은 오래된 이주를 기반으로 했지만 이전보다 훨씬 더 큰 규모였다(영국인의 캐나다로의 이민, 중국인의 동남아시아로의 이민). 또 어떤 경우에는 새로운 이주 흐름이 발달했다(이탈리아인들의 미국·아르헨티나로의 이민). 이와 같은 유형들이 확립되자 지속적 수요와 연쇄이주를 통해 재생산되었다. 전 지구적 노동 재분업화는 유럽-미국인 자본, 국가, 제국의 필요에서 비롯했다.

20세기 초반 전 지구적 이주에서는 아시아 계약노동력 사용이 감소한 것도 눈에 띈다. 중국인 및 인도인 쿨리들의 사용은 유럽 플랜테이션 식민지들에서의 노예해방에 따른 결과로 1830년대에 정착되었고, 19세기 후반에 줄어들었으며, 제1차 세계대전으로 인해 사실상 사라졌다. 청은 중국인 노동력 실태를 조사하고 나서 1870년대에 페루와 쿠바로의 중국인 계약노동 이주를 종료했다. 1904~1910년의 트란스발 금 채굴 프로젝트는 중국 정부가 승인한 마지막 도급노동력 프로그램의 하나였지만, 1920년대까지만 해도 속임수와 부패는 이런저런 아프리카 식민지들에서 산발적 관행으로 묵인되었다. 인도인들의 카리브해로의 계약노동 이주는 19세기 후반에 감소하다가 1890년과 1910년 사이에 증가했는데, 이는 영국인들이 새로운 플랜테이션식민지들에서 일을 시키려(나탈과 피지의 설탕, 말라야의 고무 관련 일) 인도인들을 동원해서였다.[13]

그럼에도 세기 전환기에 계약 아시아인 노동력은 점점 정치적으로나 경제적으로나 옹호할 수 없는 것이 되었다. 인도인 및 중국인 노동자들은 자신들의 조건에 항의했고, 때로는 본국과 식민지 개혁가들이 했던 것처럼 파업을 벌이기도 했는데, 가장 유명하게는 모한다스 카람찬드 간디가 나탈에서 했던 것처럼 그러했다. 말라야에서 유럽 자본은 주석 산업을 직접 통제하게 되었고, 아울러 지분 확대, 기계화, 계약기간 단축, 자발적 노동력으로 터우자를 서서히 몰아내게 되었다. 이로써 싱가포르·페낭으로 향하는 3년 노동 계약의 중국인 이민은 1890년 이후 쇠퇴하기 시작했다.[14]

전반적으로 보아 노동자들이 다른 선택지가 있는 한 계약노동은 유지하기가 더 어려워졌다. 영국령 가이아나에서 나탈과 말라야에 이르는 지역에서 인도인들과 중국인들은 계약이 만료된 이후 자유민 신분으로 임금노동을 하거나, 소규모 농장이나 사업체를 시작하면서 자리를 잡았다. 영국령 말라야와 프랑스령 인도차이나의 고무 생산자들은 계약노동력이 부족하다고 판단해 1910년 무렵 자유 임금 노동으로 전환했다. 그렇다고 해서 가혹한 노동조건이나 사회적 차별이 더는 존재하지 않았다는 것은 아니다. 예를 들어 말라야의 고무 캠프와 주석 채굴 캠프는 열악한 조건으로 악명 높았다.[15]

19세기 후반과 20세기 초반에 미국의 산업화와 도시화에 근력을 제공했던 유럽 동부와 남부 노동자들에 대해서도 비슷한 관찰을 할 수 있다. 1885년의 포란법Foran Act of 1885이 미국에서 외국인 도급노동을 불법화하긴 했으나, 새로운 유럽 이민자들은 분할된 노동시장에서 비숙련, 저임금 노동력으로 여전히 힘들게 일하면서 에스닉 엔클레이브("소수민족 거주지" "소수의 이문화집단 거주지")들에 살고, 수많은 차별을 겪었다("포란법"은 미국과 그 영토 및 컬럼비아특별구에서 노동을 수행하기 위해 계약 또는 합의 아래 외국인의 수입 및 이주를 금지하는 법이었다. "포란"은 법의 주요 발의자인 민주당 하원의원 마틴 포란Martin Foran을 지칭한다. "외국인계약노동법Alien Contract Labor Law"으로도 불렸다). 동남아시아의 이민자들과 마찬가지로 많은 사람(50퍼센트 이상)은 해외에서 돈을 벌어 송금하는 계절이주민seasonal migrant 또는 임시이주민temporary migrant이었다. 아시아 노동이주민들은 계약 쿨리로 추정되었고 유럽인들은 자발적 이주민이자 임금노동자로 추정되었으나, 이들은 20세기 초반에 많은 기본적 공통점을 가졌다.[16]

⚜

　　배제법들이 중국과 앵글로-아메리카 세계의 교역에 끼친 영향은 다양했다. 오랫동안 중국의 제1의 수출 품목이었던 차의 경우에서 그 차이를 확인할 수 있다. 차 교역의 우위는 18세기 초반까지 거슬러 올라가는데, 이 시기는 영국인들이 은과 교환해 구매할 중국 제품을 필요로 한 때였다. 19세기 후반까지 차는 여전히 중국의 최대 수출품이었다. 1874년에 차는 중국 전체 수출의 55퍼센트를 차지했다. 비단은 15퍼센트로 두 번째였다. 이러한 품목이 우세했다는 것은 중국이 다양한 수출지향 경제에 대한 관심이나 필요성이 부족했음을 의미한다. 그러나 중국이 더 많은 외국 생산품(아편은 1867년에 모든 수입의 40퍼센트 이상을 차지했다)을 수입하면서 차와 비단 수출은 중국의 교역수지에 중요한 역할을 했다.[17]

1886년에서 1905년 사이에 중국의 연간 차 수출량은 절반 이상 감소해 2억 4600만 파운드에서 1억 1200만 파운드가 되었다. 중국이 그레이트브리튼, 오스트레일리아, 미국에 수출하는 차의 양은, 그 이유는 다양했지만 극적으로 감소했다. 영국은 중국과의 교역수지를 개선하고자 중국 차를 대체하기 위해 1840년경부터 인도에서 차를 재배하기 시작했다. 이는 영국이 아편 교역을 추진했던 것과 같은 전략의 일환이었다. 인도 차가 자리 잡는 데는 다소 시간이 걸렸으나 1857년이 되면 인도는 100만 파운드의 차를 수출하게 되었다. 인도 동북부 아삼Assam의 차 생산량이 늘어나고 1880년대에 실론Ceylon(스리랑카의 옛 이름) 차가 도입되면서 인도아대륙의 차는 영국 국내시장을 꾸준하게 장악했다. 1905년에 중국은 그레이트브리튼이 소비하는 차의 겨우 40분의 1에 불과한 양을 공급했다. 중국 해관海關의 (영국인 관리) 호세아 발루 모스Hosea Ballou Morse는 인도 차―플랜테이션에서 재배되고, 산업적으로 가공되며, 두 차례 "동일한 감칠맛이 나게" 우려낼 수 있는―가 영국인들의 기호를 "중국 차 특유의 진미와 깔끔한 풍미를 너무 왜곡되고 무감각하게 만들어서, 심지어 중국 차 가격을 낮추어도 그 시장을 결코 회복할 수 없게 만들었다"라고 한탄했다.[18]

잉글랜드를 포함해 전 세계의 어느 나라 사람들보다 1인당 차 소비량이 많은 것으로 알려진 오스트레일리아인들은 1880년대 후반까지도 중국에서 차를 계속 구입했다. 본국 영국이 인도 차를 대척지(곧 오스트레일리아의 지구 반대편)들에서 "애국적" 음료로 홍보하려고 노력했음에도 말이다. 중국 차는 인도 차보다 더 싸고 품질은 더 좋은 것으로 간주되었다. 오스트레일리아인들은 영국인들의 관행을 동일하게 따르지 않았다. 오스트레일리아인들이 차에 대한 충성을 바꾼 것은 1888년의 아프간호사건 Afghan affair 이후였다. 뉴사우스웨일스에서는 중국 차 소비가 1888년에서 1897년 사이에 거의 60퍼센트가 감소했으며, 이는 중국의 대對오스트레일리아 수출이 전반적으로 감소한 결과의 일부였다. 한 당대의 분석가는 중국에 대한 적대감이 "상업적 고려를 포함해 […] 다른 모든 고려를 압도했다"라고 언급했다.[19]

중국의 대對영국 차 수출이 감소하던 같은 기간에 영국으로부터의 수입은 두 배 이상 증가했고, 이는 부분적으로는 대외교역에 더 많은 항구가 개방된 결과였다. 1903년까지 영국은 중국과의 교역에서 3550만 은량銀量 (530만 파운드)의 흑자를 기록했다. 일반적 추세에 따라 중국과 홍콩에서 영국인들의 경제활동은 점점 더 서비스업, 특히 금융에 집중되었다. 상하이와 홍콩의 영국계 은행들은 중국 자본을 흡수해 이를 동남아시아와 여러 지역에 투자했다.[20]

미국인들은 영국인들에 비해 차 소비량이 훨씬 적었지만, 차는 중국에서 미국으로 수입되는 단일 품목 중 가장 큰 비중을 차지했다. 그러나 미국의 전체 차 수입량에서 중국 차의 비중은 1867년 65퍼센트에서 1905년 23퍼센트로 감소했다. 이러한 차 수입의 변화는 인도가 아니라 일본으로 향한바 특히 1894년의 미일통상항해조약U.S.-Japan Treaty of Commerce and Navigation of 1894 이후에 그러했으며, 오스트레일리아의 경우처럼 반중 적대감의 직접적 결과는 아니었을 것으로 보인다.[21]

그레이트브리튼과 비교해서 미국은 세기 전환기에도 중국과의 교역에서 적자를 지속했다. 그러나 19세기 후반 미국의 전체 대외교역과 마찬가지로 미중 교역 규모는 미미했다. 그럼에도 미국 엘리트들은 과잉생산 및 국경 폐쇄를 우려해서 새로운 시장으로 태평양 지역에, 특히 중국에 기대를 걸었다. 따라서 미국의 전략가들은 자국의 해군력 증강, 필리핀 식민(지)화, 중국의 개방 정책 등을 주창했으며, 이 전부는 미국이 아시아·태평양 지역에서 유럽과 일본의 이해관계에 상대해 더 나은 경쟁력을 확보하려는 것이었다.[22]

미국의 대중국 수출액은 1895년 360만 달러에서 1905년 5360만 달러로 증가했다. 면직물이 가장 중요했으며(1900년에는 전체 대중국 수출의 57퍼센트를 차지), 등유, 밀가루, 담배가 그 뒤를 이었다. 세기 전환기에 미국은 중국에 철강제품, 특히 기관차와 기계류를 수출하기 시작했고, 1913년 이후 미중 교역은 급속히 확대되어 종이, 자동차, 객차, 전기 기기, 화학제품, 의약품, 고무제품 등 다양한 미국의 생산재와 소비재가 중국에 수출되었다.[23]

※

19세기 후반 금 가격 대비 은 가격의 하락은 중국에 직접적 영향을 끼쳤으며, 이는 금본위제가 국제교역을 지배하게 된 때에도 중국의 통화 체제는 계속해서 은을 기반으로 하고 있었기 때문이다. 은의 금가격gold-price 하락은 중국이 상품들을 수입하는 데 비용이 더 든다는 것을 의미했다. 이것은 16세기 후반부터 18세기 후반까지 중국의 입지에 큰 변화를 가져왔으며, 이 시기 중국은 세계 최대의 경제 대국이었거니와 신흥의 전 지구적 경제의 교역 조건을 좌우했다. 16세기 후반과 17세기에 세계 양대 은 생산지 일본과 에스파냐령 아메리카의 은이 중국으로 쏟아져 들어온

바, 중국은 재정적·상업적 목적에서 은이 필요했다. 안드레 군더 프랑크 Andre Gunder Frank는 (저서《리오리엔트: 아시아 시대의 전 지구적 경제ReORIENT: Global Economy in the Asian Age》(1990)에서) 1545년에서 1800년 사이에 은 6만 톤이 중국으로 유입되었고, 이는 같은 기간 전 세계 은 생산량의 절반에 해당한다고 추정했다. 은의 재정거래(차익거래)에 대한 열망은 근대 초기 일본 및 아메리카대륙으로부터의 은 무역, 영국동인도회사의 잔인한 인도 식민(지)화, 18세기 영국동인도회사의 은의 유출을 가져온 배경이 되었다.[24]

이것들은 영국이 유지하기 어려운 지렛대였으며, 특히 18세기 후반에 은의 재정거래가 갖는 우위가 둔화하면서 더욱 그러했다. 영국인들(이제 차에 맛이 들린)은 국제수지 적자에 직면했다. 이에 따라 영국은 인도에서 아편을 재배해 중국에 판매하고, 포함砲艦을 이용해 중국 항구들을 대외 교역에 개방하고, 인도에서 차를 생산하기로 결정했다. 영국은 은의 흐름의 방향을 역전시키고 스털링sterling(즉 금)을 국제교역의 수단으로 확립함으로써 게임의 규칙을 다시 썼다. 이것은 무엇보다도 제국의 다양한 식민지의 교역과 화폐적 이해관계를 본국의 이익에 종속시키는 것과 관련된 제국의 위업이었다. 특히 영국은 인도의 통화와 교역(영국에 대해서는 순적자, 세계에 대해서는 순흑자)을 조작해 식민지들을 영국 상품과 자본 투자를 위한 수출시장으로 활용했다.[25]

시티오브런던 ─ 잉글랜드은행Bank of England과, 베어링가家, Barings·로스차일드가Rothschilds가 설립한 곳들을 비롯한 수많은 민간은행의 소재지 ─ 은 전 세계 교역과 투자 확대를 촉진한 국제 금융 거래의 중심지였다. 시티오브런던은 또한 세계 최대의 금시장이기도 했다. 1870년대부터, 영국이 국제 금융에서 보인 우위와 비非금본위제 나라들이 치른 높은 무역 거래비용transaction cost으로, 유럽 열강과 미국은 은본위제 또는 복본위제에서 금본위제로 전환했다. 이러한 움직임은 영국의 전 지구적 금융 및 무역 지배력에 대한 대응이었으나, 그것은 전 세계의 금 공급량이 증가한 데서 가능했다. 따라서 영국의 제국적 표준이 국제 금본위제가 되었다.[26]

고전경제학자들은 금본위제의 인플레이션 방지 특성에 대해 찬사를 보냈으니, 그 특성은 물가 안정과 국제교역을 촉진하는 것이었다. 그러나 이 이론은 금본위제의 실행가능성에 동력을 공급한 역사적·정치적 관계를 은폐했다. 게다가 금본위제는 모든 부문에 유리한 게 아니었다. 금은 상대적으로 희소해서 채무자보다 채권자에게 유리했다. 국제 금본위제는 유럽의 자국 식민지들에 대한 투자를 가속화했고 유럽이 비非금본위제 나라들의 유연한 통화제도를 이용해 먹을 수 있게 했다. 특히 19세기 후반 은의 금가격이 하락하면서 그러했고, 중국은 이러한 논의에서 딱 들어맞는 사례의 하나였다. 국내적으로 금본위제 나라들에서도 패자敗者가 있었고, 특히 신용credit에 의존하는 농민들이 그러했다. 미국에서 이 문제는 19세기 후반 동안 그린백greenback(피아트머니fiat money), 금, 은에 대한 큰 정치적 논란을 부채질했다("그린백"은 "달러 지폐"로 미국 정부 발행의 법정 지폐를 의미하며 지폐 뒷면이 녹색인 데서 그 이름이 유래했다. "피아트머니"는 금·은 등 한 나라 화폐제도의 기초가 되는 본위화폐와 태환兌換(교환)이 보증되지 않는 "법정불환不換 지폐"를 지칭하며, "명목화폐"라고도 한다). 영국의 노후화한 내수산업 플랜트plant는 자본이 해외 투자에서 훨씬 더 높은 수익을 얻고 있어서 갱신의 필요성으로 어려움을 겪고 있었으나, 영국이 자국 상품들을 자국 식민지들에 인위적으로 높은 가격으로 수출함으로써 그러한 문제를 완화했으며 적어도 제1차 세계대전 이전까지 그러했다("플랜트"는 산업기계, 공작기계, 전기통신 기계 같은 종합체로서의 생산 시설이나 공장을 지칭한다).[27]

1870년대에 서양의 선진 자본주의 나라들이 금본위제로 전환하는 과정에서 은의 폐화廢貨, demonetization가 수반되었고, 그 결과 금에 대한 은의 가격이 떨어지면서 세계시장에서 은의 과잉 공급이 일어났다("은의 폐화"는 은의 통화 자격 박탈, 곧 통화로서 은의 유통/통용이 금지/폐지된 것을 말한다). 영국은 은의 과잉 공급 문제를 은본위제가 유지된 인도를 통제함으로써 부분적으로 해결했다. 은 통화의 평가절하는 수출업체와 영국의 국제수지에 유리했던 반면, 인도는 여전히 런던에 "본국비home charges"를 금으로 지불해야 했다("본국비"는 식민 본국 영국이 자국이 필요로 한 각종 지출을 충당하기 위해 영국령 인도 식민지 정부로 하여금 본국에 송금하게 한 비용을 말한다). 19세기 후반 세계 최대 은 생산국의 하나였던 미국은 은을 중국에 수출했고 그곳에서 오랫동안 멕시코 은화를 거래하는 자국의 오랜 관행도 이어갔다. 이러한 은 수출은 미국의 무역수지에 도움이 되었고 또한 중국의 통화 공급을 증대시켰다.[28]

✢

국제 금본위제는 세기 전환기에 중국에 부과된 두 번째 주요 전쟁 배상금에도 영향을 끼쳤다. 제1차 아편전쟁(1839~1842) 배상금 750만 파운드는 은화와 은량으로 계산되었다. 청일전쟁(1894~1895) 이후 일본은 5000만 파운드라는 막대하게 증액된 배상금을 요구했고 게다가 이를 금으로 지불할 것을 중국에 요구했다. 이에 중국은 당시 금 대비 은의 가격이 하락하는 상황에서 국제시장에서 돈을 빌려야 했다. 이 배상금으로 일본은 자국의 전쟁비용을 충당할 수 있었거니와 금을 자국의 통화 표준(곧 금본위제)으로 채택할 수 있는 충분한 준비금을 확보할 수 있었다. 런던에 예

치한 일본의 보유금은 일본이 자국 최초의 제철소를 건설할 때 필요한 신용을 제공했다.[29]

1901년의 의화단의정서Boxer Protocol는 훨씬 더 처벌적punishing이었다 〔"의화단의정서" 곧 "신축조약辛丑條約"은 1901년 9월 7일, 8개 열강이 중국의 외세 배척 운동인 의화단의 난을 진압하고 청 정부를 압박해 체결한 불평등조약이다. "베이징의정서"라고도 한다〕. 8개 열강(유럽, 미국, 일본)은 4억 5000만 은량 〔해관은海關銀〕의 배상금을 요구했고, 협상을 통해 연리年利 4퍼센트로 39년간 6750만 파운드의 금으로 분할 상환하게 되었다. 1895년부터 1918년까지 중국이 열강에 이행해야 할 배상금 지급 의무는 연간 2800만 파운드(환율에 따라 4200만~4500만 은량)였다. 1920년대에 독일과 러시아에 대한 부채가 탕감되었음에도 중국은 1938년까지 6억 5200만 은량(9100만 파운드)을 지급했다. 유명한 감면들은 나중에 열강들과 협상에 따른 것이었고, 미국 의화단 장학금 같은 것이 있긴 했지만 중국의 부채가 무효화되지는 않았다〔"미국 의화단 장학금"은 "의화단 배상 장학금Boxer Indemnity Scholarship"을 말하며, 중국어로는 "경자배관장학금庚子賠款奬學金"이라고 한다. 미국이 중국으로부터 받은 배상금의 일부를 이용해 중국 학생들이 미국에서 교육받을 수 있게 한 국가 장학금이었다. "경자"는 의화단의 난이 일어난 1900년의 "경자년"을, "배관"은 "배상/배상금"을 의미한다〕. 중국은 여전히 배상금을 지불해야 했지만, 그 자금은 중국의 교육, 철도 건설, 여타 "상호 이익"을 위한 프로젝트에 들어갔다. 다른 말로 하자면, 중국은 직접적 외국인투자에 동의한 것이었다.[30]

은의 금가격 변동성은 중국이 의화단의 난 배상금Boxer Indemnities〔경자배관〕을 지급하는 데 불리했지만 또한 서양에도 불리했으니, 서양은 투자를 촉진하려 물가 안정을 원했기 때문이다. 따라서 안정적인 환율을 정착시키는 게 상호 이익의 문제가 되었다. 1903년 중국과 멕시코는 동시에 미국에 은에 대한 고정 표준을 도입하기 위한 노력을 주도해달라고 요청했다(중국과 멕시코 양국은 환換, exchange의 오랜 역사를 공유하고 있었으며 중국은 멕시코 은화에 개방된 시장이었다). 미국 의회는 이 문제를 다루기 위해 휴 C. 한나Hugh C. Hanna, 찰스 코넌트Charles Conant, 제레미아 젠크스Jeremiah Jenks를 위원장으로 하는 국제환換위원회Commission on International Exchange를 구성했다. 위원회는 중국에 금환본위제金換本位制, gold-exchange standard를 채택할 것을 권고했다.[31]

금환본위제하에서, 한 국가는 자국 통화(동전, 지폐)를 금으로 고정해두지만 자국 내에서 금을 유통하지는 않고, 대외 지불을 위한 금 보유고를 유지하고(대개 런던이나 뉴욕의 은행에 보유), 자국의 통화 업무와 관련해 외국의 감독을 받는다. 미국은 최근 필리핀을 금환본위제에 포함시킨 바 있었다. 금환본위제는 네덜란드령 동인도제도와 영국령 인도에서는 이미 시행 중에 있었다. 외국 은행가들과 투자자들의 압력으로 멕시코는 1905년에 금환본위제를 받아들였다. 중국을 금환본위제로 전환하려는 것은 문호 개방 정책을 뒷받침했을 것이며, 더 광범위하게는 스털링(즉 금)과 경쟁할 수 있는 뉴욕에 기반을 둔 금−달러 블록gold-dollar bloc을 창출하는 데 기여했을 것이다.[32]

금환모델gold-exchange model의 식민지적 속성은 중국에서도 없어지지 않았다. 후광湖廣[지금의 후베이성湖北省과 후난성湖南省] 총독 장즈둥은 청 황실에 중국은 은본위제를 유지해야 한다고 권했다. 그는 중국은 금 자원이 충분하지 않으며, 금 대비 은의 가격이 하락하면 중국은 배상금·외채·수입에는 타격을 입지만 수출에는 유리하다고 말했다. 장즈둥은 중국이 은본위제로 남을 경우 중국은 외국 생산물을 보이콧하고 국내 산업을 발전시키도록 유도할 것이라고 주장했다. 1905년과 1907년의 제국 칙령은 중국이 동화와 은화의 단일 가치를 확립해야 한다고 했지 금본위제 혹은 금환본위제가 필요하다고 표명한 게 아니었다. 따라서 중국은 무너져가는 청 체제에서도 주권을 주장했다. 중국은 민국시대民國時代, Republican era(1912~1949)에 은본위제를 유지하다가 1935년에 금환본위제로 전환했다. 대공황이 서양에서 전 세계로 퍼져 나갔을 때였다. 이 무렵에는 국제 금본위제가 돌이킬 수 없는 쇠퇴기에 접어들었다는 점에 주목해야 하는데, 이는 대공황만 아니라 세계 패권국으로서 그레이트브리튼의 전반적 쇠퇴에 따른 결과였다.[33]

⁂

호세아 발루 모스는 중국의 대외교역에 관한 글을 쓰면서 1903년의 중국의 부채와 자산을 집계했다. 중국의 부채를 그는 상품merchandise·지금地金, bullion·동전coin 수입액, 외채상환액(그해에 4400만 은량), 무형의 부채로 외국 상인과 해운회사 및 보험회사의 순이익 등을 모두 집계해 총 3억 2400만 은량(6360만 파운드)으로 추산했다.[34]

호세아 발루 모스는 상품·지금·동전 수출, 대對러시아 육로교역(순흑자), 자신이 미래의 중국의 부채로 간주한 서양의 대對중국 철도와 광산 투자 등을 중국의 자산으로 집계했다. 그런 다음 그는 "중국의 가장 중요한 무형 자산은, 교역업자로서건 노동자로서건, 중국의 잉여 인구 일부의 이민으로서 중국의 육체brawn와 두뇌brain를 수출하는 것"이라고 보았다. 그는 푸젠 해관 당국자들의 말을 인용해 해외 중국인들의 본국으로의 송금에서 파생한 "현금 자산"에 주의를 환기시켰는데, 이는 "마닐라,

자바, 해협식민지에서 돈을 벌고 있는 250만 명의 아모이(샤먼) 남성들에 의한" 송금을 포함해 연간 1000만 달러(위안元, 1380만 은량)에 달했다. 모스는 해외 중국인들이 "연간 총액으로 자신들의 노동의 결실을 본국으로 송금하고 있다"며, 송금액은 가장 낮게 추산해도 7300만 은량(약 1100만 파운드)이라고 추정했다. 그는 1903년 중국의 총자산을 4억 4000만 은량으로 계산했으며, 이는 부채를 초과하는 수치였다. 모스에 따르면, 중국은 실제로 1600만 은량(230만 파운드)이라는 소폭의 순흑자를 내고 있었다.[35]

호세아 발루 모스의 분석은 몇 가지 점에서 결함이 있었다. 가장 중요하게는, 그는 홍콩과 싱가포르를 통한 환적이나 중국 연안의 정크선(범선) 교역을 계산에 넣지 않았다. 이런 누락은 모스도 알고 있었으나 관련 데이터를 수집할 수 없었기 때문에 피할 수 없는 일이었다. 그러나 그 누락된 둘 다 동남아시아 경제에서 상당한 부분을 차지했으며, 중국은 이 지역을 가로지른 촘촘한 네트워크에서 중심 노드[결절점]로서 오랫동안 역할을 해왔다. 홍콩과 싱가포르도 중국을 인도, 유럽, 그레이트브리튼, 오스트레일리아와 연결했다. 그럼에도 모스가 해외 중국인들의 본국으로의 송금을 중국의 자산의 일부로 포함한 것은 중국 이민자들이 중국과 유대 관계를 맺고 있고, 또 그들이 중국에 기여를 한다는 점을 중요하게 인식한 것이었다. 해외 중국인들의 송금은 확실히 가계소득과 자본의 상당한 유입에 해당했고, 특히 광둥성과 푸젠성에서 그러했다.[36]

호세아 발루 모스가 해외 중국인들의 본국으로의 송금이 중국의 교역 수지 균형을 유지하는 데 기여했다고 본 유일한 분석가는 아니었다. 미시건 대학의 경제학자 C. F. 레머C. F. Remer는 1933년에 책을 쓰면서 400만~500만 명의 해외 중국인(총 이민 인구의 약 60퍼센트)이 정기적으로 중국으로 송금을 하고 있다고 생각했다. 레머는 자신이 진행한 조사에 기초해 모스의 수치를 더 높여서 수정해 1902~1913년 시기에 해외 중국인들의 연평균 본국 송금액을 1억 은량(5000만 달러)으로 추산했다. 1920년대 후반, 해외 중국인들의 송금액은 연간 2억 은량에 육박했다. 레머는 미국의 세탁소 노동자들부터 말라야의 고무 플랜테이션 노동자들에 이르기까지 개별 해외 중국인 노동자들의 소액 송금을 다 합치면 상당한 액수가 된다는 점을 인정했다. 그러나 그는 "엄청난 액수"는 "사업 수익과 부동산 보유 수입의 송금"이며 특히 동남아시아에서의 송금이라고 상정했다. 중국인들은 영국령 해협식민지에서 "가장 부유한 집단"을 형성했으며, 동남아시아 전역에서 "대大중간상great middlemen"이었다. 광둥성과 푸젠성 등 이민 송출 지역의 번영은 해외 중국인들의 송금의 힘을 증명했다. 레머는 이렇게 지적했다. "중국인들은 중국으로부터 지불되는 돈이 실질적으로 거의 없는 상태에서 해외에 사업 투자를 축적해왔다. 이러한 투자는 중국의 국제수지에서 가장 중요한 외부로부터 지불되는 돈을 중국으로 가져온다."[37]

미국으로부터 중국으로의 송금은 동남아시아로부터 중국으로의 송금만큼 크지는 않았으나 그래도 상당한 규모였다. 황쭌셴은 1880년대에 캘리포니아의 중국인들이 광저우로 송금한 금액이 연간 120만 달러에 달한다고 추정했다. 호세아 발루 모스와 C. F. 레머의 결론을 예상하듯 황쭌셴도 해외 중국인들의 연간 총 본국 송금액이 매년 중국을 빠져나가는 은의 총량과 같다고 생각했다.[38]

호세아 발루 모스, C. F. 레머, 황쭌셴이 중국의 국제수지에 중국으로의 송금이(그리고 더 확장해 본국으로 돈을 보낸 해외 중국인들이) 기여했다고 한 주장은 경제적 확실성이라기보다는 정치적 진술이었는데, 송금은

은·아편·차처럼 거대한 것이 아니라서 허니의 결정적 원천이 아니라는 점에서다. 중국인 배제 정책이 중국인들을 서양의 사회적·경제적 주류에서 배제했음에도, 중국인 이민자들은 겉옷 안감에 사금을 넣어 고국으로 가져갔고 "은신銀信"을 통해 외화를 보냈다. 금과 은의 환율이 변동적이었던 것은 회계사나 금융업자에게만 문제가 아니었다. 중국인 이민자들도 그들과 마찬가지였다. 중국인 이민자들은 외환으로 본국에 보낸 송금이 현지 통화로 어떻게 환전되는지를 항상 알고 있었다. 중국인 문제의 가장 커다란 아이러니 중 하나는 미국·오스트레일리아·동남아시아의 해외 중국인들이 저축을 유지하고 있다가 은의 가격이 하락할 때 그 많은 금액을 중국으로 송금했다는 것이다.[39]

제13장

✳

중국인 되기, 중국 되기

해외 중국인들의 본국으로의 송금은 해외 중국인들을 고향땅과 연결해주는 실 중 하나에 불과했다. 정치는 그 또 다른 실이었으며, 정치 또한 경제적 차원이 없지 않았다. 20세기 전환기에 해외 중국인들의 처우 문제가 중국의 정치적 담론에서 중요한 주제로 등장했다. 중국의 개혁가들은 서양 국가들에서 해외 중국인들에 대한 억압을 청淸의 허약함과 연결했으며, 서양에서 중국인들에 대한 배제를 제1차 아편전쟁(1839~1842) 이후 서양 열강이 중국에 가한 수많은 치욕의 하나로 꼽았다. 미국의 중국인 배제법들에 반대하는 중국 내 선동은 1905~1906년 국내에서 미국산 상품 보이콧으로 이어졌다. 보이콧은 미국의 일방적 대對중국 문호 개방 정책에 대한 항의이기도 했다. 이 행동은 중국과 중국인 디아스포라 사이에서 등장하고 있던 민족주의 정치를 표현했다.[1]

해외 중국인 문제와 국내 정치 사이의 연결고리는 동향회(회관會館), 비밀결사, 상인 행회行會, guild, 정당 사이의 중첩된 네트워크를 통해 만들어졌다. 반청 운동의 가장 저명한 정치적 지도자 두 명은 해외에서 활동하고 있었다. 19세기 중국의 가장 뛰어난 철학자 중 한 명인 캉유웨이는 공자를 재해석해 진보와 개혁을 도모하고 유교적 이상인 "대동大同, great unity"을 바탕으로 전 지구적 유토피아를 발전시켰다. 입헌군주제와 자본주의 발전의 옹호자로서 캉유웨이는 1898년에 자희태후[서태후]가 광서제光緖帝[덕종德宗]를 축출하기 전까지 광서제의 그 유명한 "백일개혁one hundred days of reform"[백일유신百日維新, 변법자강운동變法自彊運動]을 조언한 바— 일부는 캉유웨이가 입안했다고 한다— 있었다. 자희태후는 쿠데타의 일환으로 캉유웨이의 동료 6명을 처형했지만 캉유웨이과 그의 제자 량치차오는 가까스로 일본으로 도망쳤다. 당대의 또 다른 저명한 인물은 광둥 출신의 젊은 의사 쑨얏센(쑨이셴孫逸仙)으로, 그 또한 하와이와 북아메리카 등 해외 망명지들에서 활동했다["쑨얏센" 곧 "쑨이셴"은 "쑨원孫文"을 말한다. "이셴" 곧 "일선"은 그의 별호別號다]. 쑨얏센은 혁명가로, 청을 전복하고 입헌민주주의constitutional democracy를 수립하자고 주장했다. 그는 1911년 공화주의共和主義 혁명[곧 신해혁명辛亥革命]으로 이러한 목표를 성공적으로 달성한 것으로 유명하지만, 1900년대 초반에는 캉유웨이의 개혁파가 더 영향력 있었다. 일부의 설명에 따르면, 캉유웨이는 망명지인 해외에서 보이콧 운동을 "조율했다orchestrated"— 당시 그는 스웨덴 연안의 한 사유지 섬에 있었다.[2]

캉유웨이와 량치차오는 약 15년간 망명 생활을 이어갔다. 량치차오는 일본을 거점으로 삼았고, 캉유웨이는 캐나다로 건너가 1899년에 개혁주의 단체 보황회保皇會를 만들었다. 두 사람 다 중국인 디아스포라 전역을 널리 다니면서 보황회 지부(전 세계적으로 175개가 넘었다)를 세우고, 신문사·학교·사업체를 설립했다. 보황회가 벌인 상업회사의 투자 및 사업 활동에는 미국, 캐나다, 멕시코, 동남아시아의 부동산, 식당, 은행, 철도 및 채굴 관련 신규 개발 사업 등이 있었다. 중국인 디아스포라 전역에서 상업회사를 통한 자본의 동원은 보황회 자금 조달만 아니라 해외 중국인들의 부富의 새로운 출구를 제공하는 것이기도 했다. 캉유웨이는 디아스포라를 중국 근대화의 필수 요소로 보았다. 1902년의 《신민총보》 기사 〈세계 경제 경쟁의 대세論世界經濟競爭之大勢〉도 중국인들의 이민을 노동자들의 송금을 기반으로 하는 일종의 경제 확장으로 간주했지 식민주의로 간주하지 않았다. 그러나 미국과 여러 서양 나라의 중국인 배제 정책은 중국의 생존과 팽창을 위협했다.[3]

일본에서 량치차오는 중국의 활기찬 도시 문화의 일부인 급진적 정간물 《신민총보新民叢報》(보황회 기관지. 1902. 2~1907. 11, 일본 요코하마)를 편집했다. 신문과 잡지의 확산은 온건한 것에서부터 급진적인 것에 이르기까지, 지적인 것에서부터 대중적인 것에 이르기까지 온갖 것을 아울렀다. 이들 신문과 잡지는 대외 관계에서부터 시험제도와 전족纏足에 이르기까지 다양한 쟁점을 다루었다. 필자들은 대부분 막 등장하고 있던 민족주의와 사회다윈주의(사회진화론)라는 틀로 세계에서 중국이 차지하는 위치에 관해 사고했다. 《외교보外交報》(1902. 1~1911. 1, 중국 상하이)는 조약들과 외국 법률들의 원문을 간행하고, 런던의 《타임스》와 《노스아메리칸 리뷰》의 기사를 번역해 실었다. 량치차오의 《신민총보》는 그 영향력이 엄청났으며, 중국의 세계 내 입지에 관한 명확한 분석, 직접적 옹호, 강력한 집필 등으로 유명했다. 황쭌셴은 량치차오의 글이 "마음을 움직이고 정신을 충격에 빠트리는" 힘이 있다고 칭찬했다. "모든 사람이 그가 하는 말을 알 수 있다. 철석鐵石 같은 사람조차 움직이게 한다."[4]

량치차오는 오스트레일리아와 미국을 장기간 순회했다. 그는 1900년에서 1901년 사이에 오스트레일리아에서 6개월간 머물며 주요 도시들과 빅토리아의 금나라gold country인 벤디고와 밸러랫을 방문했다("금나라"는 "벤디고"와 "밸러랫"의 별칭으로, 미국 캘리포니아 골드러시처럼 오스트레일리아 빅토리아 골드러시 시기에 금광 이민자들을 끌어들인 금광지들을 지칭한다). 그의 여행은 오스트레일리아연방의 출범과 동시에 이루어졌다. 중국인 배제를 공약한 오스트레일리아 지도자들이 신임 총리가 주재하는 시드니 시청에서 열린 공식적 연방 만찬에 량치차오를 초청하는 것은 이상해 보일 수도 있다. 더 이상해 보일 수 있는 것은 량치차오가 오스트레일리아에서 칭찬할 만한 점을 많이 발견했다는 점일 것이다―오스트레일리아의 여성 참정권, 노동 보호, 영향력 있는 노동자 운동 등. 역사학자 존 피츠제럴드는 량치차오의 관점을 도덕적 개선이라는 고전적 명령에 정통한 식민지 본국 엘리트의 관점으로 봤는데, 량치차오가 "보편적 관심사를 민족주의와 민족국가라는 새롭고 낯선 세계에 연결"했다는 것이다. 량치차오는 평등을 소중하게 여겼으며, 오스트레일리아는 다른 어떤 국가보다 평등을 더 많이 수용해왔으나, 그는 인종차별은 그것이 아직 모든 인류의 평등이라는 윤리를 받아들이지 않았음을 보여준다고 인식했다. 량치차오는 도덕적 고지moral high ground(도덕적 우위)에서 활동했다.[5]

1903년 량치차오는 미국과 캐나다의 22개 도시를 순회했다. 량치차오의 〈신대륙유기新大陸游記〉는 1904년에 《신민총보》에 연재되었고 북아메리카의 중국인 공동체들에 관한 포괄적 기술과 분석 그리고 배제 정책에 대한 철저한 비판을 제시했다. 다시금 량치차오는 평등의 문제에 초점을 맞추었다. 그는 원칙적으로 미국의 이민 제한 권리에는 반대하지 않았으나 그것의 차별적 속성에 대해서는 비판했다. 그 속성이 중국인 이민 노동자들과 상인들이 에스닉 시장의 경계 밖에서 일자리와 사업 기회에 접근하

는 것을 거부함으로써 중국인들을 배제의 대상으로 삼았다는 것이다.[6]

캉유웨이와 량치차오의 해외 활동과, 이에 더해 혁명가 쑨얏센의 해외 활동의 중요성을 청 정부도 간과하지 않았다. 이들을 망명으로 몰아넣음으로써 자희태후는 의도하지 않게 중국인 이민자들 사이에서 반청 민족주의 정치의 성장을 가속화했다. 1902년 그레이트브리튼 주재 청 대사 뤄펑루羅豐祿는 중국 외무 부처에 이렇게 경고했다. "해외 중국인들이 점점 더 많아지고 있습니다. 이들이 캉-량과 쑨을 따르지 못하게끔 막아야 합니다." 그는 청 정부에 관리들을 싱가포르, 페낭, 오스트레일리아, 캐나다에 파견할 것을 제안했다. 대사는 반청 운동가들의 영향력에 맞서는 한 가지 방법은 해외에, 특히 오스트레일리아와 캐나다에 거주하는 중국인들을 청 정부가 지원하는 것이라고 제안했다. 이 두 곳에서는 중국인들이 차별과 학대로 고통받고 있었지만 영사 대표부가 없었다.[7]

보황회와《신민총보》가 해외 중국인들이 겪는 곤경을 중국의 도시 지식인, 전문가, 개혁가 등의 주목을 받도록 하고, 이를 중국의 취약함과 연결한 유일한 목소리는 아니었다. 반反노예제 소설《톰 아저씨의 오두막Uncle Tom's Cabin》(해리엇 비처 스토Harriet Beecher Stowe, 1852)의 중국어 번역본이 1901년에《흑노유천록黑奴籲天錄》("흑인 노예의 하늘을 향한 외침")이라는 제목으로 출판되었다. 번역자 린수林紓는 번역판 서문에서 중국인 독자들이 이 소설을 자신의 처지를 되돌아보는 거울로 삼기를 바란다고 썼다. "최근 미국에서 흑인("흑노黑奴" 곧 흑인 노예)에 대한 대우가 황인에게도 이어졌다. 코브라는 독을 완전히 배출할 수 없을 때 나무와 풀을 물어뜯는 것으로 분노를 표출한다. 그 후 독이 들어 있는 죽은 나뭇가지를 만지는 사람은 그 누구도 죽음을 피할 수 없다. 우리 황인들은 그 죽은 나뭇가지를 만졌는가?"

린수는 이렇게 말했다. "미국인 중 좀 더 계산적인 사람들은 은화("은 폐銀幣")가 고갈되는 것에 놀라 중국인 노동자들을 잔인하게 대우해 그들이 [미국에] 오지 못하게끔 막는다." "노예화의 가능성이 우리 인종을 위협"하고 있음에도 청은 아무것도 하지 않았다고 그는 주장했다. "우리의 중국인 관리들은 우리 국민들이 아무 죄가 없음에도 수치스럽게 감옥에 갇히고 그곳에서 점점 죽어가고 있다는 것을 모르는가? […] 우리 민족의 위신이 상처받았다. 더 무슨 말이 필요하겠는가?" 상하이의 한 신문에 실린 이 책 서평도 같은 맥락이었다. "이 책은 단지 흑인종의 고통에 관한 것이 아니라 백인 지배하에 있는 모든 인종에 관한 것이다. 이 소설은 우리를 깊은 잠에서 깨우는 경종이다. […] 백인들은 야만적 행위를 하면서도 문명에 대해 이야기한다."[8]

쩌우룽鄒容은 쓰촨성四川省 출신의 청년으로 최근 일본 유학을 마치고 돌아와 1903년《혁명군革命軍》이라는 소책자를 출간했다. 쩌우룽은 쿠바로 보내진 쿨리들과 해외에서 학대받는 중국인들에 관해 열정적으로 글을 썼다. 중국인들은 "미국에서 배제되었고, 이어 호놀룰루와 멜버른에서 배제되어 극도로 빈곤한 상태에 살다가 무덤으로 쓸 땅도 없이 죽어가고 있다." 그는 중국에 민주주의가 결여된 것과 중국이 서양에 의해 학대당할 때 보이는 무기력한 태도를 비판했다. "선교사가 살해당하면 땅이 양도되고 배상금이 지급되는 것을 보지 않는가? 또는 외국인들이 모욕을 당하면 이 문제는 수사를 개시하라는 칙령을 발표하는 것으로 이어진다. 그러나 해외에 정착한 우리 동포들은 금수에게도 용납하지 않는 방식으로 외국인들에게 모욕을 당하고 있다. 그러나 만주족 정부는 이에 대해 거의 눈 감고 귀 닫고 있다. […] 감히 말하건대, 우리의 부당한 처우는 만주족의 손에 달려 있다." 청 정부가 금지했음에도 쩌우룽의 《혁명군》은 중국과 해외에서 100만 부나 팔린 것으로 알려졌다. 샌프란시스코의 《중서일보》 편집인 우판자오는 《혁명군》을 1만 1000부를 인쇄해 배포했다. 멜버른의 친공화주의 중국어신문 《애국보》는 《혁명군》을 연재했다.[9]

미국에서 중국인 이민에 대한 적대감이 고조되면서 중국 내에서도 미국의 중국인 배제법들에 대한 격렬한 항의가 불붙었다. 1900년 청 정부는 최근 미국이 획득한 영토인 필리핀과 하와이로까지 배제법들이 확대되는 것을 막으려 했으나 실패했다. 샌프란시스코에 도착하는 중국인들에 대한 대우는 전前 노동기사단 수장이자 자칭 중국인 배제주의자 테런스 파우덜리Terence Powderly가 미 이민국 국장이 된 1897년 이후 더 악화했다. 파우덜리는 중국인 상인과 학생의 미국 입국을 더 힘들게 하려는 단호한 캠페인을 시작했다. 샌프란시스코 부두의 악명 높은 목재 헛간에 중국인 입국자들을 감금하기, [신체 측정을 기반으로 한] 수감 절차인 베르티용 측정법Bertillon measurements의 사용, 중국인 상인들과 학생들(두 부류 다 배제를 면제받는 계층) 괴롭히기 등이 있었는데, 여기에는 세인트루이스 만국박람회[루이지애나구매박람회Louisiana Purchase Exposition, 1904]에 중국 전시관을 준비하기 위해 도착한 상층high-class의 상인·관리들에게 치욕 주기, 상하이의 부유한 집안 출신이며 런던에서 교육받은 4남매 입국 거부 등이 포함되었다—이 모든 것이 중국 독자들을 위해 상세히 설명되었다.[10]

중국에서 미국산 제품을 보이콧하자는 구상이 미국의 대對중국 배제 정책을 수정하게끔 압박하는 무기로 등장한 것은 이러한 정치적 분위기에서다. 일찍이 1900년에 신문 편집인 우판자오, 6대 중화회관, 중국인 기독교인들, 미국 주재 중국 대표[주미 청 공사] 우팅팡 등은 그레셤-양조약Gresham-Yang Treaty(1894)의 재협상을 촉구했다. 이 조약은 배제 입법을 승인했으며 1904년에 만료될 예정이었다.[11] 〔"그레섬-양조약"은 미 국무장관 월터 Q. 그레섬Walter Q. Gresham과 주미 청 공사 양루楊儒가 체결한 조약으로, 향후 10년간 중국인 노동자들의 미국 입국을 전면적으로 금지하는 대신 중국을 방문한 이민자들은 재입국할 수 있다는 내용이었다.〕

대對미 압박 전술로서 미국 상품을 보이콧한다는 구상은 호놀룰루와 샌프란시스코에서 발간되는 해외 중국인 신문들에서 몇 차례 제기되었으나 활동의 초점은 대중적 탄원을 위한 서명을 모으는 것에 주로 맞추어졌고, 미국의 중국인들은 이 탄원을 1903년 청 정부에 제출했다. 미국에서 우팅팡의 후임자 량청梁誠은 새로운 조약의 초안을 작성해 1904년 미 국무장관 존 헤이John Hay에게 보냈다. 량청의 조약은 노동자들의 배제를 허용하지만 거주 노동자 및 비노동자 두 부류 모두의 보호를 추가했고, 여기에는 변호인·보석·항소 등 법적 권리가 포함되었다. 중국의 입장에서 량청의 조약은 미국의 중국인 이민 규제 권리는 인정하면서도 중국인에 대한 학대와 차별에는 반대한다는 점에서 대단히 합리적이었고, 량치차오가 그의 〈신대륙유기〉에서 제시한 제안들과 흡사했다. 그러나 량청이 제안한 조약과 청이 중국 주재 미국 대표부에 제기한 여러 항소는 무시되었다. 미 연방의회는 1904년 그레섬-양조약이 만료되도록 내버려두었고 세출〔예산지출〕 법안에 중국인 배제를 추가함으로써, 조약 절차를 통해 중국으로부터의 그 어떠한 제기도 영구적이고 영속적으로 고려할 가치가 없게 했다.[12]

미국의 중국인들은 절망했지만, 이 일련의 과정에서 상하이의 개혁가들과 상인들은 자극을 받았다. 미국 상품 보이콧에 대한 지지는 민족주의 정서와 일부 청 관리 및 토착 자본가의 지지에 힘입어 증가했고, 예컨대 국산품들을 홍보해 수입품들과 경쟁하려는 초기 밀가루 제분 산업 같은 것이었다. 1905년 5월 상하이의 상인 지도자들은 미국이 7월까지 중국인 배제 정책을 바꾸는 데 동의하지 않는다면 미국 수입품 보이콧을 시작할 것이라고 경고했다. 미국 대통령 시어도어 루스벨트Theodore Roosevelt(1901~1909) ― 중국에 대한 미국의 사업 이해관계자들로부터 압력을 받고 있던 ― 는 6월에 국무부와 이민국에 미국에 입국하는 중국인 상인들과 학생들을 "최대한 배려하고 친절하게" 대할 것을 촉구했다. 그러나 이것으로 중국 도시들에서의 미국 상품 보이콧 운동을 멈추기에는 충분하지 않았다.[13]

보이콧 지도부는 더 오래전에 만들어진 상하이의 동향 회관 출신이었으며, 다수가 상하이의 신생 상공회의소〔상하이상무총회上海商務總會〕소속이었다. 보이콧 운동은 도시사회의 광범위한 영역에 빠르게 활력을 불어넣었으며 학생, 전문가, 여성단체, 문인협회, 기독교 집단 등을 포함했다 ― 서양의 소비재와 스타일에 오래전부터 익숙해진 집단이었다. 보이콧은 외국 상품이 외세제국주의foreign imperialism를 상징한다는 생각을 구체화했다. 보이콧은 최소한 중국 내 10개 도시에 확산했고 상하이·광저우·샤먼 등지에서 가장 강력했다. 상하이는 중국에서 가장 코즈모폴리턴적인 도시이자 미국 상품 대부분이 거치는 항구였다. 물론 광둥성과 푸젠성은 북아메리카, 동남아시아, 오스트레일리아에 거주하는 중국인 대부분의 고향이었다.[14]

미국 제품들 ― 면직물, 담배, 밀가루, 등유 ― 은 중국 도시들에서 아주 눈에 띄는 소비 품목이었다. 미국 면cotton은 중국의 거친 면coarse cotton 수입의 90퍼센트를 차지했고, 최소한 11개 브랜드로 판매되었으며, 여기에 더해 조포粗布, cotton sheeting는 31개, 고급 면직물cotton cloth〔면포〕은 4개, 능직綾織, twill은 10개의 브랜드가 있었다. 미국 회사들과 함께 일하는 상하이 사업가들은 미국 상품들을 상하이에서 팔았을 뿐만 아니라 다른 도시의 소매업자들에게도 유통했다. 상하이 상공회의소는 회원 중 한 명인 푸젠 출신의 저명한 사업가 쩡샤오칭曾少卿(쩡주曾鑄)을 보이콧 위원회 위원장으로 선출했다. 쩡샤오칭은 이해관계의 상충이 없었다는 점에서 좋은 선택이었다. 그의 사업 거래는 미국 무역이 아닌 동남아시아에서 이루어졌다.[15]

중국인 수천 명이 대중 집회에 참여했으며, 미국산 상품 보이콧을 결의했다. 귀국한 이민 상인들은 광저우에서 열린 대중 집회에서 연설했다. 800명의 학생과 상인 대표가 톈진에서 만나 보이콧 활동을 조직했다. 민족주의 성향의 신문《안후이속화보安徽俗話報》는 24쪽짜리 기사를 실어 미국 내 중국인 억압에 대한 역사적 배경과 보이콧을 할 미국 브랜드 이름을 9쪽에 걸쳐 소개했다(《안후이속화보》는 안후이성에서 발행된 잡지이며, 여기서 "속화"는 "통속적이고 사람들이 이해하기 쉬운 말/문체" 정도의 의미다). 언론은 집회·연설·결의문 등에 관해 보도했으며, 새로 쓰인 소책자들과 단편소설들이 미국에서 중국인들이 겪는 고통에 관심을 가지게 했다. 광둥의 한 산꼭대기 암자에 있는 "노승"들까지도 암자 방문객들과 배제 조약에 관해 이야기를 나누고 싶어 했다.[16]

미국 상품 보이콧 지지를 촉구하는 전단이 중국 도시들에 대량으로 배포되었다. 광저우의 가게와 가정에는 다음과 같은 현수막이 걸렸다. "우리 가게/가정은 미국 상품을 판매/사용하지 않습니다. [···] 미국 상품을 거래하는 사람은 염치없는 사람입니다."〔장쑤성江蘇省〕 쑤저우蘇州의 한 담배 상인은 자신이 보유하고 있는 미국산 담배 재고를 사람들이 있는 데서 불태우겠다고 발표했다. 저장성浙江省 자싱嘉興에서는 모든 가게가 보이콧 포스터를 게시했다. 언론은 "미국 상품의 흔적을 더는 이 도시에서 찾아볼 수 없다"라고 보도했다. 멀리 만주의 항구도시 잉커우營口에서는 현지 매판買辦, comprador들과 부두노동자들이 스탠더드오일Standard Oil의 등유 8만 통을 싣고 온 배의 하역을 거부했다("매판"은 1770년 무렵부터 중국에 있었던 외국 상관商館이나 영사관 등에서 중국 상인과의 거래 중개를 맡기기 위해 고용했던 중국 사람을 지칭한다).[17]

미국에 있는 중국인들도 미국 상품 보이콧 대의를 위해 결집했으니, 아무튼 간에 그 대의가 자신들을 위한 것이긴 했어도, 이제는 중국에서 부상하는 민족주의 정치라는 물결에 동참하게 되었다. 캘리포니아에서는 6대大 중화회관, 치공당, 보황회, 몇 개 신문사가 모여 보이콧 지지 단체를 결성하고 적어도 1만 5000달러를 모금했다. 지지는 중국인 디아스포라 전역에서도 결집되었다. 캉유웨이는 해외 중국인들에게 공개서한을 보내 미국 배제법들에 대한 치욕과 분노를 표명했다. 그는 미국에서 중국인들에 대한 배제가 계속된다면 중국은 현재 홍콩을 거쳐 중국으로 유입되는 연간 송금액 8000만~9000만 달러의 손실을 입게 될 것이며, 이는 사업 운영, 학교 개교, 해군 건설 등 중국의 발전에 절실히 필요한 자금이라고 썼다. 그는 중국인들에 대한 배제는 특히나 참을 수 없는 것이 일본인, 인도인, 한국인은 개를 데리고도 미국을 여행할 수 있는 점을 감안하면 더욱 그러하다고 계속해서 주장했다.[18]

타이의 중국인 상인들은 미국산 밀가루와 담배의 선적을 거부했다. 일본 고베의 중국인들은 미국 상품 취급을 거부했고, 요코하마의 중국인들은 미국 은행과 보험회사를 보이콧했다. 오스트레일리아에서는 중국어신문이 보이콧의 진행 과정을 열렬히 주시했다. 1900~1901년에 량치차오를 환영했던 중국계 오스트레일리아인들은 중국민족주의 정치가 낯설지 않았다. 이들은 미국의 조치에 대한 보이콧 그리고 남아프리카의 중국인 광산노동자들의 고역에 주의를 기울이고 있었으며, 이 두 상황 다 1904년과 1905년에 주목을 끌었다. 이들은 이 모든 것이 서로 연결되어 있다는 것을 이해했다. 미국에서 "배제가 지속된다면 오스트레일리아에도 희망이 없을 것이다. [⋯] 청 정부는 서양인들에게 아첨하기에 바빠 우리를 도와주지 못할 수도 있다. 따라서 우리는 우리 자신에게 의존해야 하며, 공동체로서 단결해야 한다"라고 한 중국계 오스트레일리아인은 썼다.[19]

보이콧 운동은 1905년 가을부터 주춤하기 시작했으나 광둥에서는 1906년 초반까지 지속되었다. 보이콧을 주도한 상인-향신 엘리트층이 흔들리기 시작했고, 특히 사업의 정체로 손실을 보게 된 사람들이 그러했다. 보이콧 운동에 대한 대중의 지지는 지속되었으나 내부 분열이 운동을 약화시켰다. 미국의 압력하에 있던 청 정부는 공식적으로는 보이콧에 반대했으나, 1905년 후반까지 보이콧을 진압하는 조치는 거의 취하지 않았다.[20]

미국 상품 보이콧은 효과가 있었는가? 명시적 목표라는 점에서 미국 이민국은 몇 가지 절차를 바꾸었는데, 중국인 엘리트들의 면목을 살려주는 것이긴 했어도 실질적인 것은 아니었다. 미국 대통령 시어도어 루스벨트는 중국인 상인들과 학생들을 대할 때 공정과 예의를 계속해서 요구했으나 강경파들이 이민국과 의회를 장악하고 있었다. 의화단의 난 배상금(경자배관)에서 나오는 장학금으로 1909년부터 중국인 학생들이 미국에 공부하러 오게 되었지만, 중국인 상인들은 여전히 대우를 제대로 받지 못했다. 우판자오는 1908년에 중국인 "거"상"巨"商들이 다른 곳에서 사업을 하러 모두 미국을 떠났다고 썼다.[21]

그러나 정치적 결과는 미국 상품 보이콧의 즉각적 목표를 넘어서는 것이었다. 보이콧은 근대 중국의 도시 정치와 저항이 탄생했음을 알린 것으로, 이는 도시의 활기찬 인쇄문화와 개혁적 성향의 상인과 문인에서부터 여성단체·학생·지식인 등의 중산층에 이르기까지 다양한 사회적 구성원을 통한 것이었다. 보이콧의 대명사 공리公利, public interest〔공익〕와 공익公益, public good〔공공선〕은 부상하는 중국민족주의의 정신을 담아냈다. 중국에서 미국의 중국인 배제법들과 미국산 제품들에 반대하면서 촉발된 민족 주권에 대한 대중적 열망은 쉽게 청에 반대하는 것으로 전환되었고 1911년 청을 혁명적으로 전복하는 것〔곧 신해혁명〕으로 이어졌다.[22]

경제적으로 미국 상품 보이콧은 미국의 사업에 단기적으로 분명한 영향을 끼쳤다. 전체적으로 중국의 대미 수입액은 1905년 7700만 은량에서 1906년 4440만 은량으로 감소했다. 미국의 경제학자 C. F. 레머는 보이콧에 관한 연구에서 이러한 감소가 전적으로 보이콧에 기인한다고 보지는 않았으나 상하이, 광저우, 여타 몇몇 도시에서는 특정 미국 상품에 보이콧이 끼친 확실한 영향이 있었다고 결론 내렸다. 1905년 미국 영사관 관리들은 보이콧으로 상하이에서의 교역에 심각한 차질이 생겼다고 언급하며 면 피륙cotton piece goods의 "막대한 손실"과 "사업의 완전한 침체"를 설명했다. 팔리지 않은 등유의 재고가 상하이, 광저우, 샤먼에 쌓였다. 판로가 막힌 2만 부대의 밀가루가 홍콩의 창고에 쌓였다. 미국 영사에 따르면, 홍콩에서 미국 상품들은 외국인들만 구매하거나 프랑스령 인도차이나로 환적되었다. 돌이켜보면, 이러한 효과는 특정한 분야에만 끼치거나 일시적이었음을 알 수 있다. 미중 교역의 규모와 액수는 계속해서 커졌고, 특히 1913년 이후 더욱 그러했다. 그러나 미국 수출업자들과 외교관들은 당시에는 미국 교역의 이해관계에 끼치는 잠재적인 장기적 손해에 관해 크게 우려했다.[23]

중국에서 반미反美 보이콧은 "국산품 운동national products movement"을 예

고했다. 이는 반제국주의적이고 애국적인 행동으로서 제품의 국내 제조와 국내 소비를 촉구하는 것이었다. 1908년, 1915년, 1919년의 치욕과 영토 상실에 대해 중국인들이 일본에 맞서 벌인 보이콧은 일본이 국제연맹League of Nations 리턴조사단Lytton Commission에 지속적인 보이콧은 "중국 내 모든 외국의 경제 활동을, 불가능하지는 않더라도, 매우 어렵게 만들 것"이라고 말할 정도로 큰 타격을 입혔다. 실제로 중국의 일본 상품과 상업관계에 대한 보이콧은 1920년대에도 계속되었으며, 1931~1932년 일본의 만주 침략에 대응한 대규모 보이콧으로 절정에 달했다. 이 보이콧은 중국이 외국 열강을 상대로 전개한 경제적 보이콧 중 가장 성공한 것이었으나 그 구분은 이어진 전쟁〔중일전쟁〕에 비추어볼 때 희미해진다.[24]
〔"리턴조사단"은 1931년 국제연맹이 일본제국의 만주 점령으로 이어진 "만주사변滿洲事變, Mukden Incident"(1931. 9~1932. 2)의 원인을 규명하고 중국·만주의 여러 문제를 알아보려고 파견한 조사단으로, 영국의 외교관 빅터 불위-리턴Victor Bulwer-Lytton이 단장이었다. 조사단은 10월 일본이 침략자로 만주를 부당하게 침략했으며 만주를 중국에 반환해야 한다는 내용의 결론을 발표했다.〕

✢

중일전쟁(1937~1945) 그리고 뒤이어 중국민족주의자와 공산주의자 사이 내전과 1949년의 중국공산주의혁명Chinese Communist Revolution이 이어지면서 제1차 아편전쟁(1840~1842)으로 시작된 중국의 "치욕의 세기"가 끝났다. 이 세기에 중국은 지정학적·경제적 부침이라는 면에서 세계사에서 가장 큰 변전變轉의 하나를 경험했다.
아편전쟁 이후 청은 서양과 어떤 관계를 맺을지, 국내 산업을 어떻게 발전시킬지, 행정 개혁을 어떻게 시행할지를 두고 고심했다. 그러나 외국 사업체들과 문화가 중국에 특히 조약항(개항장)과 산업화 지역에 이식되었음에도, 청의 근대화 노력은 중국의 오랜 왕조 전통의 타성은 말할 것도 없거니와 청의 내부 분열과 기득권 관료주의의 무게로 인해 둔화되었다. 19세기 후반 청은 재정 파산 위기에 처했다. 이는 중국 남부와 중부를 황폐화시킨 태평천국의 난 및 여러 국내 반란(1850~1864)을 군사적으로 진압하는 데 들어간 막대한 비용과 외국 배상금 지급에 따른 결과였다.

앵글로-아메리카 세계에 거주하는 중국인 이민자들은 청 말 역사에서 주변적 행위자가 아니었다. 골드러시에 참여한 사람들은 서양을 직접 경험한 최초의 중국인들이었다. 19세기 후반 북아메리카와 오스트랄라시아의 골드러시와 20세기 초반 남아프리카의 금 산업 부흥에 참여한 이들은 장거리 이주 및 전 지구적 교역이라는 새로운 시대에 필수적 요소였다. 중국인 금광부들은 그레이트브리튼의 그리고 이어 미국의 전 지구적 금융 헤게모니에 한몫했으며, 이는 금의 힘을 기반으로 했다. 이들의 기여는 이중적 의미에서 아이러니했다. 한 차원에서, 골드러시는 물질적으로나 상징적으로나 전 지구적 경제에서 금 기반 교역 및 투자로의 전환을 공고히 했으며, 이는 중국에 불리하게 작용했다. 또 다른 차원에서, 금광지들과 여러 산업에서 중국인들의 존재는 인종 갈등 및 차별, 폭력, 그리고 결국 이민 및 시민권 배제라는 법적 정책을 불러왔으며, 이 정책 또한 중국에 불리하게 작용했다. 중국인들에 대한 배제가 서양의 발흥 및 중국의 쇠퇴를 가져온 직접적 원인은 아니었다. 그러나 이것은 앵글로-아메리카 정착민 민족주의에 특권을 부여하고, 중국을 억압하는 데 무수한 방식으로 작용한 일련의 정책의 일부였다. 게다가 중국인 배제법들은 19세기 중국 역사에서 큰 비중을 차지하는데, 그것들이 불평등조약과 함께 중국의 진 지구적 무대에서 겪은 수치를 보여주는 가장 강력한 상징이라는 점에서 그렇다.

그러나 중국인 이민자들이 유럽-미국인 사회들에서 경멸받고 주변화되어 있었을지라도, 이들은 지식과 자원을 자신들의 고향마을에 들여오는 전달자이기도 했다. 이들은 태평양 전역에 촘촘한 네트워크(이주·상업·정치 네트워크)를 구축해 세기 전환기에 중국민족주의가 부상하는 데서 한몫했다. 반미 보이콧은 이러한 민족의식을 예증해주며, 중국인 디아스포라 공동체들과 중국 내 도시 중간계급을 서로 연결했고, 배제법들이라는 부정의를 국가(민족)로서 중국의 허약함에 연결했다(사진 24).

청은 재정적으로 취약해지고 경화硬化된 관료제sclerotic bureaucracy의 부담을 지고 있으면서도 외세의 침해와 공격에 직면해 독립을 주장하려 노력했다. 중국은 금환본위제를 채택하기를 거부했다. 중국은 인도나 필리핀 같은 식민지가 아니라는 점이 중요했다. 식민지들에서는 제국주의가 자의적으로 통화 정책을 강요했으며, 이는 국가의 종속을 의미했다. 청 외교관들은 해외에 거주하고 일하는 중국 상인들과 노동자들을 차별과 학대로부터 보호하기 위해 관여했으나, 이 일이 항상 성공적이지만은 않았다. 유럽과 미국의 중국 침해는 충분히 심각했다. 일본은, 차례차례, 거의 틀림없이 훨씬 더 탐욕스러워져서는, 타이완을 점령하고 오랫동안 중국의 조공국이었던 한국을 차지하려 전쟁을 벌이고, 만주에 병력을 증강했다. 중국과 관련한 판돈은 중국 화베이에서 외국인 선교사들에 대항해 일어난 의화단의 난으로 더욱 커졌다. 이 난으로 서양 열강과 일본이 베이징에 자국 군대를 주둔시켰고 중국으로선 지급해야 할 또 다른 배상금 사태가 발생했다.

1905년 자희태후는 일련의 개혁을 시작했으며 여기에는 과거제 폐지,

사진 24 유순하고 무력한 쿨리라는 스테레오타입과는 달리 앵글로-아메리카 사회들에서 중국인들은 열심히 일하고, 적응하고, 버텨낸 진짜 사람들이었다. 머디크리크Muddy Creek, 와이카이아Waikaia, 뉴질랜드, 1900년경.

군대 증강, 관료제 효율화 등이 포함되었다. 그러나 개혁은 더디게 진행되었고(부분적으로는 청이 개혁에 드는 비용을 감당할 수 없었기 때문이다) 대중의 청에 대한 반대는 커지기만 했다. 10년이 지난 무렵, 군주제를 개혁하려는 생각은 그것을 전복하려는 대중의 요구에 자리를 내주었다. 1911년 여름과 가을에 중국 전역에서 무장봉기가 일어났고, 쑨얏센의 혁명파와 관련된 다수가 마침내 청을 전복했으며, 이와 함께 4000년의 왕조 지배도 끝이 났다. 신생 중화민국中華民國, Republic of China은 무수한 도전에 직면했으니, 청의 잿더미 위에서 근대적 정부를 구성하는 방법에서부터 군벌간 싸움과 고위층의 부패를 종식시키는 방법에 이르기까지 다양했다. 민국시대(1912~1949)에는 헌법 제정, 근대식 대학 체제, 내수산업 투자, 전족 폐지, 문화 부흥 등이 이루어졌다. 그러나 인구의 압도적 다수를 차지한 농민층의 요구는 대부분 해결되지 않은 채로 남았다. 불안정은 정치적으로나 경제적으로나 만연했고, 특히 외국에 대한 배상금 지급이라는 부담은 1920년대까지 줄곧 계속되었다. 청나라가 시간이 촉박했듯, 민국도 마찬가지였으니 일본이 1931년 만주를 점령하고 이어 1937년 중국 본토를 침략했던 것이다.

뒤이은 중일전쟁과 제2차 세계대전(1939~1945) 동안 해외에 거주한 중국인들은 집결해 중국을 지원했다. 이후 이어진 국공내전과 1949년 중국공산주의혁명을 거치면서 이들의 충성심은 분열되었다. 냉전 기간, 영어권 세계에 거주한 중국인들은 자신들의 정치적 성향과는 상관없이 중국 본토의 자기 가족들과 대부분 단절되었고, 중국은 전 지구적 자본주의 경제에서 스스로 거리를 두었다. 문화대혁명文化大革命, Cultural Revolution(1966~1976) 이후에야 중국은 서양에 다시 "개방"되었다. 오랜 중단 끝에, 서양 거주 중국인들은 가족과 고향을 방문하고, 송금을 하고, 투자를 하기 시작했다. 중화인민공화국의 자국민 이민 제한은 1980년대 초반부터 완화되었다. 해외에 거주하는 중국인들은, 기존 이민자든 신규 이민자든 두 부류 다 본국으로 송금을 하고 본국과의 문화적·지적 교환에 참여하면서 다시금 중국의 발전에 그리고 세계에서 중국이 차지하는 지위에 기여했다.

최근의 중국인 이민자들은, 서양으로 과감히 떠난 최초의 중국인들이자 19세기 후반 전 지구적 정치의 흐름에 영향을 끼친 자신들의 선조에 대해 거의 알지 못한다. 미국 캘리포니아 유바강 모래톱에서 금을 채굴한 중국인 이민자들, 오스트레일리아 빅토리아 캐슬메인의 협곡에서 금을 채굴한 중국인 이민자들, 남아프리카 비트바테르스란트의 짐머앤드잭골드마이닝컴퍼니의 심부 광산들에서 금을 채굴한 중국인 이민자들은 모두 자신들이 커다란 국제적인 일·사건·운동 등의 일부였다는 것을 알고 있었으며, 자신들의 직접적 이해관계는 개인적이었을지라도 그러했다. 미국의 포티나이너스가 말하는 것과 마찬가지로, 이들은 "더미pile"를 쌓기 위해〔곧 금 "더미"로 "큰돈"을 벌기 위해〕 왔다. 그리고 모든 금 탐사자와 마찬가지로, 이들의 성공은 근면과 행운 둘 다에 달려 있었다. 그리고 다른 모든 사람과 마찬가지로, 이들은 다른 나라에서 온 금 탐사자들과 맞닥뜨렸다.

그러나 중국인 금광부들은 또한 금광지들의 교전 규칙이 종종 불공평하다는 것을 금세 알게 되었다. 누가 속할 수 있고, 누가 권리를 누릴 수 있으며, 누가 시민이 될 수 있는가? 백인들이 '중국인들은 앵글로-아메리카의 개척지들에서 금이 형성하는 새로운 공동체와 국가에 속하지 않는다'라고 주장할 때, 이들 중국인은 "이교"와 "기독교적 가치"는 왜 양립할 수 없는지, 혹은 "쿨리주의"와 "자유노동"은 왜 양립할 수 없는지를 설명하는 근거를 제공했다. 이러한 관념은 중국인 문제에 체화되었으며—이 문제는 19세기 후반에 다양한 지역적 맥락에서 등장했다— 전 지구적 인종 이론을 낳았다. 해외 중국인들은 유럽-미국인 동맹자들이 거의 없었다. 선교사들, 종종 사업적 이해관계자들, 소수의 자유주의 옹호자들이 있었을 뿐이다. 중국인 문제는 대중적 인종주의에 엘리트 사상가들에 의해 이론화되었으며, 정치인들에 의해 무기화되었다. 미국과 영국령 정착 민식민지들에서 중국인 문제는 국가들의 가족 내에서 중국을 주변화하고 인류의 가족family of humankind 내에서 중국인들을 인종적으로 열등한 사람들로 몰아붙이려 평등이라는 확립된 원칙을 밀어냈다. 배제는 서양의 대對중국 봉쇄에 필수적 요소였다.

해외 중국인들은 어디에서나 인종주의와 배제에 저항했다. 탄원을 하고, 건의를 하고, 소송을 했다. 연대와 자위self-defense라는 행동을 했다. 그리고 서양의 대중과 중국 정부에 호소했다. 무엇보다도, 해외 중국인들은 끈질겼다. 해외 중국인들은 자신들의 필요를 위해 에스닉 공동체를 결성하고 향우회와 비밀결사를 채택했다. 전통적인 유교적 사회질서에서는 하층이었던 중국인 상인들은 채굴 투자자, 공동체 지도자, 문화 중개자로 새로이 형성된 힘을 행사했다. 미국 샌프란시스코의 위안성, 오스트레일리아 멜버른의 로콩멩, 남아프리카 요하네스버그의 셰쯔슈 등은 중국인 이민자들을 이들이 이민한 현지국host country의 일부와 이들이 태어난 중국의 일부로서 중국인 이민자들의 인식과 이해관계를 옹호했다. 이러한 중국인 노동자들과 상인들은 인종과 돈이 그려내는 전 지구적 윤곽에서 근대 중국인 디아스포라를 형성했다.

에필로그

돌아온 황화黃禍라는 유령

2013년 5월 가나 대통령 존 드라마니 마하마John Dramani Mahama는 군사 전담반을 구성해 가나 전역에서 벌어지는 불법적 소규모 금 채굴을 단속했다. 전담반은 수백 곳의 불법 채굴 현장을 철거하고, 현금을 압수하고, 장비를 파괴했으며, 수천 명의 현지 가나인 광부 및 중국인 광부를 추방하고 체포했다. 가나는 이 일로 중국인 4500명을 강제추방했으며, 사건은 아프리카에서 중국인들의 포식, 착취, 심지어 식민주의에 대한 경각심을 불러일으켰다. 체포와 강제추방은 중국인들의 불법적 금 채굴을 약화하기는 했어도 근절하지는 못했다. 중국인 탐광자들이 외딴 지역으로 이동해 그곳에서 현지 족장들의 보호를 받았기 때문이다. 또 다른 급습이 2018년 아샨티Ashanti 지역에서 이루어져 중국인 불법 광부 1000여 명을 체포했다.[1]

1990년대 중반에서 2013년 사이에 중국인 5만 명이 가나로 가서 소규모의 금 채굴 일을 했다. 가나의 중국인 골드러시 참여자의 압도적 다수는 중국 남부의 광시장족자치구廣西壯族自治區 샹린현上林縣 출신으로, 이곳의 사금 채취(사광 채굴)는 그 역사가 오래지만 최근에는 환경 훼손 등에 대한 대응으로 정부에 의해 축소되었다. 가나에서는 가나인만이 소규모의 혹은 수공업적 채굴을 합법적으로 할 수 있음에도 많은 가나인은 중국인 회사들과 불법적 파트너십을 맺고 있으며, 여기서 가나인들은 합법적 승인을 받고 중국인들은 자본, 장비, 기술 전문지식을 제공한다. 이들 중국인은 가나 시민들이 땅은 소유하나 국가가 땅 밑의 광물을 소유하는 합법적 회색지대에서 활동한다.[2]

가나의 중국인 회사들은 8~10명의 파트너가 있고, 이들 중국인은 가족 저축과 차입금을 통해 자신들의 사업을 자본화한다. 이들은 친족 네트워크로 연결되고, 관광 비자를 주선해주는 중개인들의 도움을 받는 노동자들의 연쇄이주를 불러온다. 중국인 회사들은 대개 25에이커[0.1제곱킬로미터]의 땅에서 10~15명의 가나인 및 중국인 노동자를 데리고 충적지 작업을 한다. 회사는 초기 자본으로 50만 달러를 지출할 수 있으며 그 대부분은 장비(굴착기, 발전기, 모래펌프, 픽업트럭)에 쓴다. 지속적인 비용에는 가나인 면허 소지자와의 이윤 공유(대개 10퍼센트), 노동비용, 수수료, 다양한 현지 관리들에게 들어가는 뇌물 등이 포함된다.[3]

이러한 기업들의 그리 대단지는 않은 규모는 다국적기업들의 산업용 금 채굴과 비교가 되는데, 이들 다국적기업은 가나 금 생산량의 70퍼센트 이상을 차지한다. 예를 들어 뉴욕증권거래소New York Stock Exchange, NYSE에서 거래되는 앵글로골드아샨티AngloGold Ashanti는 자본금이 7억 달러가 넘는 회사로 2만 8000에이커 이상의 땅에서 운영되며, 정교한 심부 채굴 기술을 이용하고, 가나에서 거의 7000명의 직원을 고용하고 있다. 그럼에도 중국인들의 기술력과 자본은 사금 채취[사광 채굴]가 의미 있게 증가하도록 했고, 이는 중국인과 현지민 모두에게 부를 창출해주었으나 환경 악화와 노동자 확대에 대한 불만을 낳았다.[4]

21세기 가나와, 서아프리카 및 중앙아프리카의 금이 풍부한 지역에서 이루어지는 중국인들에 의한 소규모 금 채굴의 윤곽은 19세기 중반 중국인들의 금 채굴 및 이주 관행과 몇 가지 묘하게 닮은 점이 있다. 파트너들과 자원을 공유하는 소규모의 회사들, 네트워크 기반 이주 및 자국 고향에서 외국 금광지들로 가는 여정을 열어준 중개인들, 현지의 금 채굴 중국인들, 이들의 목적지 나라 시민 및 정부들 사이 불안한 관계 등이 그것이다. 이러한 경제적·문화적 유형들은 그것들의 지속성과 적응력에서 주목할 만하다.

그러나 가나로 향한 중국인 골드러시는 19세기의 골드러시와는 사뭇 다르다. 금은 더는 화폐-상품money-commodity이 아니며, 따라서 과거에 그랬던 것 같은 전 지구적 열풍을 불러일으키지 않는다. 그럼에도 금은 여전히 으뜸가는 가치 저장물이며, 경제적 침체기에는 수요가 증가한다. 이에 중국인 채굴 기업가들은 2008~2013년 가나로 몰려들었다. 2008년 금융위기 이후 국제 금 가격이 사상 최고치를 기록한 때문이었다. 게다가 금은 몇몇 산업적 용도로 그리고 특히 장식용으로 여전히 가치가 있다. 중국과 인도는 세계에서 금을 가장 많이 소비하는 두 나라이며, 금은 거의 전적으로 보석으로 사용된다. 중국은 실제로 세계 최대의 금 생산국(2018년 기준 400톤)이지만, 금 매장량이 감소하고 있어 국내 수요를 따라잡지 못하고 있다.[5]

소규모 금 채굴에 중국인들이 참여한 것은, 그 참여가 미미하지는 않다 해도, 아프리카에서 중국이 갖는 채굴 이해관계의 한 측면일 뿐이다. 중국은 또한 남아프리카 광산들에 투자하는 등 산업용 금 채굴에도 참여하고 있다. 이들 광산에서 금은 비트바테르스란트 시절로부터 150년이 지난 지금도 여전히 생산되고 있으나 현재는 지표면 아래 약 2마일〔3.2미터〕지점에서 채굴된다. 여기에 더해 구리copper, 코발트cobalt, 망간manganese, 보크사이트bauxite, 콜탄coltan(전자기기와 휴대폰에 사용된다), 그 외

10여 가지 광물 및 금속은 중국 제조업, 특히 전자·자동차·철강 생산 같은 상위 부문에서 핵심적 요소다. 아프리카의 풍부한 광물 매장량과 중국의 탐욕스러운 산업적 욕구(수요)로 말미암아 중국은 사하라이남 아프리카sub-Saharan Africa의 최대 광물 수입국이다.[6]

그럼에도 채굴은 중국의 대對아프리카 이해관계에서 인프라스트럭처(도로·철도·항만), 에너지(석유·가스)에 이어 세 번째를 차지한다. 중국의 연간 대아프리카 외국인직접투자foreign direct investment, FDI는 막대한 규모로, 2003년 7500만 달러에서 2018년 54억 달러로 커졌다. 이러한 자본의 대략 2분의 1이 중앙정부의 국유 기업들과 은행들에서 나온다. 다른 중국인 투자자 및 도급업자로는 성급省級 국유 기업들과 민간 회사들이 있으며, 위계질서의 가장 아래에는 수공업적 채굴 같은 소규모 기업 벤처가 있다.[7]

아프리카에서 진행되는 이 프로젝트들은 2013년 시진핑習近平 중국 국가주석이 발표한 중국의 전 지구적 경제 전략인 일대일로一帶一路, Belt and Road Initiative, BRI"의 일환이다("일대일로"는 "One Belt One Road"로 발표되었다가 이 구상에 패권주의("one")라는 비판이 제기되면서 (시진핑에 의해) 2018년 초반 이후 "Belt and Road Initiative"로 그 영문명이 바뀌었다). 원래는 중앙아시아의 "새로운 실크로드new silk road"와 동남아시아를 관통하는 "새로운 해상실크로드new maritime silk road"로 구상된 이 전략은 중국과 세계의 다른 지역을 연결했던 고대 교역로를 연상시킨다("일대일로"는 실크로드 경제벨트와 21세기 해상실크로드絲綢之路經濟帶和21世紀海上絲綢之路를 통칭하는 용어다). 일대일로는 타지키스탄(중앙아시아)에서 이스탄불(튀르키예, 유럽)까지 그리고 자카르타(인도네시아, 아시아)에서 지부티(아프리카 동북부)까지 인프라스트럭처 프로젝트—고속철도, 고속도로, 항만 파이프라인, 발전소, 공항—로 구성되며, 이는 제3지역에서 경제발전을 촉진하고 중국의 잉여 통화 보유고 및 과잉 산업 생산 능력의 배출구를 제공하는 전략이다. 중국은 또한 파키스탄·방글라데시·몽골을 통해 주요 벨트belt, 帶〔경제권역〕에서 벗어난 "회랑回廊들corridors"을 개발할 계획이다. 모스크바·로테르담·베네치아의 종단점terminal point들, 공장 생산을 위한 50개 경제특구special economic zone, SEZ 등이 그것이다. 2019년 현재 중국은 300억 달러를 지출했으며, 대부분 장기 임대와 권리를 대가로 한 저리低利 정부 대출이었다. 중국은 2027년까지 1조 달러 이상을 투자할 계획이었으나, 2020년에는 코로나바이러스 팬데믹으로 프로젝트와 대출이 둔화되었다. 중국은 또한 2015년에 아시아인프라투자은행Asian Infrastructure Investment Bank, AIIB, 亞洲基礎設施投資銀行을 출범시키면서 1조 위안元(1600억 달러)을 초기 자본으로 출자하겠다고 약속했으며, 중국은 이 은행이 세계은행World Bank을 전복하기보다는 보완하는 것이라고 주장한다.[8]

⚜

시진핑 주석이 과거의 육상실크로드와 해상실크로드를 환기한 것은 최근 중국의 민족주의적 수사와 의제의 핵심적 비유다. 모든 민족주의는 자기 민족〔국가〕의 특별한 속성을 고정시키는 데서 장대한 역사적 내러티브들에 의존하는데, 이는 태곳적부터 현재까지 그리고 미래로 이어지는 관통선으로 상상된다. 시진핑은 또한 중국의 새로운 전 지구적 역할을 뿌리 깊은 역사적 부정의를 바로잡는 것으로 위치시키는 데서 서양제국주의하에 있던 중국의 치욕의 세기를 강조한다. 시진핑의 말을 빌리자면, 중국의 "위대함"의 "회복"이 "중국몽中國夢, Chinese dream"이다.

현재적 야심의 민족주의가 중국의 역사적 윤곽과 어떻게 공명하는지를 인식하기 위해 그것("현재적 야심의 민족주의")에 동의할 필요는 없다. 1550년에서 1750년 사이에 중국은 거의 틀림없이 세계에서 가장 큰 단일 국내 경제의 국가였으며, 근대 초기 전 지구적 교역의 중심이었다. 이 책은 제1차 아편전쟁부터 청의 몰락까지 중국의 치욕의 세기의 많은 부분에 초점을 맞추고 있으며, 이는 캘리포니아의 금의 발견부터 남아프리카의 중국인 노동력 프로젝트의 종료까지의 시기이기도 하다. 이러한 가까운 사건들은 중국과 중국인들이 세계의 국가들의 가족으로 진입하는 것을 구체화했다. 이 세계는 앵글로-아메리카의 힘에 의해 즉 수탈적이기도 하고 상업적이고도 하고 재정적이기도 한 힘에 지배되는 것이었다. 19세기와 20세기 초반 전 지구적 경제에서 중국의 지위는 본질적으로 식민지의 그것이었으며, 서양과 일본의 침략과 약탈로 특징된다. 1911년에 건국된 신생 중화민국은 중국이 겪은 가장 큰 두 가지 국제적 치욕―불평등조약들과 배제법들―을 끝내려 애썼으나 별다른 성과를 내지 못했다. 중국의 불평등조약들은 제2차 세계대전이 되어서야 폐기되었다. 중국인들에 대한 배제법들은 없어지기까지 시간이 더 걸렸다. 미국은 1943년에 자국의 중국인 배제법을 폐지했으나 오스트레일리아와 남아프리카는 자국의 중국인에 대한 배제를 1970년대까지 없애지 않았다. 중화민국은 특히 법과 교육 개혁을 단행했고, 산업화를 촉진했지만 정치적 파벌주의, 무력 충돌, 부패 등이 만연했다. 1920년대부터 계속된 국민당과 공산당 사이 갈등은 제2차 세계대전 종전 후에 국공내전으로 분출되었고, 1949년 공산주의자들의 승리로 이어졌다.⁹

중국 공산당이 권력을 장악했을 때, 마오쩌둥毛澤東은 이렇게 선언했다. "인류의 4분의 1을 차지하는 중국 인민이 이제 일어섰다. 우리는 더는 모욕과 치욕을 당하지 않는 민족이 될 것이다. 우리는 일어섰다." 마오쩌둥은 중국의 빈곤과 중국이 세계에서 차지하는 비참한 지위를 연결함으로써 19세기 후반 이래 중국의 개혁가들과 혁명가들이 표명했던 정서를 소환했다. 그러나 청 말과 민국 시기 중국의 민족주의자들은 서양과 일본의 이미지를 따라 중국을 근대화하려고 한 반면, 중국 공산당은 자본주의와 제국주의를 거부했다. 그 대신 중국 공산당은 농민과 노동자의 동원, 농지 개혁, 자급자족적 경제 발전의 경로 등을 기반으로 하는 사회주의 모델을 추구했다. 마오쩌둥 시대(1949~1976)에 중국은 토지 개혁과 좀 더 평등한 분배, 식량 생산 증대, 생활수준·교육·의료·기대수명 향상, 여성 지위 향상 등 괄목할 성취를 이루었다. 중국은 또한 전 세계 반제국주의 운동에 영감과 물질적 지원을 제공했다.[10]

그러나 중국에서 발전은 소비에트식 중앙계획의 한계, 산업화 뒷받침에 농업 잉여의 사용, 냉전 기간 서양과 일본에 의한 상대적인 국제적 고립으로 방해를 받았다. 마찬가지로 고려할 것은 사회주의적 번영과 평등을 실현하는 열쇠로서 인간의 의지(즉 혁명에의 헌신과 철의 규율)를 강조한 이념적 과잉이었다. 1950년대 후반의 대약진운동大躍進運動, Great Leap Forward은 농업 생산을 급락시켰고, 재앙적 기근(1959~1961)으로 이어졌으며 이 기근으로 최소 1500만 명이 죽었으며, 4000만 명 이상 죽었을 수도 있다(중국에서는 "3년간의 대기근"이란 뜻의 "삼년대기황三年大饑荒"으로 불린다. 영어로는 "Great Chinese Famine"). 문화대혁명 시기(1966~1976) 지식인 및 기타 "주자파走資派, capitalist roader"의 처벌은 200만 명 이상의 죽음을 가져왔고, 사회 진보에 필수적인 교육받은 인력이 한 세대 전체에 걸쳐 상실되었다. 1970년대까지 중국의 농업 생산량은 인구성장을 따라가지 못했고, 1979년 1인당 식량 소비량은 1955년보다 나아지지 않았다. 중국은

여전히 매우 가난한 농업 국가였다.[11]

1976년에 마오쩌둥이 사망한 후 혁명 노장 덩샤오핑鄧小平이 당 지도부를 장악했다. 그는 마르크스-레닌주의의 정통성과 여기에 더해 마오주의의 정치적 동원에 대한 강조를 버리고 실용적 경제 개혁 프로그램을 시작했다. "중국특색사회주의中國特色社會主義, socialism with Chinese characteristics"라고 하는 것 속에서 중국은 명령〔지령〕경제에서 시장주도경제로 전환했다. 국가는 경제적 권한의 더 많은 부분을 성省 및 현지 지방 단위에 이양했고, 민간기업과 협동조합을 장려했으며, 농촌경제에 활력을 불어넣었다. 국가는 대규모 인프라스트럭처와 도시 건설을 추진했고, 지방정부는 소농들로부터 토지를 매입해 국가개발은행國家開發銀行, China Development Bank에서 대출을 받는 담보물로 사용했다. 국가는 외국 자본과 전 지구적 교역을 받아들였다. 애플Apple과 월마트Walmart는 중국 소비시장과 전 지구적 수출 둘 다를 위해 중국에서 생산하는 가장 잘 알려진 외국 기업일 뿐이다. "개방화"에는 더 큰 예술의 자유, 해외여행, 지적 교류, 그리고 시민 담론의 거대한 확장도 포함되었으며, 이 확장의 대부분은 2000년대에 온라인 소셜 미디어를 통해 이루어졌다. 중국은 약 6억 명을 빈곤에서 벗어나게 했고, 백만장자 및 억만장자뿐 아니라 새로운 중간계급을 창출했다. 또한 중국은 개혁 전략으로 지난 20년 넘게 매년 두 자릿수 성장을 기록했다. 2010년에 중국은 일본을 제치고 미국에 이어 세계에서 두 번째로 큰 경제 대국이 되었다.[12]

그러나 중국의 경이로운 경제성장은 중국 사회에 전에 없던 문제와 긴장을 야기했다. 경제적 불평등의 심화, 사회복지망의 해체, 끔찍한 오염〔공해〕, 만연한 부패, 이에 따른 대중의 불만의 고조 등이 그것이다. 서양의 많은 관측통은 중국의 경제 개혁이 정치 개혁으로 이어질 것이라고 믿었지만, 중국 지도부는 그러한 길을 추구하는 것을 허용하지 않았다. 1989년 6월 베이징 톈안먼天安門(그리고 다른 지역들)의 대중 저항에 대한 중국 정부의 무자비한 진압은 중국에서 민주적 정치 참여의 가능성을 봉쇄했다. 1990년대 이후 중국의 정치는 점점 더 주변화되었으며, 이는 국가의 억압 그리고 빨리 부자가 되는 것을 강조하는 문화 둘 다가 가져온 결과였다.[13]

마오쩌둥은 세계에서 중국이 해야 하는 역할을 자본주의 및 제국주의에 대한 대안이라고 규정했다. 이와 대조적으로 덩샤오핑에서부터 시진핑에 이르는 중국의 지도자들은 자본주의적 서양의 관점에서 "위대함"을 재규정했다. 현재의 전략은 생산성·이윤·집적集積, 개발도상국에서의 원자재 추출, 외채〔외국채〕에 대한 투자를 강조한다. 중국의 공격적 개발 의제는 국내와 국외 모두에서 다루기 어려운 것일 수 있다. 이런 이유에서 시진핑의 집권기(2012~현재)에 반체제 인사 검열과 체포가 증가했다. 베이징 당국은 중국 북서부 신장 지구〔신장웨이우얼자치구〕의 위구르 무슬림Uighur Muslim들에 대한 충격적 탄압을 계속해오고 있으며, 여기에는 한족漢族을 이주시켜 현지 인구를 고립시키기, 하이테크 감시high-tech surveillance, 200만 명 이상의 위구르인을 "재교육re-education" 센터에 구금하기 등이 포함된다〔"신장재교육센터" 혹은 "신장재교육캠프"는 중국에서는 "신장재교육영新疆再教育營"으로 불린다〕. 내륙 일대일로 사업의 대동맥이 바로 신장을 통하게 되어 있다는 점에 주목할 필요가 있다.

중국의 경제력은 막대한 인구의 노동력과 창의적 에너지를 방출하고, 현대 전 지구적 경제의 공급망에 참여하기로 한—사실은 지배하고자 하는— 전략적 결정에서 비롯한다. 경제사가들은 중국이 최근에 거둔 성공(그리고 20세기 후반 이래 다른 동아시아 경제가 거둔 성공)을 근대 초기 동아시아인의 "근면industriousness" 및 "근면혁명industrious revolutions"의 반향으로 사고하고 있다("산업industrial혁명이 인간의 노동력을 대신한 기계/기계화에 의한 변화인 것에 견주어 "근면industrious혁명"은 값싼 사람/노동력에 의한 변화임을 말하는 것이다. 일본 학자 하야미 아키라速水融가 만든 용어다). 이러한 관점에서 중국의 노동집약적 농업과 국내 수공예 및 직물(섬유) 생산은, 활발한 현지 및 지역 상업시장 및 네트워크의 지원을 받았다는 점에서, 자본집약적 유럽 사업화 경로에 대한 대안을 제시했다. 그 각각의 경로는 우발적 요소 ─토지 및 에너지의 상대적 가용성, 전쟁이라는 긴급사태─에서 비롯한 것이지, 서양 문명 대 아시아 문명의 내재적 우월함이나 열등함 또는 자본주의의 규범적 발전에서 비롯한 게 아니었다. 비판적 정치경제사에서는 유럽 제국들이 자본 축적을 위해 인종과 돈을 이용한 다양한 전략─아프리카 노예제, 은과 금, 아편과 포함砲艦─을 사용했으며, 이 전략이 신흥 세계 경제 내에서 분기分岐, divergence를 창출하는 데서 핵심적이었다고 강조한다. 이 책은 중국인 문제의 정치가 서양과 중국 사이의 "대분기大分岐, great divergence"의 일부였다는 것을 조명하려고 노력했다.[14]

인종과 돈의 정치경제학에 대한 장기적 전망은 또한 우리로 하여금 전 지구적 경제 변화를 폭넓게 세계사적 관점에서 보게끔 한다. 제국은 흥망성쇠를 거듭하고, 어느 전 지구적 패권국이 다른 패권국에 의해 빛을 잃기도 하는데, 이것이 평화롭게 진행되는 경우는 드물다. 이러한 과정은 중첩되며 새로운 권력 중심의 발흥은 선결된 것이 아니라 많은 요인에 달린 조건부적인 것이다.

영국제국의 태양은 저물었고, 미국의 세기는 100년을 지속하지 못했다. 중국의 전략은 자국이 전 지구적 경제의 아시아 중심을 구축하고 여기서 그 바깥 너머로 이동하는 것이지만, 중국이 21세기에 새로운 전 지구적 패권국이 될지는 아직 알 수 없다. 전 지구적 경제는 단일한 나라가 지배하는 쪽보다는 계속해 다극화된 힘의 분배(미국, 유럽, 동아시아)로 특징지어질 가능성이 더 높다.[15]

1990년대 이래 유럽연합과 동아시아가 전 지구적 교역에서 두각을 나타내면서, 미국이 세계 국내총생산GDP에서 차지하는 비중은 1985년 35퍼센트에서 21018년 24퍼센트로 줄어들었다. 그럼에도 미국의 GDP는 여전히 세계 최대 규모다. 마찬가지로 중요한 것은 미국이 여전히 전 지구적 분업에서 가치사슬value chain의 하이엔드high end(과학과 기술)를 지배하고 있다는 점이다("가치사슬"이란 기업이 상품과 서비스를 생산·유통하면서 고객들에게 가치를 제공하는 일련의 활동을 의미한다). 중국의 성장은 서양의 소비를 위한 중국의 제조업에서 비롯했고, 이것은 식민지들과 개발도상국들에는 전통적 지위였다. 경제학자 이사벨라 웨버Isabella Weber가 지적했듯, 모든 아이폰iPhone의 뒷면에는 "캘리포니아주에서 디자인, 중국에서 조립Designed in California, Assembled in China"이라고 써 있다. 따라서 가치사슬에서 치고 올라가려는 중국의 노력은 미중 경제의 핫스폿hot spot(열점, 분쟁 지점)으로, 이 점은 화웨이Huawei, 華爲와 5G 기술, 인공지능artificial intelligence, 중국과 미국 과학자들 간 연구 협력을 둘러싼 논란에서 입증되는 바다.[16]

중국의 야심은 또 다른 긴장에 직면하고 있다. 수출 제조업에 종사하는 중국 노동자들이 더 높은 임금을 요구하자 다국적기업들은 생산을 캄보디아와 방글라데시처럼 노동력이 더 저렴한 지역들로 이전하고 있다. 일대일로는 현지국host country들이 부담하는 불공정 경쟁, 지대地代 추구rent seeking, 지속불가능한 부채 등의 비판에 직면하고 있다. 2020년에 중국의 일부 파트너 국가들―이집트, 방글라데시, 탄자니아, 나이지리아―

은 국가 부채 재협상 혹은 탕감을 요청했고, 프로젝트를 연기하거나 취소하는 일까지 있었다. 중국은 자국의 대출 금리가 세계은행의 그것보다 낮고, 자국은 개발도상국가들에서 일자리와 부의 창출에 신경을 쓰고 있다고 지적했다. 그럼에도 오늘날 아프리카에서 중국의 추출적extractive 역할과 이전 아프리카에서 중국의 프로젝트 사이에는 톤과 내용 면에서 다소 차이가 있다. 마오쩌둥 시대(1968~1976)의 탄자니아-잠비아 철도 건설을 예로 들 수 있는데, 이 철도 건설은 대규모 무이자 대출, 5만 명의 중국인 기술자 및 노동자 파견, 철도 소유권의 아프리카 국가들로의 완전한 이전 등을 포함했다.[17]

21세기 미국과 중국의 경제 관계는 상호의존적이면서도 경쟁적이다. 특히 전자기기, 의류, 플라스틱, 의료 장비 같은 소비재 및 기계류와 관련해 상호의존적이다. 생산물은 중국에서 제조되고(종종 미국 다국적기업들의 경우는 동아시아 하청업체 또는 중국 회사들과의 합작투자joint venture를 통해), 미국과 이런저런 글로벌 노스global North 나라들에서 소비된다("글로벌 노스"는 북반구의, 특히 유럽·아메리카의 선진국을 통칭하는 말이다. 이에 대비되는 "글로벌 사우스global south"는 남반구나 북반구 저위도의, 특히 아시아·아프리카·남아메리카의 개발도상국을 통칭하는 말이다). 중국은 자국의 막대한 인구에 일자리를 제공하고 생활수준을 높임으로써 이러한 관계로부터 이득을 보았다. 그러나 임금인상과 교육수준 향상으로 중국은 고부가가치 부문(인적 서비스, 지식 생산) 쪽으로 나아가고 있으며, 이런 부문은 상대적으로 적은 인력을 고용한다는 문제와 선진 산업국가들의 반대에 직면하고 있다. 서양의 소비자들은 저비용 생산물로부터 이득을 보고 있으며, 이 점은 특히 중국이 자국 통화(런민비人民幣) 가치를 달러에 비해 상대적으로 낮게 유지하는 데서 비롯한다. 그러나 이는 또한 미국의 대중국 수출품의 가격을 상대적으로 더 비싸게 만들어 미국의 농업 같은 산업에 영향을 끼친다. 미국 수출품(대두, 수수, 가금류, 밀)이 중국 내 시장 점유율을 놓고 다른 나라들과 경쟁하게 되는 것이다.[18]

상호의존의 또 다른 주요 영역은 부채금융debt financing(곧 차입 방식의 자금 조달)이다. 미국의 연방 부채는 2019년 말 기준 23조 달러였다. 이 재정 적자를 충당하기에는 국내 자원이 부족해, 미국은 자국의 채권을 사는 외국 나라들에 의존했으며, 특히 21세기에 접어들면서 그러했다. 2019년 외국 나라들은 미국 공공 부문 부채의 28퍼센트(6조 8000억 달러)를 보유했으며, 중국은 일본 다음으로 세계 두 번째다. 중국은 외환보유고 흑자를 기록하고 있으며, 자국 외환고유고의 약 3분의 1을 미국 재무부 증권으로 보유하고 있다.[19]

동시에 중국은 개발도상국들에서의 원자재와 에너지 자원(특히 석유와 가스), 전 지구적 투자 기회, 과학기술 지식 통제를 둘러싼 전 지구적 쟁탈전에서 미국(그리고 이런저런 나라)과 경쟁하고 있다. 중국의 대미 관계는 직접적 경쟁과 상호 의존 사이 균형이 불안정한 데서 비롯하는 긴장으로 가득 차 있다. 중국 지도부와 미국 지도부 둘 다 강력한 민족주의적 수사를 구사하고 있다. 이들 각각은 상대방을 불공정 경쟁을 벌인다고 비난하고 있으며, 세계에서 자국의 "위대함"을 들먹인다. 한쪽은 지켜야 할 위대함으로, 다른 한쪽은 회복해야 할 위대함으로. 도널드 트럼프Donald Trump는 2017년 미국 대통령 취임과 동시에 대對중국 교역을 부추겼으나, 상호 의존의 제약으로 보호주의 관세를 적용할 수 있는 범위는 제한되었다. 그

러나 미중 교역 관계는 미국 공화당만의 관심사가 아니다. 미국 민주당
은, 전 지구적 경제 패권국으로서 미국의 지위를 보호하는 데에도 힘을
쏟고 있는 터라서, 중국 때리기에 경험이 없지 않다.

따라서 중국인 문제는 21세기에 부활해서 다른 목적에 맞게 사용되고
있다. 새로운 황화黃禍, yellow peril라는 유령은 중국에 대한, 그리고 미국(과
세계)을 향한 (근거 없이 주장된) 중국의 위협이라는 당대의 묘사에 스며들
어 있다. 미국 부채의 중국 보유는 과장되어 있다—중국의 비중은 미국
전체 공공 부문 부채의 약 4.5퍼센트다. 일본은 미국 부채의 최대 보유국
이다. 영국, 스위스, 브라질도 미국 부채의 주요 보유국이다. 그러나 이
들 국가 중 그 어떤 국가도 미국의 국가안보를 위협한다고 간주되지 않
는다.[20] 〔"황화"는 아시아 황색 인종이 그 부상으로 서양 백색 인종에 미치게 되는
침해나 압력을 일컫는 인종주의적 색채의 은유다. 청일전쟁 시 독일 황제 빌헬름
2세가 일본제국의 진출에 대한 반감에서 이를 주창한 바 있다. 이에 대비하는 "새로
운 황화"는 중국의 세계 패권국으로서의 부상을 말한다.〕

쿨리의 형상은 불공정 경쟁의 전형으로 돌아왔다. 오늘날의 "쿨리"는
중국의 제조업 수출 지역의 노동자들과 미국 대학의 중국인 및 중국계
미국인 학생들이다. 두 부류 다 불평 없이 힘든 노동을 견디는 오토마톤
automaton〔생명체에 대한 기계적 표현으로서 "자동기계"〕처럼 상상되며, 일주일
에 80시간 이상 반도체 보드를 조립하거나 시험공부를 하는 사람들이다.

중국계 미국인들은 다시금 나라에 불충한 존재로 우려되고 스파이로
의심받고 있는데, 미국 뉴멕시코주 로스앨러모스Los Alamos의 타이완계 미
국인 원호 리Wen-ho Lee〔중국어명 리원허李文和〕 같은 과학자들에서부터 빌 클
린턴Bill Clinton의 대통령선거 운동 기간 민주당에 정치후원금을 낸 중국
계 미국인 기부자들에 이르기까지 그러하다. 2019년에 트럼프 행정부는

미국 대학들에 중국계 미국인 학자들, 스템STEM 분야의 학자들을 감시할 것을 요청했으며, 중국에 오는 방문학자들의 비자를 차단했다("스템"은 교육 정책이나 커리큘럼 카테고리의 하나로서 서로 관련성이 있는 분야인 "과학Science, 기술Technology, 공학Engineering, 수학Mathematics"을 통칭하는 말이다. 외국인 학생 입학 및 외국인 이민 정책 등에 영향을 끼친다).[21]

코로나바이러스 팬데믹 기간에 도널드 트럼프 대통령은 코로나바이러스를 "중국 바이러스Chinese virus" "우한武漢 바이러스Wuhan virus" "쿵-플루 바이러스Kung-flu virus"라고 반복적으로 부르며 자신의 잘못된 위기관리로부터 주의를 돌리려 시도했다("우한"은 코로나바이러스의 최초 발원지로 주장된/지목된 곳이며, "쿵-플루 바이러스"는 중국의 전통무술 "쿵후功夫"에 빗대어 만들어진 일종의 인종주의적 용어다). 트럼프는 중국인들의 질병과의 오랜 인종주의적 연관성을 들먹였고, 그 결과 미국 전역에서 중국인들과 여타의 아시아계 미국인들을 상대로 언어적·물리적 공격이 잇따랐다. 팬데믹 기간 반反중국인 인종주의 및 반아시아인 인종주의가 오스트레일리아, 영국, 유럽에서도 분출했다.

⁜

지정학은 항상 중국인 문제의 틀을 주조해오고 있으며, 여기에는 중국의 교역과 이민 차원이 포함된다. 미국은 중국이 자국과 전쟁 동맹국이던 제2차 세계대전 기간 중국인 배제법을 철폐했다. 1949년 중국혁명Chinese Revolution 이후 미국의 지정학은 "선한" 중국인들(타이완의 민족주의자 중국 국민당)과 "악한" 중국인들(본토의 중국 공산당) 사이에 좀 더 미묘한 구분을 해야 했으며, 중국인 이민 제한은 점차 완화되었다. 유엔이 1971년에 중화인민공화국을 인정하고 국민당 정부를 유엔에서 쫓아버린 이후 타이완 정권은 전 세계에 우방이 거의 없었다. 타이완의 우방 중 하나가 아파르트헤이트apartheid(남아프리카공화국의 극단적 인종차별 정책 및 제도) 체제의 남아프리카공화국으로, 이 나라는 타이완의 자본과 이민자들을 받아들이고 싶어 했다. 포스트아파르트헤이트post-apartheid 시대에 남아프리카공화국-중국 간 교역 관계는 1998년 남아프리카공화국이 중화인민공화국과 공식 관계를 수립한 이후 꾸준히 성장했다. 2002년 중국은 남아프리카공화국의 제1의 교역 상대국이 되었다. 양국 교역의 가치는 2017년에 390억 달러였다.[22]

1970년대 이래 오스트레일리아는 태평양 세계의 정체성으로 자국을 재편하려 애써왔다. 오스트레일리아는 1973년에 백호주의 이민 정책들을 철폐했고, 중국을 교역 상대국으로 간주하기 시작했다. 중국은 2007년에 오스트레일리아의 최대 교역 상대국이 되었으며, 2009년에는 오스트레일리아의 최대 수출시장이 되었고 철·석탄·천연가스·보리·소고기 등이 주된 수출품이었다. 2015년에 오스트레일리아는 중국의 지역 은행 계획 즉 아시아인프라투자은행에 가입했고, 포트다윈(오스트레일리아 노던테리토리의 항구)을 중국 회사에 99년간 임대를 주었다.[23]

서양의 중국에 대한 태도는 노골적인 인종차별이 줄어들었다. 20세기 중반에 들어서면서는 단순한 인종적주의적 스테레오타입보다는 냉전 기간의 이데올로기적 구분에 더 주목하게 된 데서, 21세기 초반에는 중국의 미국과 다른 나라들과의 교역이 성장하게 된 데서 그러했다. 그러나 중국인 문제는 결코 진정으로 사라지지 않았다. 중국이 유럽-아메리카 문명에 위협이 된다는 관념은 여전히 수면 아래 남아 있다. 1980년대에 미국인들은 일본 전자제품과 자동차 수입에 대한 보호무역주의를 전개하면서 중국에 보호무역주의를 요청했다. 그러나 일본의 소니Sony와 토요타 Toyota는 외국산 수입품으로 쉽게 인식할 수 있었던 반면, 중국산 제품은 미국산 라벨(나이키Nike, 애플, 리바이스Levi's, 월마트 등)을 달고 미국에 도착해 그 원산지가 감지되지 않아서(또는 무시되어서), 미국인들은 21세기 초반 어느 날 깨어나서야 미국에서 판매되는 모든 것이 중국에서 만들어졌다는 사실을 깨닫는 것처럼 보였다. 물론 이것은 사실이 아니다. 중국 제품은 2018년 미국 전체 수입품의 21퍼센트를 차지했다.[24]

그러나 미국과 서양 전역에서 2010년대 들어 새로운 "황화"로서의 중국이라는 유령이 커졌으며, 특히 2008년 금융위기와 경기침체 여파로 그러했으니 중국은 미국과 유럽보다 상황을 훨씬 더 잘 이겨나갔기 때문이다. 중국이 전 지구적 경제 강국으로 부상하는 것에 대한 우려는 상당 부분 중국의 크기에 기인한다―중국 국내 경제의 엄청난 규모, 공급망과 투자에서 중국의 전 지구적 영향력, 두 자릿수의 놀라운 중국의 경제성장률, 전문직과 비숙련직 부류 둘 다에서 미국·오스트레일리아·캐나다·유럽으로 향하는 중국인들의 새로운 이주 물결 등. 반중국 담론들은 중국의 전 지구적 힘의 상승이 다소 부당하다는 관념과 맞물려 있는바 이는 공산당 정부가 중국의 많은 인구를 조정하고 있기 때문으로, 예속된 쿨리들을 통제하는 전제적專制的, despotic 우두머리들이라는 19세기의 스테레오타입과 깨어나는 "잠자는 거인sleeping giant"에 대한 공포의 최신 버전이라 하겠다. 이처럼 19세기 후반 인종주의·식민주의·자본주의의 정치학에서 비롯한 중국인 문제는 우리 시대 중국과 서양 사이 민족주의적 경쟁을 이해하게 해준다.

감사의 말

이 책은 많은 기관과 개인의 재정적·지적 지원이 없었다면 불가능했을 것이다. 컬럼비아대학의 관대한 지원에 감사한다. 덕분에 강의에서 벗어나 연구와 집필을 할 수 있는 시간을 갖게 되었다. 연구기금은 먼 곳에 있는 기록보관소들을 방문하고 연구조교들을 채용하는 데에도 쓰였다. 이러한 자원은 비非엘리트 기관 혹은 개발도상국에서는 이용할 수 없는 경우가 많은데, 이러한 특권을 누릴 수 있었던 데 감사한다.

특별연구비를 수여해준 존사이먼구겐하임기념재단John Simon Guggenheim Memorial Foundation(2009), 〔프린스턴〕 고등연구소Institute for Advanced Study(2009), 뉴욕공립도서관New York Public Library의 도로시앤드루이스B.컬먼센터 Dorothy and Lewis B. Cullman Center(2012), 〔타이완 타이페이〕 장징궈국제학술교류기금회蔣經國國際學術交流基金會, Chiang Ching-Kuo Foundation(2012), 우드로윌슨국제학자센터Woodrow Wilson Center for International Scholars(2013), 헌팅턴도서관Huntington Library과 청가족재단Cheng Family Foundation(2017), 프린스턴대학 셸비컬럼데이비스센터Shelby Collum Davis Center 등에 감사한다. 의회도서관 Library of Congress 클루지석좌Kluge Chair(2017)와 오리건대학 웨인모스강좌 Wayne Morse Chair(2019)를 맡았던 것은 영광스러운 일이었다.

그들의 컬렉션에서 기록을 찾는 것을 도와준 기록보관담당자들과 사서들에게 감사한다. 특히 헌팅턴도서관의 피터 로젯Peter Blodget과 리웨이 양Li Wei Yang, 벤디고지역아카이브센터Bendigo Regional Archive Centre의 미셀 매슈스Michele Matthews, 벤디고의 골든드래곤박물관Golden Dragon Museum의 리 매키넌Leigh McKinnon에게 감사한다.

스벤 베케트Sven Beckert, 수폰청Sue Fawn Chung, 앤드루 에드워즈Andrew Edwards, 매들린 슈Madeline Hsu, 레베카 칼Rebecca Karl, 벤저민 마운트퍼드Benjamin Mountford, 마샤 라이트Marcia Wright는 초고의 여러 장을 비판적으로 읽어주어 큰 도움이 되었다. 연구 정보, 풍부한 대화, 박식한 조언 등에 티머시 앨번Timothy Alborn, 워릭 앤더슨Warwick Anderson, 데이비드 앳킨슨David Atkinson, 고든 바켄Gordon Bakken, 마누엘 바우티스타 곤살레스Manuel Bautista Gonzalez, 케이티 벤턴-코언Katie Benton-Cohen, 엘리자베스 블랙마르Elizabeth Blackmar, 앤절라 크리거Angela Creager, 사울 듀보Saul Dubow, 알렉 듀브로Alec Dubro, 존 피츠제럴드John Fitzgerald, 나탈리 퐁Natalie Fong, 홍덩 가오Hongdeng Gao, 게리 거슬Gary Gerstle, 브리나 굿먼Bryna Goodman, 존 히긴슨John Higginso, 메릴린 레이크Marilyn Lake, 소피 로이-윌슨Sophie LoyWilson, 발레리 러브조이Valerie Lovejoy, 줄리아 마르티네스Julia Martínez, 수전 피더슨Susan Pederson, 키어 리브스Keir Reeves, 댄 로저스Dan Rodgers, 엘리자베스 신Elizabeth Sinn, 데이비드 토레스-루프David Torres-Rouff, 티무 루스콜라Teemu Ruskola, 미셀 쇼버Michele Shover, 칼 웨너린드Carl Wennerlind에게 감사한다. 패트릭 울프Patrick Wolfe는 2013년 빅토리아 우룬제리Wurundjeri에 있는 그의 집으로 나를 초대해주었다. 울프가 나의 사고에 끼친 영향을 그가 보지 못하게 된 것에 대해 안타깝다.

다음의 연구 조교에게 감사한다. 자베스 보타Zabeth Botha, 레베가 보너Rebecca Bonner, 미샤 브룩스Miesha Brooks, 캐서린 최Catherine Choi, 카일린 홍

Cailin Hong, 마리아 존Maria John, 닉 유라비치Nick Juravich, 제니퍼 켈츠Jennifer Keltz, 롭 콘켈Rob Konke, 지나 람Gina Lam, 브레너 매칼릭Brenna McKallick, 댄 밀러Dan Miller, 낸시 은 탐Nancy Ng Tam, 유키 오다Yuki Oda, 알렉산드라 스미스Alexandra Smith, 자셴 제시 왕Jiaxian Jessie Wang, 아틀라스 톈 쉬Atlas Tian Xu.

중국어 자료의 연구 및 번역에 도움을 준 잭 노이바우어Jack Neubaue(《신민총보》, 장더이의 저술, 송금 편지), 조 슈안 왕Jo Hsuan Wang(청 외무 부처 기록), 쓰웨이 왕Siwei Wang(중국과 오스트레일리아의 중국어신문), 청리 샐리 싱Chengji Sally Xing(현대 중국사 문서 컬렉션, 중국어신문, 셰쯔슈의 남아프리카 진술)에게 깊이 감사한다.

이 책이 진행되는 동안 연구 결과를 다양한 청중에게 제시할 수 있는 행운과 기회를 가졌다. 다음의 후원자와 참여자에게 감사한다. 전 지구적 골드러시에 관한 옥스퍼드대학 학술대회(2008), 컬럼비아대학 대학강좌University Lecture(2015), 케임브리지대학 U.S.—지구사 세미나(2017), 미국사에 관한 퀸메리대학 심포지움(2017), 헌팅턴도서관 청강좌Cheng Lecture(2017), 미국대외 관계사학회Society for Historians of American Foreign Relation(2017), 하버드 세계사 워크숍(2018), 뉴욕대학 19세기사 세미나(2019), 보스턴칼리지 로웰인문학강좌Lowell Humanities Lecture(2020).

독자 여러분과 대화 상대자들의 현명한 조언에 감사한다. 모든 잘못은 여전히 나의 몫이다.

끝으로, 나를 언제나 격려해준 대리인 샌디 디크스트라Sandy Dijkstra, W.W.노턴출판사의 편집 팀, 특히 나의 편집자 톰 메이어Tom Mayer에게 감사한다. 톰 메이어는 내가 무엇을 말하고자 하는지 처음부터 이해했고, 내가 그것을 말할 수 있게끔 도와주었다.

중국 고유명사는 예를 들어 위안성Yuan Sheng처럼 성姓을 앞에 쓰고 한어 병음으로 표기했다. 개인이나 조직의 이름이 광둥어 표기나 기타 로마자 표기로 알려져 있는 경우에는 한어병음을 괄호 안에 넣었다. 예를 들어 Lowe Kong Meng(Liu Guangming) 같은 식이다(한국어판에서는 "로콩멩Lowe Kong Meng(류광밍劉光明)"으로 표기했다. 중국어 표기를 알 수 없는 경우는 한어병음으로 표기했다). 서양의 기록에 수많은 중국 보통사람은 Ah Bu(아부)와 같이 익숙한 호칭address의 형태로만 등장해 이들의 중국식 성명을 알 길이 없다.

중국 지명은 Hong Kong(홍콩)처럼 잘 알려진 경우를 제외하고 구 영어식 이름을 괄호 안에 넣고 한어병음으로 표기했다. 예를 들어 Xiamen(Amoy), Yantai(Chefoo) 식으로 표기했다(한국어판에서는 "샤먼廈門(아모이Amoy)" "옌타이煙臺(체푸Chefoo)" 식으로 표기했다). 한어병음, 광둥어, 한자를 포함한 중국어 고유명사 용어집은 510쪽에 있다.

이 책에 사용된 통화에는 중국 은량silver tael, 銀量과 위안yuan, 元(달러)이 포함되어 있다. 은량의 가치는 중국 내에서도 지역에 따라 달랐다. 1875년에 중국해관Imperial Maritime Customs Office은 해관량HKT, 海關兩을 도입해 공식 거래장부에 추상적 척도로 사용했다. 1해관량은 은 1.25트로이온스troy ounce와 같았다.

　이 책이 다루는 대부분의 시기에 1파운드스털링=3.45은량=4.80달러였다. 멕시코 은화 1달러는 0.72은량이었다. 미국 달러는 멕시코 은화달러와 대략 같았다. 1899년에 청은 멕시코달러와 같은 가치의 중국 위안화(달러)를 도입했다.

　금·은 가격은 19세기에서 제1차 세계대전까지 안정적이었는데, 금 1트로이온스=3파운드스털링 18실링 10페니=20.67달러였다. 1870년대까지 금에 대한 은의 비율은 12:1과 15:1 사이였다. 19세기 후반에 은의 금가격은 1875년 58페니에서 1892년 37.5페니로, 1899년 27페니로 떨어져 가치절하가 50퍼센트 이상이었다. 1해관량의 가치는 1875년 6실링에서 1900~1905년에 2~3실링으로 떨어졌다. 1905년에 1멕시코/미국/중국 달러는 대략 27페니 혹은 2실링을 약간 넘었다.[1]

중국어 고유명사 용어집

Aiguo bao《애국보 아이궈바오 愛國報》(중국 청 말 오스트레일리아 멜버른 중국어신문)

Anhui suhua bao《안후이속화보 안후이수화바오 安徽俗話報》(중국 청 말 안후이 잡지)

Baohuanghui 보황회 바오황후이 保皇會 (중국 청 말 정치단체)

Beiguo chunqiu《북국춘추 베이궈춘추 北國春秋》(중국 청 말 베이징 간행물)

Beiximiao (Bok Kai Mui) 베이시먀오 북계묘 北溪庙 (복카이무이) (미국 캘리포니아주 유
   바강 중국인 사원)

Cen Chunxuan 천춘쉬안 잠춘훤 岑春煊 (중국 청 말 양광 총독)

Chen Le (Chan Lock) 천러 진악 陳樂 (찬록) (중국 청 말 미국 샌프란시스코 중국인 이민,
   수출입회사 "치룽" 운영)

Chen Ziqing 천쯔칭 진자경 陳子卿 (중국 청 말 탕산 출신, 절명시 지은이)

Dabu (Dai Fow) 다부 대부 大埠 (다이포) ("큰 도시", 미국 캘리포니아주 "샌프란스시스
   코"의 중국어 표기)

Dongfang zazhi《동방잡지 둥팡자즈 東方雜誌》(중국 청 말 상하이 인문종합 잡지)

Donghuabao《동화보 둥화바오 東華報》(중국 청 말 오스트레일리아 멜버른 중국어신문)

Erbu (Yi Fow) 얼부 이부 二埠 (이포) ("제2의 도시", 미국 캘리포니아주 "새크라멘토"의
   중국어 표기)

Gelaohui 가로회 거라오후이 哥老會 (중국 청 말 비밀결사)

Guanghetang (Kwong Hok Tong) 광화당 광허탕 光和堂 (쾽흑통) (중국 청 말 남아프리카
   요하네스버그 광둥클럽)

Guo Le (Kwok Lok) 궈러 곽악 郭樂 (쾩록) (중국 청 말 오스트레일리아 이민 중국인, 홍
   콩 백화점 "윙온" 설립)

Guo Quan (Kwok Chuen) 궈취안 곽천 郭泉 (쾩추언) (중국 청 말 오스트레일리아 이민
   중국인, 홍콩 백화점 "윙온" 설립)

Hangzhou baihuabao《항주백화보 항저우바이화바오 杭州白話報》(중국 청 말 항저우 신문)

Hehe Huiguan (Hop Wo Company) 허허회관 합화회관 合和會館 (홉워컴퍼니) (미국 샌프란시스코 중화회관)

He Yale (Ho A Low) 허야러 하아악 何亞樂 (호아로) (중국 청 말 오스트레일리아 빅토리아 이민 중국인, 중국어 통역자)

He Yamei (Ho A Mei) 허야메이 하아미 何亞美 (호아메이) (중국 청 말 오스트레일리아 빅토리아 이민 중국인, 중국어 통역자)

Hongmen (Hungmen) 홍문 홍먼 洪門 (홍먼) (중국 청 말 중국인 해외 네트워크)

Huang Zunxian 황쭌셴 황준헌 黃遵憲 (중국 청 말 외교관·작가)

Ji Long (Chy Lung) 지룽 제룽 濟隆 (치룽) (중국 청 말 미국 샌프란시스코주 중국인 상사商社)

Jiaohui xinbao《교회신보 자오후이신바오 敎會新報》(중국 청 말 상하이 주간지)

Jiujinshan 주진산 구금산 舊金山 (미국 캘리포니아주 "샌프란스시스코"의 중국어 표기)

Kaiping 카이핑 개평 開平 (중국 광둥성 도시)

Kang Youwei 캉유웨이 강유위 康有爲 (중국 청 말 정치가·학자, 보황회 조직)

Lei Yamei (Louis Ah Mouy) 레이야메이 뢰아매 雷亞枚 (루이스 아 무이) (중국 청 말 캐나다 빅토리아 이민 중국인, 상인)

Li Gen (Lee Kan) 리건 리근 李根 (리칸) (중국 청 말 샌프란시스코《오리엔탈》중국인 편집자)

Liang Cheng 량청 양성 梁誠 (중국 청 말 미국 주재 중국 공사)

Liang Qichao 량치차오 양계초 梁啟超 (중국 청 말 정치가·학자, 보황회 조직)

Lin Shu 린수 임서 林紓 (중국 청 말 번역가)

Lin Zexu 린쩌쉬 임칙서 林則徐 (중국 청 말 흠차대신)

Liu Guangming (Lowe Kong Meng) 류광밍 류광명 劉光明 (로콩멩) (중국 청 말 캐나다 빅토리아 이민 중국인, 상인)

Liu Yulin (Lew Yuk Lin) 류위린 류옥린 劉玉麟 (루욱린) (중국 청 말 남아프리카 주재 청 총영사관)

Luo Fenglu 뤄펑루 라풍록 羅豐祿 (중국 청 말 그레이트브리튼 주재 청 대사)

Ma Yiingbiao (Ma Ying Piu) 마잉뱌오 마응표 馬應彪 (마잉피우) (중국 청 말 오스트레일리아 이민 중국인, 홍콩 백화점 "신시어" 설립)

Mei Zhen (Ping Que) 메이전 美珍 (핑퀘) (중국 청 말 오스트레일리아 이민 중국인, 금광 사업가)

Rong Hong (Yung Wing) 룽훙 용굉 容閎 (융윙) (중국 청 말 미국 국비 중국인 유학생, "유미유동" 계획 창시자)

Sanbu (Sam Fow) 싼부 삼부 三埠 (삼포) ("제3의 도시", 미국 캘리포니아주 "메리즈빌"의 중국어 표기)

Sanyi (Sam Yup) 싼이 삼읍 三邑 (삼엽) (중국 광둥성 난하이, 판위, 순더 3곳의 통칭)

Shanghai Xinbao《상하이신보 상해신보 上海新報》(중국 청 말 상하이 신문)

Shantou (Swatow) 산터우 산두 汕頭 (스와토) (중국 청 말 조약항)

Siyi (Sze Yup) 쓰이 사읍 四邑 (쓰엽) (중국 광둥성 신후이, 타이산, 카이핑, 언핑 4곳의 통칭)

Taishan (Toishan) 타이산 태산 臺山/台山 (토이산) (중국 광둥성 도시)

Tang Tinggui (Tong K. Achick) 탕팅구이 당정계 唐廷桂 (통 K. 아칙) (중국 청 말 미국 캘리포니아 이민 중국인, 회관 지도자)

Tiandihui 천지회 텐디후이 天地會 (중국 청 말 반청복명 비밀결사)

Waijiao bao《외교보 와이자오바오 外交報》(중국 청 말 베이징 신문)

Waiwubu 외무부 와이우부 外務部 (중국 청 말 외교 부처, "총리아문"의 후신)

Wanguo gongbao《만국공보 완궈궁바오 萬國公報》(중국 청 말 상하이 신문)

Wenxiang 원샹 문상 文祥 (중국 청 말 만주족 출신 개혁가)

Wu Panzhao (Ng Poon Chew) 우판자오 오반조, 伍盤照 (은푼츄) (중국 청 말 미국 샌프란시스코《중서일보》편집자)

Wu Tingfang 우팅팡 오정방 伍廷芳 (중국 청 말 미국 주재 청 공사)

Wuyi 우위 오읍 五邑 (중국 광둥성 신후이, 타이산, 카이핑, 언핑, 허산 5곳의 통칭)

Xiamen (Amoy) 샤먼 하문 廈門 (아모이) (중국 푸젠성 도시)

Xie Zixiu 셰쯔슈 사자수 謝子修 (중국 청 말 시드니 출신의 요하네스버그 이주 광둥인)

Xingzhonghui 홍중회 싱중후이 興中會 (중국 청 말 비밀결사, 호놀룰루)

Xinjinshan 신진산 신금산 新金山 (중국 청 말 오스트레일리아 "빅토리아 멜버른(멜번)"의 중국어 표기)

Xinmin congbao《신민총보 신민충바오 新民叢報》(중국 보황회 기관지, 일본 요코하마)

Xinning (Sunning) 신닝 신녕 新寧 (순닝, 우정식 병음郵政式拼音, postal romanization 표기법. 한어 병음 도입 이전인 20세기 초반 중국에서 우편 행정용으로 사용한 로마자 표기법) (중국 옛 지명, 지금의 광둥성 타이산시)

Xue Fucheng 쉐푸청 설복성 薛福成 (중국 청 말 외교관)

Yang Feihong (Yeung Ku-Wan) 양페이훙 양비홍 楊飛鴻 (영쿠완 양취원 양구운 楊衢雲) (중국 근대 혁명가)

Yanghe Huiguan (Yeong Wo Association) 양하회관 양허후이관 洋河會館 (영위회) (중국 청 말 미국 샌프란시스코 중국인 회관)

Yantai (Chefoo) 옌타이 연대 煙臺 (체푸 즈푸 芝罘) (중국 산둥성 지명)

Yixing 의흥회 이싱후이 義興會 (중국 청 말 일본·동남아시아·오스트랄라시아 중국인 비밀결사)

Yuan Sheng 위안성 원생 袁生 (중국 청 말 미국 샌프란시스코 이민 중국인, 상인)

Zeng Jize 쩡지쩌 증기택 曾紀澤 (중국 청 말 외교관)

Zhang Deyi 장더이 장덕이 張德彝 (중국 청 말 외교관)

Zhang Zhuoxiong (Cheok Hong Cheong) 장쒀슝 장탁웅 張卓雄 (척홍칭) (중국 청 말 오
스트레일리아 이민 중국인, 선교사·상인)

Zhang Zhidong 장즈둥 장지동 張之洞 (중국 청 말 후광 총독)

Zheng Yuxuan 정위쉬안 정옥헌 鄭玉軒 (중국 청 말 외교관)

Zhigongdang (Chee Kung Tong) 치공당 즈궁당 致公黨 (치쿵통) (해외 중국인 비밀결사,
샌프란시스코)

Zhonghua Huiguan 중화회관 중화후이관 中華會館 (해외 중국인 커뮤니티 단체)

Zhongshan 중산 중산 中山 (중국 광둥성 광저우 도시)

Zhongwai xinwen qiribao《중외신문칠일보 중와이신원치르바오 中外新聞七日報》(중국
청 말 홍콩 중국어신문)

Zhongxi ribao (Chung Sai Yat Po)《중서일보 중시르바오 中西日報》(충사이얏포) (중국
청 말 미국 샌프란시스코 중국어신문)

Zongli Yamen 총리아문 쭝리야먼 總理衙門 (중국 청 말 외교 부처, 총리각국사무아문 總理
各國事務衙門)

Zou Rong 쩌우룽 추용 鄒容 (중국 청 말 혁명 선전가,《혁명군》저자)

주

약어

Alta	*Daily Alta California*
AS	Academia Sinica
BANC	Bancroft Library
BL	Bodleian Library
BRAC	Bendigo Regional Archives Centre
CAB	Cabinet Office Files, UK
CAJ	*California Legislative Journals*
CCO	Conservative Central Office, UK
CDB	China Development Bank
CHS	California Historical Society
CMC	Chinese Maritime Customs
CO	Colonial Office, UK
CRL	Center for Research Libraries
CSA	California State Archives
CSL	California State Library
EMJ	*Engineering and Mining Journal*
FLD	Foreign Labour Department, Transvaal
FO	Foreign Office, UK
FRUS	*Foreign Relations of the United States*
GOV	Governor's Office, Transvaal
HL	Huntington Library
KAB	Western Cape Archives, Capetown

LD	Law Department, Transvaal
NA	National Archives, UK
NASA	National Archives of South Africa
NLA	National Library of Australia
NSW	State Library of New South Wales
PP	*Parliamentary Papers*, UK
PROV	Public Record Office Victoria, North Melbourne
PROV-B	Public Records Office of Victoria, Ballarat
SMH	*Sydney Morning Herald*
TAB	Public Records of Transvaal Province
TCM	Transvaal Chamber of Mines
Union	*Sacramento Daily Union*
VIC	State Library of Victoria
Vic-PP	Victoria Parliamentary Papers
WH	William Honnold Papers

서론: 황인과 황금

1   Schmidt, *In the Human Realm*, 27-29; Huang, "Expulsion of the Immigrants."

2   Lockard, "Chinese Migration and Settlement in SE Asia," 765-781. 동남아시아의 중국인들은 오랫동안 가장 오래된 중국인 디아스포라로 기술되어왔다. 사회학자 Robin Cohen은 이것을 원형적 "교역" 디아스포라prototypical "trading" diaspora라고 부른다. 민국民國(타이완) 정부와 공산당 중국 정부(1949~) 모두 화교華僑라는 용어를 사용하고 있으며, 이는 해외 중국인들의 지속적인 민족 소속감과 정체성을 주장하는 것이다. 일부 학자는 디아스포라를 해외의 모든 중국인 공동체를 가리키는 일반적 개념으로 사용하는 것을 피하는바, 이들 공동체 사이에 역사적·언어적·정치적 차이가 있음을 인정하기 때문이다. 이 책은 **디아스포라**diaspora를 특유하게 앵글로-아메리카 서양Anglo-American West의 중국인 공동체를 언급하는 데 사용하는바, 이들 공동체의 역사적 경험과 정체성은 두드러지게 서로 유사할 뿐만 아니라 만청晩清과 민국民國 민족주의와 일치하고, 또한 이들 민족주의를 구성했기 때문이기도 하다. Cohen, *Global Diasporas*; Shih et al., eds., *Sinophone Studies*; Madeline Hsu, "Decoupling Peripheries from the Center"; Kuhn, *Chinese Among Others*; Wang, *Don't Leave Home*, chap. 7.

3   Igler, *Great Ocean*, 17-22.

4   주목할 만한 저작은 다음과 같다. Thomas Carlyle, *Occasional Discourse on the Negro*

Question (1849); Karl Marx, *On the Jewish Question* (Zur Judenfrage, 1844). 여성 문제Woman Question(여성논쟁Querelle des femmes)를 둘러싼 논쟁은 유럽에서 17세기까지 거슬러 올라가며, 19세기에 영국과 미국에서 여성 문제를 둘러싼 논쟁은 여성참정권과 연결되어 있었다.

5 채굴업에 대한 고전적 저작은 다음과 같다. Shinn, *Mining Camps*; Paul, *California Gold*; and Serle, *Golden Age*. 캘리포니아와 오스트레일리아 골드러시에 관한 최근의 저작은 민족주의적 역사서술historiography에 대해 좀 더 비판적인 태도를 취한다. Rohrbough, *Days of Gold*; Goodman, *Gold Seeking*. 다음은 캘리포니아 골드러시의 좀 더 광범위한 역사라는 맥락에서 중국인 금 탐사자들에게 적절한 주의를 기울이는 예외적인 저작이다. Johnson, *Roaring Camp*. 경제사는 다음을 보라. Eichengreen and Flandreau, *Gold Standard in Theory and History*; Flandreau, *Glitter of Gold*; Desan, *Making Money*; Dodd, *Social Life of Money*; Frank, *ReOrient*; Flynn and Giráldez, "Cycles of Silver"; Flynn and Giráldez, "Born with a Silver Spoon"; Schell, "Silver Symbiosis." 다음은 문화사와 경제사를 결합한 드문 책이다. Alborn, *All That Glittered*.

6 Lynch, *Mining in World History*, chap. 1; Frank, *ReOrient*, chap. 3; Tutino, *Mexican Heartland*, 39-48.

7 브라질 골드러시에 관해: Alborn, *All That Glittered*, 16-17.

8 서기전 2000년(이집트)부터 19세기 중반까지 전 세계 금 총생산량은 약 1만 톤으로 추정되고 있다. 이 가운데 약 850톤은 18세기 브라질 골드러시에서 나온 것이다. 1848년 캘리포니아 골드러시부터 1891년 유콘테리토리Yukon Territory(유콘준주, 캐나다)의 개발까지의 금 생산량은 총 1만 3540톤(4억 3532만 온스)이었다. 다음을 보라. "Gold Production Through History," GoldFeverProspecting.com, http://www.goldfeverprospecting.com/ goprthhi.html; David Zurbuchen, "The World's Cumulative Gold and Silver Produc- tion," January 14, 2006, Gold-Eagle.com, http://www.gold-eagle.com/editorials_05/ zurbuchen011506.html.

9 윌리엄 뉴마치와 토머스 투크는 다음에서 인용. Daunton, "Britain and Globalization," 15-18; Van Helten, "Empire and High Finance," 533.

10 Curle, *Gold Mines of World*, 2, 16.

11 Mitchell, "Gold Standard in Nineteenth Century," 369-76; Carruthers and Babb, "Color of Money"; O'Malley, "Specie and Species," 369-95.

12 Flynn and Giráldez, "Cycles of Silver"; Flynn and Giráldez, "Born with a Silver Spoon"; Frank, *ReOrient*, chap. 2; Tutino, *Mexican Heartland*, chap. 1.

13 Morse, *Chronicles of East India Company*, 1:26, 45. Hosea Morse는 은이 갖는 재정거래(차익거래)의 이점을 말하는 또 다른 방식으로, "1700년경 중국에서 금의 가격은 쌌

으며, 유럽 조폐국 가격의 3분의 2밖에 안 되었다"라고 말했다. Ibid., 1:69. "Multiple arbitrage": Flynn and Giràldez, "Cycles of Silver," 402.

14 Liu, *Tea War*, chap. 1. 다음도 보라. Yong, "Dutch East India Company's Tea." 설탕과 식약에 관해: Mintz, *Sweetness and Power*, 108-9. 대중 소비재로서 차와 아메리카 식민지들로의 차 수입에 관해: Merritt, *Trouble with Tea*, chaps. 1-2; Bello, *Opium and Limits of Empire*, 22-24.

15 Ghosh, *Sea of Poppies*, 85-91.

16 Bello, *Opium and Limits of Empire*, 1-2, 14. 중국의 쓰촨四川, 윈난雲南, 구이저우 貴州의 아편 생산량은 1879년 들어 외국에서 수입된 총량을 넘어섰다. 수입 데이터: "Opium Trade," https://www.britannica.com/topic/opium-trade. 한 상자는 아편 약 140파운드였다.

17 "이익을 탐하며": 린쩌쉬가 빅토리아 여왕에게 보낸 서한(1839)의 번역은 다양하다. 이 인용은 다음에서 가져온 것이다. S. Teng and J. Fairbank, *China's Response to the West* (1954), published by DigitalChina/Harvard,ttps://cyber.harvard.edu/ChinaDragon/lin_xexu.html.

18 Hamashita, "Intra-Regional System," 127-28.

19 총리아문은 총리각국사무아문의 약칭이다. 총리아문의 제도사史에 관해: Rudolph, *Negotiated Power*.

20 Huang, "Writing My Anger" (시 5편 중 1편), 1890년대경, in Schmidt, *In the Human Realm*, 295.

21 "실제는 어떤 것이고": Huangfu, "Internalizing the West," 11. 서양의 발명품: Xue Fucheng, *European Diary*, 광서제光緒帝 16년(1890) 4월 10일. "중국의 학문": Zhang Zhidong, *Exhortation to Study* (1898). 장즈둥의 상대적인 보수주의적 입장에 관해: Zarrow, *After Empire*, chap. 4. 황쭌셴의 생각의 진화에 관해: Huangfu, "Internalizing the West," 5; Schmidt, *In the Human Realm*, 36-40.

22 평균 산출액은 톤당 9달러였다. 다음을 보라. Penrose, "Witwatersrand Gold Region," 745.

23 Eichengreen and Temin, "Gold Standard and Great Depression," 183-207; 다음도 보라. Eichengreen and Flandreau, *Gold Standard in Theory and History*.

24 Keynes, *General Theory of Employment*, 129-30.

25 Ibid., 130; Simmel, *Philosophy of Money*, 176; Desan, *Making Money*; Skidelsky, *Money and Government*, 23-32; Dodd, *Social Life of Money*; Ingham, "Money Is a Social Relation," 507-29.

제1장 두 개의 금산

1 Spoehr, "Hawai'i and Gold Rush," 123-32. 조지 앨런은 19세기와 20세기 초반 금 가격이 온스당 20.67달러로 일정하게 유지되었음에도 금 가격을 온스당 16달러로 인용하고 있다. 이 비율과 관련해서 420온스는 용량volume으로는 2.6컵이었다. http://onlygold.com/Info/Historical-Gold-Prices.asp; https://www.aqua-calc.com/calculate/weight-to-volume. 1848년 10월 7일 자 앨런의 편지는 섬블로(하와이제도) 다음 번에 출항하는 스쿠너선 줄리아Julia호를 통해 호놀룰루의 허드슨스베이컴퍼니로 보내는 지불금을 동봉하고 있었으며, 줄리아호는 1848년 10월 23일 샌프란시스코를 떠나 1848년 11월 12일에 호놀룰루에 도착했다. 출항과 입항에 대한 보도는 각각 다음에 나온다. "Marine Intelligence," *Californian*, November 4, 1848, 3, and "Commercial Statistics," *Polynesian*, January 20, 1849. 호놀룰루발 홍콩행 다음 출항 선박은 아멜리아Amelia호였으며 1848년 11월 20일에 출항했다. "Commercial Statistics," *Polynesian*, January 20, 1849. 나는 호놀룰루에서 홍콩으로 가는 항해 기간을 당대의 다음 두 항해 기록으로부터 30~36일로 보고 아멜리아호가 홍콩에 입항한 날짜를 계산했다. *Thomas W. Sears*, Honolulu to Hong Kong, October 1 to November 6, 1850 (thirty-six days), and the *Ocean Pearl*, Honolulu to Hong Kong, April 28 to May 29, 1855 (thirty days). Edward Horatio Faucon, Log of *T. W. Sears*, in Logbooks 1850-1863, Ms. N-1216, Massachusetts Historical Society, http://www.cap.amdigital.co.uk/Documents/Details/MHS_EdwardSFaucon_Logs_1850; Alfred Tufts, "*Ocean Pearl* Logbook," Tufts Family Papers, Massachusetts Historical Society, http://www.cap.amdigital.co.uk/Documents/Details/MHS_TuftsFamily_OceanPearl_Alfred.

2 "California," *Friend of China*, January 6, 1849, 6; "Gold and Silver," *Polynesian*, November 11, 1848; "California" and "Gold Hunting," *Polynesian*, November 18, 1849; Sinn, *Pacific Crossing*, 44. Arrival at San Francisco of *Richard and William*: "Marine Journal," *Alta*, March 22, 1849, p. 2.

3 스왈로호에 관해: Sinn, *Pacific Crossing*, 55; "Marine Journal," *Alta*, July 19, 1849, 2. On Yuan Sheng: Lai, "Potato King."

4 몇몇 설명에서는 '아싱'의 표기가 "Asing"이다.

5 7명의 도착: Bancroft, *History of California*, 7:336. 《데일리 알타캘리포니아》는 1849년 2월 1일 현재 캘리포니아에 55명의 중국인이 있다고 보도했다. "The Chinese Emigration," *Alta* second supplement, May 15, 1852, p. 7. 주간 해운 보고에는 1월과 8월 사이에 홍콩과 중국에서 40명의 승객이 도착했다고 기록되어 있지만 승객 이름과 국적 목록은 없다. "Marine Journal," *Alta*, July 2, 1849, p. 2, and August 2, 1849, p.

3. 여러 언어가 들리는 광경: Borthwick, *Three Years in California*, 30, 51-56.

6 "Agreement between the English Merchant and Chinamen," 29th year of Taou Kwang [1849], Wells Fargo corporate archives.

7 이 일단은 십중팔구 1849년 10월 15일에 중국에서 도착한 영국 배인 아마존Amazon 호에 탔던 101명의 승객의 일부였을 것이다. "Merchant Ships in Port, 1849," *Maritime Heritage Project*, http://www.maritimeheritage.org/inport/1849.html. 계약 서에 있는 이 배의 이름은 "Ah-mah-san"으로 옮겨져 있다. 500명의 중국인에 관해: Chiu, *Chinese Labor in California*, 3, 11-12; Barron, "Celestial Empire." 중국계 미국 인들 사이에서 진산은 대개 쓰이 방언인 굼삼Gum Saam으로 알려져 있다.

8 존 서터에 관해: Spoehr, "Hawaii and Gold Rush," 124-27; Dillion, "Fool's Gold, the Decline and Fall of Captain John Sutter of California," https://en.wikipedia.org/wiki/John_Sutter#Beginnings_of_Sutter.27s_Fort. 존 마셜의 발견에 관해: Marshall to Hutchings, January 24, 1848, in Egenhoff, *Elephant as They Saw It*, 27-29. Indian Jim: Rawls, "Gold Diggers," 30.

9 학자들은 백인과 접촉하기 이전 캘리포니아 선주민의 인구가 약 30만 명이었고, 1846년이 되면 질병, 폭력, 에스파냐 및 멕시코 선교단의 학대 등으로 그 수가 절반 으로 줄었다고 추산한다. Madley, *American Genocide*, introduction; Chan, "People of Exceptional Character," 50; Rohrbough, *Days of Gold*, 7-16.

10 Chan, "People of Exceptional Character," 50-52; Rawls, "Gold Diggers," 30-32.

11 Rohrbough, *Days of Gold*, 24-25; Chan, "People of Exceptional Character," 57; "Travel Routes," Gold Rush of California, http://goldrushofcalifornia.weebly.com/travel-routes.html; Barbara Maranzani, "8 Things You May Not Know About the California Gold Rush." History.com, January 24, 2013, https://www.history.com/news/8-things-you-may-not-know-about-the-california-gold-rush.

12 로버트 르모에 관해: Rohrbough, *Days of Gold*, 167. 하와이, 칠레, 오스트레일리아의 수입품에 관해: Chan, "People of Exceptional Character," 51-54. 홍콩에 관해: Sinn, *Pacific Crossing*, 141-47. 밀가루에 관해: Meissner, "Bridging the Pacific," 82-93.

13 "Mexican Prizes," *California Star*, January 1, 1848, p. 2; Spoehr, "Hawaii and Gold Rush," 126-27; Greer, "California Gold," 157-73.

14 *Californian*, October 7, 1848, p. 2.

15 Sinn, *Pacific Crossing*, 35-47, 143-45.

16 Ibid., 309-11; Bibb, "China Houses"; Augustin Hale diary, entry for August 9, 1850, Box 6, Augustin Hale Papers, HL.

17 Sinn, *Pacific Crossing*, 309-11, 147-48.

18 Peter McAllister, "Sydney Ducks." *Monthly*, February 2015, https://www.themonthly. com.au/issue/2015/february/1422709200/peter-mcallister/sydney-ducks; Ricards and Blackburn, "The Sydney Ducks: A Demographic Analysis," 12-31; Monaghan, *Australians and Gold Rush*.

19 Mitchell, "Hargraves, Edward Hammond."

20 Serle, *Golden Age*, 10-12; "Rumours of Gold," in *Eureka!*

21 Mitchell, "Hargraves, Edward Hammond"; Hargraves to William Northwood, "Rumours of Gold," in *Eureka!* 에드워드 하그레이브스는 또한 1877년부터 지급이 개시된 매년 250파운드의 연금을 수급했으며, 금광지의 식민지 판무관으로 임명되었다. 세 명의 조수인 존 리스터John Lister와 형제인 제임스 톰James Tom, 헨리 톰Henry Tom은 자신들이 인정과 보상을 받지 못한 것에 분개해 정부에 탄원을 했고, 이들은 장기간의 조사 끝에 1853년에 각각 1000파운드씩을 받았으며, 1890년에는 금을 발견한 첫 번째 사람들로 공식 인정을 받았다.

22 Serle, *Golden Age*, 10-11; Fahey, "Peopling Victorian Goldfields," 148-61.

23 Serle, *Golden Age*, 67-71, 95.

24 Mountford, *Britain, China, and Colonial Australia*, 17, 25, 48-49, 68-70; Broadbent et al., *India, China, Australia*, 22, 42; Serle, *Golden Age*, 42, 121. Import statistics from Macgregor, "Lowe and Chinese Engagement." 영국령 식민지들로 가는 모든 무역은 잉글랜드를 거쳐 가도록 한 항해법Navigation Acts은 1850년에 폐지되었다.

25 Serle, *Golden Age*, 2-3; Wolfe, "Settler Colonialism"; Hunter, "Aboriginal Legacy."

26 자자우룽과 와타우룽에 관해: Cahir, *Black Gold*, 23. R. L. 밀은 다음 책에서 인용. Goodman, "Making an Edgier History," 32-33.

27 다음 글에 따라 추산. Evans and Ørsted-Jensen, "'I Cannot Say the Numbers That Were Killed,'" 4-5. "Multiply and replenish": Henry Mort to his mother and sister, January 28, 1844, 다음 책에서 인용. Reynolds, *Dispossession*, 4. 백인 정착민들에 대한 애버리지니들의 저항, 백인들의 보복과 가혹한 원정, 창과 라이플총 사용에 관해: *Dispossession*, 31-49. 강제 점유에 관해: *Queensland Guardian*, May 4, 1861, 다음에서 인용. ibid., 12.

28 Rawls, "Gold Diggers," 4; Augustin Hale Diary, entries for February 22, August 8, 10, 30, 1850, box 6, Hale Papers, HL.

29 Madley, *American Genocide*, chap. 4; Peter Burnett, State of the State Address, January 6, 1851, https://governors.library.ca.gov/addresses/s_01-Burnett2.html.

30 Serle, *Golden Age*, 321; Cronin, *Colonial Casualties*, 19.

31 Johnson, *Roaring Camp*, 193-95; Rohrbough, *Days of Gold*, 125; Rawls, "Gold

Diggers," 31; Sisson, "Bound for California," 259-305; Pitt, *Decline of Californios*; Gonzalez, "'My Brother's Keeper,'" 118-41; Standart, "Sonoran Migration to California," 333-57; Pérez Rosales, "Diary of Journey to California," 3-100; Navarro, *Gold Rush Diary*.

32 쿨리 15명: Lucett, *Rovings in the Pacific*, 2:363; Navarro, *Gold Rush Diary*, 6-8. 중국인 회관 지도자들은 일찍이 1852년에 "노동자 계약이 한때는 어느 정도 이루어지긴 했으나, 계약은 기대했던 만큼의 수익성이 없는 것으로 밝혀졌고 즉시 버려졌다"라고 말했다. California Committee on Mines and Mining Interests, *Report* (1853).

33 "Prospects of California," *California Star*, March 25, 1848, p. 4; Borthwick, *Three Years in California*, 66; Navarro, *Gold Rush Diary*, 10. 포트필립만에 관해: Mountford, *Britain, China, and Colonial Australia*, 49. 배의 선장들에 관해: Serle, *Golden Age*, 66.

34 쓰이四邑, Siyi(광둥어로는 쓰엽Sze Yup). 신닝新寧, Xinning(광둥어로는 순닝Sunning)은 나중에 타이산臺山, Taishan(광둥어로는 토이샨Toishan)으로 이름이 변경되었다. Mei, "Socioeconomic Origins," 463-99; Hsu, *Dreaming of Gold*, 16-27.

35 Wang, *Chinese Overseas*, chap. 1; Mei, "Socioeconomic Origins." 태평천국의 난에 관해: Spence, *God's Chinese Son*.

36 Look Lai, *Indentured Labor*; Meagher, *Coolie Trade*; Hu DeHart, "From Slavery to Free- dom," 31-51; Yun, *Coolie Speaks*; McKeown, "Global Migration."

37 Morse, *International Relations of Chinese Empire*, 2:166.

38 Ibid., 165. Lowe Kong Meng은 빅토리아로 이민 온 중국인의 3분의 2는 농민 출신이었고 3분의 1은 상인이었다고 추산했다. *Report of the Select Committee of the Legislative Council on the Subject of Chinese Immigration 1857*, p. 10, Vic-PP. 여성에 관해: Johnson, *Roaring Camp*, 169-76; Rohrbough, *Days of Gold*, 95-99; Serle, *Golden Age*, 320-21; McKeown, "Transnational Chinese Families," 73-110.

39 Lee Chew, "The Biography of a Chinaman," *Independent* 15 (February 19, 1903): 417-23.

40 증기선 티켓 대부, 1856년: Wuyi Overseas Chinese Museum. Huang contract: Chang and Fishkin, *Chinese and the Iron Road*, 60-61. 또한 다음을 보라. Zo Kil Young, *Chinese Emigration*, 93-96. 만청 청부와 대부: Zelin, "Structures of the Chinese Economy," 31-67.

41 "Upwards of 800 Chinese": White, December 26, 1853, quoted in Morse, *International Relations of Chinese Empire*, 2:166.《하이관진》에 관해: Sinn, "Beyond 'Tianxia,'" 94.

42 세관 당국의 데이터는 다음에 인용되어 있다. Chiu, *Chinese Labor*, 13; Chan, "People of Exceptional Character," 73. 오스트레일리아에 관해: Serle은 1859년에 중국인

이 4만 2000명이라는 정부 보고서를 인용하고 있으며, 이는 전체의 약 20퍼센트다. *Golden Age*, 330. Walker는 1859년에 중국인이 5만 명이며 이는 전체의 25퍼센트라고 추산한다. *Anxious Nation*, 36; Mountford and Tuffnell, *Global History of Gold Rushes*, 11; Reeves, "Sojourners or a New Diaspora?," 181; Fahey, "Peopling Victorian Goldfields," 149.

제2장 채굴지에서

1   Nicolini et al., "Chinese Camp," 47-67; "Charlie" to "My dear sister" (1856), in Sheafer, *Chinese and Gold Rush*, 53; Barron, "Celestial Empire"; Hoover et al., *Historic Spots in California*, 574-75; Speer, *Humble Plea*, 26-28.

2   타운의 직업 및 타운에 대한 서술: U.S. Census of 1860, Tuolumne County, Township 5 (Chinese Camp); "Chinese Camp," *Sonora Herald*, March 31, 1866; Nicolini, "When East Met West." Plantings: Bloomfield, *History of Chinese Camp*, 45, 58-61.

3   U.S. Population Census of 1870, Tuolumne County, Township 3 (Chinese Camp), p. 35. 여기에는 광부인 아손Ah Son과 춘키Chun Kee가 네 살짜리와 열 살짜리 아이 둘과 살고 있다고 되어 있다. 그리고 광부인 싱통Sing Tong과 사수Sa Soo가 여섯 살짜리, 열 살짜리, 열두 살짜리 아이 셋과 살고 있다고 되어 있다. 덕 메리와 차이나 레나: Nicolini et al,, "Chinese Camp," 57. Ah Sam and Yo Sup Marriage Certificate, MS 23, CHS, http://www.oac.cdlib.org/ark:/13030/hb6d5nb1g0/?brand=oac4. U.S. Population Census, 1860, Tuolumne County; 아삼이라는 이름의 남자들은 다음에 열거되어 있다. Townships 2, 3, 5 and 6; 아요는 다음에 있다. Township 5 (Chinese Camp), p. 38.

4   Tom and Tom, *Marysville's Chinatown*, 17-34; "Sacramento News," *Alta*, May 13, 1852, p. 2; California state census of 1852, Yuba County.

5   *U.S. Population Census, 1860*, Butte County, Oroville.

6   Borthwick, *Three Years in California*, 143, 319; *Register of Mining Claims, Calaveras County*, 1854, Rare Books, CSL; *U.S. Population Census, 1860*, Calaveras County, California, Township 5.

7   Williams, "Chinese in California Mines," 39-40. 중국인 지구quarter는 당대의 샌본 Sanborn(샌본맵컴퍼니Sanborn Map Company)의 화재보험지도 및 센서스 기록에서도 찾아볼 수 있으며, 여기에는 위버빌Weaverville, 소노라Sonora, 굿이어스바, 샌앤드레이어스, 에인절스캠프, 마켈럼니힐, 샤스타Shasta, 여타 타운이 포함된다. 에인절스캠프와 캘러베러스카운티의 여타 타운에 관해: Costello, "Calaveras Chinese." 미시건 출신

인 대니얼 래티머는 1852년 캘리포니아 센서스에 상인으로 기록되어 있다. Calaveras County, 1. 로어로그캐빈 지구Lower Log Cabin district는 모임을 그의 가게에서 열었으며, 지구의 광업원부鑛業原簿, mining ledger[광업권의 표시 및 권리에 관한 사항을 기재한 장부]도 여기에 보관했다. 피터즈버그에 관해: "Terrible Affray with Chinese," *Union*, May 14, 1861, 4; Costello, "Calaveras Chinese"; "Greasertown, California," https://en.wikipedia.org/wiki/Greasertown,_California. 1924~1939년 캘러베러스강의 호건댐Hogan Dam 건설로 수몰된 이후 이 타운은 더 이상 존재하지 않는다.

8 시드니 하디Sidney Hardy와 그의 형제들은 투올러미카운티 우즈크리크로 가는 길에 천막 하나를 치고 이를 "여관inn"이라고 불렀다. Hardy journal, 1849-50, mssHM 62959, HL. On folk houses: Bloomfield, *History of Chinese Camp*, 67-68. On Sun Sun Wo (*xinxinhe*): "Mariposa County Points of Interest: Sun Sun Wo Co.," NoeHill Travels in California, http://noehill.com/mariposa/poi_sun_sun_wo_company.asp; "The Sun Sun Wo Store," Coulterville, http://malakoff.com/goldcountry/mccvssws.htm.

9 Ledger from Bidwell's Bar, 1860-62, HM79058, HL; Andrew Brown, Account Books for the Chinamen, 1873-77 and 1886-88 (Whisky Flat), MssBrown Papers, HL; account ledgers of Sun Sun Wo Co, 1876, 1889, 1901, Mariposa Museum and History Center. 이 자료를 공유해준 David Torres-Rouff에게 감사한다. 푸주한("S _ _ _")은 다음에서 인용. Speer, *Humble Plea*, 24. Chung, *In Pursuit of Gold*, 14-18도 보라.

10 Rohrbough, *Days of Gold*, 124. *Xie jin*: "Jinshan kaikuang de ju jin" (Big gold found in gold mountain mining), *Jiaohui xinbao*, no. 112 (1870), 11.

11 Rohe, "After the Gold Rush," 7.

12 "Mining Technology: Overview," *Encyclopedia of Gold in Australia*, http://www.egold.net.au/biogs/EG00009b.htm.

13 Limbaugh, "Making Old Tools Work Better," 24-51; Chung, *In Pursuit of Gold*, 10-11. Borthwick, *Three Years in California*, 265, 261-62. "Watch the miners": Bloomfield, *History of Chinese Camp*, 56. 《벤디고 애드버타이저》는 다음에서 인용. Lovejoy, "Fortune Seekers," 157-58. 오스트레일리아의 물 기술에 관해: McGowan, "Economics and Organisation," 119-38.

14 McGowan, "Economics and Organisation," 121; Rohrbough, *Days of Gold*, 125; Rasmus- sen, "Chinese in Nation and Community," 80; Serle, *Golden Age*, 73; Limbaugh, "Making Old Tools Work Better," 24-51. 미국의 동업 예: Diary of John Eagle, mssEGL 1-49, HL.

15 친족에 관해: Chung, *In Pursuit of Gold*, 13-14, 20. Lovejoy, "Things that Unite,"

이 글은 설문조사를 한 97건 중 7건만이 친척이나 동료가 없는 광부임을 보여준다. Calaveras claims, Mining Records of Calaveras County, 1854-1857, Rare Books, CSL. 1860년 센서스 목록의 투올러미카운티 제조업 조사표에는 단 한 사람의 중국인 광부 W. 창W. Chang만이 "피고용인employee"으로 되어 있다(그는 아마 동업자였을 것이다). *U.S. Census, 1860*, Schedule of Industry, California, Tuolumne County, Township 2 and Township 3.

16 Claim no. 1786, Ah Ping and Low Ying, 1868, *Mining Registrar's Register of Claims*, Sandhurst, VPRS6946, P0001/2, PROV. 다음도 보라. Sluicing claim no. 1693, Ah Hee, March 21, 1865, 600 x 120 feet (1/10 acre), Sailor's Creek, *Court of Mines Register of Mining Claims*, Daylesford, VPRS3719, P0000/1, PROV-B. 서로 가까이에서 일한 중국인 광부들과 유럽계 광부들에 관해: Lovejoy, "Fortune Seekers," 154; "Plan of Golden Point Section of Forest Creek," 1859, Department of Economic Development, Jobs, Transport, and Resources, Victoria, http://earthresources.vic.gov. au/earth-resources/geology-of-victoria/exhibitions-and-Imagery/beneath-our-feet/the-early-years.

17 미국 캘리포니아주 시스키유카운티Siskiyou County의 클래머스강Klamath River을 따라 있는 중국인 불하청구지: California Bureau of Mines, *Eighth Annual Report of State Mineralogist* (1888). 대략 1000명의 중국인이 시스키유카운티에서 채굴을 했으며 이들의 연간 총소득은 최소 36만 5000달러였다. Chiu, *Chinese Labor*, 24, 30-31; Chung, *In Pursuit of Gold*, 17-18.

18 강의 사광砂鑛에서 협동조합에 관한 서술: U.S. Census Bureau, *Report on Mineral Industries in the United States: Gold and Silver* (1890), 109. 로어로그캐빈 지구 불하청구지 등록부도 보라. Lower Log Cabin District, *Mining Records of Calaveras County*, Rare Books, CSL. 스미스플랫Smith's Flat(비법인 공동체)에서, 중국인들은 협동조합 불하청구지 및 선취한 불하청구지를 등록했다. El Dorado County, Mining Claims Register (1864-68), *El Dorado County Records*, vol. 165, HL. 새크라멘토카운티 광업 협동조합 조합원들은 1860년에 매달 약 40~50달러의 몫을 받았다. U.S. Census Bureau, *Schedule of Industry, California, Sacramento County, Cosumnes Township*, 1860. 유바카운티 선취 불하청구지: Chan, "Chinese Livelihood in Rural California," 57-82.

19 Ah Fock, testimony, December 12, 1887, *People v. Ah Jake*, trial transcript, 106-7, file F3659-13, Executive Pardons, CSA. Forty-pound nugget: Chung, *In Pursuit of Gold*, 12.

20 Young, *Report on Conditions of Chinese Population*, 40, 42-43. 오스트레일리아 뉴사우스웨일스 남부의 중국인 채굴회사들의 우두머리들은 20~25퍼센트의 지분을 가져갔

으며, 광부들에게 식비를 청구했다. 작은 회사들 또한 임금을 지불하는 게 아니라 지분에 기초해서 일을 했다. McGowan, "Economics and Organisation," 121, 123. 퍼들링과 선광選鑛 부스러기에 관해: Serle, *Golden Age*, 321. 제프리 설이 사용한 협동조합적이라는 용어는 임금을 받는 피고용인과 구별되는 평등주의적 협동조합과 지분에 비례하는 회사에 적용되었을 것이다.

21 Ah Ling's claim, August 25, 1865, *Register of Mining Claims*, Daylesford, 3719/ P0000/1, PROV-B. One-quarter shares registered by Let Chook, Kin Lin, Fong Ming, and Ah King, for puddling claim #2125, January 29, 1866, Blind Creek, *Mining Registrar's Register of Claims*, Daylesford Mining Division, VPRS3719, P0000/ 1 (January 1865-October 1868), PROV-B. 포르투갈플랫에 있던 협동조합은 다음 증언에 기술되어 있다. Ah Su and Ah Ter, "Inquest Held upon the Body of Ah Yung at Creswick," February 2, 1863, Inquest Deposition Files, VPRS24 P0000/ 24, PROV. 주당 30실링은 1860년대와 1870년대 중국인 광부들의 평균 수입이었다. Lovejoy, "Fortune Seekers," 159.

22 청 대代 채굴의 상인-투자자들은 이익의 40퍼센트까지를 노동자들에게 할당했다. Sun, "Mining Labor in Ch'ing Period"; Valentine, "Chinese Placer Mining," 37-53; Bowen, "Merchants," 25-44. 중국에서의 지분 분배에 관해: Gardella, "Contracting Business Partnerships," 329.

23 Heidhues, *Golddiggers, Farmers, and Traders*; Heidhues, "Chinese Organizations"; Jackson, *Chinese in West Borneo Goldfields*. 공사公司는 말레이반도의 주석 채굴업계에서도 일반적이었다. Reid, "Chinese on Mining Frontier," 29.

24 중국 남부 경제: Mei, "Socioeconomic Origins," 481; Wong, *China Transformed*, 19-20. 18세기 중반이 되면 고용된 대부분의 농장노동자는 법적으로 자유인으로 간주되었다. Wu, "On Embryonic Capitalism," in Xu and Wu, *Chinese Capitalism*, 11-12; Chiu, *Chinese Labor*, 34-37; Raymond, *Statistics of Mines and Mining* (1870), 4.

25 Isenberg, *Mining California*, 23-35; Rohe, "Chinese and Hydraulic Mining," 73-91; Chiu, *Chinese Labor*, 36-38. 일반적으로 백인들은 숙련노동자로, 중국인들은 반半숙련노동자와 비숙련노동자로 일했다. 1860년대와 1870년대의 표준적 임금률은 백인은 하루 3.00~3.50달러이고 중국인은 하루 1.50달러였으며, 공장노동자는 각각 하루 2달러와 1달러를 벌었다. 중국인들은 대개 십장headman들을 통해 채용되었지만 일부 회사는 중국인들을 개별적으로 고용하고 그들에게 임금을 지급했다. 현존하는 노스블룸필드마이닝앤드그래블컴퍼니의 임금 기록은 없지만, 다른 회사의 기록을 보면 일반적 채용, 노동, 임금 지불 형태 등을 알 수 있다. 다음의 예를 보라. Alturus Mining Company workman's time book, Charles William Hendel Collection, 10/675,

CSL; Little York Gold-Washing and Water Company payroll ledger, 1873-75, vol. 4, William Maguire Mining Records, banc mss 90/163c, BANC; Chinese time book, 1875, El Dorado Water and Deep Gravel Company, El Dorado County, vol. 156, HL.

26 *Woodruff v. North Bloomfield Mining and Gravel Company*, 18 F. 753 (C.C.D. Cal. 1884); Isenberg, *Mining California*, 39-51; Rohe, "Chinese and Hydraulic Mining," 88-89; *Mining and Scientific Press*, January 28, 1882.

27 H. L. Hurlbut to wife, February 10, 1853, CHS MS 32, letter 12, Hurlbut Family Correspondence, CHS. 이 편지는 얼마나 많은 중국인을 고용했는지를 상술하지 않는다. 하루 평균 임금은 2.50달러였다. 중국인의 일당은 1~1.25달러였다. 중국인을 2~3명만 고용했다고 보기는 어렵지만 중국인 4명이 3주 동안 일해도 이들은 각각 12달러 이상은 벌었을 것이다. H. B. Lansing, Diary, 1853, HM 70409, HL.

28 Young, *Report on Conditions of Chinese Population*, 40, 42-43, 33-43. 중국인들은 밸러랫 근처의 중국인 소유 석영회사들과 리폼마이닝컴퍼니Reform Mining Company 같은 유럽인 회사들에서 갱내 노동을 했다. Lovejoy, "Fortune Seekers," 160. 씻기 작업에 관해: Application of Ah Wah, Nov. 7, 1871, Applications to Mine 26 and 27a, VPRS16936/P0001, BRAC; Rasmussen, "Chinese in Nation and Community," 84-87.

29 Miles, *Capitalism and Unfree Labour*; Brass and van der Linden, *Free and Unfree Labor*, 11; Stanley, *From Bondage to Contract*; Jung, *Coolies and Cane*; Follett et al., *Slavery's Ghost*. 중국인 동향회에 관해: Lai, *Becoming Chinese American*, 41; Chung, *In Pursuit of Gold*, 19; Kian, "Chinese Economic Dominance," 8.

30 Chung, *In Pursuit of Gold*, 16-17. 윙키에 관해: Valentine, "Historical and Archeological Excavations," 33-34, 40-41.

31 Sinn, *Pacific Crossing*, 55; Lai, "Potato King," Achick and Hab Wa to Governor Bigler (1852), in *Analysis of Chinese Question*, 7.

32 "Meeting of the Chinese Residents of San Francisco," *Alta*, December 10, 1849, p. 1.

33 Woodworth: "Selim E. Woodworth," *Wikipedia*, https://en.wikipedia.org/wiki/Selim_E._Woodworth.

34 "Meeting of the Chinese Residents of San Francisco," *Alta*, December 10, 1849, p. 1; "The Celebration," *Alta*, October 31, 1850.

35 Lai, "Potato King."

36 Goodman, *Native Place, City, and Nation*.

37 Lai, *Becoming Chinese American*, chap. 3. 쓰이회관은 1851년에 만들어졌지만 10개 이상의 집단으로 분화되었고, 20세기 초반에 최종적으로 닝양寧陽, 허허合和, 강저우岡州,

자오칭肇慶 회관으로 분화되었다. 싼이회관은 난하이南海, 판위番禺, 순더順德 3개 현 출신들이 포함되었다. 샌프란시스코에서는 회관의 수와 상관없이 중화연합자선회 CCB는 계속해서 6대 중화회관으로 불렸다. 빅토리아의 회관에 관해: Young, *Report on Condition s of Chinese Population*, 40.

38 "Jinshan huaren zi song laorun ku min huiguo" (San Francisco Chinese support elders and miserable to return home), *Jiaohui xinbao*, no. 299 (1874), 13-14; Loomis, "Six Chinese Companies," 221-27; Speer, *Humble Plea*, 6;

39 California Committee on Mines and Mining Interests, *Report* (1853); Young, *Report on Conditions of Chinese Population*; Fitzgerald, *Big White Lie*, 66. 1년 이내 신용 티켓의 지불에 관해: Cronin, *Colonial Casualties*, 19-20.

40 Lai, *Becoming Chinese American*, 46-47.

41 Ownby, *Brotherhoods and Secret Societies*; Murray, *Origins of Tiandihui*; Ownby and Heidhues, *"Secret Societies" Reconsidered*. 치공당에 관해: Chung, "Between Two Worlds"; McKeown, *Chinese Migrant Networks*; Jin, *Hung Men Handbook*.

42 "Notice to every villager" (Charlie Fun Chung note), signed by Zhong Jinrui (n,d.), Golden Dragon Museum; Telegram to a Chinese in Sierra City, October 7, 1874, MSS C- Y 209, BANC. 다양한 지급 및 임대료 분규에 관해서는 다음을 보라. Los Angeles Area Court Cases, HL.

43 Cai, "From Mutual Aid to Public Interest," 133-52; Fitzgerald, *Big White Lie*, 69-76, 93-94; Crawford, *Notes by Mr. Crawford*.

44 Cai, "From Mutual Aid to Public Interest," 139; Fitzgerald, *Big White Lie*, 60.

45 Benton and Liu, *Dear China*, chap. 2; Guoth and Macgregor, "Getting Chinese Gold," 129-50; Young, *Report on Conditions of Chinese Population*, 50.

46 Loy-Wilson, "Coolie Alibis," 28-45. 이들에게는 불행하게도 세관원들은 전해진 바에 의하면 신설된 금수출 수수료를 내지 않았다는 이유로 이들의 금을 압수했고, 이들이 관세 납부에 동의한 이후에도 계속 이들의 금을 압류하고 있었다. 중국인들은 오랜 법정 싸움 끝에 마침내 이기긴 했어도 자신들의 금을 3분의 1밖에 찾지 못했으며, 그 나머지는 부패한 관리들이 나누어 가져 돌려받는 게 불가능했다.

47 1857년 7월부터 1859년 12월까지 멜버른에서 홍콩으로 운송된 금은 21만 5989온 스며, 그 대부분은 주화coin가 아니라 "미가공 금crude gold"으로 운송되었다. "Chinese Passengers and Gold Shipped by the Chinese," 1859/A1, Vic-PP. Lowe Kong Meng, testimony, *Report of the Select Committee of the Legislative Council on the Subject of Chinese Immigration*,p. 10, 1856-57/D19, Vic-PP. 1870년대 후반 금의 운송에 관해: Crawford, *Notes by Mr. Crawford*, 18. 캘리포니아의 송금에 관해: Mei, "Socioeconomic

48 Kaiping, *Kaiping yinxin*, chap. 3; Li, *Shijie jiyi yichan*. 19세기 후반과 20세기 초반 타이 산현台山縣(지금의 타이산시, 현급시縣級市)의 송금 사회remittance society 및 그것과 캘리포니아 사이 관계의 사회사는 다음을 보라. Hsu, *Dreaming of Gold*. 카이핑의 감시탑은 현재 유네스코 세계유산이다.

49 우이五邑(카이산과 카이핑 등 5개 현급 행정구)의 최초 배달부courier들은 수객과 순성 마로 불렸다. Kaiping, *Kaiping yinxin*, chap. 2; Liu, *Tais- han lishi wenhua ji*. 푸젠에서 차오저우潮州 배달부들은 "물 운반자water carrier"와 "발foot"이라고 불렀다. 차오저우 이민자들을 위해 일한 교비僑批 대리인들은 은행들이 전全 프로세스를 인수한 1979년 까지 지속되었다. *Teochew Letters*, http://www.teochewletters.org/.

50 Macgregor, "Lowe Kong Meng."

51 *Argus* (1863) quoted ibid. Lowe Kong Meng, testimony, *Report of the Select Committee of Legislative Council on the Subject of Chinese Immigration*, p. 12, 1856-57/17, Vic-PP; Fitzgerald, *Big White Lie*, 64-66.

52 Fitzgerald, *Big White Lie*, 66-69; Macgregor, "Lowe Kong Meng"; Gouth and Macgregor, "Getting Chinese Gold"; Bowen, "Merchants," 40.

53 Bowen, "Merchants," 39-40; Macgregor, "Chinese Political Values," 62. 루이스 아 무이와 메리 로저스는 아이가 둘 있었지만, 메리는 23세에 일찍 죽었다. 루이스 아 무이는 나중에 중국인 여성과 결혼했고, 둘 사이에 11명의 아이가 있었다.

54 Robert Bowie testimony, *Report of the Select Committee of the Legislative Council on the Subject of Chinese Immigration*, pp. 7-8, 1856-57/19, Vic-PP. "Population of the Goldfields," table V, Victoria Census of 1857. 금광지 지구는 식민지 금광 판무관과 치안판사 관할하의 공식적 행정 단위였다.

55 Young, *Report on Conditions of Chinese Population*; Young, "Tabular Statement of Chinese Population, and Particulars of their Employments, as furnished by the Chinese Interpreters on the different Goldfields, for 1866 and 1867," 1868/56, Vic-PP.

56 *Precis of Reports of Chinese Protectors with Respect to Diversity of Chinese Dialects* (1857), VSRP1189/P0000/502/57-94, PROV; Cronin, *Colonial Casualties*, 25-26; Serle, *Golden Age*, 332.

57 Young, *Report on Conditions of Chinese Population*. Ironbark Village: Lovejoy, "Fortune Seekers," chap. 8; Yixing hall: Crawford, *Notes by Mr. Crawford*, 10. 휘장에 쓰여 있던 원래의 중국어는 알려져 있지 않다. Jin이 번역한 Hung Men Handbook에도 명확하게 이에 해당하는 것이 없다.

58 Denny, "Mud, Sludge and Town Water"; "Population of the Goldfields," table V,

Victoria Census of 1857.

59 Jones, "Ping Que: Mining Magnate." Ping Que의 중국어명은 다소 이해하기 어렵
    다. "Pin Qui—Mei Zhen" signed a petition at Creswick in 1867. "Humble Petition of
    Storekeepers and Rate-payers on Black Lead 30 April 1869," VPRS5921/P0000/ 2,
    PROV.

60 Lovejoy, "Fortune Seekers," chap. 4.

61 제임스 니간에 관해: Lovejoy, "Fortune Seekers," chap. 7; 다음을 보라. Rasmussen,
    "Rise of Labor"; James Ni Gan, Claims no. 39398-403 (amalgamated sluicing claim)
    showing partners John Saville, Hen Loy, Ah Choon, Patrick Mooney, Ni Gook, James
    Ni Gan, Fourth White Hill, *Sandhurst Mining Registrar's Register of Claims*, VPRS
    6946/7, PROV; Jones, "Ping Que: Mining Magnate."

62 구출된 매춘부: Pascoe, *Relations of Rescue*. Merchants' wives: Yung, *Unbound Feet*.
    일하는 아내: Nicolini, "When East Met West."

63 남성성에 관해: Johnson, *Roaring Camp*, 121-39; Bryson to Stoddard, December 3,
    1851, HM 16387, HL. Third sex: Lee, *Orientals*, 88-89; Shah, *Contagious Divides*,
    chap. 3.

64 Ko, *Teachers of Inner Chambers*; Ransmeier, "Body-Price," 209-26.

65 Sommer, *Sex, Law, and Society*, 30-31, 154-56. 가족의 조합적 형태에 관해: Ruskola,
    Legal Orientalism, chap. 3; Bernhardt, *Women and Property in China, 960-1949*. 20세
    기 중국의 성적 관계 및 동성 관계에 관해: Chou, *Tongzhi*, 1-55.

66 *People v. Ah Jake*, examination transcript, in Dressler, *California Chinese Chatter*, 51-
    52; *People v. Ah Jake*, transcript of testimony, December 12, 1887, pp. 50-57, 61, 100,
    file F3659-13, Executive Pardons, CSA.

제3장 백인들과 대화하기

1 *People v. Ah Jake*, examination transcript upon a charge of murder, in Dressler,
   California Chinese Chatter, 51-52.

2 Ibid., 45.

3 피고인을 무시하는 것에 대한 설명: ibid., 44. "You want to ask him": ibid., 47.

4 Ibid., 50-51, 54-55.

5 Hunter, *"Fan Kwae" at Canton*, 60-62; Spence, *God's Chinese Son*, 7-8; Ghosh, *Sea
   of Poppies*, 490. Spence는 이렇게 쓰고 있다. 한 매판買辦, comprador(옛날 중국에서 외
   국 상사 따위에 고용되어 외국과의 상거래 등을 한 중국인)이 미국 상인에게 자신

을 방문한 관리가 거액의 뇌물을 기대하고 있다고 알렸을 때 "'만트-아-레[만다린]〔곧 정부 관리〕가 한 조각의 촙chop〔곧 송장〕을 보낸다. 그는 내일 오고, 2-라크달러〔20만 달러〕를 원한다'Mant-a-le [mandarin] sendee one piece chop. He come tomollo, wantee two-lac dollar.' 모두가 그가 무슨 말을 하는지 안다." 피진은 단순화된 접촉언어이고, 미국 조지아주 시제도Sea Islands에서 사용되는 굴라Gullah, 자메이카파트와Jamaican patwah(patois), 하와이안피진Hawaiian pidgin〔하와이피진〕 같은 크리올어〔크레올어〕creole〔피진이 사람들 사이에서 퍼져 그 사회에서 모국어 역할을 하는 언어〕가 아니다. 언어학자들에 따르면 어떤 언어가 진정한 피진이 되기 위해서는 "두 가지 조건이 충족되어야 한다. 그 문법구조와 어휘가 뚜렷하게 축소되어야 하고, […] 또한 그 결과로 생성된 언어가 그것을 사용하는 사람들의 모국어가 아니어야 한다." Hall, *Pidgin and Creole Languages*, vii.

6 19세기 중국 법정의 통역자들에 관한 정보를 알려준 Teemu Ruskola에게 감사한다. 조약 작성에 관해: Liu, *Clash of Empires*, 112. 톈진조약은 또한 이후 어떤 중국 공문서에서도 중국어 단어 "이夷"를 쓰지 못하게 한 것으로도 세상에 잘 알려져notoriously 있는데, "이"는 일반적으로 "외국인foreigner"을 의미하지만 영국인들에 의해 "야만인〔야만족〕barbarian"으로 번역된 중국어 단어였다. Ibid., 31-69.

7 옥스퍼드영어사전OED은 동사인 "to savvy"를 다음과 같이 규정한다. "속어, 다음과 같이 번역. 알다, 이해하다, 파악하다. 외국인이나 이해를 늦게 하는 사람에게 어떤 설명을 한 이후에 의문문에서 자주 쓰인다("이해하셨습니까?"와 같은 뜻으로)." "Few necessary words": William Speer, "Claims of the Chinese on Our Common Schools," San Francisco *Evening Bulletin*, January 20, 1857. 다음도 보라. Rusling, *Across America*, 303.

8 Thomason and Kaufman, *Language Contact*, 167-88.

9 1978년이 되어서야 미국은 연방법원에서 제1언어〔일차언어〕primary language가 영어가 아닌 피고(인)와 증인에게 통역자를 제공할 것을 명령했다(Court Interpreters Act of 1978, 28 USCS § 1827). 그러나 통역에 대한 전자 음성 녹음은 의무사항이 아니며 법원의 재량에 따른다. H Sec (d)(2). 통역이 없거나 통역이 잘못된 것은 항소 사유가 되지만, 상급법원이 법정에서의 번역 오류가 헌법상 불공정한 재판으로 간주되는 기준치에 도달한다고 판결하는 경우는 거의 없다.

10 *People v. Ah Jake*, trial transcript, December 12, 1887, p. 3, file F3659-13, Executive Pardons, CSA (이하 아제이크의 사면 파일Ah Jake pardon file로 인용); Hall and Millard, "History of California Pioneer"; 제롬 밀러드의 1881년 8월 17일 자 편지에서 인용. 밀러드가 찰스크로커앤드컴퍼니에서 한 일에 관해서는 다음도 보라. Alisa Judd, "CPRR Ah Henge & J. Millard" (blogpost), Central Pacific Railroad Photographic

History Museum, CPRR Discussion Group, March 28, 2005, http://cprr.org/CPRR_
Discussion_Group/2005/03/cprr-ah-henge-jmillard.html. 자신의 증조부 제롬 밀러
드의 사진과 정보를 공유해준 Alisa Judd에게 감사한다.

11 *People v. Ah Jake*, trial transcript, 49-52, Ah Jake pardon file.

12 Ibid., 78-80, 109-14.

13 Ibid., 120. 이 이상한 지시가 캘리포니아 형법에 부합한다는 점을 분명하게 해준
Gordon Bakken에게 감사한다. 싸움이 벌어진 상황에서, 그/그녀가 싸움을 하는 동
안 싸움을 촉발한 사람을 죽인 경우 그/그녀는 정당방위가 될 것이다. 그러나 싸움을
촉발한 사람이 타격이나 쓰러짐으로 인해 무력화되고, 상대방이 그/그녀가 죽일 수
있는 유리한 상황이 되면 정황은 정당방위self-defense에서 예모豫謀, premediation로 바
뀐 것으로 본다. 판사는 이러한 차이를 배심원에게 명확하게 하지 않았다. *People v.
Ah Jake*, death warrant, December 23, 1887, Ah Jake pardon file. 재심에 대한 기각:
People v. Ah Jake, afternoon session, December 22, 1887, Ah Jake prison file, Folsom
commitment papers, CSA; *Mountain Messenger*, December 24, 1887, p. 2.

14 캘리포니아 최초의 프로테스탄트 선교사 윌리엄 스피어William Speer 목사, A. W. 루
미스A. W. Loomis, 목사, 아이라 콘딧Ira Condit 목사(장로교), 오티스 깁슨Otis Gibson
목사(감리교) 모두 중국에서 복무했다. Woo, "Presbyterian Mission." On Gibson:
Thomson, *Our Oriental Missions*, 235-36. In Victoria, Rev. William Young joined the
London Missionary Society in Batavia; Rev. A. A. Herbert had worked in Shanghai.
"Christian Missions to the Chinese in Australia and New Zealand, 1855-c. 1900,"
Chinese Australia, Asian Studies Program, LaTrobe University,https://arrow.latrobe.
edu.au/store/3/4/5/5/1/public/welch/missionaries.htm.

15 Fitzgerald, *Big White Lie*, 69; Timothy Coffin Osborn, Journal, entry for December
26, 1850, MSS C-F 81, BANC; Hall and Millard, "History of California Pioneer."

16 Jong, "Diary," p. 16. 저자가 번역.

17 "Claims of Chinese on Our Common Schools," *San Francisco Evening Bulletin*, June
20, 1857.

18 Ngai, *Lucky Ones*, 119-21.

19 "The Children of the Sun," *Sacramento Transcript*, January 1, 1851, p. 2; "Chinese
Case," *Alta*, May 24, 1851, p. 2; "Law Courts," *Alta*, October 9, 1851, p. 2.

20 Resident Warden Beechworth to chief secretary, April 22, 1857, doc. 57-115,
VPRS1189/ P0000/482, PROV; Rule, "Transformative Effect." 윌리엄 영은 다음에서
인용. Cronin, *Colonial Casualties*, 86.

21 Cronin, *Colonial Casualties*, 85-88.

22 Wong, *English-Chinese Phrase Book*.

23 Zhu, *Guangzhao yingyu*.

제4장 비글러의 수

1 "John Bigler," Governors' Gallery, CSL, http://governors.library.ca.gov/03-bigler.html.

2 Memorial to the U.S. Congress from the People of California, *CAJ*, 3rd sess. (1852), appendix, 585.

3 농업의 잠재력에 관해: Special Message from the Governor, January 30, 1852, *CAJ*, 3rd sess. (1852), 78. "광대하고 안전하고 아름다운": "Prospects of California," *California Star*, March 25, 1848, p. 4. "Alaska to Chili": Speer, *Humble Plea*, 10.

4 Quinn, *Rivals*; Ellison, *Self-Governing Dominion*, 309-14; McArthur, *Enemy Never Came*, 17; St. John, "Unpredictable America," 56-84.

5 Speer, *Oldest and Newest Empire*, 483-528, 527에서 인용.

6 Jung, *Coolies and Cane*.

7 "Commerce and Coolies at the Sandwich Islands," *Alta*, February 24, 1852, p. 2; "The Labor Contract Law," *Alta*, March 21, 1852, p. 2. 조지 팅글리에 관해: Shuck, *History of Bench and Bar*, 590; Smith, *Freedom's Frontier*, 99-100.

8 Bryson to Stoddard, December 3, 1851, California File, box 17, HL.

9 "Legislative Intelligence," *Alta*, April 24, 1852, p. 2. 상원의 반대에 관해: "Minority Report of the Select Committee on Senate Bill no. 63," March 20, 1852, *CAJ*, 3rd sess. (1852), 669.

10 "The Robert Browne Story," Takao Club, http://www.takaoclub.com/bowne/index.htm. On mutinies: Meagher, *Coolie Trade*, 100, 145.

11 "The China Boys," *Alta*, May 12, 1851, p. 2.

12 "The Chinese Immigration," *Alta*, April 26, 1852, p. 2; "The Cooley Trade," *Alta*, May 4, 1852, p. 2.

13 "Legislative Intelligence," *Alta*, April 24, 1852; "Governor's Special Message," April 23, 1852, *CAJ*, 3rd sess. (1852), 376.

14 "The Chinese Emigration," *Alta* second supplement, May 15, 1852, p. 7. 도착과 출발에 관한 통계는 캘리포니아주에서 중국인을 위한 "대행자이자 자문"이었던 셀림 E. 우드위스가 마련한 것이다.

15 Bancroft, *History of California*, 6:679.

16 Smith, *Freedom's Frontier*.

17 Chun Aching and Tong Achick to Governor Bigler, May 16, 1852, in *Analysis of the Chinese Question*; "Governor's Special Message," *Alta*, April 25, 1852, p. 2; "Meeting at Columbia," *Alta*, May 15, 1852, p. 2. "Vamose the ranche": "Anti-Chinese Meeting at Foster's Bar," *Union*, May 3, 1852, p. 3. 엘도라도El Dorado 센터빌Centreville의 광부 집회에 관해 : "Sacramento News," *Alta*, May 15, 1852, p. 2. 다음도 보라. Chiu, *Chinese Labor*, 13, 15; Paul, "Origin of Chinese Issue," 190.

18 주지사 선거에서 존 비글러를 확고하게 지지한 카운티: 투올러미(53.9퍼센트), 캘러베러스(53.5퍼센트), 시에라(55.7퍼센트), 네바다주 마리포사, 엘도라도, 유바 (각각 51퍼센트 이상). 비글러는 휘그당의 거점인 샌프란시스코에서도 5표 차이로 이겼다. "Election Returns," *Alta*, September 12 and October 1, 1853. 부패에 관해: Caxton, Letter to Bigler, *Alta*, July 2, 1853, p. 2; Editorial, "Gov. Bigler and the Extension Scheme," *Union*, August 24, 1853, p. 2. 태머니홀 전술에 관해: Editorial, *Alta*, September 15, 1853, p. 2; "Biglerism," *Alta*, May-September 1853, *passim*.

19 Henry George, speech delivered at Metropolitan Hall in San Francisco, February 4, 1890, in George, *Life of Henry George*, 80.

20 Lai, "Potato King"; Yin, *Chinese American Literature*, 18-20.

21 Hab Wa and Tong K. Achick to Governor Bigler, April 29, 1852, in *Analysis of the Chinese Question*.

22 "Memorial to the Legislature on the Chinese Question," in *Analysis of the Chinese Question*, 9.

23 "China-men in America," *New York Times*, June 9, 1852.

24 Norman Asing (*sic*), "To His Excellency Gov. Bigler," *Alta*, May 5, 1852, p. 2.

25 Ibid., 강조는 원문.

26 *Analysis of the Chinese Question*, 10.

27 Chun Aching and Tong Achick to Govenor Bigler, May 16, 1852, in *Analysis of the Chinese Question*, 11.

28 Ibid.; "Off for the Mines," *Alta*, May 3, 1852, p. 2. 인구가 2만 5000명에서 2만 1000명으로 감소: California Committee on Mines and Mining Interests, *Report* (1853).

29 Foreign Miners License Tax Act, 1852 Ca. Stat. 84; Chun and Tong to Bigler, May 16, 1852, *Analysis of the Chinese Question*, 12.

30 Foreign Miners License Tax Act, 1850 Ca. Stat. 221; Smith, *Freedom's Frontier*, 93-94; "Importation of Coolies" (letter to the editor), *Alta*, April 27, 1852, p. 2.

31 Foreign Miners License Tax Act, 1852 Ca. Stat. 84; "Passage of the School and Foreign

Miners' Tax Bill," *Alta* supplement, May 1, 1852, p. 7; "The Tax on Foreign Miners and the Policy of Expulsion," *Alta* supplement, May 15, 1852, p. 4; Smith, *Freedom's Frontier*, 106-7; Chiu, *Chinese Labor*, 13.

32 Chiu, *Chinese Labor*, 15; California Committee on Mines and Mining Interests, *Report* (1853), appendix.

33 California Committee on Mines and Mining Interests, *Report* (1853), pp. 9-10. 회합에 참석한 중국인은 다음과 같다. 쓰이회관의 Gee Atai, Lee Chuen; 양허회관의 Tong K. Achick, Lum Tween-Kwei; 쌘이회관의 Tam San, Chun Aching, 신안회관新安會館의 Wong Sing, Lee Yuk. 참석한 이 4개 회관은 1852년 현재 캘리포니아주에 있는 광둥 지역의 주요 방언 집단 및 지역을 대표했다. Lai, *Becoming Chinese American*, 40-41.

34 California Committee on Mines and Mining Interests, *Report* (1853), p. 10.

35 Ibid., 9-10.

36 Ibid., 10-12.

37 Ibid., 10.

38 An Act to Provide for the Protection of Foreigners, and to Define their Liabilities and Privileges, 1853 Ca. Stat. 44. 세입에 관해서는 다음을 보라. Chiu, *Chinese Labor*, 23. 세금 수입은 캘러베러스Calaveras, 엘도라도El Dorado, 플레이서Placer, 투올러미 Tuolumne, 유바Yuba 카운티 등이 가장 높았다.

39 "An Extensive Swindle," *Alta*, November 19, 1855; *Report of Joint Select Committee Relative to the Population of Chinese of the State of California*, March 11, 1862, p. 7.

40 *U.S. Census of Population, 1860*, California, Yuba County, Foster's Bar, 6-7, 10-11, 14, 16, 2-23. 선취에 관해: Chan, "Chinese Livelihood in Rural California," 57-83. 도시의 상품과 서비스에 관해: U.S. Census of Population, 1860, California, Yuba County, Marysville. 이 센서스에는 제3구區에 4명의 여성세탁부washerwoman(p. 4) 및 남성세탁부washman(p. 16), 제4구에 18명의 채소 재배자gardener와 1명이 페들러peddler가 기록되어 있다.

41 *Miners and Businessman's Directory*, Tuolumne County, 1856, HL. 우즈크리크에 관해: "San Joaquin News," *Alta* supplement, May 1, 1852, p. 1. For "lightly once over": Paden, *Big Oak Flat Road*, 67-70.

42 H. B. Lansing, Diary, entries for January 12 and 18, 1855, HM 70410, HL; Valentine, "Historical and Archaeological Investigations," 156-57; *Report of Joint Select Committee Relative to the Population of Chinese of the State of California*, March 11, 1862.

43 Raymond, *Statistics of Mines and Mining* (1870), 2-6.

44 Chiu, *Chinese Labor*, 3; Chan, *This Bittersweet Soil*; Chan, "Early Chinese in Oroville"; Chang, *Ghosts of Gold Mountain*; Chen, *Chinese San Francisco*.

45 California Joint Select Committee, *Report Relative to the Chinese Population*, 3; Rohe, "Chinese and Hydraulic Mining," 83–85; *Scientific and Mining Press*, January 28, 1882.

46 Rohe, "Chinese Mining and Settlement at Lava Beds," 52.

47 Ibid., 53–55.

48 Ibid, 56–59.

49 California Joint Select Committee, *Report Relative to the Chinese Population*, 4.

50 수치는 다음에 보도되었다. "*Jinshan yikou jin yi zong dan*" (Total Gold and Silver Inventory from San Francisco Port), *Wanguo gongbao*, no. 314 (1874), 19.

51 "Is it Practicable?" *Union*, April 8, 1882, p. 4.

52 J. A. Vaughn to M. D. Baruck, August 15, 1888; Rev. C. H. Kirkbride to Governor Waterman, August 8, 1888; N. B. Fish, foreman, Robert Forbes, Samuel Tym, William Perryman, Edward Perryman, William Box, petition to R. M. Waterman (1888); William P. McCarty, petition to Governor Waterman, October 12, 1888; L. Barnett, petition to Governor Waterman (n.d.); petitions from 1888 and 1889, all in file F3659–13, Executive Pardons, CSA (hereafter cited as Ah Jake pardon file).

53 *People v. Ah Jake*, death warrant, December 23, 1887, Ah Jake pardon file; "Historic Sierra County Gallows," http://www.sierracounty.ws/index.php?module=pagemaster&PAGE_user_op=view_page&PAGE_id=28&MMN_position=44:37; Soward to Waterman, August 18, 1888, Ah Jake pardon file. 다우니빌의 교수대에 관해: "Sierra County History," Sierra County Gold, http://www.sierracountygold.com/History/index.html.

54 Samuel C. Stewart, affidavit, August 7, 1888; F. D. Soward, petition to Governor Waterman, August 18, 1888, Ah Jake pardon file.

55 그러나 제롬 A. 본은 주지사에게 자신은 아제이크를 모른다고 말했다. 이는 자신의 항소가 편견이 없음을 보여주기 위한 것이거나, 또는 카운티에서 중국인 고용 반대 운동을 벌이는 지역의 반중국인 일단의 보복을 두려워한 때문이다. Ah Jake to Waterman, November 27, 1890; Vaughn to Baruck, August 15, 1888; Bouther testimony, *People v. Ah Jake*, trial transcript, 99–100, all in Ah Jake pardon file. 와척에 관해: *People v. Ah Jake*, trial transcript, 52, 104–109, Ah Jake pardon file; "A Curious Pardon," *Mountain Messenger*, December 1, 1888, p. 2.

56 《마운틴 메신저》는 로케이가 아제이크를 체포한 헨리 하틀링Henry Hartling에게 그

대가로 100달러를 지급했다고 보도했다. October 29, 1887, p. 3; *People v. Ah Jake*, trial transcript, 42, 98, Ah Jake pardon file; F. D. Soward to Governor Waterman, September 1, 1889, ibid. On shared Hop Wo membership: *People v. Ah Jake*, examination transcript, in Dressler, *California Chinese Chatter*, 55. The Sanborn Fire Insurance Company map for Downieville, California, 1902. 이 지도는 메인스트리트 끝에 있는 중국인 지구에 네 개의 건조물이 있으며, 그중 가장 큰 "조스하우스joss house"라고 표시된 2층 건물은 치공당의 소유였을 가능성이 높다. 그 너머에는 몇 개의 추가적 주택이 있는데, 그 하나에는 "fem, bldg"(즉 매춘업소brothel)와 "낡고 허물어져가는old and dil[apidate]'d"이라고 표시되어 있다. 치공당에 관해서는 제2장을 보라.

57 Waterman, order of commutation of Ah Jake, November 14, 1888, Ah Jake pardon file; *Folsom Prison Register 1882-97*, MF 1:9 (12), CSA. On March 1, 1890, for reasons unknown, he was transferred to San Quentin. San Quentin prison register 1880-96, MF 1:9 (1), CSA.

58 Soward to Waterman, September 1, 1889, Ah Jake pardon file; "Ah Jake's Case," *Mountain Messenger*, December 1, 1888, p. 2.

59 Ah Jake to Waterman, September 14 and November 27, 1890; McComb to Waterman, December 1, 1890, all in Ah Jake pardon file. 다우니빌의 식료품가게 주인 스폴딩은 아제이크를 위한 탄원에 서명했다. 교도소장은 아제이크가 "교도소에 있는 동안 행실이 양호하며, 교도소의 규칙을 위반해 처벌이 기록된 바도 없으며, 자신의 의무를 성실히 이행했다"라고 보고했다. 아제이크는 또한 교도소 내의 황마공장에서 사역했다. Doughtery to McComb, December 1, 1890, Ah Jake pardon file.

60 Executive pardon, December 30, 1890, Ah Jake pardon file; San Quentin prison register 1880-96, MF 1:9 (1), CSA; Lavezzola to Dressler, May 4, 1927, in Dressler, *California Chinese Chatter*, 60-61; Mason to Dressler, April 29, 1927, CSL.

61 *CAJ*, 1853-85. 총 사면 데이터는 주 교도소장의 보고서에 포함되며 *CAJ* 부록에 게시된다.; 사면된 죄수들의 이름은 주지사가 주 입법부에 제출하는 연례보고서의 일부로 *CAJ*에 게시된다. 1860년에 이급살인죄로 10년형을 선고받고 4년을 복역한 송아퐁Song Ah Pong이 선행과 복역 기간이 적절하다는 주지사의 판단에 따라 사면되었다. *California Senate Journal*, 12th sess. (1861), 51. 많은 백인이 선행을 근거로 사면을 받았다. 이러한 관행은 주 교도소의 과밀화와 사면의 가능성이 교도소 기강을 촉진한다는 믿음 둘 다에 초점을 맞춘 것으로, 현재 우리가 가석방parole으로 알고 있는 것과 유사했다. 그것은 1864년에 법으로 성문화되었으며 "성과 많은 노동과 선행fruitful labor and good behavior"을 하면 매달 5일씩의 접수credit를 부여했다. Act to confer Further Powers upon the Governor of this State in Relation to the Pardon of Criminals, April 4,

1864. 아퐁Ah Fong은 이급살인죄로 12년을 선고받고 복역하다 폐결핵으로 거의 죽게 되어 1886년에 사면되었다. *California Journal of the Assembly*, 18th sess. (1869-70), 66. 아린Ah Lin은 강도죄로 유죄판결을 받고 복역하다 심장병으로 죽어서 1870년에 사면되었다. *California Senate Journal*, 19th sess. (1871-72), 59. 융토이Yung Toy는 강도죄로 7년형을 선고받았다. *California Senate Journal*, 20th sess. (1873-74), 104. 19세기 후반 캘리포니아 7개 카운티에서 발생한 살인사건에 관한 Clare McKanna의 연구는 중국인 사건에서 항소법원에 의해 무효가 된 사면과 유죄판결이 대개 경쟁관계의 씨족이나 형제회의 일원이었던 중국인 증인들이 자신이 위증을 했다는 폭로에서 비롯된다는 것을 밝혔다. McKanna, *Race and Homicide*, 32-51.

62 유죄에 대한 의심이 가장 많이 언급되었다. "의심": pardon of Ah Yik, *California Senate Journal* 19th sess. (1871-72), 66; "conspiracy," pardon of Ah Chee, *California Senate Journal*, 21st sess. (1875-76), appendix, 4:37. "Circumstances have come to light": pardon of Ah Wong, *California Senate Journal*, 19th sess. (1871-72), 79.

63 *People v. Hall*, 4 Cal. 339 (1854).

64 Pun Chi, "Remonstrance to Congress," c. 1860, quoted in Speer, *Oldest and Newest Empires*, 591-603.

65 Wunder, "Chinese in Trouble," 25-41.

제5장 보호의 한계

1 "A Chinese Demonstration," *Empire*, August 13, 1857, p. 5; Kyi, " 'Most Determined, Sustained.'" 이 신문은 집회에 참석한 중국인은 1200~1300명이며 서명자는 2873명이라고 보도했다. 다음에 따르면 캐슬메인[캐슬마인]의 인구는 약 1500명이다. Rev. William Young's census, *Report on Conditions of Chinese Population*, 38-39.

2 Loy-Wilson, "Coolie Alibis," 30-31; Cronin, *Colonial Casualties*, 9-12.

3 "심각한 부정의": 다음에서 인용. *Colonial Casualties*, 7. "Convicts and Chinese," *Empire*, November 24, 1851. "극빈과 파멸로 짓밟힐 것": 다음에서 인용. Ohlsson, "Origins of White Australia," 203-19. 다음도 보라. "Sworn to No Master, of No Sect Am I," *SMH*, October 3 1848; "Chinese Immigration," *Empire*, November 20, 1851; "Convicts and Chinese," ibid., November 24, 1851. Antitransportation: Cronin, *Colonial Casualties*, 7. "실제로 적격한 [노동자의] 공급": Earl Grey to Sir Charles Fitz Roy, December 18, 1847, *Historical Records of Australia*, series 1, vol. 26, 104-8.

4 Cronin, *Colonial Casualties*, 6. 실제로 찰스 니컬슨은 부정직했다. 자유노동은 비쌌고, 죄수노동은 바닥났으며, 전과자들은 신뢰할 만한 노동자로 여겨지기에는 너무 난폭

하고 불수종적이었다.

5 "병적 갈망": 다음에서 인용. Loy-Wilson, "Coolie Alibis," 32. 다음도 보라. "Chinese Immigration," *SMH*, February 28, 1852, p. 2; "Chinese Slavery," *SMH*, January 18, 1853, p. 2; "The Chinese—The Yellow Slave," *Empire*, June 18, 1853, p. 4.

6 Serle, *Golden Age*, 44-54, 75-76.

7 Ibid., 323; Curthoys, " 'Men of All Nations"; Markus, *Fear and Hatred*.

8 Henry Melville, testimony to the Commission on Conditions of Goldfields of Victoria, p. 9, 1855/1, Vic-PP. William Hopkins, testimony, ibid., 10. "물 구멍들water holes"은 유럽인들이 식수로 사용할 담수를 저장하기 위해 만든 것이었다. Serle, *Golden Age*, 323. 쌀을 재배하는 중국 남부 출신으로 자신들의 농업 관개 기술을 금광지들로 들여온 중국인들은 십중팔구 물을 회소자원으로 고려하지 않았을 것이다.

9 다음에서 인용. Serle, *Golden Age*, 327.

10 "Plan of Golden Point Section of Forest Creek," 1859, Department of Economic Development, Jobs, Transport, and Resources, Victoria http://earthresources.vic.gov.au/earth-resources/geology-of-victoria/exhibitions-and-Imagery/beneath-our-feet/the-early-years; Goodman, *Gold Seeking*, 65-88, 189-202. "가장 조용하고, 악의가 없는": George Henry Gibson, testimony to Goldfield Commission, p. 7, 1855/1, Vic-PP. "무례하지 않으며": "Chinese in Victoria," *Bendigo Advertiser* supplement, August 23, 1856, 1. "도둑들과 도박꾼들": Charles James Kenworthy, testimony to Goldfield Commission, p. 8, 1855/1, Vic-PP.

11 중국인 인구수에 대한 보고는 역사적 기록에 따라 다양하다. Gillies, Memorandum for the Governor, April 11, 1888, *Correspondence relating to Chinese Immigration into the Australasian Colonies*, 1888 C. 5448, p. 25, *PP*. 다음의 센서스 수치표도 보라. Cronin, *Colonial Casualties*, appendix 2. Monster meeting: Serle, *Golden Age*, 322-23.

12 "Australia and the Chinese," *Empire*, July 28, 1857, p. 6; "Convicts and Chinese," *Empire*, November 24, 1851; "The Chinese in Victoria," *SMH*, May 7, 1855, p. 8. "가정하는 것은 터무니없는 일": "Chinese in Victoria," *SMH*, May 7, 1855, 8; Home-Stayer, "The Chinese," *Empire*, July 13, 1858, p. 5.

13 Hopkins testimony to Goldfield Commission, p. 10, 1855/1, Vic-PP. On religious difference: "Chinese Emigration," *Goulburn Herald and Argyle Advertiser*, March 6, 1852, p. 4. Doubting conversion: "Interior, Chinese Labour—Public Meeting," *Empire*, April 2, 1852.

14 기독교 도덕: Goodman, *Gold Seeking*, 149-78; Johnson, *Roaring Camp*, chap. 2. "잡종 품종": "Chinese Emigration," *Goulburn Herald and Argyle Advertiser*, March 6,

1852, p. 4.

15 노예제에 관해: "Convicts and Chinese," *Empire*, November 24, 1851, p. 2. 다른 사람들은 주저하며 중국인들이 노예인지에 대해 명확히 해달라고 요청했다. "Chinese Immigration," *SMH*, February 28, 1852, p. 2. 찰스 호담은 다음에서 인용. in Serle, *Golden Age*, 320. 제프리 설은 찰스 호담의 주장이 과장된 것이라고 생각했다. 이민 시 일반적으로 신용을 이용하는 것에 관해: Taylor, *Distant Magnet*, 97-102; Kobrin, "A Credit to Their Nation," 69-90; Kobrin, "Currents and Currency," 87-104. "Sulky": Loy-Wilson, "Coolie Alibis," 38-40. 대중의 항의와 중국인들의 탄원으로 공식 조사가 진행되었고, 중국인들에게 유리한 판결이 나와 3160파운드의 금을 그들에게 반환하라는 명령이 내려졌으며, 압수된 금의 나머지는 수취인들에게 이미 분배되어 추적이 불가능해졌다.

16 Editorial, *Argus*, January 6, 1879, p. 4.

17 "엄청난 수 [⋯] 무수한 떼": *Goldfield Commission Report*, par. 161-64, 1855/1, Vic-PP. "몰려드는": Westgarth, quoted in Serle, *Golden Age*, 327. 10배 이상: "Chinese Immigration into Victoria," *SMH*, April 21, 1855. "100만 명 또는 200만 명": Henry Melville, testimony to Goldfield Commission, 1855/1, Vic-PP. "외국 무리": "Convicts and Chinese," *Empire*, November 24, 1851, p. 2. "무진장한 [⋯] 방대한 유입": "Chinese in Victoria," *SMH*, May 7, 1855, p. 8.

18 "Chinese Disturbances in Singapore," *Argus*, April 8, 1857, p. 5; "Treatment of Chinese," *Mount Alexander Mail*, July 24, 1857; Serle, *Golden Age*, 325. 자신감의 위기에 관해: Mountford, *Britain, China and Colonial Australia*, 61.

19 Serle, *Golden Age*, chaps. 5-6; Proceedings and reports compiled in Anderson, *Eureka*.

20 *Report of Goldfield Commission*, par. 166, 1855/1, Vic-PP; An Act to Make Provision for Certain Immigrants, 18 Vic. 39 (June 12, 1855), secs. 3 and 4. 이 법은 이민자를 "중국 또는 그 종속국dependencies 또는 중국 해역 섬 태생의 모든 성인 남성 또는 중국인 부모에게서 태어난 모든 사람"으로 정의했다. An Act to Regulate the Residence of the Chinese Population in Victoria, 21 Vic. 41 (November 24, 1857), sec. 3.

21 Humble Petition, Chinese Storekeepers, November 26, 1856, 1856/4, Vic-PP. 서명자는 벤디고 인구의 약 3분의 1에 해당하며 벤디고 인구는 1854년(3000명)에서 1855년(1만 7000명)까지 극적으로 증가했다. Serle, *Golden Age*, 323; Kyi, "Most Determined."

22 Webster to chief secretary, September 6, 1856, VPRS1189/P0000 W56/7831, PROV; Nich-olson to chief commissioner of police (Melbourne), July 23, 1856, VPRS1189/P0000, X56/6748, PROV; Serle, *Golden Age*, 325; "The Walk from Robe," *GOLD!*,

Victorian Cultural Collaboration, https://www.sbs.com.au/gold/story.php?storyid=57.

23 "Statement of the number of Chinese reported to have arrived in this Colony overland to avoid the payment of the capitation tax authorized to be levied under the Act 18 Victoria no. 39, August 21, 1856," VPRS1189/P0000/467 K56/7026, PROV; "The Walk from Robe."

24 Serle, *Golden Age*, 325-30.

25 앞에서 언급한 벤디고, 밸러랫, 캐슬메인[캐슬마인]에 더해 프라이어스크리크Fryer's Creek, 캠벨스크리크Campbell's Creek, 포리스트크리크Forest Creek, 짐크로Jim Crow 금광지들, 질롱Geelong, 샌디크리크Sandy Creek에서도 탄원이 있었다. Kyi, "Most Determined," n27. 논변과 정당화 논리에 관해: Ibid.. 권리의 언어에 관해: *Argus*, May 13, 1859, 다음에서 인용. Messner, "Popular Constitutionalism," 63. Petition of [Bendigo] Chinese Storekeepers (November 26, 1856).

26 Pon Sa, "A Chinese Demonstration," *Empire*, August 13, 1857, p. 5; Lowe Kong Meng, testimony before Select Committee on Subject of Chinese Immigration, pp. 10-12, 1857/6, Vic-PP.

27 An Act to Regulate the Residence of Chinese in Victoria, 21 Vic. 41, December 24, 1857. 새로운 탄원: Kyi, "Most Determined"; Chamber of Commerce, cited in Mountford, *Britain, China, and Colonial Australia*, 60.

28 An Act to Consolidate and Amend the Laws Affecting the Chinese Emigrating to or Resident in Victoria, 22 Vic. 80, February 24, 1859; Cronin, *Colonial Casualties*, 98. 양형 규정: John O'Shanassy, "Regulations for the Guidance of Chinese Protectors," February 28, 1859 (Min 59.27), VPRS1189/P0000/522 J56/1988, PROV.

29 다음에서 인용. Kyi, "Most Determined."

30 Messner, "Popular Constitutionalism," 75; United Confederacy: Serle, *Golden Age*, 330-31.

31 Serle, *Golden Age*, 331; Macgregor, "Lowe Kong Meng."

32 Serle, *Golden Age*, 331.

33 Messner, "Popular Constitutionalism"; Serle, *Golden Age*, 330.

34 Cronin, *Colonial Casualties*, 80-81.

35 McCulloch, "Sir George Gipps"; Earl Grey to Charles Fitz Roy, February 11, 1848. 여기에는 이렇게 언급되어 있다. "귀하의 식민지에서 원주민들이 처한 상황의 실질적 개선을 향한 진전이 거의 이루어지지 않은 데 대해 […] 유감입니다." Earl Grey는 또한 목양과 농업을 목적으로 허가된 임대지들은 임차인들에게 "독점적 권리들exclusive rights"을 부여한 것이 아니며, 이와 같은 임대지는 "[이미] 그러한 목적[사냥과 생계]

을 위해 실제로 경작되었거나 울타리가 쳐진 땅을 제외하고는 […] 원주민들이 이 디스트릭트들Districts(지구地區들)에서 사냥을 하거나, 생계를 위해 이 디스트릭트들을 돌아다닐 수 있는 그들의 이전 권리들을 그들로부터 박탈하는" 것이 아님을 거듭 강조했다. *Historical Records of Australia*, series 1, vol. 26, at 223, 225. 이것은 런던에서는 합리적으로 보였을지 모르지만, 정착민식민지 주민들은 토지와 영토에 대한 통제는 제로섬zero-sum 제안이라고 믿었다. 멸종 이론들에 관해서는 다음을 보라. Wolfe, "Settler Colonialism"; Markus, *Fear and Hatred*.

36 Memorandum of conversation (colonial governor) with [Melbourne] Chamber of Commerce on the Chinese Question, May 8, 1855, VPRS1095/P0000/3, PROV.

37 Rede to Kaye, September 24, 1854, file "petitions of Amoy etc.," VPRS1095/P000/3, PROV; Matson, "Common Law Abroad"; Buxbaum, *Family Law and Customary Law*; Collyer, "Straits Settlements," 82-84. 이중 거버넌스dual governance의 공표는 영국이 "부족tribe" "에스니시티ethnicity" "관습custom"에 대한 인종화한 지식을 생산하고 성문화하는 것을 필요로 했다는 점에 주목해야 한다. 다음도 보라. Kuhn, *Chinese Among Others*, chap. 2; Carstens, "Chinese Culture and Polity." Cronin은 또한 포트필립애버리지니보호지Port Phillip Aboriginal Protectorate와 동남아시아의 관행을 모두 선례先例로 인용했지만, 아시아에서 중국의 "수용소들compounds(울타리 쳐진 노동자 주택지구들)"을(흔하지 않았던) 가정하는 것은 실제로 존재했던 것보다는 오스트레일리아의 보호지들과 더 가까운 유사성을 시사한다. *Colonial Casualties*, 82.

38 Rede to Kaye, September 24, 1854, file "petitions of Amoy etc.," VPRS1095/P000/3, PROV.

39 "Chinese Demonstration," *Empire*, June 13, 1857, p. 5; Serle, *Golden Age*, 326. "지도적 남성들": 다음에서 인용. Cronin, *Colonial Casualties*, 83.

40 O Cheong, letter to private secretary [Kay] to the Lieutenant Governor [Hotham], December 23, 1854, VPRS1095/P0000/3 "Petitions of Amoy etc.," PROV. 이 파일에 오청의 편지를 넣은 것은 보면, 그는 광둥의 쓰이 출신이 아니라 그 인접한 푸젠 출신임을 알 수 있다. 푸젠은 조약항인 샤먼이 있는 곳이다.

41 Hotham acted under authority of the Act to Make Provision for Certain Immigrants, 18 Vic. 39 (June 22, 1855), secs. 6-8. 보호지 체제는 다음에 성문화되어 있다. "Regulations for the Chinese on the Gold Fields," December 2, 1856, A.13/1856-57, Vic-PP. 다음도 보라. "Regulations for the Chinese on the Victoria Gold Fields," *SMH*, April 4, 1856, 3.

42 군대라는 배경: Cronin, *Colonial Casualties*, 84; William Foster, Diary for the Fortnight Ending Saturday, March 1, 1856, VPRS1189/P0000/467 J56/1791, PROV.

43 가 지부는 급여를 위한 예산을 마련했다. 연봉의 경우 유럽인 보호관은 750파운드, 유럽인 사무원은 500파운드, 유럽인 통역자는 500파운드, 중국인 통역자는 350파운드, 수많은 우두머리는 각각 120파운드였고, 두 명의 순경은 각각 하루 10실링 6펜스였다. Frederick Standish, "Estimated Expenditures for the Protection of the Chinese for 1856" [1855], VPRS1189/P0000/467 R55/14,639, PROV; Standish to chief secretary, October 22, 1855, VPRS1189/P0000 R55/13,887, PROV; "Precis of Recommendations of Chinese Protectors Regarding Payment of Chinese Headmen of Villages" (December 31, 1855), VPRS1189/P0000/467 Y562028, PROV; *Fortnightly Report of the Resident Warden, Ballarat*, Period Ending March 1, 1856, VPRS1189/P0000/467 J56/1791, PROV.

44 Chinese protector to Resident Warden, Castlemaine, October 22, 1855, VPRS1189/P0000/R13, 871, PROV. 프레더릭 스탠디시는 다음에서 인용. Cronin, *Colonial Casualties*, 87.

45 Standish to colonial secretary, July 9, 1855, VPRS1189/P0000/467 P55/8757, PROV. 프레더릭 스탠디시는 소를 제기하는 수수료를 내는 것은 불공평하며, 특히 "중국인들이 제기하는 소訴의 대다수가 지당한 일"이기 때문에 그렇다는 점을 인정했다. Standish, September 5, 1855, VPRS1189/P0000/467, T56/243, PROV. Cronin에 따르면 정부의 중국인 기금은 한 해를 제외하곤 매년 흑자를 기록했다. *Colonial Casualties*, 93.

46 Drummond, "Regulations for Keeping the Camp Clean", September 2, 1858, VPRS1189/ P0000/522 A58/266, PROV; 다음도 보라. Cronin, *Colonial Casualties*, 90-91.

47 Standish to colonial secretary, November 30, 1855, VPRS1189/P0000/467 R55/15,543, PROV; Webster to resident warden (Avoca), July 28, 1856, VPRS1189/P0000/W6629, PROV.

48 Smith to resident warden, October 22, 1855, VPRS1189/P0000 R13/871, PROV; Smith to resident warden, July 21, 1856, VPRS1189/P0000 X6233, PROV.

49 Resident warden to chief secretary, October 7, 1858, VPRS1189/P0000/522 G8441, PROV.

50 Acts Consolidating and Amending the Laws Affecting the Chinese Emigrating to and Resident in Victoria, 25 Vic 132, 1862, and 27 Vic. 170, 1863.

51 Young, *Report on Conditions of Chinese Population*, 31-58; Fitzgerald, *Big White Lie*; Rasmussen, "Chinese in Nation and Community"; Cai, "From Mutual Aid to Public Interest."

52 Goodman, *Gold Seeking*, 25; Messner, "Popular Constitutionalism." 유사하게, 역사학자 존 피츠제럴드John Fitzgerald는 19세기 후반 중국계 오스트레일리아인들이 근대화된 주체였으며, 이들의 협회와 형제회는 "백인 노동자 운동, 아일랜드가톨릭 교우회, 식민지 및 연방의 프리메이슨 지부와 마찬가지로 평등주의적이고 민주주의적"이라고 주장했다. *Big White Lie*, 28-29.

53 DianaTalbot, "Trouble in the Buckland," http://www.dianntalbotauthor.com/buckland-riots/.

54 Taylor to chief secretary, *Report of the Board Appointed to Inquire into Losses Sustained by Chinese at Ararat*, December 7, 1857, VPRS1189/P0000/502, PROV.

55 Serle, *Golden Age*, 325-26; Taylor to chief secretary, December 7, 1858; *Argus* quoted in Talbot, "Trouble in Buckland."

56 Serle, *Golden Age*, 326.

57 "Anti-Chinese Riots and Rorts," Gold!, https://www.sbs.com.au/gold/story.php?storyid=56; Taylor to Chief Secretary Melbourne, December 7, 1858; "List of Property Stated to Have Been Destroyed Belonging to Chinese Storekeepers at the Buckland on 4th July 1857" (n.d.), VPRS1189/P0000/502, PROV.

제6장 빈터의 고함질

1 "John Bigler," *Wikipedia*, https://en.wikipedia.org/wiki/John_Bigler. 대륙횡단철도의 중국인 노동: Chang, *Ghosts of Gold Mountain*.

2 Editorial, "The Elections," *Alta*, September 5, 1861, p. 1. 남북전쟁과 재건Reconstruction 시기 캘리포니아주의 정치에 관해: Saxton, *Indispensable Enemy*; Smith, *Freedom's Frontier*.

3 California Joint Select Committee, *Report Relative to the Chinese Population*. 위원회는 두 명의 공화당 의원이 공동위원장이었고, 위원은 모두 공화당원과 연방민주당원으로 구성되었다.

4 Chiu, *Chinese Labor*, 23-29.

5 Saxton, *Indispensable Enemy*, 68-71; Chiu, *Chinese Labor*, 54-55.

6 "Disgraceful Riot in San Francisco," *Union*, February 14, 1867, p. 3; "Trial of the Rioters," *Alta*, February 24, 1867, p. 1; Saxton, *Indispensable Enemy*, 72.

7 "Memorial and Joint Resolution in Relation to Chinese Immigration to the State of California," *CAJ*, 17th sess. (1867-68), appendix, 2:4; "Anti-Coolie Memorial," March 12, 1868, in ibid.

8   Henry George, "The Chinese in California," *New York Tribune*, May 1, 1869, pp. 1-2.

9   Mill to George, October 23 1869, in George, *Complete Works*, 10:198-200.

10   *Oakland Daily Transcript*, November 20-21, 1869, quoted in George, *Complete Works*, 10:200-1. 다음도 보라. Shelton, *Squatter's Republic*, 86-87.

11   "조야하다", in George, *Complete Works*, 10:195. 중국인들이 더 높은 임금을 요구한 것에 관해: Raymond, *Statistics of Mines and Mining* (1870), chap. 1; George Robert, testimony, "Memorial of the Six Chinese Companies," 17-18. 중국인들에 관한 헨리 조지의 후기 저작: *Complete Works*, 9:202-3. 다음도 보라. "Henry George and Immigration."

12   Saxton, *Indispensable Enemy*, 106; Deverell, *Railroad Crossing*, 34-36.

13   Saxton, *Indispensable Enemy*, 74-76.

14   "Anti-Chinese Song," *Marin County Journal*, May 25, 1876.

15   Brooks, "Chinese Labor Problem," 407-19; Condit, *Chinaman as We See Him*, 83.

16   Kurashige, *Two Faces of Exclusion*. 이 책은 개별적 이해관계들을 인정하면서 그들 (중국인들)을 "평등주의자들egalitarians"이라고 부른다.; "Memorial of the Six Chinese Companies," 22-24.

17   "Memorial of the Six Chinese Companies," 18; Rusling, *Across America*, 317-18.

18   Speer, *Humble Plea*; Condit, *Chinaman as We See Him*; Gibson, "*Chinaman or White Man, Which?*," 28.

19   Gibson, *Chinese in America*, 76-77.

20   Williams, *Our Relations with Chinese Empire*, 14.

21   Daniel Cleveland, "Chinese in California" (1868), HM72176, HL; Clyde, "China Policy of Browne."

22   Wong Ar Chong to Garrison, February 28, 1879, at "Rediscovered: An Eloquent Voice against Chinese Exclusion," Smithsonian Asian Pacific American Center, http://smithsonianapa.org/now/wong-ar-chong.

23   Burlingame to Williams. 다음에서 인용. Xu, *Chinese and Americans*, 72-73; Wenxiang 은 다음에서 인용. Haddad, *America's First Adventure*, 221.

24   Haddad, *America's First Adventure*, 221-26.

25   Saxton, *Indispensable Enemy*, 104-5. Kurashige는 민족 배제 입법으로의 상황 전환을 사건들의 "퍼펙트 스톰perfect storm"(한꺼번에 여러 가지 안 좋은 일이 겹쳐 더할 수 없이 나쁜 상황)으로 논의한다. *Two Faces of Exclusion*, 8-9.

26   California State Senate, *Chinese Immigration: Its Social, Moral, and Political Effect* (1876); U.S. Senate, *Report of the Joint Special Committee to Investigate Chinese*

Immigration (1877).

27 Amendment to strike ban on naturalization defeated, April 28, 13 *Cong. Rec.* (March–April 1882), p. 3411; final bill House/Senate, April 29, p. 3440.

28 Ibid., pp. 2027, 2028; veto (April 4, 1882), p. 2551

29 "Chinese Consul-General," *Union*, March 27, 1882; Shi, "Jinshan sannian ku"; "Senators Investigating Chinese Labor Conditions," *Wanguo gongbao*, no. 437–40 (1877).

30 "On Protecting the People" (Baomin shuo), *Zhongwai xinwen qiri bao*, June 3, 1871, p. 8.

31 "Anti-Chinese Riot at Martinez," *Weekly Butte Record*, May 6, 1882, p. 1; "The Irrepressible Conflict," *Los Angeles Herald*, April 28, 1882, p. 1.

32 "The Trouble at Martinez," *Union*, April 28, 1882, p. 2; *Sonoma Democrat*, April 29, 1882, p. 2; "Distinction without a Difference," *Los Angeles Herald*, May 3, 1882, p 2.

33 "Complaint of the Chinese Minister," *Los Angeles Herald*, July 2, 1882, p. 1; "Martinez Riot," *Union*, May 9, 1882, p. 2; "Pacific Coast Items," *San Jose Herald*, December 7, 1882, p. 3; *Daily Morning Times* (San Jose), December 8, 1882, p. 2.

34 An Act to Execute Certain Treaty Stipulations Relating to Chinese, May 6, 1882. 불과 몇 달 후에, 체스터 아서 대통령은 미국의 첫 번째 일반 이민법인 1882년의 이민법 Immigration Act of 1882에 서명한바, 법은 새로 입국할 때마다 입국자들에게 "인두세人頭稅, head tax"를 부과했고, 극빈자, 기결수旣決囚, convict, 정신병자, 생활보호대상자public charge가 될 가능성이 있는 사람들을 입국 대상에서 배제했으며 이들은 이들을 데려온 증기선회사에 의해 그들의 출신지로 돌려보내도록 요구했다. 법은 수십 년에 걸쳐 여러 주의, 특히 매사추세츠주와 뉴욕주의 궁핍한 아일랜드인들에 대한 인두세와 배제 및 추방 정책에 기초해 구축되었다. 반反중국인 및 반아일랜드인 토착주의(현지민주의) 및 배제의 상호 영향에 관해: Hirota, *Expelling the Poor*.

35 출신국에 상관없이 중국인들을 배제하는 것에 관해: *In re Ah Lung* 18 F. 28 (1883); "Chinese from Hong Kong," *Alta*, June 1, 1884, p. 2. 시행을 둘러싼 갈등에 관해: Salyer, *Laws Harsh as Tigers*, chap. 4; McKeown, *Melancholy Order*, chap. 5; Ngai, *Impossible Subjects*, chap. 6. The Supreme Court ruling in *U.S. v. Ju Toy* (1906). 이 판결은 이민국 공무원에게 광범위한 재량권을 부여했고 이민자의 법원 심사에 대한 권리를 제한했다.; *U.S. v. Wong Kim Ark* (1898). 이 판결은 미국에서 태어난 중국인들의 생득권으로서의 시민권을 인정했다.

36 "Victory at Last!," *Alta*, March 24, 1882, p. 1.

37 Huang, *Renjinglu shicao jianzhu*. Selection trans. by John Guo in Frederick Bee History

Project, http://frederickbee.com/huangpoem.html.

38 Section 6 of the Exclusion Act. 이 부분은 면제 부류 및 입국 시 필요한 증명서 요건을 규정하고 있다.

39 *Case of the Chinese Cabin Waiter, In re Ah Sing*, 13 F.286 (1882); *Case of the Chinese Laborers on Shipboard, In re Ah Tie and others*, 13 F.291 (1882); *Case of the Chinese Merchant, In re Low Yam Chow*, 13 F.605 (1882).

40 Huang to Zheng, report no. 19, August 3, 1882, in *Jindaishi ziliao*, vol. 55. Translation by Jack Neubauer. 13 F.286, 289 (1882).

41 13 F.605, 608, 611 (1882).

42 Huang to Zheng, reports no. 22, 23, 24, 26 (September to November 1882), *Jindaishi ziliao*, vol. 55.

43 Huang to Zheng, reports no. 34, 35 (January 1886), ibid.; *Yick Wo v. Hopkins*, 18 U.S. 356 (1886).

44 Shi, "Jinshan sannian ku." On formation of the Chinese Consolidated Benevolent Association: Lai, *Becoming Chinese American*, 47-48. 학교의 배제에 관해: *Tape v. Hurley* 66 Cal. 473 (1885); Ngai, *Lucky Ones*, chap. 4.

45 Lew-Williams, *Chinese Must Go*, appendix A. 이를 보면 1885~1887년에 캘리포니아주, 아이다호주, 몬태나주, 네바다주, 뉴멕시코주, 오리건주, 워싱턴주에서 439건의 사례와 64건의 살인사건이 있었음을 알 수 있다.

46 Ibid., 120-25.

47 스네이크강: Pfaelzer, *Driven Out*, 287; Rock Springs, ibid., 209-11.

48 "Memorial of Chinese Laborers, Resident at Rock Springs."

49 Ibid.

50 Frederick Bee, Report and accompanying documents, September 30, 1885, Cheng to Bayard, November 30, 1885, doc. 64 encl., Chinese Legation correspondence, *FRUS*.

51 Cheng to Bayard, November 30, 1885, ibid.

52 Bayard to Cheng Tsao Ju, February 18, 1886, doc. 67, Chinese Legation, *FRUS*; Denby to Bayard, March 10, 1886, doc. 50, China, *FRUS*; Denby to Bayard, March 29, 1886, doc. 52, China, *FRUS*.

53 Pfaelzer, *Driven Out*, 214-15.

54 George to Garrison, November 30, 1893, in George, *Complete Works*, 9:202-3.

55 논변은 다양했다. 일부는 중국인 배제를, 노예제폐지론과도 이어지는, "반反노예제 antislavery" 조치로 정당화했다. 다른 일부는, 특히 재건Reconstruction의 종식 이후, 노예와 중국인 둘 다에게 참정권을 부여하는 것에 반대했다. 연방대법관 존 마셜 할란

John Marshall Harlan은 플레시 대 퍼거슨 소송사건(1896)에서 유명한 반대 의견으로서 아프리카계 미국인들의 시민권을 그들이 남북전쟁에서 복무한 것에 대한 보상으로 칭찬했으나, 중국인들은 시민권을 받을 자격이 없는 인종이라고 주장했다. Smith, *Freedom's Frontier*; Aarim‑Heriot, *Chinese Immigrants*; Wong, *Racial Reconstruction*.

56 *Chae Chan Ping v. U.S.* (1889), 130 U.S. 581; *Fong Yue Ting v. U.S.* (1893), 149 U.S. 698.

제7장 황색 고통

1 1850년대부터 1870년대까지 오스트레일리아 신문들은 간간이 캘리포니아의 중국인들을 다루었지만, 1870년대 후반부터 기사 수에서 의미 있는 증가가 있었다. 오스트레일리아 전국지national newspaper 데이터베이스 트로브Trove에서 중국인Chinese과 캘리포니아California를 키워드로 해서 검색하면 1857년부터 1870년까지 13년간 2378건의, 1878년부터 1882년까지 4년간 2436건의 결과가 나온다. 예를 들면 다음과 같다. "The Labor Movement in California," *Argus*, February 5, 1878, p. 7; "The Chinese in California," *Queenslander*, December 14, 1878, p. 23. 다음도 보라. Markus, *Fear and Hatred*, 80‑83, 124‑25; Lake and Reynolds, *Drawing the Global Colour Line*, chap. 6. "The Chinese in Australia: Their Vices and Victims," *Bulletin*, August 21, 1886, p. 4, 11‑14; Editorial, "The Chinese Must Go," ibid., p. 2.

2 그레이트브리튼과 중국 간 베이징조약Convention of Peking, 北京條約(1860. 10. 24), 제5조: "영국령 식민지, 또는 바다 너머의 다른 지역들에서 복무하기로 선택한 중국인은 그 목적을 위해 영국 신민과 계약을 체결하고, 중국의 모든 개항 항구〔개항장〕 어느 항구에서든 영국 선박에 자신의 가족들을 태울 수 있는 완전한 자유를 가진다. 또한 상술上述한 고위 당국은, 중국 주재 영국 여왕 폐하Her Britannic Majesty의 대표와 협력해, 여러 다른 개항 항구의 상황에 따라, 위와 같이, 중국인 해외 이민을 보호하기 위한 규정을 만들어야 한다."

3 Lowe et al., *Chinese Question in Australia*, 26‑28.

4 금 채굴의 쇠퇴: Battellino, "Mining Booms," 63. 오스트레일리아의 중국인 인구는 빅토리아의 경우 1860년대에 2만 4700명에서 1만 7800명으로 줄었고, 뉴사우스웨일스에서는 1만 3000명에서 7200명으로 줄었다. 1863년 빅토리아의 제한 조치 철폐 및 1867년 뉴사우스웨일스의 제한 조치 철폐: Mountford, *Britain, China, and Colonial Australia*, 64.

5 *Times* (London), November 18, 1857, 8. 다음에서 인용. Mountford, *Britain, China, and Colonial Australia*, 62.

6 "인도네시아" 생태계와 "오스트레일리아" 생태계를 구분하는 이른바 월러스라인 Wallace Line은 실제로는 인도네시아 동부 및 뉴기니New Guinea와 오스트레일리아를 잇는 선이다. Martínez and Vickers, *Pearl Frontier*, 24-25. 마레게에 관해: Ganter, *Mixed Relations*, chaps. 1-2. 이하 탑엔드 지역에 대한 논의는 다음 책에서 가져온 것이다. Ganter, chaps. 2-4, and Martínez and Vickers, chap. 2.

7 Jones, *Chinese in Northern Territory*, 5-13; Jones, "Ping Que: Mining Magnate." 정부는 싱가포르의 인력 도급업자들에게 수수료, 운임, 의료비를 포함해 1인당 14파운드 7실링을 지급했다. 노동자들에게는 식비와 의료비를 포함해 한 달에 3파운드가, 현장 감독들에게는 식비와 의료비를 포함해 한 달에 5파운드가 지급되었으며, 이들은 2년 계약이었고, 만기 시 5파운드의 보너스 또는 귀국 운임이 제공되었다. 정부는 회사가 고용하지 않은 사람들을 공공사업에 참여시키고 이들을 천막tent에 수용하기로 약속했다.

8 Jones, "Ping Que"; Jones, *Chinese in Northern Territory*, 37.

9 Jones, "Ping Que."

10 Ganter, *Mixed Relations*, 69; "Chung Wah Society, Darwin, Northern Territory," Chung Wah Society, http://www.chungwahnt.asn.au/index.php?page=short-history.

11 Jones, *Chinese in Northern Territory*, 31, 53-54; Ganter, *Mixed Relations*, 70, 118.

12 살해당한 애버리지니들의 수: Evans and Ørsted-Jensen, "'I Cannot Say the Numbers.'" 퀸즐랜드 개척지에서의 폭력에 관해: Henry Reynolds, "Other Side of the Frontier" and Reynolds, "Unrecorded Battlefields of Queensland," in Reynolds, *Race Relations in North Queensland*.

13 Kong Shing Yung, "A Chinese Letter Home," *Rockhampton Bulletin and Central Queensland Advertiser*, September 26, 1865, pp. 2-3. 이 편지는 현지의 기독교 선교사가 번역했다.

14 "The Palmer River Goldfield: North Queensland Outback" (n.d.), Tropical Tableland Netguide, http://www.athertontablelandnetguide.com/outback/gold/palmer-river-gold.htm; William Hill, "The Palmer Goldfield: Early Day Experiences" (n.d.), http://www.chapelhill.homeip.net/FamilyHistory/Other/QueenslandHistory/ThePalmerRiverGol dfieldEarlyDayExperiences.htm. 퀸즐랜드에서 노던테리토리로 들어간 중국인들에 관해: Jones, *Chinese in Northern Territory*, 53-55; Crawford, *Notes by Mr. Crawford*. 태평양 섬주민들에 대한 인종적 신화에 관해: Banivanua-Mar, *Violence and Colonial Dialogue*.

15 Crawford, *Notes by Mr. Crawford*, 4, 18-20.

16 Kirkman, "Chinese Miners on Palmer," 49-62.

17 Loy-Wilson, "Rural Geographies," 414; Comber, "Chinese Sites on Palmer," 207, 209.

18 Kirkman, "Chinese Miners on Palmer," 49; Hill, "Palmer Goldfield." 폭력에 관해: Noreen Kirkman, "From Minority to Majority," in Reynolds, *Race Relations in North Queensland*, 238-39, 243. 광산 관리인들: Comber, "Chinese Sites on Palmer," 205.

19 Cathie May, "Chinese in the Cairns District," in Reynolds, *Race Relations in North Queensland*. 쿡타운에 관해: Crawford, *Notes by Mr. Crawford*, 27. 상품용 채소 재배와 가게에 관해: Loy-Wilson, "Rural Geographies," 415. 바나나 교역에 관해: Fitzgerald, *Big White Lie*, 155-56. 기후의 인종 이론에 관해: Anderson, "Coolie Therapeutics."

20 Huttenback, *Racism and Empire*, 241-50; An Act to Amend the Goldfields Amendment Act of 1874 (1876); Queensland Act 2 of 1878. 법안에 아프리카인이 포함된 것은 기존의 이민자와 잠재적 이민자를 포함한 모든 비백인 이민자에 대한 예방 조치였다. 당시 퀸즐랜드에는 아프리카인들이 없었다. 다음도 보라. Griffiths, "Strategic Fears of Ruling Class."

21 "The Kanaka Question at Mackay," *Week*, December 8, 1877, pp. 21-22; Huttenback, *Racism and Empire*, 42-49. Queensland Acts 47 of 1868 and 17 of 1880. 1901년까지 플랜테이션의 조건에 관해: "The Kanaka Problem," *North Queensland Register*, June 24, 1901, p. 39.

22 "In Townsville," *Worker*, December 17, 1892, 3; "The Kanaka Question," *Telegraph*, January 29, 1876, p. 6. 다음도 보라. Huttenback, *Racism and Empire*, 246-47. "흑황색 고통": "Black Labour and the Farmers," *Worker*, May 28, 1892, p. 2.

23 Markus, "Divided We Fall," 1-10.

24 Curthoys, "Conflict and Consensus."

25 Ibid.

26 Cameron, member of the NSW legislative assembly, 위의 책에서 인용, 56.

27 Anderson, "Coolie Therapeutics"; Editorial, *Brisbane Courier*, August 18, 1877, 4. 민족주의의 구성으로서의 반反중국인 인종주의에 관해: Auerbach, *Race, Law, and "Chinese Puzzle*," 16-27.

28 *South Australian Register*, February 20, 1888. 다음에서 인용. Mountford, *Britain, China, and Colonial Australia*, 100.

29 1891년의 비유럽인 인구: 퀸즐랜드, 5.05퍼센트; 웨스턴오스트레일리아, 4.65퍼센트; 뉴사우스웨일스, 1.29퍼센트; 빅토리아, 0.86퍼센트. Markus, *Fear and Hatred*, 160.

30 Lowe et al., *Chinese Question in Australia*, 20-21.

31 Ibid.

32 Kong Shing Yung, "A Chinese Letter Home," *Rockhampton Bulletin and Central*

Queensland Advertiser, September 26, 1865, pp. 2-3. 그룹 노동자들: Jones, *Chinese in Northern Territory*, 70. 《시드니 모닝 헤럴드Sydney Morning Herald》 조사에 따르면, 가구공의 경우 유럽인들의 임금은 평균 2파운드 10실링이고 중국인들의 임금은 평균 약 2파운드이며 사용자가 제공하는 음식과 숙소가 있다. Markus, "Divided We Fall," 7.

33 Zhang, *Gaoben hang hai shu*, entry for the twenty-second day, sixth month [1878], 553.

34 Cuba Commission, *Report of the Commission*; Yun, *Coolie Speaks*.

35 Mountford, *Britain, China, and Colonial Australia*, 96-99, 102; Tseng, "China—Sleep and Awakening."

36 Lowe Keng Meng et al., "Petition to their Excellencies General Wong Yung Ho and U Tsing," cited in Lake, "Chinese Empire Encounters British Empire," 107. 다음도 보라. Fitzgerald, "Advance Australia Fairly," 66-67, 104.

37 *Argus*, May 27, 1887, 다음에서 인용. Lake, "Chinese Empire Encounters British Empire", 105.

38 Ibid., 104.

39 건배: *Argus*, May 28, 1887, 위의 책에서 인용, 104-5.

40 Ibid., 107-8; Fitzgerald, "Advance Australia Fairly," 69.

41 Mountford, *Britain, China, and Colonial Australia*, chap. 4; Cheong, *Chinese Remonstrance*, 8-14.

42 Cheong, *Chinese Remonstrance*, 5-7.

43 Cheong, "Address to Australasian Conference," in ibid., 15.

44 Mountford, *Britain, China, and Colonial Australia*, 130-31.

45 Ibid., 136-42; Finnane, " 'Habeas Corpus Mongols.' "

46 Mountford, *Britain, China, and Colonial Australia*, chap. 5. 47.

47 Ibid., 153.

48 Griffiths, "Making of White Australia," 516-31. Griffiths는 엘리트 앵글로-오스트레일리아인들의 이해관계가 중국인들이 노던테리토리의 경제를 개발하게끔 내버려두기보다 그것을 파괴하는 쪽을 선택했다고 주장한다(535). Markus, *Australian Race Relations*, 74; Markus, *Fear and Hatred*, 195; Lake and Reynolds, *Drawing Global Colour Line*, chap. 6. 세기 전환기 무렵, 퀸즐랜드의 설탕산업은 자본집약적 기술에 투자해 태평양 섬주민들의 현장 노동력을 없앨 수 있었다. Denoon and Wyndham, "Australia and Western Pacific," 550. 태즈메이니아에 관해: Irving, *Constitute a Nation*, 102.

49 Mountford, *Britain, China, and Colonial Australia*, 183.

50 Markus, "Divided We Fall," 10; "Coloured Alien Curse," *Worker*, July 29, 1899, p. 2; "Sticking to the Chinese! The Capitalists' Conference Decides to Put White Labour Down — If Possible," *Worker*, March 21, 1891, p. 4. 최저임금에 관해: Lake, "Challenging 'Slave-Driving.' " 오스트레일리아는 2020년 룩셈부르크(13.78미국달러)에만 뒤진 채 여전히 가장 높은 최저임금(12.14미국달러)을 계속 유지하고 있다. "Minimum Wage by Country 2020," *World Population Review*, https://worldpopulationreview.com/country-rankings/minimum-wage-by-country. 백인 노동력 보호주의protectionism에 관해: Hyslop, "Imperial Working Class."

51 Fitzgerald, "Advance Australia Fairly," 59–74.

52 "Huagong Nanzuo" (letter), *Hangzhou baihuabao*, no. 8, August 1, 1901, p. 1.

53 Luo Zhongyao, *Report*, in Luo Fenglu to Foreign Ministry, July 29, 1902, File 3, no. 021300802061, Qing Foreign Ministry Records, AS.

54 Lake and Reynolds, *Drawing Global Color Line*, chap. 6.

55 "The Slippery Chinese," *Western Mail*, February 20, 1904, p. 13; "Prohibited Immigrants: Eleven Chinese Deported," *West Australian*, September 16, 1904, p. 2; "Chinese Stowaways," *Northern Territory Times and Gazette*, January 29, 1904, p. 3. 진주조개 산업에 관해: Tang Entong to Foreign Ministry, April 15, 1911, File no. 02-12-015-01-015, Qing Foreign Ministry Records, AS. 다음도 보라. Martínez, "End of Indenture?" 진주조개 산업은 1901년의 이민제한법의 면제를 인정받았으며, 1970년대까지 계약 아시아인 노동자를 모집했다. 다른 요구들에 관해: "Chinese Competition," *Albany Advertiser* (WA), April 2, 1904, p. 3; "Sunday Labour by Chinese," *Goulburn Evening Penny Post* (NSW), November 5, 1904, p. 2; "Future Trouble of Overseas Chinese," *Aiguo bao*, September 21, 1904, p. 2; Letters to Editor, *Aiguo bao*, November 23, 1904, p. 2; *Aiguo bao*, December 7, 1904, p. 2.

56 "Public Morals," *SMH*, November 1, 1904, p. 3; "Early Morning Raid. Chinese Gamblers Secured," *Evening News* (Sydney), November 26, 1904, p. 4; "Future Trouble of Overseas Chinese," *Aiguo bao*, September 21, 1904, p. 2; "Resistance Against Cruel Laws," *Aiguo bao*, November 23, 1904, p. 2. Zhong letter, *Aiguo bao*, December 7, 1904, p. 2.

57 영사에 관해: Liang Lanxun to Foreign Ministry, May 18, 1909, File no. 02-12-014-02-018; Li Jingfang to Foreign Ministry, June 3, 1910, File no. 02-12-014-03-009; Huang Rongliang to Foreign Ministry, July 5, 1911, File no. 02-12-015-01-023; all in Qing Foreign Ministry Records, AS. Act of 1905: Lake and Reynolds, *Drawing Global Colour Line*, 162.

58 Dilke, *Greater Britain*; Belich, *Replenishing the Earth*, 320-21.

제8장 지구상에서 가장 부유한 곳

1 Evans, *Report*, June 27, 1904, Cd. 2183/doc. 13, *PP* 1905; Richardson, "Recruiting Chinese Indentured Labour," 94.

2 Evans, June 27, 1904, Cd. 2183/13, *PP* 1904; Evans, November 1904, Cd. 2401/22, *PP* 1905; Evans, *General Report*, February 13, 1905, Cd. 2401/49, *PP* 1905.

3 Evans, *General Report*, February 13, 1905, Cd. 2401/49, *PP* 1905.

4 Marks and Trapido, "Milner and South African State," 58. 조지 파라는 남아프리카전 쟁에 복무한 공로로 기사작위를 받았으며, 1911년에 준准남작baronet이 되었다. Farrar papers, BL.

5 Higginson, "Privileging the Machines," 12-16; Hamill, *Strange Career of Hoover*, 162; Peng, "Qingdai yingguo wei nanfei."

6 Xie, *Youli nanfeizhou ji*, 278-89. 셰쯔슈 집안의 배경에 관해 알려준 Chengji Xing에 게 감사한다.

7 Evans, June 27, 1904, Cd. 2183/13, *PP* 1904.

8 치사율에 관해: Yap and Man, *Colour*, 117; Richardson, *Chinese Mine Labour*, 256n5. 1904년 6월 22일부터 1907년 1월 31일까지 이탈, 작업 거부, 무단결근, 허가증 미未제 시, 폭동 등에 대한 유죄판결. Cd. 2786 /28, *PP* 1905; Cd. 3338, appendix 2, *PP* 1907; Cd. 3528/6, 12, 17, 25, 38, *PP* 1907. 1906년 6월 현재, 15명이 10년형에서 종신형까 지를 받았고, 14명이 살인죄로 처형되었으며, 16명이 폭동 중에 총에 맞아 사망했다. "Notice Addressed to Chinese Indentured Laborers from Foreign Labor Department Superintendent Jamieson," appended lists, TAB/GOV 990 PS 37-17-06 Part I, NASA.

9 Saunders and Smith, "Southern Africa," 597-623. 영국인들은 1877년에 트란스발을 병합해 짧은 기간 보유하다 1881년 제1차 앵글로-보어전쟁First Anglo-Boer War(제1차 보어전쟁)이 끝난 후 아프리카너들에게 돌려주었다.

10 Erthington et al., "From Colonial Hegemonies to Imperial Conquest," 319-91; Dubow, "South Africa and South Africans."

11 Stephens, *Fueling the Empire*, 92-94.

12 Saunders and Smith, "Southern Africa," 609. "지옥 같은 곳": Stephens, *Fueling the Empire*, 165. Chinese denied mining licenses: Yap and Man, *Colour*, 73-75. 금 면허 gold license의 거부는 금법Gold Law 제15호에 따라 유색인의 귀금속 채굴 면허 취득을

명시적으로 금지하기 전까지는 비공식적으로 이루어졌다.

13 S. Herbert Frankel, "Fifty Years on the Rand," *Economist*, September 19, 1936, p. 523; "The Transvaal Gold Mines —XV: The Rand East of Boksburg," *Economist*, Feb. 11, 1905, p. 218. 산업적 필요: Marks and Trapido, "Milner and South African State," 60-61; Richardson and Van Helton, "Development of South African Gold-Mining," 319-40. 광맥에 도달하기: Stephens, *Fueling the Empire*, 166.

14 Stephens, *Fueling the Empire*, 165-67; Delius, "Migrant Labor and Pedi," 295-303; Higginson, "Privileging the Machine," 16-22. "과학적 산업": Burt, *Visit to Transvaal*, 27.

15 "Statement Showing Increase in the Number of Whites, Coloured, and Chinese Employed by all the Gold Mines on the Witwatersrand," Cd. 2401/47, *PP* 1905. 금 산출량에 관해: Yap and Man, *Colour*, 134; TCM, *15th Annual Report for the Year 1904*, xxxix, Richardson, "Recruiting of Chinese Indentured Labour," 87. 1914년에 란트는 전 세계 금 산출량의 40퍼센트를 차지하게 되었다. Saunders and Smith, "Southern Africa," 609.

16 Van-Helten, "Empire and High Finance," 533.

17 이런 관점의 고전적 저작은 다음의 책이다. J. A. Hobson's *Imperialism: A Study* (London, 1890); 다음도 보라. Ally, *Gold and Empire*. 국내 산업의 근대화를 포기하고 "국제 대부, 무역, 결제의 허브로서 성장해가는 힘"에 의존하는 영국의 전략에 관해: Hobsbawm, *Industry and Empire*, 169.

18 De Cecco, *International Gold Standard*, 30-38.

19 Erthington et al., "Colonial Hegemonies to Imperial Conquest," 372.

20 셀번은 다음에서 인용. Meredith, *Diamonds, Gold, and War*, 366.

21 높은 생활비로 인해 광산들에서의 백인들 임금도 높았다. 백인들은 노동력의 소수이긴 했으나, 백인들의 임금은 토착민들의 임금보다 훨씬 더 많은 비용을 차지했다. ZAR Witwatersrand Chamber of Mines, *Report of Industrial Commission*, 447-48, 452-55. 채굴 자본주의mining capitalism와 ZAR 국가에 관해: Denoon, "Capital and Capitalists," 111-32. 1899년 블룸폰테인 회의에서 폴 크루거의 감정 폭발에 관해: Marks and Trapido, "Milner and South African State," 61.

22 Trapido, "Imperialism, Settler Identities," 66-101; Marks and Trapido, "Milner and South African State," 55-57. 남아프리카전쟁에서 금의 역할을 둘러싼 역사학자들 사이의 논쟁에 관해: Marks and Trapido, "Milner and South African State Reconsidered," 80-94.

23 Saunders and Smith, "Southern Africa," 610-15; Trapido, "Imperialism, Settler

Identities," 90-97. 영국사와 남아프리카사 연구자들은 수십 년에 걸쳐 남아프리카전
쟁의 기원을 둘러싼 논쟁을 벌여왔는데, 특히 전쟁이 1차적으로 정치적(제국적) 이
해관계에 의해 추동된 것인지 아니면 경제적(금광 채굴의) 이해관계에 의해 추동된
것인지에 관해서다. 이러한 논쟁들은 경제적 이해관계가 제국적 힘을 구성한다는 점
을 이해하지 못한 경우가 대부분이다. Robinson and Gallagher, *Africa and Victorians*;
Marks and Trapido, *Politics of Race*; Porter, "*Cultural Imperialism*"; Smith, *Origins of
South African War*.

24 Milner quoted in Marks and Trapido, "Milner and South African State," 52. 다음도 보
라. "Colonial Nationalism"; Bright, *Chinese Labour*, 38-47.

25 Lawley to Milner, May 14, 1904, Cd. 2104/11, *PP* 1904; *Reports of Transvaal Labour
Commission*, Cd. 1894 p. 33, *PP* 1904; Higginson, *Collective Violence*, 69-71, 87-88.

26 *Reports of Transvaal Labour Commission*, Cd. 1894, pp. 33, 39, *PP* 1904. "위험의 만연":
"Worker," letter to Johannesburg *Star*: "카피르들을 광산으로 '몰아넣는drive' 유일한
것은 경제적 압박이다. 다시 말해, 우리가 광산들에서 채굴할 카피르 노동력을 확보해
야 한다면, 우리는 오두막세hut tax를 인상할 준비가 되어 있어야 하고, 그러한 조치의
결과와 직면할 준비가 되어 있어야 한다. 나는 노동력 문제의 이러한 해결책이 10만 명
의 중국인을 수입하는 것보다 남아프리카의 백인 인구에 더 큰 위험을 초래할 수 있다
고 감히 말하고 싶다." ("카피르"는 남아프리카 반투족의 하나를 지칭하기도 하며, 남
아프리카의 흑인을 인종적으로 비하해 지칭하는 경멸적 표현이기도 하다. 여기서는
후자의 의미다. "오두막세"는 영국이 자국의 아프리카 속령들에서 오두막(또는 다른
형태의 가구)을 기준으로 도입한 세금의 한 형태다.) "Chinese Labour," *Star*, March 3,
1906, in "History of Chinese Labour, January to November 12, 1906," clipping album,
Farrar papers, BL. 강탈의 과정은 길고, 쉽지 않았으며, 트란스발 시골에서는 토착민 농
민들의 농경과 소작이 지속되었다. 1913년의 토착민토지법Native Land Act of 1913은 아
프리카인들의 토지 소유권을 그 나라 토지의 13퍼센트로 제한해서 토지를 강탈하
는 것을 목표로 했다. 광산 또한 최소 계약기간을 1919년에는 7개월로, 1924년에는
9개월로 연장했다. Martin Legassick and Francine de Clercq, "Capitalism and Migrant
Labour in Southern Africa: The Origins and Nature of the System," in Marks and
Richardson, *International Labour Migration*, 148-49; Higginson, *Collective Violence*.

27 임금에 관해: Marks, "War and Union," 169. 가축몰이용 막대기와 채찍에 관해: *Report
of Native Deputation Inspection from Cape Colony to Transvaal*, October 15, 1903,
Milner to Lyttelton, January 24, 1904, Cd. 2788/3 encl., *PP* 1906. 드릴에 관해: Marks
and Trapido, "Milner and South African State," 65. 원주민 통행증에 관해: Transvaal
Proc. no. 37, 1901. 주류법 개정에 관해: Transvaal Proc. no. 36, 1901. 사망률에 관해:

Lyttelton to Milner, February 22, 1904, Cd. 2025/4, *PP* 1904; Milner to Lyttelton, February 27, 1904, Cd. 2025/5, *PP* 1904. 투자자들에 관해: Richardson, *Chinese Mine Labour*, 15-21.

28 Transvaal Labor Commission, 9; Honnold to Rickard, June 30, 1903, letterbook A, box 77, H.Mss.03381, WM, Claremont Colleges Library. 인도에 관해: Bright, *Chinese Labour*, 33.

29 TCM, *Report for 1900-1*, xxxviii-xxxix; Richardson, "Recruiting Chinese Indentured Labour," 89.

30 H. Ross Skinner, *Report Furnished to the Witwatersrand Native Labour Association*, September 22, 1903, in TCM, *Report for 1903*, 155-69. 계약의 중개에 관해: Richardson, *Chinese Mine Labour*, chap. 3. 입법 준비에 관해: Ibid., 29. 해리 로스 스키너는 제1차 세계대전 동안 트란스발 군수품 책임자가 되었고, 이에 대한 공로로 1917년 기사작위를 받았다.

31 Skinner, *Report*, 161, 166-67.

32 Ibid, 163.

33 Li, *History of Overseas Chinese*, 92; Yap and Man, *Colour*, 14-24. Occupations: Harris, "History of Chinese," 218.

34 Yap and Man, *Colour*, 71-80.

35 Ibid., 79.

36 Ibid., 89-93. 옝쿠완은 1895년 광저우에서 쑨얏센의 실패한 봉기를 지휘했으며, 그 후 영국은 그와 쑨얏센을 5년 동안 홍콩에서 추방했다. 옝쿠완은 남아프리카로 갔다가 1899년에 홍콩으로 돌아왔다. 1900년에 그는 광둥에서 또 다른 봉기를 시작했다. 1901년 그는 청 첩자에게 살해당했다.

37 Harris, "History of Chinese," 220-32; resolutions from Dordrecht, Wodehouse, Hanover, and George, December 1903 to February 1904, KAB GH 1/358/16, NASA. 1904년의 중국인배제법은 중국인 광산 프로그램이 종료된 후에도 20년 동안 케이프식민지 기록부들에 남아 있으면서 중국인 이민이 케이프식민지로 오는 것을 실제로 종식시켰고, 케이프식민지와 여러 지역에서 중국인 공동체가 성장하는 것을 막았다.

38 조지 파라는 다음에서 인용. *Rand Daily Mail*, April 1, 1903, Milner to Chamberlain, April 25, 1903, Cd. 1895/8, encl. 1, *PP* 1904.

39 "우리에게 몰려든다"와 "중립적 태도": Milner to Chamberlain, April 6, 1903. Mining engineers: Milner to Chamberlain, December 20, 1902, all in MSS Milner dep. 171, BL. "온갖 수단을 다 사용했다": Milner to Gell, December 13, 1903, in Milner, *Papers*, 2:481. 식민부에 대한 로비: Phillips to Reyersbach, November 13, 1903, in Phillips, *All*

that *Glittered*, 121; Bloemfontein resolution, *Report of Executive Committee*, in TCM, *Annual Report for 1903*, xxxi.

40 Minority report, *Statement of the Chamber Presented to the Transvaal Labor Commission*, in appendix, TCM, *Annual Report for 1903*, 49-57. 피터 화이트사이드에 관해: Bright, *Chinese Labour*, 34-35; Majority report, Cd. 1896, p. 40, *PP* 1904; *Report of the Executive Committee*, TCM, *Annual Report for 1903*, xxx-xxxi.

41 직종별조합: Bright, *Chinese Labour*, 44-46. Banners: Yap and Man, *Colour*, 107. 화이트리그: *Transvaal Leader*, April 2, 1903, Milner to Chamberlain, April 6, 1903, MSS Milner dep. 171, BL.

42 결의안은 다음에서 인용. Bright, *Chinese Labour*, 56; Smuts to Hobhouse, February 21, 1904, 다음에서 인용. ibid., 58.

43 Ibid., 42.

44 Phillips, *Transvaal Problems*, 49; Bright, *Chinese Labour*, 42-44.

45 Bright, *Chinese Labour*, 35-37. Richardson, *Chinese Mine Labour*, 28-29, 조지 파라에 관한 인용은 28쪽.

46 Ordinance no. 17 of 1904, Transvaal, *Handbook of Ordinances*.

47 Regulations issued under Section 29 of Ordinance no. 17 of 1904; Government Notice 777, June 10, 1904, all ibid.

48 하이드파크: Yap and Man, *Colour*, 107; Richardson, "Recruiting Chinese Indentured Labour," 93-97. 옌타이에서의 모집: Zhang to Waiwubu, January 8, 1904, in Chen, *Huagong chuguo shiliao huibian*, 1:1653.

49 Zhang to Waiwubu, February 18, 1904, ibid., 1:1656-57. 1860년 베이징조약은 중국과 영국 관리들이 "상기上記와 같은 중국인 이민의 보호"를 위해 마련한 규정에 따라 중국인들이 "영국 식민지, 또는 바다 너머의 다른 지역"들에서 복무할 수 있는 "완벽한 자유"를 인정했다(Article 5). "예상치 못했으며": *Report of the Executive Committee*, TCM, *Annual Report for 1904*, xxvii.

50 Zhang, *Gaoben hang hai shu qi huibian*. 장더이의 초기 훈련과 경력에 관해서는 다음도 보라. Zhang, *Diary of Chinese Diplomat*.

51 Zhang to Waiwubu, February 6, May 1, August 26, September 4, October 16, and December 4, 1903; January 8 and 22, 1904, all in Chen, *Huagong chuguo shiliao huibian*, 1:1643-55.

52 Emigration Convention of Great Britain and China of 1904, in Transvaal, *Handbook of Ordinances*, 31-37.

53 Zhang to Waiwubu, March 18, 1904, in Chen, *Huagong chuguo shiliao huibian*, 1:1661;

Villiers, Sixth meeting of [negotiating] committee, April 8, 1904, Cd. 1945, *PP* 1904.

54 Richardson, *Chinese Mine Labour*, 51-72; *General Report on Chinese Labour*, March 13, 1905, Cd. 2401/49, *PP* 1905. 중국 산둥의 항구도시 옌타이에서 CMLIA는 코나브에크퍼드앤드컴퍼니Cornabe Eckford and Co. 및 실라스-슈바베앤드컴퍼니Silas-Schwabe and Co.와 일했고, 톈진에서 CMLIA는 차이니스엔지니어링앤드마이닝컴퍼니Chinese Engineering and Mining Company와 일했다. Richardson, *Chinese Mine Labour*, 114-15. 후자는 1877년 중국 최초의 근대적 산업회사의 하나로 설립된 카이핑매광을 1901년 카이핑의 중국 주주들이 적대적으로 인수한 이후 이를 흡수한 영국회사였다. 허버트 후버는 카이핑매광의 수석기술자로 인수 과정에서 중심적 역할을 담당했다. 그는 영국의 채굴 및 금융 이해관계자들—런던의 뷰익모어링앤드컴퍼니Bewick, Moreing & Co.와 베르너바이트앤드컴퍼니Werner, Beit & Co., 최근 남아프리카 출신이자 카이핑매광의 신임 이사이며 홍콩 총독 매튜 네이선 경Sir Matthew Nathan의 동생인 월터 네이선 Walter Nathan —과 함께 이해관계가 있었으며, 이는 트란스발 금광들에 대한 자신의 채용 계약을 원활하게 했다. Carlson, *Kaiping Mines*, 57-83; *Times* (London), March 2, 1905, p. 9; Peng, "Qingdai yingguo wei nanfei." 모집 첫해에 차이니스엔지니어링앤드마이닝은 7만 2071위안의 순이익을, 이듬해에는 2만 2000위안의 순이익을 남겼다. Walter Nathan, *Chinese Mining and Engineering Company Annual Report 1904-1905*, and 1905-5 annual report, reprinted in Zhonggong Kailuan meikuang weiyuanhui kuangshi bianweihui (History Editorial Board of CCP Kailuan Mining Committee), "Qian kai luan meikuang ying, bi diguo zhuyi fenzi fanmai huagong de yixie ziliao" (Selected documents on labor trafficking by British and Belgian imperialists from the former Kailuan coal mine), *Beiguo chunqiu*, no. 2 (1960), pp. 76-94.

55 Xie, *Youli nanfeizhou ji*, 278-81. "전제적": Chung Kwok Po, May 29, 1903과 "산지옥," in *Swatow* (Shantou) *Daily News*, May 20, 1903. 다음에서 인용. Yap and Man, *Colour*, 100.

56 《외교보》는 영국 뉴스 기사들과 조례 제17호 본문을 번역해 게재했으며, 트란스발의 중국인 노동력 프로그램과 관련해 발표된 후속 조례들을 계속 게재했다. Translation of Ordinance no. 17, *Waijiao bao*, June 8, 1904. 《동방잡지》는 중국인 노동자들의 고통, 그들에 대한 착취, 중국의 치욕에 대해 직접적으로 비판하는 글을 썼다. 다음 예를 보라. "Shu nanfei yingshu jinzhi huagong rujing xinli hou" (New Regulations Forbidding Chinese Labor from South Africa), *Dongfang zazhi* 1, no. 10 (October 25, 1904): 161-64; "You wuding zhaomu huagong zhiyue" (Chinese Labor Contract Signed Wrongly Again), *Dongfang zazhi* 1, no. 5 (July 8, 1904): 19. "Nan feizhou hua qiao can zhuang ji" (A Record of the Miserable Condition of the Overseas Chinese in

South Africa), *Xinmin congbao* 3, no. 1-2 (June-July 1904), trans. Jack Neubauer. 이 편지와 10월에 게재된 두 번째 편지에는 중국인협회(남아프리카)의 서명이 있으며, 편지는 셰쯔슈가 쓴 것으로 보인다. 사회다윈주의와 중국민족주의에 관해: Duara, *Rescuing History*, chap. 4; Karl, *Staging the World*, chap. 7.

57 Richardson, *Chinese Mine Labour*, 85-88; "Nanfeizhou di er tongxin" (A Second Letter from South Africa), Xinmin congbao 3, no. 6 (1904).

58 Under-Secretary of State, Foreign Office, to Under Secretary of State, Colonial Office, June 22, 1905, *Intelligence Report for March Quarter*, TAB/FLD 19 AG11/05, NASA. 1847년과 1874년 사이에 계약중국인 12만 5000명이 쿠바로 갔고, 9만 5000명이 페루로 갔다. 청은 1874년 대표단이 쿠바 현지를 방문해 광범위한 확대를 발견한 후 쿠바 및 페루와의 노동 계약을 폐지했다. Hu DeHart, "Chinese Coolie Labor in Cuba"; Martínez, " 'Unwanted Scraps."

59 Richardson, *Chinese Mine Labour*, 93-97; CMLIA cited in Yap and Man, *Colour*, 105.

60 성의 관리들에 관해: Johnson to Commissioner no. 260, re Chinese emigration to Transvaal, Weihaiwei area port of embarkation, August 29 and September 1, 5, 12, and 13, 1904, CO 873/136, NA; *Nanfeizhou jinkuang huagong xintu*. Rosters are reprinted in Li, *Fei zhou huaqiao huaren*, 60-63, 65-67, 70-75.

61 Richardson, *Chinese Mine Labour*, 125-26, FLD and Skinner quoted at 126.

62 Xie, *Youli nanfeizhou ji*, 279; Burt, *Visit to Transvaal*, 61; Richardson, *Chinese Mine Labour*, 145.

63 Richardson, *Chinese Mine Labour*, 141-43; *Shandong ribao*, translation in FO 2/971, p. 194, NA.

64 Richardson, *Chinese Mine Labour*, 148.

65 Ibid., 156-57.

66 배의 외과의사의 일지는 다음에서 인용. Richardson, *Chinese Mine Labour*, 158-59.

67 Ibid, 161-62.

68 Evans, *Report*, June 27, 1904, Cd. 2183/13, *PP* 1904; Milner to Lyttelton, July 29, 1904, Cd. 2401/6, *PP* 1905.

제9장 란트 지역의 쿨리

1 Xie, *Youli nanfeizhou ji*, 284.

2 Thomas Ah Sze to Higgins, April 3, 1905, FO 2/971, p. 250, NA.

3 Higgins to Bagot, April 5, 1905; Bagot to Perry, April 6, 1905; interview at Farrar

Brothers Offices (Johannesburg), March 29, 1905; Thomas Ah Sze to W. G. Higgins, April 3, 1905; McCartney to Perry, May 26, 1905; all FO 2/971, pp. 242-58, NA.

4 Thomas Ah Sze to Higgins, April 3, 1905.

5 Xie, *Youli nanfeizhou ji*, 278-89; Chen, *Huagong chuguo shiliao huibian*, 1:1757.

6 Milner to Lyttelton, July 29, 1904, Cd. 2401/6, *PP* 1905

7 각기병 환자 목록은 증기선 이크바르호를 통해 더반에서 보내왔다(1904. 11. 8). TAB/ FLD 41, 5/54, NASA. 산출량과 이익: Richardson, *Chinese Mine Labour*, 202, table A.12.

8 Evans, *General Report*, February 13, 1905, Cd. 2401/49, *PP* 1905. Richardson, *Chinese Mine Labour*, 167-68. 수입 노동자들에 관한 데이터: Bright, *Chinese Labour*, 91.

9 "확정보험증권": Milner to Lyttelton, January 30, 1905, Cd. 2401/41, *PP* 1905. CMLIA requests: *Report of Chinese English Mining Co. General Manager W. Nathan*, May 25, 1905, in "Qian Kailuan meikuang Ying/Bi diguozhuyi fenzi fanmai huagong de yixie ziliao" (Selected Documents from the Former Kailuan Coal Mine on Foreign Labor Recruitment), *Beiguo chunqiu* no. 2 (1905), 76-94. 영구적 특징: Elgin to Selborne, January 5, 1906, Cd. 2788/15, *PP* 1906; Selborne to Elgin, January 20, 1906, Cd. 2819/39, *PP* 1906; Davenport, *Digging Deep*, 294.

10 Richardson, *Chinese Mine Labour*, 169-72.

11 *Extracts from Report of the Government Mining Engineer for Year Ending 30 June 1905*, Cd. 2819/71, *PP* 1906. 이 보고서에 따르면, 중국인의 79.18퍼센트가 지하에서, 20.82퍼센트가 지상에서 일하고, 토착민 노동자들의 67.18퍼센트가 지하에서, 32.82 퍼센트가 지상에서 일하고, 백인 노동자들의 42.15퍼센트가 지하에서(주로 중국인 및 토착민 노동력의 십장什長, foreman으로), 57.85퍼센트가 지상에서 일하고 있는 것으로 나타났다. *Nanfeizhou jinkuang huagong xintu*에 나오는 여러 광산의 노동자 샘플은 이 데이터를 뒷받침한다: ERPM의 안젤로 광산에서 일하는 80명의 중국인 노동자는 착암공 49명, 광차운반공 14명, 암석운반공 7명(이상 지하), 기계공 보조 3명, 제철공 보조 1명(이상 지상), 십장 3명과 경찰관 1명 등으로 구성되었다. 베르너바이트앤드컴퍼니의 겔덴후이스디프의 노동자 샘플에는 착암공 41명, 광차운반공 4명, 암석운반공 1명, 발파공 1명, 십장 2명이 포함되었다. *Nanfeizhou jinkuang huagong xintu*.

12 Regulations issued under section 29 of Ordinance no. 17 of 1904, Form no. 1, Contract of Service, par. 4-6; Second Schedule to Contract, Schedule of Native Wages, Transvaal *Handbook of Ordinances*. 백인 광부들은 비숙련노동의 경우는 1일에 9~ 10실링을, 숙련노동의 경우는 1일에 17~20실링을 벌었다. Burt, *Visit to Transvaal*, 40. 청 말 중국의 임금은 지역마다 차이가 있었으며, 데이터가 일관성이 없다. 1905년

베이징의 일급은 은 5그램 또는 0.5실링에 해당했다. Allen et al., "Wages, Prices, and Living Standards," fig. 3, p. 20. Lionel Phillips는 일급이 중국은 2펜스, 한국은 5펜스(거의 0.5실링)로 보았는데, 그는 십중팔구 만주 지역의 일급을 의미했을 것이다. Phillips, *Transvaal Problems*, 111. "우유 구매"에 관해서는 다음을 보라. Gim Ah Chun, Chinese Interpreter at New Comet, in Burt, *Visit to Transvaal*, 61. 셰쯔슈는 란트 지역에서 3펜스 이하로 살 수 있는 것은 아무것도 없으며, 광산 가게들의 일상용품 가격은 타운의 경우보다 10배나 높았다고 보고했다. Xie, *Youli nanfeizhou ji*, 281; "Nanfeizhou di er tongxin."

13 Evans, *General Report*, February 13, 1905, Cd. 2401/49, *PP* 1905; Selborne to Lyttelton, September 18, 1905, Cd. 2786/25, *PP* 1905; *Annual Report of the FLD, 1905-6*, Cd. 3338, appendix 8, *PP* 1907.

14 Yap and Man, *Colour*, 110; Bright, *Chinese Labour*, 80-82; Zhang to Waiwubu, June 19, 1905, file no. 022900304018; Liu Yulin to Waiwubu, April 11, 1906, file no. 022900108002, all in Qing Foreign Ministry Records, AS. 류위린의 조사에 관해서는 다음에 동봉된 것을 보라. Zhang to Waiwubu, October 14, 1905, doc. 374, *Qingji huagong chuguo shiliao*. 사망보험금: Zhang Deyi to Waiwubu, June 19, 1905, file no. 02-29-003-04-018, Qing Foreign Ministry Records, AS.

15 "Nanfeizhou di er tongxin"; Letter to editor, *Aiguo bao*, September 28, 1904, p. 2. 아부에 관해: Naylor, "Yellow Labour: The Truth about the Chinese in the Transvaal," dd-22487, CRL.

16 식사 배급량: Regulations issued under section 29 of Ordinance no. 17 of 1904, Form no. 1, par. 7. 점심: Evans, *Report*, November, 28, 1904, Cd. 2401/22, PP 1905; Evans, *General Report*, February 13, 1905, Cd. 2401/49, *PP* 1905. 트란스발 외국인노동부 감독관 윌리엄 에번스는 이 빵을 "일등급first class"이라고 칭했지만, 중국인 노동자들은 셰쯔슈에게 빵이 너무 거칠어 삼킬 수 없다고 불만을 토로했다. Xie, *Youli nanfeizhou ji*, 280.

17 (갱내)계단식채굴장: Burt, *Visit to Transvaal*, 57-58. Water: "Complaints by Chinese December 7, 1905." 다음에서 인용. Harris, "History of Chinese," 173. 정부의 채굴 기술자들은 란트 지역의 산출 광산 75개 중 15개만이 착암기를 생산적으로 이용할 수 있다고 보고했다. Milner to Lyttelton, February 13, 1905, Cd. 2401/47, *PP* 1905. 1905년이 되면 평균 깊이가 2600피트(790미터)인 심부 광산 약 22개가 두 번째 광맥 라인에서 가동되고 있었다. 중국인들은 이 광산들에서 일했으며, 또한 4000~5000피트(1200~1500미터) 깊이에서 세 번째 광맥 라인을 따라 산출 광산들을 만들어낼 준비를 했다. Leggett, "South African Methods," *EMJ*, April 20, 1905, pp. 754-56.

18 Eugenio Bianchini, report, October 28, 1905, Cd. 2819/29, *PP* 1906.

19 수용소: Evans, *Report*, November 28, 1904, Cd. 2401/22, *PP* 1905; Evans, *General Report*, February 13, 1905, Cd. 2401/49, *PP* 1905. 스튜: Phillips, *Transvaal Problems*, 110. 육류 배급량: "Wu gao zhi min" (A People with Nowhere to Turn), *Xinmin congbao* 3, no. 11 (1904). 맛없는 고기: Xie, *Youli nanfeizhou ji*, 280. 외부에서 식량 구매: Chinese controller, New Heriot to Sir John Walsham Bart, Inspector FLD, April 29, 1909, TAB/ FLD 251 83/32, NASA.

20 Flowers and birds: Phillips, *Transvaal Problems*, 104. Light and airy: Evans, *Report*, November 28, 1904, Cd. 2401/22, *PP* 1905; Evans, *General Report*, February 13, 1905, Cd. 2401/49, *PP* 1905. 고급스럽고 호화롭다: McCallum to Selborne, January 10, 1906, TAB/ FLD 22/115-05, NASA. 프렌치란트골드마이닝컴퍼니French Rand Gold Mining Company의 관리자 레인 카터Lane Carter는 남아프리카의 중국인들이 "풍족하게 in clover" 살고 있다고 믿었다. Phillips, *Transvaal Problems*, 110.

21 의견 교환에 관해: Phillips, *Transvaal Problems*, 103, 112. 악습에 관해: Malcolm to local mayors, clergy, and Chamber of Mines, August 7, 1906, and response correspondence, TAB/FLD 210/51-51-27, NASA. 대부분은 중국인들이 아프리카인들에게 악덕의 방식으로 알려줄 새로운 어떤 것이 있다는 생각을 반박했다. 중국인들의 아프리카인 여성과의 관계에 관해: Rose to Malcolm, August 24, 1906, TAB/SNA 248 147-56, NASA; district controller, native affairs to pass commissioner (n.d.), TAB/SNA 248 NA 70/105, NASA; acting secretary for native affairs to private secretary of lieutenant governor, January 17, 1905, TAB/SNA, 248 NA70/05. NASA. 다음도 보라. Harris, "Private and Confidential," 125-26. 에스닉 갈등의 예로는 수용소 인근의 둑에서 목욕하는 중국인들과 아프리카인들 사이의 싸움도 있었다. 아프리카인들이 중국인 노동자들의 변발을 잡아당겼던 것이다. Grant-Smith, "Disturbance at the Van Ryn Gold Mines and Estate Limited, 14th May 1905," TAB/ FLD 29, AG 2553-3491/05, NASA. 또한 초원에서 소풍을 즐기던 중국인 노동자 7명이 체포된바, 일단의 아프리카인이 그들을 절도 혐의로 고발했기 때문이다.: "Petition of 7 Witwatersrand Deep Coolies Sentenced at Germiston to 10 Lashes Each and 6 Months," May 28, 1906, TAB/ FLD 240/76-76-15, NASA.

22 *Nanfeizhou jinkuang huagong xintu*; Phillips, *Transvaal Problems*, 113; "Is it Slavery?" (1906), Cambridge University Library, CCO; Yap and Man, *Colour*, 122.

23 전문 도박꾼: *Report of the Special Committee Appointed to Consider and Report upon the Present Conditions in Regard to the Control of Chinese Indentured Labourers on the Mine Premises of the Witwatersrand Area* (1906), Cd. 3025/101, *PP* 1906; Memorandum,

superintendent FLD, January 5, 1906, TAB/FLD 22/115-05, NASA; petition of Ts'ui Ku-yan (translation), July 25, 1906, TAB/FLD 240/76-11, NASA. 추이구엔이 실제로 자살을 고려했는지 아니면 자신의 호소를 강화하려 자살이라는 수사rhetoric를 사용했는지는 알 수 없다.

24 세례: Yap and Man, *Colour*, 123. 타운에 가기: Evans, *General Report*, February 13, 1905, Cd. 2401/49, *PP* 1905; Yap and Man, *Colour*, 120; Phillips, *Transvaal Problems*, 104, 113. 칭찬과 비난: McCallum to Selborne, January 10, 1906, TAB/FLD 22/115-05, NASA; Harris, "Private and Confidential," 122-24.

25 Selborne to Elgin, July 2, 1906, TAB/GOV 990 PS 37-17-06 Part 1, NASA; A. G. de Vil- liers, *Report*, May 4, 1907, TAB/LD AG 1524/07, NASA; Yap and Man, *Colour*, 122. 1903년의 풍기문란 조례는 어떤 백인 여성도 "그 어떤 토착민Native과 불법적인 육체적 관계를 맺는 것"을 금지했다(여기서 "토착민"은 "아프리카·아시아·미국·세인트헬레나의 유색인종 토착민the native of Coloured races에 명백히 속하는 사람"으로 정의되었다). 다음도 보라. Harris, "Private and Confidential," 123-26.

26 Epprecht, " 'Unnatural Vice' "; Moodie et al., "Migrancy and Male Sexuality"; Harris, "Private and Confidential," 127-31; Chou, *Tongzhi*, 1-55.

27 기록에는 일요일에 다른 광산의 친척을 방문하러 가는 중국인 노동자들이 종종 언급되어 있다. 채굴노동자 모집이 특정 지역에 집중되었던 터라 노동자들은 같은 현縣, 심지어 같은 마을에서, 따라서 확대가족과 씨족혈통에서 왔을 것이다. 부계 관습에 관해: McKeown, "Transnational Chinese Families," 73-110. 여성과 아이에 관한 데이터: *Annual Report of the FLD, 1904-5*, Cd. 3025, appendix 4, p. 167, *PP* 1906; *Annual Report of the FLD, 1905-6*, Cd. 3338/32, *PP* 1907. *Nanfeizhou jinkuang huagong xintu*. 여기에는 짐머앤드잭골드마이닝컴퍼니에서 12~13세로 보이는 남자아이들에 대한 기술이 포함되어 있다. 이들을 위한 학교가 하나 있다고 명시되어 있지만 문서에 광산 지역의 학교에 대한 언급은 없다.

28 Transmission of letters: TAB/FLD 188-90, NASA. Mail addressed to Tianjin shops: Record of Chinese laborers' correspondence from South Nourse (1904-6), TAB/FLD 189/40/8, NASA; letter of Hu Yulin, in Li, *Fei zhou huaqiao huaren*, 112. 후위린은 자신의 아내에게 "큰 길에 있는 본채 앞마당의 셰Xie 씨氏 댁 앞으로" 그녀에게 두 차례나 송금했으며 "어떻게 당신은 이런 편지들을 받고도 답장을 하지 않소?"라고 묻는 편지를 보냈다. 후위린은 편지를 광시에 있는 자기 아내의 집으로 보내는 방법을 알고 있었을 수 있으나, 그는 아내에게 반송 주소에 대해서는 불충분한 정보를 주었다.

29 Bianchini Report, Cd. 2819/29, *PP* 1906. 플레스에 관해: Affidavits of Alexander McCarthy, Chang Chan Yin, Li Yu Cheng, Liu An pan, and Yao Li Kung (November

1905- February 1906); sundry correspondence between Selborne and Elgin; Law
Office and Lieutenant Governor's Office, February 1906, TAB/FLD 22/115-05,
NASA. 고문 사건은 플레스와 함께 하숙을 했던 병원 직원 매카시McCarthy가 플레스
가 리위청Li Yu Cheng을 고문하는 장면을 목격하고 신고하면서 세상에 알려졌다. 리
위청은 이틀 동안 광산을 탈주했었다. 리위청이 돌아오자마자, 플레스는 그를 자신의
집으로 데려가 그곳에서 그의 옷을 벗기고 그에게 차가운 물과 이어 뜨거운 물을 뿌
렸다. 플레스는 그러고는 리위청을 식당 문의 못에 12시간 넘게 묶어두었다 풀어준
후 강제로 그를 침대에 눕히고 나서야 고문을 그만했다. Controllers, *Report on Control
of Chinese Labourers*, Cd. 3025/101, *PP* 1906; *Annual Report of the FLD, 1905-6*, Cd.
3338/8, *PP* 1907.

30 Selborne to Elgin, February 17, 1906, Cd. 2819/70, *PP* 1906; Bright, *Chinese Labour*,
102, 147; Milner to Lyttelton, October 22, 1904, Cd. 2401/14, *PP* 1905; *Report on
Control of Chinese Laborers*, Cd. 3025/101, *PP* 1906; Selborne to Elgin, February 17,
1906, Cd. 2819/70, *PP* 1906.

31 그러나 리처드 솔로몬은 랭커스터Lancaster 광산의 왕처Wang Che를 전도사로 고용해달
라는 현지 기독교 선교부의 요청에 단호히 반대했다. 그는 그 일이 영구 정착에 "쐐기
의 얇은 날thin end of the wedge"(심각한 결과를 가져온 자그마한 발단)이 될 것이라고
말했다. Baker to Jamieson (n.d.); secretary FLD to private secretary Solomon, August
3, 1905; secretary Law Department to superintendent FLD (n.d.); all in TAB/FLD 19,
AG 20/05, NASA. Kitchen workers: Evans, *Report on Disturbances*, December 1904,
Cd. 2401/28, *PP* 1905.

32 Xie, *Youli nanfeizhou ji*, 285; *Annual Report of the FLD, 1904-5*, April 21, 1906, Cd.
3025, appendix IV, *PP* 1906; *Annual Report of the FLD, 1905-6*, Cd. 3338, appendix 6,
PP 1907.

33 천쯔칭의 시는 다음에 들어 있다. Xie, *Youli nanfeizhou ji*, translation by Chengji Xing.
시에 대한 논의는 다음도 보라. Peng, "Qingdai yingguo wei nanfei," 184.

34 의회에 관해: Joint petition of SP nos. 9027, 9049, 9011, et al., Labourers of the South
Nourse Mine to superintendent FLD, April 2, 1906, TAB/FLD 240/76-76/15,
NASA; Bright, *Chinese Labour*, 46-147. 가로회에 관해: Hyunh, "We are Not a Docile
People," 156. 짐머앤드잭골드마이닝컴퍼니에서 비밀결사를 만들었다는 이유로 중
국인 32명이 체포되었지만, 사안은 기각된바 당국이 그것을 중요한지 않다고 판단
한 때문이다. 런던의 주요 관심사는 그것이 "직종별조합의 속성"이 있느냐 여부였다.
Governor to secretary of state, March 11, 1905, TAB/FLD 4/147-7-11, NASA. "삼합
회三合會"는 1904년 11월 프렌치란트골드마이닝컴퍼니에서 일어난 폭동의 원인이었

던 것으로 알려졌다. Evans, *Report on Disturbances*, December 1904, Cd. 2401/28, *PP* 1905.

35 Bianchini Report, Cd. 2819/29, *PP* 1906; see also Bright, *Chinese Labour*, 82.

36 Phillips, *Transvaal Problems*, 108–9; Selborne to Lyttelton, September 18, 1905, Cd. 2786/25, *PP* 1905; Bianchini Report, Cd. 2819/29, *PP* 1906.

37 Phillips, *Transvaal Problems*, 109; Browne, *South Africa: Glance*, 190.

38 Affidavits and Preparatory Examination, "Rex v. Charles Duncan Stewart and two Chinese coolies," TAB/GOV 990 PS 37-17-06 Part 1, NASA. 증인 윌리엄 테일러 William Taylor는 찰스 던컨 스튜어트가 "샹골리shangoli"("샹궈라이上過來" "올라와come on up")라고 소리쳤다고 선서진술서에 선서했다. 테일러는 또한 한위쑨과 왕칭쌴의 신원을 확인해주었지만 나중에 이들에게 불리한 증언을 할 수 없었다.

39 Lyttelton to Selborne, October 24, 1905, Cd. 2786/36, *PP* 1905.

40 Charles Stewart, testimony, TAB/GOV 990 PS 37-17-06 Part 1, NASA; Xie, *Youli nanfeizhou ji*, 284; Lyttelton to Selborne, October 24, 1905, Cd. 2786/36, *PP* 1905. 불평사항들에 관해, 예를 들어, 교도소장은 짐머앤드잭에서 폭동을 일으킨 혐의로 수감된 한 중국인 노동자가 폭동 후 중국 경찰로부터 받은 심한 구타의 후유증을 앓으며 저미스턴교도소에 도착했다고 법무부에 알렸다. 교도소 관리들은 태형[채찍형]으로 비난받는 것을 원치 않았다. Director of prisons to secretary Law Department, February 8, 1905, TBD/LD 1009, NASA. Lawley's order: Lyttelton to Selborne, October 24, 1905, Cd. 2786/36, *PP* 1905.

41 Frank Boland, "The Price of Gold. Flogging of the Rand Yellow Serf. Horrible Cruelties. Babarities Practised in the Mine Compounds. Terror on the Rand. Measures for Preserving Life and Property," *Morning Leader*, September 6, 1905, enclosure in C. H. Norman to Lyttelton, September 6, 1905, Cd. 2819/1, encl., *PP* 1906; Xie, *Youli nanfeizhou ji*, 288; Selborne to Lyttelton, November 20, 1905, Cd. 2819/14, *PP* 1906.

제10장 황금의 대가

1 자막대: Phillips to F. Eckstein, March 5, 1905, in Phillips, *All that Glittered*, 131. 초과작업: Phillips, *Transvaal Problems*, 104.

2 Honnold to Wetzlar, February 13, 1905, box 4, folder 2, H.Mss.03381, WM, Claremont Colleges Library. 너스디프마인에 관해: Manager, Nourse Deep, to Gibson, re: Coolie no. 30407, April 14, 1906, TAB/FLD 241/76-18, NASA. 느리게 일하기와 배회하기에 관해: "The Mining Problem. The Handling of Unskilled Labour," by

"underground contractor"; Johannesburg *Star*, February 8, 1906, clipping album, Farrar papers, BL.

3 "Xilande jin kuang Huagong qing yuan shu" (Petition by Chinese miners in West Rand Mines), 1907, in Li, *Fei zhou huaqiao huaren*, 113-114.

4 임금 공제, 괴롭힘 및 학대, 폭발, 경찰, 식사 미제공: Evans, *Report on Disturbances*, December 1904, 1905 Cd. 2401/28. 겔덴후이스디프에 관해: Lloyd to inspector, September 18, 1905, TAB/FLD 19, AG 10/05, NASA. 1908년 6월 짐머앤드잭에서 중국인 노동자들은 광산 관리자들이 계약상 휴일인 용선제 날에 일을 하라고 지시하자 폭동을 일으켰다. 경찰과 군대가 소요를 진압했지만 노동자들은 휴일을 확보하는 데 성공했다. Yap and Man, *Colour*, 121.

5 "In Minor Key. Wit. Chinese Dissatisfied. Trouble all Over," *Rand Daily Mail*, October 7, 1905.

6 Evans, *Report on Disturbances*, December 1904, *PP* 1905 Cd. 2401/28; Richardson, "Coolies and Randlords," 164, 166.

7 계약서의 의미: Lawley to Lyttelton, April 6, 1905, *PP* 1905 Cd. 2401/58. "명확히 이해하다": Lawley to Lyttelton, April 18, 1905. 다음에서 인용. Richardson, "Coolies and Randlords," 168.

8 Lawley to Lyttelton, April 6, 1905, Cd. 2401/58, *PP* 1905; Richardson, "Coolies and Randlords," 171; *EMJ*, May 11, 1905, 932.

9 Richardson, "Coolies and Randlords," 164-65. 관리자 측의 제안은 "작업조이면 그 누구든 간에 24인치 이상 굴착한 구멍 1개마다 1페니씩, 그리고 여기에 더해 작업조의 쿨리 전원이 36인치 이상을 굴착하면 교대 근무조마다 6페니씩"의 보너스를 지급한다는 내용이었다.

10 보너스 조견표. 36~47인치는 3펜스(교대 근무), 48~59인치는 5펜스, 그 이상은 최대 9펜스. Richardson, "Coolies and Randlords," 172; Selborne to Lyttelton, July 1905, TAB/FLD 29, AG 2553-3491/05, NASA. 셀번과 리틀턴(앨프리드 리틀턴, 당시 영국 식민부 장관) 사이에 1905년 10월 25일, 11월 24일, 12월 5일에 오간 편지도 보라. Cd. 2819/4/8/12, *PP* 1906.

11 부츠와 작업복에 대한 지출에 관해서는 다음을 보라. "Xilande jin kuang Huagong qing yuan shu" (Petition by Chinese Miners in West Rand Mines), 1907, in Li, *Fei zhou huaqiao huaren*, 113-114.

12 당국은 종종 란트 지역의 나쁜 분자들이 "의화단 출신들ex-Boxers"(이전의 권비拳匪들)이라고 주장했으나 증거는 없었다. Selborne to Lyttelton, September 18, 1905, Cd. 2786/25, *PP* 1905.

13 탈주에 관한 데이터는 다음에서 온 것이다. *Annual Report of the FLD, 1905-6*, Cd. 3338, appendix 2, *PP* 1907. 다음도 보라. "Return of Monthly Convictions of Chinese Labourers for Desertion, 1905," TAB/FLD 25/47-1906, NASA. 란트 지역 광산들에서 일하는 중국인 노동자는 월 평균 4만 5730명이었다. 탈주자들의 복귀에 관해서는 다음을 보라. Selborne to Lyttelton, September 18, 1905, Cd. 2786/25, *PP* 1905. 웨스트란트마인스West Rand Mines의 오래된 제분소에 숨은 탈주자 5명에 관해서는 다음을 보라. Returns to Work, December 6, 1906, TAB/FLD 120 15/11, NASA. "이 쿨리들은" 오로라웨스트Aurora West의 "이 광산에 숨어 있었다.": Returns to Work, December 6, 1905, TAB/FLD 120 15/11, NASA. 1개월간의 탈주죄로 유죄판결을 받고 형을 선고받은 탈주자들에 관해서는 다음을 보라. W.W.R. Jago, secretary of Association of Mine Managers, to Selborne, May 19, 1906, attached Schedule, TAB/GOV 990 PS 37-17-06 Part 1, NASA. 프린세스마인에 관해서는 다음을 보라. Jamieson to Solomon, February 16, 1906, TAB/ FLD 24 AG 27/06, NASA. 또 다른 사례로, 탈주자 6명은 낮에는 광산 갱도에 숨어 지냈고, 주장된 바에 따르면, 밤에는 농장 건물들을 털었다고 한다. Inspector to superintendent FLD, September 22, 1906, TAB/FLD 54 6/78, NASA.

14 중국인들의 아프리카인 여성들과의 관계에 관해서는 다음을 보라. Rose to Malcolm, August 24, 1906, TAB/SNA 248 147-56, NASA. "피난처와 일자리"에 관해: "Chinese on the Rand," *Manchester Guardian*, September 26, 1905. 쿨리 번호 38695에 관해: Jago to Selborne, May 19, 1906.

15 보고서에 따르면, 107건의 불법행위가 트란스발타운경찰지역Transvaal Town Police Area 내에서, 29건의 불법행위가 이 지역 밖에서 발생했다. "Transvaal Town Police Area, Return of Chinese Outrages from June 1, 1905, to February 28, 1906" (이하 "Return of Chinese Outrages 1905-6"), TAB/FLD 25/47-1906, NASA; "Districts Outside the Transvaal Town Police Area," attachments to Selbourne to Elgin, March 26, 1906, TAB/GOV 990/37- 17-06 Part 1, NASA. 많은 범죄가 광산 구내에서 일어났으며, 따라서 광산 탈주자들이 저지른 것이 아니었다. 일부는 광산에서 운영하는 가게를 약탈하는 일에 연루되었다. 개인을 상대로 한 공격은 편의주의적인opportunistic(가게를 상대로 하는 것보다는 상대적으로 손쉬운) 것으로 보인다. 한 "쿨리 패거리gang of coolies"는 짐머앤드잭에서 자기 마차 아래에서 자고 있는 백인 남성을 공격해 5파운드를 강탈했다. 한 중국인 노동자는 안젤로 금광에서 토착민에게서 "금화를 채갔다 snatched a sovereign."(여기서 "sovereign"는 "1파운드짜리 금화"를 말한다.) 절도보다는 개인적 원한이 일부 사건의 동기가 되었을 수 있는바, 중국인 15명이 비트바테르스란트디프마인에서 아프리카인 1명을 공격했을 때 이들은 그의 왼쪽 옆구리와 이마, 손

을 칼로 찔렀지만 훔친 것은 아무것도 없었다. "Return of Chinese Outrages 1905-6," case nos. 2, 7, 8, 18, 22, 40.

16 J .W. 제이미슨은 미상未詳의 공급업자들이 "중국인들에게 칼과 연발권총revolver을 거리낌 없이 판매하고 있다는 것은 의심할 바 없는 사실"이라고 보고했다. Jamieson to Solomon, February 16, 1906, TAB/FLD 24, AG 27/06, NASA. 한 백인 농부는 자신의 농장에서 "토착민들"을 공격한 중국인 한 무리가 "큰 칼 5개, 망치 1개, 파이프 1조각, 다이너마이트 뇌관 1통, 다이너마이트 탄약통 약 100개"로 무장했다고 썼다. Meyer to Botha, May 25, 1906, TAB/GOV 990/37-17-06 Part 1, NASA. 저질러진 범죄행위: "Return of Chinese Outrages 1905-6," case nos. 22, 31, 44, 45; "Return of Chinese Outrages Committed 1905-6," case no. 1; *Report of Proceedings, Deputation to His Excellency the Lieutenant-Governor on the Question of Desertion of Chinese Labourers from the Mines*, September 6, 1905, Cd. 2786/22, *PP* 1905.

17 "Return of Chinese Outrages 1905-6," case nos. 30, 37, 45.

18 *Annual Report of the FLD, 1905-6*, appendix 2 (listing two homicides and twenty-six murders), Cd. 3338, *PP* 1907; *Report of Proceedings, Deputation to His Excellency the Lieutenant Governor*, September 6, 1905, Cd. 2786/22, *PP* 1905. 다음도 보라. Botha to Elgin, May 16, 1906, TAB/GOV 990/37-17-06 Part 1, NASA.

19 Leggett, "South African Methods," *EMJ*, April 20, 1905, 756.

20 Elgin, "Chinese Labour — Proposal for Repatriation," January 1, 1906, CAB 37/82, 1906, no. 2, NA.

21 Selborne to Elgin, March 31, 1905, Cd. 3025/38, *PP* 1906; TCM, *Repatriation Proposals of His Majesty's Government*, Cd. 3025/72, *PP* 1906; Selborne to Elgin, April 28, 1906, Cd. 3025/67, *PP* 1906. 통지문의 번역문은 다음에 게재되었다. *Manchester Guardian*, June 15, 1906, reprinted Cd. 3025, appendix I, *PP* 1906. By January 1907, 1,550 Chinese applied for state-assisted repatriation, of whom 766 returned, the balance of petitions rejected or withdrawn. Selborne to Elgin, February 20, 1907, Cd. 3528/31, *PP* 1907.

22 식당에 관해: Evans, *General Report*, February 13, 1905, Cd. 2401/49, *PP* 1905. 자막대에 관해: Phillips to F. Eckstein, March 5, 1905, in Phillips, *All that Glittered*, 131.

23 조례 및 규정 위반에는 허가증 없이 광산 구내를 이탈하는 행위, 통행증이나 주석 티켓tin ticket(쿨리 번호 등이 찍힌 주석 재질의 티켓)을 제시하지 못하는 행위, 본국 송환 거부, 조례의 조항을 어기도록 누군가를 조력하거나 방조하는 행위, 경찰관의 직무 수행을 방해하는 행위, 노동자의 광산 탈주를 돕거나 방조하는 행위, 업무 이탈 행위, 필요시 근무를 거부하는 행위, 무단결근, 광산에서 비숙련 작업 이외의 일을 수행하

는 행위, 수입업자 혹은 환적업자가 아닌 사람의 업무에 고용되는 행위, 모든 종류의 교역이나 사업에 종사하는 행위, 사용자에게 경솔하게 불만을 제기하는 행위, 작업조 또는 작업반에 속한 노동자가 그 구성원이 저지른 범죄를 광산 관리자에게 보고하지 않은 행위, 수지 아편gum opium이나 아편 추출물을 소지하는 행위 등이 포함된다. 치안판사 법정에서 "통상적으로 약식재판이 가능한" 범죄에는 "75파운드 이상의 벌금형이나 6개월 이상의 징역형에 처할 수 있는 사건을 제외한 광산 구내에서 저지른 일반적 범죄"가 포함된다. Ordinance no. 27 of 1905, Transvaal *Handbook of Ordinances*, 23-28. 유치장에 관해서는 다음을 보라. Ordinance no. 27 of 1905, sec. 1, 5. 재판과 유죄판결에 관한 데이터는 다음에서 왔다. *Annual Report of the FLD, 1905-6*, Cd. 3338, appendix 2, *PP* 1907.

24 Ordinance no. 27 of 1905, sec. 6, 8, 10. 도박에 관해: Ordinance no. 12 of 1906, sec. 1; "Notes on Northern Chinese and Notes on Southern China" (no author), 1904, TAB/ FLD 276/356-04, NASA. 이 보고서는 또한 아편 사용의 허용 그리고 수용소를 위한 매춘부의 수입을 권고했지만 받아들여지지 않았다.

25 Ordinance no. 27 of 1905, sec. 7; Selborne to Lyttelton, September 18, 1905, Cd. 2786/25, *PP* 1905; 법무장관의 노동력 수입 조례 개정안에 대한 입법부 증언, Cd. 2786/46, encl. 2, *PP* 1905. Ordinance no. 17 of 1904, sec. 26. 이 부분은 유죄판결을 받은 노동자, "정신이상unsound mind"이라고 신고된 사람, "신체질환이나 질병으로 노동 능력을 영구적으로 상실한" 사람을 본국으로 송환할 수 있다고 규정했다. 이것은 귀환에서 거론된 이유에서 나온 것이며, 각기병, 폐결핵, 사지절단, "조병躁病, mania" "저능weakness in intellect" "작업 거부refusal to work" 등이 포함되어 있다. "Repatriations from Durban of Chinese Labourers Who Have Not Been Despatched to the Rand," sent on SS *Indravelei*, June 29, 1905, TAB/FLD 41/5-51, NASA. 새로 부여받은 본국 송환 권한으로 트란스발 외국인노동부는 의료보고서와 같은 증거가 필요한 동성 간 성적 행위 사례를 경찰에 신고하지 않고 단지 광산 관리자들에게 동성애자 의심자 목록을 요청하고 이들의 본국 송환을 명령하면 되었다. Governor of Transvaal to secretary of state, November 16, 1906, TAB/EC (Executive Council) 101, NASA. 1907년 외국인노동부는 그때까지 "[비정상적unnatual] 범죄에 중독되었다고 의심되는" 노동자 113명을 본국으로 송환했으며, 다른 8명을 현지에서 추방하기 위해 구금하고 있다고 보고했다. Suggested Draft Reply to Telegram from Secretary of State of February 14, 1907 no. 1, TAB/FLD 236/73-73/32, NASA. 통상적 조례 위반: Selborne to Elgin, January 7, 1907, Cd 3528/19, *PP* 1907.

26 "Strictly Confidential Report of an Enquiry held by Mr. JAS Bucknill into Certain Allegations as to the Prevalence of Unnatural Vice and Other Immorality Amongst

the Chinese Indentured Labourers Employed on the Mines of the Witwatersrand"
(September 1906), Transvaal 38767, October 1, 1906, CO 537/540, NA. 다음도 보
라. Harris, "Private and Confidential"; Chua, " 'Open and Public Scandal.' " 매춘과 매
독에 관해서는 다음도 보라. Brammer to Malcolm, August 15, 1906, pp. 28-29, CO
537/540, NA.

27 Malcolm to mayors of Johannesburg, Germiston, Boksburg, Roodeport-Maraisburg,
Springs, Krugerdorp; Rev. Amos Burnet; Rev. N. Audley Ross; Archdeacon of
Johannesburg; president, Chamber of Mines; inspector general, South African
Constabulary, August 7, 1906, and responses, CO 537/540, NA. 동성애자 의심자
의 본국 송환에 관해: Selborne to Elgin, November 15, 1906, Confidential Telegrams
Relating to Affairs in South Africa, 1906, CO 879/106, no. 1025, NA.

28 Selborne to Lyttelton, September 18, 1905, Cd. 2786/16, *PP* 1905; *Report on Control
of Chinese Labourers*, Cd. 3025/101, *PP* 1906. 정부는 처음에는 돈을 받지 않고 무
기를 빌려주었지만 일부가 빌린 총기를 되파는 일이 있고 나서는 무기 대여자들에
게 예치금 100파운드를 요구했다. *Report of Proceedings*, Deputation to His Excellency
the Lieutenant Governor, Cd. 2786/22, *PP* 1905. Funds expended last financial year
(October to June) in "purchase of arms for issue to farmers and others for protection
against Chinese Marauders": 총 5297파운드 9실링 5페니가 마르티니-헨리Martini-
Henry rifle 라이플총 1250정, 산탄총shotgun 358정, 실탄ball cartridge 20만 8000발, 산탄
shot cartridge 3630발에 쓰였으며, 산탄총에 200파운드를 더 쓸 계획이었다("마르티
니-헨리" 라이플총은 영국 육군이 사용한 레버식 장전 방식의 단발 소총이다. "마르
티니"는 총을 개량한 스위스의 프리드리히 폰 마르티니Friedrich von Martin를, "헨리"는
총의 총열을 설계한 스코틀랜드의 알렉산더 헨리Alexander Henry를 말한다). Assistant
colonial secretary to private secretary, acting lieutenant general (1906), TAB/FLD 16
147/81/13, NASA.

29 Ordinance no. 27 of 1905, sec. 10; Higginson, *Collective Violence*, 125-29.

30 Copy of Resolution of Public Meeting held on April 12th, 1906, from town meeting of
four hundred people, Heidelberg municipality; Resolution Passed at a Meeting Held at
Pretoria on Friday, May 4, 1906; Selborne to Elgin, May 7, 1906 (on deputation from
Het Volk); Louis Botha to Lord Elgin, May 16, 1906; Curtis to Solomon, April 22,
1906; all in TAB/GOV 990 PS 37-17-06 Part 1, NASA.

31 Solomon to Malcolm, March 15, 1906; Deputation Received (by Solomon) to Discuss
Matters Relating to the More Effective Control of Wandering Chinese Coolies and
the Prevention of Outrages Committed by Such Coolies (March 1905); Solomon to

Selborne, June 1, 1906; all in TAB/GOV 990 PS 37-17-06 Part 1, NASA; *Report on Control of Chinese Labourers*, Cd. 3025/101, *PP* 1906.

32 *Report of Committee of Mine Managers*, May 28, 1906, TAB/GOV 990 PS 37-17-06 Part 1, NASA.

33 Selborne to Elgin, May 12, 1906, Cd. 3025/82, *PP* 1906; Elgin to Selborne, May 16, 1906, Cd. 3025/84, *PP* 1906.

34 "가망 없는 일": Jamieson to Solomon, March 8, 1906, TAB/FLD 24, AG32/06, NASA; Jamieson, "Notification Addressed to All Chinese Indentured Labourers on the Witwatersrand Gold Mines," June 25, 1906, TAB/GOV 990 PS 37-17-06 Part 1, NASA.

35 "눈앞에서의": Jamieson to Solomon, October 26, 1905, TAB/FLD 22 AG 3161/05, NASA. "친구 두세 명": Solomon to Jamieson, October 27, 1905, ibid. "유언비어의 유포를 금지하는 통지": Jamieson to Chinese employed at Simmer and Jack and New Kleinfontien mines (n.d.), TAB/FLD 22 AG 3161/05, NASA. "Every condemned man," *Annual Report of the FLD*, 1905-6, Cd. 3338/5, *PP* 1907.

제11장 식민지들에서 아시아인의 위협

1 Hyslop, "Imperial Working Class"; Semmel, *Imperialism and Social Reform*.

2 Van Onselen, *New Babylon*, 309-26, 366; Katz, "Underground Route," 467.

3 얀 스뮈츠는 다음에서 인용. Selborne to Elgin, April 18, 1906, Cd. 3025/101 encl. 4, *PP* 1906. 1905년 평균 9달러의 금 원석을 산출하기 위해서는 암석 1톤을 굴착해야 했다. Penrose, "Witwatersrand Gold Region," 745.

4 백인 노동력의 불만거리: Marks, "War and Union," 172; Katz, *White Death*; Katz, "Underground Route." 지하에서 일하는 백인 남성들은 착암기를 가지고 일하든 아프리카인 수작업 착암공들을 감독하든 대개 계약직으로 일하며 작업 속도를 통제했고, 기술자들은 자신들의 공격적인 채굴 생산 목표를 맞추기에 그 작업 속도가 너무 느리다고 생각했다. 작업을 중국인 노동자들에 의한 수작업 굴착으로 전환하고 1일 최소 갱 굴착 작업량을 36인치[약 90센티미터]로 부과함으로써, 광산회사들은 굴착 생산량을 직접 통제하고자 했다. 일부 백인 착암공은 중국인 작업조들의 감독자가 되었으며, 다른 일부는 지상 작업으로 옮겨갔지만, 이 중 적지 않은 수가 해고되어 직종별 조합들과 여러 비평가 사이에서 우려와 경악을 불러일으켰다. Higginson, "Privileging the Machines"; Marks and Trapido, "Milner and South African State"; Phillips to Eckstein, March 5, 1905, in Phillips, *All the Glittered*, 128

5 Freund, "South Africa: Union Years," 225.

6 Milner, *Papers*, 2:458–59; Katz, *Trade Union Aristocracy*, 117–18; 로스 E. 브라운은 다음에서 인용. Katz, "Underground Route," 479.

7 Evans, *Cultures of Violence*, 93–95. See also Curle, *Gold Mines*, 135–37.

8 Creswell, *Chinese Labour Question from Within*, 24–34, 56–58; "Chinese Labour. Speech by Mr. Creswell [*sic*]. Meeting at Potchefstroom. Repatriation Resolution," *Rand Daily Mail*, October 6, 1905, p. 8. 비판자들은 빌리지메인리프는 넓은 (갱내) 계단식채굴장과 높은 등급의 광석을 보유하고 있는 반면, 대부분의 광산은 낮은 등급의 광석을 보유하고 있어서 이들 광산이 수익을 올리려면 광산에 값싼 노동력을 대량으로 공급해야 하고, 대부분의 광산은 또한 (갱내)계단식채굴장이 좁아서 착암기를 쓸 수 없다고 지적했다. Charles Sydney Goldmann, "South Africa and Her Labour Prob-lem," *Nineteenth Century and After* 55 (May 1904): 848–62, at 857. 다음도 보라. "Chinese and Whites. Chamber of Mines Memorandum. Creswell Controverted," *Transvaal Leader*, January 5, 1906; "Mr. Creswell's Fallacies Exposed," Johannesburg *Star*, January 5, 1906; "Chinese Labour. Interesting Correspondence" [from Creswell], *Transvaal Leader*, February 17, 1906, all in clipping album, Farrar papers, BL. 모든 비판이 채굴업계의 이해관계를 옹호한 것은 아니었다. "노동자Worker"가《스타Star》에 보낸 편지는 "열린 노동시장open labor market"에 대한 프레더릭 H. P. 크레스웰의 제안이 잉글랜드 노동자계급에 빈곤을 가져온 자유방임주의의 교리라고 비판했다. "Chinese Labour," *Star*, March 3, 1906, ibid. "노동력 부족"의 정치에 관한 것과 기계화보다 값싼 노동력을 선호하는 것에 관해: Ngai, *Impossible Subjects*, chap. 4; Hahamovitch, *No Man's Land*, chap. 2.

9 Creswell, *Chinese Labour Question from Within*, 66, 75–76.

10 Dobbie, "Chinese Labour," *Macmillan's*, August 1906, pp. 787–800.

11 "무능하다": Phillips to Selborne, January 24, 1906, in Phillips, *All that Glittered*. "비숙련 백인 노동력": Richardson, *Chinese Mine Labour*, 177; "GME's Report for Last Administrative Year. Wages and Salaries," *Transvaal Leader*, January 24, 1906, clipping album, Farrar papers, BL. 다음도 보라. Katz, "Underground Route."

12 L.E.N., "About Indentured Labour, the Best System," *Transvaal Leader*, January 17, 1906, clipping album, Farrar papers, BL.

13 Dobbie, "Chinese Labour." "Ranks of greater merchants": Des Voeux, "Chinese Labour in Transvaal," 584. 다음도 보라. Bederman, *Manliness and Civilization*.

14 F. G. Stone, "A White South Africa," *North American Review* (June 1905), 880; E. O. 허친슨은 다음에서 인용. *Transvaal Leader*, April 2, 1903, in Cd. 1895/8 encl. 2, *PP*

1904.

15 "Cutting the Painter. Loyalty and Chinese Labour," *South African News* (Cape Town), January 10, 1906, Cd. 2819/71 encl., *PP* 1905 다음도 보라. Dubow, "Colonial Nationalism."

16 공식적 노동자 측 선거 그룹은 노동자대표위원회LRC였으며, 위원회는 자유당과 공천을 놓고 협상을 벌였다. "감정적인 것": Pelling and Reid, *Short History of Labour Party*, 12. Tanner, *Political Change and Labour Party*, 이 책은 남아프리카에서 중국인 노동력 문제를 전혀 언급하지 않는다. 중국인 문제를 지속적인 결과는 없이 노동자 대표위원회 투표에 대한 상징적 호소로 서술하는 다른 역사학자들은 다음과 같다. Clarke, *Hope and Glory*, 33; Russell, *Liberal Landslide*, 106-13, 196. 1906년 선거[영국 총선]에서 인종과 제국의 동학에 대해 더 자세히 분석한 최근의 연구는 다음을 보라. Grant, *Civilised Savagery*; Auerbach, *Race, Law and "Chinese Puzzle"*; Bright, *Chinese Labour*; Atkinson, *Burden of White Supremacy*. 확장된 참정권에 관해: Russell, *Liberal Landslide*, 15-21.

17 Central Federation of Trade Unions, "White Labour or Yellow Slaves? Analysis of Division," March 9, 1904, dds-22478, CRL; Yap and Man, *Colour*, 107.

18 가장 선동적인 기사는 다음이다. Boland, "The Price of Gold," published in the *Morning Leader*, September 6, 1905. 다양한 "고문"에 대해 다음 글에서 충격적인 그림과 함께 다시 서술되었다. "Eyewitness" (probably Boland), *John Chinaman on the Rand*. 자유당에 관해: "The Government and Chinese Labour," *Speaker: Liberal Review* (June 16, 1906), 240. 의회에서의 논쟁: "Mr. Lyttelton and Chinese Labour," *Times* (London), September 27, 1905, p. 6; "Chinese Labour in the Transvaal," *Anti-Slavery Reporter* 25 (August-October 1905): 95-100.

19 "The Undesirable Ordinance," *Westminster Gazette*, September 7, 1905, Cd 2819/3 encl., *PP* 1906; Russell, *Liberal Landslide*, 103, 107-8; *Sun* quoted at 108.

20 "South Africa and Party Politics," *Saturday Review*, February 24, 1906, pp. 224-25; "Chinese Labour. Five Reasons for Supporting the Government on Chinese Labour," Imperial South Africa Association Pamphlets no. 60 (1904), dds-22458, CRL.

21 "Vapourings": Blyth, letter to editor, *Times* (London), October 31, 1905, p. 15; Sidney Buxton, *Chinese Labour. The Transvaal Ordinance Analysed Together with the British Guiana Ordinance* (1904), Cambridge University Library, Liberal Pub. Department.

22 John Burns, "Slavery in South Africa," *Independent Review*, May 1904, pp. 594-611, at 595.

23 Ibid., 602.

24 《반노예제 리포터Anti-Slavery Reporter》만이 중국인들의 식민지들로의 자유이민을 지지했다. "Chinese Labour in the Transvaal," *Anti-Slavery Reporter* 25 (August–October 1905): 95–100. 아시아인들의 경쟁: Des Voeux, "Chinese Labour in Transvaal," 583–84.

25 노동이민labor emigration은 이른바 〔식민(지)화 계획인〕 웨이크필드안案, Wakefield plan의 핵심 요소로, 이 안은 노동력의 공급과 공유지public land의 매각이 식민지 개발을 위한 자본을 끌어들이는 열쇠로 간주했다("웨이크필드"는 영국의 식민주의자 에드워드 기번 웨이크필드Edward Gibbon Wakefield(1796~1862)를 말한다. 특히 사우스오스트레일리아 및 뉴질랜드 식민지 설립을 주도한 인물이다〕. 아일랜드 빈민원과 고아원 출신 수천 명이 국가의 지원을 받아 오스트레일리아로 건너왔으며, 이 중에는 1832~1836년 사이 3000명의 젊은 여성이 포함되었다. Egerton, *Short History of Colonial Policy*, 282–84. Mill, *Principles of Political Economy* (1848). 다음에서 인용. *Idea of Greater Britain*, 50; Erickson, "Encouragement of Emigration"; Malchow, "Trade Unions and Emigration." 1880년대와 18990년대의 이주 추세에 관해: Clarke, *Hope and Glory*, 17–18. 지구사의 맥락에서 식민(지)화 및 이주의 주요한 효과에 관해: Belich, *Replenishing the Earth*.

26 다양한 전문가가 제국연방을 지지했으며, 여기에는 J. R. 실리J. R. Seeley, J. A. 홉슨 J. A. Hobson, 제임스 브라이스James Bryce, 앨프리드 테니슨Alfred Tennyson, 세실 로즈 Cecil Rhodes가 포함되었다. Bell, *Idea of Greater Britain*, 12. 다른 사람들, 특히 리처드 제브는 좀 더 동등한 파트너십 혹은 독립국가들의 연합을 주장했다. Jebb, *Studies in Colonial Nationalism*. Seeley's *Expansion of England* (1883). 이 책은 이런 견해를 설명한 가장 대중적인 텍스트였다.

27 Jebb, *Studies in Colonial Nationalism*, viii; Clarke, *Hope and Glory*, 12, 16. 관세 개혁에 대한 조지프 체임벌린의 지지에 관해: Semmel, *Imperialism and Social Reform*, 245.

28 Tanner, *Political Change*," 23–30; Hyslop, "Imperial Working Class."

29 Seeley, *Expansion of England*, 10–12. 다음도 보라. Mantena, "Crisis of Liberal Imperialism."

30 Bright, *Chinese Labour*, 59; R. A. Durand, "Indentured Labour Under British Rule," *Monthly Review* 23 (May 1906): 39–46. "우려": Des Voeux, "Chinese Labour in Transvaal," 584; Auerbach, *Race, Law and "Chinese Puzzle,"* 24.

31 남아프리카 직종별조합과 노동정치에서 활동한 다른 오스트레일리아인으로는 프리토리아조합협의회Pretoria Trades Council의 제임스 브리그스James Briggs, 광부 조합의 J. 포레스터 브라운J. Forrester Brown, 남아프리카노동당South African Labour Party 간부 로버트 번스 워터스턴Robert Burns Waterston 등이 있다. Hyslop, "Imperial Working Class,"

408.

32 Tarbut to Creswell (1903), 다음에서 인용. Central Federation of Trade Unions, "White Labour or Yellow Slaves?" (London, 1904), 5, dds-22478 (emphasis in original), CRL. See also Everard Digby, "The Drift Towards State-Socialism in Australia," *Empire Review* 10 (1905): 38-46.

33 조녀선 히슬로프는 백인 노동정치를 순환시킨 초제국적transempire 이주의 세 가지 "벡터" 즉 오스트레일리아 직종별조합주의자들, 콘월인 광부들, 기술자들에 대해 말하고 있다. 나중에 환기하겠지만, 프레더릭 H. P. 크레스웰은 광산기술자였다. Gill Burke, "The Cornish Diaspora of the Nineteenth Century," in Marks and Richardson, *International Labour Migration*, 62-65; Nauright, "Cornish Miners in Witwatersrand"; Payton, *Making of Modern Cornwall*, 108-12; Hyslop, "Imperial Working Class," 411-12. 프레더릭 H. P. 크레스웰에 관해: "Chinese Labour Question," *West Australian*, June 5, 1905; Russell, *Liberal Landslide*, 108. 맥도널드에 관해: "White Leaguers. Meeting at Fordsburg. Anti-Chinese Crusade," *Rand Daily Mail*, September 28, 1906, clipping album, Farrar papers, BL.

34 Milner, address to the Municipal Congress of Johannesburg, May 18, 1903. 이 연설은 또한 다음과 같이 알려져 있다. Watch Tower Speech, in Milner, *Papers*, 2:465-70. 다음도 보라. Pearson, *National Life and Character*; Neame, *Asiatic Danger*; Lake and Reynolds, *Drawing Global Color Line*, especially chap. 3; Auerbach, *Race, Law and "Chinese Puzzle,"* 20; M. A. Stobart, "The Asiatic Invasion of the Transvaal," *Fortnightly Review*, February 1907, pp. 296-97.

35 Russell, *Liberal Landslide*, 106, 108; Des Voeux, "Chinese Labour in Transvaal," 593. 백인의 실업에 관해: "Yellow v. White Labour," *Western Daily Press*, January 2, 1906, clipping album, Farrar papers, BL; English Emigration to Canada, http://englishemigrationtocanada.blogspot.com.

36 자유당 강령에 관해: Clarke, *Hope and Glory*, 33

37 Dubow, "Colonial Nationalism."

38 Bright, *Chinese Labour*, 162-63.

39 Ibid, 167-71. 국민당은 원래 책임정당Responsible Party이라고 불렸으며 Donald Denoon 은 이 정당을 "주로 정부와 광산회의소의 동맹에 반대하고, 의견을 달리하는 경제 이익단체들의 이해관계를 반영하는 것으로 결속된, 서로 어울리지 않는 불평분자들"의 집합체로 특징지었다. Denoon, *Grand Illusion*, 222-23. 헤트폴크와 아프리카너 정치의 부활에 관해: Marks, "War and Union," 180-81.

40 "The Transvaal for the Boers," *Saturday Review*, February 9, 1907.

41 Bright, *Chinese Labour*, 174.

42 Selborne to Secretary of State, January 24, 1908, Cd. 3887/64-65, *PP* 1908; Harris, "History of Chinese in South Africa," 315-27.

43 Klotz, *Migration and National Identity*, 59-112.

44 Dubow, "Colonial Nationalism"; Freund, "South Africa: Union Years," 213, 221; Bonner, "South African Society and Culture," 256-59.

45 Davenport, *Digging Deep*, 294; Freund, "South Africa: Union Years," 220, 226-27.

46 Davenport, *Digging Deep*, 304-8; Bonner, "South African Society and Culture," 255.

47 John Burns, "Slavery in South Africa," *Independent Review* 8 (May 1904): 602-3. 유의 해야 할 점은 캘리포니아주에서 계약이 드물었고, 따라서 개별 계약이 취소되었다는 주장은 오해의 소지가 있다는 것이다.

제12장 배제와 문호 개방

1 Wu, "Mutual Helpfulness," 7.

2 Ibid., 2, 8-9.

3 Sinn, *Pacific Crossing*, chap. 3; Ma, "Big Business," 101-2.

4 Ma, "Big Business," 102. 농업에 관해: Chan, *Bittersweet Soil*. On manufacturing: Chen, *Chinese San Francisco*.

5 시장의 축소: Ma, "Big Business," 103. 세탁소 조례는 익워 대 홉킨스 소송사건(1886) 의 미국 연방대법원 판결로 이어졌으며, 판결은 조례의 적용이 차별적이라고 판단하 고 수정헌법 제14조가 시민만 아닌 모든 사람에게 적용된다는 점을 지지했다. 이에 대한 논의는 제6장을 보라.

6 **노동자**와 **상인**의 범위에 관해: Kramer, "Imperial Openings," 323; Ng, *Treatment of Exempt Classes*, 13. Successful entrepreneurs: Ma, "Big Business," 103-5; Chan, "Chinese American Entrepreneur." 이러한 기업가들로는 1930년까지 미국에서 3번 째로 큰 통조림회사로 연간 총수입이 300만 달러에 달했던 베이사이드캐닝Bayside Canning(베이사이드캐너리Bayside Cannery)의 소유주 토머스 푼 츄Thomas Foon Chew, 샌 와킨카운티San Joaquin County에 1000에이커 이상을 임대하고 5000명의 중국인 농장 노동자를 고용했던 "중국인 감자왕Chinese Potato King" 친룽Chin Lung, 1919년 광둥은 행 행장이자 차이나메일의 투자자이기도 했던 또 다른 상업농이며 통조림공장 퍼시 픽프루트캐너리Pacific Fruit Cannery 소유주 루힝Lew Hing(류싱劉興), 차이나메일 설립자 룩 틴 일라이Look Tin Eli(루룬칭陸潤卿) 등이 있다. 은행과 해운회사 모두 1920년대 후 반에 실패했다.

7 Griffiths, "Making of White Australia," 535. 퀸즐랜드는 1901년에 모든 신규 계약 노동을 금지했고 백인 노동력으로만 재배한 설탕에 톤당 2파운드의 보조금을 지급 했다. Northrop, *Indentured Labor*, 146-47. Cilento is quoted in Anderson, "Coolie Therapeutics," 52-53. 쿡타운에 관해: Ormston, "Rise and Fall of a Frontier Mining Town."

8 Loy-Wilson, "Rural Geographies," 417-18. 바나나 교역에 관해: Fitzgerald, *Big White Lie*, 155-56. 홍위언에 관해: Wilton, "Chinese Stores in Rural Australia," 98-105.

9 Fitzgerald, *Big White Lie*, 156.

10 Sugihara, "Patterns of Chinese Emigration," 245-46; Trocki, *Opium and Empire*, 30-35.

11 토카이는 "우두머리boss"(곧 "고용주" "사장")를 뜻하는 터우자에 대한 호키엔Hokkien 어다("호키엔어"는 중국어의 한 종류인 푸젠화福建話로 푸젠성 남부, 광둥성 동부, 타이완 등지에서 쓰이는 방언이다). Wong Lin Ken은 말라야어의 토카이를 광물학자, 탐광자, 채굴 전문가, 대부업자뿐만 아니라 이민 신용emigration credit의 촉진자로 묘사 한다. Wong, *Malayan Tin Industry*, 60, and chap. 2 passim; Loh, *Beyond the Tin Mines*, chap. 1; Heidhues, *Banga Tin and Mentok Pepper*. Between 1891 and 1930, 16 million Chinese and 14 million Indians migrated to Southeast Asia. Sugihara, "Patterns of Chinese Emigration," 245.

12 McKeown, "Global Migration"; Pan, *Encyclopedia of Overseas Chinese*, 248-58; Park, "Chinese Migrants in Latin America." 19세기 후반이 되면, 카리브해와 페루에서 일하던 예전 중국인 계약노동자들은 농업과 도시 상업에 종사하게 된다. 중국인들은 또한 오스트레일리아의 노던테리토리에서와 마찬가지로 페루 아마존의 개발에도 도움을 주었다.

13 Martínez, " 'Unwanted Scraps' "; Northrop, *Indentured Labor*, 143 and table A1, 156-58; Tinker, *New System of Slavery*, 315-66; Manhattan, "Plantation Dispossessions."

14 Tinker, *New System of Slavery*, 314-15; Hamashita, "Geopolitics of Hong Kong Economy," table 8, p. 121.

15 Hagan and Wells, "British and Rubber in Malaya," 145. 베트남의 고무에 관해: Murphy, "White Gold or White Blood?"; Wong, *Malayan Tin Industry*, 76.

16 포란법에 관해: Peck, *Reinventing Free Labor*, 84-90.

17 1874년 중국의 수출액: 차 4000만 은량, 비단 2500만 은량, 기타 800만 은량. Morse, *Trade and Administration*, chart following 271; Merritt, *Trouble with Tea*, 7; Liu, *Tea War*, 32-34.

18 Morse, *Trade and Administration*, 291-93. CMC figures are in piculs: 1,846 million in

1886; 839,000 in 1905. 파운드 수치를 낼 때 환산 비율은 1:133으로 했다.

19 1인당 차 소비: Morse, *Trade and Administration*, 293. 1888년 이후 차 수입의 쇠퇴: Tweedie, *Trading Partners*, 26-27. 중국의 대對오스트레일리아 수출액은 1886년의 314만 은량(47만 5000파운드)에서 떨어지기 시작해 이듬해에는 3분의 1 수준이 되었고, 계속해서 감소해 오스트레일리아연방 수립 이듬해인 1902년에는 2만 4000은량(3600파운드)으로 최저치를 기록했다. Hsiao, *China's Foreign Trade Statistics*, 138-39. 중국인 에스닉 시장이 이후 지속적 수입의 많은 부분을 차지했을 것으로 보인다. 이 무역은 홍콩과 싱가포르를 통한 환적도 포함되어 있어 그 규모는 더 컸을 수도 있으나 중국 해관 자료에는 기록되어 있지 않다. "압도했다": Archibald Colquhoun quoted in Mountford, *Britain, China, and Colonial Australia*, 198. 오스트레일리아 식민지들도 마찬가지로 1896년 영일조약Anglo-Japan treaty에 참여하기를 거부한바, 조약은 오스트레일리아산 양모에 유리한 일본 시장을 열었을 것이다. 〔영일조약의 정식 명칭은 영일우호통상해양조약The Anglo-Japanese Treaty of Friendship, Commerce and Navigation으로 1894년에 체결되었다. 일본이 영국과 처음 맺은 조약은 1858년의 영일수호통상조약The Anglio-Japanese Treaty of Amity and Commerce이다. 이 조약은 영국의 치외법권만을 인정하는 등 대표적 불평등조약의 하나였으며, 이로 인해 이후 일본 내에서 조약 개정의 목소리가 높았다. 1894년의 영일우호통상해양조약은 오랜 협상 끝에 체결된 것으로, 일본이 열강의 하나로 인정받는 계기가 되었다. 이 조약에 대해 오스트레일리아 식민지들의 지사 회의는 1896년에 참여하는 것을 거부했다. 원서의 "1896년"은 "1894년"의 오기로 보인다.〕 퀸즐랜드는 일본 시장에 대한 접근을 식민지(퀸즐랜드) 내 일본인 인구를 3000명으로 동결하는 것과 교환하는 부가 협약side agreement을 중개했다. 즉 일본인 1명이 (퀸즐랜드 식민지를) 떠나야만 일본인 1명이 퀸즐랜드 식민지에 들어올 수 있었다. 그러나 이 거래는 1901년에 무의미해졌는데 퀸즐랜드가 연방 정책에 종속되면서였다. "Agreement Between the Japanese and Queensland Governments," January 14, 1902, with appendices; Nelson to chief secretary, May 27, 1896, and June 19, 1896; Satow to Salisbury, "Japan: Treaty Revision, Confidential," October 8, 1896; all in Prime Minister's Department, Pacific Branch, Volume of Papers on External Relations: "External Relations. Volume 2 B-N," 1918; Commonwealth Archives Office: CRS A2219, vol. 2 B-N. 이 참고문헌에 대해 David Atkinson에게 감사한다.

20 Morse, *Trade and Administration*, chart following 271. 중국의 대對영국 수출액은 1874년 3700만 은량(5500만 파운드)에서 1903년 1050만 은량(157만 파운드)으로 감소했다. 같은 기간 영국의 대중국 수입액은 2200만 은량(300만 파운드)에서 5000만 은량(750만 파운드)으로 증가했다. 이러한 변화는 은의 금 가치가 하락하면서 악화되

있다. 중국 해관 자료는 홍콩과 싱가포르에서 수출된 것은 포함하고 있지 않으며, 연안 정크선(범선) 교역도 제외되어 있다. Remer는 영국이 1899년 대외·중국(연안) 해운의 60퍼센트를 점유했다고 추산했다. Remer, *Foreign Investment in China*, 355. On financial services: Hamashita, "Geopolitics of Hong Kong Economy," 105.

21 Morse, *Trade and Administration*, 292; Pan, *Trade of United States with China*, 129-30. 회계 수정 또한 차 수입의 변화를 일본이 타이완을 식민지로 삼은 이후에는 타이완에서 일본으로 향하게 했다.

22 1865년에서 1900년 사이에 미국의 대對중국 수입 비율은 2.65퍼센트에 불과했고, 미국의 대중국 수출 점유율은 11.07퍼센트였다. Keller et al., "China's Foreign Trade," 864- 69; Schran, "Minor Significance." 남북전쟁(1861~1865) 이후 미국의 경제성장은 대외교역이 아니라 대내 상품연쇄commodity chain 및 거대한 통합 내수시장內需市場에 기인했다. 1890년에서 1914년 사이에 미국의 수출 가치는 GNP의 7.3퍼센트에 불과했고, 수입은 GNP의 6.6퍼센트에 불과했다. Beckert, "American Danger," 1140-41; David and Wright, "Increasing Returns." 19세기 후반 미국의 태평양 접근과 관련한 고전적 저작에는 다음이 있다. Williams, *Tragedy of American Diplomacy*; LeFeber, *New Empire*; Hunt, *Making of Special Relationship*.

23 1890년대와 1900년대 미국의 대對중국 주요 수출품은 면직물로 전체 수출의 40~50퍼센트를 차지했으며, 그 뒤가 등유로 전체 수출의 4분의 1에서 3분의 1을 차지했다. 그럼에도 미국 상품은 중국 수입품의 약 10퍼센트 정도로 그 비중이 작았다. Pan, *Trade of United States with China*, 59-60, 106-7. 다음 책의 면직물, 담배, 석유 무역에 관한 장들도 보라. May and Fairbank, *America's China Trade in Perspective*.

24 Frank, *ReOrient*, 149; 다음도 보라. Flynn and Giráldez, "Born with Silver Spoon"; Von Glahn, *Fountain of Fortune*, 125-33.

25 Keynes, *Indian Currency and Finance*, chap. 5; Daunton, "Britain and Globalization," 25-30; De Cecco, *International Gold Standard*, chap. 4. 인도의 차 생산은, 대규모 플랜테이션에서 재배되고 공장에서 가공된 것으로, 영국의 해외 자본 투자의 전형적 사례다.

26 독일 1872년, 네덜란드 1875년, 벨기에·프랑스 1878년, 미국 1879년, 이탈리아 1884년, 일본·러시아 1897년(이상은 금본위제를 채택한 나라와 그 연도다). Daunton, "Britain and Globalization," 21-23; Davies, *History of Money*, 356-65; Meissner, "New World Order."

27 영국의 은행과 해외(대외)투자: Davies, *History of Money*, 350-64. On money in American politics: Carruthers and Babb, "Color of Money."

28 인도에 관해: De Cecco, *International Gold Standard*, chap. 4. 멕시코 은에 관해:

Schell, "Silver Symbiosis."

29 Metzler, *Lever of Empire*, chap. 1; Bytheway and Metzler, *Central Banks and Gold*, chap. 1.

30 러시아 28.9퍼센트, 독일 20.02퍼센트, 프랑스 15.75퍼센트, 영국 11.25퍼센트, 일본 7.73퍼센트, 미국 7.32퍼센트, 이탈리아 7.32퍼센트, 벨기에 1.89퍼센트, 오스트리아-헝가리 0.89퍼센트, 네덜란드 0.17퍼센트, 에스파냐 0.03퍼센트, 포르투갈 0.02퍼센트, 스웨덴 및 노르웨이 0.014퍼센트(이상은 "경자배관" 대상 국가와 그 배금 분배 비율이다). 독일 및 오스트리아-헝가리의 배상금은 제1차 세계대전 이후 무효화되었다. 소련은 1924년에 러시아의 배상금을 무효화했다. King, "Boxer Indemnities," 668-75; Morse, *Trade and Administration*, 299.

31 가격 안정성의 필요에 관해서: Anderson, "Chinese Exchange and Foreign Trade"; Hanna et al., *Gold Standard*. 특히 다음을 보라. Jenks's proposal, "Suggestions of Plan for China" in ibid., 80-105; Jenks, "Consideration on Monetary System."

32 인도와 금환본위제에 관해서는 다음을 보라. Keynes, *Indian Currency*, chap. 2. 멕시코 통화 개혁에 관해: Passananti, "Politics of Silver and Gold"; Lai et al., "Professor Jeremiah Jenks." 제레미아 젠크스의 박사과정 학생인 에드윈 크레머러Edwin Kemmerer는 라틴아메리카와 여러 지역에서 금환본위제를 설계하는 책임을 맡은 "머니 닥터money doctor" 중 가장 유명할 것이다. Rosenberg, *Financial Missionaries*; Flandreau, *Money Doctors*. On China and Mexico: Schell, "Silver Symbiosis."

33 Lai et al., "Professor Jeremiah Jenks," 41-42. 중국의 금본위제 채택에 관해: Matsuoka, "China's Currency Reform," 77. 중국의 재정 불안정과 혼란은 다양한 요인에서 기인하는 것으로, 다양한 지역 통화의 지속성과 비효율적 세수 징수 등이 포함된다. 세금 인상에 대한 저항 및 향신鄕紳 직위의 매매를 둘러싼 부패가 만연해, 이 두 부분 세수와 향신 직위 매매에서 실제로 정부 재정에 투입된 수입은 극히 일부에 불과했다.

국제 금본위제는 제1차 세계대전 기간에 중단되었다가 이후 재도입되었으며, 제2차 세계대전 기간에 다시 중단되었으나, 세계 경제력의 재편으로 인해 전반적으로 소멸되었다. 그레이트브리튼에 대한 경쟁국들의 무수한 압박, 탈식민(지)화, 미국의 부상 등이 그것이다. 1944년 브레턴우즈협정Bretton Woods Agreement은 금과 미국 달러를 기반으로 하는 국제통화 체제를 수립함으로써 미국이 제1의 자본주의 세력으로 부상한 것을 인정했다("브레턴우즈는"는 협정을 체결한 국제 통화 금융 회의가 열린 미국 뉴햄프셔주의 휴양지다). 1971년 미국은 일방적으로 달러의 금태환을 중지시켰고, 따라서 달러는 "피아트 커런시fiat currency"(법정불환不換통화, 명목통화)가 되어 오직 그 자체 및 그 발행국의 경제적, 지정학적 힘에 의해서만 뒷받침받았다.

34 Morse, *Trade and Administration*, 299-301. 이 수치는 1파운드=7은량의 환율을 반영

하는 것으로, 1875년과 1899년 사이에 이루어진 50퍼센트 평가절하의 결과다.

35 Ibid.; "Amoy men," in Hamashita, "Geopolitics of Hong Kong Economy," 113.

36 Hamashita, "Geopolitics of Hong Kong Economy," 107-10.

37 Remer, *Foreign Investment in China*, 180-88; Hsiao, *China's Foreign Trade Statistics*, table 13, "China's International Balance of Payments." 이 글은 다음과 같은 송금액을 보여준다. 1928년의 1억 6710만 은량, 1929년의 1억 8710만 은량, 1930년의 2억 1090만 은량, 1931년의 2억 3220만 은량(8000만~1억 1500만 달러). C. F. 레머는 (이전의 호세아 발루 모스와 마찬가지로) 은행 보고서들과 인터뷰들에서 데이터를 수집했다. 중국으로 다시 보내진 돈의 대부분은 홍콩 은행들을 통했지만, 19세기에는 미상未詳의 금액이 귀국자나 급사急使, courierdp에 의해 직접 운반되기도 했다.

38 황쭌셴은 4년간의 샌프란시스코 은행들의 송금 실적에 대한 조사에 기초해 계산했다. Kamachi, "American Influences on Reform Thought," 256.

39 Remer, *Foreign Investment in China*, 185, 188. 이것은 특히 전간기戰間期의 사례로, 중국인들의 이민국들이 이례적 번영을 누린 이후 은 가격이 크게 하락한 때였다.

제13장 중국인 되기, 중국 되기

1 청 말에 중국을 근대화하려는 "자강自彊, self-strengthening" 운동이 시작되었으나, 운동은 이민에 대해서는 정치적 관심을 거의 기울이지 않았으니 이민은 여전히 공식적으로는 불법이었기 때문이다. 자강은 외교·관습·군대의 근대화와 산업의 발전에 강조점을 두었다. 19세기 후반에 해외에서 유학한 최초의 중국인들 중 많은 수가, 특히 예일대학과 여러 뉴잉글랜드 대학에서 공부한 100명 이상의 청년은 중국으로 돌아와 외교관으로 일하거나 차이나스팀내비게이션컴퍼니China Steam Navigation Company와 같은 기업들에서 일했다. 1898년 서태후와 그의 보수적 지지자들이 광서제를 축출하고 광서제의 야심찬 백일개혁 계획을 끝낸 후, 반청 운동은 더욱 거세졌다.

2 캉유웨이의 저작에는 다음이 포함된다. *Xinxue weijing kao* (Forged Classics), 1891; *Kongzi gaizhi kao* (Confucius as a Reformer), 1897; and *Datongshu* (The Great Commonwealth), 1900. 다음도 보라. Zarrow, *After Empire*. 캉유웨이의 스웨덴 체류 및 그가 보이콧 운동에서 한 역할에 관해: Evans Chan, interview by William Cheung, http://www.chinaheritagequarterly.org/articles.php?searchterm=027_datong.inc&issue=027

3 캉유웨이는 처음에는 일본으로, 그다음에는 캐나다로 건너갔다(1899~1905). 그는 1905년부터 1908년까지 스웨덴에 있었다. 그는 1913년에야 중국으로 돌아온바 공화주의 혁명이 일어난 이후였다. 보황회는 홍콩과 마카오뿐만 아니라 캐나다·미국·멕

시코·중앙아메리카·하와이·오스트레일리아·동남아시아·일본·남아프리카와, 그리고 중국 내에도 지부를 설립했다. "Mapping the Baohuanghui," *Baohuanghui Blogspot*, https://baohuanghui.blogspot.com/; Ma, *Revolutionaries, Monarchists*, 109-11; Yu Chen Zi, "The Grand Trend of World Economic Competition," *Xinmin congbao* (1902). 다음에서 인용. Wang, *In Search of Justice*, 55. 캉유웨이는 19세기 독일 경제학자 프리드리히 리스트Friedrich List에게 영향을 받은바, 리스트는 강력한 국가와 보호주의를 지지했고, 자유무역에 반대했는데 그는 자유무역을 영국의 패권을 위한 알리바이라고 생각했다. 이러한 국가통제주의자적 경향은 캉유웨이가 멕시코 대통령 포르피리오 디아스Porfirio Díaz(1884~1911)와 맺은 관계를 설명해줄 수도 있을 것이다.

4 사회다윈주의의 영향: Wang, *In Search of Justice*, 144; Karl, *Staging the World*, 14, 122. 황쭌셴은 다음에서 인용. Wang, *In Search of Justice*, 55.

5 Fitzgerald, "Advance Australia Fairly," 70. 다음도 보라. Fitzgerald, *Big White Lie*, chap. 5.

6 Liang, *Xin dalu youji*.

7 Luo Fonglu to Foreign Ministry, September 1, 1902, file no. 02-13-008-02-061, Qing Foreign Ministry Records, AS.

8 Lin, *Heinu yu tian lu*. 인용은 번역자의 서문과 후기에서: Arkush and Lee, *Land Without Ghosts*, 77-80. Review quoted in Wang, *In Search of Justice*, 60.

9 Zou Rong, *Geming zun* (Revolutionary Army), Wang, *In Search of Justice*, 59; 서평은 다음에서 인용. *Aiguo bao*, January-February 1904.

10 하와이와 필리핀에 관해: Wu to Waiwubu, June 8, 1900, File no. 01-35-002-03-006, and Liang Cheng to Waiwubu, February 22, 1905, file no. 02-29-002-01-00, both in Qing Foreign Ministry Records, AS. 입국자들에 대한 괴롭힘에 관해: Ng, *Treatment of the Exempt Classes*. 세인트루이스 박람회에 가는 중국 상인들에 관해: Ngai, *Lucky Ones*, 105-6. 다음도 보라. Wang, *In Search of Justice*, 51-55; Kramer, "Imperial Openings," 332.

11 그레섬-양조약(1894)은 에인절조약Angell Treaty(1880)과 벌링게임조약(1868)에 이어 (중국인) 이민에 적용된 중-미 조약의 최신 판본이었다. 미국 연방대법원은 채찬핑 대 미국Chae Chan Ping v. United States 판결(1889)에서 입법이 조약보다 우선한다고 판시했으나 청은 계속해서 조약 협상을 통해 중국인 배제법들의 갱신에 영향을 끼쳤다. ("에인절조약"은 중국으로부터의 미국 이민을 규제한 조약이며, "에인절"은 협상을 담당한 미국 외교관 제임스 에인절James Angell을 말한다. 조약의 중국어명은 "중미속수조약中美續修條約"이다.)

12 Liang Cheng to Waiwubu, May 24, 1906, File no. 02-29-001-08-019; Liang Cheng to Waiwubu, February 22, 1905, File no. 02-29-002-01-001, both in Qing Foreign

Ministry Records, AS. 다음도 보라. McKee, "Chinese Boycott Reconsidered"; Wang, *In Search of Justice*, 124, 131.

13 청나라와 토착 자본가: Meissner, "1905 Anti-American Boycott," 176-79. 미국 경제계의 시어도어 루스벨트에 대한 압력: Lorence, "Business and Reform," 425; Roosevelt to Metcalf, June 16, 1905, in Roosevelt, *Letters*, 4:1235-36; Roosevelt to Pierce, June 24, 1905, ibid., 4:1251-52; Liang Cheng to Waiwubu, August 13, 1905, F11: 22900302004, Qing Foreign Ministry Records, AS; McKee, "Chinese Boycott Reconsidered," 180-82.

14 Goodman, "Locality as Microcosm," 394; Gerth, *China Made*, 128-29.

15 Wang, *In Search of Justice*, 89-90, 105; Remer, *Chinese Boycotts*, 33.

16 Telegram from Chinese in London, *Donghuabao*, June 24, 1905, p. 3; *Anhui suhua bao*, no. 21-22 (1905): 1-24. 《안후이속화보》편집인(이자 창간인) 천두슈陳獨秀는 나중에 베이징대학 인문학장과 중국공산당 공동 창립자가 된다. "노승들": Arkush and Lee, *Land Without Ghosts*, 58-59.

17 Arkush and Lee, *Land Without Ghosts*, 59; Wang, *In Search of Justice*, 171.

18 "General Society at San Francisco for the Opposing the Exclusion Treaty": McKee, "Chinese Boycott Reconsidered," 177-78, 188; Kang Youwei, letter, *Donghuabao*, June 17, 1905, p. 2.

19 동남아시아와 일본에서의 미국 상품 보이콧 지지: Wang, *In Search of Justice*, 171-72. South Africa: "Petition Letter from Chinese Workers in South Africa and Chinese Officials Response," *Donghuabao*, March 11, 1905; "Recent News about Chinese Workers in Africa," *Donghuabao*, November 18, 1905; "The Miserable Situation of Chinese Workers in South Africa," *Donghuabao*, December 2, 1905 (this appears to be taken from *Xinmin congbao*'s critique). 보이콧을 다룬 기사: "Chinese Americans Petition to Repeal Chinese Exclusion Act," *Donghuabao*, December 14, 1904; "Anti-American Boycott Meeting," and "Workers Refuse to Carry American Products," *Donghuabao*, September 9, 1905; Editorial supporting boycott, *Donghuabao*, October 21, 1905; "Chinese Immigrants Who Participated in the Anti-American Boycott Movement," *Donghuabao*, November 4, 1905; "Strategy of Boycott in China and Overseas," *Donghuabao*, November 11, 1905; Lishanqiaozi, "If Exclusion Continues" (letter), *Donghuabao*, August 5, 1905.

20 Wang, *In Search of Justice*, 178-91; Remer, *Chinese Boycotts*, 33-34.

21 1905년 12월 5일 미국 대통령 시어도어 루스벨트의 연두교서 연설은 중국의 미국 상품 보이콧에 대해 짧게 언급하고, 미국의 중국인 상인들의 처우에 대해 "공평"을 지

지하는 한편, 중국인 노동자들을 배제하는 자신의 노력을 강조했다. 정책 변화에는 다음이 포함되었다. 통과할 때 면제 부류에 해당하는 사람들의 사진을 더는 요구하지 않았고, 베르티용식 사진을 없앴고, 예외증명서의 사소한 기술적 오류에 근거한 입국 거부를 없앴으며, 청문회에서 증인을 허용했다. 실질적 한 가지 변화는 중등학교 학생과 전문 학위 전공 학생뿐 아니라 초등학교 학생을 허용했다는 것이다. Salyer, *Laws Harsh as Tigers*, 164-66. 미국이 의화단의 난 배상금의 일부를 중국 학생들에게 장학금을 지급하는 데 사용한 것은 중국의 근대화를 뒷받침하려는 의도였다. 대부분의 중국 학생은 공학, 광산학, 농학 등을 공부하라는 요구를 받았다. 미국의 중국인 유학생 수는 1903년 50명에서 1910년 292명, 1918년 990명으로 증가했다. Hsu, *Good Immigrants*, 47-48. On merchants: Ng, *Treatment of the Exempt Classes*, 13.

주 토이Ju Toy 결정(1905)이 법원심사를 위한 인신보호영장habeas corpus의 사용을 사실상 배제하고 이민 결정에서 사실상 견제되지 않은 행정 재량권을 허용하면서 서류와 심문에 의존하는 절차의 관료화가 초래되었다. 아이러니하게도 이러한 전환은 허위 서류 및 암기의 사용, 추정상 미국에서 태어난 중국인들의 파생시민권derivative citizenship을 주장하는 "종이 아들paper son"의 확산을 부추겼다. ("미국 대 주 토이United States v. Ju Toy"는 미국 연방대법원이 이민 문제에 대한 사법심사권을 인정한 판례다. "미국 입국을 원하는, 중국계 부모를 둔 시민권자"는, 이들이 실제로 시민권자인지 여부에 대한 사법기관의 심리가 거부된 경우에도, 행정 출입국 당국에 의해 입국에서 배제될 수 있다고 판시한 내용이다. 주 토이는 미국에서 태어난 중국인으로 이민자가 아님에도 중국을 방문하고 샌프란시스코로 미국에 돌아왔을 때 입국을 거부당하고 이민 당국으로부터 추방을 받자 이에 소송을 제기했다.) 주 토이에 관해 *Ju Toy*: Salyer, *Laws Harsh as Tigers*, chap. 4, esp. 113-15. 종이 아들과 미국 입국 허용의 관료화에 관해: Ngai, *Impossible Subjects*, chap. 6; McKeown, *Melancholy Order*, chaps. 9-10.

22 Gerth, *China Made*, 4-9; Wang, *In Search of Justice*, 194. 다음도 보라. Wong, *China's Boycott Movement*.

23 Remer, *Chinese Boycotts*, 37-39. 26.

24 Ibid., 230-32.

에필로그: 돌아온 황화라는 유령

1 "1000 illegal miners busted," GhanaWeb, January 30, 2018, https://www.ghanaweb.com/GhanaHomePage/NewsArchive/1000-illegal-miners-busted-622033?fbclid=IwAR2Rvkkh-aUYgc-qc-FIsvpMjNCv0KRRNhW7k1kax7OjSzewq-aqfCWH_0o; Boafo et al., "Illicit Chinese Mining."

2 Boafo et al., "Illicit Chinese Mining"; Botchwey et al., "South-South Irregular Migration."

3 Yang Jiao, "Chinese Illegal Gold Miners in Ghana" (blogpost), China-Africa Research Initiative, Johns Hopkins University, June 21, 2013, http://www.chinaafricarealstory. com/2013/06/guest-post-chinese-illegal-gold-miners.html.

4 Ibid.

5 다른 상위 금 생산국은 (순서대로) 오스트레일리아, 러시아, 미국, 캐나다다. U.S. Geological Survey, annual report 2019. 2019년 장신구용 금 소비량을 보면 중국이 629톤, 인도가 191톤이다. "Elevated Gold Prices for 2019 amid Renewed Investor Interest," *Value Walk*, January 29, 2020. https://www.valuewalk.com/2020/01/ elevated-gold-prices-2019.

6 "China's Impact on African Mining Cannot be Underestimated." *Investing in African Mining*, October 16, 2019. https://www.miningindaba.com/Articles/chinese-investment-in-african-mining-what-you.

7 Mariana Sow, "Figures of the Week: Chinese Investment in Africa," *Brookings*, September 6, 2018. https://www.brookings.edu/blog/africa-in-focus/2018/09/06/figures-of-the-week-chinese-investment-in-africa; Lee, "Specter of Global China"; "Chinese Invest- ment in Africa," China Africa Research Initiative, Johns Hopkins University, http://www.sais-cari.org/chinese-investment-in-africa.

8 "The Pandemic is Hurting China's Belt and Road Initiative," *Economist*, June 4, 2020, https://www.economist.com/china/2020/06/04/the-pandemic-is-hurting-chinas-belt-and-road-initiative; Economy, *Third Revolution*, chap. 7; Christine Gerbode, "Dreams of a Green Silk Road, Part 1: Responsible Development Across Borders" (blogpost), Duke University, December 5, 2018, https://blogs.nicholas. duke.edu/between-the-lines/dreams-of-a-green-silk-road-part-1-responsible-development-across-borders/; Lee, "Specter of Global China."

9 Wang, "Discourse of Unequal Treaties"; Ku, "Abolition of Unequal Treaties." 오스트레일리아는 1973년 백호주의 법률을 철폐했다. 남아프리카공화국은 1970년대에 타이완에서 이민자들을 모집하기 시작했다.

10 Mao Zedong, Opening address at the First Plenary Session of the Chinese People's Political Consultative Conference, September 21, 1949. Riskin, "China's Human Development"; Karl, *China's Revolutions*, 110-34.

11 Riskin, "Seven Questions." According to the standard of poverty defined by the World Bank, China still had 835 million people living in poverty in 1981. Alan Piazza,

"Poverty and Living Standards Since 1949," *Oxford Bibliographies*, June 8, 2017, https://www.oxfordbibliographies.com/view/document/obo-9780199920082/obo-9780199920082-0080.xml.

12 덩샤오핑과 시진핑의 경제 정책에 관한 요약은 다음을 보라. Karl, *China's Revolutions*, 177-92; Economy, *Third Revolution*, chap. 1. 국가개발은행의 도시화 자금 조달에 관해: Sanderson and Forsythe, *China's Superbank*, chap. 1. 2019년에 미국의 국내총생산은 21조 4800만 달러, 중국의 국내총생산은 14조 1700만 달러였다. 이어 일본, 독일, 영국, 인도 순이었다. "Top 20 Largest Economies," *Investopedia*, https://www.investopedia.com/insights/worlds-top-economies.

13 Karl, *China's Revolutions*, 176-77.

14 Sugihara, "Global Industrialization"; Sugihara, "Multiple Paths to Industrialization"; Arrighi, *Adam Smith in Beijing*; Zelin, "Structures During Qing Period." 동아시아의 "근면혁명"은 다음 글에서 개념화된 근대 초기 유럽의 소비 추동 모델과는 다르다. DeVries, "Industrial and Industrious Revolution." 동아시아 "근면혁명"에 관한 연구 문헌은 부분적으로 케네스 포메란츠Kenneth Pomeranz의 "대분기" 이론에 대한 반응이다. Pomeranz, *Great Divergence*, and Rosenthal and Wong, *Before and Beyond Divergence*. 이외에 여러 사람. 비판적 정치경제사로는 다음이 있다. Abu-Lughod, *Before European Hegemony*; Rodney, *How Europe Underdeveloped Africa*; Wallerstein, *Modern World System*; Robinson, *On Racial Capitalism*; Frank, *Capitalism and Underdevelopment*; Frank, *ReOrient*. 대분기 연구 문헌에서 유럽중심적 경제 기준의 지속에 관해: Karl, *Magic of Concepts*.

15 Arrighi, *Adam Smith in Beijing*; Sugihara, "Global Industrialization."

16 "USA: Percent of World GDP," Global Economy (World Bank data), https://www.theglobaleconomy.com/usa/gdp_share; Isabella Weber, "Could the US and Chinese Economies Really 'Decouple'?" *Guardian*, February 11, 2020.

17 Andrew Chatzky and James McBride, "China's Massive Belt and Road Initiative," Council on Foreign Relations, January 28, 2020, https://www.cfr.org/backgrounder/chinas-massive-belt-and-road-initiative; "The Pandemic is Hurting China's Belt and Road Initiative," *Economist*, June 4, 2020; Sanderson and Forsythe, *China's Superbank*, chaps. 3-4; "China's Assistance in the Construction of the Tanzania-Zambia Railway," Ministry of Foreign Affairs, People's Republic of China, https://www.fmprc.gov.cn/mfa_eng/ziliao_665539/3602_665543/3604_665547/t18009.shtml.

18 Kimberly Amadeo, "US Imports by Year, Top Five Countries," *Balance* (February 26, 2020). https://www.thebalance.com/u-s-imports-by-year-and-by-country-

3306259.

19 U.S. Department of Commerce, Bureau of Economic Analysis, *U.S. International Trans- actions, Fourth Quarter and Year 2019*, March 19, 2020, https://www.bea.gov/news/2020/ us-international-transactions-fourth-quarter-and-year-2019; U.S. Department of the Treasury, *Monthly Statement of the Public Debt of the United States*, March 31, 2020, https://www.treasurydirect.gov/govt/reports/pd/mspd/2020/opds032020.pdf; U.S. Trea- sury, *Major Foreign Holders of Treasury Securities*, May 15, 2020, https://ticdata.treasury.gov/Publish/mfh.txt; Eswar Prasad, "The U.S.-China Economic Relationship: Shifts and Twists in the Balance of Power," testimony to the U.S.-China Economic and Security Review Commission Hearing on U.S. Debt to China: Implications and Repercussions, March 10, 2020, https://www.brookings.edu/wp-content/uploads/2016/06/20100225_ us_china_debt_prasad-1.pdf.

20 "China Current Account to GDP," Trading Economics (n.d.), https://tradingeconomics.com/china/current-account-to-gdp; U.S. Treasury, *Major Holders of US Treasury Securities*, September 2019, https://ticdata.treasury.gov/Publish/mfh.txt.

21 Lee, *My Country Versus Me*; Wang, "Beyond Identity and Racial Politics"; Ashley Yeager, "US Looks to Block Chinese Grad Students and Researchers' Visas," *Scientist*, May 28, 2020, https://www.the-scientist.com/news-opinion/us-looks-to-block-chinese-grad-students-and-researchers-visas-67591; Association of American University Professors, "National Security, the Assault on Science, and Academic Freedom," December 2017, https://www.aaup.org/sites/default/files/JA18_NationalSecurity.pdf.

22 Songtian Lin, "South Africa and China Are Beneficial Partners," *Independent Online* (South Africa), February 27, 2018, https://www.iol.co.za/pretoria-news/south-africa-and-china-are-beneficial-partners-13508542.

23 Australia, Department of Foreign Affairs and Trade, "China Country Brief, Bilateral Relations," https://www.dfat.gov.au/geo/china/Pages/china-country-brief#:~:text=China%20 is%20Australia's%20largest%20two,per%20cent%20year%20on%20year); Su-LinTan, "Why Has the China-Australia Relationship Deteriorated into What Some Are Calling 'Trade War 2.0'?" *South China Morning Post*, July 2, 2020, https://www.scmp.com/economy/china-economy/article/3091182/why-has-china-australia-relationship-deteriorated-what-some.

24 U.S. Trade Representative, "People's Republic of China, US-China Trade Facts" (n.d.), https://ustr.gov/countries-regions/china-mongolia-taiwan/peoples-republic-

china#:∼:text=U.S.%20goods%20imports%20from%20China,overall%20U.S.%20
imports%20in%202018.

로마자 표기와 통화에 관하여

1   과거의 중국 통화: "Tael," *Wikipedia*, https://en.wikipedia.org/wiki/Tael. 금 가격에
    관해: Lawrence Officer, "What Was the Price of Gold Then? A Data Study," https://
    www.measuringworth.com/docs/GoldBackground.pdf; "Historical Gold Prices
    1833–Present," http://piketty.pse.ens.fr/files/capital21c/xls/RawDataFiles/GoldPrices
    17922012.pdf. 은의 금가격에 관해: Hsiao, *China's Foreign Trade Statistics*, table 9a.

참고문헌

1차 자료

문서고와 도서관

Academia Sinica, Taipei
    Institute of Modern History, Records of Qing Foreign Ministry
Bendigo Regional Archival Centre, Bendigo, Victoria
California Historical Society, San Francisco
California State Archives, Sacramento
California State Library, Sacramento
California State University, Chico
    Special Collections, Northeast California
Claremont Colleges Library, Claremont, California
    Special Collections, William Honnold Papers
Golden Dragon Museum, Bendigo, Victoria
Huntington Library, San Marino, California
Library of Congress, Washington, D.C.
Museum of Chinese Australian History, Melbourne
National Archives (UK), Kew
    Cabinet Office Files
    Records of the Colonial Office
    Records of the Foreign Office
National Archives (South Africa)
    Public Records of former Transvaal Province and its Predecessors, Pretoria
    Western Cape Archives and Record Service, Capetown

National Library of Australia, Canberra

New York Public Library

Public Records Office of Victoria

    Ballarat

    North Melbourne

State Library of New South Wales, Sydney

State Library of Victoria, Melbourne

University of California, Berkeley

    Bancroft Library

    Earth Sciences and Maps Library

    Ethnic Studies Library

University of Cambridge, University Library

    Conservative Central Office

    Liberal Publication Department

    Imperial South Africa Association

University of Oxford, Bodleian Library

    Alfred, Viscount Milner Papers

    George Farrar and Family Papers

    Central Mining and Investment Corporation Papers

Wells Fargo and Company, Corporate Archives, San Francisco

Wuyi Overseas Chinese Museum, Jiangmen, Guangdong, China

Yuba County Library, Marysville, California

신문과 정간물

Age (Melbourne)

Aiguo bao (Chinese Times, Melbourne)

Anhui suhua bao (Tokyo)

Anti-Slavery Reporter (London)

Argus (Melbourne)

Australian (Sydney)

Beiguo chunqiu (Northern Annals, Beijing)

Bendigo Advertiser (Victoria)

Brisbane Courier (Queensland)

Bulletin (Sydney)

Butte Record (Oroville, California)

California Star (San Francisco)

Californian (San Francisco)

China Review (Hong Kong)

Chispa (Sonora, California)

Covered Wagon (Shasta, California)

Daily Alta California (San Francisco)

Diggin's (Oroville, California)

Dongfang zazhi (Eastern Miscellany, Shanghai)

Donghuabao (Chinese Times, Melbourne)

Economist Empire (Sydney)

Empire Review (London)

Engineering and Mining Journal (New York)

Fortnightly Review (London)

Friend of China (Hong Kong)

Hangzhou baihuabao (Hangzhou Daily)

Independent Review (London)

Jiaohui xinbao (Church News, Shanghai)

Journal of the American Asiatic Association (New York)

Los Angeles Herald Macmillan's (London)

Manchester Guardian (UK)

Mining and Scientific Press (San Francisco)

Mountain Messenger (LaPorte, California)

New York Times

Nineteenth Century and After (London)

North American Review

North Queensland Register (Townsville, Queensland)

Oriental (Dongya xinlu, San Francisco)

Overland Monthly and Out West (San Francisco)

Polynesian (Honolulu)

Provenance (North Melbourne, Victoria)

Queenslander (Brisbane, Queensland)

Rand Daily Mail (Johannesburg)

Sacramento Daily Union

Saturday Review (London)

Sonora Herald (California)

Speaker: The Liberal Review (London)

Sonoma Democrat (California)

Sydney Morning Herald

Telegraph (Brisbane, Queensland)

Times (London)

Transvaal Leader (Johannesburg)

Xinbao (Shanghai)

Xinmin congbao (New Citizen, Yokohama)

Wanguo gongbao (Review of the Times, Shanghai)

Waijiao bao (Diplomatic Review, Beijing)

West Australian (Perth, Western Australia)

Western Mail (Perth, Western Australia)

Worker (Brisbane, Queensland)

Zhongxi ribao (China West Daily, San Francisco)

Zhongwai xinwen qiri bao (Seven Days, Hong Kong)

정부 연속 간행물과 보고서

남아프리카

Africa. *Correspondence respecting the Introduction of Chinese Labour into the Transvaal.* UK *Parliamentary Papers.* Cd. 1945. London, 1904.

Transvaal. *Annual Report of the Foreign Labour Department 1905-6.* UK *Parliamentary Papers.* Cd. 3338. London, 1907.

_____. *Correspondence Relating to Labour in the Transvaal Mines.* UK *Parliamentary Papers.* Cd. 2183, 2401, 2785, 2786, 2819, 3024. London, 1904-6.

_____. *Correspondence Relating to Legislation Affecting Asiatics in the Transvaal.* UK *Parliamentary Papers.* Cd. 3308, 3887, 3892, 4327, 4584, 5363. London, 1907-10.

_____. *Handbook of Ordinances, Proclamations, Regulations and Instructions, Connected with the Importation of Foreign Labour into the Transvaal.* Pretoria, 1906.

_____. *Report of the Mining Industry Commission, 1907-8.* Pretoria, 1908.

Transvaal Labour Commission. *Reports of the Transvaal Labour Commission.* UK *Parliamentary Papers.* Cd. 1896-97. London, 1904.

Transvaal and Orange Free State. Chamber of Mines. *Annual Report.* Pretoria, 1900-10.

_____. *The Mining Industry: Evidence and Report of the Industrial Commission of Enquiry.* Johannesburg, 1897.

Transvaal and Orange River Colony. *Correspondence Related to Affairs in the Transvaal and Orange River Colony.* UK *Parliamentary Papers.* Cd. 1895, 2563, 3528. London, 1904-7.

Zuid-Afrikaanse Republiek (ZAR). Witwatersrand Chamber of Mines. *The Mining Industry, Evidence and Report of the Industrial Commission of Enquiry.* Johannesburg, 1897.

미국

Browne, J. Ross. *Mineral Resources of the States and Territories.* Washington, D.C.: U.S. Department of the Treasury, 1867, 1868, 1869.

California. Bureau of Mines. *Annual Report of the State Mineralogist.* Sacramento, 1880-1916.

_____. Legislature. Committee on Mines and Mining Interests. *Report.* In *Journals of the Assembly and Senate of the State of California,* 4th sess. (1853), appendix, doc. 28. Sacramento, 1853.

_____. Joint Select Committee. *Report Relative to the Chinese Population of the State of California.* In *Journals of the Assembly and Senate of the State of California,* 13th sess., appendix 23. Sacramento, 1862.

_____. *Journals of the Assembly and Senate of the State of California.* Sacramento, 1850-90.

_____. Senate. *Chinese Immigration, Its Social, Moral and Political Effects. Testimony Taken before a Committee of the Senate of the State of California.* Sacramento, 1876.

_____. *State Census of 1852.* Ancestry.com.

Raymond, Rossiter W. *Statistics of Mines and Mining in the States and Territories West of the Rocky Mountains.* Washington, D.C.: U.S. Department of the Treasury, 1869-77.

U.S. Bureau of the Census. *Decennial Population Census of the United States.* Washington, D.C.: 1850-1900. Ancestry.com.

_____. *Selected Nonpopulation Schedules, 1850-80.* Ancestry.com.

U.S. Congress. *Congressional Record.* Washington, D.C., 1870-90.

U.S. Department of State. Office of the Historian. *Foreign Relations of the United States, China and Chinese Legation of the United States, 1885-86.* https://history.state.gov/historicaldocuments.

U.S. Geological Survey. *Annual Report, 2019.*

U.S. Senate. Joint Special Committee to Investigate Chinese Immigration. *Report of the Joint Special Committee to Investigate Chinese Immigration*, 44th Cong., 2d sess., February 27, 1877. Washington, D.C., 1877.

영국

Great Britain. Emigration Commission. *Colonization Circular.* G. E. Eyre and W. Spottiswoode, 1866.

U.K. Parliament. *Parliamentary Papers*, https://www.parliament.uk/about/how/publications/ parliamentary

오스트레일리아

Australasia. *Correspondence relating to Chinese Immigration into the Australasian Colonies presented to both Houses of Parliament by Command of Her Majesty.* UK Parliamentary Papers. C.5448. London, 1888.

New South Wales. Legislative Council. *Report from the Committee on Immigration, with the Appendix, Minutes of Evidence, and Replies to Circular Letter on the Aborigines.* Sydney, 1841.

Victoria. *Parliamentary Papers.* Melbourne, 1855–98.

_____. *Reports of the Mining Surveyors and Registrars.* Melbourne, 1867–87.

_____. *Returns of the Census of the Population of Victoria*, 1857.

온라인 자료

California Digital Newspaper Collection. Center for Bibliographical Studies and Research. University of California at Riverside, http://cdnc.ucr.edu

Center for Research Libraries. Chicago, https://www.crl.edu/electronic-resources/collections

Chinese Heritage of Australian Federation Project. La Trobe University, http://www.chaf.lib.latrobe.edu.au

CNBKSY. Quan guo bao kan suo yin. Shanghai Library, https://www.cnbksy.com

Eureka! The Rush for Gold. Library of New South Wales, http://www.sl.nsw.gov.au/stories/eureka-rush-gold/rumours-gold

Trove. National Library of Australia, https://trove.nla.gov.au

Historical Records of Australia

Newspapers and Gazettes

출판된 1차 자료

Ah Ket, William. "The Chinese and the Factories Act." Melbourne, 1906.

Ai, Zhouchang, ed. *Zhong fei guan xi shi wen xuan, 1500-1918, Di 1 ban.* (Documentary History of China-South Africa Relations) Shanghai: East China Normal University Press, 1989.

Aldus, Don. *Coolie Traffic and Kidnapping.* London: McCorquodale & Co., 1876.

Allsop, Thomas, ed. *California and Its Gold Mines: Being a Series of Recent Communications from the Mining Districts.* London: Groombridge & Sons, 1853.

"An Asiatic." *The "China Question" Dispassionately Considered.* London: Edward Stanford, 1857.

An Analysis of the Chinese Question Consisting of a Special Message of the Governor and, in Reply Thereto, Two Letters of the Chinamen and a Memorial of the Citizens of San Francisco. San Francisco: *San Francisco Herald,* 1852.

Anderson, George. "Chinese Exchange and Chinese Foreign Trade." *Journal of American Asiatic Association* 5 (August 1905): 199-202.

Anderson, Hugh. *Eureka: Victorian Parliamentary Papers Votes and Proceedings 1854-1867.* Melbourne: Hill of Content, 1969.

Bancroft, Hubert Howe. *History of California,* 7 vols. San Francisco: History Company, 1890.

Bee, Frederick A. *The Other Side of the Chinese Question: To the People of the United States and the Honorable the Senate and House of Representatives Testimony of California's Leading Citizens; Read and Judge.* San Francisco: Woodward & Co., 1886.

Borthwick, John David. *Three Years in California, 1851-1854, with Eight Illustrations by the Author.* Edinburgh: W. Blackwood & Sons, 1857.

Brooks, B. S. *Brief of the Legislation and Adjudication Touching the Chinese Question Referred to the Joint Commission of Both Houses of Congress.* San Francisco: Women's Co-operative Printing Union, 1877.

Brooks, Charles Wolcott. "The Chinese Labor Problem," *Overland Monthly and Out West* 3 (November 1869): 407-19.

Brown, D. Mackenzie. *China Trade Days in California: Selected Letters from the Thompson Papers, 1832-1863.* Berkeley: University of California Press, 1947.

Browne, J. H. Balfour. *South Africa: A Glance at Current Conditions and Politics.* London, 1905.

Browne, J. Ross. *Resources of the Pacific Slope: A Statistical and Descriptive Summary.* San

Francisco: H. H. Bancroft, 1869.

Buchanan, W. F. *Australia to the Rescue: A Hundred Years' Progress in New South Wales*. London: Gilbert and Rivington, 1890.

Buck, Franklin A. *A Yankee Trader in the Gold Rush*, edited by Katherine A. White. Boston: Houghton Mifflin, 1930.

Burns, John. "Slavery in South Africa," *Independent Review*, May 1904, pp. 594–611.

Burt, Thomas. *A Visit to the Transvaal: Labour: White, Black, and Yellow*. Newcastle-upon-Tyne: Co-operative Printing Society, 1905.

Buxton, Sydney. *Chinese Labour: The Transvaal Ordinance Analysed Together with the British Guiana Ordinance*. London: Liberal Publication Department, 1904.

California Miners' Association. *California Mines and Minerals*. Press of L. Roesch Co., 1899.

Canfield, Chauncey, ed. *Dairy of a Forty-Niner*. Boston: Houghton Mifflin, 1920.

Chen Hansheng, ed. *Huagong chuguo shiliao huibian* (Documentary History of Chinese Labor Emigration), 10 vols. Beijing: Zhonghua Shuju, 1980–85.

Cheong, Cheok Hong. *Chinese Remonstrance to the Parliament and People of Victoria*. Melbourne: Wm. Marshall & Co., 1888.

Chew, Lee. "Biography of a Chinaman," *Independent* 15 (February 19, 1903): 417–23.
    Chico Anti-Chinese League. *Chico Anti-Chinese League Minute Book*, 1894.

Clifford, John. *God's Greater Britain, Letters and Addresses*. London: Clark, 1899.

Colquhoun, Archibald R. *China in Transformation*. New York: Harper & Bros., 1912.
_____. *The Mastery of the Pacific*. New York: Macmillan, 1902.

Comstock, J. L. *A History of the Precious Metals from the Earliest Periods to the Present Time*. Hartford, Conn.: Belknap & Hamersley, 1849.

Condit, Ira. *The Chinaman as We See Him, and Fifty Years of Work for Him*. Chicago: F. H. Revell Co., 1900.

Coolidge, Mary Roberts. *Chinese Immigration*. New York: Holt & Co., 1909.

Crawford, J. Dundas. *Notes by Mr. Crawford on Chinese Immigration in the Australian Colonies*. Great Britain Foreign Office Confidential Prints FO 3742. London: HMSO, 1877.

Creswell, Frederic H. P. *The Chinese Labour Question from Within: Facts, Criticisms, and Suggestions; Impeachment of a Disastrous Policy*. London: P. S. King & Son, 1905.

Cuba Commission. *Report of the Commission Sent by China to Ascertain the Condition of Chinese Coolies in Cuba*. Shanghai: Imperial Maritime Customs Press, 1878.

Curle, J. H. *Gold Mines of the World*, 3rd ed. London: Routledge, 1905.

_____. *Our Testing Time; Will the White Race Win Through?* New York: George H. Doran Co., 1926.

Davis, D. H., and John A. Silsby. *Shanghai Vernacular: Chinese-English Dictionary*. Shanghai: American Presbyterian Mission Press, 1900.

Del Mar, Alexander. *Monograph on the History of Money in China: From the Earliest Times to the Present*. San Francisco: J. R. Brodie & Co., 1881.

Derby, George Horatio, Gary Clayton Anderson, Laura L. Anderson, and Arthur H. Clark Co., eds. *The Army Surveys of Gold Rush California: Reports of Topographical Engineers, 1849-1851*. Norman: University of Oklahoma Press, 2015.

Des Voeux, Sir G. William. "Chinese Labour in the Transvaal: A Justification." *Nineteenth Century and After* 59 (April 1906): 581-94.

D'Ewes, J. *China, Australia and the Pacific Islands, in the Years 1855-56*. London: Richard Bentley, 1857.

Dilke, Charles Wentworth. *Greater Britain*. London: Macmillan, 1869.

_____. *Problems of Greater Britain*. London: Macmillan, 1890.

Dressler, Albert. *California Chinese Chatter*. San Francisco: n.p., 1927

Durand, R. A. "Indentured Labour Under British Rule," *Monthly Review* 23 (May 1906): 39-46.

Edelman, George W. *Guide to the Value of California Gold*. Philadelphia: G. S. Appleton, 1850.

Edkins, Joseph. *Banking and Prices in China*. Shanghai: Presbyterian Mission Press, 1905.

Egenhoff, Elisabeth L., ed. *The Elephant as They Saw It: a Collection of Contemporary Pictures and Statements on Gold Mining in California*. San Francisco, 1949.

Egerton, Hugh Edward. *A Short History of British Colonial Policy*, 3rd ed. London: Methuen, 1910.

Eitel, Ernest John. *China and the Far Eastern Question: A Study in Political Geography*. Adelaide: W. K. Thomas, 1900.

_____. *Europe in China*. London: Luzac, 1895.

"Eyewitness." *John Chinaman on the Rand*. London: R. A. Everett, 1905.

Farrar, George. "The South African Labour Problem: Speech by George Farrar at a meeting held on the East Rand Proprietary Mines, on March 31st, 1903." London: W.W. Sprague, 1903.

Fauchery, Antoine. *Letters from a Miner in Australia*, translated by A. R. Chisholm.

Melbourne: Georgian House, 1965.

Field, Stephen J. *Personal Reminiscences of Early Days in California*. N.p., 1893.

Fong, Walter N. "Chinese Six Companies." *Overland Monthly*, May 1894.

Frodsham, J. D., ed. *The First Chinese Embassy to the West: The Journals of Kuo-Sung-T'ao, Liu Hsi-Hung and Chang Te-Yi*. Oxford: Clarendon Press, 1974.

George, Henry. "Chinese in California." *New York Tribune*, May 1, 1869.

_____. *Complete Works*, 10 vols. New York: Doubleday, 1904.

George, Henry, Jr. *The Life of Henry George*. New York: Doubleday & McClure, 1900.

Gervasoni, Clare. *Castlemaine Petitions: Petitioners for a Castlemaine Municipality and Petitioners Against the Chinese Residence License*. Ballarat, Victoria: Goldfield Heritage Books, 1998.

Gibson, Otis. *"Chinaman or White Man, Which?": Reply to Father Buchard*. San Francisco: Alta, 1873.

_____. *The Chinese in America*. Cincinnati: Hitchcock & Walden, 1877.

Gompers, Samuel, and Herman Gutstadt. *Meat vs. Rice. American Manhood Against Asiatic Coolieism, Which Shall Survive?* San Francisco: American Federation of Labor, 1902.

Hanna, H. C., Charles Conalt, and Jeremiah Jenks. *Gold Standard in International Trade. Report on the Introduction of the Gold Exchange Standard into China, the Philippine Islands, Panama, and Other Silver-Using Countries and on the Stability of Exchange*. Commission on International Exchange. Washington, D.C.: Government Printing Office, 1905.

Haskins, Charles Warren. *The Argonauts of California, Being the Reminiscences of Scenes and Incidents That Occurred in California in Early Mining Days*. New York: Fords, Howard & Hulbert, 1890.

History of Tuolumne County, California, Compiled From The Most Authentic Records. San Francisco: B.F. Alley, 1882.

Hittell, Theodore Henry. *History of California*. 4 vols. San Francisco: N.J. Stone, 1898.

Horsfall, David. *A Year on Bendigo Goldfield (Courier of the Mines)*. Bendigo: Australian Institute of Genealogical Studies, Bendigo Area, 1856.

Huang Zunxian. "Expulsion of the Immigrants." Translated by J. D. Schmidt. In *Land Without Ghosts: Chinese Impressions of America from the Mid-Nineteenth Century to the Present*, edited by David Akrush and Leo Ouyang Lee. Berkeley: University of California Press, 1989.

_____. *Renjinglu shicao jianzhu* (In the Human Realm), annotated and edited by Qian

Esun. Shanghai, 1981. Translation by John Guo. In Frederick Bee History Project, http://frederickbee.com/huangpoem.html

Hunter, W. C. *The "Fan Kwae" at Canton: Before the Treaty Days, 1825-1844.* London: K. Paul & Trench, 1882.

Jebb, Richard. *Studies in Colonial Nationalism.* London: E. Arnold, 1905.

Jenkins, Edward. *The Coolie, His Rights and Wrongs Notes of a Journey to British Guiana, with a Review of the System and of the Recent Commission of Inquiry.* London: Strahan, 1871.

Jenks, Jeremiah. "Considerations on a New Monetary System of China." *Journal of the American Asiatic Association* 5 (February 1905): 12-20.

Jin, Kok Hu, ed. *Hung Men Handbook.* Bendigo, Victoria: Golden Dragon Museum, 2002.

Jindaishi ziliao (Documented History of Modern Chinese History). 131 vols. Beijing: Zhonghua Shuju, 1954-.

Johnson, Sun. *The Self Educator.* Sydney: National Library of Australia, 1892.

Jong, Ah Sing. "Diary of Jong Ah Sing," 1866. Victoria State Library.

Just, P. *Australia, or, Notes Taken during a Residence in the Colonies from the Gold Discovery in 1851 till 1857.* Dundee, Scotland: Durham & Thomson, 1859.

Kinkead, J. C., Recorder. *Book of Records for Miners Depot.* Miner's Depot, Calif., 1855.

Kinloch-Cooke, Clement. *Chinese Labour (in the Transvaal): A Study of Its Moral, Economic, and Imperial Aspects,* rev. ed. London: Macmillan, 1906.

Keynes, John Maynard. *General Theory of Employment, Interest, and Money.* New York: Harcourt Brace, 1965, 1936.

_____. *Indian Currency and Finance.* London: Macmillan, 1913.

Kip, Leonard. *California Sketches with Recollections of the Gold Mines.* Albany: E. H. Pease, 1850.

Lai Chun-chuen and Wilberforce Eames. *Remarks of the Chinese Merchants of San Francisco, upon Governor Bigler's Message, and Some Common Objections: With Some Explanations of the Character of the Chinese Companies, and the Laboring Class in California.* San Francisco: Whitton, Towne, 1855.

Lay, G. Tradescant. *The Chinese as They Are: Their Moral, Social, and Literary Character: A New Analysis of the Language: With Succinct Views of Their Principal Arts and Sciences.* London: W. Ball, 1841.

Layres, Augustus. *Critical Analysis of the Evidence for and against Chinese Immigration.* San Francisco: A.F. Woodbridge, 1877.

Leland, Charles Godfrey. *Pidgin-English Sing-Song; or, Songs and Stories in the China-English Dialect, with a Vocabulary*. London: Trübner, 1876.

Li Anshan, ed. *Fei zhou huaqiao huaren she hui shi zi liao xuan ji, 1800-2005* (Social History of Overseas Chinese in Africa: Selected Documents, 1800-2005). Beijing University Center for the Study of Overseas Chinese: Hong Kong Press for Social Sciences, 2006.

_____. *History of Overseas Chinese to Africa to 1911*. New York: Diasporic Africa Press, 2012.

Liang Qichao. *Xin dalu youji* (Travelogue of the New Continent). 1904; Beijing: Commercial Press, 2014.

Lin Shu, trans. *Heinu yu tian lu* (A Black Slave's Cry to Heaven [*Uncle Tom's Cabin*]). 1901; Beijing: Zhaohua Press, 2017.

Loomis, Augustus. "The Chinese Companies." *Overland Monthly and Out West Magazine*, September 1868, pp. 221-27.

Lopp, James Keith. *An Analysis of the Characteristics and Causes of Anti-Chinese Sentiment in Butte County 1849-1887*, n.p., n.d.

Louis Ah Mouy. *The Chinese Question Analyzed: With a Full Statement of Facts / by One Who Knows Them*. Melbourne: W. Fairfax, 1857.

Lowe Kong Meng, Cheok Hong Cheong, and Louis Ah Mouy, eds. *The Chinese Question in Australia, 1878-1879*. Melbourne: F. F. Bailliere, 1879.

Lucett, Edward. *Rovings in the Pacific, from 1837 to 1849: With a Glance at California*. New York: AMS Press, 1979.

Mechanics' State Council. "Communication from the Mechanics' State Council of California in Relation to Chinese Immigration." *Journal of the Assembly and Senate of the State of California*, 17th sess., 1868, appendix.

"Memorial of Chinese Laborers, Resident at Rock Springs, Wyoming Territory, to the Chinese Consul at New York" (1885). In *Chink!*, edited by Cheng-Tsu Wu, 152-64. New York: World Publishing, 1972.

"Memorial of the Six Chinese Companies. An Address to the Senate and House of Representatives of the U.S.; Testimonies of California's Leading Citizens before the Joint Special Congressional Committee; Read and Judge Us." San Francisco: Alta, 1877.

Milner, Alfred, Viscount. *The Milner Papers*, ed. Cecil Headlam. 2 vols. London: Caswell, 1931-33.

Morrison, G. E. *An Australian in China: Being the Narrative of a Quiet Journey Across China to Burma*. London: Horace Cox, 1895.

Morse, Hosea B. *Chronicles of the East India Company*, vol. 1. Oxford, UK: Clarendon Press, 1926.

_____. *International Relations of the Chinese Empire*, 3 vols. New York: Longmans, 1910–18.

_____. *The Trade and Administration of the Chinese Empire*. London: Longmans, Green, 1908.

Nanfeizhou jinkuang huagong xintu (Illustrated Guide to Chinese Labor in South African Gold Mines). Tianjin: Tianjin Publishing, 1906.

"Nanfeizhou nüedai huaqiao canzhuang shu" (An Account of the Miserable Conditions of the Chinese in South Africa), *Xinmin congbao* 3, no. 1 (1904).

"Nanfeizhou di er tongxin" (A Second Letter from South Africa), *Xinmin congbao* 3, no. 6 (1904).

Navarro, Ramón Gil. *Gold Rush Diary*, edited by María Ferreyra. Lincoln: University of Nebraska Press, 2000.

Neame, Lawrence Elwin. *The Asiatic Danger in the Colonies*. London: G. Routledge, 1907.

Ng, Poon Chew. *The Treatment of the Exempt Classes of Chinese in the United States*. San Francisco: n.p., January 1908.

Olmsted, Frederick Law. *The Papers of Frederick Law Olmstead*, vol. 5, *The California Frontier, 1863–1865*. Baltimore: Johns Hopkins University Press, 1990.

Pan, Shü-lun. *Trade of the United States with China*. New York: China Trade Bureau, 1924.

Patterson, J. A. *The Gold Fields of Victoria in 1862*. Melbourne: Wilson & Mackinnon, 1862.

Pearson, Charles Henry. *National Life and Character*. London: Macmillan, 1894.

Penrose, R.A.F., Jr. "The Witwatersrand Gold Region, Transvaal, South Africa, as Seen in Recent Mining Developments," *Journal of Geology* 15 (November–December 1907): 735–49.

Phillips, Lionel. *All That Glittered: Selected Correspondence of Lionel Phillips, 1890–1924*, edited by Maryna Fraser and Allan Jeeves. Cape Town: Oxford University Press, 1977.

_____. *Transvaal Problems: Some Notes on Current Politics*. London: J. Murray, 1905.

Potts, John. *One Year of Anti-Chinese Work in Queensland, with Incidents of Travel*. Brisbane: Davison & Metcalf, 1888.

Qingji huagong chuguo shiliao 1863–1910 (Chinese Labor Emigration During the Qing Dynasty). Taipei: Institute of Modern History Series, Academia Sinica, 1995.

Reed, Mary. *China: Short Sketch of the China Inland Mission, Location of Australian Missionaries, the Truth about Opium etc.* Melbourne: Mason, Firth & M'Cutcheon, 1892.

Ritchie, Leitch. *The British World in the East*. London: W. H. Allen, 1846.

Roosevelt, Theodore. *Letters of Theodore Roosevelt*, edited by Elting Morison. 4 vols. Cambridge, Mass.: Harvard University Press, 1951–54.

Rusling, James F. *Across America: The Great West and Pacific Coast*. New York: Sheldon, 1877.

Schumacher, Robert W. *A Transvaal View of the Chinese Labour Question*. Westminster [London]: Imperial South African Association, 1906.

Seeley, John Robert. *The Expansion of England: Two Courses of Lectures*. London: Macmillan, 1883.

Seward, George Frederick. *Chinese Immigration, in Its Social and Economical Aspects*. New York: Charles Scribner's Sons, 1881.

Shinn, Charles Howard. *Land Laws of Mining Districts*. Baltimore: Johns Hopkins University Press, 1884.

———. *Mining Camps: A Study in American Frontier Government*. New York: Charles Scribner's Sons, 1884.

"Sinensis." *China, the Sleep and the Awakening: A Reply to Marquis Tseng*. Hong Kong: China Mail, 1887.

Sirr, Henry Charles. *China and the Chinese: Their Religion, Character, Customs and Manufactures: The Evils Arising from the Opium Trade*. London: W.S. Orr, 1849.

Smith, W. L. G. *Observations on China and the Chinese*. New York: Carleton, 1863.

Smyth, R. Brough. *The Gold Fields and Mineral Districts of Victoria, with Notes on the Modes of Occurrence of Gold and Other Metals and Minerals*. Melbourne: J. Ferres, 1869.

Speer, William. *China and California: Their Relations, Past and Present*. San Francisco: Marvin & Hitchcock, 1853.

———. *An Humble Plea, Addressed to the Legislature of California, in Behalf of the Immigrants from the Empire of China to This State*. San Francisco: Office of the Oriental, 1856.

———. *The Oldest and Newest Empire: China and the United States*. Cincinnati: National Publishing, 1870.

Stilwell, Benjamin M., and J. Ross Browne, eds. *The Mariposa Estate: Its Past, Present and Future.* New York: Russell's American Steam Printing House, 1868.

Stoddart, Thomas Robertson. *Annals of Tuolumne County.* Sonora, Calif.: Mother Lode Press, 1963.

Sumner, Charles A. *Chinese Immigration: Speech of Hon. Charles A. Sumner, of California, in the House of Representatives, Saturday, May 3, 1884.* Washington, D.C.: Government Printing Office, 1884.

Thom, Robert. *Mining Report of Tuolumne County.* Sonora, Calif., 1914.

Thomson, Edward. *Our Oriental Missions....* Cincinnati: Hitchcock & Walden, 1870.

Torgashev, Boris Pavlovich. *Mining Labor in China.* Shanghai: Bureau of Industrial and Commercial Information, Ministry of Industry, Commerce, and Labor, 1930.

Treaties, Conventions, etc., between China and Foreign States, 2nd ed. (Hai kuan tsung shui wu ssu shu). Shanghai: Statistical Department of the Inspectorate General of Customs, 1917.

Tseng, Marquis (Zeng, Jizi). "China—The Sleep and the Awakening," *Asiatic Quarterly Review* 3 (January–April 1887): 1–10.

Williams, C. E. *Yuba and Sutter Counties: Their Resources, Advantages and Opportunities.* San Francisco: Bacon, 1887.

Williams, Samuel Wells. *Our Relations with the Chinese Empire.* Chinese Immigration Pamphlets. San Francisco, 1877.

Withers, William Bramwell. *The History of Ballarat, from the First Pastoral Settlement to the Present Time,* 2nd ed. Ballarat: F. W. Niven, 1887.

Wong Sam and Assistants. *An English-Chinese Phrase Book, Together with the Vocabulary of Trade, Law, etc., Also, A Complete List of Wells, Fargo & Co's Offices in California, Nevada, etc.* San Francisco: Wells, Fargo & Co., 1875.

"Wu gao zhi min" (A People with Nowhere to Turn). *Xinmin congbao* 3, no. 11 (1904).

Wu Ting-Fang. "Mutual Helpfulness between China and the United States." *North American Review* (July 1900): 1–13.

Xie Zixiu. *Youli Nanfeizhou Ji* (South Africa Travel Journal), 1905. In *Huagong chuguo shiliao* (Documentary History of Chinese Labor Emigration), ed. Chen Hangshen, pp. 9: 278–89. Beijing: Zhonghua Shuju, 1985.

Xue Fucheng. *The European Diary of Hsieh Fucheng: Envoy Extraordinary of Imperial China.* Translated by Helen Hsieh Chien. New York: St. Martin's Press, 1993.

Young, Rev. William. *Report on the Conditions of the Chinese Population in Victoria, Preented to both Houses of Parliament by his Excellency's Command*. Victoria Parliament, 1868, no. 56.

Zhang Deyi. *Diary of a Chinese Diplomat*, translated by Simon Johnstone. Beijing: Panda Books, 1992.

_____. *Gaoben hang hai shu qi huibian* (Strange Tales from Over the Ocean), 3 vols. 1868–1905; Beijing: Beijing Tu Shu Guan Chu Ban She, 1996.

Zhu, Rui-sheng, *Guangzhao yingyu* (English Through the Vernaculars of the Canton and Shuihing Prefectures), rev. ed. Chinese Museum of Melbourne. Guangzhao: n.p., 1862.

학위 논문과 기타 미간 원고

Griffiths, Philip Gavin. "The Making of White Australia: Ruling Class Agendas, 1876–1888." PhD diss., Australian National University, 2006.

Hall, Mary Frances Millard, and Sylvester "Mike" Millard. "History of California Pioneer and Chinese Interpreter Jerome Millard." Unpublished typescript, 1973.

Harris, Karen. "History of Chinese in South Africa to 2012." PhD diss., University of South Africa, 1998.

Hitchcock, Charles Richard. "Oroville, California: A Study of Diversity in the California Mining Country." PhD diss., University of California at Berkeley, 1998.

Huangfu, Zhengzheng. "Internalizing the West: Qing Envoys and Ministers in Europe, 1866–1893." PhD diss., University of San Diego, 2012.

Lovejoy, Valerie. "Fortune Seekers of Dai Gum San: First Generation Chinese on the Bendigo Goldfield, 1854–1882." PhD diss., LaTrobe University, 2009.

Monaco, James Edward. "The Changing Ethnic Character of a California Gold Mining Community: Butte County, 1848–1880." MA thesis, California State University at Chico, 1986.

Ormston, Robert. "The Rise and Fall of a Frontier Mining Town: Cooktown 1870–1885." PhD diss., University of Queensland, 1996.

Rasmussen, Amanda. "Chinese in Nation and Community: Bendigo 1870s–1920s." PhD diss., LaTrobe University, 2009.

Southern, Ann. "Chinese in the Mines." Shasta County Library, Redding, Calif., n.d.

Valentine, David W. "Historical and Archeological Excavations at 26PE2137: American Canyon, Pershing County, Nevada." MA thesis, University of Nevada at Las Vegas, 1999.

Williams, Stephen. "The Chinese in the California Mines, 1848-1860." MA thesis, Stanford University, 1930.

Yong, Liu. "The Dutch East India Company's Tea Trade with China, 1757-1791." PhD diss., University of Leiden, 1974.

2차 자료

논문과 챕터

Allen, Robert C., Jean-Pascal Bassino, Debin Ma, Christine Moll-Murata, and Jan Luiten Van Zanden. "Wages, Prices, and Living Standards in China, 1738-1925: In Comparison with Europe, Japan, and India." *Economic History Review* 64, S1 (2011): 8-38.

Anderson, Warwick. "Coolie Therapeutics: Labor, Race, and Medical Science in Tropical Australia." *International Labor and Working Class History* 91 (Spring 2017): 46-53.

Barron, Beverly. "Celestial Empire." *Chispa* 13, no. 4 (1974): 453-56.

Battellino, Ric. "Mining Booms and the Australian Economy." *Bulletin of the Reserve Bank of Australia* (March 2010): 63-69.

Beck, John H. "Henry George and Immigration." *American Journal of Economics and Sociology* 71 (October 2012): 966-87.

Beckert, Sven. "American Danger: United States Empire, Eurafrica, and the Territorialization of American Capitalism." *American Historical Review* 122 (2017): 1137-70.

Bibb, Leland E. "China Houses: Chinese Prefabricated Structures in the California Gold Rush." *Asian American Comparative Collection Newsletter* 27 (March 2010).

Boafo, James, Sebastian Angzoorokuu Paalo, and Senyo Dotsey. "Illicit Chinese Small-Scale Mining in Ghana: Beyond Institutional Weakness?" *Sustainability* 11 (2019).

Bonner, Philip. "South African Society and Culture, 1910-1948." In *Cambridge History of South Africa*, edited by Robert Ross, Anne Lelk Mager, and Bill Nasson, 2:254-318. New York: Cambridge University Press, 2011.

Botchwey, Gabriel, Gordon Crawford, Nicolas Loubere, and Jixia Lu. "South-South Irregular Migration: The Impacts of China's Informal Gold Rush to Ghana." *International Migration* 57, no. 4 (August 2019): 310-28.

Bowen, Alister. "The Merchants: Chinese Social Organization in Colonial Australia." *Austraian Historical Studies* 42, no. 1 (2011): 25-44.

Cai, Shaoqing. "From Mutual Aid to Public Interest: Chinese Secret Societies in Australia." In *After the Rush: Regulation, Participation, and Chinese Communities in Australia, 1860–1940*, edited by Sophie Couchman, John Fitzgerald, and Paul Macgregor, 133–51. Kingsbury, Vic.: Otherland Literary Journal, 2004.

Carruthers, Bruce G., and Sarah Babb. "The Color of Money and the Nature of Value: Greenbacks and Gold in Postbellum America." *American Journal of Sociology* 101 (May 1996): 1556–91.

Carstens, Sharon A. "Chinese Culture and Polity in Nineteenth-Century Malaya: The Case of Yap Ah Loy." In *"Secret Societies" Reconsidered: Perspectives on the Social History of Modern South China and Southeast Asia*, edited by David Ownby and Mary Somers Heidhues, 120–52. Armonk, NY: M.E. Sharpe, 1993.

Chan, Fee. "Early Chinese in Oroville." *Diggin's* 7 (Winter 1963): 8–12.

Chan, Sucheng. "Chinese American Entrepreneur: The California Career of Chin Lung." *Chinese America History and Perspectives* 1987 (San Francisco): 73–86.

———. "Chinese Livelihood in Rural California: The Impact of Economic Change, 1860–1880." In *Working People of California*, edited by Daniel Cornford, 57–83. Berkeley: University of California Press, 1995.

———. "A People of Exceptional Character: Ethnic Diversity, Nativism, and Racism in the California Gold Rush." *California History* 79 (Summer 2000): 44–85.

Chua, J. Y. " 'An Open and Public Scandal' in the Transvaal: The 1906 Bucknill Inquiry in a Global Context." *Journal of History and Sexuality* 29 (2020): 135–61.

Chung, Sue Fawn. "Between Two Worlds: The Zhigongtang and Chinese American Funerary Rituals." In *The Chinese in America: A History from Gold Mountain to the New Millennium*, edited by Susie Lan Cassel, 217–38. Walnut Creek, Calif.: AltaMira, 2002.

Cloud, Patricia, and David W. Galenson. "Chinese Immigration and Contract Labor in the Late Nineteenth Century." *Explorations in Economic History* 24 (1987): 22–42.

———. "Chinese Immigration: Reply to Charles McClain." *Explorations in Economic History* 28, no. 2 (1991): 239–47.

Clyde, Paul. "The China Policy of J. Ross Browne, American Minister at Peking, 1868–1869." *Pacific Historical Review* 1, no. 1 (1932): 312–23.

Collyer, W. R. "Straits Settlements: Malacca Lands." *Journal of the Society of Comparative Legislation* 4, no. 1 (1902): 82–84.

Comber, Jillian. "Chinese Sites on the Palmer Goldfield, Far North Queensland." In

Histories of the Chinese in Australasia and the South Pacific, edited by Paul Macgregor. Melbourne: Museum of Chinese Australian History, 1995.

Cooper-Ainsworth, Barbara. "The Chinese in Ballarat." In *Histories of the Chinese in Australasia and the South Pacific*, edited by Paul Macgregor. Melbourne: Museum of Chinese Australian History, 1995.

Costello, Julia. "Calaveras Chinese." CalaverasHistory.org, http://www.calaverashistory. org/ chinese.

Curthoys, Ann. "Conflict and Consensus: The Seamen's Strike of 1878." In *Who Are Our Enemies? Racism and the Working Class in Australia*, edited by Ann Curthoys and Andrew Markus, 48-65. Sydney, 1978.

_____. "'Men of All Nations, Except Chinamen': Europeans and Chinese on the Goldfields of New South Wales." In *Gold: Forgotten Histories and Lost Objects of Australia*, edited by I. McCalman, A. Cook, and A. Reeves, 103-23. Cambridge: Cambridge University Press, 2001.

Daunton, Martin. "Britain and Globalization Since 1850: Creating a Global Order, 1850- 1914." *Transactions of the Royal Historical Society* 16 (2006): 1-38.

David, A. Paul, and Gavin Wright. "Increasing Returns and the Genesis of American Resource Abundance." *Industrial and Corporate Change* 6, no. 2 (1997): 203-45.

Delius, Peter. "Migrant Labour and the Pedi, 1840-80." In *Economy and Society in PreIndustrial South Africa*, edited by Shula Marks and Anthony Atmore, 293-312. London: Longman, 1980.

Denny, Elizabeth. "Mud, Sludge and Town Water: Civic Action in Creswick's Chinatown." *Provenance: Journal of Public Record Office Victoria* 11 (2012).

Denoon, Donald. "Capital and Capitalists in the Transvaal in the 1890s and 1900s." *Historical Journal* 23, no. 1 (1980): 111-32.

Denoon, Donald, with Marivic Wyndham. "Australia and the Western Pacific." In *The Oxford History of the British Empire*, vol. 3, *The Nineteenth Century*, edited by Andrew Porter, 546-72. New York: Oxford University Press, 1999.

DeVries, Jan. "The Industrial Revolution and the Industrious Revolution." *Journal of Economic History* 54, no. 2 (1994): 249-70.

Dubow, Saul. "Colonial Nationalism, the Milner Kindergarten, and the Rise of 'South Africanism.'" *History Workshop* 43, no. 1 (1997): 53-85.

_____. "South Africa and South Africans: Nationality, Belonging, Citizenship." In *Cambridge History of South Africa*, edited by Robert Ross, Anne Kelk Mager, and Bill

Nasson, 2:17-65. New York: Cambridge University Press, 2011.

Eichengreen, Barry, and Peter Temin. "The Gold Standard and the Great Depression." *Contemporary European History* 9, no. 2 (2000): 183-207.

Engelken, Dagmar. "A White Man's Country? The Chinese Labour Controversy in the Transvaal." In *Wages of Whiteness and Racist Symbolic Capital*, edited by Wulf D Hund, Jeremy Krikler, and David Roediger, 161-94. New Brunswick, N.J.: Transaction, 2010.

Epprecht, Marc. " 'Unnatural Vice' in South Africa: The 1907 Commission of Enquiry." *International Journal of African Historical Studies* 34, no. 1 (2001): 121-40.

Erickson, Charlotte. "The Encouragement of Emigration by British Trade Unions, 1850-1900." *Population Studies* 3, no. 3 (1949): 248-73.

Erthington, Norman, Patrick Harries, and Bernard K. Mbenga, "From Colonial Hegemonies to Imperial Conquest." In *Cambridge History of South Africa*, edited by Carolyn Hamilton, Bernard Mbenga, and Robert Ross, 1:319-91. Cambridge: Cambridge University Press, 2010. Evans, Raymond, and Robert Ørsted-Jensen, "'I Cannot Say the Numbers That Were Killed': Assessing Violent Mortality on the Queensland Frontier." Paper presented at the Australian Historical Association, University of Queensland, July 2014.

Fahey, Charles. "Peopling the Victorian Goldfields: From Boom to Bust, 1851-1901." *Australian Economic History Review* 50 (July 2010): 148-61.

Finnane, Mark. " 'Habeas Corpus Mongols'—Chinese Litigants and the Politics of Immigration in 1888." *Australian Historical Studies* 45, no. 2 (2014): 165-83.

Fitzgerald, John. " 'To Advance Australia Fairly:' Chinese Voices at Federation." In *After the Rush: Regulation, Participation, and Chinese Communities in Australia, 1860-1940*, edited by Sophie Couchman, John Fitzgerald, and Paul Macgregor, 59-74. Kingsbury, Vic.: Otherland Literary Journal, 2004.

Flynn, Dennis O., and Arturo Giráldez. "Born with a Silver Spoon: The Origin of World Trade in 1571." *Journal of World History* 2 (1995): 201-21.

_____. "Cycles of Silver: Global Economic Unity through the Late Eighteenth Century." *Journal of World History* 13 (2002): 391-427.

Freund, Bill. "South Africa: The Union Years, 1910-1948." *Cambridge History of South Africa*, edited by Robert Ross, Anne Lelk Mager, and Bill Nasson, 2:211-53. New York: Cambridge University Press, 2011.

Gardella, Robert. "Contracting Business Partnerships in Late Qing and Republican China:

Paradigms and Patterns." In *Contract and Property in Early Modern China: Rational Choice in Political Science*, edited by Madeleine Zelin, Robert Gardella, and Jonathan K. Ocko, 327–47. Stanford: Stanford University Press, 2004.

Gonzalez, Michael J. " 'My Brother's Keeper': Mexicans and the Hunt for Prosperity in California, 1848–2000." In *Riches for All: The California Gold Rush and the World*, edited by Kenneth N. Owens, 118–41. Lincoln: University of Nebraska Press, 2002.

Goodman, Bryna. "The Locality as Microcosm of the Nation? Native Place Networks and Early Urban Nationalism in China." *Modern China* 21, no. 4 (1995): 387–419.

Goodman, David, "Making an Edgier History of Gold." In *Gold: Forgotten Histories and Lost Objects of Australia*, edited by Iain McCalman, 23–36. New York: Cambridge University Press, 2011.

Greer, Richard A. "California Gold—Some Reports to Hawai'i." *Hawaiian Journal of History* 4 (1970): 157–73.

Gottschang, Thomas R. "Economic Change, Disasters, and Migration: The Historical Case of Manchuria." *Economic Development and Cultural Change* 35, no. 3 (1987): 461–90.

Griffiths, Paul. "The Strategic Fears of the Ruling Class: The Construction of Queensland's Chinese Immigrants Regulation Act of 1877." *Australian Journal of Politics and History* 58, no. 1 (2011): 1–19.

Guoth, Nicholas, and Paul Macgregor. "Getting Chinese Gold off the Victorian Goldfields." *Chinese Southern Diaspora Studies* 8 (2019): 129–50.

Guterl, Matthew, and Christine Skwiot. "Atlantic and Pacific Crossings: Race, Empire and the 'Labor Problem' in the Late Nineteenth Century." *Radical History Review* 91 (Winter 2005): 40–61.

Hagan, James, and Andrew Wells. "The British and Rubber in Malaya, c1890-1940." University of Wollongong Research Online, 2005. https://ro.uow.edu.au/artspapers/1602.

Hamashita, Takeshi. "Geopolitics of Hong Kong Economy." In *Rethinking Hong Kong: New Paradigms, New Perspectives*, edited by Elizabeth Sinn, Wong Siu-lun, and Chan Winghoi, 101–44. Hong Kong: University of Hong Kong Press, 2009.

_____. "The Intra-Regional System in East Asia in Modern Times." In *Network Power: Japan and Asia*, edited by Peter Katzenstein and Takashi Shiraishi, 113–34. Ithaca, N.Y.: Cornell University Press, 1997.

Harris, Karen. "Private and Confidential: The Chinese Mine Labourers and 'Unnatural

Crime.'" *South African Historical Journal* 50, no. 1 (2004): 115-33.

_____. "'Strange Bedfellows': Gandhi and Chinese Passive Resistance 1906-1911." *Journal of Natal and Zulu History* 31 (2013): 14-38.

Heidhues, Mary F. Somers. "Chinese Organizations in West Borneo and Bangka: Kongsis and *Hui*." In *"Secret Societies" Reconsidered: Perspectives on the Social History of Modern South China and Southeast Asia*, edited by David Ownby and Mary Somers Heidhues, 68-88. Armonk N.Y.: M.E. Sharpe, 1993.

Higginson, John. "Privileging the Machines: American Engineers, Indentured Chinese and White Workers in South Africa's Deep Level Gold Mines, 1901-1907." *International Review of Social History* 52, no. 1 (2007): 1-34.

Hoover, Mildred Brooke, Hero Eugene Rensch, and Ethel Grace Rensch. *Historic Spots in California*, 3rd ed. Stanford: Stanford University Press, 1966.

Houston, A. W. "Chinese Gold Diggers." *Covered Wagon* (June 1946): 27-28.

Howe, Anthony. "Free Trade and Global Order: The Rise and Fall of a Victorian Vision." In *Victorian Visions of Global Order*, edited by Duncan Bell, 26-46. New York: Cambridge University Press, 2007.

Hsu, Madeline. "Decoupling Peripheries from the Center: The Dangers of Diaspora in Chinese Migration Studies." *Diaspora: Journal of Transnational Studies* 20, no. 1 (2011): 204-15.

_____. "Exporting Homosociality: Culture and Community in Chinatown America, 1882-1943." In *Cities in Motion: Interior, Coast, and Diaspora in Transnational China*, edited by Wenhsin Yeh, David Strand, and Sherman Cochran, 219-46. Berkeley: University of California Press, 2007.

Hu DeHart, Evelyn. "Chinese Coolie Labor in Cuba in the Nineteenth Century: Free Labor or Neo-Slavery?" *Contributions in Black Studies* 12 (1994): article no. 5.

_____. "From Slavery to Freedom: Chinese Coolies on the Sugar Plantations of Nineteenth Century Cuba." *Labour History* (Canberra) (2017): 31-51.

Hunter, Boyd. "The Aboriginal Legacy." In *Cambridge Economic History of Australia*, edited by Simon Ville and Glenn Withers, 73-96. New York: Cambridge University Press, 2014. Huynh, Tu T. "'We Are Not a Docile People': Chinese Resistance and Exclusion in the ReImagining of Whiteness in South Africa, 1903-1910." *Journal of Chinese Overseas* 8, no. 2 (2002): 137-68.

Hyslop, Jonathan. "The Imperial Working Class Makes Itself 'White': White Labourism in Britain, Australia, and South Africa Before the First World War." *Journal of Historical*

Sociology 12, no. 4 (1999): 398-421.

Ingham, Geoffrey. "Money is a Social Relation." *Review of Social Economy* 54, no. 4 (1996): 507-29.

Jones, Timothy G. "Ping Que: Mining Magnate of the Northern Territory 1854-1886." *Journal of Chinese Australia* 1 (May 2005).

Jung, Maureen. "Capitalism Comes to the Diggings." *California History* 77, no. 4 (1998): 52-77.

Kamachi, Noriko. "American Influences on Chinese Reform Thought: Huang Tsun-hsien in California, 1882-1885." *Pacific Historical Review* 47, no. 2 (1978): 239-60.

Katz, Elaine. "The Underground Route to Mining: Afrikaners and the Witwatersrand Gold Mining Industry from 1902 to the 1907 Miners' Strike." *Journal of African History* 36, no. 3 (1995): 467-89.

Keller, Wolfgang, Li Ben, and Carol H. Shiue. "China's Foreign Trade: Perspectives from the Past 150 Years." *World Economy* 34, no. 6 (2011): 853-92.

Kian, Kwee Hui. "Chinese Economic Dominance in Southeast Asia: A *Longue Duree* Perspective." *Comparative Studies in Society and History* 55, no. 1 (2013): 5-34.

King, Frank H. H. "The Boxer Indemnities—'Nothing but Bad.'" *Modern Asian Studies* 40, no. 3 (2006): 663-89.

Kirkman, Noreen. "Chinese Miners on the Palmer." *Journal of Royal Historical Society of Queensland* 13, no. 2 (1986): 49-62.

Kobrin, Rebecca. "A Credit to Their Nation: East European Jewish Immigrant 'Bankers,' Credit Access, and the Transnational Business of Mass Migration, 1873-1914." In *Immigrant Entrepreneurship: The German-American Experience Since 1700*, edited by Hartmut Berghoff and Uwe Spiekermann, 69-90. Washington, D.C.: German Historical Institute, 2016.

————. "Currents and Currency: Jewish Immigrant 'Bankers' and the Transnational Business of Mass Migration, 1873-1914." In *Transnational Traditions: New Perspectives on Jewish History*, edited by Ava Kahn and Adam Mendelsohn, 87-104. Detroit: Wayne State University Press, 2014.

Kramer, Paul A. "Imperial Openings: Civilization, Exemption, and the Geopolitics of Mobility in the History of Chinese Exclusion, 1868-1910." *Journal of the Gilded Age and Progressive Era* 14, no. 3 (2015): 317-47.

Ku, Charlotte. "Abolition of China's Unequal Treaties and the Search for Regional Stability in Asia, 1919-1943." *Texas A&M Law Scholarship* 12 (1994): 67-86

Kuroda, Akinobu. "Anonymous Currencies or Named Debts? Comparison of Currencies, Local Credits, and Units of Account Between China, England, and Japan in the PreIndustrial Era." *Socio-Economic Review* 11, no. 1 (2012): 57-80.

Kyi, Anna. " 'The Most Determined, Sustained Diggers' Resistance Campaign': Chinese Protests Against the Victorian Government's Anti-Chinese Legislation, 1855-1862." *Provenance: Journal of the Public Record Office Victoria* 8 (2009).

Lai, Cheng-Chung, Joshua Jr-shian Gau, and Tai-kuang Ho. "Professor Jeremiah Jenks of Cornell University and the 1903 Chinese Monetary Reform." *Hitotsubashi Journal of Economics* 50 (2009): 35-46.

Lai, Him Mark. "Potato King and Film Producer, Flower Growers, Professionals, and Activists: The Huang Liang Du Community in Northern California." *Chinese America: History and Perspectives* (1998): 1-24.

Lake, Marilyn. "Challenging the 'Slave-Driving Employers': Understanding Victoria's 1896 Minimum Wage through a World-History Approach." *Australian Historical Studies* 45, no. 1 (2014): 87-102.

_____. "The Chinese Empire Encounters the British Empire and Its 'Colonial Dependencies': Melbourne, 1887." In *Chinese Australians: Politics, Engagement and Resistance*, edited by Sophie Couchman and Kate Bagnall, 98-116. Leiden: Brill, 2015.

Lee, Ching Kwan. "The Specter of Global China." *New Left Review* 89 (September-October 2014): 29-65.

Legassick, Martin. "The Frontier Tradition in South African Historiography." In *Economy and Society in Pre-Industrial South Africa*, edited by Shula Marks and Anthony Atmore, 44-79. London: Longman, 1980.

Limbaugh, Ronald H. "Chinese of Knight's Ferry, 1850-1920: A Preliminary Study." *California History* 72, no. 2 (1993): 106-28.

_____. "Making Old Tools Work Better: Pragmatic Adaptation and Innovation." *California History* 77, no. 4 (1998): 24-51.

Limerick, Patricia Nelson. "The Gold Rush and the Shaping of the American West." *California History* 77, no. 1 (1998): 30-41.

Lockard, Craig A. "Chinese Migration and Settlement in Southeast Asia Before 1850: Making Fields from the Sea." *History Compass* 11, no. 9 (2013): 765-81.

Lorence, James J. "Business and Reform: The American Asiatic Association and the Exclusion Las, 1905-1907." *Pacific Historical Review* 39 (1970): 421-38.

Lovejoy, Valerie. "The Things that Unite: Inquests into Chinese Deaths on the Bendigo Goldfields, 1854-65." *Provenance: Journal of Public Record Office Victoria* 6 (2007).

Loy-Wilson, Sophie. "Coolie Alibis: Seizing Gold from Chinese Miners in New South Wales." *International Labor and Working Class History* 91 (Spring 2017): 28-45.

_____. "Rural Geographies and Chinese Empires: Chinese Shopkeepers and Shop-Life in Australia." *Australian Historical Studies* 45, no. 3 (2014): 407-24.

Ma, L. Eve Armentrout. "The Big Business Ventures of Chinese in North America, 1850-1930." In *The Chinese American Experience*, edited by Genny Lim, 101-12. San Francisco: Chinese Historical Society, 1984.

Manhattan, Kris. "Plantation Dispossessions: The Global Travel of Racial Capitalism." In *American Capitalism: New Histories*, edited by Sven Beckert and Christine Desan, 361-87. New York: Columbia University Press, 2018.

Mantena, Karuna. "Crisis of Liberal Imperialism." In *Victorian Visions of Global Order*, edited by Duncan Bell, 113-35. New York: Cambridge University Press, 2007.

Marks, Shula. "Cultures of Subordination and Subversion." *Social History* 14, no. 2 (1989): 225-31.

_____. "War and Union, 1899-1910." In *Cambridge History of South Africa*, edited by Robert Ross, Anne Lelk Mager, and Bill Nasson, 2:157-210. New York: Cambridge University Press, 2011.

Marks, Shula, and Stanley Trapido. "Lord Milner and the South African State." *History Workshop* 8 (Autumn 1979): 50-80.

_____. "Lord Milner and the South African State Reconsidered." In *Imperialism, the State, and the Third World*, edited by Michael Twaddle, 80-94. London: British Academic Press, 1992.

Martínez, Julia. "The End of Indenture? Asian Workers in the Australian Pearling Industry, 1901-1972." *International Labor and Working Class History* 67 (Spring 2005): 125-47.

_____. " 'Unwanted Scraps' or 'An Alert, Resolute, Resentful People'? Chinese Railroad Workers in the French Congo." *International Labor and Working Class History* 91 (Spring 2017): 79-98.

Matson, J. N. "The Common Law Abroad: English and Indigenous Laws in the British Commonwealth." *International and Comparative Law Quarterly* 42, no. 4 (1993): 753-79.

McCarthy, Justin. "Tales from the Empire City: Chinese Miners in the Pine Creek Region,

Northern Territory 1872-1915." In *Histories of the Chinese in Australasia and the South Pacific*, edited by Paul Macgregor, 191-202. Melbourne: Museum of Chinese Australian History, 1993.

McClain, Charles. "Chinese Immigration: A Comment on Cloud and Galenson." *Explorations in Economic History* 27, no. 3 (1990): 363-78.

McKee, Delbert. "The Chinese Boycott of 1905-1906 Reconsidered: The Role of Chinese Americans." *Pacific Historical Review* 55, no. 2 (1986): 165-91.

Macgregor, Paul. "Chinese Political Values in Colonial Victoria: Lowe Kong Meng and the Legacy of the July 1880 Election." In *Chinese Australians: Politics, Engagement and Resistance*, edited by Sophie Couchman and Kate Bagnall, 53-97. Leiden: Brill, 2015.

_____. "Lowe Kong Meng and Chinese Engagement in the International Trade of Colonial Victoria." *Provenance: Journal of Public Record Office Victoria* 11 (2012).

Malchow, Howard L. "Trade Unions and Emigration in Late Victorian England: A National Lobby for State Aid." *Journal of British Studies* 15, no. 2 (1976): 92-116.

McCulloch, Samuel Clyde. "Sir George Gipps and Eastern Australia's Policy Toward the Aborigine, 1838-46." *Journal of Modern History* 33, no. 3 (1961): 261-69.

McKeown, Adam. "Global Migration, 1846-1940." *Journal of World History* 15, no. 2 (2004): 155-89

_____. "Transnational Chinese Families and Chinese Exclusion, 1875-1943." *Journal of American Ethnic History* 18, no. 2 (1999): 73-110.

McGillivery, Angus R. "Convict Settlers, Seamen's Greens, and Imperial Designs at Port Jackson: A Maritime Perspective of British Settler Agriculture." *Agricultural History* 78, no. 3 (2004): 261-88.

McGowan, Barry. "The Economics and Organisation of Chinese Mining in Colonial Australia." *Australian Economic History Review* 45 (July 2005): 119-38.

Markus, Andrew. "Divided We Fall: The Chinese and the Melbourne Furniture Trade Union, 1870-1900." *Labour History* 26 (May 1974): 1-10.

Matsuoka, Koji. "China's Currency Reform and its Significance." *Kyoto University Economic Review* 11 (1936): 75-98.

Mei, June. "Socioeconomic Origins of Emigration: Guangdong to California, 1850-1882." *Modern China* 5, no. 4 (1979): 463-99.

Meissner, Christopher M. "A New World Order: Explaining the International Diffusion of the Gold Standard, 1870-1913." *Journal of International Economics* 66, no. 2 (2005):

385–406. Meissner, Daniel J. "Bridging the Pacific: California and the China Flour Trade." *California History* 76, no. 4 (1997): 82–93.

_____. "The 1905 Anti-American Boycott: A Nationalist Myth?" *Journal of American-East Asia Relations* 10, no. 3–4 (2001): 175–96.

Messner, Andrew. "Popular Constitutionalism and Chinese Protest on the Victorian Goldfields." *Journal of Australian Colonial History* 2, no. 2 (2000): 63–69.

Mitchell, Bruce. "Hargraves, Edward Hammond (1816–1891)." *Australian Dictionary of Biography*. Melbourne: Melbourne University Press, 1972.

Mitchell, H. "The Gold Standard in the Nineteenth Century." *Canadian Journal of Economics and Political Science* 17 (August 1951): 369–76.

Moodie, T. Dunbar, Vivienne Ndatshe, and British Sibuyi. "Migrancy and Male Sexuality on the South African Gold Mines." *Journal of Southern African Studies* 14, no. 2 (1988): 228–56.

Murphy, Martin J. " 'White Gold' or 'White Blood'? The Rubber Plantations of Colonial Indochina, 1910–1940." *Journal of Peasant Studies* 19, no. 3–4 (1992): 41–67.

Nauright, John. "Cornish Miners in the Witwatersrand Gold Mines in South Africa, c. 1890–1904." *Cornish History* (2004): 1–32.

Nicolini, Dolores Yescas. "When East Met West: The Chinese Presence in Tuolumne County." *Chispa* 24, no. 3 (January–March 1985): 809–13.

Nicolini, Dolores Yescas, Richard Yescas, and Roberta McDow. "Chinese Camp." *Pacific Historian* 16 (Summer 1972): 47–67.

Ohlsson, Tony. "The Origins of White Australia: The Coolie Question 1837–43." *Journal of the Royal Australian Historical Society* 97, no. 2 (2011): 203–19.

O'Malley, Michael, "Specie and Species: Race and the Money Question in Nineteenth-Century America." *American Historical Review* 99, no. 2 (1994): 369–95.

Park, Yoon Jung. "Chinese Migrants in Latin America/Caribbean and Africa, Then and Now." *Journal of Overseas Chinese* 13, no. 2 (2017): 163–79.

Passananti, T. P. "The Politics of Silver and Gold in an Age of Globalization: The Origins of Mexico's Monetary Reform of 1905." *América Latina en la Historia Económica* 15 (2008): 67–95.

Paul, Rodman W. "The Origin of the Chinese Issue in California." *Journal of American History* 25, no. 2 (1938): 181–96.

Peng Jiali. "Qingdai yingguo wei nanfei jinkuang zhaomu huagong shimo" (Introduction of Chinese Gold Mining Laborers to British South Africa During the Qing Dynasty).

Lishi yanjiu (Historical Research) 3 (1983).

Pérez Rosales, Vicente. "Diary of a Journey to California, 1848-1849." In *We Were 49ers! Chilean Accounts of the California Gold Rush*, edited and translated by Edwin A. Beilharz and Carlos U. López, 3-100. Pasadena, Calif.: Ward Ritchie Press, 1976.

Ransmeier, Johanna. "Body-Price." In *Sex, Power, and Slavery*, edited by Gwyn Campbell and Elizabeth Elbourne, 319-44. Athens: Ohio University Press, 2014.

Rasmussen, Amanda. "The Rise of Labor: A Chinese Australian Participates in Bendigo Local Politics at a Formative Moment, 1904-1905." *Journal of Chinese Overseas* 9, no. 2 (2015): 174-202.

Rawls, James J. "Gold Diggers: Indian Miners in the California Gold Rush." *California Historical Quarterly* 55, no. 1 (1976): 28-45.

Reeves, Keir. "Sojourners or a New Diaspora? Economic Implications of the Movement of Chinese Miners to the South-west Pacific Goldfields." *Australian Economic History Review* 50, no. 2 (2010): 178-92.

Reid, Anthony. "Chinese on the Mining Frontier in Southeast Asia." In *Chinese Circulations: Capital, Commodities, and Networks in Southeast Asia*, edited by Eric Tagliacozzo and Wen-chin Chang, 21-36. Durham, N.C.: Duke University Press, 2011.

Ricards, Sherman L., and George M. Blackburn. "The Sydney Ducks: A Demographic Analysis." *Pacific Historical Review* 42, no. 1 (1973): 20-31.

Richardson, Peter. "Coolies and Randlords: The North Randfontein Chinese Miners' 'Strike' of 1905." *Journal of Southern African Studies* 2, no. 2 (1976): 151-77.

———. "The Recruiting of Chinese Indentured Labour for the South African Gold-Mines, 1903-1908." *Journal of African History* 18, no. 1 (1977): 85-108.

Richardson, Peter, and Jean-Jacques Van Helten. "The Development of the South African Gold Mining Industry, 1895-1918." *Economic History Review* 37, no. 3 (1984): 319-40

Riskin, Carl. "China's Human Development after Socialism." In *Cambridge History of Communism*, edited by Juliane Fürst, Silvio Pons, and Mark Selden, 3:474-501. New York: Cambridge University Press, 2017.

———. "Seven Questions about the Chinese Famine of 1959-1961." *China Economic Review* 9, no. 2 (1998): 111-24.

Rohe, Randall. "After the Gold Rush: Chinese Mining in the Far West, 1850-1890." In *Chinese on the American Frontier*, edited by Arlif Dirlik, 3-26. Lanham, Md.:

Rowman and Littlefield, 2001.

_____. "The Chinese and Hydraulic Mining in the Far West." *Mining History Association Annual* (1994): 73–91.

_____. "Chinese Mining and Settlement at the Lava Beds, California." *Mining History Journal* (1996): 51–60.

Rule, Pauline. "The Transformative Effect of Australian Experience on the Life of Ho A Mei, Hong Kong Community Leader and Entrepreneur." In *Chinese Australians: Politics, Engagement, and Resistance*, edited by Sophie Couchman and Kate Bagnall, 22–52. Leiden: Brill, 2015.

Saunders, Christopher, and Iain Smith. "Southern Africa 1795–1910." In *The Oxford History of the British Empire*, vol. 3, *The Nineteenth Century*, edited by Andrew Porter, 597–623. New York: Oxford University Press, 1999.

St. John, Rachel. "The Unpredictable America of William Gwin: Expansion, Secession, and the Unstable Borders of Nineteenth Century America." *Journal of the Civil War Era* 6, no. 1 (2016): 56–84.

Schell, William, Jr. "Silver Symbiosis: ReOrienting Mexican Economic History." *Hispanic American Historical Review* 81, no. 1 (2001): 89–133.

Schran, Peter. "The Minor Significance of Commercial Relations between the United States and China." In *America's China Trade in Historical Perspective*, ed. Ernest May and John Fairbank, 237–58. Cambridge, Mass.: Harvard University Press, 1986.

Shi Jirui (Schmidt, Jerry D.). "Jinshan sannian ku: Huang Zunxian shimei yanjiu de xin cailiao" (Three Hard Years on Golden Hill: New Sources for the Study of Huang Zunxian), translated by Liu Qian. *Journal of South China Normal University* (Social Science Edition) 3 (May 2018): 5–17.

Sinn, Elizabeth. "Beyond 'Tianxia': The 'Zhongwai Xinwen Qiribao' (Hong Kong 1871–1872) and the Construction of a Transnational Chinese Community." *China Review* 4, no. 1 (2004): 89–122.

Sisson, Kelly J. "Bound for California: Chilean Contract Workers and 'Patrones' in the California Gold Rush, 1848–1852." *Southern California Quarterly* 90 (October 2008): 259–305. Spoehr, Alexander. "Hawai'i and the Gold Rush: George Allan of the Hudson's Bay Company Reports on His 1848 Pursuit of Captain John Sutter." *Hawaii Journal of History* 26 (1992):123–32.

Standart, Mary Collette. "The Sonoran Migration to California, 1848–1856: A Study in Prejudice." *Southern California Quarterly* 58 (1976): 333–57.

Stapp, Darby. "The Documentary Record of an Overseas Chinese Mining Camp." In *Hidden Heritage: Historical Archaeology of the Overseas Chinese*, edited by Patricia Wegers, 3–32. Amityville, N.Y.: Baywood, 1993.

Sugihara, Kaoru. "Global Industrialization: A Multipolar Perspective." In *Cambridge World History*, edited by J. R. McNeill and K. Pomeranz, 8:106–35. New York: Cambridge University Press, 2015.

———. "Multiple Paths to Industrialization: A Global Context of the Rise of Emerging States." In *Paths to the Emerging State in Asia and Africa*, edited by K. Otsuka and Kaoru Sugihara, 244–78. Singapore: Springer, 2019.

———. "Patterns of Chinese Emigration to Southeast Asia, 1869–1939." In *Japan, China and the Growth of the Asian International Economy, 1850–1949*, edited by Kaoru Sugihara, 244–72. New York: Oxford University Press, 2005.

Sun, E-Tu Zen. "Mining Labor in the Ch'ing Period." In *Approaches to Modern Chinese History*, edited by Albert Feuerwerker, Rhoads Murphey, and Mary Clabaugh Wright, 45–67. Berkeley: University of California Press, 1967.

Trapido, Stanley. "Imperialism, Settler Identities, and Colonial Capitalism: The Hundred-Year Origins of the 1899 South African War." In *Cambridge History of South Africa*, edited by Robert Ross, Anne Kelk Mager, and Bill Nasson, 2:66–101. New York: Cambridge University Press, 2011.

Valentine, David. "Chinese Placer Mining in the U.S.: An Example from American Canyon, Nevada." In *The Chinese in America: A History from Gold Mountain to the New Millennium*, edited by Susie Lan Cassel, 37–53. Walnut Creek, Calif.: Alta Mira Press, 2002.

Van Helten, Jean-Jacques. "Empire and High Finance: South Africa and the International Gold Standard 1890–1914." *Journal of African History* 23, no. 4 (1982): 529–48.

Ville, Simon. "Business Development in Colonial Australia." *Australian Economic History Review* 38, no. 1 (1998): 16–41.

Wang, Aiyun. "Ershi shiji chu nanfei huagong shijian chu tan" (Preliminary Study of Chinese Emigrant Labor to South Africa in the Early Twentieth Century). *Nankai xuebao*, no. 2 (1996).

Wang, Dong. "The Discourse of Unequal Treaties in Modern China." *Pacific Affairs* 76, no. 3 (2003): 399–425.

Wang, L. Ling-chi. "Beyond Identity and Racial Politics: Asian Americans and the Campaign Fund-raising Controversy." *Asian Law Journal* 5, no. 12 (1998): 329–40.

Wilson, Andrew. "Andrew Wilson's 'Jottings' on Civil War California." Edited by John Haskell Kemble. *California Historical Society Quarterly* 32, no. 3 (1953): 209-24.

Wilton, Janis. "Chinese Stores in Rural Australia." In *Asian Department Stores*, edited by Kerrie L. MacPherson, 90-113. Honolulu: University of Hawaii Press, 1998.

Wolfe, Patrick. "Settler Colonialism and the Elimination of the Native." *Journal of Genocide Research* 8, no. 4 (2006): 387-409.

Woo, Wesley S. "Presbyterian Mission: Christianizing and Civilizing the Chinese in Nineteenth Century California." *American Presbyterians* 68, no. 3 (1990): 167-78.

Wunder, John R. "Chinese in Trouble: Criminal Law and Race on the Trans-Mississippi West Frontier." *Western Historical Quarterly* 17, no. 1 (1986): 25-41.

Zelin, Madeline. "A Critique of Rights of Property in Prewar China." In *Contract and Property in Early Modern China*, edited by Madeline Zelin, Jonathan Ocko, and Robert Gardella, 17-36. Stanford: Stanford University Press, 2004.

――――. "The Structures of the Chinese Economy During the Qing Period." In *Perspectives on Modern China: Four Anniversaries*, edited by Kenneth Lieberthal, Joyce Kallgren, Roderick MacFarquhar, and Eric Wakeman, Jr., 31-67. Armonk, N.Y.: M.E. Sharpe, 1991.

단행본

Aarim-Heriot, Najia. *Chinese Immigrants, African Americans, and Racial Anxiety in the United States, 1848-82.* Urbana: University of Illinois Press, 2003.

Abu-Lughod, Janet L. *Before European Hegemony: The World System 1250-1350.* New York: Oxford University Press, 1989.

Accone, Darryl. *All Under Heaven: The Story of a Chinese Family in South Africa.* Claremont, South Africa, 2004.

Adelman, Paul. *Gladstone, Disraeli and Later Victorian Politics*, 3rd ed. London: Longman, 1997.

Akrush, David, and Leo Ouyang Lee. *Land Without Ghosts: Chinese Impressions of America from the Mid-Nineteenth Century to the Present.* Berkeley: University of California Press, 1989.

Alborn, Timothy, *All that Glittered: Britain's Most Precious Metal from Adam Smith to the Gold Rush.* New York: Oxford University Press, 2019.

Ally, Russell. *Gold and Empire: The Bank of England and South Africa's Gold Producers.* Johannesburg: Witwatersrand University Press, 1994.

Anderson, Hugh. *Colonial Minstrel.* Melbourne: F. W. Chesire, 1960.

Arrighi, Giovanni. *Adam Smith in Beijing: Lineages of the Twenty-First Century.* New York: Verso, 2007.

Atkinson, David. *The Burden of White Supremacy: Containing Asian Migration in the British Empire and the United States.* Chapel Hill: University of North Carolina Press, 2016.

Auerbach, Sascha. *Race, Law, and "the Chinese Puzzle" in Imperial Britain.* New York: Palgrave Macmillan, 2009.

Bakken, Gordon Morris. *Law in the Western United States.* Norman: University of Oklahoma Press, 2000.

_____. *Practicing Law in Frontier California.* Lincoln: University of Nebraska Press, 1991.

Ballantyne, Tony. *Webs of Empire: Locating New Zealand's Colonial Past.* Vancouver, British

Columbia: University of British Columbia Press, 2014.

Banivanua-Mar, Tracey. *Violence and Colonial Dialogue: The Australian-Pacific Indentured Labor Trade.* Honolulu: University of Hawaii Press, 2007.

Barth, Gunther. *Bitter Strength: A History of Chinese in the United States, 1850-1870.* Cambridge, Mass.: Harvard University Press, 1964.

Bate, Weston. *Lucky City: The First Generation at Ballarat, 1851-1901.* Carlton, Vic.: Melbourne University Press, 2003.

Bederman, Gail. *Manliness and Civilization: A Cultural History of Gender and Race, 1880-1917.* Chicago: University of Chicago Press, 1995.

Belich, James. *Replenishing the Earth: The Settler Revolution and the Rise of the Anglo-World, 1783-1939.* New York: Oxford University Press, 2009.

Bell, Duncan. *The Idea of Greater Britain: Empire and the Future of World Order, 1860-1900.* Princeton: Princeton University Press, 2007.

_____. *Reordering the World.* Princeton: Princeton University Press, 2016.

Bello, David. *Opium and the Limits of Empire: Drug Prohibition in the Chinese Interior, 1729-1850.* Cambridge, Mass.: Harvard University Press, 2005.

Benton, Gregor, and Hong Liu. *Dear China: Emigrant Letters and Remittances.* Berkeley: University of California Press, 2018.

Benton, Lauren. *A Search for Sovereignty: Law and Geography in European Empires, 1400-1900.* New York: Cambridge University Press, 2009.

Bernhardt, Kathryn. *Women and Property in China, 960-1949.* Stanford: Stanford University Press, 1999.

Birrell, Ralph W. *Staking a Claim: Gold and the Development of Victorian Mining Law.* Carlton South, Vic.: Melbourne University Press, 1998.

Bloomfield, Anne, with Benjamin F. H. Ananian and Philip P. Choy. *History of Chinese Camp: Cultural Resources Inventory.* San Francisco: Tuolumne County Historic Preservation Commission, 1994.

Boyle, R. W. *Gold: History and Genesis of Deposits.* New York: Van Nostrand Reinhold, 1984. Brands, H. W. *The Age of Gold the California Gold Rush: The New American Dream.* New York: Anchor Books, 2003.

Brass, Tom, and Marcel van der Linden, eds. *Free and Unfree Labour: The Debate Continues.* New York: Peter Lang, 1997.

Bright, Rachel. *Chinese Labour in South Africa, 1902-10: Race, Violence, and Global Spectacle.* Basingstoke, Hampshire: Palgrave Macmillan, 2013.

Broadbent, James, Suzanne Rickard, and Margaret Steven. *India, China, Australia: Trade and Society, 1788-1850.* Sydney: Historic Houses Trust of New South Wales, 2003.

Buckbee, Edna Bryan. *The Saga of Old Toulumne.* New York: Press of the Pioneers, 1935.

Buckbee, Edna Bryan, and Wallace Motloch. *Calaveras County: Gold Rush Stories.* San Andreas, Calif.: Calaveras County Historical Society, 2005.

Buxbaum, David. *Family Law and Customary Law in Asia: A Contemporary Legal Perspective.* Hague: Martinus Nijhoff, 1968.

Bytheway, Simon James, and Mark Metzler. *Central Banks and Gold: How Tokyo, London, and New York Shaped the Modern World.* Ithaca, N.Y.: Cornell University Press, 2016.

Campbell, Persia. *Chinese Coolie Emigration to Countries Within the British Empire.* London: PS King, 1923.

Cahir, Fred. *Black Gold: Aboriginal People on the Goldfields of Victoria, 1850-1870.* Australian National University E-Press, 2012.

Carey, Jane, and Claire McLisky. *Creating White Australia.* Sydney: Sydney University Press, 2009. Carlson, Ellsworth C. *The Kaiping Mines, 1877-1912,* 2nd ed. Cambridge, Mass.: Harvard University Press, 1971.

Chan, Shelly. *Diaspora's Homeland: Modern China in the Age of Global Migration.* Durham: Duke University Press, 2018.

Chan, Sucheng. *This Bittersweet Soil: The Chinese in California Agriculture 1860-1910.* Berkeley: University of California Press, 1986.

Chang, Gordon H. *Ghosts of Gold Mountain: The Epic Story of the Chinese Who Built the Transcontinental Railroad.* Boston: Houghton Mifflin Harcourt, 2019.

Chang, Gordon H., and Shelly Fishkin, eds. *The Chinese and the Iron Road*. Stanford: Stanford University Press, 2019.

Chesneaux, Jean. *Secret Societies in China in the Nineteenth and Twentieth Centuries*. Ann Arbor: University of Michigan Press, 1971.

Chen, Da. *Chinese Migrations, with Special Reference to Labor Conditions*. Washington, D.C.: Government Printing Office, 1923.

Chen, Yong. *Chinese San Francisco, 1850–1943: A Transpacific Community*. Stanford, Calif.: Stanford University Press, 2000.

Chiu, Ping. *Chinese Labor in California, 1850–1880, an Economic Study*. Madison: State Historical Society of Wisconsin, 1963.

Chou, Wah-shan. *Tongzhi: Politics of Same-Sex Eroticism in Chinese Societies*. New York: Haworth Press, 2000.

Chu, Yiu Kong. *The Triads as Business*. New York: Routledge, 2000.

Chung, Sue Fawn. *Chinese in the Woods: Logging and Lumbering in the American West*. Urbana: University of Illinois Press, 2015.

_____. *In Pursuit of Gold: Chinese American Miners and Merchants in the American West*. Urbana: University of Illinois Press, 2011.

Clarke, P. F. *Hope and Glory: Britain, 1900–2000*, 2nd ed. London: Penguin, 2004.

Cohen, Robin. *Global Diasporas: An Introduction*. New York: Routledge 1997.

Couchman, Sophie, and Kate Bagnall, eds. *Chinese Australians: Politics, Engagement and Resistance*. Leiden: Brill, 2015.

Couchman, Sophie, John Fitzgerald, and Paul Macgregor, eds. *After the Rush: Regulation, Participation and Chinese Communities in Australia, 1860–1940*. Fitzroy, Vic.: Arena, 2004.

Craddock, P. T. *Early Metal Mining and Production*. Washington, D.C.: Smithsonian Institution Press, 1995.

Cronin, Kathryn. *Colonial Casualties: Chinese in Early Victoria*. Melbourne: University of Melbourne Press, 1982.

Davenport, Jade. *Digging Deep: A History of Mining in South Africa, 1852–2002*. Johannesburg: Jonathan Ball, 2013.

Davies, Glyn. *A History of Money from Ancient Times to the Present Day*. Cardiff: University of Wales Press, 1994.

De Cecco, Marcello. *The International Gold Standard: Money and Empire*. London: Pinter, 1984.

De León, Arnoldo. *Racial Frontiers: Africans, Chinese and Mexicans in Western America, 1848-1890*. Albuquerque: University of New Mexico Press, 2002.

Denoon, Donald. *A Grand Illusion: The Failure of Imperial Policy in the Transvaal Colony During the Period of Reconstruction, 1900-1905*. London: Longman, 1973.

_____. *Settler Capitalism: The Dynamics of Dependent Development in the Southern Hemisphere*. Oxford: Oxford University Press, 1983.

_____. *Southern Africa Since 1800*. London: Longman, 1984.

Desan, Christine. *Making Money: Coin, Currency and the Coming of Capitalism*. New York: Oxford University Press, 2014.

Deverell, William. *Railroad Crossing: Californians and the Railroad, 1850-1910*. Berkeley: University of California Press, 1994.

Docker, Edward Wybergh. *The Blackbirders: The Recruiting of South Seas Labour for Queensland, 1863-1907*. Sydney: Angus & Robertson, 1970.

Dodd, Nigel. *The Social Life of Money*. Princeton: Princeton University Press, 2014.

Duara, Prasenjit. *Rescuing History from the Nation: Questioning Narratives of Modern China*. Chicago: University of Chicago Press, 1995.

Dubow, Saul. *A Commonwealth of Knowledge: Science, Sensibility, and White South Africa, 1820-2000*. New York: Oxford University Press, 2006.

_____. *Racial Segregation and the Origins of Apartheid in South Africa, 1919-36*. New York: St. Martin's Press, 1989.

Economy, Elizabeth. *The Third Revolution: Xi Jinping and the New Chinese State*. New York: Oxford University Press, 2018.

Eichengreen, Barry. *Globalizing Capital: A History of the International Monetary System*. Princeton: Princeton University Press, 1996.

Eichengreen, Barry, and Marc Flandreau, eds. *The Gold Standard in Theory and History*. New York: Rutledge, 1997.

Ellison, William Henry. *A Self-Governing Dominion: California 1849-1860*. Berkeley: University of California Press, 1950.

Evans, Ivan. *Cultures of Violence*. Manchester: Manchester University Press, 2009.

Evans, Raymond, ed. *Race Relations in Colonial Queensland*, 3rd ed. St. Lucia: University of Queensland Press, 1993.

Farkas, Lani Ah Tye. *Bury My Bones in America: The Saga of a Chinese Family in California, 1852-1996: From San Francisco to the Sierra Gold Mines*. Nevada City, Calif.: Carl Mautz, 1998.

Fitzgerald, John. *Big White Lie: Chinese Australians in White Australia.* Sydney: University of New South Wales Press, 2007.

Fitzsimons, Peter. *Eureka: The Unfinished Revolution.* N. Sydney, Aus.: Random House, 2012. Flandreau, Marc. *The Glitter of Gold: France, Bimetallism, and the Emergence of the International Gold Standard, 1848–1873.* New York: Oxford University Press, 2004.

Flandreau, Marc, ed. *The Money Doctors: The Experience of International Financial Advising.* New York: Routledge, 2003.

Follett, Richard J., Eric Foner, and Walter Johnson. *Slavery's Ghost: The Problem of Freedom in the Age of Emancipation.* Baltimore: Johns Hopkins University Press, 2011.

Frank, Andre Gunder. *Capitalism and Underdevelopment in Latin America: Historical Studies of Chile and Brazil.* New York: Monthly Review Press, 1967.

_____. *ReOrient: Global Economy in the Asian Age.* Berkeley: University of California Press, 1998.

Gabaccia, Donna R., and Dirk Hoerder, eds. *Connecting Seas and Connected Ocean Rims: Indian, Atlantic, and Pacific Oceans and China Seas Migrations from the 1830s to the 1930s.* Studies in Global Social History. Leiden: Brill, 2011.

Ganter, Regina. *Mixed Relations: Asian–Aboriginal Contact in North Australia.* Perth: University of Western Australia Publishing, 2006.

Gates, Paul W. *History of Public Land Law Development.* Washington, D.C.: Public Land Law Review Commission, 1968.

Gerth, Karl. *China Made: Consumer Culture and the Creation of the Nation.* Cambridge, Mass.: Harvard University Press, 2003.

Gilberg, M. E. *Auburn, a California Mining Camp Comes of Age.* Newcastle, Calif.: Gilmar Press, 1986.

Ghosh, Amitav. *Sea of Poppies.* New York: Picador, 2008.

Golden Dragon Museum. *Chinese Memorials and Memories: The White Hills Cemetery-Bendigo.* Bendigo, Vic.: Bart-n-Print, 2001.

Gomez, Edmund Terence, and Xinhuang Xiao. *Chinese Business in Southeast Asia: Contesting Cultural Explanations, Researching Entrepreneurship,* new ed. London: Routledge Curzon, 2004.

Goodman, Bryna. *Native Place, City, and Nation: Regional Networks and Identities in Shanghai, 1853–1937.* Berkeley: University of California Press, 1995.

Goodman, David. *Gold Seeking: Victoria and California in the 1850s.* St. Leonards, NSW:

Allen & Unwin, 1994.

Gott, Richard. *Britain's Empire: Resistance, Repression and Revolt.* London: Verso, 2011.

Greenland, Powell. *Hydraulic Mining in California: A Tarnished Legacy.* Western Lands and Waters Series. Spokane, Wash: A.H. Clark, 2001.

Grant, Kevin. *A Civilised Savagery: Britain and the New Slaveries in Africa, 1884-1926.* London: Routledge, 2005.

Gudde, Erwin Gustav. *California Gold Camps: A Geographical and Historical Dictionary of Camps, Towns, and Localities Where Gold Was Found and Mined, Wayside Stations and Trading Centers.* Berkeley: University of California Press, 1975.

Haddad, John R. *America's First Adventure in China: Trade, Treaties, Opium, and Salvation.* Philadelphia: Temple University Press, 2013.

Hahamovitch, Cindy. *No Man's Land: Jamaican Guest Workers in America and the Global History of Disposable Labor.* Princeton: Princeton University Press, 2011.

Hall, R. A., Jr. *Pidgin and Creole Languages.* Ithaca, N.Y.: Cornell University Press, 1966.
Hamill, John. *The Strange Career of Mr. Hoover under Two Flags.* New York: W. Faro, 1931.

Heidhues, Mary F. Somers. *Banga Tin and Mentok Pepper: Chinese Settlement on an Indonesian Island.* Singapore: Institute of Southeast Asian Studies, 1992.
_____. *Golddiggers, Farmers and Traders in the Chinese Districts of West Kalimantan, Indonesia.* Ithaca, N.Y.: Cornell Univ Press, 2003.

Hicks, Patricia. *Stories of a Gold Miner: Trinity County, California, 1848-1861.* Weaverville, Calif: n.p., 1989.

Higginson, John. *Collective Violence and the Agrarian Origins of South African Apartheid, 1900-1948.* New York: Cambridge University Press, 2014.

Hirota, Hidetaka. *Expelling the Poor: Atlantic Seaboard States and the Origins of American Immigration Policy.* New York: Oxford University Press, 2017.

Hobsbawm, Eric J. *Industry and Empire: From 1750 to the Present Day.* 1968; London: Penguin Books, 1999.

Hsiao, Liang-lin. *China's Foreign Trade Statistics 1864-1949.* Cambridge, Mass.: East Asian Research Center, Harvard University, 1974.

Hsu, Madeline. *Dreaming of Gold, Dreaming of Home: Transnationalism and Migration Between the United States and South China.* Stanford: Stanford University Press 2000.
_____. *The Good Immigrants: How the Yellow Peril Became the Model Minority.* Princeton: Princeton University Press, 2015.

Huang, Philip. *Peasant Economy and Social Change in North China*. Stanford: Stanford University Press, 1985.

Huck, Arthur. *Chinese in Australia*. Melbourne: Longmans, 1968.

Hunt, Michael H. *Making of a Special Relationship: The United States and China to 1914*. New York: Columbia University Press, 1983.

Huttenback, Robert A. *Racism and Empire: White Settlers and Colored Immigrants in the British Self-Governing Colonies, 1830-1910*. Ithaca, N.Y.: Cornell University Press, 1976.

Igler, David. *The Great Ocean: Pacific Worlds from Captain Cook to the Gold Rush*. New York: Oxford University Press, 2013.

Irving, Helen. *To Constitute a Nation: A Cultural History of Australia's Constitution*. New York: Cambridge University Press, 1997.

Isenberg, Andrew. *Mining California: An Ecological History*. New York: Hill & Wang, 2005. Jackson, James C. *Chinese in the West Borneo Goldfields: A Study in Cultural Geography*. Occasional Papers in Geography. Hull, UK: University of Hull, 1970.

Jackson, Joseph Henry. *Anybody's Gold: The Story of California's Mining Towns*. San Francisco: Chronicle Books, 1970.

James, Ronald L. *Ruins of a World: Chinese Gold Mining at the Mon-Tung Site in the Snake River Canyon*. Idaho Cultural Resource Series. Washington, D.C.: Bureau of Land Management, 1995.

Jiangmenshi dang'an ju, Jiangmenshi zazhi ban, Wuyi Daxue Guangdong Qiaoxiang Wenhua Yanjiu Zhongxin, eds. *Qingxi qiaoxiang: Wuyi yinxin dang'an tu'ce* (Maintaining Connections with an Overseas Chinese Village: Archival Photographs of Silver Letters from Wuyi). Jiangmen, Guangdong: Jiangmenshi Dang'an Ju, 2010.

Jing, Su. *Landlord and Labor in Late Imperial China: Case Studies from Shandong*. Cambridge, Mass: Harvard University Press, 1978.

Johnson, Susan Lee. *Roaring Camp: The Social World of the California Gold Rush*. New York: W.W. Norton, 2000.

Jones, Gavin Roger. *Strange Talk: The Politics of Dialect Literature in Gilded Age America*. Berkeley: University of California Press, 1999.

Jones, Timothy G. *Chinese in the Northern Territory*. Darwin: Northern Territory University Press, 1997.

Jung, Moon-Ho. *Coolies and Cane: Race, Labor, and Sugar in the Age of Emancipation*. Baltimore: Johns Hopkins University Press, 2006.

Kaiping Shi Wenwuju, ed. *Kaiping Yinxin* (Silver Letters from Kaiping). Guangzhou: Guangdong Lüyou Chubanshe, 2014.

Kanazawa, Mark. *Golden Rules: The Origins of California Water Law in the Gold Rush.* Chicago: University of Chicago Press, 2015.

Karl, Rebecca. *China's Revolutions in the Modern World: A Brief Interpretive History.* New York: Verso, 2020.

———. *The Magic of Concepts: History and the Economic in Twentieth-Century China.* Durham, N.C.: Duke University Press, 2017.

———. *Staging the World: Chinese Nationalism at the Turn of the Twentieth Century.* Durham, N.C.: Duke University Press, 2002.

Karl, Rebecca, and Peter Zarrow, eds. *Rethinking the 1898 Reform Period: Political and Cultural Change in Late Qing China.* Cambridge, Mass.: Harvard University Press, 2002.

Karuka, Manu. *Empire's Tracks: Indigenous Nations, Chinese Workers, and the Transcontinental Railroad.* Berkeley: University of California Press, 2019.

Kaske, Elisabeth. *The Politics of Language in Chinese Education, 1895–1919.* Leiden: Brill, 2008. Katz, Elaine. *A Trade Union Aristocracy: A History of White Workers in the Transvaal and the General Strike of 1913.* Johannesburg: University of Witwatersrand, 1976.

———. *White Death: Silicosis on the Witwatersrand Gold Mines, 1886–1910.* Johannesburg: Witwatersrand University Press, 1994.

Keesing, Nancy. *Gold Fever: The Australian Goldfields, 1851 to the 1890s.* Sydney: Angus & Robertson, 1967.

Kelley, Robert Lloyd. *Gold vs. Grain: The Hydraulic Mining Controversy in California's Sacramento Valley; a Chapter in the Decline of the Concept of Laissez Faire.* Glendale, Calif.: A.H. Clark, 1959.

Kennedy, Brian. *A Tale of Two Mining Cities: Johannesburg and Broken Hill, 1885–1925.* Carlton, Vic.: International Scholarly Books, 1984.

Klotz, Audie. *Migration and National Identity in South Africa, 1860–2010.* New York: Cambridge University Press, 2013.

Ko, Dorothy. *Teachers of the Inner Chambers: Women and Culture in Seventeenth-Century China.* Stanford: Stanford University Press 1994.

Kuhn, Philip. *Chinese Among Others: Emigration in Modern Times.* Lanham, Md.: Rowman & Littlefield, 2008.

Kuo, Mei-fen. *Making Chinese Australia: Urban Elites, Newspapers, and the Formation of Chinese-Australian Identity.* Clayton, Vic.: Monash, 2013.

Kurashige, Lon. *Two Faces of Exclusion: The Untold History of Anti-Asian Racism in the United States.* Chapel Hill: University of North Carolina Press, 2016.

Lai, Him Mark. *Becoming Chinese American: A History of Communities and Institutions.* Walnut Creek, Calif.: Rowman Alta Mira, 2004.

Lake, Marilyn, and Henry Reynolds. *Drawing the Global Colour Line: White Men's Countries and the International Challenge of Racial Equality.* New York: Cambridge University Press, 2008.

Lattimore, Owen. *Studies in Frontier History; Collected Papers, 1928-1958.* New York: Oxford University Press, 1962.

Lee, Robert. *Orientals: Asian Americans in Popular Culture.* Philadelphia: Temple University Press 1999.

Lee, Wen Ho, with Helen Zia. *My Country Versus Me: The First-Hand Account of the Los Alamos Scientist Who Was Falsely Accused of Being a Spy.* New York: Hyperion, 2001.

LeFeber, Walter. *The New Empire: An Interpretation of American Expansion.* 1963; Ithaca, N.Y.: Cornell University Press, 1998.

Levy, Norman. *The Foundations of the South African Cheap Labour System.* International Library of Sociology. Boston: Routledge & Kegan Paul, 1982.

Lew-Williams, Beth. *The Chinese Must Go: Violence, Exclusion, and the Making of the Alien in America.* Cambridge, Mass.: Harvard University Press, 2018.

Li, Baida, ed. *Shijie jiyi yichan: Taishan yinxin dang'an ji yanjiu* (World Heritage Memories: Taishan Silver Letters—Archives and Research). Guangzhou: Jinan University Press, 2017. Limbaugh, Ronald H., and Willard P. Fuller. *Calaveras Gold: The Impact of Mining on a Mother Lode County.* Reno: University of Nevada Press, 2004.

Liu, Andrew. *Tea War: A History of Capitalism in China and India.* New Haven, Conn.: Yale University Press, 2020.

Liu, Haiming. *From Canton Restaurant to Panda Express: A History of Chinese Food in the United States.* New Brunswick, N.J.: Rutgers University Press, 2015.

Liu, Jin. *Taishan lishi wenhua ji: Taishan yinxin* (Anthology of Taishan History and Culture: Silver Letters of Taishan). Beijing: Zhongguo Huaqiao Chubanshe, 2007.

_____. *Wuyi yinxin* (Silver Letters from Wuyi). Guangzhou: Guangdong Renmin Chubanshe, 2009.

Liu, Lydia H. *The Clash of Empires: The Invention of Modern China in Modern Worldmaking.*

Cambridge Mass.: Harvard University Press, 2004.

Loh, Francis Kok Wah. *Beyond the Tin Mines: Coolies, Squatters, and New Villagers in the Kinta Valley, Malaysia, 1880–1980*. Singapore: Oxford University Press, 1988.

Look Lai, Walton. *Indentured Labor, Caribbean Sugar: Chinese and Indian Migrants to the British West Indies, 1838–1918*. Baltimore: Johns Hopkins University Press, 1993.

Louis, William Roger, Alaine M. Low, Nicholas P. Canny, and P. J. Marshall, eds. *The Oxford History of the British Empire*, vol. 1, *The Origins of Empire*. Oxford: Oxford University Press, 1998.

Lynch, Martin. *Mining in World History*. London: Reaktion Books, 2002.

Ma, L. Eve Armentrout. *Revolutionaries, Monarchists, and Chinatowns*. Honolulu: University of Hawaii Press, 1990.

MacPherson, Kerrie L., ed. *Asian Department Stores*. 1998; New York: Rutledge, 2013.

Madley, Benjamin, *An American Genocide: The United States and the California Indian Catastrophe*. New Haven, Conn.: Yale University Press, 2016.

Mann, Ralph. *After the Gold Rush: Society in Grass Valley and Nevada City, California, 1849–1870*. Stanford: Stanford University Press, 1982.

Mansfield, George C. *Butte: The Story of a California County*. Oroville, Calif., 1919.

Mantena, Karuna. *Alibis of Empire: Henry Maine and the Ends of Liberal Imperialism*. Princeton: Princeton University Press, 2010.

Marks, Shula, and Anthony Atmore, eds. *Economy and Society in Pre-Industrial South Africa*. London: Longman, 1980.

Marks, Shula, and Peter Richardson, eds. *International Labour Migration: Historical Perspectives*. London: Institute of Commonwealth Studies, 1984.

Marks, Shula, and Stanley Trapido, eds. *The Politics of Race, Class, and Nationalism in Twentieth-Century South Africa*. New York: Longman, 1987.

Markus, Andrew. *Australian Race Relations*. Sydney: Allen & Unwin, 1994.

———. *Fear and Hatred: Purifying Australia and California, 1850–1901*. Sydney: Hale & Iremonger, 1979.

Martínez, Julia, and Adrian Vickers. *The Pearl Frontier: Indonesian Labor and Indigenous Encounters in Australia's Northern Trading Network*. Honolulu: University of Hawaii Press, 2015.

Mather, R. E. *Gold Camp Desperadoes: A Study of Violence, Crime, and Punishment on the Mining Frontier*. San Jose, Calif.: History West, 1990.

May, Ernest, and John Fairbank, eds. *America's China Trade in Historical Perspective*.

Cambridge, Mass.: Harvard University Press, 1986.

May, Philip Ross. *Origins of Hydraulic Mining in California*. Oakland, Calif.: Holmes, 1970. McArthur, Scott. *The Enemy Never Came: The Civil War in the Pacific Northwest*. Caldwell, Id.: Caxton Press, 2012.

McCalman, Iain, Alexander Cook, and Andrew Reeves, eds. *Gold: Forgotten Histories and Lost Objects of Australia*. Cambridge: Cambridge University Press, 2001.

McDonnell, Jeanne Farr. *Juana Briones of Nineteenth-Century California*. Tucson: University of Arizona Press, 2008.

McKanna, Clare Vernon. *Race and Homicide in Nineteenth-Century California*. Las Vegas: University of Nevada Press, 2002.

McKeown, Adam. *Chinese Migrant Networks and Cultural Change: Peru, Chicago, Hawaii, 1900-1936*. Chicago: University of Chicago Press, 2000.

_____. *Melancholy Order: Asian Migration and the Globalization of Borders*. New York: Columbia University Press, 2008.

McPhee, John. *Assembling California*. New York: Farrar, Straus & Giroux, 1994.

Meagher, Arnold. *The Coolie Trade: The Traffic of Chinese Laborers to Latin America, 1847-1874*. n.p., 2008.

Meredith, Martin. *Diamonds, Gold, and War: The British, the Boers, and the Making of South Africa*. New York: Public Affairs, 2007.

Merritt, Jane T. *The Trouble with Tea: The Politics of Consumption in the Eighteenth-Century Global Economy*. Baltimore: Johns Hopkins University Press, 2017.

Metzler, Mark. *Lever of Empire: The International Gold Standard and the Crisis of Liberalism in Pre-war Japan*. Berkeley: University of California Press, 2006.

Miles, Robert. *Capitalism and Unfree Labour: Anomaly or Necessity?* London: Tavistock, 1987. Minke, Pauline. *Chinese in the Mother Lode, 1850-1870*. San Francisco: R & E Research Associates, 1974.

Mintz, Sidney. *Sweetness and Power: The Place of Sugar in Modern History*. New York: Penguin Books, 1985.

Monaghan, Jay. *Australians and the Gold Rush: California and Down Under, 1849-1864*. Berkeley: University of California Press, 1966.

Mountford, Benjamin. *Britain, China, and Colonial Australia*. New York: Oxford University Press, 2016.

Mountford, Benjamin, and Stephen Tuffnell, eds. *A Global History of Gold Rushes*. Berkeley: University of California Press, 2018.

Murray, Dian H. *The Origins of the Tiandihui: The Chinese Triads in Legend and History*. Stanford: Stanford University Press 1994.

Muthu, Sankar. *Empire and Modern Political Thought*. New York: Cambridge University Press, 2012.

Nadeau, Remi A. *Ghost Towns and Mining Camps of California: A History and Guide*, 4th ed. Santa Barbara, Calif: Crest, 1992.

Nevins, Allan. *Frémont, the West's Greatest Adventurer*. New York: Harper & Bros., 1928.

Ngai, Mae. *Impossible Subjects: Illegal Aliens and the Making of Modern America*. Princeton: Princeton University Press, 2004.

_____. *The Lucky Ones: One Family and the Extraordinary Invention of Chinese America*. Boston: Houghton Mifflin Harcourt, 2010.

Nish, Ian. *Anglo-Japanese Alliance: The Diplomacy of Two Island Empires, 1894-1907*. London: Athlone, 1966.

Northrop, David. *Indentured Labor in the Age of Imperialism*. New York: Cambridge University Press, 1995.

Osterhammel, Jürgen. *The Transformation of the World: A Global History of the Nineteenth Century*. Princeton: Princeton University Press, 2017.

Otte, Thomas G. *China Question: Great Power Rivalry and British Isolation, 1894-1905*. New York: Oxford University Press, 2007.

Owens, Kenneth, ed. *Riches for All: The California Gold Rush and the World*. Lincoln: University of Nebraska Press, 2002.

Ownby, David. *Brotherhoods and Secret Societies in Early and Mid-Qing China: The Formation of a Tradition*. Stanford: Stanford University Press, 1996.

Ownby, David, and Mary F. Somers Heidhues, eds. *"Secret Societies" Reconsidered: Perspectives on the Social History of Early Modern South China and Southeast Asia*. Armonk, N.Y: M.E. Sharpe, 1993.

Paden, Irene Dakin. *The Big Oak Flat Road: An Account of Freighting from Stockton to Yosemite Valley*. San Francisco: Yosemite Natural History Association, 1959.

Pan, Lynn. *The Encyclopedia of the Chinese Overseas*. Cambridge, Mass.: Harvard University Press, 1999.

Pan, Shü-lun. *The Trade of the United States with China*. New York: China Trade Bureau, 1924. Parthasarathi, Prasannan. *Why Europe Grew Rich and Asia Did Not: Global Economic Divergence, 1600-1850*. New York: Cambridge University Press, 2011.

Pascoe, Peggy. *Relations of Rescue: The Search for Female Moral Authority in the American*

West, 1874-1939. New York: Oxford University Press, 1990.

Paul, Rodman W. *California Gold: the Beginning of Mining in the Far West*. Cambridge: Harvard University Press, 1947.

Payton, Philip. *The Making of Modern Cornwall: Historical Experience and the Persistence of "Difference."* Redruth, Cornwall: Dyllansow Truran, 1994.

Peck, Gunther. *Reinventing Free Labor: Padrones and Immigrant Workers in the North American West, 1880-1930*. New York: Cambridge University Press, 2000.

Pelling, Henry. *Popular Politics and Society in Late Victorian Britain: Essays*. London: Macmillan, 1968.

Pelling, Henry, and Alastair J. Reid. *A Short History of the Labour Party*. New York: St. Martin's, 1996.

Peterson, Richard H. *The Bonanza Kings: The Social Origins and Business Behavior of Western Mining Entrepreneurs, 1870-1900*. Norman: University of Oklahoma Press, 1991.

_____. *Manifest Destiny in the Mines: A Cultural Interpretation of Anti-Mexican Nativism in California, 1848-1853*. San Francisco: R & E Research Associates, 1975.

Pfaelzer, Jean. *Driven Out: The Forgotten War Against Chinese Americans*. New York: Random House, 2007.

Pitt, Leonard, *The Decline of the Californios: A Social History of the Spanish-Speaking Californians, 1846-1890*. Berkeley: University of California Press, 1966.

Pomeranz, Kenneth. *The Great Divergence: China, Europe and the Making of the Modern World Economy*. Princeton: Princeton University Press, 2000.

Porter, Andrew. *"Cultural Imperialism" and Missionary Enterprise*. Cambridge: North Atlantic Missionary Project, 1996.

Porter, Andrew, and William Roger Lewis, eds. *The Oxford History of the British Empire*, vol. 3, *The Nineteenth Century*. New York: Oxford University Press, 1999.

Price, Charles Archibald. *The Great White Walls Are Built: Restrictive Immigration to North America and Australasia 1836-1888*. Canberra: Australian National University Press, 1974.

Qin, Yucheng. *The Diplomacy of Nationalism: The Six Companies and China's Policy toward Exclusion*. Honolulu: University of Hawaii Press, 2009.

Qu, Tonzu. *Han Social Structure*. Seattle: University of Washington Press, 1972.

Quaife, G. R. *Gold and Colonial Society, 1851-1870*. North Melbourne, Vic.: Cassell Australia, 1975.

Quinn, Arthur. *The Rivals: William Gwin, David Broderick, and the Birth of California*. New

York: Crown, 1994.

Reid, Anthony, ed. *Sojourners and Settlers: Histories of Southeast Asia and the Chinese.* Honolulu: University of Hawaii Press, 2001.

Reid, John Phillip. *Policing the Elephant: Crime, Punishment, and Social Behavior on the Overland Trail.* San Marino, Calif.: Huntington Library, 1997.

Remer, C. F. *Foreign Investment in China.* New York: Macmillan, 1933.

_____. *A Study of Chinese Boycotts.* Baltimore: Johns Hopkins University Press, 1933.

Reynolds, Henry, ed. *Dispossession: Black Australians and White Invaders.* Crow's Nest, NSW: Allen and Unwin, 1989.

_____. *Race Relations in North Queensland.* Townsville: James Cook University of North Queensland, 1978.

Rhoads, Edward J. M. *Stepping Forth into the World: The Chinese Educational Mission to the United States, 1872–1881.* Hong Kong: Hong Kong University Press, 2011.

Richardson, Peter. *Chinese Mine Labour in the Transvaal.* London: Macmillan, 1982.

Rifkin, Mark. *Manifesting America: The Imperial Construction of U.S. National Space.* New York: Oxford University Press, 2009.

Robinson, Cedric. *On Racial Capitalism, Black Internationalism, and Cultures of Resistance.* London: Pluto, 2019.

Robinson, Ronald, and John Gallagher. *Africa and the Victorians: The Climax of Imperialism in the Dark Continent.* New York: Anchor Books, 1961.

Rodney, Walter. *How Europe Underdeveloped Africa.* Washington, D.C.: Howard University Press, 1972.

Rohrbough, Malcolm J. *Days of Gold: The California Gold Rush and the American Nation.* Berkeley: University of California Press, 1997.

Rosenberg, Emily. *Financial Missionaries to the World.* Durham, N.C.: Duke University Press, 1999.

Rosenthal, Jean-Laurent, and Roy Bin Wong. *Before and Beyond Divergence: The Politics of Economic Change in China and Europe.* Cambridge, Mass.: Harvard University Press, 2011.

Rudolph, Jennifer M. *Negotiated Power in Late Imperial China: The Zongli Yamen and the Politics of Reform.* Ithaca, N.Y.: Cornell University Press, 2008

Ruskola, Teemu. *Legal Orientalism: China, the United States, and Modern Law.* Cambridge, Mass.: Harvard University Press, 2013.

Russell, A. K. *Liberal Landslide: The General Election of 1906.* Hamden, Conn.: Archon

Books, 1973.

Salyer, Lucy E. *Laws Harsh as Tigers: Chinese Immigrants and the Shaping of Modern Immigration Law*. Chapel Hill: University of North Carolina Press, 1995.

Sandemeyer, Elmer Clarence. *The Anti-Chinese Movement in California*. Urbana: University of Illinois Press, 1973.

Sanderson, Henry, and Michael Forsythe. *China's Superbank: Debt, Oil and Influence: How China Development Bank is Rewriting the Rules of Finance*. Hoboken, N.J.: Bloomberg Press, 2013.

Saunders, Kay, ed. *Indentured Labour in the British Empire, 1834-1920*. London: Croom Helm, 1984.

Saxton, Alexander. *The Indispensable Enemy*. Berkeley: University of California Press, 1971.

Schmidt, J. D. *In the Human Realm: The Poetry of Huang Zunxian*. Cambridge, Mass.: Harvard University Press, 1994.

Scott, James C. *The Art of Not Being Governed: An Anarchist History of Upland Southeast Asia*. New Haven, Conn.: Yale University Press, 2009.

Semmel, Bernard. *Imperialism and Social Reform: English Social-Imperial Thought, 1895-1914*. Cambridge, Mass.: Harvard University Press, 1960.

Serle, Geoffrey. *The Golden Age: A History of the Colony of Victoria, 1851-1861*. Melbourne: Melbourne University Press, 1963.

Shah, Nayan. *Contagious Divides: Epidemics and Race in San Francisco's Chinatown*. Berkeley: University of California Press 2001.

Sheafer, Silvia Anne. *Chinese and the Gold Rush*. Whittier, Calif.: Journal, 1979.

Shelton, Tamara Venit. *A Squatter's Republic: Land the Politics of Monopoly in California, 1850-1900*. Berkeley: University of California Press, 2013.

Shen, Yuanfang. *Dragon Seed in the Antipodes: Chinese-Australian Autobiographies*. Carlton, Vic.: Melbourne University Press, 2001.

Shih, Shu-mei, Chien-hsin Tsai, and Brian Bernards, eds. *Sinophone Studies: A Critical Reader*. New York: Columbia University Press, 2013.

Shover, Michele J. *Chico's Lemm Ranch Murders and the Anti-Chinese Campaign of 1877*. Chico: Association for Northern California Records and Research, 1998.

Shuck, Oscar, ed. *History of the Bench and Bar of California: Being Biographies of Many Remarkable Men*. San Francisco: Bench and Bar, 1912.

Simmel, Georg. *Philosophy of Money*, third edition, ed. David Frisby. London and NY: Rutledge, 2004, 1907.

Singh, Daleep. *From Dutch South Africa to Republic of South Africa, 1652-1994: The Story of Three and a Half Centuries of Imperialism.* New Delhi: Allied, 2010.

Sinn, Elizabeth. *Pacific Crossing: California Gold, Chinese Migration, and the Making of Hong Kong.* Hong Kong: Hong Kong University Press, 2013.

———. *Rethinking Hong Kong: New Paradigms, New Perspectives.* Hong Kong: Hong Kong University Press, 2009.

Skidelsky, Robert. *Money and Government: A Challenge to Mainstream Economics.* New York: Penguin Books, 2019.

Skinner, G. William. *Chinese Society in Thailand: An Analytical History.* Ithaca, N.Y.: Cornell University Press, 1957.

———. *Leadership and Power in the Chinese Community of Thailand.* Association for Asian Studies. Ithaca: Cornell University Press, 1958.

Skjeie, Sheila M. "California, Racism, and the Fifteenth Amendment: 1849-1870." In *California and the Coming of the Fifteenth Amendment*, edited by Sheila Skjeie and Ralph E. Shaffer. Pomona: California Polytechnic University, 2005.

Smith, Dottie. *History of the Chinese in Shasta County.* Redding, Calif.: Shasta Historical Society, n.d.

Smith, Iain. *The Origins of the South African War, 1899-1902.* New York: Longman, 1996.

Smith, Stacey L. *Freedom's Frontier: California and the Struggle over Unfree Labor, Emancipation, and Reconstruction.* Chapel Hill: University of North Carolina Press, 2013.

Sommer, Matthew Harvey. *Polyandry and Wife-Selling in Qing Dynasty China: Survival Strategies and Judicial Interventions.* Oakland: University of California Press, 2015.

———. *Sex, Law, and Society in Late Imperial China.* Stanford: Stanford University Press, 2000.

Sparks, Theresa A. *China Gold.* Fresno: Academy Library Guild, 1954.

Spence, Jonathan. *God's Chinese Son: The Taiping Heavenly Kingdom of Hong Xiuquan.* New York: W.W. Norton, 1996.

Spude, Catherine Holder, ed. *Eldorado!: The Archaeology of Gold Mining in the Far North.* Lincoln: University of Nebraska Press, 2011.

Stanley, Amy Dru. *From Bondage to Contract: Wage Labor, Marriage, and the Market in the Age of Slave Emancipation.* Cambridge: Cambridge University Press, 1998.

Stanley, Jerry. *Digger: The Tragic Fate of the California Indians from the Missions to the Gold Rush.* New York: Crown, 1997.

Stephens, John J. *Fueling the Empire: South Africa's Gold and the Road to War.* Hoboken, N.J.: Wiley, 2003.

Stoler, Ann Laura, ed. *Imperial Debris: On Ruins and Ruination.* Durham, N.C.: Duke University Press, 2013.

Sugihara, Kaoru, ed. *Japan, China, and the Growth of the Asian International Economy, 1850-1949.* New York: Oxford University Press, 2005.

Sun, E-tu Zen, ed. and trans. *Chinese Social History: Translations of Selected Studies.* 1956; New York: Octagon Books, 1966.

Tagliacozzo, Eric. *Chinese Circulations: Capital, Commodities, and Networks in Southeast Asia.* Durham, N.C.: Duke University Press, 2011.

Talbitzer, Bill. *Echoes of the Gold Rush: Tales of the Northern Mines.* Oroville, Calif: Oroville Features, 1985.

Tandeter, Enrique. *Coercion and Market: Silver Mining in Colonial Potosí, 1692-1826.* Albuquerque: University of New Mexico Press, 1993.

Tandeter, Enrique, ed. *The Market of Potosí at the End of the Eighteenth Century.* London: University of London, 1987.

Tanner, Duncan. *Political Change and the Labour Party, 1900-1918.* Cambridge: Cambridge University Press, 1990.

Tanner, Duncan, ed. *Debating Nationhood and Governance in Britain, 1885-1945: Perspectives From the "Four Nations."* Manchester: Manchester University Press, 2006.

Taylor, Philip. *The Distant Magnet: European Emigration to the U.S.A.* New York: Harper & Row, 1971.

Thomason, Sarah Grey, and Terrance Kaufman. *Language Contact, Creolization, and Genetic Linguistics.* Berkeley: University of California Press, 1988.

Tinker, Hugh. *A New System of Slavery: The Export of Indian Labour Overseas.* London: Oxford University Press, 1993.

Todd, A. C. *The Cornish Miner in America: The Contribution to the Mining History of the United States by Emigrant Cornish Miners—the Men Called Cousin Jacks.* Truro, Cornwall: Barton, 1967.

Tom, Brian, and Lawrence Tom. *Marysville's Chinatown.* San Francisco: Images of America, 2008.

Tordoff, Judith D. *Analysis, Evaluation, Effect Determination and Mitigation Plan for Two Chinese Mining Sites in Butte County, California.* Sacramento: Public Anthropological Research, 1986.

Trafzer, Clifford F., and Joel R. Hyer, eds. *Exterminate Them! Written Accounts of the Murder, Rape, and Enslavement of Native Americans During the California Gold Rush.* East Lansing: Michigan State University Press, 1999.

Trocki, Carl A. *Opium and Empire: Chinese Society in Colonial Singapore, 1800-1910.* Ithaca, N.Y.: Cornell University Press, 1990.

Tutino, John. *The Mexican Heartland: How Communities Shaped Capitalism, a Nation, and World History, 1500-2000.* Princeton: Princeton University Press, 2018.

Twain, Mark. *Gold Miners and Guttersnipes: Tales of California.* San Francisco: Chronicle Books, 1991.

Tweedie, Sandra. *Trading Partners: Australia and Asia, 1790-1993.* Sydney: University of NSW Press, 1994.

Umbeck, John R. *A Theory of Property Rights: With Application to the California Gold Rush.* Ames: Iowa State University Press, 1981.

Van Onselen, Charles. *New Babylon, New Nineveh: Everyday Life on the Witwatersrand, 1886-1914.* Johannesburg: Jonathan Ball, 2001.

Vaughan, Trudy. *Archaeological Investigations at a Sacramento River Miningcamp (CA-SHA-1450), Shasta County, California.* Redding: City of Redding and U.S. Bureau of Land Management, 1986.

Vaught, David. *After the Gold Rush: Tarnished Dreams in the Sacramento Valley.* Baltimore: Johns Hopkins University Press, 2007.

Von Glahn, Richard. *Economic History of China.* New York: Cambridge University Press, 2016.

_____. *Fountain of Fortune: Money and Monetary Policy in China, 1000-1700.* Berkeley: University of California Press, 1996.

Walker, David. *Anxious Nation: Australia and the Rise of Asia, 1850-1939.* St. Lucia: University of Queensland Press, 1999.

Wallerstein, Immanuel. *The Modern World System*, 4 vols. New York: Academic Press, 1977-2011.

Wang, Guanhua. *In Search of Justice: The 1905-1906 Chinese Anti-American Boycott.* Cambridge, Mass.: Harvard University Press, 2001.

Wang Gungwu. *The Chinese Overseas: From Earthbound China to the Quest for Autonomy.* Cambridge, Mass.: Harvard University Press, 2000.

_____. *Don't Leave Home: Migration and the Chinese.* Singapore: Times Academic Press, 2001.

_____. *The Nanhai Trade: The Early History of Chinese Trade in the South China Sea.* Singapore: Times Academic Press, 1998.

Wang Gungwu and Chin-Keong Ng, eds. *Maritime China in Transition 1750-1850.* Wiesbaden, Germany: Otto Harrassowitz Verlag, 2004.

Wang, Sing-wu. *The Organization of Chinese Emigration, 1848-1888, with special reference to Chinese Emigration to Australia.* San Francisco: Chinese Materials Center, 1978.

Welsh, Lionel. *Vermilion and Gold: Vignettes of Chinese Life in Ballarat.* Sandy Bay, Tasmania: Banyan Press, 1985.

Westad, Odd Arne. *Restless Empire: China and the World Since 1750.* New York: Basic, 2012. Willard, Myra. *History of the White Australia Policy to 1920*, 2nd ed. London: Cass, 1967.

Williams, William Appleman. *The Tragedy of American Diplomacy.* 1959; New York: Dell, 1962.

Wolfe, Patrick. *Settler Colonialism and the Transformation of Anthropology: The Politics and Poetics of an Ethnographic Event.* New York: Cassell, 1999.

Wong, Edlie. *Racial Reconstruction: Black Inclusion, Chinese Exclusion, and the Fictions of Citizenship.* New York: NYU Press, 2015.

Wong, Roy Bin. *China Transformed: Historical Change and the Limits of European Experience.* Ithaca, N.Y.: Cornell University Press, 1997.

Wong Lin Ken. *The Malayan Tin Industry to 1914.* Tuscon: University of Arizona Press, 1965. Wong Sin Kiong. *China's Anti-American Boycott Movement in 1905: A Study in Urban Protest.* New York: Peter Lang, 2002.

Worden, Nigel. *Making of Modern South Africa: Conquest, Segregation, and Apartheid.* Cambridge, Mass.: Blackwell, 1994.

Xu Dixin and Wu Chengming, eds. *Chinese Capitalism, 1522-1840*, trans. C. A. Curwen. New York: St. Martin's Press, 2000.

Xu Guoqi. *Chinese and Americans: A Shared History.* Cambridge, Mass.: Harvard University Press, 2014.

Yang, William. *Australian Chinese.* Canberra: National Portrait Gallery, 2001.

Yap, Melanie, and Dianne Leong Man. *Colour, Confusion and Concessions: The History of the Chinese in South Africa.* Hong Kong: Hong Kong University Press, 1996.

Yen Ching-Hwang. *Coolies and Mandarins: China's Protection of Overseas Chinese During the Late Ch'ing Period, 1851-1911.* Singapore: Singapore University Press, 1985.

Yin, Xiao-huang. *Chinese American Literature Since the 1850s.* Urbana: University of

Illinois Press, 2000.

Yong, C. F. *The New Gold Mountain: The Chinese in Australia, 1901–1921*. Richmond, S. Australia: Raphael Arts, 1977.

Yung, Judy. *Unbound Feet: A Social History of Chinese Women in San Francisco*. Berkeley: University of California Press, 1995.

Yuan, Bingling. *Chinese Democracies: A Study of the Kongsis of West Borneo, 1776–1884*. Leiden: Universiteit Leiden, 2000.

Yun, Lisa. *The Coolie Speaks: Chinese Indentured Laborers and African Slaves in Cuba*. Philadelphia: Temple University Press, 2008.

Zarrow, Peter. *After Empire: The Conceptual Transformation of the Chinees State, 1885–1924*. Stanford: Stanford University Press. 2012.

_____. *China in War and Revolution, 1895–1949*. London: Routledge, 2005.

Zo, Kil Young. *Chinese Emigration into the United States, 1850–1880*. 1971; New York: Arno Press, 1978.

지도 목록

수록 논문 출처

다음 장들의 이전판을 출판할 수 있게 해준 편집자와 출판사에 감사한다.

1장과 2장: "Chinese Gold Miners and the Chinese Question in Nineteenth Century California and Victoria," *Journal of American History* 101 no. 4 (March 2015): 1092-105 and "The Chinese Question: The Gold Rushes and Global Politics, 1849-1910," in *A Global History of Gold Rushes*, ed. Benjamin Mountford and Stephen Tuffnell (Berkeley: University of California Press, 2018): 109-20.

3장과 4장: "The True Story of Ah Jake: Language and Justice in late-Nineteenth-Century Sierra County, California," in *Cultures in Motion*, ed. Daniel T. Rodgers, Bhavani Raman, and Helmut Reimitz (Princeton: Princeton University Press, 2014): 59-78.

5장: "Chinese Miners, Headmen, and Protectors on the Victorian Goldfields, 1853-1863." *Australian Historical Studies* 42, no. 1 (March 2011): 10-24, permission of Taylor and Francis.

8-11장: "Trouble on the Rand: The Chinese Question and the Apogee of White Settlerism," *International Labor and Working Class History* 91 (Spring 2017): 59-78, permission of Cambridge University Press.

수록한 황쭌셴의 시는 다음에서 발췌했다. "The Expulsion of the Immigrants," trans. by J. D. Schmidt, in *Land Without Ghosts*, ed. R. David Arkush and Leo O. Lee, are published with the permission of J. D. Schimdt.

찾아보기

292, 449

쿨리 법안 coolie bills (캘리포니아) 159~165

쿨리주의 coolieism 167, 202, 240, 241, 247~249, 252, 253, 276, 281, 293, 441, 486

퀵, 제임스·필립 Kwok, James and Philip / 쿽 록 Kwok Lok, 궈러 郭樂·쿽추언 Kwok Chuen, 귀취안 郭泉 450

쾽혹통 Kwong Hok Tong / 광화당 光和堂 334

퀸즐랜드 Queensland (오스트레일리아) 72, 118, 284, 288~297, 299, 307, 448

크레스웰, 프레더릭 H. P. Creswell, Frederic H. P. 414~415, 430, 434, 435, 572n8

크레즈윅 Creswick (빅토리아) 98, 122~123, 285

크로퍼드, J. 던다스 Crawford, J. Dundas 290

크루거, 폴 Kruger, Paul 327, 328

클리블랜드, 대니얼 Cleveland, Daniel 253

클린턴, 빌 Clinton, Bill 500

키골드마이닝컴퍼니 Key Gold Mining Company (오스트레일리아) 123

킴, A. Kim, A. 220

킹, 마크 King, Mark 220

- ㅌ -

타벗, 퍼시 Tarbut, Percy 430

타이 Thailand 477

타이드워터레클러메이션컴퍼니 Tidewater Reclamation Company 251

타이완 臺灣. Taiwan 482, 502

《타임스 Times》 (런던) 284, 469

타코마 Tacoma (워싱턴) 270

탄스페이 譚仕沛 → 탐스즈푸이

탄자니아-잠비아철도 Tanzania-Zambia Railway (1975) 498

탈주 desertion 76, 349, 391~398, 402, 421

탐스즈푸이 Taam Sze Pui / 탄스페이 譚仕沛 449

탑엔드 Top End (노던테리토리) 284, 285

탕팅구이 唐廷桂 → 통 K. 아칙

태만 loafing 386, 387, 390

태평양섬주민노동자법 Pacific Island Labourers Act (오스트레일리아, 1901) 310

태평천국의 난 太平天國의 亂, Taiping Rebellion (중국, 1850~1864) 78, 99, 112, 113, 481

터우자 頭家 / 토카이 towkay 451

《텔레그래프 Telegraph》 (브리즈번, 퀸즐랜드) 293

톈안먼광장 항의 (중국, 1989) Tiananmen Square protests 495

톈진 Tianjin (중국) 332, 344, 348, 349, 361, 374, 476

톈진조약 天津條約, Tianjin, Treaty of (1858) 46, 141

토착민 경찰 Native Police (오스트레일리아) 289

토착민 문제 Native Question (남아프리카) 321

토착민토지법 Native Land Act of 1913 (남아프리카, 1913) 439, 554n26

토착주의 / 현지민주의 nativism 161, 180, 248~250; 또한 "반쿨리주의"를 보라

토카이 towkay → 터우자

톤워앤드컴퍼니 Ton Wo and Company (샌프란시스코) 169~170

《톰 아저씨의 오두막 Uncle Tom's Cabin》 (해리엇 비처 스토, 1852) 471

톰, 제임스 Tom, James, 520n21

톰, 헨리 Tom, Henry, 520n21

통 K. 아칙 Tong K. Achick / 탕팅구이 唐廷桂 169~173, 175~178, 180, 182, 183, 201

중국인 문제

19세기 골드러시, 이주와 노동과 배제

1판 1쇄 2024년 3월 11일

지은이 | 메이 나이
옮긴이 | 안효상

펴낸이 | 류종필
책임편집 | 좌세훈
편집 | 이정우, 이은진, 권준
경영지원 | 홍정민
표지 디자인 | 석운디자인
본문 디자인 | 박애영

펴낸곳 | (주) 도서출판 책과함께
　　　　주소 (04022) 서울시 마포구 동교로 70 소와소빌딩 2층
　　　　전화 (02) 335-1982
　　　　팩스 (02) 335-1316
　　　　전자우편 prpub@daum.net
　　　　블로그 blog.naver.com/prpub
　　　　등록 2003년 4월 3일 제2003-000392호

ISBN 979-11-92913-63-6　03900